CRISTIÁN RODRIGO ITURRALDE

1492

*Fim da barbárie,
começo da civilização
na América*

CRISTIÁN RODRIGO ITURRALDE

Fim da barbárie, começo da civilização na América

Tradução de Jefferson Bombachim

VIDE EDITORIAL

1492: fim da barbárie, começo da civilização na América
Cristián Rodrigo Iturralde
1a edição — junho de 2020 — CEDET
Título original: *1492: fin de la barbarie comienzo de la civilización en América*. Buenos Aires: Ediciones Buen Combate, 2014.
Copyright © 2020 Cristián Rodrigo Iturralde

Os direitos desta edição pertencem ao
CEDET — Centro de Desenvolvimento Profissional e Tecnológico.
Rua Armando Strazzacappa, 490
CEP: 13087-605 — Campinas, SP
Telefone: (19) 3249-0580
e-mail: livros@cedet.com.br

Editor:
Thomaz Perroni

Tradutor:
Jefferson Bombachim

Revisão:
Daniel Marcondes
José Carlos França

Preparação de texto:
Verônica van Wijk Rezende

Diagramação:
Mariana Kunii

Capa:
Bruno Ortega

Conselho editorial:
Adelice Godoy
César Kyn d'Ávila
Silvio Grimaldo de Camargo

FICHA CATALOGRÁFICA

Iturralde, Cristián Rodrigo.
1492: fim da barbárie, começo da civilização na América / Cristián Rodrigo Iturralde; tradução de Jefferson Bombachim — Campinas, SP: Vide Editorial, 2020.
ISBN: 978-85-9507-116-2

Título original: *1492: fin de la barbarie comienzo de la civilización en América*.

1. História das Américas. 2. História e descrição de costumes e condições sociais de tipos de pessoas.
I. Título II. Autor

CDD — 970 / 390.08

ÍNDICE PARA CATÁLOGO SISTEMÁTICO
1. História das Américas — 970
2. História e descrição de costumes e condições sociais de tipos de pessoas — 390.08

VIDE Editorial — www.videeditorial.com.br

Reservados todos os direitos desta obra. Proibida toda e qualquer reprodução desta edição por qualquer meio ou forma, seja ela eletrônica, mecânica, fotocópia, gravação ou qualquer outro meio de reprodução, sem permissão expressa do editor.

Dedicado a S. S. Bento XVI

Uma grande civilização não é conquistada de fora, não até que se tenha destruído a si mesma desde dentro.

Will Durant

[...] Porém, se a Lenda Negra fosse a única verdade desse acontecimento, não se explicaria por que os indígenas não escrevem suas acusações no idioma dos maias ou dos astecas. E por que dois dos maiores poetas da língua espanhola, Rubén Darío e César Vallejo, ambos mestiços, não somente não se ressentiram contra a Espanha, mas a cantaram em poemas memoráveis. E tampouco se explicaria por que a cultura desta América Hispânica, que foi influenciada pelos grandes movimentos intelectuais e literários da Europa, não só produziu uma das maiores literaturas do mundo atual, como também influenciou historiadores europeus.

Ernesto Sábato[1]

Não faltavam, na América, guerras de conquista e de extermínio, venda de escravos, sacrifícios sangrentos, antropofagia, divisão de classes e em castas, arbitrariedades e injustiças, epidemias e anos de fome e seca. Quando Cortés chegou a Yucatán, encontrou grande quantidade de cidades em guerra entre si, dizimadas as populações pelas lutas, a fome e a peste.[2]

Ricardo Levene

Contra facta non sunt argumenta.[3]

Provérbio latino

---

1 "Dialéctica de las Culturas", *La Nación*, 23/11/91.
2 *Historia de América*, ed. Jackson, I, p. 269.
3 "Contra fatos não há argumentos".

Sumário

Agradecimentos 15

Prólogo 17

Notas do autor 21

LIVRO I

CAPÍTULO I
Povos originários e algo mais... 29

a) Originários de onde? 30
b) E então? 31
c) Opções: deixar o continente, o planeta ou voltar para
   a selva? 32
d) Povo conquistado pelas armas não vale? 33
e) Foi legal e legítima a incursão da Espanha na América? ... 35
f) Os povos originários como parte de um mesmo todo? 37
g) Bravura indígena? 38
h) E o ouro, onde está? 43
i) Indígenas tolerantes e democráticos?............................. 48
k) A última tolice: a *caucasiofobia* ou o ideal "indianista"
   na Argentina (e o porquê de a população argentina
   ser branca) 51
l) Por que tantos louvores e reconhecimentos aos indígenas? ... 53
m) Não se entende: o que reivindicam os
   indígenas/indigenistas?... 54
n) Mapuches *For Export*, neologismos, terroristas
   e britânicos 55
o) Que fazer? 61

CAPÍTULO II
Sobre civilizações.. 63

a) "Civilização ou selvageria" 63

b) A civilização católica 69

CAPÍTULO III
A Lenda Negra 77

a) O perfil da Lenda Negra 77
b) O *modus operandi* da Lenda Negra 82
c) Felipe Pigna: mais um agente da Commonwealth 86
d) A Lenda Negra da qual não se fala 91

CAPÍTULO IV
Regimes totalitários indígenas 99

I — Crime organizado: o regime oligárquico e despótico
    dos incas, astecas e maias 100
a) Astecas 105
b) Incas 138
c) Maias 160
d) *Panem et circenses*: jogo da bola 173
II — O crime desorganizado: as hordas de caribes, chibchas,
    yaros, guaranis, charrúas, araucanos, e outros 179
III — Torturas e escravidão 193

CAPÍTULO V
A hecatombe demográfica: fomes, pestes, doenças, guerras
e sacrifícios humanos 201

a) Fomes 203
b) Pestes e enfermidades 206
c) A população americana em 1492 218
d) Guerras 224

LIVRO II

Prólogo 243

CAPÍTULO I
Trepanações, cranioplastia e o preço da vaidade indígena 247

a) A cranioplastia ou deformação de crânios 247
b) Trepanações. Fruto da superstição? 254

c) Uma teoria cada dia mais aceita: lobotomia, lavagem cerebral e controle mental 257

CAPÍTULO II
Prostituição, promiscuidade, pedofilia, homossexualidade, travestismo, embriaguez e outros vícios endêmicos dos indígenas 261

a) Quanto à prostituição, ao incesto e às relações promíscuas . 262
b) Quanto à homossexualidade 268
c) Quanto ao travestismo 275
d) Quanto à zoofilia 278
e) Quanto à pedofilia 279
f) Casos atuais de abusos e estupros de crianças em comunidades indígenas 281
g) A impunidade dos "foros" das comunidades indígenas 282
h) Embriaguez, alucinógenos e enemas rituais 285

CAPÍTULO III
Mutilação genital e castração 293

a) Perfuração do membro 294
b) Rachada do membro 295
c) Castração 295
d) Ablação total 296
e) Sexofagia 297
f) Casos recentes 298

CAPÍTULO IV
A mulher indígena 303

a) O lugar da mulher entre os indígenas 303
b) O lugar da mulher entre os católicos 311

CAPÍTULO V
Sacrifícios humanos 317

a) Como eram realizados 319
b) Primeiras notícias de sacrifícios humanos 321
c) O sacrifício humano como prática generalizada 325
d) Genocídio e infanticídio indígena 335
e) Os rituais do calendário mexica (asteca) 343

f) Os sacrifícios humanos na iconografia indígena
   pré-colombiana 347
g) Outras formas de infanticídio... 356
h) Sacrifícios menores 359
i) Nos estudos arqueológicos e antropológicos modernos 360

CAPÍTULO VI
Antropofagia e canibalismo 363

a) Primeiras notícias da antropofagia 366
b) A antropofagia como hábito alimentar 368
c) A antropofagia como prática generalizada 372
d) A carne do indígena era mais saborosa que a do branco 391
e) Como a Espanha afrontou o problema? 392
f) Casos recentes de canibalismo indígena 393
g) Nos estudos arqueológicos e antropológicos modernos 395

CAPÍTULO VII
O que mudou com a chegada da Espanha e
dos missionários? 399

a) A mudança anunciada 399
b) O que fez a Espanha? 401
c) O que mudou com a Espanha? 405

CAPÍTULO VIII
Epílogo Galeato 407

ANEXO I:
I — Mentiras indigenistas sobre Ceferino Namuncurá
   (Por Federico Gastón Addisi)... 411
II — Discurso de Juan Domingo Perón de 12 de outubro de
   1947, em homenagem a Cervantes................................ 415
III — Decreto da presidência do governo de Francisco Franco
   de 10 de março de 1958, declarando o dia 12 de
   outubro festa nacional, sob o nome de Dia da
   Hispanidade 423
IV — Decreto de 4 de outubro de 1917, quando o Presidente
   Hipólito Yrigoyen promulgou o decreto que instituiu o
   dia 12 de outubro como "Dia da Raça", declarando este
   dia como festa nacional (conseguindo que quase todos
   os países americanos aderissem a esta celebração) 426

V — Felipe (resposta do Dr. Antonio Caponnetto ao
Dr. Ricardo Cardinali) 428
VI — Testamento da senhora Rainha Católica Dona Isabel,
feito na vila de Mediana del Campo, a doze de outubro
do ano de 1504 433
VII — Breve sobre os índios e indigenistas. Desfazendo tópicos
sobre os índios na América do Sul. Por Alberto Buela ... 443

ANEXO II:
Glossário inca e asteca. Governadores/imperadores
incas e astecas 449

ANEXO III:
Os mais importantes cronistas das Índias................................. 469

ANEXO IV:
Território inca, maia e asteca 479

ANEXO V:
Imagens e cerâmicas pré-colombianas 483

ANEXO VI:
Prólogo do autor ao livro Huchilobos
(clássico da historiografia mexicana) 487

BIBLIOGRAFIA 493

Agradecimentos

Muito especialmente ao meu pai e à minha mãe, que apoiaram meus estudos desde o primeiro momento e não deixaram de me acompanhar nas conjunturas mais prementes.

A meus sempre presentes e inseparáveis irmãos Santiago, Josefina e Inesita.

A Jorge e Susana.

A Marcelo Imbroglio e a Oscar Juan Ghiso, distintos colaboradores da primeira hora.

Ao Dr. Caponnetto, a cuja consideração e generosidade devo em grande medida, uma vez mais, a presente obra, concebida a partir de seu alento constante e paciente acompanhamento.

Ao Dr. Hugo Verdera, defensor inclaudicável da Verdade Histórica.

Ao Lic. Juan Manuel Soaje Pinto, sempre pronto a outorgar seu tempo e espaço, generosa e desinteressadamente, à difusão do pensamento verdadeiramente nacional.

Prólogo

Meu jovem amigo Cristián Rodrigo Iturralde pediu-me gentilmente que elaborasse algumas linhas introdutórias a esta presente obra. Honrou-me, em virtude de não sei que méritos, com o convite a que escrevesse o prólogo deste seu segundo trabalho histórico.

A leitura deste volume, além de conseguir capturar plenamente minha atenção, significou — uma vez mais — uma verdadeira ratificação daquilo que, em tempos idos, soube nos ensinar o Padre Leonardo Castellani, ao dizer que "a Igreja é o sentido da história do mundo". Por isso, o estudo da ação da Igreja no decurso histórico se faz ineludível, e está em íntima relação com a tarefa própria do católico, que é a de *evangelizar*, levar a Boa Nova do Evangelho, oportuna e inoportunamente. E isto é compreensível de uma única maneira: evangelizar é dar forma cristã a todas as coisas, e isso é o que fez a Igreja na história, e o que fez admiravelmente em nossa América Hispânica. Por isso, o labor histórico da Igreja, se me é permitido dizer, foi o de impregnar a política, a ação militar, a especulação teológica e filosófica, em suma, toda a ordem temporal, com o espírito do Evangelho. Por isso, pôde Leão XIII dizer, com toda a verdade, que a Igreja "produziu bens superiores a toda esperança" onde chegou *historicamente* com o Evangelho. Por isso é possível afirmar, com toda veracidade, o que o autor estadunidense Thomas E. Woods escreveu: "A civilização ocidental deve à Igreja Católica muito mais do que a maior parte das pessoas, incluídos os católicos, tende a pensar. O certo é que a Igreja construiu a civilização ocidental". E isto ficou sumariamente evidente e, deste modo, inegável, em sua ação concreta em nossa América Hispânica.

Afirmava Pio XII que "a Igreja Católica sabe que todos os acontecimentos se desenrolam segundo a vontade ou permissão da *Divina Providência*, e que Deus alcança na história seus próprios objetivos. [...] Deus é realmente o Senhor da História". Por isso, entre o cristianismo e a história não existe, nem pode existir, nenhuma oposição, senão uma indispensável relação finalística. Foi nessa tônica que nosso amigo Cristián Rodrigo Iturralde realizou esta sua obra sobre a evangelização da América Hispânica e, com um espírito aberto à verdade, assumiu a tarefa própria de todo historiador que seja fiel à essência de seu trabalho, que é a de ver e expor — tal como sucederam, na medida do possível — os fatos, os acontecimentos e as circunstâncias, porém em seu entroncamento vital com o pensamento católico, que sabe, pelo autêntico magistério da Igreja, "que todos os acontecimentos se desenrolam segundo a vontade ou permissão da Divina Providência, e que Deus alcança na história seus próprios objetivos. [...] Deus é realmente o Senhor da História".

Pois bem, nosso amigo narrou a evangelização da América como um fato histórico, mas partindo da realidade de que a *Igreja* mesma é um *fato histórico* que compreende a afirmação da plenitude de sua origem divina e seu caráter sobrenatural, consolidando assim sua própria missão, que como tal, em seu desenvolvimento, são *fatos históricos*. E estes fatos históricos da vivência real dos aborígenes americanos estão tratados com toda a certeza e plenamente documentados. Porém, ademais, nosso autor sabe enquadrá-los no plano no qual inevitavelmente devem ser compreendidos: a ausência de Jesus Cristo e o anseio de vivenciá-lo em sua amorosa realidade.

Assume assim nosso autor *a tarefa própria do historiador católico*, que é seguir o que o Papa Leão XIII, no breve *Saepenumero considerantes*, de 18 de agosto de 1883, enfatizou como verdadeiro código intelectual e moral para o historiador católico. Neste magnífico documento, indispensável, reitero, para o labor histórico do autêntico historiador católico, assinala o pontífice que "a arte da história nestes tempos não parece ser senão uma conjura dos homens contra a verdade. [...] Muitas vezes mutilando ou relegando astutamente ao esquecimento o que forma como que os eixos principais da história, encobrem de silêncio os feitos gloriosos e os episódios memoráveis, enquanto ocupam toda sua atenção em assinalar e exagerar o que se realizou com imprudência ou menos retamente". E dava a *regra áurea* para se evidenciar a autenticidade histórica da presença evangélica (que é, considero, em suas palavras, o dever incontornável do historiador católico), que consiste em "esforçar-se energicamente em refutar as mentiras e falsidades, recorrendo às fontes. [...] É necessário que a Igreja se defenda e que fortifique com mais cuidado os flancos atacados com maior violência". E finaliza assinalando que é necessário, para um católico pleno e bem-nascido, que "a primeira lei da história seja não ousar mentir, e a segunda, não ter medo de dizer a verdade".

A tarefa de Rodrigo Iturralde, centrada nesses objetivos supracitados, satisfaz amplamente a defesa da verdade, e o faz valorosamente, ante tanta perfídia contra tudo que é católico. O feito real dos primeiros espanhóis foi defrontar-se, no Novo Mundo, com horrores que eles descrevem como de perversa selvageria, mas assumindo uma atitude autenticamente evangélica: não vêem os aborígenes como perversos intrinsecamente, mas como pobres endemoniados que era preciso libertar. E nosso autor ratifica esta realidade que vimos descrevendo. Enquadra seu estudo em duas grandes partes: a situação histórica dos povos indígenas quando da chegada dos espanhóis ("os povos pré-colombianos e o reinado do terror") e em uma segunda parte ("regimes totalitários indígenas"), constituída pela descrição veraz e análise dos aspectos próprios da vivência social, política e ética dos povos indígenas. E o faz com um profundo aparato historiográfico, que fundamenta claramente suas conclusões.

Parece-me que o fio condutor de seu trabalho é a submissão plena à única compreensão real do fato histórico da evangelização: ela é explicada historicamente em chave teológica e, diria, seguindo nosso querido Padre Castellani, *escatológica*. Este ponto central de sua elaboração permite compreender o que enfrentou a Espanha católica ante o destino manifesto querido por Deus para ela — missão que foi cumprida plenamente. O trabalho da Espanha foi evangelizador e, como tal, implicou proporcionar aos nativos princípios e sentimentos cristãos, dando-lhes um novo estilo de vida, de autêntica libertação, que é a libertação do pecado. Ademais, logrou fazer prevalecer em nossa América a justiça e os princípios cristãos, as normas cristãs, frente ao mundo brutal e sangüinário que encontrou. Cristián Rodrigo Iturralde mostra com capacidade e profundidade, com um impecável aparato crítico, que a realidade pré-colombiana foi incorporada à cultura católica e, por conseqüência, ao acesso ao Reino de Deus. Deste modo, constituiu-se o surgimento do *nós* hispano-americano, ou seja, de nossa real essência.

Com isso, sua contribuição é sumamente valiosa, e nos permite afirmar que confiamos que seu trabalho se estenda no estudo e propagação da autenticidade histórica católica, visto que muitas vezes, por desídia e ignorância, muitos católicos se envolvem em um manto de culpa assumida, por ter o inimigo os esvaziado da verdade. Felicitamos com sinceridade este jovem estudioso que, em uma época de vacilações internas, mostra-se intransigente na defesa da verdade. Felicito-o fervorosamente por sua seriedade, por sua coragem e por sua denúncia de tantas imposturas ante o inimigo.

Hugo Alberto Verdera

Notas do autor

A questão da conquista da América segue sendo, indubitavelmente, um tema de atualidade. Para uns, sua avaliação negativa resulta indispensável para apoiar e justificar abertamente a causa separatista do indigenismo vernáculo e, por sua vez, desarraigar o continente de sua filiação hispânica e católica até tornar sua causa antipática — com o claro objetivo de submetê-lo, qual bastardo, à ditadura do relativismo moral e religioso proposto pelos manda-chuvas do *Novus Ordo Seculorum*. Para outros, ao contrário, a rememoração da pacificação americana constitui a última grande empreitada do homem medieval, cristocêntrico e moralista, alheio e contrário ao espírito eminentemente utilitarista proposto pelo renascimento italiano do século xv, racionalista e antropocêntrico, do qual estiveram imbuídos ingleses, franceses e holandeses — entre os principais — para suas conquistas, de modo que o valor de uma região media-se de acordo com os recursos e benefícios materiais que dela se pudesse extrair.

Entendemos que a intervenção da Espanha e da Igreja na América representou a libertação de um continente asfixiado e viciado, rompendo as pesadas correntes de uma maioria oprimida por vigorosos e opulentos impérios e pela tirania de ídolos sangüinários. Abundantes são os estudos acerca da ação de exemplar civilização empreendida pela Espanha, pelos pontífices e pelos missionários — obra sem precedentes na História —, sendo particularmente dignas de menção, a este respeito, as *leis indígenas* e sua posterior codificação, legislação única e *revolucionária* em sua época que, entre outras coisas, abraçava os nativos daquelas terras como vassalos diretos da Coroa, com os mesmos ou mais direitos que os europeus, sendo quase todas as suas instituições e costumes respeitados, menos, claro, aqueles bárbaros, *contra natura*, como os do canibalismo e dos sacrifícios humanos. É bastante evidente que a civilização cristã tenha resultado, antes de mais nada, em um benefício aos próprios indígenas — como eles mesmos prontamente o entenderam —, fato demonstrado pela avassaladora quantidade de povos aborígenes que abraçaram a causa como sua, lutando lado a lado com os conquistadores espanhóis contra seus subjugadores.

Existem, afortunadamente, obras magníficas acerca desta realidade, sendo de particular interesse aquelas empreendidas por Dom Vicente Sierra, Guillermo Furlong, Cayetano Bruno, Enrique Díaz Araujo, Héctor Petrocelli, Alberto Caturelli e Antonio Caponnetto, para mencionar apenas alguns poucos autores de renome de nosso país.

Não obstante, cremos que para poder apreciar verdadeiramente, em toda sua magnitude, a obra espanhola — esta que tão bem expõe os autores citados —, devemos necessariamente adentrar, de uma forma mais ou menos pormenorizada, os fatos anteriores a 1492, ou seja: observar e examinar com singular detença a tessitura e condição em que se encontravam os povos pré-colombianos. Este é o motivo principal que nos levou a investigar a América pré-hispânica. Só assim poderemos entender a verdadeira significação e extensão da incursão espanhola no continente.

Neste primeiro momento da obra,[1] concernente ao período pré-hispânico, procuraremos adentrar as profundezas daquele *Novo Mundo*, como foram denominadas, pelos homens de seu tempo, as *Índias Ocidentais*.

Não é tarefa simples, por certo, pois não se trata aqui de uma ou duas culturas particulares, mas de centenas delas, muitas vezes radicalmente diferentes, confrontadas e/ou envoltas em sangrentas e intermináveis guerras, refregas, vendetas. Não se pode, portanto, generalizar esta matéria e atribuir a certos povos coisas que foram próprias de outros.

---

1 Originalmente, este livro foi publicado em dois volumes, aqui denominados Livro I e Livro II. As notas que não indiquem o contrário são do próprio autor. — NT

Algumas dessas sociedades foram mais complexas que outras. Umas contaram com algum grau de desenvolvimento técnico e sentido de justiça, outras viviam na barbárie total; algumas conviviam em assentamentos urbanos submetidos ao déspota da vez, outras viviam nas montanhas, bosques ou selvas, largadas à própria sorte, e assim poderíamos seguir *ad infinitum*.

Naturalmente, por razões lógicas e incontornáveis de espaço e tempo, não poderemos nos deter em cada uma dessas culturas na medida em que gostaríamos, pelo que optaremos — tendo em vista tornar a obra tão didática e dinâmica quanto possível — por focar o elemento que todas elas tiveram em comum: o primitivismo (diga-se guerras, desesperança, excessos, superstições etc.).

Daremos especial ênfase aos povos mais preponderantes do continente, como os incas, maias e astecas, ainda que sem deixar de lado outros povos alheios à influência destes, como os caribes, guaranis, chibchas, charrúas ou araucanos, entre outros. Iremos penetrando, gradualmente, no *modus vivendi* daquelas sociedades que viviam, em sua maioria, divididas entre ricos e pobres, submissos e opressores, nobres e plebeus. Quais eram suas crenças e costumes, vícios e virtudes, erros e acertos, leis (quando as tinham)?

Aos desprevenidos, talvez seja conveniente avisar, desde já, que a América pré-hispânica que crêem conhecer não é como tal. Não busquem neste ensaio uma América repleta de cores estonteantes — como sugerem as propagandas indigenistas —, pois não a encontrarão. Aquela *fantasia rousseauniana*, como dizia Alberto Caturelli do fictício paraíso na terra imaginado por alguns historiadores, não existiu jamais. Um autor insuspeito como o antropólogo Marvin Harris, referindo-se principalmente aos astecas, vê-se forçado a reconhecer que:

> Em nenhum outro lugar do mundo havia se desenvolvido uma religião patrocinada pelo estado, cuja arte, arquitetura e ritual estivessem tão profundamente dominados pela violência, corrupção, morte e enfermidade. Em nenhum outro lugar os muros e as praças dos grandes templos e palácios eram reservados para uma exibição tão concentrada de mandíbulas, dentes, mãos, unhas, ossos e crânios boquiabertos.[2]

---

2   Marvin Harris, *Caníbales y Reyes. Los orígenes de la cultura*. Argos Vergara: Barcelona, 1983, p. 122.

Contudo, podemos prometer luz, muita luz sobre estas páginas, que jamais é suficiente quando sua beneficiária é a verdade histórica. E para isso, nos valemos de toda a documentação e evidência disponível até o momento, sem desdenhar de nenhuma por questões de simpatia ou afinidade com tal ou qual causa de pensamento. Assim, recorremos não somente às crônicas dos conquistadores e missionários, mas também às próprias fontes indígenas — códices, iconografia, memórias etc. — e às evidências científicas dispostas pela arqueologia e pela antropologia, que não fazem mais que confirmar o que disseram os primeiros cronistas americanos. Notáveis autores e cronistas indígenas e/ou mestiços foram, entre outros, Alva Ixtlilxóchitl, Alvarado Tezozómoc e Muñoz Camargo, Juan Bautista Pomar, Francisco Antón Chimalpahin Cuauhtlehuanitzin, Garcilaso de la Vega, Felipe Guamán Poma de Ayala, sem se esquecer de obras monumentais de consulta obrigatória para o estudioso das culturas pré-cortesianas, como as de Toribio Benavente, Gonzalo Fernández de Oviedo, Cieza de León, José Acosta, Bernardo de Sahagún e Diego Landa, escritas em sua maior parte com base em testemunhos dos próprios indígenas.

A *História da América* pré-colombiana é, em geral, uma história sombria, triste, cinza, aflitiva, de sofrimento, aviltada por indizíveis torturas, guerras e intrigas angustiantes, costumes *contra natura*, canibalismo, submissão, superstição, desesperança, despotismo..., que fará recordar não poucas vezes a barbárie e utilitarismo dos regimes comunistas e das potências democráticas *aliadas* nascidas no calor da Segunda Guerra Mundial.

Não obstante, será o leitor quem julgará.

Antes de concluir esta espécie de prólogo, devemos assinalar que, apesar de a brutalidade ter sido, em menor ou maior escala, uma característica própria e generalizada de quase todos os povos do continente, não faríamos justiça à verdade se prescindíssemos das distinções tão necessárias e próprias de toda obra *histórica*. Para além das limitações anteriormente mencionadas e da desproporção de suas leis — entre um delito e sua respectiva pena —, observamos, em algumas dessas culturas — bem poucas, na verdade —, um esforço para defender algumas questões relativas à ordem natural do *cosmos*, como o devido e irrestrito respeito ao que consideravam uma religião, a condenação categórica de certos desvios morais (como a sodomia) e a busca de certa ordem em sua organização social. Portanto, caberia destacar também a valentia em grau heróico e a honorabilidade que demonstraram não poucos soldados e chefes indígenas, principalmente entre tlaxcaltecas, totonacas e texcocanos, combatendo com bravura o jugo opressor e imperialista dos astecas e/ou de diferentes ditadores aliados ou anteriores a estes. Encontramos numerosos e comovedores relatos de lealdade e desinteressada coragem entre espanhóis e indígenas, onde uns salvavam a vida dos outros e vice-versa, inclusive alguns casos memoráveis, como aquele em que um tlaxcalteca e depois um texcocano salvam a vida do mesmíssimo grande Capitão Cortés. São indígenas aos quais a confissão decidida de sua nova fé cristã frente a seus pares significou não poucas vezes a morte e o padecimento dos mais horríveis tormentos — inclusive às crianças —, sendo muitos deles beatificados posteriormente pela Igreja Católica.

A ação libertadora da Espanha e dos missionários não se viu privada de suntuosos e generosos gestos de reciprocidade por parte dos indígenas aliados à causa da liberdade e da *Civitas Dei* hispano-católica.

LIVRO I

CAPÍTULO I
Povos originários e algo mais

[...] porque a difusão da Lenda Negra, que pulverizou a crítica séria e desapaixonada, interessava duplamente aos aproveitadores e detratores. Por um lado, servia-lhes para repelir como ultrajante a cultura herdada pela comunidade dos povos irmãos que constituem a América espanhola. Por outro lado, procurava assim fomentar, em nós, uma inferioridade espiritual propícia a seus fins imperialistas... Se a América espanhola esquecesse a tradição que enriquece sua alma, rompesse seus vínculos com a latinidade, se evadisse do quadro humanista que lhe demarca o catolicismo e negasse a Espanha, ficaria instantaneamente esvaziada de coerência e suas idéias careceriam de validade.

Juan Domingo Perón[1]

Introdução

A denominação *povos originários* é freqüentemente utilizada pelos setores ideológicos do progressismo, geralmente de cunho liberal ou

---

1   Perón, Juan Domingo. Discurso na Universidade de Buenos Aires em homenagem a Cervantes, em 1947. Se é certo que não subscrevemos o movimento peronista e sua doutrina — muito menos o seu líder —, consideramos conveniente a citação em questão por dois motivos principais: por provir justamente de alguém que teve muito pouco de hispanista, e para relembrar aos *neoperonistas*, abertamente progressistas e/ou marxistas, a posição de seu líder — ao menos teórica — a respeito deste ponto.

marxista, para referir-se aos aborígenes da América. Quando o adjetivo "originários" é precedido pelo plural do substantivo "povo", obtém-se uma fórmula mágica (*deus ex machina*!) que tem, na maioria das vezes, a firme intenção de aludir aos aborígenes como os donos absolutos do continente, implicando necessariamente que nós, que hoje o habitamos, o façamos na qualidade de usurpadores. Esta ideologia guarda e acarreta muitos erros, lapsos, incontáveis contradições e não poucas incoerências, várias delas verdadeiramente escolares.

A modo de intróito à presente obra, coloquemos, neste capítulo, se bem que muito resumidamente e com a promessa de aprofundar em breve, alguns pingos nos "i's".

a) Originários de onde?

Digamos, primeiro e antes de tudo, que os assim chamados povos originários não são nativos da América, mas, como provam incontestáveis investigações universalmente aceitas (questão sobre a qual não existe divergência), oriundos da Ásia, tendo chegado ao continente através do Estreito de Bering.[2] Portanto, se alguma restituição de terra coubesse, esta deveria ser em benefício da nação de procedência de seus antepassados, hoje nações independentes e soberanas do continente asiático (Mongólia, Rússia etc.).

Porém, não deveria parar por aqui o ato *restitutivo*. Ato contínuo, a nobreza obrigaria que estes cedessem a terra às comunidades aborígenes de mongóis e esquimós, ou aos malaios-polinésios que por ali andaram pululando, e estes últimos, por sua vez, teriam a difícil e fastidiosa tarefa de rastrear, localizar e reviver o primeiro *homo sapiens* que habitou o mundo e devolver-lhe a terra em questão (ainda que, segundo a antropologia, este tenha sobre eles pouco mais de 200 mil anos de vantagem). Sendo assim, que o homem darwiniano decida e faça a repartição do *torrão*. Este será o intrincado caminho a ser seguido, de acordo com a lógica indigenista.

---

2   Além disso, também se afirma que houve imigrações oceânicas pelo Pacífico Norte e pelo Atlântico Norte.

b) E então?

Portanto — adiantando-nos às objeções que não poucos farão *a posteriori* —, devemos dizer que o fato de que os primeiros peregrinos asiáticos tenham chegado ao continente 15 mil anos a.C. (alguns milênios a mais, alguns a menos) não os habilita, nem a eles nem, certamente, a seus descendentes, a serem considerados autóctones dessas terras, muito menos a serem proclamados seus proprietários absolutos. Pois qual é o parâmetro que se segue para declarar quem é dono da terra (na hipótese de que isso fosse lícito, pois tudo pertence a Deus)? O local de nascimento dos primeiros peregrinos da América, o de seus descendentes ou haver chegado primeiro que outros? Alguém dirá, não sem certa razão, que 15 mil anos é muito tempo, e certamente o é; porém, há que se compreender que não existe uma lei universal, moral, natural ou jurídica, nem de nenhuma ordem, que estabeleça que só são legítimos donos de determinado território aqueles que o ocupem há cem, mil, 10 mil ou 30 mil anos. Se se trata de "quem ocupou a terra antes", então a Espanha estaria em todo seu direito de reivindicar, atualmente, toda a América espanhola, e os descendentes de romanos e gregos, quase toda a Europa e grande parte da Ásia, e assim poderíamos seguir *ad aeternum*. O resultado de seguir conseqüentemente este raciocínio e/ou critério seria o de que deveríamos todos ir viver em outro planeta (apesar de que teríamos o mesmo problema de "Justos Títulos" com seus *nativos*, os "extraterrestres"). Ao aderir ou tolerar essas teorias exógenas (e o indigenismo não é outra coisa, com casa matriz em Londres), coloca-se em xeque nossa existência mesma, nosso direito de existir, de ser, de se desenvolver, contrariando a lei natural de nascer, socializar, viver e povoar.[3]

Melhor entende a problemática o filósofo Alberto Buela, que aponta o seguinte:

> A crítica ao indigenismo imediatamente nos demoniza, porque o indigenismo é apenas mais um mecanismo de dominação do imperialismo e funciona como tal. Sua verborragia criminaliza quem se opõe. Sua linguagem busca

---

[3] Não deixa de ser curioso confirmar que aqueles que financiam e sustentam essas teses são os mesmos que, de forma direta ou indireta, usurparam a Palestina no século xx, perseguindo, expulsando e até exterminando grande parte de sua população originária em benefício da "república" teocrática hebréia.

despertar sentimentos primários em duas pontas: apresentam-se como vítimas e criminalizam aqueles que se lhes opõem ou que simplesmente oferecem objeções. O perigo do indigenismo é que, em nome das falsas razões de origem que são dadas, nos tiram, ao menos aos crioulos[4] da América, nosso lugar de origem. E nós, os crioulos, sob o nome de *huasos, cholos, montuvios, jíbaros, ladinos, gaúchos, borinquenhos, charros* ou *lhaneiros,* somos o melhor, o produto mais original que a América deu ao mundo.[5]

c) Opções: deixar o continente, o planeta ou voltar para a selva?

Dizíamos há pouco que, com o mesmo critério, poderiam os espanhóis reivindicar dos hispano-americanos o continente, pois não somente o ocuparam por mais de 300 anos antes do nascimento das independências, como também a eles devemos o desenvolvimento, os conhecimentos, as construções, a língua, os costumes, a religião e as instituições com que contávamos no momento das emancipações continentais. Ou por acaso 300 anos não são suficientes para proclamar-se dono das terras? Deveriam ter sido 30 mil para se poder fazê-lo? Quem determina esse número? Deveríamos restituir à Espanha só o continente ou também o idioma e nosso *modus vivendi* ocidental? Sendo coerentes, deveríamos todos, então, voltar às tangas e passar a afiar as facas de obsidiana e as pontas das flechas, se é que pretendemos arranjar o almoço e, ao mesmo tempo, evitar ser linchados por tribos vizinhas, nos tornando sua porção de proteína. O mais doloroso para alguns, talvez, sejam as conseqüências no setor alimentício: despedir-se das suntuosas pizzas de muçarela, dos suculentos bifes a cavalo, do leite e de todos os seus derivados. Teremos que comer, no café-da-manhã, almoço, lanche e jantar, milho e, com sorte... mais milho (e se o acaso o permitir, algum crustáceo). Como sabemos, as vacas, entre outras centenas de coisas, foram trazidas pelos espanhóis. Se eles se vão, as vacas deveriam

---

4 Em espanhol, diferentemente do português, a palavra "crioulo" (*criollo*) tem como acepção principal "alguém que é filho ou descendente de europeus, nascido nos antigos territórios espanhóis da América ou em algumas colônias européias do mesmo continente". Somente em segundo lugar designa pessoa negra nascida na América, em oposição às nascidas na África. — NT

5 Alberto Buela, "El Camino al Infierno empedrado por las buenas intenciones II", Breve sobre índios e indigenistas, 12 de maio de 2010. Cf. http://www.defenderlapatria.com/el%20camino%20al%20infierno%20empedrado%20por%20las%20buenas%20intenciones%20II.pdf.

voltar com eles. É isto ou mudarmos de continente, ao menos para quem pretenda seguir com coerência suas convicções.⁶

d) Povo conquistado pelas armas não vale?

Seguramente não faltará quem nos acuse de certa hipocrisia e ingenuidade, argumentando que nosso raciocínio não é válido, *já que os espanhóis conquistaram essas terras dos nativos pelas armas*.

São afirmações como esta que tornam manifesto o conhecimento enviesado e seletivo da história e a parcialidade dos critérios dos críticos da Conquista. Pois não levam em conta, ou omitem convenientemente, ou desconhecem (o que seria ainda mais grave) que os mesmos povos que os espanhóis conquistaram deviam sua existência, por sua vez, às conquistas e extermínios de outras tribos, povos aborígenes, rivais ou não. Sabemos que os astecas, como império da região mexicana e arredores, não existiam há 30 mil anos, senão desde pouco menos de dois séculos antes da chegada dos espanhóis. Outro tanto podemos afirmar dos incas como império, para tomar mais um exemplo paradigmático: seu início data do século xiv. A história dos povos pré-colombianos está carimbada com a marca indelével da conquista pelas armas, da submissão, do extermínio, da perseguição, das alianças, das traições, da vingança, do sadismo, das intrigas internas e de um longo "etc.".

Se o que aqui se condena ou acusa é a conquista pelas armas e a consecutiva imposição de certos costumes aos vencidos (que, no caso espanhol, resultou primeiramente no benefício dos próprios indígenas, visto que, entre outras coisas, deu-se proteção a 90% da população da América que não queria ser exterminada e submetida pelos outros 10%), então digamos claramente: não, ninguém se salva. Seria preciso julgar todos os povos da história por crimes de *lesa-humanidade* (empregando a dialética oficial imperante), a começar pelos próprios indígenas, seguidos por ingleses, holandeses, americanos e israelitas.

Disse-o melhor o professor Oscar Sulé:

---

6   Curiosos indígenas e indigenistas do século xxi: devoradores de milanesas à napolitana, fumantes compulsivos de *marlboros*, redigindo documentos e fazendo queixumes no mais perfeito castelhano de Nebrija.

Ninguém condena os egípcios, que absorveram os primitivos camitas e levantaram seu império, legando à humanidade um grande patrimônio cultural. Tampouco ninguém condena os hebreus, porque dominaram os antigos filisteus e cananeus das terras do Jordão, transmitindo-nos por isso nada menos que o monoteísmo como preciosa clave da existência humana. Nem nada é dito dos gregos, que conquistaram os "povos do mar", os "pelasgos", e aniquilaram a civilização creto-micênica, depois elaborando uma civilização e cultura das quais todo o mundo se sentirá herdeiro, inclusive a própria Espanha, através de Roma, e nós, de alguma maneira, através da Espanha. Ninguém condenou Roma, que liquidou os etruscos e, instalando-se em seus territórios — a atual Itália —, com o tempo nos deu uma gigantesca obra jurídica, aproveitada por todo o mundo. Finalmente, a condenação se volta sobre os próprios aborígenes que, em seus sucessivos deslocamentos, invadiram terras de outros índios, aniquilando-os ou absorvendo-os até fazer prevalecer, no final, como os andinos, suas técnicas e espiritualidade superiores sobre comunidades anteriores.[7]

Não obstante, cabe aclarar, a este respeito, que poucas vezes se viram os espanhóis obrigados a empunhar as armas, pois muitas tribos — especialmente as submetidas naquele momento aos impérios indígenas — aceitaram e até buscaram aquela *nova ordem* proposta pelos espanhóis e missionários. Já não mais queriam saber daqueles deuses sangüinários que tragavam seus familiares e amigos; batizaram-se de boa vontade na religião daquele Deus *bom*, como chamavam a Cristo. Aponta o historiador Bancroft:[8] "Muitos indígenas foram profundamente impressionados pela nova fé e olhavam os frades com grande veneração, se comprazendo mesmo ao dar-se conta de que sua sombra caíra sobre eles, e que se lhes permitira entregar uma confissão de seus pecados escrita em figuras", fazendo notar em seguida o fervor da adesão manifestada pelos indígenas a esta nova fé, destacando, entre outros casos, as massivas conversões e batismos logrados pelo Padre Gante (8 mil indígenas por dia) e por um sacerdote de Toluca que chegava a batizar, ao mesmo tempo, 3 mil.

Um reputado historiador saxão assinala, ademais, a importância da diplomacia na proeza espanhola:

---

7   Jorge Oscar Sulé, "Iberoamérica y el Indigenismo", I. Artigo completo disponível para consulta em: http://unidosxperon.blogspot.com.ar/2010/12/la-falacia-del-indigenismo.html.
8   Bancroft Works, *Historia de México, bajo Trabajos Apostólicos*, pp. 174-175. Citação tomada de José Escamilla, *Inglaterra protestante y España Católica*, EUA: WestBow Press, 2012 (edição digital).

A conquista espanhola da América foi marcadamente um êxito mais da diplomacia do que da guerra. Teve que ser assim, posto que as forças de exploração e invasão foram tão pequenas que, de outro modo, não poderiam sobreviver e conquistar. Comparados com a perspicaz diplomacia espanhola, as mais famosas armas de fogo, cavalos e espadas de aço foram, amiúde, de menor eficácia.[9]

e) Foi legal e legítima a incursão da Espanha na América?

A Espanha atuou conforme o Direito internacional e as normas vigentes naqueles tempos relativas à política de descobrimento. Durante a Idade Média, diz o francês Pierre Chaunu, "imperam as normas estabelecidas pelos usos e costumes para a propriedade territorial".[10] Os direitos da Espanha foram legítimos; o próprio Direito romano estabelecia que a pertença de uma terra correspondia a quem a descobrisse e povoasse (princípio vigente na Idade Média). Quanto à entrega papal daqueles territórios, assinalemos que o direito público da Europa medieval reconhecia ao vigário de Cristo na Terra o poder da concessão de terras ainda não possuídas por nenhum príncipe cristão. Recordemos que, previamente, o papa já havia confirmado aos portugueses seus direitos sobre as costas da África, e a Henrique II da Inglaterra, sobre a ilha da Irlanda, entre outros casos.[11]

No entanto, a Espanha não se conformou com o amparo do direito positivo, como ficou bem demonstrado nas famosas disputas referentes aos Justos Títulos; com o incentivo do próprio rei, do pontífice, dos missionários e de um seleto grupo de destacadíssimos teólogos e juristas, suspendeu-se temporariamente novas explorações e conquistas até que se discutisse e analisasse profundamente o assunto. Era preciso certificar-se de estar agindo licitamente, cristãmente, ou seja, provar que a ação da Espanha e da Igreja no continente implicava uma melhora substancial na qualidade de vida dos nativos americanos.

---

9   Philip Powell, p. 27. Outro erudito, Constantino Bayle, disse a respeito: "Os conquistadores espanhóis poderiam ter dado uma lição a muitas das chancelarias européias" (citado por Powell, p. 27).
10   Pierre Chaunu, *Historia de América Latina*, Buenos Aires: Eudeba, 1972, p. 15.
11   Clemente VI, em 1344, concedeu a Luís de la Cerda o principado das Canárias. Outros casos são mencionados na obra de Vicente Sierra, *El Sentido Misional de la Conquista de América*, Buenos Aires: Dictio, 1980, pp. 59–60. Consultar, a respeito dos Justos Títulos, muito especialmente a obra do Dr. Enrique Díaz Araujo, *Los Protagonistas del Descubrimiento de América*, Buenos Aires: Editorial Ciudad Argentina, 2001.

Somente depois de reunir uma avassaladora quantidade de evidências probatórias — recolhidas e providenciadas, em muitos casos, pelos próprios indígenas — do estado de opressão e injustiça em que viviam os habitantes do continente, foi que a Espanha resolveu continuar sua ação evangelizadora, pacificadora e conquistadora na América.[12]

Ainda assim, cabe deixar claro que, à chegada dos europeus, apenas uma pequena parte do continente americano se encontrava habitada, e a maior parte das terras não estava cultivada. Recordemos que em 1492 não existiam mais de 13 milhões de habitantes na América — hoje são mais de 1 bilhão. Portanto, caberia perguntar-se: quais são as terras que reivindicam? As que ocupavam e/ou as que não ocuparam, nem cultivaram, nem jamais conheceram?

Sergio de Sanctis, famoso historiador — pouco simpático à Espanha —, reconhece o seguinte:

> Quando os espanhóis chegaram, a maior parte das terras estava sem cultivo... por isso, os espanhóis não despojaram os índios de suas terras, mas se limitaram a apropriar-se de superfícies não cultivadas que foram repartidas em concessões reais... É necessário sublinhar que, em termos absolutamente legais, a comunidade indígena foi protegida durante a colonização; mais ainda, durante os séculos XVI e XVII, tomou força pouco a pouco uma significativa orientação jurídica tendente a sancionar a inalienabilidade da propriedade indígena e a favorecer a restituição das terras comunitárias que haviam sido objeto de espoliações por parte dos *encomenderos*.[13]

Por outro lado, porém no mesmo sentido, surpreende constatar tão grosseiras incoerências nas reivindicações territoriais que, até hoje, vários grupos indígenas realizam, quando estes — salvo casos excepcionais — jamais permitiram — nem sequer conheceram, muitas vezes — a propriedade privada. Não menos curiosa e paradoxal resulta a animada defesa dessas demandas por parte dos setores marxistóides, inimigos

---

12   Para mencionar um único caso bem conhecido, no Peru, o Vice-rei Toledo ordenou que se investigasse a fundo a situação social na qual viviam as tribos incaicas — estudo conhecido comumente com o nome de *informações* —, deixando depois a preparação e publicação destas a cargo de Pedro Sarmiento de Gamboa. Ainda que não poucos acusassem esta história de "parcialidade" e de ser favorável aos interesses espanhóis, a questão ficou definitivamente encerrada quando dos testemunhos dos próprios indígenas (estudos aos quais aludiremos mais adiante), que, em muitos casos, foram mais duros que os dos próprios espanhóis.
13   "Las comunidades de aldea entre los incas, los Aztecas y los Mayas". Citado por Antonio Caponnetto em seu livro *Hispanidad e Leyendas Negras*, Buenos Aires: Nueva Hispanidad, 2001, pp. 205–206.

radicais e declarados da propriedade privada. Omitem deliberadamente — e como se fosse coisa pequena — que, entre os indígenas, somente as classes privilegiadas puderam, em algum momento, ter direito à posse de terras e outros bens.

f) Os povos originários como parte de um mesmo todo?

Não são poucos aqueles que, em vista de tentar minimizar o trabalho civilizador e evangélico da Espanha e da Igreja Católica na América, fingem a existência de uma saudável e harmoniosa unidade continental indígena até 1492. Assim, então, os espanhóis teriam quebrado, com sua chegada, esta unidade perfeitamente coesa, exterminando uma mesma raça, uma mesma cultura: a indígena.

Afirmar tal coisa é desconhecer completamente a realidade pré--colombiana e a história indígena. Desde a chegada dos primeiros imigrantes asiáticos ao continente, até o descobrimento destas *Índias*, nele habitou um sem-número de diferentes raças, etnias, culturas e povos, de diferentes línguas, dialetos e costumes. Como bem aponta Dom Vicente Sierra, sintetizando o assunto: "As possibilidades culturais de um maia nada tinham de contato com as de um araucano". Alguns povos ficaram irredutíveis, por estarem acostumados a viver na mais completa anarquia e excessos, enquanto outros conservaram certo grau de organização. Algumas raças se encontravam tão degradadas fisiológica e psiquicamente — principalmente pela embriaguez — que estavam a ponto de extinguir-se. Isto, naturalmente, dificultou a aplicação de legislações comuns a todos, por tratar-se de povos e situações tão díspares geográfica e culturalmente.[14]

Geralmente brigando até a morte uns com os outros, motivados por invasões, vinganças, pelo mero ofício de fazer guerra, procurando fazer escravos para si ou ainda por outros motivos, chegavam ao limite do extermínio de populações inteiras. Somente na região da atual república mexicana, coexistiram numerosos povos habitualmente inimigos entre si, como os maias, zapotecas, olmecas, totonacas, toltecas, tlaxcaltecas, tarascos, otomis, chichimecas, tarahumaras, cholulas, tepanecas, texcocanos,

---

14 Consultar, para mais detalhes, a obra de Vicente Sierra (*Sentido Misional...*, pp. 131–138) e, particularmente, duas de Guillermo Furlong Cardiff: *Entre los Abipones del Chaco*, Buenos Aires, 1938, e *Entre los Pampas de Buenos Aires*, Buenos Aires, 1938.

para citar somente alguns. Na região andina, batalharam a sangue e fogo incas, nascas, chovís, tiahuanacos, moches, araucanos etc.

Logo, não foi necessário que viessem os espanhóis a *destruir* grandes *civilizações* indígenas: estas eram, pois, ou destruídas e extintas pelas hordas invasoras do momento, ou por rebeliões internas, ou simplesmente desapareciam misteriosamente da face da Terra, como foi o caso dos olmecas, maias, toltecas,[15] teotihuacanos, tiahuanacos, nascas etc., ou como o povo taíno, exterminado pelos denominados *índios caribes*. Portanto, pretender que esses indígenas pertencessem a uma mesma comunidade, só diferenciada geograficamente, é, no mínimo, coisa de mentecapto.

E foi a Espanha, de fato, quem protegeu e apoiou aquela "multiculturalidade" continental — para usar um termo tão em voga — sempre encontrada sob a ameaça iminente dos impérios pré-colombianos expansionistas, somada à criminalidade de hordas anárquicas como a dos caribes. A Espanha e os missionários se ocuparam em elaborar e aplicar diferentes legislações considerando cada povo em particular, a fim de facilitar sua transição à nova ordem, respeitando a maior parte de seus costumes.

g) Bravura indígena?

É pertinente perguntar-se com sinceridade, a este propósito, se incas e astecas de fato resistiram estóica e *espartanamente* à ocupação européia, como se costuma crer. Fizeram-no? Resistiram alguns; não mais do que isso.

Existe um hábito de dotar esses povos com traços que certamente não tiveram. Costuma-se assim, portanto, dedicar os maiores louvores ao suposto poderio e gênio militar que haveriam tido, e ao valor lendário de seus guerreiros.

Caberia recordar que Hernán Cortés conquistou o império pré-colombiano mais extenso da história com somente 300 homens em menos de 24 meses, e que Pizarro fez o mesmo com 170 homens,

---

15 Segundo o protestante Prescott, os toltecas foram destruídos pelas pestes, fomes e guerras, tanto internas como externas. *Historia de la Conquista de México*, pp. 20–21. Quase todos os grandes povos desapareceram ou foram destruídos pelas mesmas razões (veremos alguns exemplos mais adiante).

frente a uma população de 3 milhões de incas e 300 mil guerreiros. A relação numérica entre indígenas e espanhóis foi sempre, no melhor dos casos, de 200 para 1 em favor dos primeiros. E vale aclarar uma coisa: a Espanha não trouxe consigo nenhum colossal arsenal com tecnologia 3D, nem telefones celulares lança-granadas, como não trouxe seus tanques e mísseis, nem a Força Aérea e seu regimento de bem treinados pára-quedistas, nem seus comandos terrestres ou anfíbios. Para dizer a verdade, não trouxe consigo sequer soldados profissionais ou aficionados por guerra.

Parece que a suposta superioridade das armas européias não é mais que um mito. Em um conhecido documentário do Discovery Channel, os especialistas em armas Ross Hasig e Jack Schultz — após a reconstituição dos fatos e analisando as armas utilizadas por ambos os lados — chegam à mesma conclusão. Apontam, entre outras coisas, que a vantagem que as armas de fogo ofereciam aos europeus, em princípio, foi mínima: era preciso muito tempo para recarregar as armas após cada disparo, pelo que foram quase inúteis nos enfrentamentos a curta distância, nos quais, ao que parece, a vantagem estava ao lado dos indígenas, cujas espadas feitas de obsidiana podiam cortar um homem pela metade com um ou dois golpes. A isto somemos que, como hábeis guerreiros, calculavam para que os projéteis lançados pelas fundas — os dardos ou as flechas — ferissem os espanhóis nas partes do corpo que não eram cobertas por suas armaduras de ferro.[16]

Diferentemente dos astecas, que eram todos guerreiros experientes e faziam da guerra sua vida, entre os soldados espanhóis, salvo honrosas exceções, nenhum tinha experiência prévia em guerras ou batalhas. Porém, nem a clara vantagem geográfica que Tenochtitlán oferecia para os astecas pôde deter os espanhóis. Recordemos que a capital dos mexicas se encontrava estabelecida em uma ilhota no lago Texcoco, cujos únicos acessos por terra eram umas poucas e estreitas

---

16   Documentário *Unsolved History*, 2ª temporada, episódio 6: "Aztec Temple of Blood", produzido por Peter Karp e dirigido por John Joseph, para o Discovery Channel, 21/1/2004. Citaremos este documentário mais adiante, neste ensaio. A investigação contou também com a colaboração dos antropólogos Frances Berdan e Barry Isaac, os recentemente mencionados especialistas em armas Ross Hasig e Jack Schultz, os *designers* de torsos artificiais Wesley Fisk e Chris Leigh e o prestigiado cirurgião Brendon Coventry. Disponível completo em: http://www.youtube.com/watch?v=sfTMFsniCXM.

pontes artificiais por eles construídas, que podiam ser levantadas a qualquer momento para fechar o acesso à cidade. Antes de ali chegar, Cortés precisou percorrer, com seus soldados, 400 quilômetros de selva indômita, repleta de perigos, feras selvagens e ataques inesperados, tudo isso com escassez de alimentos. O protestante Pierre Chaunu narra com grande destreza e detalhes a tenacidade mostrada pelos espanhóis na conquista:

> Prodigiosa rapidez, a desta aventura maravilhosa cumprida por meios precários. Cortés partiu ao assalto do império asteca com 660 homens; Pizarro, ao do império dos Andes, com 180. Os outros grandes devoradores de distâncias só tiveram sob suas ordens um punhado de aventureiros; com essas forças insignificantes, triunfaram sobre as emboscadas de um país desconhecido, hostil, não feito à escala humana. Pizarro passou reiteradamente das planícies palustres das costas aos altiplanos do interior; Orellana percorreu dezenas de milhares de léguas através das selvas da Amazônia, em constante procura do desconhecido. Estas conquistas foram realizadas sobre povos primitivos do centro da América do Sul e das ilhas, porém também sobre outros que, como no caso dos incas, haviam chegado a um grau de aperfeiçoamento e organização social raramente alcançado. Esta luta de um punhado de homens famintos e quebrantados pela fadiga contra multidões, esta conquista total seguida em todas as partes pela fusão definitiva das culturas indígenas e de suas organizações políticas, logrou o triunfo mais pela superioridade e arrojo de seus homens do que por sua superioridade técnica.[17]

Ainda assim, os espanhóis tiveram uma vantagem, é certo; duas, para dizer a verdade. A primeira foi o gênio estratégico e a vontade indomável de um homem extraordinário: Hernán Cortés. A segunda, seus homens. Mesmo que fossem, em sua maioria, civis e neófitos nas artes militares, há que se compreender que, antes de mais nada, eram espanhóis, e isso diz muito. Pois o espanhol daqueles séculos era moldado desde o berço à imagem e semelhança do Arquétipo, isto é, do Cavaleiro Cristão: a desprezar todo perigo e a evitar toda vaidade, a dedicar sua vida aos mais elevados ideais. O espírito de cruzada, de

---

17   Pierre Chaunu, *Historia de América Latina*, Buenos Aires: Eudeba, 1972, p. 25. Para além de algumas imprecisões — como a quantidade de homens que diz terem acompanhado Cortés e os números populacionais que oferece para a América — e de imerecidas concessões aos saxões em sua conquista do norte do continente, bem como de alguns preconceitos antiespanhóis e anticatólicos, sua obra é de muito proveito para o estudo da conquista da América.

reconquista, estava presente e firme em cada um dos seus gestos, até no mais recôndito e íntimo de seus ossos, preenchendo sua alma.

Esses homens não conheciam a guerra e nem eram muitos deles, a bem da verdade, grandes moralistas ou portadores de uma intensa vida espiritual, mas se incomodavam com guerras fúteis e conheciam e praticavam a honra, a lealdade e a caridade, sobretudo com os vencidos e com as mulheres, velhos e crianças; isto os fez os primeiros praticantes do Tratado de Genebra, mesmo séculos antes de que tal tratado existisse. Nem mesmo com os povos extremamente belicosos utilizaram Cortés e Pizarro as armas, senão como último recurso, castigando e proibindo severamente os saques e maus-tratos sobre os vencidos. Não necessitaram de nenhuma legislação nacional ou internacional que regulasse o tipo de comportamento adequado em tempos de guerra; eles o aplicaram instintivamente, graças à sua formação católica e à prática de seus preceitos cristãos. O Tratado de Genebra raramente foi respeitado desde sua promulgação até hoje — a Espanha o fez séculos antes. Cabe-lhe, portanto, este merecido reconhecimento.

Os indígenas, por sua vez, não conheciam noções tais como códigos de guerra ou misericórdia: todo prisioneiro de guerra era, por norma e no melhor dos casos, executado no ato, ou escravizado para ser eventualmente torturado e sacrificado ritualmente. O mesmo se dava com suas famílias; suas mulheres eram previamente estupradas, de forma sistemática, e as crianças eram destinadas a aplacar a insaciável sede de sangue dos deuses astecas, maias ou incas.

Bravura asteca? O certo é que, às vezes, nem sequer era preciso o combate corpo a corpo, pois, como reconhecem os próprios indígenas, era suficiente o estrondo de algum fumegante canhão para que fugissem, atemorizados. A crença de que estes eram como uma espécie de espartanos ou cruzados templários americanos é um despropósito histórico e uma afronta àqueles grandes povos e homens que lutaram e morreram de modo heróico pelos mais altos ideais.

Astecas, incas e maias foram guerreiros "ferozes" unicamente quando guerrearam contra povos aos quais superavam amplamente em número e em qualidade de guerreiros, povos estes que geralmente não contavam com exércitos regulares e profissionais, nem com o armamento ou recursos dos grandes impérios.

Aos recém-mencionados, agreguemos três últimos exemplos certamente emblemáticos que fundamentam, em grande medida, nossa opinião: 1) Montezuma II é capturado como prisioneiro, pelos espanhóis, sem opor resistência. Porém, o mais grave (a propósito da "hombridade" indígena) é que se converteu no porta-voz do capitão espanhol, instando aos seus à rendição. A história termina com um Montezuma apedrejado e flechado por parte de sua própria gente; 2) Cuauhtémoc, último líder asteca, sucessor do mencionado acima (considerado um verdadeiro guerreiro do povo pelos seus), tentou, sem combater, fugir rapidamente, quando viu que a contenda se tornava desfavorável. Os espanhóis o aprisionaram quando estava fugindo em uma canoa; e 3) ao sul do continente, temos o caso do sangüinário rei inca Atahualpa, feito prisioneiro por Pizarro. Todos preferiram viver a aceitar a morte como verdadeiros homens e guerreiros, aqueles que não resignam nada além de sua própria vida, não renunciando ao que crêem ser sua missão, nem ao seu povo, nem aos seus ideais. No ano de 1319, vencidos os astecas pela aliança formada entre colhuas, xochimilcas e tepanecas, foram aqueles submetidos à humilhação de desistir de seus deuses, sendo obrigados a entregar todos os símbolos religiosos ou objetos que fizessem referência a eles.

Em contraste, resulta inimaginável conceber um guerreiro católico renunciando a Cristo para não ser executado. O espanhol cristão daqueles séculos aceitava — e até mesmo buscava — a morte como uma graça que se lhe era dada. Ajoelhar-se ante o inimigo, ante a barbárie e a selvageria, jamais foi uma opção. Ninguém na história contou, entre suas fileiras, com maior número e qualidade de mártires e guerreiros em grau heróico do que a Espanha e a Igreja Católica. A grande quantidade de mártires dá boa mostra disso. Sua inspiração? O Evangelho e a Cavalaria católica. Uma das principais normativas do Código da Cavalaria — redigido por Raimundo Lúlio — ordena "não retroceder jamais ante o inimigo". Alfredo Sáenz, que dedicou uma de suas grandes obras a esta questão, nos explica a cosmovisão que aquele homem católico tinha sobre a vida:

> Antes morrer que retroceder. Ao fim e ao cabo, a morte por valores é a mais gloriosa para um cavaleiro. Mais importante é o sangue derramado [...]. "Combatei, Deus vos ajudará": tal é a fórmula que une a força do homem e a ajuda de Deus, a natureza e a graça. Não outra coisa queria dizer Santa Joana d'Arc quando afirmava: "Os homens de armas batalharão, e Deus dará a vitória".[18]

Ao final, Hegel tinha razão: a América caiu ao sopro da Europa.

h) E o ouro, onde está?

"O ouro": esta foi a questão usada como *cavalo de Tróia* para tentar distorcer os verdadeiros desígnios da Espanha no continente. É típico da mentalidade marxista de cunho hegeliano o querer explicar e interpretar todo fato histórico através de causas materiais (o que usualmente denominamos "materialismo histórico"). E é por esta estreiteza mental, esta insuficiência crítica e cognitiva, que não puderam explicar um processo que continuou por mais de 300 anos, pelo qual foram fundadas centenas de casas de estudo, de comércio, hospitais, edifícios, templos, sendo construídas cidades nas regiões mais recônditas, inóspitas e perigosas do continente, onde não havia riqueza ou recursos naturais mais que umas quantas ervas daninhas.

Não. Impossível — e por isso inconseqüente — será tentar explicar a obra de pacificação e povoação da América sob o pretexto de que uns poucos aventureiros *sedentos de ouro* tenham despertado, certo dia, decidindo *ipso facto* percorrer, desde os bosques dos montes bascos ou das montanhas e planícies da Estremadura, mais de cinco mil milhas náuticas, se desfazendo de todas as suas posses (inclusive a preço vil), pedindo emprestado o que não tinham, afastados de sua prole, expondo-se a todo tipo de perigos, sabendo que provavelmente jamais voltariam à Península com vida ou com algum dinheiro nos bolsos. Antes, muito mais factível era que morressem sem um tostão. E a experiência se encarregou de justificar tais suposições. Nos anais do descobrimento, exploração e pacificação da América,

---

18 Alfredo Sáenz, *La Caballería*, Ediciones Gladius: Buenos Aires, 1991, pp. 162–163. Consultar, no mesmo livro (pp. 169–175), a carta que São Bernardo dirige aos Cavaleiros do Templo, animando-os a combater os injustos agressores e infiéis, e a não temer a morte, mas buscá-la em defesa de Deus.

descobrimos, por todos os lados, conquistadores e adiantados[19] quebrados economicamente e/ou comidos por canibais, ou liquidados pela fome, pelas guerras, pelas tempestades e outros mil motivos. Outros, como o próprio Cortés, reinvestiram todos os ganhos em novas empreitadas que os levariam, eventual e infalivelmente, à bancarrota e à morte. O conquistador espanhol se colocou no lugar oposto ao de seu par europeu, enriquecido pela especulação financeira e pela exploração inumana dos recursos naturais. A velhice do conquistador espanhol, adverte García Soriano,

> foi uma velhice de privações, dificuldades e misérias. Conquistada a América, realizada a homérica façanha e pacificada a terra, o conquistador sentia-se como que fora do tempo... Foram muito poucos os que puderam gozar do fruto de seus trabalhos e esforços na paz singela e tranqüila de seus lares... Ao contrário, quantos não caíram na metade do caminho, padecendo as terríveis torturas das flechas, arrebatados por torrentes, lançados nos abismos, vítimas das espantosas torturas da fome ou das febres tropicais, ou do fio das espadas de seus próprios companheiros... Examinai o acaso, as provações dos méritos e serviços dos conquistadores que solicitam benefícios à Coroa e ouvireis a voz angustiada dos velhos soldados, cobertos de glória, solicitar ao monarca, em tons de súplica, o reconhecimento de seus serviços para mitigar sua miséria. Vós os escutareis queixarem-se de que após esses anos todos, não têm com que dotar suas filhas para casá-las com decoro; que não têm com que vestir e educar a seus filhos; que à exceção de um nome glorioso, não têm outra herança para deixar a seus descendentes. Examinai o *Dicionário Autobiográfico dos Conquistadores e Povoadores da Nova Espanha*, e ouvireis uma queixa interminável, uma eterna cantilena, na qual o conquistador pede à Coroa remédio para suas necessidades e misérias. Velhos, enfermos, cobertos de feridas e rodeados de filhos, suportam as angústias de uma estreiteza econômica que os esmaga, e que é a melhor réplica à acusação de avareza com que seus detratores pretenderam apedrejá-los...[20]

Sem dúvidas, se houvessem feito da *matéria* sua verdadeira motivação, muito mais fácil teria sido, para eles, tentar a sorte em outros lugares da Europa, nas costas asiáticas e africanas, ou na própria Espanha. O ano de 1492 é o ano que marca o final da reconquista espanhola

---

19 Termo atualmente em desuso que, na época dos descobrimentos, designava a pessoa a quem se confiava o mando de uma expedição marítima, concedendo-se-lhe de antemão o governo das terras que descobrisse ou conquistasse. — NT
20 Manuel García Soriano, *El Conquistador Español del siglo XVI*, Tucumán, URU, 1970, pp. 90–91.

contra o infiel e impiedoso invasor muçulmano. Esse espanhol, esse católico, infundido de um sentido heróico e serviçal da vida, anelava (inclusive ao ponto de enlouquecer) ampliar os confins e ideais hispânicos — desafiando a gravidade e a geografia, se fosse necessário, como de fato o fizeram —, porém, sobretudo, esses homens cristocêntricos ambicionavam maior glória para Deus, e isto só poderiam realizar evangelizando aqueles estranhos pagãos que habitavam o outro lado do orbe, em um lugar ao qual chamavam "o Novo Mundo".

Afirmar que a Espanha não veio *senão* para levar o ouro contrasta completamente com a volumosa documentação existente e com os fatos objetivos, verificáveis, daquele período. Em síntese, insistir nisso para explicar uma empreitada que persistiu por mais de três séculos, que construiu e civilizou um continente, é uma de duas coisas: má vontade ou severa estultícia.

A questão do ouro foi, para a Espanha, meramente complementária, secundária, quase acidental. Embora o mal de uns não possa justificar o mal de outros, convém recordar que os próprios indígenas exploravam a grande massa pertencente ao povo simples nos trabalhos das minas, pois este metal precioso foi igualmente estimado por eles. E o que dizer dos ingleses![21] Ao norte do continente e mesmo em suas colônias africanas e asiáticas, junto a seus sócios (às vezes competidores) holandeses — e às vezes portugueses —, não hesitaram um instante em exterminar populações inteiras para este propósito.

Aprofundar-nos-emos um pouco mais neste ponto posteriormente, porém digamos, no entanto, uma ou duas coisas acerca desta repetida acusação: a Espanha não encontra ouro senão mais de meio século depois de ter posto os pés na América. Se a intenção da Espanha tivesse sido meramente comercial, teria esgotado suas energias e recursos na construção de portos e assentamentos costeiros — como fizeram saxões e portugueses —, em vez de penetrar no coração do continente, atravessando selvas indômitas, levando missionários e trabalhadores,

---

21 O curioso, no caso de nossos indigenistas "crioulos" — incluídos, naturalmente, os midiáticos Galeano e Pigna —, é que, a fim de acusar a Espanha com puerilidades como estas, têm buscado o vil metal até nos bolsos do Pipo Pescador — sem sorte, por certo —, se *esquecendo* de verificar os do Império Britânico. Apesar de que, a bem da verdade, não possamos dizer que tal descuido nos surpreenda, se considerarmos as localizações das sedes das entidades indigenistas mais influentes de nosso país: nada menos que Londres e Bristol, Inglaterra.

fundando escolas, hospitais e universidades, tanto para indígenas como para espanhóis. Diz Dom Vicente Sierra:

> [...] as ganâncias materiais não apareceram senão muito mais tarde, pois nem o ouro abundava como alguns supõem, nem o trigo, as hortaliças e as frutas apareceram somente ao semeá-las, nem aumentaram as vacas suas parições, nem as galinhas trazidas da Espanha botaram mais de um ovo por dia. [...] E ao chegar, o mesmo se dá no fabuloso México, que no Tucumán, onde não havia nem raízes para comer, o conquistador pára, deixa as armas num canto e se põe a arar, ou busca quem mova um arado.[22]

No entanto, reconhecemos, será difícil negar que alguns conquistadores tenham sido movidos, em parte, por ambições materiais (o que não é ilegítimo nem imoral *per se*), o que, na verdade, não nos deveria surpreender, se nos colocarmos em seu lugar por um momento. Muitos deles, já o dissemos, haviam investido tudo quanto possuíam para empreender tão custosa e esgotadora viagem, chegando a endividar-se enormemente. Não podemos esquecer que as conquistas e explorações — salvo a de Colombo e talvez alguma outra, efetivadas pela Coroa — foram empreendimentos privados, sendo portanto natural que os conquistadores quisessem recuperar o investimento ou obter alguma renda por seu esforço. E é lógico que assim fosse, ou por acaso aquele que trabalha não merece uma retribuição? Quanto mais quem trabalha arriscando sua vida por uma causa transcendente e universal. Ingrato e injusto seria, de nossa parte, esquecer que hoje habitamos este continente graças à sua coragem.

Ademais, convém recordar que, em geral, estes homens foram profundamente religiosos, inclusive firmando um contrato com a Coroa: "Haviam se comprometido com os monarcas a difundir o Evangelho cristão entre os indígenas e, naturalmente, protegê-los e dar-lhes bom trato". Violar tal acordo não somente significava a rescisão do convênio, como também acarretava gravíssimas conseqüências para a fama de seus envolvidos (em tempos onde a honra era tudo), que poderiam ser multados e encarcerados (como de fato aconteceu algumas vezes). Portanto, atuar conforme o Direito e o Evangelho estava no melhor interesse de todos — mesmo dos avarentos. E para assegurar que

---

22 Vicente Sierra, *El Sentido Misional de la Conquista de América*, Buenos Aires: Dictio, 1980, p. 365.

nenhum possível abuso de colonos, adiantados ou conquistadores passasse sem ser punido, a Coroa e a Igreja tinham seus próprios olhos no continente: os missionários — pregadores como Frei Antônio de Montesinos e Toribio de Benavente, para nomear somente dois grandes protetores de indígenas — e um sem-fim de funcionários reais entre cujas atribuições estavam a de supervisionar e a de vigiar o comportamento de conquistadores, colonos etc.

Portanto, não encontramos nada de imoral ou ilícito no anseio material de conquistadores e colonos, visto que, antes de tudo, foram trabalhadores e construtores. O "mal", o reprovável, não é o ouro em si ou sua busca, mas, como ensina o Dr. Caponnetto, "quando apartadas do sentido cristão, as pessoas e as nações antepõem as razões financeiras a qualquer outra, as exacerbam em detrimento dos bens honestos e procedem com métodos vis para obter riquezas materiais".[23] Convém esclarecer, caso seja necessário — como foi já largamente provado e discutido —, que a Espanha não enriqueceu em seu empreendimento na América, mas justamente o contrário. Os impugnadores da conquista espanhola são os mesmos que se encarregam de assinalar que o fracasso econômico da Espanha foi devido, em grande parte, à sua falta de políticas e medidas adequadas para a exploração comercial do continente, tendo relegado a economia a um segundo e distante plano. Ingenuamente, alguns historiadores crêem ter a prova da "sede de ouro" espanhola nos carregamentos deste metal que partiram para a Península, porém não dizem que, em troca, embarcavam para o continente um sem-fim de mercadorias e produtos utilíssimos para uma melhora substancial da qualidade de vida de seus habitantes. A este respeito, comenta o historiador acima mencionado: "[...] Ademais, a mineração foi considerada pela Coroa como de utilidade pública, de modo que não pouco do seu lucro voltava para a América na forma de investimentos institucionais, administrativos ou assistenciais". Daí a expressão de Bravo Duarte de que *todo o país* (referindo-se ao continente americano) *foi beneficiado pela mineração*.[24]

---

23 *Tres lugares comunes de las leyendas negras*, Antonio Caponnetto. Conferência, Buenos Aires, 1992. Versão transcrita disponível em: https://prensarepublicana.com/tres-lugares-comunes-las-leyendas-negras-pre-hispanicas-antonio-caponnetto/.
24 Caponnetto, *Hispanidad y Leyendas Negras*, Buenos Aires: Nueva Hispanidad, 2001, pp. 126–127.

A Espanha não se contagiou nem participou da política capitalista, usurária e espoliadora — criada e promovida por protestantes e judeus — praticada pelo resto da Europa, mas a combateu tenazmente, coerente com a doutrina católica.[25]

Se pelo *vil metal* se inculpa a Espanha, então, pelo mesmo critério, cairiam necessariamente sob o mesmo jugo acusatório todas as nações modernas, que no momento de sua criação ou independência, apropriaram-se dos recursos da região (de outra forma, não poderiam construir sequer uma mesa).

Referindo-se ao momento da primeira aparição de ouro na América, diz Dom Vicente Sierra:

> É muito compreensível que os colonos, apesar de todo seu catolicismo, se dedicassem a recolhê-lo. Se assim não tivessem procedido, desprezando o rico metal para continuar plantando repolhos ou criando aqueles porcos, sem os quais não se teria conquistado o Novo Mundo, pois eram os porcos de Hispaniola que integravam as colunas de abastecimento dos conquistadores, a Espanha seria um país de lunáticos, e não teria fundado um império, mas um hospício.[26]

i) Indígenas tolerantes e democráticos?

O curioso do conluio anteriormente mencionado de militantes indigenistas em certas manifestações atuais é que são homossexuais, transexuais, *garantistas*, sufragistas, livres-pensadores, *"direito-humanistas"*, filantropos, drogaditos, abortistas, feministas e todo tipo de libertinos que sustentam firme e vivamente suas bandeiras multicoloridas. Saberão esses donzelos que seu *modus vivendi* era castigado por grande parte dos povos indígenas com a morte? Saberão, por acaso, que as classes privilegiadas eram as únicas que tinham direito a tais tipos de desvios, vícios e liberdades? Saberão que os incas apenavam com a morte o aborto induzido? Saberão que astecas e maias reservavam a morte mais cruenta para os sodomitas (homossexuais)? Saberão também que, atualmente — mediante os denominados foros comunitários, principalmente

---

25 Inclusive — como adverte o Dr. Caponnetto —, autores marxistas como Vilar, Simiand, Carande, Braufel, Nef e outros, reconheceram que o capitalismo jamais criou raízes nessa Espanha conquistadora.
26 Vicente Sierra, *El Sentido Misional de la Conquista de América*, Buenos Aires: Dictio, 1980, p. 365.

na Bolívia —, indígenas aplicam a *lei de talião* a estupradores, assassinos e, inclusive, decretam a morte por linchamento do pobre-diabo que roubar algum pão para comer, assim como faziam seus emulados incas? E saberão, por último, que o povo, o *proletariado*, que sentiu na pele esses regimes oligárquicos, era explorado de forma sistemática, sem direito algum? Haveriam, então, de começar a sabê-lo...

j) Espanhóis maus e liberais/democratas argentinos bons?

As repressões mais significativas contra indígenas em nosso país se deram justamente quando dos processos de emancipação nacional hispano-americanos — à exceção de Juan Manuel de Rosas —, incentivados por homens como Sarmiento, Mitre e Roca,[27] que consideravam o indígena uma peste destas terras. Para citar o caso mais conhecido, digamos que foi sob um governo democrático e constitucional como o de Julio Argentino Roca[28] que se reprimiu as violentas invasões e incursões aborígenes em território argentino — vítima de constantes saques, assassinatos e violações —, liberando de uma só vez centenas de milhares de hectares aptos à semeadura, ao cultivo, à construção e à povoação.

Porém, para muitos, não é esta uma questão que convenha trazer à baila, nem discutir em demasia. E é compreensível que seja assim, pois ao fazê-lo, se veriam forçados a agradecer ao General Julio Argentino Roca pelas suntuosas casas e mansões que possuem em Buenos Aires e seus arredores, construídas dentro do território que ele libertou do terror mapuche/araucano. Convém recordar, no entanto — para aqueles que ainda não sabem —, que Roca não atuou movido por interesses particulares, nem conduziu aquela guerra sozinho, aliado a mercenários, de costas para o povo e para o Estado, fora da legalidade. Assim o faz saber o filósofo argentino Alberto Buela, citando, a este respeito, as palavras de Fredy Carbano:

> Roca não encabeçou uma campanha privada em 1879. Foi como Comandante-chefe do Exército Nacional que assumiu a missão que Avellaneda,[29] presidente da Nação Argentina, eleito pelo povo, lhe havia designado. E

---

27 Respectivamente, o 5º, 4º e 7º presidentes da Argentina. — NT
28 Presidente da República Argentina no período de 1880–1886 e 1898–1904. — NT
29 Sexto presidente da República Argentina, no período de 1874–1880. — NT

esta campanha esteve destinada a integrar, a incorporar de fato à geografia argentina, praticamente a metade dos territórios historicamente nossos, que estavam sob o poder tirânico dos bandos araucanos, cujos frutos mais notáveis eram o roubo de gado, de mulheres e a provocação de incêndios.[30]

Na mesma linha, o citado filósofo oferece valiosos dados comumente omitidos pela história progressista:

> A tenaz e reiterada acusação aos espanhóis de genocídio, por parte dos indigenistas, contrasta com o silêncio sobre um dos episódios mais terríveis e duradouros: a matança e exploração de índios e negros por parte das oligarquias da América realizadas após a independência. Assim, durante quase todo o século XIX, as oligarquias locais maçônicas e liberais, sob o regime da escravidão, fizeram desaparecer povos inteiros como os charrúas, no Uruguai, os maias, no México, e várias etnias no Brasil amazônico.[31]

Que a situação socioeconômica do indígena tenha decaído a níveis incontestáveis de indigência a partir das independências americanas, não é nenhum segredo. Os governos democráticos modernos, atuais, dão clara e irrefutável mostra disso. Para as democracias e seus regimes partidocráticos, as comunidades indígenas não têm nem nunca tiveram, historicamente, maior valor que o de curral eleitoral, prometendo-lhes mundos e fundos durante as campanhas políticas e esquecendo-se bem rapidamente delas, uma vez acabada a eleição. As gestões de presidentes como Raúl Alfonsín e os Kirchner, muito particularmente, constituem claros exemplos disso, denunciados e advertidos pelas próprias comunidades indígenas. Certamente sua situação não foi melhor sob governos marxistas, onde, em muitos casos, foram perseguidos ferozmente, ordenando-se seu extermínio.[32]

---

30 Fredy Carbano, *Julio Argentino Roca y la gran mentira mapuche*. Consultar documento original publicado em: http://www.politicaydesarrollo.com.ar/nota_completa.php?id=11113.
31 Alberto Buela, "Sobre indios e indigenistas", Bolpres, 15/5/2010. Cf.: http://www.bolpress.com/art.php?Cod=2010051505. Recomendamos enfaticamente a leitura completa do artigo, onde o filósofo expõe magistralmente a grande quantidade de incoerências dos grupos indigenistas e sua clara vinculação ao imperialismo anglo-saxão.
32 A situação dos indígenas sob governos democráticos e marxistas foi miserável. É um tema para se tratar de forma minuciosa em alguma próxima obra. Consultar, a respeito, o caso dos sandinistas e os índios *miskitos*, tratado por Antonio Caponnetto em sua obra citada, pp. 155–166.

k) A última tolice: a caucasiofobia *ou o ideal "indianista" na Argentina (e o porquê de a população argentina ser branca)*

Podemos compreender que existam grupos *indigenistas* no México, na América Central, no Peru e em outras partes do continente colombiano, pois algumas das tribos que ali habitaram deixaram algum *legado*, por assim dizer — uma história. O que nos custa conceber e compreender é o fato de que esta ideologia segregacionista venha penetrando tão facilmente em nosso país, onde — é preciso dizê-lo — não houve uma só cultura indígena que tenha alcançado alguma conquista ou organização de destaque, meritória, mas justamente o contrário: habitaram aqui, quase que exclusivamente, hordas criminosas e/ou totalmente passivas, improdutivas em quase todos os aspectos, sem maior ambição do que a sobrevivência.[33] A menos, claro, que creiamos conveniente não dar crédito a etnólogos de renome, e consideremos propriamente um mérito ter habitado parte da terra primeiro que os espanhóis.

Parece que, para alguns, ser branco de raça é um delito inqualificável. Estes, assim, pretendem fazer com que nos sintamos culpados pela composição racial de nossa república, crendo ter ali uma boa mostra do extermínio de indígenas que teria sido realizado — supostamente — pela Espanha e, logo, pelos homens de nossa nação.

Visto que nunca faltam aqueles que buscam traços racistas ou supremacistas nos escritos que não lhes agradam, a fim de desacreditar o autor e, por fim, sua obra — argumentação *ad hominem* —, convém aclarar que nada é mais distante de nossa intenção do que justificar tais postulados impróprios a todo cristão.

Vemo-nos obrigados a aludir a esta questão e sair ao confronto, já que não são poucos aqueles que pretendem que esta maioria branca na população argentina seja fruto e conseqüência de nada menos que um processo de aniquilamento sistemático da raça indígena nestas paragens.

No que concerne ao período espanhol, convém começar esclarecendo que na outrora região do Rio da Prata e Paraguai, são bem poucas as

---

[33] Entenda-se bem o sentido e intenção de nossas palavras a respeito de nossos índios nativos: não pretendemos tratá-los depreciativamente, nem muito menos demonizá-los (pois nem todos agiram criminosamente), ainda que, no entanto, devamos falar a verdade, com base em fatos verificáveis, e o certo é que, no melhor dos casos, até mesmo nossos queridos tehuelches desdenharam e rechaçaram todo tipo de civilização.

denúncias registradas contra os *encomenderos* ou outros espanhóis — sendo muitos destes insignes e exemplares, como Hernandarias Saavedra —, segundo informava, em sua época, o visitador Alfaro — zeloso defensor dos índios[34] —, assim como também o reconhece o próprio Gandía. Quando um caso se apresentava, caía em cima do infrator um sem-número de normativas e castigos. Logo, é importante assinalar que nestas terras, muito pouco se mesclaram indígenas e espanhóis, tendo como conseqüência uma menor presença de mestiços. Porém, resta uma explicação. O espanhol não se mesclou tanto, aqui, porque o indígena destas paragens rechaçou por completo, direta e indiretamente, a assimilação. Na falta de uma ou algumas autoridades centrais, o índio vivia nos montes, alheio a todo intento de civilização e, por fim, aos espanhóis, sem maior ambição para si e sua família do que a sobrevivência, entregando-se sem qualquer embaraço a todos os vícios e excessos. Ainda — e este não é um dado de pouca importância —, é fundamental considerar a quantidade de indígenas que habitavam o território que hoje compreende a República Argentina: não mais de 200 mil dos 13 milhões de indígenas existentes no resto do continente.[35] No que se refere ao período pós-hispânico, registramos guerras entre as tropas nacionais e indígenas chilenos — *mapuches-araucanos* — por conta da usurpação de terras destes últimos e de seus crimes contra a população nativa, tanto indígena — os tehuelches, principalmente — como argentina. Décadas antes disso, um gaúcho louro apelidado de *El Restaurador* manteve um trato louvável com a maioria dos indígenas, visando sua integração à sociedade, e mais ainda: salvou a vida de, provavelmente, dezenas de milhares deles, estendendo a vacina antivariólica às tribos selvagens, onde a doença fazia estragos.[36]

---

34   Cita, em apoio a esta asseveração, entre outros documentos, os *alegatos** de Bartolomé Fernández Pedro de Toro, procurador da Província do Paraguai. Citado em Vicente Sierra, *El sentido misional...*, p. 376. * Termo jurídico que designa "alegação por escrito na qual o advogado expõe as razões que servem de fundamento aos direitos ou à justiça que assiste ao seu cliente, impugnando as do adversário". — NT

35   Antonio Serrano e Angel Rosenblat, dois dos maiores estudiosos da história pré-colombiana, asseguram que a população indígena no que hoje é a Argentina era menor que 300 mil habitantes. Serrano, *Origen y formación del pueblo argentino*, p. 474, vol. *Investigaciones y ensayos 13*, Academia Nacional de la Historia, Buenos Aires, 1972.

36   Por isso, Juan Manuel de Rosas foi nomeado membro honorário do The Royal Jennerian Society for the Extermination of the Smallpox, de Londres.

Se, além de tudo que já foi mencionado, levarmos em consideração as grandes imigrações européias de fins dos séculos XIX e XX (incentivadas pelo Estado Argentino), fica perfeitamente explicado o crescimento da população branca em relação à indígena.

l) Por que tantos louvores e reconhecimentos aos indígenas?

A verdadeira finalidade dos movimentos indigenistas certamente não é filantrópica nem pedagógica. Ainda que o assunto seja tratado ao fim desta obra, convém ir descobrindo o que é que se esconde por trás de todas essas repentinas reivindicações da cultura indígena.

O respeito e proteção aos indígenas e qualquer outra comunidade, minoritária ou não, estão garantidos pela própria Constituição Nacional, e é bom que seja assim. Porém, um dos problemas surge quando, como diz o Dr. Caponnetto, *não buscam entender e dar bom curso aos seus sentimentos, mas mobilizar revolucionariamente seus ressentimentos.* É assim que, movidas por esta energia negativa e até destrutiva, essas comunidades passam a ambicionar uma excessiva autonomia — esmagando os direitos da maioria — com o claro objetivo de separar-se da nação para constituir uma própria. Além da irracionalidade e injustiça histórica que tal posição exige, as conseqüências geradas à nossa nação seriam gravíssimas: se veria fragmentada em vários estados indígenas independentes, pois cada "cultura" indígena exigiria, sem dúvida, o seu quinhão. Não surpreende que a sede central da Comunidade Mapuche se encontre em Bristol, na Inglaterra,[37] e que seus principais ideólogos sejam saxões. Que o império britânico tenha tentado, historicamente, debilitar, dividir e/ou destruir, sempre que possível, as soberanias dos povos para reinar, espremer suas economias e conseguir concessões territoriais, especialmente dos hispânicos, não é nenhuma novidade,[38] como dissemos. O curioso do caso mapuche é que não somente não são originários da Argentina — provêm do Chile — como também, para se estabelecer aqui, exterminaram sem piedade os nativos de nossas terras,

---

37 Cf. http://www.mapuche-nation.org/.
38 Não é preciso mais que observar a história da fundação da pátria. A independência da Argentina e dos demais países hispano-americanos foi financiada pela Coroa Britânica para destruir seu principal inimigo, a Espanha, e passar assim a beneficiar-se do livre-comércio, apropriar-se dos bancos e erradicar o elemento hispânico de nossa cultura (sendo Rivadavia, Moreno e Sarmiento seus principais acólitos).

os tehuelches. É notável que nem se lhes exija a restituição do território usurpado aos descendentes de algum sobrevivente tehuelche (algum deve ter sobrado), nem o pagamento dos delitos cometidos, mas que, como conclusão dessa tragicomédia, pretendam o reconhecimento de um estado soberano mapuche em território argentino. Acaso estamos lidando com ineptos?

Veremos adiante algo mais acerca destes *soi-disants* nativos de nossas terras.

m) Não se entende: o que reivindicam os indígenas/indigenistas?

Ao contrário do que não poucos acreditam — fruto da propaganda vitimizadora dos *naturais* —, os indígenas argentinos têm os mesmos direitos que qualquer outro cidadão. Pelo que sabemos, todos os grupos que habitam a nação, minoritários ou não, são regidos por uma mesma Constituição que, entre outros direitos, assegura a todos o livre acesso à educação, aos hospitais, ao trabalho digno e remunerado, à participação cidadã em todas as suas formas — política, econômica, cultural etc. —, ao exercício de qualquer culto ou religião, e a um longo "etc.".[39] Inclusive, assegurou-se aos indígenas grandes extensões territoriais, onde vivem há séculos sem que ninguém os perturbe (de onde vem, então, tanta reivindicação de terras?). Se existe um isolamento, é porque assim o escolheram historicamente, a fim de não se misturar, não se "contaminar" com a civilização ocidental. Portanto, não existe sobre eles nenhuma particular opressão estatal, nem de nenhum outro agente. O fato de que muitos deles estejam mergulhados em um estado de pobreza ou indigência não é prova alguma de qualquer política segregacionista, pois pobres e desprovidos, lamentavelmente, sobram em todos os rincões do país, e os há de olhos azuis, loiros, ruivos, morenos, negros, amarelos, altos, baixos, descendentes de espanhóis, de italianos, de ucranianos, de alemães etc. É claro, então, que o

---

39 Os povos aborígenes contam com os mesmos direitos e obrigações de qualquer outra minoria e cidadão argentino. A mesma Constituição Nacional reconhece *a preexistência étnica e cultural dos povos indígenas ARGENTINOS, concedendo-lhes direitos a uma educação bilíngüe e intercultural, reconhecendo às suas comunidades uma personalidade jurídica, para que possam obter a posse e propriedade comunitária das terras que tradicionalmente "ocupam"* [...].

sofrimento não é patrimônio exclusivo dos indígenas, mas de grande parte do povo argentino.

A solução democrática — e, em geral, de todos os governos a partir da independência, exceto o de Rosas — é a indiferença: "Não os incomodamos desde que não nos incomodem e saiam para votar a cada quatro anos. Se morrem de fome, não estudam, não trabalham ou se matam entre si, problema de vocês". A solução hispano-católica foi bem diferente: a caridade (a caridade bem entendida, aquela que ordena salvar o indivíduo do erro mesmo contra sua própria vontade). Tentou-se por todos os meios lícitos possíveis incorporar o indígena a uma mesma comunidade, mostrando-lhe os frutos e benefícios que disso resultavam (econômicos, sociais, habitacionais, organizacionais, alimentícios, culturais, familiares, de solidariedade etc.). Muito rapidamente, muitos deles o entenderam, particularmente no caso das reduções jesuíticas,[40] que defenderam com a vida quando diferentes hordas tribais, portugueses e mercenários vários tentaram destruí-las. Bem dizia o Pe. Castellani com seu estilo particular: "Porque te amo, te aporrinho, diz o conterrâneo; isto não o entende um sentimentalista".[41]

O que foi melhor para os indígenas? O paternalismo afetuoso, integrador, pacificador e protetor hispano-católico, a opressão, extermínio e sujeição dos impérios pré-colombianos, as perseguições marxistas ou, ainda, a indiferença e o utilitarismo democrático?

n) *Mapuches* For Export, *neologismos, terroristas e britânicos*

Quem são esses midiáticos e pretensos indígenas argentinos, de onde vêm e o que pretendem? Segundo o que foi provado já suficientemente, de forma incontestável, os auto-intitulados mapuches foram tribos invasoras e homicidas integradas por indígenas forasteiros (araucanos chilenos), que não aparecem na cena territorial argentina senão já qua-

---

40   São assim conhecidos os aldeamentos nos quais os jesuítas reuniam, desde fins do século XVI e sobretudo no seguinte, os índios que catequizavam, em terras hoje situadas no Paraguai, Brasil e Argentina. — NT
41   *Las Ideas de mi Tío el Cura*, Leonardo Castellani, Buenos Aires: Editorial Excalibur, 1984, p. 94. Recomendamos a leitura do capítulo IX, onde mediante uma espirituosa parábola, o sacerdote explica o sentido da verdadeira caridade, que nada tem a ver com conceitos modernos como o de "filantropia".

se iniciado o século XIX,⁴² exterminando e desterrando pela força os aborígenes nativos de nossas terras. Chegaram ao ponto de se instalar justamente às portas de Buenos Aires, vivendo à custa de ataques, saques, assaltos, assassinatos, estupros, rapto de mulheres, e destruindo e incendiando as populações dos nossos naturais — particularmente dos tehuelches. Nesta violenta campanha de pilhagens e ataques, contaram com o apoio de milicianos chilenos e de guerrilheiros reais dos Pincheira, como aponta Roberto Porcel.⁴³ Devemos ao General Julio Argentino Roca e ao nosso Exército (apoiados unanimemente em sua missão por todos os cidadãos, inclusive os tehuelches) a libertação e pacificação do território usurpado.⁴⁴

A este respeito, é particularmente interessante o testemunho oferecido recentemente por Roberto Chagallo, descendente direto de tehuelches, onde, após denunciar seus muitos milhares de irmãos *assassinados nas mãos dos mapuches*, se pergunta: "Acaso sabem os estudiosos entendidos que em 1806, o invasor araucano Choroy, com uma poderosa cavalaria e lanças, arrasou a infantaria tehuelche, que se defendia com boleadeiras?". Não escapam ao seu conhecimento as verdadeiras intenções e faces dos inimigos interiores e exteriores⁴⁵ que tanto buscam legitimar esses indígenas chilenos:

---

42   Segundo Alberto Buela, "estes chegaram a La Pampa a partir de 1770 e eram pehuenches de Ránquil (hoje Chile), tendo se instalado nos bosques de *Caldén* em plena Pampa central, também chamada de Mamil Mapu (país do monte)". *El Camino al Infierno empedrado por las buenas intenciones II, Breve sobre indios e indigenistas*, 12 de maio de 2010.
43   Roberto E. Porcel, *Diario Río Negro*, sexta-feira, 14 de agosto de 2009. O autor é membro de número da Academia Argentina de História e se ocupou da temática em distintas obras e artigos. Cf.: http://www.revisionistas.com.ar/?p=9557.
44   Convém apontar, ademais, que antes que deles se ocupassem nossas tropas nacionais, os araucanos — hoje chamados mapuches — foram ferozmente combatidos por nossos indígenas nativos, que se viram afetados pelas expedições de rapina e anexação territorial desses invasores.
45   Estes são alguns dos principais funcionários da organização Mapuche Nation (o sobrenome que mais se assemelha ao de um araucano é SMITH, fato enormemente sugestivo e que fala por si só): Reynaldo Mariqueo (secretário geral); Nina Dean (secretária geral assistente); Gemma Swistak (tesoureira); Colette Linehan (administradora); Madeline Stanley (coordenadora de voluntários). Equipe legal: Andrea Rubio (licenciada em Direito); James Watson (LLM); Gillian Melville (LLM); Tanya Roberts-Davis. Equipe de Direitos Humanos: Rachel Dixon-Warren (coordenadora); Cécil Jagoo; Barbara Chambers. Tradutores: Madeline Stanley; Katy Brickley; Kitty McCarthy; Heidi Walter; Sabine Patrolin; Barbara Chambers; Laetitia Le Cordier; Anna Harvey. SEDE DE COORDENAÇÃO MAPUCHE INTERNACIONAL: 6 Lodge Street – Bristol BS1 5LR, Inglaterra. Tel/Fax: +44 117 927-9391. E-mail: mil@mapuche-nation.org (dados extraídos do *website* oficial: www.mapuche.nation.org).

Desde 1670–1902, os invasores nguluches/araucanos chilenos, misteriosa, surpreendente e intempestivamente, trocam de nome para mapuches, e isto sim constitui um verdadeiro ponto de interrogação, caracterizado como manobra política chilena e que era apenas uma de tantas estratégias experimentadas. [...] Após o Litígio Fronteiriço com o Chile em 1902, era muito comum nos enviarem araucanos adestrados para confundir e converter os puelches à sua causa, aproveitando-se da ignorância ou escassez de conhecimento sobre política destes últimos. Sem falar no Poder Universal manejado por ingleses, franceses, russos e norte-americanos, que promovem com astúcia, habilidade e muitas alternativas — recursos — esta desintegração étnico-cultural e territorial da República Argentina.[46]

Sabemos, como diz claramente a Constituição Nacional, que para que um grupo indígena possa ser considerado argentino, deve reunir as seguintes condições: 1) que se trate de comunidades indígenas originárias; 2) que tenham tradicionalmente ocupado suas respectivas terras; e 3) que estas estivessem ocupadas no momento de sua sanção.[47] Os denominados *mapuches* não atendem nenhuma das condições requeridas. Fica claro que não são argentinos e que, portanto, suas reivindicações de reconhecimento territorial em nossa nação não são válidas. Antes, deveriam pedir perdão aos nossos nativos tehuelches por suas campanhas de extermínio e usurpação.

E o que isso tem a ver com os britânicos? O adágio *divide et impera*[48] pertence, como bem sabemos, a Júlio César, porém bem poderíamos atribuí-lo, mais próximo de nossa era e particularmente no âmbito político, a Maquiavel. Sua aplicação fática mais perfeita cabe à Coroa Britânica em suas manobras pseudodiplomáticas e táticas *extramuros*.

---

46   Carta de Roberto Chagallo ao diretor da publicação *La Angostura Digital*, publicada no próprio periódico na seção "Carta dos Leitores" em 10/04/2013, em referência a um artigo anterior. Cf.: http://www.laangosturadigital.com.ar/v3.1/home/interna.php?id_not=33721&ori=web. Não obstante, é curioso que este viva atualmente na cidade de Miami, nos EUA. Em seu apoio, Roberto E. Porcel enviou uma nota ao mesmo veículo intitulada "Los Mapuches y los 'genocidios de nuestros indios del sur' (Tehuelches)", publicada em 16/04/2013. Artigo completo em: http://www.laangosturadigital.com.ar/ v3.1/home/interna.php?id_not=33837.
47   Cabe ressaltar que a Constituição faz referência às terras que ocupavam no momento de sua sanção (15 de dezembro de 1994). Este conceito foi ratificado pelo artigo 1º da Lei 26.160, sancionada em 1 de novembro de 2006. Tomado de Roberto E. Porcel, membro de número da Academia Argentina de História: conferência pronunciada por convite do INIFTA, na Universidade Nacional de La Plata, Faculdade de Ciências Exatas — auspiciada pelo CONICET —, em uma sexta-feira, 23 de outubro de 2009, às 18h. Recomendamos consultar seus livros sobre a temática. Tomamos as passagens citadas do *website* da publicação *Notashistoricasporcel*, 22/06/2010. Cf.: http://notashistoricasporcel.blogspot.com/2010/06/aborigenes-argentinos.html.
48   Dividir para conquistar. — NT

Seus agentes "nativos" ou quinta-coluna em nosso país (neste caso concreto): os mapuches. Ao menos é o que sugere a profunda conexão entre certos fatos objetivos e verificáveis.[49]

A palavra "mapuche", como bem adverte Jorge Mones Ruíz, foi criada para um fim específico: "Esta palavra do antigo *arauco* não corresponde a nenhum tipo étnico, nem grupo, nem família ou cultura, sejam estas designações empregadas tanto de modo específico como geral". Não encontramos registros de tal denominação até o começo do século XX. Prossegue o licenciado em Estratégia e Organização:

> Este termo foi criado por estudiosos chilenos e agentes ingleses interessados, os quais, introduzindo a palavra "mapuche" para aplicá-la aos indígenas tanto do Chile quanto da Argentina, fizeram desaparecer antigas etnias como a dos araucanos, pampas, huiliches, pehuenches ou tehuelches, aglutinando sob o nome de "mapuches" todos os grupos étnicos argentinos, apagando-os dos vales das cordilheiras e da Patagônia, a fim de obter a posse de um vasto e fecundo território argentino que séculos antes havia sido invadido por araucanos chilenos.

A "criação mapuche" igualava a todos, e era — e é — uma expressão que muitos desprevenidos não chegam a entender. Foi uma "invenção geoestratégica", e hoje é um problema potencializado por interesses estrangeiros. O Almirante Fraga menciona a "questão mapuche" como uma circunstância de particular relevância no plano geopolítico e geoestratégico da Patagônia. É importante destacar que a suposta "nação mapuche" abarca uma área que inclui, sob uma mesma região, uma porção de território chileno e argentino (neste último caso, na província de Neuquén e sua projeção do outro lado dos Andes).[50]

E o que pretendem então os mapuches? Como eles mesmos se encarregaram de afirmar em sucessivas oportunidades, pretendem a criação de um Estado mapuche — completamente autônomo — dentro

---

49 Não constitui nenhum segredo que os britânicos contribuíram de forma determinante para a desagregação da América espanhola, organizando e fomentando sua independência em relação à Espanha. Seu afã de dominação econômica, cultural, política e territorial, no continente, é questão já provada e largamente reconhecida. Portanto, não nos deveria surpreender seu apoio, às vezes explícito, a grupos insurrecionais e levantes enxertados nas nações. Esta política, sabemos, a aplicaram em todo o mundo e em toda sua história imperialista.
50 Lic. Jorge Mones Ruíz, *Los Mapuches no son un pueblo originario*. Cf.: http://www.defenderlapatria.com/Los%20mapuches%20no%20son%20un%20pueblo%20originario.pdf.

do nosso país.⁵¹ Várias organizações mapuches estão reivindicando o reconhecimento do direito de autodeterminação, argumentando que lhes corresponde o título de "povos originários". Referindo-se ao *lobby* mapuche na Europa, lemos no diário *La Nación* o seguinte: "Através de alianças com partidos independentistas da Europa, entre eles o Batasuna,⁵² embaixadores mapuches buscam apoio para levar adiante, no Chile, o modelo de autonomias vigente na Espanha, como passo prévio à plena independência".⁵³

De acordo com os últimos informes a respeito, os mapuches expropriaram, até o momento, centenas de campos, instalações e milhares de hectares, reivindicando nada menos que outros 180 mil a mais (nada menos que um quarto da atual extensão territorial da República Argentina).⁵⁴ Em 16 de agosto de 2009, informava o jornal argentino *La Nación*:

> O ressurgimento do indigenismo pode ser observado a olhos vistos em locais e estabelecimentos rurais de Jujuy, Neuquén e Río Negro, onde cada vez mais se vê tremular a bandeira do Tawantinsuyu (Império Inca), no norte, e dos mapuches, no sul. Esses símbolos falam de um desejo mais amplo do que um simples lugar onde viver: referem-se, praticamente, a uma "região independente" [...]. Faz bastante tempo que corre o rumor do ingresso de ativistas mapuches chilenos para participar nos conflitos em campos argentinos [...].

Por certo, não se trata aqui de reivindicações pacíficas e militantes inofensivos. Essa metodologia terrorista vem causando pavor na sociedade argentina e, muito particularmente, na chilena. O Chile não escapa às ambições territoriais dos mapuches. As regalias de que essas hordas criminosas gozam são ilimitadas. Um caso recente sacudiu a população chilena, quando o Estado daquele país autorizou o presidiário

---

51   Citado por Alberto Salvini em artigo intitulado "Mapa del Nuevo Pais Mapuche", onde denuncia as pretensões territoriais deste grupo que aspira a expropriar um quarto da atual extensão territorial argentina e chilena. Cf.: http://politicaydesarrollo-archivo.blogspot.com.ar/2009/09/malon-mapuche-en-el-siglo-xxi-ii-parte.html.
52   Partido político de esquerda e independentista basco, principal braço político do ETA e ilegalizado em 2003, sendo declarado como organização terrorista por diversos países, por conta da realização de atentados e homenagens explícitas a terroristas capturados. — NE
53   *La Nación*, domingo, 10/02/2008, seção "Enfoques".
54   http://www.defenderlapatria.com/argentina%20y%20chile%20conflicto%20mapuche.pdf. Por outro lado, o diário *La Nación* informa, em 26 de outubro de 2008, acerca da usurpação de terras no Parque Nacional Nahuel Huapi. Cf.: http://www.lanacion.com.ar/1063348-denuncian-a-mapuches-por-usurpar-tierras.

e assassino mapuche Celestino Córdova a festejar o ano-novo mapuche no interior da prisão, convidando para tal propósito mais de cem comensais. Recordemos que Celestino Córdova está na prisão por ter assassinado, junto com outros indígenas, um casal (Luchsinger-Mackay) em 4 de janeiro de 2013. Como informa um periódico chileno, também se lhe imputa participação em outro ataque nesta mesma comuna, em 22 de dezembro de 2012.[55] Segundo estatísticas oficiais, apenas em 2012 se contabilizaram 287 denúncias de ameaças, incêndios, invasões e atentados explosivos nas regiões do Chile cobiçadas pelos mapuches, incluindo duas mortes: a do sargento de *carabineros* Hugo Albornoz e a do dono de terras Héctor Gallardo.[56]

As conexões e vinculações diretas existentes entre os mapuches e organizações manifesta e ostensivamente terroristas, como FARC, ETA[57] e Mães da Praça de Maio,[58] são claras, as quais, entre outras coisas, dão aos mapuches treinamento militar, armamento e financiamento econômico.[59] Seria um grave erro subestimar este suposto povo origi-

---

55 El Mercurio, Chile, 25/8/13. Disponível em: https://viva-chile.cl/2013/06/caso-luchsinger-inaceptable-ceremonia-en-la-carcel/.
56 Diario la Nación, domingo, 27/01/2013, seção "Enfoques". Cf.: http://www.lanacion.com.ar/1548992-araucania-violenta-la-otra-cara-del-reclamo-mapuche.
57 São vários os meios escritos e orais, independentes ou não, que vêm denunciando as manobras mencionadas. *Política y Desarrollo* publicava, em 18/08/2009, o seguinte: "Segundo informa *El Mundo* nesta terça-feira, a polícia chilena acusou a organização pró-ETA Askapena de ensinar o manejo de armas aos rebeldes mapuches que, por esses dias, enfrentaram as forças de segurança do país andino. De fato, crêem que o grupo basco queira converter estes indigenistas em uma espécie de grupo terrorista. A Askapena – Comités Vascos de Solidariedad con los Pueblos se autodenomina uma ONG que diz pertencer ao Movimento de Libertação Nacional Basco, e que insta os movimentos indigenistas à luta pelo que consideram uma sociedade 'mais justa'. O conflito com os mapuches teve início nos anos 90, ainda que se tenha intensificado nos últimos dias, após a morte do principal líder indigenista em um tiroteio com a polícia. Posteriormente, seus seguidores atacaram prédios e escritórios do governo com armas de fogo. Neste sentido, as autoridades chilenas consideram diversas hipóteses sobre a procedência das armas utilizadas, seja em um barco pesqueiro ou através da Argentina. No entanto, os serviços secretos apontam que tanto militantes da Askapena como terroristas das FARC estão instruindo os denominados 'weichafes' no uso das armas". Consultar também investigação e informe publicados no jornal *El Mercurio*, de Santiago do Chile, em 15/08/2002, sob o título "Vinculaciones indígenas: la red internacional de apoyo: el lobby de los mapuches viajeros".
58 FARC, grupo já bem conhecido no Brasil; ETA (Euskadi Ta Askatasuna — Pátria Basca e Liberdade), organização paramilitar separatista basca; e Mães da Praça de Maio, organização que representa as mães de pessoas desaparecidas ou mortas durante a ditadura militar argentina (1976–1983). — NT
59 Um dos principais mecenas da Mapuche Organization é a Fundação Rockefeller, como se pode verificar em seu próprio *website*. Reynaldo Mariqueo e Rafael Railaf são os "embaixadores" dos grupos mapuches na Europa. Mariqueo está à frente do Mapuche International Link, com sede na Inglaterra, e Raila dirige a Fundação Folil, na Holanda. Algo similar, porém com fundos do Estado Nacional, sucede no norte de nosso país, na Província de Jujuy, com a orga-

nário, suas intenções e o ofício e determinação de seus militantes: não estamos lidando com grupos dispersos e desorganizados, mas propriamente com um exército auto-suficiente, estrangeiro e inimigo assentado no coração mesmo de nossa querida, desejada e invejada Patagônia.[60]

Por não resolver o assunto prontamente e com determinação, a Argentina — e em alguma medida, o Chile — se verá mergulhada em um cenário similar ao espanhol, onde o terrorismo, o sangue e os movimentos destruidores da unidade nacional são moeda corrente.

o) Que fazer?

Todo ser humano tem direito a ser respeitado e às mesmas oportunidades que os outros. Portanto, os indígenas e seus povos devem ser respeitados e protegidos pela nação, desde que, logicamente, não conspirem contra sua soberania, nem atentem contra suas tradições e cultura. É por isso que o separatismo indígena, assim como qualquer outro anseio de separatismo (seja indígena, marxista ou o que for), deve ser rechaçado e combatido sem descanso, ainda mais quando grande parte desses grupos — como os mapuches chilenos em nosso território — são financiados por potências estrangeiras, principalmente pela Inglaterra, como já mencionamos.

***

Dito o que foi dito, temos de dar lugar agora aos capítulos ulteriores da obra, onde procuraremos tratar mais profundamente destes e de outros assuntos estreitamente vinculados e relacionados.

---

nização Tupac Amarú. Em um artigo muito interessante publicado no diário *La Nación* de domingo, 10/02/2008, denuncia-se as conexões de grupos terroristas — separatistas — europeus com os mapuches. Recomendamos sua leitura integral. Disponível em: http://www.lanacion.com.ar/985914-autonomias-el-lobby-mapuche-en-europa e em http://www.argentinosalerta.org/node/753.

60   Na seção "Carta dos Leitores" publicada por um conhecido jornal argentino, dizia-o um aflito cidadão portenho: "Chama minha atenção, como assinala o Doutor Porcel, que nenhuma autoridade faça nada, e que os fiscais e juízes, acrescento eu, deixem de aplicar por sua própria iniciativa as medidas cautelares destinadas a fazer cessar os efeitos do delito de usurpação cometido por estes senhores, e ordenem, por sua vez, a restituição da terra à Direção de Parques Nacionais, terra cujo uso e gozo correspondem a todos os argentinos, por ser um bem de domínio público". Diário *La Nación*, domingo, 10/02/2008. Carta dos Leitores assinada por Eduardo Zabaleta, de Chubut.

CAPÍTULO II
Sobre civilizações

A civilização é um movimento e não um estado, uma viagem e não um porto.

Arnold Joseph Toynbee

Não existe civilização alguma sem estabilidade social. E não existe estabilidade social sem estabilidade individual.

Aldous Huxley

Tudo é resultado de um esforço. Só se mantém uma civilização se muitos dão sua colaboração ao esforço. Se todos preferem gozar os frutos, a civilização afunda.

José Ortega y Gasset

a) "Civilização ou selvageria"
É certo que muita água nos separa de Sarmiento e sua falsa dialética, ainda mais quando sabemos que tal sofisma, tão celebrado por alguns, teve como objetivo rebaixar a riqueza cultural espanhola, crioula e mestiça ao estado de barbárie, exaltando, ao mesmo tempo, o utilitarismo

e relativismo saxão. É claro — seus biógrafos e suas ações não nos deixarão mentir — que Sarmiento agia movido por um fanatismo ideológico, político e anti-religioso patente; de outra forma, seria inexplicável que um homem de letras desconhecesse a rica e determinante influência cultural que tiveram, na Europa e no mundo, a Espanha e seus melhores homens — especialmente durante o denominado Século de Ouro espanhol. Um dos grandes méritos da Espanha nesse sentido foi, sem dúvida, ter estendido tais conhecimentos e disciplinas a todo o povo, fugindo à educação classista e exclusivista proposta pelas potências protestantes. Parecendo responder ao professor *sanjuanino*, comenta um dos mais conspícuos historiadores argentinos do período, Guillermo Furlong:

> Aqueles que forjaram e popularizaram a lenda relativa à barbárie e rudeza dos conquistadores e colonizadores espanhóis, se esqueceram de que esses homens vinham de um país onde as ciências e as artes haviam chegado a esplendores inusitados, onde a cultura, mesmo a filosófica, era algo tão do povo como o são hoje as notícias de polícia, onde a atmosfera era impregnada de saber humano e divino, e onde até as lavadeiras e lacaios se interessavam pelos grandes problemas do espírito.[1]

Ao contrário de Sarmiento, procuraremos aqui estudar o melhor possível os atores que examinamos, e prometemos fazê-lo livres de qualquer apriorismo ou paixão desmedida.

Feito então o devido esclarecimento, acreditamos que, para além do uso dado pelo *"padre del aula"*[2] à expressão, em referência à América pré-colombiana cabe o dilema acima mencionado — ou ao menos sua discussão.

Sendo pertinente tratar, aqui, propriamente dos traços essenciais desses regimes despóticos, consideramos oportuno este prelúdio, dada a existência de pessoas que insistem em dotar e enfeitar aqueles povos com virtudes e características que jamais lhes foram próprias e que

---

1   Citado por Vicente Sierra, *El Sentido Misional de la Conquista de América*. Buenos Aires: Ediciones Dictio, 1980, pp. 509–510.
2   "Pai da sala de aula", alcunha de Domingo Faustino Sarmiento (quinto presidente da República Argentina, 1868–1874), presente no "Himno a Sarmiento", por suas atividades em prol da educação, sendo o fundador da Escola Normal de Preceptores. Nascido em San Juan, na província de San Juan, é também conhecido como "professor sanjuanino". A expressão criada por Sarmiento é "civilização e barbárie", subtítulo de um de seus livros. — NT

jamais buscaram. A primeira delas, o primeiro erro — generalizado de forma tão grotesca que terminou por impor-se sem discussão — consiste em denominar essas organizações pré-colombianas — mais ou menos primitivas, porém primitivas afinal — como "civilizações" ou, o que é ainda mais equivocado, "civilizadas". Deveremos começar, ainda que resumidamente, por uma pequena pesquisa sobre o assunto.

Notamos, como dizíamos, que não poucas vezes o termo "civilização" é utilizado muito delicada e elegantemente, de forma indiscriminada e sem rigor, para referir-se — geralmente de forma idílica — a determinados grupos humanos sem maior mérito que o de ter habitado uma mesma região, compartilhado certos costumes comuns e traços próprios que os distinguissem de outros povos. Uma vez mais, o relativismo e o simplismo próprios da Era de Aquário e da escola *gramsciana* confundiram a semântica e entregaram o termo às conotações modernas e às múltiplas acepções permitidas — geralmente como estratégia ideológica —, tomando de assalto a própria etimologia.

Se aceitássemos o uso consagrado do termo "civilização", nos surpreenderíamos com o fato de que todos os povos, etnias e raças do mundo, distintos de outros cultural ou religiosamente, foram e são necessariamente civilizações. Isto porque o uso moderno do vocábulo permite esconder uma questão fundamental — ao menos à concepção greco-romana do termo, adotada e melhorada depois pela *Civitas Dei* cristã —, que é a essência mesma de sua etimologia: os meios e os fins empregados ou almejados pelo sujeito em questão. A palavra é empregada sem se levar em conta se os povos qualificados como "civilizações" tiveram ou têm como meta o bem comum, ou se por acaso alcançaram, adquiriram, propuseram ou fomentaram um estado ou organização "civilizada", isto é: elevando seu nível cultural primitivo e *a formação e comportamento de pessoas ou grupos sociais*, como propõe o dicionário da Real Academia Espanhola em sua segunda acepção para tal vocábulo.

Quantas vezes não topamos com expressões como as seguintes: "As grandes civilizações maias ou astecas que...", ou outras como "a civilização chibcha ou wichi habitou...". Entendemos que denominar como tal esses povos pré-colombianos seja um equívoco — ou, no mínimo, confuso, se não são estabelecidas as distinções e esclarecimentos pertinentes.

Por enquanto, digamos, seguindo novamente uma fonte sempre segura — o DRAE[3] —, que civilização *é o estado cultural próprio das sociedades humanas mais avançadas pelo nível de sua ciência, artes, idéias e costumes*. O *Oxford Dictionary*, na mesma linha, diz que *civilizar* é tirar algo ou alguém de um estado bárbaro ou selvagem.

Tentando nos refutar, alguns irão citar os conhecimentos astronômicos dos maias, a organização política dos astecas ou a arte e as construções incas, para mencionar alguns traços desses povos, que certamente os tiveram. Por outro lado, no entanto, é preciso ter em conta que a simples existência de alguma ordem ou organização política, ou de uma arte refinada e bem trabalhada, ou de alguns conhecimentos úteis e precisos, não é necessariamente indicativo de uma sociedade civilizada. Se tais elementos ou *conquistas* alcançadas — que podem ter significado algum progresso em relação ao estado anterior — não são acompanhados de uma política que fomente e apóie uma formação integral do ser humano — cultural, social e espiritual —, gerando alguma justiça social e leis respeitosas à ordem natural, não se pode considerar uma civilização, pois atentam contra o bem comum, condição *sine qua non* de toda civilização bem-nascida. Ou por acaso a civilização greco-romana é particularmente estimada e lembrada por seu Partenon e seu Coliseu? Não; é sua filosofia, suas justas leis, sua organização, sua justiça social, seu respeito irrestrito pela ordem natural e pela ordem em geral o que merece, antes de tudo, nosso elogio e admiração.

Mesmo se aceitássemos os conhecimentos técnicos ou culturais como os únicos parâmetros válidos para medir o grau de civilização de um determinado grupo humano em um contexto e tempo histórico concreto, o *americanismo* ficaria amplamente derrotado. Ficariam ainda menos qualificados se comparássemos esses povos com seus pares aborígenes deste mesmo tempo histórico, localizados nos confins do planeta, como aqueles do continente asiático, africano ou oceânico

---

3   *Diccionario de la Real Academia Española.* — NE

que, entre outras coisas, já conheciam o ferro, a escrita e já haviam domesticado quase todos os animais úteis para o trabalho.

Até mesmo se considerarmos a catalogação própria de uma perspectiva teórico-marxista (de cunho materialista), notaremos que vários estudiosos distinguem três períodos étnicos (ou graus de desenvolvimento), sendo o de *civilização* o mais alto que uma sociedade pode alcançar. O mais baixo é o estado de *selvageria*, seguido pelo de *barbárie*. O antropólogo Lewis Morgan[4] divide cada um dos dois últimos em três subgrupos: estado inferior, médio e superior. As sociedades que ele inclui no estado superior de barbárie são aquelas que, entre outras coisas, já trabalham o ferro e contam com alfabeto fônico. No estado médio de barbárie, agrupa as que haviam alcançado a domesticação de animais, o cultivo à base de irrigação, o uso de adubos e o emprego de pedras na arquitetura. Aqui é onde Morgan enquadra algumas tribos indígenas do México. Se considerarmos que a domesticação de animais raramente foi conhecida na Mesoamérica, seu estado deveria ser ainda menor. O certo é que a maior parte das tribos indígenas — aceitando a categorização disposta por Morgan — viveu em um estado médio ou inferior de selvageria, pois viviam para sobreviver ao dia, através da coleta, dispersos e desorganizados; raramente conseguiram subsistência à base da pesca, e nem todos conheciam o arco e a flecha. Este esquema é bastante preciso para medir sociedades com base no nível técnico e de qualidade de vida alcançada.

Se fosse questão de medir o estado dos povos em categorias sociais e morais, deveríamos colocar os pré-colombianos na categoria da *barbárie*, que (do latim *barbaries*) significa rusticidade, falta de cultura, ferocidade, crueldade (primeiras duas acepções oferecidas pelo DRAE).

Portanto, podemos citar e distinguir algum grau de progresso nesses povos americanos, através dos séculos; porém, este reconhecimento a respeito de um estado anterior não implica, *per se*, que houvessem necessariamente superado sua condição original primitiva ou selvagem. De modo mais simples: que uma sociedade ou tribo avance, lentamente ou a passos largos, não quer dizer que seja de fato "avançada". No

---

[4] Lewis Morgan (1818–1881) foi um etnólogo e renomado antropólogo, particularmente influente nas teorias e doutrinas marxistas.

caso dos povos pré-colombianos, este é um fato simples de se entender e provar, pois no mesmo período histórico, como dissemos há pouco, as sociedades aborígenes da África e da Ásia se encontravam bastante adiantadas, em todos os sentidos, em relação às da América.

Em síntese, digamos que uma civilização propriamente dita deve ser, antes de tudo, sólida, íntegra e equilibrada em suas partes. Suas pernas, que são a religião e a justiça, devem ser torneadas e fortes. Seus braços, a ciência e a cultura, largos e trabalhados, e todos devem atuar de maneira coordenada e articulada para que o corpo não colapse. Assim como um corpo completo conta — entre outras coisas — com dois braços e duas pernas, uma civilização não pode carecer de uma ou mais de suas partes, de seus suportes, pois não existe tal coisa como uma "meia civilização".

Não se deixe enganar. Os impérios inca e asteca foram extraordinariamente supervalorizados. Façamos saber, como conseqüência, que o primeiro apenas pôde sobreviver cem anos, e o segundo, duzentos. Os outros grandes povos ou impérios pré-colombianos anteriores — se bem que alguns puderam subsistir por mais tempo — terminaram por desaparecer sem deixar, muitas vezes, rastros de sua passagem pela Terra.

O historiador protestante Pierre Chaunu, refletindo sobre as razões da surpreendente e rápida derrocada do mundo indígena a partir do contato com o espanhol, conclui ter esta ocorrido por conta de uma debilidade congênita dos indígenas.[5] Mais adiante, no mesmo ensaio, menciona como fator decisivo a relativa juventude destes em relação a outros povos: "O caráter insular do Novo Mundo, afastado do umbigo eurasiano da espécie humana, explica a juventude da humanidade pré-colombiana e, por conseguinte, sua debilidade".[6]

Além das desmedidas reivindicações destes povos, a cada dia se torna mais comum encontrar autores que buscam equiparar sua cultura à da civilização ocidental — inclusive, muitas vezes, julgando-a mesmo superior. No fundo, sabemos que asseverações infundadas como esta respondem claramente a uma posição ideológica, e convém refutá-las prescindindo de qualquer eufemismo, por mais antipático que isso possa

---

5   Pierre Chaunu, *Historia de América Latina*, Buenos Aires: Eudeba, 1972, p. 8.
6   Ibidem, p. 9.

parecer a algumas consciências. Dito isso, vale perguntar-se: qual foi o aporte cultural, material e/ou espiritual desses povos à humanidade? O que deles transcendeu até a atualidade? Dos gregos, ainda conservamos sua filosofia; dos romanos, seu direito; de alguns povos do Oriente Médio, herdamos grande parte de seus conhecimentos medicinais e também importantes conhecimentos filosóficos; à Cristandade devemos praticamente tudo, desde a formação da Europa, seu direito e jurisprudência, sua arquitetura, suas universidades e filósofos, porém, sobretudo, a obrigação de atuar conforme o Evangelho, praticando a caridade, a misericórdia e o perdão, mesmo com nossos inimigos.

O que sobreviveu da América pré-colombiana? Literatura e filosofia está claro que não, pois apenas se utilizaram de algum tipo de escrita para memorizar sua própria história. Legado religioso ou espiritual, *Deo gratias*, tampouco, porque não estaríamos vivos, nem vocês nem eu, se houvéssemos sido destinados a aplacar a insaciável sede de sangue daquela assembléia de ídolos. Algum conhecimento científico, técnicas inovadoras ou inventos úteis, talvez? Tampouco estes, a não ser que consideremos os quipos, os dardos venenosos, a chicha, o pulque ou as facas de vidro vulcânico — obsidiana — aportes inestimáveis para nossos afazeres diários.

Esses dados devem nos dizer alguma coisa.

b) A *civilização católica*

Ainda que aceitássemos outorgar momentaneamente a algumas daquelas culturas a qualificação de civilizações — tão-somente pelo fato de terem tido alguma organização e leis —, a tentativa não prosperaria se as comparássemos com aquela que consideramos a mais humanamente perfeita e desejável de todas: a *Civitas Dei*, tratada exaustiva e insuperavelmente por Santo Agostinho.

Não trataremos aqui, por certo, de um modelo utópico e impossível de ser realizado na terra, como aqueles propostos por pacifistas, marxistas e progressistas — que desconhecem as limitações da natureza humana —, mas do exato contrário. A *cristandade medieval*, caracterizada por uma incrível vitalidade, é talvez o melhor exemplo disso, onde encontramos a organização social mais perfeita que já existiu, regida por santos e piedosos reis como São Luís, rei da França, São Fernando de Leão e Castela, Afonso X, Henrique V, depois imitados — muito particularmente — pelos Reis Católicos e pelos *Austrias*.[7] E que não se diga que tal cristandade somente promoveu o desenvolvimento das ciências sagradas — o que certamente não é pouco —, visto que criou e difundiu a cultura superior em todas as regiões do planeta onde esteve presente, como as universidades de Oxford, Bolonha, Salamanca, Alcalá etc. Nela observamos uma organização quase perfeita, onde cada pessoa ou grupo tinha sua função específica na sociedade e a cumpria com eficiência. "A Idade Média", diz o jesuíta Alfredo Sáenz, "entendeu a sociedade como dividida em três grandes setores, não antagônicos entre si, claro, mas harmonicamente coeridos: o dos que oram, o dos que trabalham e o dos que combatem".[8] Sobre isso, aprofunda-se um pouco mais aquele magnífico monarca que foi Dom Afonso X, o Sábio:

> Os defensores são um dos três tipos pelos quais Deus quis que se mantivesse o mundo. Pois assim como os que rogam a Deus pelo povo são ditos oradores e, do mesmo modo, os que lavram a terra e fazem nela tantas coisas, para que os homens tenham como viver e se manter, são ditos lavradores, assim também os que se põem a defender a todos são ditos defensores... e assim é, porque na defesa estão ocultas três coisas: esforço, honra e poderio [...].[9]

Esta era uma sociedade onde não existiam certas realidades modernas como a exclusão ou discriminação — em seu sentido amplo — por motivos sociais ou econômicos; onde o Estado aplicava o princípio de subsidiariedade, respeitando e favorecendo a autonomia dos diferentes organismos e instituições sociais — especialmente os corpos intermediários —, cuidando da integridade e constituição das famílias e promovendo a dignidade da pessoa, proporcionando a seus súditos justiça e segurança social, mas sobretudo um sentido de pertença e responsabilidade para com uma mesma comunidade que, mais do que

---

7   Reis Católicos foi como se chamou o casal composto pelo Rei Fernando II e a Rainha Isabel, que concretizou a união dinástica das coroas de Aragão e Castela, criando a monarquia católica que, mais tarde, viria a ser chamada Monarquia de Espanha. São, portanto, os primeiros reis da Espanha e os financiadores da expedição de Colombo que resultou no descobrimento da América. *Austrias* foram os reis da *Casa de Austria*, outro nome dado à dinastia de Habsburgo, casa real que reinou na Espanha entre os séculos XVI e XVII. — NE
8   Alfredo Sáenz, *La Caballería*. Buenos Aires: Ediciones Gladius, 1991, pp. 33–34. A este propósito, convém consultar também sua obra *La Cristiandad y su Cosmovisión*. Buenos Aires: Gladius, 2007.
9   Alfonso X, o Sábio, *Las Siete Partidas*, 2ª Partida, título XXI, lei 1.

regional, era, antes de tudo, celestial, transcendente; onde a primeira preocupação e função dos monarcas, sempre atentos ao prudente conselho dos pontífices, era assegurar a felicidade e a saúde do povo, física e espiritual, e o exercício de seus direitos, castigando severamente aqueles que atentassem contra isso. É assim que vemos homens arquetípicos como Luís IX da França percorrendo, disfarçado, o seu reino, a pé ou a cavalo, a fim de assegurar-se de que seus funcionários e diferentes autoridades estivessem agindo de modo honesto e justo com o povo. A mesma atitude e preocupação observamos em monarcas posteriores, como a venerável Isabel, a Católica, e seu esposo Fernando, atendendo muitas vezes eles próprios às causas judiciais, e destituindo de seus cargos não poucos magistrados, quando entendiam que estes atuavam injustamente ou em detrimento do povo.[10] Alguém pode imaginar um presidente ou um primeiro-ministro, nos dias de hoje, fugindo de seus cômodos aposentos e percorrendo — sem câmeras nem imprensa — as rachadas e estropiadas ruas das periferias, tateando a realidade tangível e as necessidades imediatas de seu povo? A resposta é óbvia, assim como é óbvio que este não é um mal propriamente moderno nem extracontinental: os *montezumas* e *atahualpas*, assim como os nossos contemporâneos, chegavam inclusive à ostentação mais grosseira de suas riquezas, mostrando-se indiferentes à sorte de seus povos. Era aquela, a medieval, uma sociedade profundamente cristocêntrica, desde o rei até o último dos lavradores, onde toda ação — até a mais insignificante — era animada por um sentido integralmente religioso e transcendente da vida, totalmente oposto ao radical racionalismo, pragmatismo e utilitarismo proposto séculos depois pelo *homus aeconomicus* protestante — logo iluminista —, que abriria as portas ao capitalismo desagregador e desumanizador que perdura até hoje.

O *modus vivendi* daquele homem medieval, profundamente religioso, é sintetizado magnificamente por um articulista desta forma:

> A piedade cristã, que até hoje tem animado a vida espiritual dos povos católicos, configurou-se nos séculos da cristandade. Esta vida de piedade consistia, em primeiro lugar, em assistir à Missa aos domingos e às festas de preceito, um dever que existia já desde muito tempo; o IV Concílio de

---

10 Ambos os casos citados de *A Inquisição: um tribunal de misericórdia*, Cristián Iturralde, 1ª ed., Campinas, SP: Ecclesiae, 2017.

Latrão (1215) regulou então a obrigação da confissão e comunhão anuais. Os jejuns e abstinências representavam uma considerável atitude penitencial para os fiéis cristãos, que pagavam também o dízimo das colheitas, a fim de ajudar na manutenção econômica da Igreja. A piedade eucarística e a devoção à Virgem e aos santos ocuparam um lugar eminente na espiritualidade da época. Grandes tradições eclesiais surgiram neste período, como a procissão de Corpus Christi, a récita do rosário, as peregrinações e as expressões religiosas na arte.[11]

Naturalmente, para a salvaguarda daquela ordem, daquela sociedade, era preciso que existissem forças dispostas a defendê-la — exércitos compostos por homens, mas não de qualquer tipo, senão cristãos cuidadosamente escolhidos, portadores de uma série de virtudes e habilidades que os faziam singulares, sujeitos a estritas normas e disciplinas. Referimo-nos à cavalaria cristã católica, criada e regulada por admiráveis varões como Raimundo Lúlio e São Bernardo, com seu arquétipo fixado em Godofredo de Bulhões, isto é, o *soldado missionário*: a Cruz e a Espada.

Cabe à cristandade o que acertadamente denomina Sáenz *a cristianização da guerra*. Ou seja, atuar, ante a inevitabilidade desta, o mais cristãmente possível, empregando a caridade e a misericórdia para com o inimigo sempre que as circunstâncias o permitirem, evitando por todos os meios as guerras fúteis ou privadas (bastante comuns entre senhores feudais e nobres). Embora a cristandade medieval sempre tenha buscado e promovido a paz em seus domínios, houve momentos em que, esgotadas todas as instâncias anteriores possíveis, não restou outro remédio senão tomar as armas para garantir a defesa territorial e a integridade física e espiritual dos seus.

A guerra sempre foi algo horroroso à Igreja e aos seus membros, porém, queiramos ou não, as guerras e o mal são e sempre serão uma realidade — negá-lo é negar a própria natureza humana, corrompida pelo pecado original. E ante a inevitabilidade de tais realidades, soube distinguir a Igreja entre aquelas justas — e mesmo necessárias — e as injustas. O próprio Santo Agostinho, apóstolo da paz, proclamou um princípio elementar a este respeito: "A guerra se faz para obter a paz".[12]

11　Concepción Carnevale, "El apogeo de la cristiandad". Artigo disponível em: http://es.catholic.net/conocetufe/358/804/articulo.php?id=9884.
12　*De Civitate Dei*, I, XIX, cap. VII.

Existe guerra justa, escreve o bispo, "quando se propõe castigar um povo que se recusa a reparar uma má ação, ou a restituir um bem injustamente adquirido".[13] Santo Ambrósio ensinava, nesse sentido, que "é perfeita justiça defender com a guerra a pátria contra os bárbaros, ou proteger os débeis no país, ou ajudar os inimigos contra os ladrões". Esta doutrina da *guerra justa* ou *legítima defesa* foi melhor tratada por Santo Tomás,[14] atualmente vigente no Catecismo da Igreja Católica.[15] A cavalaria cristã, sintetiza Sáenz, "é a consagração da condição militar ou, no dizer de Gautier, a força armada a serviço da verdade desarmada".[16] Todas as ordens católicas do período medieval estiveram revestidas do mesmo espírito, e consagradas a manter e/ou buscar aquela *tranqüilidade na ordem* sobre a qual explicava o bispo de Hipona.

Por isso não deve surpreender que encontremos, no santoral e entre os homens mais estimados pela Igreja, guerreiros e soldados como São Jorge, São Teodoro, São Demétrio, São Sérgio, São Sebastião, São Maurício, São Tiago "Mata-Mouros", São Luís, São Fernando, Godofredo de Bulhões e muitos outros.

Talvez ninguém tenha explicado melhor os benefícios emanados da cristandade que Dom Calderón Bouchet, Antonio Caponnetto e o supracitado Pe. Alfredo Sáenz. Assim descreve Leão XIII aquela ordem quase perfeita:

> Houve um tempo em que a filosofia do Evangelho governava os Estados. Então, aquela energia própria da sabedoria cristã, aquela sua divina virtude, havia compenetrado as leis, as instituições, os costumes dos povos, impregnando todas as classes e relações da sociedade; a religião fundada por Jesus Cristo, colocada firmemente no grau de honra e altura que lhe corresponde, florescia em todas as partes, secundada pelo agrado e adesão dos príncipes e pela tutela e legítima deferência dos magistrados; e o sacerdócio e o império, concordes entre si, dialogavam com toda a felicidade em amigável consórcio de vontades e interesses. Organizada deste modo, a sociedade civil produziu bens superiores a toda esperança. Com efeito, a memória destes subsiste, e permanecerá gravada em um sem-número de monumentos históricos, ilustres e indeléveis, que nenhuma corruptora habilidade dos adversários poderá jamais desvirtuar nem obscurecer.[17]

---

13 *Quaestiones Heptateuchum* VI: PL 34, 781.
14 *Suma Teológica*, II-II, 188, 3, c. Citado em Alfredo Sáenz, op. cit., p. 38.
15 CIC: 2308–2309, 2263–2267.
16 A. Sáenz, *La Caballería*. Buenos Aires: Ediciones Gladius, 1991, p. 35.
17 Encíclica *Immortale Dei*, 28. Cremos que ninguém tenha tratado melhor deste período

O princípio de subsidiariedade tem sua origem na Doutrina Social da Igreja, singularmente na doutrina de Santo Tomás. Esse princípio, praticado e difundido por diferentes papas ao longo da história, foi claramente ressaltado pelo já citado e célebre pontífice Leão XIII em sua magnífica encíclica *Rerum Novarum*, em referência à injustiça social em que viviam as classes trabalhadoras, oprimidas por uma minoria endinheirada e poderosa. Anos depois, em 1931, por ocasião do 40º aniversário de tal insigne documento, o Papa Pio XI redige a não menos significativa encíclica *Quadragesimo Anno* — que se refere, talvez, a um contexto social mais amplo —, denunciando todas as facetas do totalitarismo e os mais diversos meios de exploração do indivíduo. Nesta encíclica, explica o pontífice:

> Assim como não se pode tirar dos indivíduos e dar à comunidade o que podem realizar com seu próprio esforço e trabalho, tampouco é justo, constituindo grave prejuízo e perturbação da reta ordem, tirar das comunidades menores e inferiores o que elas podem fazer e proporcionar, e dá-lo a uma sociedade maior e mais elevada, já que toda ação da sociedade, por sua própria força e natureza, deve prestar ajuda aos membros do corpo social, porém sem destruí-los e absorvê-los.[18]

Ainda sobre a encíclica, um entendido nos diz o seguinte:[19]

> No panorama histórico que antecedia à encíclica, se vivia cada vez em maior escala uma atitude de indiferença, não somente para com Deus, mas também diante das misérias alheias. O liberalismo filosófico nutria com suas idéias o sistema econômico que conhecemos como capitalismo liberal. A utopia dos idealismos socialistas, principalmente de origem marxista, fomentava as inconformidades e as reivindicações dos trabalhadores, e os empurrava para a luta de classes. Era preciso estar cego para não ver a pobreza escandalosa dos assentamentos humanos nos bairros proletários, a carência do mínimo necessário para se viver dignamente; essas famílias não viviam, subsistiam. A moral individual, a resignação de algumas pessoas e a exortação à generosidade dos ricos para com os despossuídos é a tônica de alguns autores a fim de despertar uma consciência social, embora seja preciso recordar que vários eclesiásticos e leigos os precederam, denunciando os absurdos e atuando em sentido social.

---

histórico de prosperidade do que o Pe. Alfredo Sáenz, especialmente em seu *Cosmovisión de la Cristiandad* (Buenos Aires: Gladius, 2007).
18   Papa Pio XI, *Quadragesimo Anno*, 79, p. 93.
19   Tomamos a citação do *website* Catholic.Net. Cf.: http://es.catholic.net/empresarioscatolicos/484/1382/articulo.php?id=44408.

É um erro crer que a imensidão de um império constitua um mérito ou uma virtude *per se,* ou seja, algo que por si mesmo mereça uma admiração tal que se deva reivindicar de forma desmedida, sem nuances, esclarecimentos ou distinções de qualquer tipo. Como bem nos adverte Santo Agostinho, esta pode ser uma mostra da corrupção do mesmo: em uma ordem política justa, um estado não buscaria absorver em si os demais estados vizinhos, mas se esforçaria em manter com eles a concórdia (*Civ.* iv, 15).

E aqui não nos referimos necessariamente aos astecas ou incas, mas a quase todos os grandes impérios da história. O melhor exemplo que podemos oferecer a este propósito é o do Império Romano em seu período de máximo esplendor, a que todos celebram indiscriminadamente. Não é suficiente, para uma civilização propriamente dita, possuir um grau relativamente alto de cultura, de leis, ordem e grandes extensões territoriais centralizadas em um poder único e organizado; é necessário medir suas intenções e propósitos, e o verdadeiro grau de equilíbrio e justiça política e social alcançado para todos os seus membros, sem exclusão de ninguém. Caso contrário, estaríamos frente a um regime, para dizer o mínimo, oligárquico e despótico.

Santo Agostinho, em sua monumental obra *De Civitate Dei*, nos adverte a respeito desde sua cabal análise do Império Romano, interpretando a "magnitude" romana, em grande medida, a partir do binômio "afã de poder — desejo de glória" (*libido dominandi — cupiditas gloriae*). No capítulo 4 do livro xv da obra citada, que leva o título "Das lutas ou da paz na cidade terrestre", assinala:

> A cidade terrestre, que não será eterna (pois, uma vez condenada ao suplício final, já não será cidade), é cá na terra que tem o seu bem, tomando parte na alegria que estas coisas podem proporcionar. E como não há bem que não cause apreensão aos que o amam, esta cidade acha-se, a maior parte das vezes, dividida contra si própria com litígios, guerras, lutas, em busca de vitórias, ou mortais, ou até mesmo efêmeras. A verdade é que, qualquer parte dela que provoque a guerra contra a outra, o que procura é ser senhora dos povos, quando afinal é ela que fica cativa dos vícios; e se, quando sai vencedora, se exalta na sua soberba, a sua vitória é-lhe mortífera.
>
> Mas se, refletindo sobre a sua condição e as vicissitudes comuns, se sente mais atormentada pela adversidade que lhe pode surgir do que envaidecida pela prosperidade — a sua vitória é então apenas efêmera, porque lhe será

impossível manter o seu domínio sobre os que pôde subjugar com tal vitória.

Mas não se pode dizer corretamente que as coisas que esta cidade ambiciona não são verdadeiramente boas, sendo certo que mesmo ela, dentro do seu gênero humano, ainda é melhor. Procura certa paz terrena em vez destas coisas ínfimas — e é para a obter que ela faz guerra. Se vencer e não houver quem lhe resista, terá a paz que as partes adversas não tinham quando se batiam por bens que na sua desgraçada indigência não podiam possuir em conjunto.

Esta é a paz procurada por guerras laboriosas — a paz que uma vitória, que se julga gloriosa, consegue! Quando são vencedores os que lutam por uma causa mais justa, quem duvidará de que seja louvável uma tal vitória e desejável a paz que dela resulta?

São bens e, não há dúvida, dons de Deus. Mas se, com desprezo dos bens melhores que pertencem à Cidade do Alto em que a vitória se firmará numa paz eterna, soberana e segura, se desejam esses bens até se considerarem como os únicos bens verdadeiros e se os preferem aos bens considerados melhores — necessariamente que se seguirá a miséria agravando a que já havia.[20]

O bispo aponta que as virtudes romanas não são virtudes em sentido próprio, e sim, mais exatamente, vícios com aparência de virtude: formas de vaidade (como a *cupiditas gloriae*) que refreiam outros vícios e permitem certo êxito terreno, mas que não estão orientadas a Deus, senão à glória do homem (*Civ.* v, 15–15; 19).

É importante saber e recordar, como dissemos linhas atrás, que não tratamos aqui de uma utopia. Sublinhamos com clareza muitas ocasiões nas quais este regime justíssimo pôde ser aplicado com felizes resultados para as sociedades e todos os seus membros.

---

20 Santo Agostinho, *A Cidade de Deus*, vol. II, livro xv, cap. 4. Tradução de J. Dias Pereira. Lisboa: Fundação Calouste Gulbenkian, 2000.

CAPÍTULO III
A Lenda Negra

A lenda anti-hispânica em sua versão norte-americana (a européia bate o pé sobretudo no tema da Inquisição) desempenhou o saudável papel de válvula de escape. A suposta matança dos índios por parte dos espanhóis no século XVI encobriu a matança norte--americana da fronteira oeste, ocorrida no século XIX. A América protestante conseguiu assim livrar-se de seu crime, lançando-o de novo sobre a América católica.

Pierre Chaunu

a) O perfil da Lenda Negra

"Árvore do ódio" é como intitulou o historiador e catedrático americano Philip Powell a infundada Lenda Negra lançada sobre a Espanha e a Igreja Católica (particularmente em questões como a Inquisição e a conquista da América). Certamente não foi este o único autor que percebeu e denunciou esta vil manobra. Existem sobre o tema numerosas e excelsas obras concebidas por homens de diferentes vieses, nacionalidades, religiões e condições,[1] e todas concluem o mesmo:

---
1 Este tema o desenvolvemos na obra *A Inquisição: um tribunal de misericórdia* (Campinas,

caracterizam a Lenda Negra como uma ação conjunta de propaganda deliberadamente antiespanhola realizada por protestantes e judeus — muito particularmente — nos tempos do auge do império hispânico (*onde o sol não se punha*), com a firme intenção de desprestigiá-lo e gerar levantes e rebeliões em seus domínios e áreas de influência. Em síntese, esta manobra revelava motivações políticas e territoriais, mas, especialmente, econômicas e religiosas. Não houve mentira que a imprensa da sociedade comercial judeu-protestante não estivesse disposta a publicar e difundir maciçamente por toda a Europa.

Contudo, é certo, não foram somente estrangeiros a se levantar contra a potência peninsular. Estes contaram com sua quinta-coluna de nativos; agentes de fora que facilitaram em grande medida sua tarefa; traidores como Bartolomeu de las Casas, Guillermo de Orange e Antonio Pérez — entre os mais notórios —, somados a um importante contingente de marranos. Para a questão americana, sem dúvidas foi o primeiro deles quem mais danos causou à sua pátria com suas mentiras, tergiversações e exagero dos fatos.

No ano de 1493, um homenzinho nascido em Sevilha chegava à América acompanhado do Almirante Cristóvão Colombo, em sua segunda viagem. Dono de um caráter irascível e intratável, portador de um indômito orgulho, rapidamente encheu-se de inimigos no continente, particularmente daqueles que gozavam de uma situação política, social e/ou econômica mais vantajosa que a sua. Astuto, logo entendeu que a melhor forma de fazer um nome para si e distanciar-se daqueles que considerava seus inimigos seria mediante a difamação. Então, tomando uns poucos casos isolados e circunstanciais — dos quais nenhum empreendimento humano está isento —, começou a fazer circular a idéia de que todos os *encomenderos* exploravam desumanamente os indígenas, logo estendendo tal acusação contra qualquer um que ousasse contradizê-lo ou chamá-lo à calma e à paz. Em suas narrações *históricas*, é preciso deixar claro, não se encontram palavras ou noções tão imprescindíveis à História como a capacidade de

---

SP: Ecclesiae, 2017). Ali remetemos, ademais, aos trabalhos mais completos sobre a matéria, como os de Thomas Walsh, Schaefer, Jean Dumont, Julián Juderías, Enrique Días Araujo, Antonio Caponnetto, Rómulo Cabria, Menéndez Pelayo, Menéndez Pidal, García Morente, Joseph Pérez etc.

diferenciação, distinguindo o que ocorre com regularidade daquilo que é meramente circunstancial ou excepcional. Tampouco, de igual modo, vemos ali qualquer rigor científico — questão esta em que coincidem sem exceção todos os historiadores. Ao contrário, observamos claramente em suas páginas uma notória disposição para a especulação e ziguezagueantes e hábeis giros literários na narração de certos fatos. Sua evidente e deliberada exageração das situações narradas é outra característica assinalada por seus biógrafos, mesmo por aqueles que lhe guardam certa simpatia. Relata, desde seus tomos volumosos, centenas de crimes e abusos, porém jamais oferece precisões tão elementares como a menção dos autores materiais dos atos, ou onde e quando tais fatos ocorreram.

Não há historiador sensato, qualquer que seja sua posição — católico, protestante, ateu ou judeu —, que não o tenha desacreditado como fonte e denunciado seu ódio inaudito contra a Espanha. A este nome devemos atribuir a criação da denominada *Lenda Negra* da Conquista da América. Seu nome era Bartolomeu de las Casas.

Certamente não empreenderemos aqui e agora a tarefa de apontar cada um de seus *deslizes*, mentiras e *espanholíssimas* exagerações — como as chamou certo autor —, pois a extensão proposta para este trabalho não nos permite; além do que, mais importante, já se ocuparam disso largamente Dom Menéndez Pidal, Carlos Pereira e, em nosso país, muito especialmente, o Dr. Enrique Díaz Araujo.

Basta-nos assinalar que seu tristemente célebre *Brevísima relación de la destrucción de las Indias* (1552) obteve dezenas de edições, sendo traduzido para inúmeros idiomas, muito particularmente, como era de se esperar, nas regiões protestantes. Às vezes, como bem aponta Molina Martínez,[2] "não fazia falta ler, nem sequer saber ler, para empapar-se da crueldade hispânica", pois algumas edições, como a latina de 1598, incluíam 17 gravuras do protestante Teodoro de Bry, onde se reproduziam cruas cenas nas quais os espanhóis apareciam como

---

2   Artigo "La Leyenda Negra Revisitada: La Polémica Continúa". Revista *Hispanoamericana*. Publicação digital da Real Academia Hispano Americana de Ciencias, Artes y Letras. 2012, nº 2. http://revista.raha.es/articulo1.pdf. O autor citado, Philip Powell, reproduz, também, em sua obra, algumas destas gravuras.

monstros, "escalpelando indígenas".³ Por isso soube lamentar-se Julián Juderías, escrevendo:

> Porém — sentencia — é muito triste dizê-lo. O iniciador desta campanha de descrédito, aquele que primeiro lançou as espécies que tão valiosas viriam a ser para as filosóficas elucubrações de nossos inimigos, foi um espanhol: o Pe. Las Casas. Foi um espanhol quem pintou a conquista da América como uma horrenda série de crimes jamais vistos. É indubitável que tenha causado, com sua descrição da destruição das Índias, um dano gravíssimo à sua pátria...⁴

O grande historiador argentino Rómulo Carbia conclui o seguinte:

> Dizer que é um desorbitado que, às vezes, toca os limites da loucura, não é dizer, no entanto, o bastante. Viveu sem dúvida alguma fora da realidade... logo se nota a singularidade de seu típico *modus operandi*, constantemente presente em seus argumentos, nos quais é fácil comprovar um fato censurável: o de que, na ânsia de criar impactos, Las Casas não se detém diante de nada, mutilando textos ou mesmo os interpolando com passagens fraudulentas.⁵

Diz do dominicano o *santanderino* Marcelino Menéndez Pelayo:

> Suas idéias eram poucas e aferradas a seu espírito com tenacidade de cravos; violenta e aspérrima sua condição; irascível e colérico seu pensamento; intratável e rude seu fanatismo de escola; hiperbólica e intemperante sua linguagem, mescla de pedantismo escolástico e injúrias brutais...⁶

Que é a Lenda Negra? Citemos a opinião de alguns prestigiosos historiadores.

O recém-citado Julián Juderías nos diz:

---

3   Rómulo Carbia incluiu no final de seu livro uma reprodução das mesmas, com os textos da *Brevísima* nos quais Teodoro de Bry se baseou para sua composição. Com isso, pretendeu tornar manifesta a clara intenção propagandística e antiespanhola do gravurista holandês. Cf.: Rômulo Carbia, *Historia de la leyenda negra hispanoamericana*. Buenos Aires, 1943. Há uma edição recente da mesma com estudo preliminar de Miguel Molina Martínez, publicada pela Marcial Pons-Fundación Carolina, Madrid, 2004.
4   Julián Juderías. *La Leyenda Negra*. Madrid: Editora Nacional, 1960, p. 250.
5   Op. cit., p. 50. Um insuspeito como José María Pemán reconhece os exageros e a má vontade de Las Casas, como também souberam ver seus contemporâneos De Balboa, Alvarado, Ojeda, Jiménez de Quesada etc. Conferir o que disse cada um destes em Vicente Sierra, *El sentido misional...*, p. 374. Sobre isso, convém consultar a grande obra de Enrique Díaz Araujo, *Las Casas, visto de costado*, Madrid: Fundación Elías de Tejada y Erasmo Pércopo, 1995.
6   "De los historiadores de Colón", em *Estudios y discursos de crítica histórica y literaria*. Santander, 1942, t. VII, pp. 91 e ss.

> Por Lenda Negra entendemos o ambiente criado pelos fantasiosos relatos que, acerca de nossa Pátria, vieram à luz em quase todos os países; as descrições grotescas que sempre foram feitas do caráter dos espanhóis, como indivíduos e como coletividade; a negação ou, pelo menos, a ignorância sistemática de tudo quanto nos é favorável e belo nas diversas manifestações da cultura e da arte; as acusações que a todo tempo são lançadas contra a Espanha, fundadas para tanto em fatos exagerados, mal interpretados ou falsos em sua totalidade... Em uma palavra, entendemos por Lenda Negra a lenda da Espanha inquisitorial, ignorante, fanática, incapaz de figurar entre os povos cultos, tanto agora como antes, disposta sempre às repreensões violentas, inimiga do progresso e das inovações; em outros termos, a lenda que, tendo começado a se difundir no século XVI, no início da Reforma, não deixou de ser utilizada contra nós desde então, mais particularmente em momentos críticos de nossa vida nacional.[7]

Julián Marías entende que:

> A Lenda Negra consiste em que, partindo de um ponto concreto — suponhamos que certo —, se estende a condenação e a desclassificação a todo o país ao longo de toda sua história, incluída a futura. Isto é o que começa na Espanha desde o século XVI e se condena no século XVII, adquirindo novo ímpeto ao longo de todo o XVIII e reverdecendo sob qualquer pretexto, sem nunca prescrever.[8]

Luciano Pereña faz uma interessante reflexão a respeito:

> Com o V Centenário do Descobrimento da América, parecia haver chegado o momento de acabar de uma vez com a Lenda Negra. No entanto, obscuras forças políticas e econômicas fizeram fracassar aquele projeto que degenerou, finalmente, em um ataque feroz contra a Espanha da conquista e contra a Igreja Católica da evangelização. Conseguiu-se — nas palavras de Julián Marías — converter um dos feitos mais importantes e gloriosos da história universal em algo negativo, que projeta uma luz sinistra sobre o Novo Mundo, outrora continente de esperança. Cedeu-se, com estranha passividade e docilidade, a uma aliança de três elementos: ignorância, estupidez e maldade.[9]

Um insuspeito como John Elliott comenta o seguinte:

> Uma coisa é apontar que certos traços específicos da sociedade colonial hispano-americana, por exemplo a corrupção endêmica, lançaram uma

---

7   *La leyenda negra. Estudios acerca de España en el extranjero*, Junta de Castilla y León, Salamanca, 2003, p. 24.
8   *La España inteligible, Razón histórica de las Españas*. Madrid: Alianza Editorial, 1985, p. 202.
9   "La leyenda negra: arrepentirse ¿de qué?", *Alfa y Omega*, nº 126, Madrid, 1998, p. 27.

sombra funesta sobre a história das repúblicas pós-colombianas; outra é fazer a denúncia generalizada de que "a herança espanhola" foi a raiz de seus tropeços e tribulações. Em vários sentidos, esta denúncia não é mais do que o modo pelo qual se perpetuou até a era pós-colonial o solene mecanismo da "lenda negra", cujas origens podem ser localizadas nos primórdios da conquista e colonização ultramarina.

Foi — e ainda é — tão evidente e grosseira a má-fé contra a Espanha, que inclusive autores esquerdistas como Carlos Fuentes e, mais surpreendentemente ainda, Jorge Abelardo Ramos, tiveram de rechaçar a célebre Lenda Negra como pueril, denunciando ao mesmo tempo sua clara filiação saxônica e protestante. Dizia este último:

> Por conta da celebração do V Centenário do Descobrimento da América, multiplicaram-se as manifestações, ora ingênuas, ora pérfidas, de repúdio à Espanha da conquista e da evangelização. Pelo contrário, glorifica-se as raças indígenas. Certos cantores, como Victor Heredia, com leviano caudal histórico, condenam as supostas matanças de 50 milhões de índios por parte dos espanhóis durante a colonização. E até as chamadas "juventudes políticas" declararam data fausta o 11 de outubro e nefasta o 12 de outubro.[10] Em um congresso de americanismo celebrado em Bogotá, a maioria dos palestrantes, formada por anglo-saxões e europeus em geral, condenou a "crueldade espanhola" na Conquista e recusou-se a fixar a sede do congresso seguinte de americanistas na Espanha. Preferiram designar a Holanda, que saqueou durante três séculos a Indonésia, e não deixou nem um filho, nem uma igreja, nem uma cultura, nem uma língua, em sua secular espoliação. Tudo isso tem um sentido. O imperialismo anglo-saxão (calvinista) combate a Igreja Católica, não em nome da liberdade dos índios americanos, mas por causa da luta pela influência dos impérios anglo-saxões na América. Isto já era velho em tempos de Felipe II.[11]

b) O modus operandi *da Lenda Negra*

Não são poucos aqueles que, desconcertados, se perguntam como é possível que depois de toda a documentação existente — disposta não somente pelas crônicas dos feitos, mas também pela própria arqueologia

---

10 No dia 12 de outubro, comemora-se, na Espanha (também nos demais países de língua espanhola e nos EUA, em outras datas), o Dia de Colombo ou Dia da Hispanidade. Já o 11 de outubro é reivindicado pelas esquerdas como "último dia de liberdade dos povos originários da América". — NT

11 Jornal *Clarín*, Buenos Aires, 02/11/1998 (página 14). Na mesma linha se expressou Carlos Fuentes (revista do diário *La Nación*, Buenos Aires, 02/07/1995) e Juan José Sebrelli, em seu livro *El asedio a la modernidad. Crítica del relativismo cultural*. Buenos Aires: Sudamericana, 1992.

e antropologia —, persista ainda no continente esta versão caluniosa, adulterada, falsificada, da história da Espanha. É fato evidente que existe uma vontade consciente e dirigida para que seja dessa forma. Também assim o entende o filósofo e historiador Antonio Caponnetto, desemaranhando o embuste, denunciando que "não é, pois, apenas uma insuficiência histórica ou científica que explica a quantidade de imposturas lançadas aos montes. É um *odium fidei* alimentado no rancor ideológico. Um desamor fatal contra tudo que leve o sinal da Cruz e da Espada".[12]

Por isso se faz necessário estudar a metodologia utilizada para este propósito, a fim de se poder detectar o embuste, distinguir o certo do falso e, eventualmente, estar em condições de formar um juízo próprio e certeiro sobre os fatos investigados.

Como transformar uma falácia em verdade inconcussa? Como impor à sociedade determinado pensamento ou política sem que ela, muitas vezes, se aperceba da manobra? Como operam esses ourives do engano?

Respondê-lo parece fácil. Alguns dizem que basta repetir uma mentira incessantemente (como sugeria Voltaire); mas, para dizer a verdade, nem sempre o assunto é tão simples. Muitas vezes é preciso empregar uma tática um pouco mais complexa, dirigida e orientada não exclusivamente à mera difusão de um determinado erro, mas a alterar, danificar, confundir e enganar a capacidade crítica e racional do indivíduo, despojando-o de qualquer vislumbre dessa *rara avis* de inteligência que é o senso comum — que atua como escudo e defesa frente os ataques da *propaganda*. Ou seja, um método que transcenda a questão meramente etimológica e histórica; um *modus* que repercuta necessariamente no *ser* do homem, que nele gere aquelas conseqüências ontológicas que lucidamente denunciava o Dr. Caponnetto, advertindo que "expressar-se mal é sinal de que pensamos mal, e pensar mal é sinal de que estamos mal".[13]

Referindo-se aos sofismas de homonímia, assinala que estes surgem "devido à incorreta utilização dos significados, seja por equívocos semânticos ou por suposições e conjeturas distorcidas", citando para

---

12 Antonio Caponnetto, "Tres lugares comunes de las leyendas negras". Conferência, Buenos Aires, 1992.
13 Op. cit., pp. 16–17.

este fim um exemplo da obra *Sofismas,* de Camilo Tale: "A faculdade mais característica do homem é a inteligência. O chimpanzé possui inteligência, logo o homem e o chimpanzé são iguais".[14] Então, por um critério similar, alguns crêem poder afirmar que a Espanha e a América pré-colombiana, tanto em civilizações como em cultura, foram e são ainda iguais.

Para que uma mentira possa prosperar e se consolidar verdadeiramente, segundo mostra a experiência, é necessária uma cuidadosa mistura de meias verdades, omissões, tergiversações, equívocos semânticos, eufemismos, fatores distrativos etc., que a recubram de uma importante capa de veracidade. O invólucro ou *packaging* é fundamental neste caso. E para exaltar o supérfluo, nada melhor que recorrer a *argumentos sofísticos.*

Para fazer um pouco de história e nos remeter às fontes primevas, convém relembrar o que se escreveu sobre a questão, especialmente na chamada escola socrática, onde seus discípulos, mediante pregações públicas e/ou escritos distintos, denunciavam energicamente os dirigentes e acólitos de uma proeminente seita do embuste que se chamou de *sofista.* Uma seita relativista que, personificada em Péricles — segundo nos ensinou o filósofo romeno-argentino Stan Popescu[15] —, conseguiu, em menos de um século, subverter os valores morais, a idiossincrasia e a história de Atenas, fomentando o sacrilégio e a profanação, corrompendo e debilitando os laços familiares, atrofiando a criatividade, degradando o pensamento filosófico e esvaziando o homem de seus conteúdos espirituais. Inimiga furibunda de todas as definições e precisões, esta aclamada democracia grega conseguiu impor de pronto o mito da igualdade, liberdade e fraternidade — precursora da revolução jacobina do século XVIII — onde, de acordo com o prisma do relativismo reinante, covardes e valentes, eruditos e iletrados, vítimas e vitimadores, deviam ser igualmente estimados. Assim, em um breve lapso, perdeu-se a percepção dos limites e as necessárias distinções que permitiam ao homem "detectar o portal que o separava da *hybris* ou do *pathos* da *akrasia* (incontinência, debilidade)".[16]

---
14 Op. cit., p. 8.
15 Consultar, muito especialmente, sua obra máxima *Autopsia de la Democracia, Un estudio de la Anti-Religión.* Buenos Aires: Editorial Euthymia, 1984.
16 Op. cit., p. 25.

Devemos ao professor Antonio Caponnetto uma das melhores sínteses de tais tratados e conceitos, bem como de sua aplicação na atualidade. Em sua *Metodología de Estudio y de Exposición Oral*,[17] apoiado nos grandes clássicos e eruditos da linguagem, denuncia várias das argúcias empregadas usualmente pelos escritores vernáculos. Distingue ali quatro fases ou métodos comumente utilizados por aqueles que pretendem ocultar ou tergiversar certos fatos históricos. São estes, a saber, o *reducionismo*, a *dialetização*, o *emocionalismo* e a *matematização* — geralmente dados nessa ordem específica. Explica:

> O reducionismo consiste em reduzir a realidade. A realidade pode ser reduzida ou porque encubro uma parte dela, ou porque introduzo nela, de maneira forçada, algum elemento que lhe é alheio.
>
> Uma vez reduzida a realidade, vem a dialetização, a face disjuntiva. Apresento dois pólos quase sempre artificialmente opostos e obrigo a se optar por um deles.
>
> Uma vez que a realidade foi reduzida e dialetizada, vem o emocionalismo. Calo a razão e faço falar as emoções, se possível desenfreadamente. Aqui entram em jogo essas figuras retóricas de que falávamos antes.
>
> E uma vez que a realidade foi reduzida, dialetizada e emocionalizada, vem a matematização. Porque já se sabe que, para a gente comum, são os números quem mandam. É preciso fazer as cifras falarem, ainda que fictícias [...].

Logo, o autor nos oferece um claro exemplo:

> Quando foi aprovada na Argentina a lei do divórcio, começou-se primeiro pelo reducionismo. Toda a riqueza matrimonial foi reduzida intencionalmente a um só ponto: a suposta ou real incompatibilidade entre o homem e a mulher. Tudo o mais não contava. A complexa, valiosa e rica realidade matrimonial ficava reduzida a uma só questão.
>
> Depois vinha a dialetização. Em um pólo se apresentava o homem como vitimador e, no outro, a mulher como oprimida; ou vice-versa, pois neste caso dava no mesmo.
>
> Em seguida, irrompia o emocionalismo. Era preciso falar aos sentimentos das vítimas. Falava o marido infiel ou a mulher maltratada. Cada qual exibia desenfreadamente suas sensações. O anormal ficava convertido em regra.
>
> Por último, intervinha a quantofrenia ou numerolatria, nos dizeres de Sorokin — a mania de reduzir tudo a um número mágico. Alguém disse que havia "dois milhões de casais que não podiam refazer suas vidas por

---

17   Buenos Aires: Editorial UCALP, 2011.

ausência de uma lei divorcista" e não se discutiu mais. O número se impôs com a força de um dogma.[18]

Difícil será negar que a respeito da denominada conquista da América se tenha procedido de igual forma. Todo o trabalho civilizador, criativo e caritativo da Espanha e dos missionários ficou reduzido à existência de certas condutas inescrupulosas ou abusos cometidos por algumas pessoas — daquelas que nunca faltam entre seres humanos — em algum determinado momento (caracterizaram como norma, então, o que foram claras exceções). Os grandes e sangüinários povos indígenas, opressores da população, eram agora apresentados como arquétipos de liberdade, e seus regimes, como mais do que democráticos (omitem-se, deliberadamente, seus abundantemente comprovados crimes e traços totalitários). Tiranos como Montezuma ou Atahualpa, incrivelmente, passam agora a ser vítimas; tornam-se, subitamente, como que duas freirinhas a quem, sem nem ao menos um "lá vai água", alguns *camisas negras*[19] tivessem inesperadamente moído a cacetadas. Finalmente, o número mágico de que falava o historiador supracitado. Neste caso, o *genocídio*: 90 milhões de indígenas vitimados pelas mãos de 200 mil espanhóis.

Sobre as conseqüências decorridas desta *bastardização* da linguagem, proposta muito particularmente pela revolução cultural *gramsciana*, trataram já de modo suficiente e de forma clara Rafael Gambra[20] e o citado Caponnetto.

Portanto, tome-se nota das precauções necessárias para evitar que os eufemismos e/ou equívocos semânticos tão em voga confundam ou obscureçam nosso senso crítico.

c) *Felipe Pigna: mais um agente da Commonwealth*

Ainda que para a historiografia acadêmica e científica séria o autor em questão pertença a um gênero que poderíamos qualificar como *personagens menores* (repetidor circunstancial da História Oficial), nos vemos forçados a esta disputa — ainda que sucinta —, posto que,

---
18   Op. cit., pp. 18–19.
19   Em italiano: *camicie nere*. Grupo paramilitar da Itália fascista organizado por Benito Mussolini. — NE
20   Rafael Gambra, *El Lenguaje y Los Mitos*. Speiro, 1983.

ajudado pela *mass media*, ele conseguiu espalhar seus desvarios e erros por todo lado, conquistando caráter público.

O perigo de autores como o mencionado não reside propriamente na difusão de uma História tendenciosa e tergiversada — pois embusteiros, lamentavelmente, jamais faltaram, inclusive em nossa Academia Nacional de História[21] —, mas em seu calculado direcionamento para a porção ingênua e iletrada do povo, ou seja, para aqueles que normalmente não tomariam um livro de História em suas mãos. O estilo de escrita de Pigna é ágil, sem dúvida; algo mais próprio, para dizer a verdade, de romancistas do que de historiadores. O problema é que esses *best-sellers* se apresentam como manuais insubstituíveis de História. Hoje, o denominador comum das gentes os escolhe como referências, citando-os sem parar. E não se trata somente de homens crescidos, mas também de crianças, adolescentes e jovens universitários. Salvo os diretamente panfletários, não se tem registro de autores tão avessos à investigação científica como Galeano[22] e Pigna. Hábeis criadores de falácias, usaram de todos os recursos sofísticos úteis aos seus objetivos, alguns dos quais já enunciamos.

O título escolhido para este aparte não é arbitrário, senão necessário e amplamente fundado. Responde Pigna, direta ou indiretamente, a interesses britânicos? É claro que assim é, pois, segundo o ensinamento evangélico, *o que não ajunta, espalha*. Demos alguns exemplos probatórios ou ao menos sugestivos disso.

Todos conhecemos o fascínio de Pigna por Mariano Moreno e a dedicação que colocou em salvar este personagem da merecida ignomínia na qual se encontra sepultado — chegando a chamá-lo *o primeiro arquiteto da idéia de nação*. Exercitando um pouco a memória, rapidamente recordaremos que, como é sabido, Mariano Moreno — assim como Rivadavia — foi um desavergonhado e ativo agente dos interesses britânicos no Rio da Prata (José María Rosa o chamou

---

21 Sobre o tema, recomendamos consultar especialmente a obra do Dr. Antonio Caponnetto, *Los Críticos del Revisionismo Histórico* (três volumes), editada pelo Instituto Bibliográfico Antonio Zinny, Buenos Aires, 1998 (primeiro tomo).
22 Principalmente seu arquiconhecido livro *As veias abertas da América Latina*, publicado pela primeira vez em 1971. Eduardo Galeano é um endinheirado escritor uruguaio marxista, admirador do regime totalitário cubano e de seu líder, Fidel Castro.

de "advogado dos interesses britânicos").[23] Quem foi realmente este prócer *pignista* e jacobino?

Digamos, de pronto, que foi Moreno quem ordenou o fuzilamento daquele patriota cabal que foi Dom Santiago de Liniers, servindo-se, para isso, de nada menos que cinqüenta soldados ingleses. A impiedade e crueldade de Moreno encontraram, naturalmente, grande oposição em patriotas viris como Manuel Belgrano, que se negava a acatar as medidas terroristas de Moreno, que, entre outros crimes, ordenava, em 22 de setembro de 1810, *fuzilar todos os suspeitos vizinhos do Paraguai* e matar o bispo e o governador. Em 29 de setembro, ratificando missiva anterior, dizia a Belgrano que "a junta não dá lugar à compaixão ou à sensibilidade [...]". A Castelli encomendou que deixasse seus soldados fazer "estragos com os vencidos para infundir terror nos inimigos", ordenando em 18 de novembro desse mesmo ano que "passasse pelas armas imperdoavelmente" todos os dissidentes. O perfil deste soldado *robespieriano* foi traçado por historiadores de substância e peso, como Enrique Díaz Araujo,[24] e inclusive por autores insuspeitos de hispanofilia como Ramos Mejía e Vicente Fidel López, que o define como um "caráter detestável, homem cortado pelo molde dos mais furiosos guilhotinadores da Revolução Francesa".

Resulta igualmente curioso que Pigna, como indigenista, não condene de forma veemente e taxativa aquele intenso *odiador* de índios e gaúchos que se chamou Domingo Faustino Sarmiento. Aquele que, em carta a Mitre, lhe aconselhava: "Não trate de economizar sangue de gaúchos. Este é um abono que é preciso tornar útil ao país. O sangue desta chusma crioula, incivil, bárbara e rude é a única coisa que têm de seres humanos". O próprio Pacho O'Donnell reconhece que: "Sarmiento estava convencido de que não se podia construir um país à européia, que era o que ele entendia por 'civilização', com os *orilleros*, os índios, os gaúchos, os mulatos, que eram os reais povoadores do nosso território. A grande incógnita de Sarmiento era como se desfazer deste 'bando'".[25] A falsa dialética *sarmientina* de civilização ou barbárie,

---

23 *Rivadavia y el imperialismo financiero*, Peña Lillo, p. 16.
24 É de um artigo de sua autoria que temos tomado as citações correspondentes a Mariano Moreno ("La Incultura Presidencial, el terrorismo morenista", Revista *Cabildo*, 3ª época, ano XIII, número 103).
25 Em entrevista concedida à *Revista de la Universidad*, edição 54: Especial Domingo F.

sabemos, vinculava a primeira aos americanos e britânicos e a segunda aos índios, gaúchos e crioulos. No entanto, nosso *Felipillo* considera Sarmiento o educador por excelência e "um dos grandes pensadores da Argentina".[26] Pigna, ao melhor estilo delascasiano,[27] generaliza e não distingue casos particulares; afirma, acusa e não prova, dando como firmes verdades certas interpretações que não são mais do que isso: elucubrações pessoais. Sempre, é claro, da forma mais desfavorável possível à Espanha e à Igreja. Inclusive, vez ou outra, Felipe se dá ao gosto de desafiar as leis da física, como quando faz saquear um navio o pirata Thomas Cavedish um ano antes de que isto ocorresse, ou quando faz aparecer o Bispo Victoria em dois lugares ao mesmo tempo... e como estes, poderíamos citar vários casos mais.[28] Pigna também encontrou tempo para estender seus preocupantes desvarios ao período pós-hispânico, chamando Mariano Moreno de "o primeiro desaparecido da história argentina", pelo simples fato de seu cadáver ter sido jogado ao mar (?)... Estaríamos por acaso lidando com uma mula? Se isto não é uma grosseira tentativa de manipulação da História nacional, o que é?

Portanto, com exemplos como esses, não surpreende que o midiático Felipe Pigna coincida com os grandes autores saxões mais fanaticamente imperialistas em sua missão cultural e política anti-hispânica (curioso, certamente, vindo de quem se define a si mesmo como antiimperialista).

Embora Pigna parecesse querer mais, não pretende ser mais realista que o rei, nem mais incoerente que *montonero*[29] democrático, mas sim mais saxão que os próprios ingleses. Ao menos isto é o que se pode deduzir de outros tantos fatos, alguns realmente constrangedores — mesmo tratando-se de Pigna —, como citar no começo de sua *opera prima* (*Los Mitos...*) John Lennon (?).

A partir de aberrações como essas, de mesclas de literatura, *rock*, viagens interdimensionais, tangerinas vietnamitas e história, é que

---

Sarmiento (ano VIII-nº 54, 01/09/2011).
26   Ibidem.
27   Referente a Bartolomeu de las Casas ou à sua obra e seu estilo. — NT
28   Estes e outros horrores históricos em Pigna foram advertidos pelo Dr. Cardinali em um artigo de abril de 2006, que pode ser consultado na íntegra no *website* oocities.org. Cf.: http://www.oocities.org/ar/ediciones2001/Docs/2006_04_14_CardinaliVsPigna.htm#_Toc132789002.
29   Participante ou simpatizante dos Montoneros, organização política peronista dada à luta armada durante a década de 70 na Argentina. — NE

podemos começar a entender seus livros, ou os incontáveis *erros* neles encontrados. E não falamos agora propriamente de seu deliberado construtivismo ideológico, nem de sua notória deficiência de raciocínio, nem tampouco de sua manifesta tendenciosidade ao tratar de certas questões históricas, mas de erros quase escolares, como os referentes ao Estreito de Magalhães e à suposta primeira fundação de Buenos Aires.[30] A este respeito, refutando Pigna e alguns de seus acólitos em conhecida disputa, expressa um descontente Cardinalli:

> Qualquer historiador é livre para considerar Magalhães um herói da hispanidade ou um monstro sangüinário. Isso é axiológico. Porém, afirmar que Magalhães deu seu nome ao estreito não é opinião, é um erro.[31]

Felipe Pigna, qual *comerciante do pensamento fabricado*, constituiu-se uma das mais afamadas referências do pensamento único, que é, antes de tudo, apátrida, anti-hispânico e anticatólico.

E assim, o grau de anti-hispanidade chegou tão longe que se propôs recentemente eliminar o Dia da Hispanidade do calendário nacional, já que, segundo Felipe Pigna, "*é algo ofensivo à nossa identidade e um péssimo exemplo para as novas gerações, porque se está celebrando o genocídio, o roubo, o saque, o seqü*estro *e o assassinato em massa*". Outros sugeriram passar o feriado para o dia anterior, com o nome de "último dia da liberdade".[32] Embora neste caso, sem dúvidas, leve novamente o prêmio o protagonista desta proeza: condena sem matizes a hispanidade e os grandes feitos da Espanha, porém salva daquele "horror" a Cervantes, Quevedo, Hernandarias e Góngora,[33] justamente quatro dos baluartes daquela *Hispania* imperial e católica. Cervantes, recordemos, havia sido destacado soldado às ordens de

---

30 Consultar especialmente o artigo de Ricardo Guillermo Cardinali, "Felipe Pigna y el Paraíso Perdido". Cf.: http://www.pensamientonacional.com.ar/docs.php?idpg=0002_cardinalli_pigna_2.html.
31 "Felipe Pigna: El nuevo taita oficial de la historia". Cf.: http://www.psicofxp.com/forums/politica-economia-sociologia.146/702854-felipe-pigna-nuevo-taita-oficial-historia.html.
32 Consultar a respeito o artigo de Federico Gastón Addisi, "Reflexiones sobre un 12 de octubre distinto. Atacar nuestra identidad para quedar en la orfandade". Cf.: https://sites.google.com/site/federicoaddisi/articulos/hispanidad. Também recomendamos uma conferência do Dr. Antonio Caponnetto intitulada "Tres lugares comunes de las leyendas negras" (Buenos Aires, 1992). http://www.revista.unsj.edu.ar/revista54/nota_detapa.php.
33 Em entrevista de Leandro Rosso a Felipe Pigna para o *website* Aula Intercultural. Cf.: http://www.aulaintercultural.org/spip.php?article3439.

João da Áustria, servindo ninguém menos que Carlos V na famosa e inesquecível Batalha de Lepanto (1571).[34]

Talvez o ramo de Pigna seja a investigação meteorológica da Revolução de Maio e as comprovações científicas acerca da existência de uma indústria *paraguística* naqueles dias pátrios.

Uma coisa sabemos ao certo: Pigna não leu Cervantes nem seu *alter ego* Dom Quixote, que exclamava que "os historiadores que se valem de mentiras haviam de ser queimados como os que fazem moeda falsa".

Uma sorte para Pigna...

d) A Lenda Negra da qual não se fala

Em tempos modernos, tem-se insistido em difundir a suposta barbárie espanhola para, entre outras coisas, ocultar — muito particularmente — as atrocidades cometidas no mesmo período histórico pelos saxões. Resulta lógico, portanto, o grande desconhecimento do cidadão comum em relação à conquista no norte do continente e ao extermínio sistemático de indígenas ordenado pelos britânicos, bem como suas políticas excludentes e ofensivas para com eles. No ano de 2004, André Flahaut, então Ministro da Defesa da Bélgica, surpreendeu a muitos declarando publicamente que na América do Norte se cometera o maior genocídio conhecido na história, referindo-se aos 15 milhões de indígenas vitimados por ingleses e americanos.[35] Na realidade, o dado não era novo e estava amplamente documentado, porém havia permanecido habilmente encoberto pelas diplomacias de ambas as nações.

Recordemos que no momento da chegada dos britânicos ao continente, habitavam nele numerosas tribos, como os cherokees, shawnees, pequots, apaches, iroqueses, mohegans, chiricahuas, creeks, seminoles, sioux, cheyennes, navajos, comanches etc. Prontamente, aqueles que puderam fugir das armas britânicas foram se afastando da costa leste para o oeste e interior dos atuais EUA. Porém, em 1803, o presidente estadunidense Jefferson, comprando a Louisiana de Napoleão, desterrou novamente os indígenas que ali habitavam, agravando-se sua

---

34 No prólogo da segunda parte do *Quixote*, descreveu a contenda como "a mais elevada ocasião que viram os séculos passados, os presentes, nem esperam ver os vindouros".
35 Agência de notícias IPS, Montreal, 09/08/2004.

situação pouco depois, ainda, com a aquisição dos territórios anexados do México em 1840. A este respeito, recordemos o Ato de Remoção dos Índios ratificado pelo então presidente dos EUA, Andrew Jackson, em 1830, que forçava os nativos indígenas — à ponta de canhão — a trasladar-se para o oeste, tendo grande parte destes perecido no caminho por conta da fadiga, do maltrato e das mudanças climáticas. O biólogo francês Jean-Louis Berlandier, depois de viajar ao Texas e realizar uma ampla investigação, escreveu, em 1830: "Das 52 tribos indígenas identificadas na investigação de campo dos franceses em 1678 nesta região, restam apenas quatro e não há vestígios das demais".[36] Vários autores sustentam que a população indígena minguou — de 1800 a 1900, aproximadamente — de 10 milhões para cerca de 400 mil. Entre os extermínios lendários de indígenas, podemos mencionar os de Sand Creek, Rodilla Herida e Wounded Knee.

Entre os colonos britânicos prevaleciam basicamente duas posturas, aparentemente antagônicas, a respeito do tratamento da *questão indígena*. Uns, os extremistas, entendiam que deviam exterminá-los sistematicamente, sem piedade nem concessões. Outros, os "moderados", tidos como humanistas, acreditavam que o desterro era a solução adequada. Esses últimos justificavam sua teoria principalmente em duas razões, convergentes entre si: na clara superioridade da raça branca — que os indígenas deviam reconhecer ou ir embora — e na crença de que aquele exílio constituía, em definitivo, um benefício para os próprios indígenas, já que, longe dos centros urbanos e das regiões dominadas por colonos, poderiam preservar melhor sua cultura.

É claro que nenhuma dessas políticas tendia sequer timidamente à possibilidade de assimilação do elemento indígena à nova *pólis* saxônica.

William Bradford, governador de Plymouth, vê com beneplácito o extermínio dos indígenas, expressando com total naturalidade o seguinte:

> Foi uma terrível visão contemplá-los ardendo no fogo, ver os rios de sangue que a este apagavam, e o terrível que eram a peste e o odor exalado; porém, a vitória pareceu um doce sacrifício, e todos por isso louvaram a Deus, que havia atuado de maneira tão maravilhosa em seu favor, colocando seus

---

36   Citado em IRIB World Service, "Un vistazo a los DDHH en EEUU", 04/04/2012. Cf.: http://spanish.irib.ir/an%C3%A1lisis/art%C3%ADculos/item/122671-un-vistazo-a-los-derechos-humanos-eneeuu-xix.

inimigos em suas mãos e dando-lhes uma vitória tão rápida sobre um povo tão orgulhoso e insolente.[37]

No ano de 1637, um dia depois da matança dos indígenas pertencentes à tribo pequot, declarava o governador de Massachusetts Bay:

> Um dia de agradecimento, agradecendo a Deus que se tenha eliminado mais de 700 homens, mulheres e crianças. Está escrito na Lei que "este dia quatro deve ser um dia de celebração e agradecimento por se haver submetido os pequots".[38]

Nas décadas seguintes, assinala Robert Jensen, professor de jornalismo da Universidade do Texas, 95% dos indígenas americanos dos Estados Unidos pereceriam.[39] Segundo o professor indígena Ward Churchill, a população nativa norte-americana foi reduzida de cerca de 12 milhões, em 1500, a somente 237 mil, em 1900.

> "Posto de maneira simples", escreve Jensen, "o Dia de Ação de Graças é o dia onde a cultura branca dominante (e, tristemente, a maioria da população não branca, porém não indígena) celebra o início de um genocídio que teve, de fato, a bênção dos homens que admiramos como nossos heróicos pais fundadores".

A brutalidade contra os indígenas e a concepção que deles tinham os saxões — quase sem exceções —, inclusive já iniciado o século XIX, se evidencia e poderia sintetizar-se nas afirmações de um afamado historiador estadunidense daqueles tempos, Francis Parkman (1823–1893), quando, referindo-se aos indígenas, sustenta que: "[...] portanto, eram destinados a dissolver-se e desaparecer ante os avanços da potência americana... não há nada de progressivo na rígida, inflexível natureza de um índio. Ele não pode abrir sua mente à idéia de progresso...".[40] Os próprios *westerns* americanos confirmam esta imagem estereotipada do índio. Recordemos que a denominada *conquista do Oeste* se procedeu de acordo com um plano de extermínio cuidadosamente fixado.

---

37 Citado no artigo intitulado "Thanks giving Day Massacre". Cf.: http://www.thepeoplespaths.net/history/thanksgivingdaymassacre.htm.
38 David Brooks, periódico *La Jornada*, 27/11/2009, p. 23.
39 Citado no artigo de David Brooks, "El Día de Acción de Gracias, 36 millones de estadounidenses padecen hambre", *La Jornada*, 29/11/2008.
40 Citado por Philippe Jacquin em *Los Indios de Norteamérica*, Madrid: Siglo XXI Editores, 2006, p. 96.

As pestes e epidemias que dizimavam os índios eram interpretadas como um claro e favorável sinal de Deus para eles, os colonos, que libertavam do mal a terra destinada aos justos. Assim, em 1621, Edward Winslow qualificava de "maravilhosas pestes" aquelas "enviadas por Deus" contra os índios. Em 1634, comenta John Winthrop: "Aqui, quase todos morrem pela varíola, e de tal modo o Senhor evidencia nosso direito a isto que possuímos".

Sobre a questão da infundada Lenda Negra, se pronunciaram honestos historiadores americanos e britânicos, como o já citado Philip Powell, que foi presidente da Conferência Nacional de História Latino-Americana de seu país e funcionário do Departamento dos Estados Unidos. Advertindo sobre esta injustiça histórica, depois de mais de trinta anos de minucioso estudo da matéria, conclui:

> A crença comum de que a conquista espanhola na América esteve sistemática e profundamente caracterizada por uma singular crueldade, ganância, rapacidade e corrupção geral, não se corrobora com a evidência. Digamo-lo clara e simplesmente: não existe nada em toda a história espanhola que prove que os espanhóis de então ou de agora possam ser classificados como mais cruéis, mais ambiciosos ou mais corrompidos que outros povos. Não creio na existência de nenhum intelectual respeitável que, livre de preconceitos raciais e religiosos, possa contradizer esta afirmação.[41]

A brutalidade britânica no norte do continente foi lendária, como reconhecem também outros prestigiosos historiadores. Diz Hyland: "O reinado de Elizabeth foi um dos mais cruelmente bárbaros, em comparação com as medidas repressivas de Maria, que eram insignificantes perto deste. E a este reinado sucedeu outro de igual crueldade, sob Jaime I... O povo (no tempo de Carlos I) havia sido formado nesses métodos cruéis de seus governantes anteriores, e chegou a ser tão feroz como seus reis Henrique, Elizabeth ou Jaime".[42] Em seu *Books of the Brave*, assinala o historiador Leonard:

> Do estudo da Europa contemporânea (isto é, em particular a do século XVI), se depreende claramente o padrão universal de crueldade, intolerância e inumanidade que caracterizava a vida social, religiosa e econômica do

---

41 Op. cit., pp. 20–21.
42 George Kieran Hyland, *A Century of Persecution under Tudor and Stuart Sovereigns from Contemporary Records*, Nova Iorque, 1920, p. 9.

continente. O humanitarismo era, naquele momento, um simples conceito de relações humanas ainda em estado latente e sem desenvolvimento, sendo, pelo contrário, universal o desprezo aos direitos inerentes ao indivíduo. Para um conquistador, agir de forma compassiva para com o conquistado era considerado, geralmente, um sinal de debilidade.[43]

Por sua vez, Toynbee faz notar o seguinte: "Os hábitos do 'terror' adquiridos pelos ingleses durante sua prolongada agressão contra os últimos celtas, nas montanhas da Escócia e nos pântanos da Irlanda, cruzaram o Atlântico e foram praticados nos índios norte-americanos".[44]

Não surpreende que entre os britânicos, diferentemente dos espanhóis, os assentamentos continentais tenham sido quase exclusivamente costeiros, a fim de agilizar e facilitar o objetivo puramente mercantilista da Coroa.

No entanto, essa crueldade (e utilitarismo) saxônica resulta lógica, coerente, presumível, se levarmos em consideração e atentarmos para quatro fatores fundamentais:

- Enquanto a América do Norte foi povoada majoritariamente por criminosos que a Coroa Britânica expulsava de seus domínios — assim, de fato, se povoou a Austrália — e por minorias que fugiam das perseguições do Estado de Sua Majestade e/ou de outras seitas rivais, a Espanha reservou o povoamento do continente quase exclusivamente a homens probos, sobre os quais não pesava nenhum delito ou má fama, e que desejassem trabalhar pelo bem coletivo da comunidade (os certificados reais de povoamento expedidos pela monarquia espanhola não deixam mentir). Muitas vezes, eram os próprios colonos que pediam ao rei que ratificasse e estendesse essas medidas inclusive a descendentes de hereges e infiéis até a quarta geração.[45] Os motivos eram claros, como podemos concluir da carta enviada por Fernando a Diego Colombo em 3 de maio de 1509, em que diz: "[...] Considerando que nós, com muito

---

43 Leonard Irving, *Books of the Brave: Being an Account of Books and of Men in the Spanish Conquest and Settlement of the Sixteenth-Century New World*, Cambridge: Harvard University Press, 1949, p. 8.
44 Toynbee, *Study of History*, citado em Leonard, *Books of the Brave*, p. 10.
45 No real certificado expedido por Fernando, o Católico, citado em Vicente Sierra, *El Sentido Misional...*, p. 48.

cuidado, desejamos a conversão dos índios à Nossa Santa Fé Católica, como digo acima, e que se para lá fossem pessoas suspeitas na Fé, poderiam em alguma medida atrapalhar a dita conversão, não consintais nem deis lugar a que lá povoem nem mouros, nem hereges, nem judeus, nem reconciliados, nem pessoas recentemente convertidas".[46] Recordemos que naqueles tempos, muito especialmente, eram os judeus e mouros, em sua maioria, furiosos inimigos da fé católica e da Espanha, convertendo-se falsamente ao cristianismo — não poucas vezes — com o fim único de destruir por *dentro* a Igreja e a Espanha, atuando como quinta-coluna das potências inimigas protestantes, maometanas etc. (como fizeram já no ano de 720, favorecendo a invasão árabe da Península), segundo reconheceram suficientemente inclusive os autores judeus. Vale esclarecer que grande parte dos hereges mencionados e denunciados era formada por clérigos e sacerdotes cristãos (e ainda *cristãos velhos*[47]), sem traços de sangue judeu ou mouro, o que prova não ter havido qualquer aspiração racista — como muitos pretendem — em tais ordenanças.[48]

- As potências imperialistas européias não espanholas — particularmente os ingleses, holandeses, belgas, franceses e, às vezes, portugueses — contavam, no momento de sua incursão ao continente, com uma longa e assustadora lista de matanças e torturas no resto do mundo, particularmente em suas colônias e incursões asiáticas e africanas — que continuaram, inclusive, até tempos recentes. Não surpreende, portanto, o tratamento destes para com os indígenas da América. Os massacres posteriores de malaios e chineses por parte dos ingleses foram terríveis, fato que o próprio LeRoy Beaulie reconhece, dizendo que (estes) "não foram fatos isolados e excepcionais".[49] O mesmo podemos dizer de sua incursão na Austrália

---

46 Ibidem.
47 *Cristão velho* (ou *cristão puro*) era como se chamava, naquele período, o cristão descendente de outros cristãos, que não possuía sangue judeu, mouro ou afins. Já o *cristão novo* era aquele a quem se supunha descender de convertidos muçulmanos, judeus e outros. — NE
48 Este assunto desenvolvi extensamente no livro *A Inquisição: um tribunal de misericórdia* (Campinas, SP: Ecclesiae, 2017).
49 Citado por Vicente Sierra, *El Sentido Misional...*, p. 379.

continental e na Tasmânia, exterminando praticamente toda a população indígena (na denominada *Guerra negra*). Quanto aos belgas, referindo-se à colonização do Congo, aponta um historiador inglês, Harold Spencer, que "15 milhões de seres humanos estão ali submetidos a um regime que implica a escravidão, no presente, e provavelmente o extermínio, no futuro, de um número de vidas que alcança, segundo cálculos moderados, cem mil por ano, efetuado mediante mutilações, assassinatos e morticínios dirigidos por autoridades que se dizem cristãs".[50] O professor Jan Vansina, da Universidade de Wisconsin, antropólogo e etnógrafo que estudou em detalhes a população da região, afirmou que entre 1880 e 1920, a população do Congo se reduziu "ao menos pela metade".[51] Tampouco, certamente, estiveram isentos de crueldades os franceses e portugueses, eliminando, os primeiros, grande parte da população indígena do Canadá e explorando os nativos de suas colônias na Ásia e na África. Os portugueses, por sua vez, encarregaram-se de competir com aqueles em crueldade na Ásia, África e mesmo na América, sendo bem conhecido e documentado o extermínio e feroz perseguição aos indígenas guaranis das reduções jesuíticas.[52] Conta Cunninghame Graham: "Enquanto os jesuítas organizavam suas reduções nas províncias do Guaíra e sobre os rios Paraná e Uruguai, um ninho de falcões observava os neófitos das mesmas e os considerava como que filhotes que se engordavam para ser devorados por eles. Lá em São Paulo de Piratininga, no Brasil, a uns mil e duzentos quilômetros de distância, vinha à vida uma comunidade estranha, povoada primitivamente por aventureiros e criminosos portugueses e holandeses [...]".[53] Esses criminosos, após tomar de assalto a redução do padre

---

50   Harold Spencer, "The Great Congo Iniquity", *The Contemporary Review*, Londres, 1906.
51   Jan Vansina, prólogo a Daniel Vangroenweghe, *Du Sang sur les lianes*, Bruxelas: Didier Hatier. Citado em Hochschild, p. 345. Jim Zwick considera que o número de 10 milhões de vítimas mortais durante o domínio de Leopoldo possa ser bem próximo da realidade.
52   O fato foi mencionado pela primeira vez pelo missionário alemão Sepp, particularmente em sua obra *Continuación de las labores apostólicas* (Buenos Aires: Eudeba, 1973), nas páginas 39 a 50.
53   Idem, p. 40.

Anchieta no Brasil e exterminar seus habitantes, utilizaram o lugar como base logística, de onde partiam ao Paraguai em suas campanhas de destruição.

- Os ingleses, os holandeses e os franceses, muito especialmente, estavam imbuídos da doutrina eminentemente individualista e utilitarista proposta pelo renascimento italiano, movimento que não chegou a criar raízes na Espanha (ou, ao menos, com as mesmas características). O espanhol, contrariamente, é um continuador do ideal medieval, religioso e tradicionalista, sabedor das conseqüências do pecado e atento à voz da consciência. A autocrítica tem sido um dos traços mais patentes e admiráveis dos espanhóis — do primeiro ao último —, como podemos claramente concluir do fato de que o próprio Carlos V organizava e conduzia as famosas disputas e controvérsias sobre o assunto das Índias, a fim de certificar-se de estar atuando de modo cristão, de estar aplicando as políticas corretas para a América e corrigindo aquelas que urgiam ser modificadas em benefício dos indígenas.

- Sua religião, talvez, é o que melhor explica seu comportamento no *Novo Mundo*. Os protestantes, sabemos, qualquer que seja sua linha, crêem ser suficiente a *fé* para conseguir a salvação, subestimando ou mesmo anulando completamente o valor das *obras*. Dito de modo simples: pouco ou nada importa a coerência entre o comportamento público e o privado. Pouco ou nada importa seguir os preceitos evangélicos e ajudar o próximo e/ou desvalido ou a retificação de certas atitudes. O fato de crer e ter *fé* lhes assegura um lugar na imortalidade junto de Deus. Por outro lado, e não menos sugestivo, convém mencionar que a riqueza material é vista entre os protestantes como um sinal positivo — quase determinante — de Deus para com eles (doutrina da predestinação).

Ainda que de forma breve e incompleta, consideramos pertinente a menção deste lado oculto da história e seus atores principais, que são, curiosamente, os mais enérgicos impugnadores da obra espanhola no continente americano.

CAPÍTULO IV
Regimes totalitários indígenas

[...] O mundo pré-colombiano, desde o ponto de vista político, oferece um panorama de generalizado e denso autoritarismo, onde fenômenos relacionados à representação popular brilham por sua ausência, mais ainda se se trata de rebelião popular. São esquemas obturados, sem possibilidade de abertura ou mesmo de luta por ela, pois os homens neles envolvidos não têm a menor idéia de prerrogativas frente a dominação daquele que os conduz.[1]

Héctor Petrocelli

[O aborígene] era, em geral, um mundo pobremente tecnicizado, obscurecido pelo fanatismo cosmogônico de suas crenças.[2]

Morales Padrón

A antropofagia americana, negada por hipercríticos de outros tempos, é a característica mais protuberante da maior parte das culturas indígenas do Novo Mundo.[3]

Enrique de Gandía

---

1   Héctor B. Petrocelli, *Encuentro de dos mundos. Lo que a veces no se dice de la Conquista de América*, Rosario: Didascalia, 1992, cap. III. Consultar a versão digital em: http://argentinahistorica.com.ar/intro_libros.php?tema=6&doc=101.
2   Francisco Morales Padrón, citado em Héctor Petrocelli, op. cit., cap. 3.
3   *Historia Crítica de los Mitos y Leyendas de la Conquista Americana*. Buenos Aires: Centro Difusor del Libro, 1946, p. 48.

Para fins didáticos, decidimo-nos por dividir os povos indígenas em duas categorias maiores. Trataremos primeiramente das culturas melhor organizadas e dos povos e indígenas sujeitos a estes regimes despóticos. Depois, faremos uma breve revisão sobre alguns povos que se mantiveram alheios aos primeiros — principalmente por questões geográficas —, sendo em sua maioria nômades e/ou coletores. Não obstante ter-se cometido grandes abusos de poder, excessos e práticas bestiais em todo o continente, é de se acreditar que a maior organização e centralização que teve o primeiro grupo favoreceu a opressão massiva do povo simples e a disseminação de seus piores vícios.

Já dissemos, porém não custa repeti-lo, que não pretendemos aqui realizar um estudo exaustivo dos povos pré-colombianos que habitaram o continente antes da chegada dos espanhóis, tampouco aprofundar em cada uma das características e peripécias das culturas que escolhemos abordar. Nossa intenção é que se possa ao menos observar seus traços totalitários e características gerais, indicando, para seu estudo pormenorizado, distintas fontes que o leitor encontrará nas notas colocadas ao pé da página e na bibliografia disponível ao final do ensaio.

I — Crime organizado: o regime oligárquico e despótico dos incas, astecas e maias

Decapitavam-se mulheres enquanto dançavam, enforcavam-se crianças, queimavam-se seres humanos previamente anestesiados ou se lhes atingia com flechas; por vezes, aos sacrificados se lhes tirava a pele com que vestiam depois os sacerdotes.[4]

As religiões aborígenes reduzem o índio a cumprir um destino pré-fixado, dependendo do capricho e vontade dos deuses, feiticeiros ou hierarcas da vez. Não existe o valor da vida humana, nem livre-arbítrio, nem noção de igualdade, como entre os cristãos. O protesto é um direito que os missionários lhes ensinaram, e o qual aplicaram várias vezes.[5]

---

4   Francisco Morales Padrón, *Manual de Historia Universal*, t. v, *Historia General de América*, Madrid: Espasa-Calpe, 1962, p. 62.
5   Luis Alberto Sánchez, *Breve Historia de América*, Buenos Aires: Losada, 1978, p. 28.

Introdução

Antes de iniciar propriamente esta introdução, convém ao nosso propósito a familiarização com alguns termos e conceitos aos quais faremos freqüentes referências ao longo do presente ensaio. Tomaremos as definições dadas pela reputada *Enciclopedia Espasa-Calpe* e pelo *Diccionario de la Real Academia Española*:

Totalitarismo: ideologia ou regime que concentra a direção de qualquer aspecto da vida civil e política no Estado.

Déspota: pessoa que abusa de seu poder ou autoridade sem nenhuma consideração para com os demais.

Absolutismo: o termo absolutismo faz referência ao poder exercido de forma autoritária e sem limites.

Imperialismo: doutrina ou sistema político e econômico que pretende o domínio político, econômico ou militar de um estado sobre outro ou outros.[6]

Fatalismo: concepção que afirma a estreita dependência do que acontece e das ações humanas em relação a uma causa absoluta e necessária, freqüentemente identificada com a divindade. A RAE[7], um pouco mais precisa neste ponto, nos diz (em sua primeira acepção): "Crença segundo a qual tudo sucede por inescapável predeterminação ou destino"; e (em sua segunda acepção) "atitude resignada da pessoa que não vê possibilidade de mudar o curso dos acontecimentos adversos".

Subjugar: submeter, dominar ou mandar com violência.

Superstição: forma de crença ou prática contrária à razão e alheia às religiões organizadas. O DRAE nos diz, em sua segunda acepção, que é "a fé desmedida ou valorização excessiva a respeito de algo".

Pessimismo: disposição ou propensão a ver e a esperar as coisas em seu aspecto mais desfavorável.

Resignar: segundo o DRAE, em sua terceira acepção, significa "submeter-se, entregar-se à vontade de alguém"; e, em sua quarta acepção, "conformar-se com as adversidades".

---

6   http://espasa.planetasaber.com/default.asp.
7   *Real Academia Española*.

Chama a atenção, sem dúvidas, o fato de que, apesar da substancial evidência existente em torno dessa questão, existam ainda grupos e pessoas que insistam em se referir a tais impérios, particularmente ao inca, como espécies de estados subsidiários ou paraísos terrestres — e até democráticos — onde todos os homens viviam felizes, sem preocupações, de mãos dadas, com a barriga cheia e um livro debaixo do braço. Não é isso o que mostra, certamente, a realidade dos fatos.

É urgente falar às claras, e a este respeito cabe assinalar duas ou três coisas. Sob tais absolutismos teocráticos, jamais existiu liberdade de consciência, nem de expressão, nem pluralidade de partidos políticos, nem eleições livres, nem o direito de protesto. Para dizer a verdade, não existiu nenhum tipo de liberdade. Não havia noções tais como igualdade ou fraternidade. Qualquer desobediência ou dissidência de pensamento era considerada uma grave ofensa e castigada sistematicamente com a morte, precedida muitas vezes pela tortura. O vulgacho, a classe trabalhadora, *proletária*, que compreendia a maior parte da população, não tinha mais direitos do que tomar alguma ração diária de alimento daquilo que cultivava para o próprio sustento e receber alguma vestimenta para o trabalho.

E não é que os chefes e as classes dirigentes imperiais considerassem, de forma particular, a saúde do povo e o bem-estar físico do indivíduo obedecendo a motivos morais ou humanitários, mas a outros de índole puramente utilitária, pois sabiam — é uma obviedade — que não assegurar sua subsistência ia contra os próprios interesses imperiais, como o de estar sempre abastecido de uma numerosa força trabalhadora capaz de realizar os distintos e árduos trabalhos materiais necessários ao Estado expansionista. Logicamente, nem o rei, com seus familiares e próximos, nem os nobres e as outras classes privilegiadas, iam *arregaçar as mangas* e fazer o trabalho forçado e extenuante das minas, dos caminhos, das calçadas ou das construções. Como se crê que os incas construíram Machu Picchu e, os astecas, a Pirâmide do Sol e seus múltiplos palácios? Foram por acaso Montezuma, Tezozómoc ou Atahualpa? Não. Foram construídas e edificadas por mão-de-obra escrava, proveniente do povo simples e das guerras. Trabalho remunerado? Mais-valia? Bônus? Sindicatos? Férias? Feriados? Benefícios?

Horas extras? Nada disso jamais existiu nesses impérios assim ditos socialistas — em sua acepção estrita — e/ou distribucionistas, ao menos não para a desgraçada massa do povo.

Os setores privilegiados, qual capitalismos de esquerda e direita, antigos ou hodiernos, viviam na abundância, quase sempre em detrimento do povo e ostentando abertamente sua condição superior frente a ele. Quanto à alimentação, sua dieta era variada: consistia em deliciosos manjares e alimentos de grande valor energético, enquanto, do outro lado, a população simples baseava sua alimentação no milho e em outros vegetais de conteúdo protéico e vitamínico insuficiente. Isso repercutia, naturalmente, em seu estado de saúde, deixando-os débeis, dóceis, predispostos a múltiplas enfermidades. Além disso, diferentemente dos nobres, que andavam calçados, o povo andava sempre descalço (ao menos sob domínio asteca). Hernán Cortés, ao entrar na capital asteca, convidado por Montezuma II, se impressionou muito ao presenciar os imensos banquetes que a cada dia eram servidos no palácio principal ao rei, à corte e aos seus convidados. Os nobres, de sua parte, todos os dias recebiam peixes frescos recém-trazidos da costa.

Outro "benefício" de pertencer às altas classes era que lhes ficava permitida a prática poligâmica (muito estimada entre os indígenas). Alguns tinham um harém com cem mulheres![8] Tal era o estado geral de miséria que, muitas vezes, os plebeus se viam obrigados a dar suas filhas como concubinas (prostitutas) aos nobres e vender-se a si mesmos como escravos. Casos do tipo foram muito freqüentes em quase todos os povos indígenas. Juntamente com um deliberado classismo, detectamos nesses povos um racismo institucionalizado que, entre outras coisas, proibia terminantemente a miscigenação entre nobres e plebeus, a fim de manter pura e impoluta a linhagem — geralmente associada ao *status* social —, ou entre um povo e outro, como no caso dos tepanecas, que consideravam os astecas uma raça inferior. Lamentavelmente, foram tantos e tão variados os excessos e vícios desses regimes que não terminaríamos nunca de enumerá-los.

A alimentação deficiente das massas sob os regimes indígenas não é um fator menor, mas de vital importância para compreender essas

---

8   Henri Lehmann, *Las culturas precolombinas*, Buenos Aires: Eudeba, 1986, p. 114.

sociedades e seu destino fatal. Este fato raramente é mencionado e, quando o é, se lhe subestima ou se evita analisar as razões a que verdadeiramente correspondia. Descobriu-se, através de estudos realizados e confirmados pela boca dos próprios indígenas, a existência de diversos métodos empregados para controlar a vontade da população. Assim como se utilizou freqüentemente a religião — com seus deuses severos, ameaçadores e sangüinários — para submeter as massas, também está provado o emprego de complexos e rebuscados sistemas para estupidificar e docilizar o indivíduo, *verbi gratia*, a deformação intencional de crânios ou mesmo algumas práticas de trepanação e lobotomia. Portanto, não deveria surpreender que povos que foram capazes de chegar a tais extremos utilizassem também a alimentação com fins semelhantes: é-lhes dado o justo para sobreviver, porém não o bastante para que possam relaxar, sentar, pensar e dedicar tempo ao ócio e à contemplação da realidade. Reservaremos, no entanto, o tratamento de tais questões para capítulos posteriores.

O francês Pierre Chaunu, por sua vez, assinala a incapacidade de trabalhar em conjunto demonstrada pela maior parte das tribos indígenas, somada ao fatalismo de sua religião: "Nenhuma coesão entre povos, nenhuma coesão social interna — a propriedade individual não apegou o homem ao solo —, uma civilização que, como no caso asteca, não crê em si mesma e opõe ao otimismo cristão o pessimismo fundamental de sua mitologia cruel [...]".[9]

Em seguida, nos concentraremos nos traços totalitários gerais de três dos povos pré-colombianos mais importantes do continente, deixando deliberadamente de lado — salvo por alguma menção de passagem —, para seu tratamento posterior, outras questões essenciais e específicas de sua cultura, como a freqüente prática do canibalismo, da pederastia, sacrifícios massivos de homens, mulheres e crianças, mutilações corporais, o tratamento dado à mulher etc., para mencionar somente algumas.

---

9   Pierre Chaunu, *Historia de América Latina*, Buenos Aires: Eudeba, 1964, p. 9.

a) Astecas

Introdução

O caso dos astecas é particularmente interessante. Certamente não por seus supostos aportes à humanidade e elevado desenvolvimento cultural, mas pela supervalorização da qual foi objeto. Um estudo ainda que supérfluo do período nos permite concluir claramente o seguinte:

Uma considerável parte da historiografia — geralmente "direcionada" — encarregou-se de superdimensionar grotescamente suas capacidades, inclusive em detrimento de outras culturas mais determinantes que habitaram a região e o continente.

A visão idílica comumente aceita desta sociedade costuma ser, antes de tudo, desejada, e não o reflexo de um estudo imparcial e sereno dos fatos. Assim, então, a América asteca nos é apresentada como uma espécie de paraíso semelhante ao proposto naquela cidade utópica de Thomas More, interrompida subitamente pelo *vil* jugo da civilização ocidental.

Que ali tenha havido elementos de real valor, não o negamos, como tampouco negamos a existência de certos conhecimentos úteis e avançados, considerando o período e a região. Porém, por outro lado, convém saber distinguir entre um mérito propriamente obtido e um reconhecimento surgido na comparação com outros; quer dizer, da comparação do mau com o menos mau não pode surgir algo bom. Se os povos periféricos torturavam um prisioneiro vinte e quatro horas por dia e os astecas vinte e duas, isso não significa que, de fato, fossem por isso menos cruéis ou sangüinários. Recordemos os brutais persas e os bárbaros germânicos do século V, que conquistaram grandes povos e impérios, e tiveram algum grau de organização e conhecimento, como o teve no século XX o comunismo — de outra forma não poderiam ter persistido no tempo nem alcançado tamanha expansão —, mas ninguém, em seu juízo perfeito, foi tão longe a ponto de reivindicá-los como modelos de sociedade. A grande pergunta aqui é a seguinte: por que se insiste, então, em enaltecer um povo sobre cuja conflituosa história pesa a realização do maior holocausto que a humanidade conhece até o momento (80 mil pessoas executadas em apenas quatro dias e alguns milhões em pouco mais de um século)?

Quanto às suas tão aclamadas conquistas no terreno da ciência ou outras disciplinas, convém esclarecer uma ou duas coisas. Apenas ocasionalmente tratamos aqui de conquistas próprias, já que haviam recebido quase todos os seus conhecimentos e técnicas por herança ou copiando a outros povos anteriores, como os teotihuacanos, os maias e mais propriamente os toltecas (e todos estes, por sua vez, dos olmecas). A escrita (não fonética), o papel e o calendário por eles utilizados (com alguma variação) vieram, na realidade, de toltecas e maias. As mais refinadas obras arquitetônicas são de origem olmeca, maia, teotihuacana e tolteca (de acordo com o juízo e preferência do autor), assim como grande parte de sua organização sociopolítica, costumes e tradições. Para dizer a verdade, exceto pelo engenhoso sistema de *chinampas* ou "jardins flutuantes", empregado e criado (?)[10] por eles, sua agricultura foi realmente deficiente, como provam as grandes fomes, migrações e necessidade de novas conquistas. Adentrando agora o âmbito religioso, é preciso dizer que — salvo Huitzilopochtli — nem seus deuses principais eram próprios, como Quetzalcóatl ("a serpente emplumada"), venerado desde a antigüidade por várias outras culturas, particularmente em Tula e Cholula. Em geral, o panteão de divindades astecas não tinha mais do que deuses "emprestados", aos quais às vezes imprimiam alguma marca própria ou mesmo modificavam completamente. Em definitivo, no essencial, os mexicas foram uma cópia medíocre e alterada de culturas anteriores. Diz Soustelle que quando esses bárbaros chegaram ao Vale do México, copiaram os costumes de tribos sedentárias como os toltecas: "[estes] Adotaram a estrutura sociopolítica, os deuses e as artes de seus predecessores: a cidade-estado com seu conselho e dinastia, as dignidades e as ordens de cavalaria, os cultos campesinos, o calendário, os sistemas de escrita, a poligamia e o jogo de bola".[11]

---

10 Parece que, segundo vários autores importantes, este sistema atribuído aos astecas já havia sido desenvolvido por culturas anteriores a eles.
11 Jacques Soustelle, "Barbarie y Civilización", em Miguel León-Portilla, *De Teotihuacán a los Aztecas. Antología de fuentes e interpretaciones históricas*, México: Universidad Nacional Autónoma de México, 1977, p. 231.

Porém não por isso são tão censuráveis, mas por suas intenções. A peculiaridade *mexica* não reside, certamente, na fusão e absorção dos melhores elementos destas sociedades; o surpreendente aqui é o oposto: *a incrível capacidade de potencializar seus piores vícios — inclusive chegando a institucionalizá-los — como, por exemplo, as guerras ininterruptas, os sacrifícios humanos, a antropofagia, a escravidão, os benefícios das classes superiores à custa do povo etc.* O resultado de tal política fica à vista de todos: *não conseguiram sobreviver mais de duzentos anos.*

Somente um historiador absorto no supérfluo poderá surpreender-se com a gradual degeneração que foi experimentando o Estado Asteca através do tempo, até a chegada de Hernán Cortés. Prestemos especial atenção à ação fundacional do império nascente.

Para dizer resumidamente, corria o ano de 1325 quando o rei da poderosa tribo vizinha de Culhuacán, Cóxcoc, admirado da coragem dos astecas, havia aceitado o pedido destes de casar sua filha com um nobre mexica. Algumas horas antes dos festejos e da celebração formal do compromisso, cinco nobres astecas levaram a noiva a um antigo templo de cerimônias, dizendo-lhe que ali a esperava seu futuro esposo. Ao comprovar, em sua chegada, que o lugar estava vazio, e quando a adolescente começou a suspeitar de algo, os cinco nobres a tomaram pelas pernas e braços, colocaram-na em uma pedra e, com afiadas facas de obsidiana, lhe abriram o peito e extraíram seu coração — ainda palpitante —, sendo finalmente a jovem vítima esfolada. Quando chegou o rei ao que deveria ter sido a celebração das bodas nupciais de sua primogênita, encontrou, em vez disso, a um dos nobres vestindo a pele de sua filha, *ainda brilhante*, supostamente em honra ao deus da fertilidade. O monarca, estupefato, horrorizado, sem poder crer no que seus olhos estavam vendo, ordenou imediatamente a feroz perseguição e extermínio daqueles assassinos. Estes fugiram sem perder tempo, vagando por semanas, escondendo-se atemorizados. Depois de muito peregrinar e fugir, chegaram finalmente ao lugar em que ficariam, uma ilhota no Lago Texcoco:[12] Tenochtitlán. Este fato espantoso e homicida marcou o princípio do império nascente.[13]

Breve história

A fim de oferecer um quadro geral — não exaustivo — da geografia mexicana e dos povos que a habitaram historicamente, comecemos dizendo que o imenso território mexicano se divide basicamente em duas grandes regiões: a montanha e a planície. Lá encontramos os mais diversos climas e características geográficas — vulcões, densos vales, zonas desérticas, planaltos, alguns lagos e rios, fortes ventos e, dependendo da época e do local, fortes geadas, calores angustiantes, chuvas intensas etc.

Na costa leste, sobre o Golfo do México, ficavam os totonacas, huastecas, tabascos e olmecas. A oeste, sobre o Pacífico, os tarascos, mixtecas (cuja capital era Cholula) e zapotecas (sendo Monte Alba sua capital histórica). Entre ambos os extremos, quase no coração do México, no entorno do Lago Texcoco, povoaram-no os toltecas, otomis, texcocanos, mexicas, teotihuacanos, tepanecas etc.[14]

Os mexicas ou tenochcas, geralmente conhecidos pelo nome de astecas, foram uma tribo de nômades proveniente do norte do continente (não se sabe exatamente de onde[15]) que conquistou seu assentamento

---

12   No Lago Texcoco, viram um sinal do deus: uma águia em um nopal devorando uma serpente, e ali fundaram a cidade de Tenochtitlán, que significa *onde está o nopal silvestre*.
13   O episódio foi narrado por vários cronistas indígenas e recordado por diversos historiadores. Entre eles, consultar George C. Vaillant, *La Civilización Azteca*. México: Fondo de Cultura Econômica, 1955, pp. 79–92.
14   Muitos autores agrupam e consideram vários dos povos mencionados como toltecas (200 a.C. a 1200 d.C.), seja por terem sido criados por imigrações destes, por terem se aparentado em algum momento, ou mesmo por terem sido por eles decisivamente influenciados, como é o caso dos astecas. Por outro lado, alguns consideram Teotihuacán (200 a.C. a 900 d.C.) e Tula (900 a 1116) como um mesmo lugar e uma mesma cultura (alguns crêem que ambas as cidades tenham sido construídas pelos toltecas, mas recentes vão em sentido contrário). Existem vários casos como estes. No entanto, não é objetivo de nosso trabalho entrar em tais disputas e investigações, nem estabelecer minuciosas distinções entre uns e outros, pois, no final das contas, sem desconsiderar algumas diferenças que existiram entre os povos que habitaram o Vale do México, podemos afirmar que tiveram uma cultura comum, particularmente os nahuas (ao menos em suas generalidades).
15   Segundo a lenda, estes dizem provir de um mítico país chamado Aztlán. Até o momento, não se pôde estabelecer com certeza a localização do mesmo. Há quem sustente que este lugar seja puramente mitológico, que não existe nem jamais existiu. Não há precisão sobre os lugares em que os astecas tenham estado antes de chegar ao Vale do México.

definitivo em 1325,[16] em Tenochtitlán, que se converteria na capital deste vasto império. Antes de sua chegada e estabelecimento definitivo, durante o transcurso de sua peregrinação, detiveram-se em vários lugares da região, como Tula (onde estiveram por quase nove anos), Zumpango (aqui permaneceram por sete anos) e Chapultepec, de onde foram expulsos por raptar, estuprar e roubar mulheres. Durante o período *peregrinatório*, passaram por muitos momentos ásperos e amargos, como exílios e expulsões, em geral por conta de seu comportamento criminoso (não esqueçamos de que quando começaram a emigrar ao sul,[17] as melhores terras estavam já ocupadas, pelo que foram tomando seu lugar à força). No ano de 1314, foram escravizados pelo rei de Colhuacán — depois de vencidos em guerra por seus exércitos[18] —, mas tempos depois conseguiram libertar-se da escravidão como recompensa pelos serviços prestados a este nas guerras contra seus vizinhos, os xochimilcos, aos quais venceram de forma contundente, iniciando sua fama de guerreiros sangüinários e perversos. Sua capital definitiva a estabeleceram, como mencionamos recentemente, em Tenochtitlán, cuja população, no momento da chegada dos espanhóis, se calcula em aproximadamente 150 mil habitantes.[19] Será a partir de Huitzilihuitl (1391–1415), segundo monarca mexica, que os astecas iniciariam seu período monárquico, casando-se este com a filha de Tezozómoc, soberano tepaneca.[20]

Ainda que tenham constituído, em seu apogeu, um dos povos mais influentes da Mesoamérica, não chegaram a adquirir o grau de

---

16   Alguns autores, como Paul Kirchoff, sustentam que a capital asteca tenha sido fundada no ano de 1370, e não em 1325 como usualmente se crê. Consultar, a respeito, o ensaio de Walter Krickeberg, *Las antiguas culturas mexicanas*. México: Fondo de Cultura Económica, 1961, pp. 41–46.
17   Segundo Von Hagen, eles teriam começado sua migração por volta do ano 1200 d.C. Víctor Wolfgang von Hagen, *The Ancient Sun Kingdoms of the Americas*. Great Britain: Paladin, 1973, p. 19. León-Portilla estabelece em meados do século XIII a entrada dos astecas no Vale do México. Citado por Miguel León-Portilla, *Antología, Fuentes e Interpretaciones Históricas*, Lecturas Universitarias 11, México: Universidad Nacional Autónoma de México, 1977, p. 23.
18   Os motivos precisos que desencadearam o enfrentamento variam de acordo com o autor. Alguns dizem que estes se negaram a pagar tributo, como era devido, ao rei tepaneca. Francisco Clavijero dá esta como uma opção possível dentre outras. Nem todos os astecas ficaram submetidos a Colhuacán; alguns foram para as regiões pantanosas próximas ao Lago Texcoco, aos quais logo se uniram os primeiros, após serem expulsos de Colhuacán.
19   Há aqueles que dizem que não superava os 100 mil, e outros, que superava 300 mil.
20   Em troca, os astecas o ajudaram em suas intermináveis campanhas militares, principalmente contra Texcoco.

desenvolvimento cultural a que chegaram os maias, teotihuacanos e toltecas,[21] nem a importância dos olmecas[22] (XVI–II a.C.), considerada a cultura mãe de todos os povos mesoamericanos do período pré-colombiano — influenciando de maneira decisiva particularmente os povos teotihuacanos e maias. Em geral, os astecas se consideravam a si mesmos os únicos legítimos sucessores dos toltecas na região.

O império, em seu período de máximo esplendor, chegou a ter uma extensão considerável, incluindo entre seus domínios as regiões de Veracruz, Puebla, Oaxaca, Guerrero, a costa de Chiapas, Hidalgo (todas estas no atual México) e parte da Guatemala. À chegada dos espanhóis, o império asteca reunia 38 regiões, e seu Imperador Montezuma recebia tributo de 371 povoados.

O historiador Francisco Clavijero, traçando um perfil do caráter dos mexicas, não obstante reconhecer-lhes algumas virtudes, diz que "eram muito supersticiosos e excessivamente cruéis".[23]

Traços característicos do império asteca

Expansionismo: assim como os incas, os astecas tinham o costume de impor seu idioma[24] (o nahuatl), religião e várias de suas tradições aos vencidos. Podemos datar como primeiro processo expansivo aquele do ano de 1328 quando, junto aos texcocos e tlacopanecas, se rebelam

---

21 Os toltecas, dos quais os astecas acreditavam-se sucessores, começaram sua peregrinação desde o nordeste do México, aproximadamente em 596, chegando no século VII à região da qual fariam seu lugar, a que chamaram Tula, segundo indica Francisco Clavijero. Seu período monárquico começa no século VII e termina quatro séculos depois, em 1031, quando, por razões que não se conhece bem, suas cidades foram destruídas e abandonadas. Nesse tempo tiveram oito monarcas, sendo Topilzin o último deles. Uma lei curiosa que guardavam era a de que nenhum rei podia governar nem mais nem menos do que 52 anos. Parece que não foram um povo muito guerreiro. Se destacaram por seus conhecimentos astronômicos, e se lhes atribui a construção da pirâmide de Cholula em honra a seu deus preferido, Quetzalcóatl, e segundo alguns, a de Teotihuacán, em honra ao sol e à lua. Um século depois de abandonada Tula, chegam as primeiras migrações de chichimecas, indígenas bárbaros e nômades provenientes do norte, que Clavijero considera um povo mesclado entre a *civilização e a barbárie* (*Historia Antigua de México*, México: Editorial Porrua, 1991, p. 55).
22 Segundo vários autores, entre eles Von Hagen, a olmeca foi a cultura de importância mais antiga da história pré-colombiana. Data de 800 a.C. até 600 d.C., aproximadamente. Op. cit., p. 24.
23 *Historia antigua de México y de su conquista: sacada de los mejores historiadores españoles...*, por Francisco J. Clavijero; traduzida do italiano por J. Joaquín de Mora. México: Imp. de Lara, 1844, p. 49. Coleção digital UANL. Disponível completa em: http://cdigital.dgb.uanl.mx/la/1080023605/1080023605.html.
24 O nahuatl também era falado por vários outros povos anteriores a eles, como os toltecas e os chichimecas.

contra o jugo dos tepanecas (que dominavam o Vale do México), dos quais eram tributários. Em menos de cem dias, os astecas saem vitoriosos, arrancando o coração do chefe dos vencidos. Várias décadas depois, no começo do século XV, se estabelece formalmente a aliança entre Texcoco, Tlacopan e Tenochtitlán (astecas), ficando estes últimos como cabeça da Confederação.[25] E é a partir daí que começa a época do desmesurado expansionismo dos mexicas-astecas, submetendo, quase sempre pelas armas e pelo terror, as tribos de toda a região. Os povos que se negavam a ser seus tributários eram exterminados completa e impiedosamente; mulheres, crianças, anciãos... todos. Parece que somente Tlaxcala pôde conservar certa autonomia política sob os astecas.[26]

Na realidade, os astecas não haviam feito mais que emular a ferocidade e o bestialismo de seus antigos senhores, os tepanecas — muito especialmente de seus últimos monarcas, Tezozómoc e Maxtla, lendários por sua criminalidade. A notícia desses horrores e do particular sadismo empregado pelos astecas correu por toda a Mesoamérica. Todos sabiam da determinação do novo império, e sabiam por experiência que não hesitariam nem um segundo em continuar suas campanhas de extermínio, estupros, violações e torturas, sem distinção de gênero, idade, sexo ou condição social. Certamente não tardaram em fazer para si um nome. Aqui encontramos a explicação mais aceitável acerca de sua veloz ascensão ao topo. Erram os historiadores que, admirados do precoce êxito e crescimento deste povo, buscam — e crêem encontrar — os motivos em sua organização, leis e conhecimentos. Segundo se deduz dos fatos, a razão de seu crescimento desmesurado reside no terror que souberam impor à região, mediante suas ações criminosas. Não fosse pelas armas, seguramente os astecas teriam ficado isolados

---

25 De modo geral, quase todos os historiadores coincidem em mencionar os astecas como cabeça da Confederação, seguidos em importância por Texcoco e, em uma posição consideravelmente inferior, Tlaxcala. Dos frutos das conquistas que obtinha a Confederação, ao que parece, um quinto se destinava a Tlaxcala e o resto se dividia em porções mais ou menos iguais entre Texcoco e os mexicas, embora muitos afirmem que a maior parte ia para os astecas. A Confederação atuava conjuntamente em guerras de conquista e também defensivas.
26 Segundo Portilla, Tlaxcala foi o único povo que se mostrou sempre contrário e agressivo aos astecas. Menciona também o caso dos tarascos, que embora tenham podido conservar certo grau de independência sob os astecas, sempre se mantiveram submissos e temerosos do poder mexica. Citado por Miguel León-Portilla, *Antología, Fuentes e Interpretaciones Históricas*, Lecturas Universitarias 11, México: Universidad Nacional Autónoma de México, 1977, p. 23.

do resto do continente, ou teriam sido exterminados por outros povos, rivais ou não, fartos de sua arrogância e bestialidade. Todos os cronistas indígenas e historiadores coincidem em assinalar o unânime desprezo que os povos sentiram para com os astecas. Desde o momento em que os primitivos nômades mexicas iniciaram seu traslado da América do Norte ao Vale do México, mantiveram intactas suas características mais conhecidas: um orgulho indômito, vaidade desmedida, caráter impiedoso e um sadismo poucas vezes visto antes na história pré-colombiana. Isto fez deles uma potência temível.

Os povos astecas raramente conheceram a paz, dada sua natureza e política guerreira, expansionista e subjugadora de povos. Todo motivo era válido para fazer guerra. A simples negativa em comerciar, por parte de um povo, era justificativa suficiente para uma guerra, promovendo, às vezes, guerras preventivas ou punitivas contra populações consideradas potencialmente perigosas. O conflito bélico terminava geralmente na escravidão de seus habitantes.

Diz, sobre isso, aquele grande franciscano, Frei Toribio, a que chamavam Motolinía: "[...] todos andavam sempre envolvidos em guerras uns contra os outros, antes que os espanhóis chegassem. E era costume geral em todos os povos e províncias que, ao fim dos limites de cada região, deixassem um amplo campo ermo, sem lavrá-lo, para as guerras. E se por acaso alguma vez o semeavam, o que era raro, nunca o gozavam, pois seus inimigos o desbravavam e destruíam".[27] Após um vitorioso combate, comenta Jesús Arango Cano em sua *Mitología en América Precolombina*, chegavam a sacrificar dezenas de milhares de prisioneiros.[28]

Tal como os incas, suas leis eram extremamente severas, e seu afã expansionista, ilimitado. Quanto à crueldade e à selvageria, caracterizaram-se particularmente pelas execuções em larga escala de seres humanos, pela antropofagia, pela rigidez de suas leis e a bestialidade com que celebravam certas festas e honravam certos deuses.

---

27 Toribio Motolinía, *Historia de los Indios de Nueva España*, Madrid: Atlas, 1970, cap. III, 18, 450.
28 Jesús Arango Cano, *Mitología en América Precolombina*, Colômbia: Plaza Janes, 2005, p. 31. Este ensaio é de grande utilidade para o estudo detalhado das características dos diversos deuses dos astecas e dos outros povos importantes do continente.

Várias dessas festas incluíam a queima de seres humanos, como afirma Bernardino de Sahagún:

> [...] Nas festas e solenidades em que os índios cativos eram queimados vivos, [...] logo vinham os que lhes haviam de jogar ao fogo e, aos punhados, polvilhavam seus rostos de incenso, que traziam moído em uns sacos; depois, atavam-lhes as mãos e também os pés, colocavam-nos sobre os ombros, subiam até o alto de um cume, onde havia um grande fogo e um grande monte de brasas e, chegados lá em cima, logo deitavam-nos ao fogo.
>
> No momento em que os jogavam, alçava uma grande fumaça de cinzas, e cada um, onde caía, fazia um grande buraco no fogo, pois tudo era brasa e rescaldo, e ali no fogo começava a nausear-se o triste cativo; debatia-se como quando se assa a um animal, e bolhas levantavam-se por todo o seu corpo.[29]

De modo geral, a massa do exército asteca era recrutada nos *calpullis*, organizada em unidades de 20 homens, agrupadas depois em unidades maiores de até 400 combatentes. Seus cargos hierárquicos eram ocupados por nobres e parentes do rei. Contaram com eficazes tropas de elite, denominadas Jaguares e Tigres, formadas pelos mais aguerridos combatentes. O armamento mexica consistia usualmente de escudos esféricos de madeira, bastões com a extremidade perfurante, arcos, flechas e lanças.

Em cada nova cidade conquistada, estabeleciam guarnições militares a fim de assegurar o pagamento dos tributos correspondentes, e para impedir, também, qualquer tentativa de rebelião contra os novos senhores. Quem se negava a pagar o tributo devido, por lei, era executado ou vendido como escravo para os sacrifícios humanos.

O tributo era a base do imperialismo asteca, como o foi também para os incas e outros importantes povos indígenas. Os tributos exigidos aos povos conquistados, particularmente pelos astecas, eram tão elevados que muitas vezes se tornavam impagáveis e, em pouco tempo, o império dominante limpava-lhes as riquezas, deixando-os sem nada. Alguns povos, relativamente pacíficos, aceitavam tal condição em troca de não serem exterminados. Diz Diego Durán: "[...] Tributavam as províncias todas da terra, povoados, vilas e lugares, depois de vencidos

---

29 Frei Bernardino de Sahagún, *Historia General de las Cosas de Nueva España*, Madrid: Dastin, 2001, tomo I, p. 19.

e sujeitados por guerra e compelidos por ela, devido a qual os valorosos mexicanos tivessem por bem baixar suas espadas e escudos".[30]

De fato, os astecas mantiveram seu império às custas do suor e trabalho de terceiros, mediante uma economia de rapina tipicamente imperialista. Os países e cidades conquistados não tiveram para eles outro valor senão o de meras fábricas fornecedoras de tudo quanto consumiam e necessitavam — e note-se que sua avareza não conheceu limites. Em definitivo, os mexicas se ocuparam exclusivamente da guerra, obtendo dos conquistados — paradoxalmente — os recursos para continuá-la indefinidamente e seguir oprimindo-os. Fica patente, aqui, a radical diferença entre o modelo mexica de império — do qual não estiveram isentos os incas e, em alguma medida, os maias — e o modelo seguido por romanos e, posteriormente, católicos, que buscava a assimilação dos novos povos em uma mesma sociedade, considerando-os iguais em direitos e obrigações.

Sobre a economia de Tenochtitlán, vários tratados foram escritos, e praticamente não existem divergências em torno do assunto e dos números levantados. Um estudo particularmente interessante é aquele minucioso trabalho de Molins i Fábregas[31] que, apoiado nos dados proporcionados pelo Códice Mendocino, dá conta precisa da qualidade e quantidade de insumos que os submetidos deviam entregar necessariamente aos astecas, a fim de evitar o extermínio de sua população. Por ano, recebiam os astecas 6.993.000 litros de milho (cerca de sete mil toneladas), 4.995.000 litros de feijão (quatro mil toneladas), 5.000.000 litros de chia, 4.245.750 litros de *huauhtli*[32], 21.453 quilos de cacau, 36.806 quilos de *ají* seca, 1.500 cântaros de mel de abelha, 2.512 cântaros de mel de agave, 2.000.000 mantas de *alagón*, 296.000 mantas de *henequén*[33], 101.217 quilos de algodão natural, centenas de milhares de armas e escudos, lenha, vigas, âmbar,

---

30 Diego Durán, "Historia de las Indias de Nueva España y islas de Tierra Firme", em *Cervantes Virtual*, tomos I e II. Consultado em 07/11/2009 (este não é o manuscrito original, mas uma transliteração feita por José F. Ramírez para ser dada à imprensa, publicada em 1867).
31 N. Molins i Fábregas, *El Códice mendocino y la economía de Tenochtitlán*. Revista Mexicana de Estudios Antropológicos, vol. XIV, 1ª parte, México, 1954–1955, pp. 302–322.
32 Amaranto. — NE
33 Tipo de agave utilizada na fabricação de cordas. — NE

bezotes[34], pedras, grandes quantidades de ouro, e assim poderíamos seguir indefinidamente.

Regime político e religião: seu regime político foi teocrático, regido por um rei-imperador, o *tlatoani*, considerado um deus.[35] Este era assistido por sacerdotes que tinham a seu encargo importantes funções dentro do regime, como a preparação das cerimônias religiosas (leia-se: sacrifícios humanos), os denominados *jogos rituais* e a justiça. Segundo as crônicas, havia diferentes hierarquias de sacerdotes, e seu aspecto foi descrito como *espantoso e impressionante*: de cabelos trançados e untados com sangue que chegavam à cintura. Segundo diversos autores, havia cerca de cinco mil sacerdotes somente para o Templo Maior, e não menos que um milhão em todo o império.

Quando falecia o imperador, herdava o trono um de seus filhos, que era escolhido por quatro eleitores provenientes do Grande Conselho, que legislava e administrava o império.[36] Da família real emergiam o imperador, os máximos chefes civis, militares, religiosos e as classes dirigentes do império.

O rei era todo-poderoso: designava os cargos estatais e militares, dirigia as campanhas de guerra, supervisionava o fisco e a atividade comercial, administrava a justiça em última instância e presidia os ritos religiosos.

---

34   Adorno típico dos indígenas da América pré-colombiana, geralmente utilizado no lábio inferior. — NE
35   Prescott classifica o governo asteca como uma monarquia eletiva, entendendo que o líder não era absoluto e todo-poderoso como o imperador inca — que se proclamava a si mesmo dono de todo o mundo, de todas as coisas e pessoas. Equivoca-se certamente, aqui, o famoso historiador protestante, possivelmente por não ter podido contar, no momento da confecção de sua obra (meados do século XIX), com a quantidade de informação que se descobriu posteriormente. Mas daí a afirmar ou dar a entender que estes fossem *democráticos*, como diz o notório anti-hispanista León-Portilla, é inconcebível, um absurdo total. Segundo Von Hagen, o império asteca não foi propriamente um império, como se admite que foi o inca. No entanto, assinala claramente em sua obra que Montezuma, por exemplo, era tanto sumo sacerdote quanto chefe de armada e cabeça do estado (e sabemos que os povos a ele submetidos, logicamente, lhe respondiam).
36   Os quatro eleitores deste Conselho provinham, ao que parece, de quatro dos vinte clãs existentes na capital do império. Segundo Torquemada: "Foi costume destes mexicanos, nas eleições que faziam, que fossem reinando sucessivamente os irmãos uns depois dos outros e, acabando de reinar o último, que entrasse em seu lugar o filho do irmão mais velho que primeiro havia reinado, que era sobrinho dos outros reis que a seu pai haviam sucedido". Em Texcoco e Tlacopan, a sucessão ia de pais para filhos, sendo herdeiro não o primogênito, mas o mais velho legítimo (não bastardo). Torquemada, II, cap. 18, em León-Portilla, op. cit., p. 301.

Ainda que o rei tivesse a última palavra em tudo e pudesse governar ao seu arbítrio, colaborava com ele em diferentes funções do governo um regime de castas, a saber: a nobreza, formada por membros da família real, os sacerdotes (que já mencionamos), os chefes militares e os chefes dos clãs. Nem no governo, nem na organização social e política participava o povo, que era o último escalão da sociedade, junto com os escravos. Para além de alguma fachada popularesca, o poder era regido pelas classes alta e média alta. Era aquela uma sociedade dividida basicamente em dois grupos: as classes privilegiadas (sacerdotes, nobres, juízes, funcionários estatais, senhores, chefes de clãs ou *calpulli*) e o povo simples.

Existiam três formas de propriedade entre os astecas. A comunal, dos *calpulli*; a individual, dos nobres e altos funcionários; e as públicas, cujos benefícios eram destinados à conservação dos templos e a outros afazeres do Estado.[37]

As três eram trabalhadas pelo povo, porém somente dos *calpulli* — que habitavam — podiam tomar o necessário para sua subsistência. A propriedade em geral, à exceção dos casos mencionados, era comunitária, e os clãs (o povo) não podiam ser donos de nenhuma terra. Os terrenos onde viviam eram, no fim das contas, "emprestados", e podiam ser alienados pelo Estado a qualquer momento, se este considerasse que não produziam o suficiente, ou se descobrisse que alguém ali não trabalhava, reduzindo o indivíduo, neste caso, ao estado de escravidão. A organização social/política/administrativa da capital se dividia entre os 20 clãs que a formavam, os quais gozavam de certa autonomia, situados em diferentes bairros ou *calpullis*: "Em cada *calpulli* havia um chefe para cada vinte famílias, e outro, de maior posto, para cada cem, os quais deviam vigiar moral e policialmente os membros do bairro. Um conjunto de *calpullis* formava um *tlatocayotl*, e no topo da pirâmide político-jurídica encontrava-se a figura do *tlatoani*, governante vitalício com poder político, judicial, militar e religioso".[38]

---

37 Consultar, a respeito, o ótimo trabalho de Manuel M. Moreno, *La organización política y social de los aztecas*, 1ª edição, Instituto de Antropología e Historia, México, 1931, pp. 48–59.
38 Carlos H. Alba, *Estudio comparado entre el derecho azteca y el derecho positivo mexicano*, Instituto Indigenista Interamericano, México, 1943, p. 14. O índio nascia em um clã ou *calpulli* (grupo de famílias reunidas que compartilhavam terras comuns). Originalmente eram sete, segundo Von Hagen.

Situação social: é difícil, conforme constataremos ao longo do ensaio, fazer referência a uma mesma sociedade, posto que observando os fatos, vemos convergir dois mundos completamente diferentes: um repleto de regalias e outro cheio de sofrimento, esfomeado, sem direitos e com um sem-fim de obrigações. Para dar alguns exemplos concretos desta realidade, é preciso dizer que os nobres possuíam terras próprias, casas suntuosas (geralmente de dois andares), escravos que lhes trabalhassem os campos, eram isentos do pagamento de tributos e dos trabalhos manuais, podiam praticar a poligamia, portar jóias, enviar seus filhos às melhores escolas (o povo não tinha acesso à alta educação), não podiam ser julgados por tribunais ordinários e tantos outros benefícios. O povo? Pouco; muito pouco, para dizer a verdade. A única diferença verdadeira entre o cidadão *raso* do império asteca e um escravo era que este último era utilizado exclusivamente para os sacrifícios religiosos. A condição das massas era tão miserável que terminavam por vender-se como escravos aos *pillis* (nobres, burocratas). Naturalmente, esta situação injusta trouxe consigo a geração de certo ressentimento entre classes, pois os *macehuales* (gente do povo, trabalhadores, campesinos, artesãos) produziam e pagavam tributo, enquanto os *pillis* viviam justamente de tal tributo, dedicando-se ao ócio e a algumas tarefas administrativas. Uns suavam, sangravam e morriam, enquanto outros dormiam, passeavam e cobravam por isso. Vinte mil pessoas morreram em apenas dois anos, por causa dos trabalhos forçados demandados pela construção da pirâmide de Huitzilopochtli.[39]

Conta Diego Durán que, para diversos povos mesoamericanos, especialmente entre os maias: "Comer milho e feijão juntos era um manjar; para os índios é custoso e nem todos conseguem obtê-lo, ainda mais com fome. Arrancar um punhado de feijão para comer era arrancar os cabelos. E assim, se comiam feijão, não comiam milho".[40]

Naturalmente, tal indignação e descontentamento não podiam ser expressos publicamente, pois isso implicava ir contra o sistema sobre o qual se erigia o império e podia ser considerado um ato de insurreição,

---

[39] Dado mencionado, entre outros, por Von Hagen, *The Aztecman and tribe*, Nova Iorque: The New York American Library, 1962, p. 164.
[40] Citado por María J. Rodríguez Shadow, em *La Mujer Azteca*. México: Universidad Autónoma del Estado de México, 2000 (4ª edição), p. 92.

castigado com a morte. Se isto não é o fiel reflexo de uma despótica oligarquia, então deveríamos nos perguntar: o que é?

Como se fossem poucas as injustiças e degradações contra o povo até agora enumeradas, há ainda o fato de que tampouco lhes era permitido usar roupas de algodão e mantos compridos — "deviam vestir-se de lonas tecidas com fios de *lechuguilla*[41] e outras fibras ásperas". Não lhes era permitido enfeitar-se com pedrarias, mesmo que pudessem comprá-las. Também lhes era proibido colocar ameias nos muros de suas casas. Geralmente andavam descalços, já que sua situação não lhes permitia custear o uso de sandálias (eram feitas de pele de animal; os nobres usavam correntemente sandálias confeccionadas de ouro). Quando as guerras se desencadeavam, o que era freqüente, eram forçados a combater, geralmente enviados como *bucha de canhão* nas primeiras linhas de combate.

O grupo mais numeroso do povo era constituído pelos *mayeques* (ou *macehuales*),[42] que Zurita descreve como

> lavradores que estão em terras alheias, pois os outros dois tipos de tributários possuem terras particulares ou compartilhadas em seu bairro, como ficou declarado, mas estes não as têm senão como alheias; porque nos primórdios, quando repartiram a terra os que a ganharam, como já foi dito, não lhes coube parte... os *mayeques* não podiam ir de uma terra à outra, e nunca se ouviu que tivessem deixado aquelas em que lavravam, nem que tivessem sequer tentado fazê-lo, pois não havia quem ousasse ir contra o que lhes era obrigado; e havendo ali a sucessão dos filhos ou herdeiros dos senhores, estas terras lhes eram repassadas juntamente com os *mayeques* que as habitavam.

Vemos então que, na prática, povo e escravo foram basicamente sinônimos. "Quando o senhor morre e deixa filhos", segue Zurita, "está em suas mãos repartir terras patrimoniais e deixar a cada um deles os *mayeques* e terras conforme lhe aprouver, pois não são de herança, o mesmo valendo para os demais possuidores de terras e *mayeques*".[43] A historiadora mexicana Rodríguez Shadow distingue, entre a massa do povo simples, seis classes de explorados: *calpulleque, teccalleque,*

---

41 Espécie de agave. — NE
42 *Macehualli*, em nahuatl, significa "aquele que faz méritos ou penitência".
43 Citado por Miguel León-Portilla, em *De Teotihuacán a los Aztecas: antología de fuentes e interpretaciones históricas*, p. 322. Disponível também em versão digital em: books.google.com.ar.

mayeque, tlacohtin, tlacohtin de collera e *mamaltin*. Encontramos sua descrição bastante precisa:

Calpulleque: eram os campesinos que cultivavam seu pedaço de terra e pagavam tributo diretamente ao Estado com as obras comunais.

Teccalleque: este setor social era formado pelos membros do bairro que trabalhavam uma porção de terra familiar e pagavam tributo a um administrador nomeado pelo governo.

Mayeque: eram os campesinos sem terra aos quais era cedido o direito de cultivar a terra dos nobres.

Tlacohtin: neste estrato se encontrava todo aquele que por dívidas, embriaguez, prática de delitos, por vender-se a si mesmo ou ter sido vendido por terceiros, devia entregar ao Estado ou a particulares sua força de trabalho em troca de comida.

Tlacohtin de collera: este setor constituía uma variante do anterior, sendo composto pelos indivíduos que haviam faltado ao cumprimento de suas funções de escravo e que, por isso, podiam ser conduzidos ao mercado, onde costumavam ser vendidos como "carne" de sacrifícios.

Mamaltin: esta era a condição de todas aquelas pessoas que eram capturadas na guerra; podiam ser exploradas como força de trabalho ou levadas à pedra dos sacrifícios.[44]

A ascensão social era praticamente impossível e impensada, como reconhece, entre outros, o incontestável etnógrafo Soustelle,[45] e na realidade, por sua condição original, tampouco significava grandes benefícios àqueles que ascendiam. Em teoria, qualquer homem que

---

44 María J. Rodríguez Shadow, *La Mujer Azteca*. México: Universidad Autónoma del Estado de México, 2000 (4ª edição), p. 92. A autora parece haver transcrito esta descrição do estudo de López Austin publicado em 1984, a que aludiremos logo.
45 Citado em Ignacio Bernal, "La vida cotidiana de los astecas" (artigo), p. 10 da versão digital: https://historiamexicana.colmex.mx/index.php/RHM/article/view/646/537.

houvesse realizado uma ação de grande mérito — principalmente na guerra — podia escalar a pirâmide social. Alguém pensaria que, por exemplo, um ato heróico em batalha — como a peleja solitária ante uma multidão de inimigos, ou salvar a vida de um ou mais companheiros, de igual ou maior posto — traria consigo grande reconhecimento e recompensa. Mas não; este reconhecimento do rei — que só raramente ocorria — era muito mais simbólico, e não acarretava ao homem simples nenhum benefício ou substancial mudança de vida para além de uma permissão para vestir roupas de algodão e beber pulque publicamente, ou comer e dançar entre os ilustres. Porém, como bem aponta um historiador, "seguiam sendo *macehuales*". Seus direitos, por assim dizer, eram, em teoria, poder intervir na designação do cacique — que geralmente se esquecia deles após ser eleito, tal como sucede nos regimes partidocráticos atuais — e assistir às cerimônias religiosas. Quando morriam, os *macehuales* só podiam ser cremados, enquanto aqueles dos estratos sociais mais altos eram sepultados.[46]

Portanto, não é de se estranhar que, ante tal quadro, aqueles pobres desgraçados se voltassem totalmente ao suicídio e à bebida, tornando-se a embriaguez um traço distintivo, quase patológico, das classes baixas.

Leis, delitos e castigos: cada cidade principal tinha um juiz supremo nomeado pelo rei que, segundo Prescott, tinha jurisdição para iniciar e concluir as causas civis e criminais,[47] cuja sentença não se podia apelar a nenhum outro tribunal, nem mesmo ao monarca. Nos processos, não utilizavam advogados, considerando as testemunhas como prova principal e elemento essencial deste, além do juramento do acusado.[48] As leis astecas eram promulgadas e compiladas em pinturas hieroglíficas. Os nobres e o restante das classes dirigentes e privilegiadas eram

---

46 Von Hagen, op. cit., p. 65.
47 Guillermo Prescott, *Historia de la Conquista de Méjico*. Buenos Aires: Ediciones Imán, 1944, pp. 31–32. O historiador comenta que as leis dos astecas e dos texcocos eram muito similares, sendo a única diferença substancial a de que entre os últimos, segundo Zurita, a série dos tribunais terminava em uma assembléia geral ou parlamento "composto de todos os juízes superiores e inferiores do reino, reunido a cada oitenta dias na capital e presidido pelo rei em pessoa" (citado por Prescott, p. 31).
48 Não obstante, autores como Alfredo C. Rampa mencionam a existência de um funcionário asteca, o *tepantlaco*, que atuava na defesa do acusado. *Historia*, Cuarto Curso, Buenos Aires, AZ Editora, 1993, p. 13.

julgados em privado, enquanto os plebeus eram julgados, sentenciados e flagelados publicamente.

Parece que, diferentemente dos incas, o código punitivo asteca não estabelecia o castigo específico para cada delito,[49] deixando a decisão a critério do juiz da vez, que além da pena de morte, podia ordenar a tortura ou mutilação do acusado, assim como sua expulsão e o confisco de seus bens. É-nos interessante a observação que um estudioso do *direito asteca* fez a respeito:

> No procedimento penal, os delitos eram processados de maneira oficiosa, de tal forma que, quando a falta era mais grave, o processo se tornava mais sumário, sistema criticado pelos penalistas modernos, os quais asseguram que a defesa do inculpado se via afetada pela brevidade do processo.
>
> [...] Reinava a pena de morte, utilizada de muitas maneiras diferentes e para diversos delitos. Para aplicá-la, empregava-se a fogueira, forcas, afogamento, apedrejamento, açoitamento, golpes de paus, degolamento, empalamento ou desmembramento do corpo, podendo haver ainda acréscimos infames, inclusive contra familiares até a quarta geração, fazendo-se admoestações verbais aos parentes do delinqüente. Somado ao que já foi dito, não havia distinção entre autores e cúmplices, todos recebiam a mesma sanção.[50]

Como bem aponta o historiador e filósofo argentino Alberto Caturelli, a desigualdade social entre os astecas era patente inclusive nas leis imperiais, onde o delito do adultério era punido com a morte, para os plebeus, mas permitido nos estratos privilegiados.[51]

Quase todos os delitos eram considerados atentatórios contra a sociedade e castigados indefectivelmente com a morte. No entanto, não julgamos aqui como injustas todas as suas leis, pois sem dúvida houveram algumas justas e úteis, como por exemplo aquelas que tendiam a ou tentavam proteger a instituição do matrimônio — sendo, aparentemente, difícil de se obter a permissão para o divórcio[52] — e a

---

49 O professor Alfredo Rampa afirma que existiam distintos tribunais, com funções bastante delimitadas de acordo com a classificação dos delitos. No entanto, este é um tema que conviria estudar com mais detalhes. *Historia*, Cuarto Curso, Buenos Aires, AZ Editora, 1993, p. 13.
50 Daniel Jacobo-Marín, *Derecho Azteca: Causas Civiles y Criminales en los Tribunales del Valle de México*. UNAM, cap. 3: "Pena de Muerte". Disponível para consulta em: http://tesis.uson.mx/digital/tesis/docs/19590/capitulo3.pdf.
51 Alberto Caturelli, *El Nuevo Mundo*. Buenos Aires: Editorial Santiago Apóstol, 2004, p. 161.
52 Contrariamente, Von Hagen afirma que tais permissões eram concedidas mais usualmente

manutenção de certa ordem. O que aqui condenamos é a severidade que trazia consigo a punição de quase todas as infrações e a finalidade para a qual muitas vezes era utilizada: encher as filas de vítimas para sacrifícios humanos. A desproporção entre o delito e o castigo era alarmante, sendo um claro exemplo disso a lei que ordenava a pena máxima para quem roubasse sete espigas de milho, ou vestisse bracelete de ouro sem ser nobre, ou cometesse outras transgressões menores, como as mencionadas. Às crianças desobedientes de 11 anos, comenta Von Hagen, os pais castigavam perfurando seus corpos com espinhos até que sangrassem, ou mesmo fazendo-lhes inalar fumaça. Aos 12 anos, o castigo se baseava em despi-los e deixá-los de bruços no chão por um longo tempo, com suas mãos atadas por trás das costas.[53] O mesmo etnólogo, que viveu e visitou por numerosas ocasiões aquelas regiões para suas investigações, aponta — citando em seu apoio o Códice Florentino — que não poucas infrações menores eram castigadas com cruentíssima sanha, torturando o indivíduo, cravando-lhe espinhos por todo o corpo até que o sangue brotasse em torrente.[54]

É certo que as crianças e os menores de idade não escapavam aos rigores dos mexicas: "[...] os furos no corpo com espinhos de plantas e cactos, fazê-los respirar fumaça de pimentas assadas, atá-los durante todo o dia a uma árvore na montanha e inclusive reduzi-los a escravos".[55]

Quase todos os transgressores da lei eram castigados com a morte ou outras penas extremamente severas. O adultério era punido com a morte, ainda que em certas ocasiões se permitisse que o castigo fosse aplicado pelo próprio marido, que arrancava a mordidas o nariz de sua esposa e o do amante. Outros povos impunham castigos ainda mais severos, como no caso dos *purépechas* que, se acaso os adúlteros tivessem assassinado o marido, o homem era queimado vivo enquanto lhe jogavam água e sal até sua morte. Ainda assim, entre os astecas, se o adúltero ou transgressor pertencesse às classes principais, só raramente

---

do que se crê, sendo a esterilidade o principal motivo causador dos divórcios. O repúdio do marido — assim como entre os maias — era também causa suficiente para o divórcio, segundo vários outros autores.
53 Von Hagen, op. cit., p. 42. Na página seguinte da obra, o autor reproduz os códices indígenas que evidenciam a freqüência desta prática.
54 Op. cit., p. 65.
55 Códice Mendocino em *Antigüedades de México*, p. 18. Citado de Daniel Jacobo-Marín, op. cit.

lhe era aplicada a lei comum e ordinária; comutava-se o delito por uma pena menor ou se lhe perdoava.⁵⁶ Não há dúvidas de que "pertencer", entre esses indígenas, tinha seus inegáveis privilégios.

Vários autores coincidem ao dizer que entre os astecas havia quatro formas de execução muito comuns. Ao adúltero homem, expulsavam-no da cidade e davam-no aos cachorros e urubus para que o devorassem vivo; à mulher, a estrangulavam. Aos *fornicadores* (de qualquer espécie), espancavam e depois queimavam, sendo suas cinzas logo em seguida lançadas ao vento. As mulheres adúlteras, diz-nos o historiador José Tudela de la Orden, "eram esquartejadas, estranguladas, queimadas ou deixadas vivas à mercê da vontade vingativa do marido".⁵⁷ Os sacrílegos eram arrastados com uma corda no pescoço e lançados na água. A blasfêmia, ou mesmo a dúvida quanto à eficácia da oração, era castigada com a morte.⁵⁸ Finalmente, os delinqüentes mais graves ou prisioneiros de guerra eram sacrificados, abrindo-lhes o peito e arrancando-lhes o coração, porém também podiam ser executados das seguintes formas: degolados, queimados, crucificados, esfolados, empalados, flechados, lançados penhasco abaixo, entre outras. Também existia pena de morte para os delitos de assassinato, traição, aborto provocado, incesto, estupro e arrombamento.⁵⁹ Uma ação fraudulenta, como alterar, em um mercado, os pesos e medidas estabelecidos com antecedência, era também castigada com a morte do executor do delito. A própria embriaguez era considerada um grave delito, merecedora quase sempre do castigo de morte, salvo para os anciãos, guerreiros e nobres. Parece que as leis astecas permitiram o consumo de álcool dentro das casas, porém não se consentia a embriaguez pública, por ser considerada uma das principais causas de escândalos e desordem, muitas vezes levando a querelas e assassinatos. Por este motivo, o consumo de pulque foi escrupulosamente controlado: os "bêbados escandalosos"

---

56 Alguns estudiosos do período dizem que, segundo as leis astecas, quando o infrator pertencia às classes de privilégio, seu castigo devia ser maior do que o estipulado para a população em geral. Porém, não pudemos corroborar, na prática, esta afirmação, mas exatamente o contrário.
57 José Tudela de la Orden, *La pena de adulterio en los pueblos precortesianos*, 1971. Citado por Rodríguez Shadow, op. cit., p. 39. Prescott relata detalhadamente cada um dos delitos punidos com a morte em op. cit., pp. 34–35.
58 Von Hagen, op. cit., pp. 64–65.
59 Francisco Javier Clavijero, op. cit., p. 82. Id., *Historia Antigua de México*, tomo II. México: Editorial Porrúa, 1945, p. 32.

eram açoitados em praça pública.⁶⁰ Os que se embriagavam habitualmente tinham a casa derrubada, eram privados dos ofícios públicos que exerciam e ficavam inabilitados de fazê-lo futuramente. Segundo o Códice Mendocino, havia pena de morte para o jovem do *calmécac*⁶¹, o sacerdote e a mulher moça que se embebedassem.⁶² Segundo Francisco Clavijero, a embriaguez nos jovens era castigada com pena capital: o varão era espancado a pauladas na prisão, e a jovem, apedrejada até morrer.⁶³ Àquele que dissesse mentira importante a ponto de prejudicar gravemente a fama ou a vida de um outro, cortavam-lhe parte do lábio e as orelhas. Entretanto, as leis vigentes de Alcohuacan eram iguais ou mais severas que as dos mexicanos. Por exemplo, os ladrões do campo eram castigados com a morte, e ao sodomita passivo se lhe arrancavam as entranhas. Também os perdulários eram castigados com o suplício final. Segundo Von Hagen, para os astecas não existia nenhum delito tão grave e aberrante como o da feitiçaria, que se punia com especial rigor: ao castigo de morte precediam intermináveis torturas.⁶⁴ O escândalo público foi severamente penalizado por quase todos os povos nahuas. Conta o Frei Motolinía que enquanto percorria um dos admiráveis mercados de Texcoco, uma mulher foi condenada à morte pelas autoridades do lugar por ter causado um escândalo público. Ao que parece, a contenda havia surgido entre duas mulheres por algum desacordo a respeito do preço ou qualidade de um produto, chegando à agressão física quando uma golpeou a outra, surpreendendo a todos ali presentes.⁶⁵

No entanto, convém sublinhar que várias dessas leis e castigos aplicados pelos astecas vinham de longa data na região. As leis impostas pelos tepanecas aos infratores eram extremamente severas, especialmente

---

60 Margadant S., Guillermo Floris, *Introducción a la Historia del Derecho Mexicano*. México: Esfinge, 1971, pp. 37 e 108.
61 Escolas onde os filhos dos nobres se preparavam para ser sacerdotes, juízes, guerreiros, entre outras funções proeminentes da sociedade asteca. — NE
62 Códice Mendocino em *Antigüedades de México*, Secretaría de Hacienda y Crédito Público, estudo e interpretação de José Corona Núñez, México, 1965, p. 14.
63 Francisco Clavijero, op. cit., p. 212. Em Alcohuacan, a pessoa que se encontrasse embriagada era admoestada uma primeira vez; na segunda, era executada.
64 Op. cit., p. 65. É curioso que sejam principalmente os autores indigenistas a acusar a Espanha e a Igreja de um suposto maltrato para com as denominadas "bruxas".
65 Caso citado em Francisco Javier Clavijero, *Historia Antigua de México*, Editorial Porrúa, 1945, vol. II, pp. 280–290.

nos períodos em que foram regidos por tiranos como Tezozómoc e Maxtla. Inclusive, como relata o notável historiador indígena Fernando de Alva Cortés Ixtlilxóchitl, o respeitado e justo soberano de Texcoco e imperador dos chichimecas, Netzahualcóyotl, foi responsável pela promulgação e confirmação de uma série de leis não menos severas, entre as quais encontramos as seguintes: o castigo de arrancar as entranhas do culpado do delito de sodomia (homossexualidade); o traidor "era feito em pedaços, esquartejado, e sua moradia era saqueada, ficando seus filhos e os de sua casa como escravos até a quarta geração"; aos que usavam insígnias ou mantas dos reis, matavam-nos com pauladas na cabeça (no México, cortavam-lhes uma perna). Os adúlteros eram apedrejados pelo marido, e o mesmo acontecia com as amantes dos homens casados. Os adúlteros que matavam o adulterado eram queimados vivos lentamente, enquanto lhes jogavam sal e água para que sofressem ainda mais até a morte (se era mulher, morria enforcada); aos que eram pegos embriagados, se eram plebeus, cortavam-lhes o cabelo e suas casas eram saqueadas e derrubadas;[66] ao soldado desobediente o degolavam, do mesmo modo que àquele que roubasse um prisioneiro de alguém.[67] Inclusive dispôs-se que se castigasse com a morte os historiadores que contassem fatos falsos.[68] Outro importante historiador indígena, Bautista Pomar, em seu trabalho *Relación de Texcoco*, confirmando o anterior, nos brinda com mais detalhes quanto aos castigos aplicados aos culpados de traição:

> [...] porque aquele que era tido como participante principal nesse delito o despedaçavam vivo, cortavam-no por suas articulações com instrumentos afiados e jogavam os pedaços que arrancavam na turba que acompanhava, buscando assim eternizar na memória dos homens um castigo tão assustador, para que nunca ousassem tentar coisa semelhante; os outros culpados por traição eram enforcados, seus bens eram saqueados, as casas demolidas e

---

66 Bautista Pomar, em sua *Relación de Texcoco* (México: Editorial Libros de México, 1975), diz que todos os jovens encontrados embriagados eram executados.
67 Fernando de Alva Cortés Ixtlilxóchitl, *Historia de la nación Chichimeca*, cap. 38. Versão digital completa disponível em: http://www.biblioteca-antologica.org/wp-content/uploads/2009/09/ALVA-IXTLILXOCHITL-Historia-de-la-naci%C3%B3n-chimicheca.pdf. A última edição que conhecemos da obra corresponde ao ano de 2000, editada em Madrid por Editorial Dastin.
68 Mencionado por Francisco Clavijero em op. cit., p. 213. Em sua obra, Clavijero relata, entre as páginas 208 e 214, as diversas penas imputadas a cada delito nos diferentes povos mesoamericanos.

semeadas com salitre, e as terras confiscadas pelo rei, desonrando a todos os seus descendentes... era tão abominável este delito.[69]

Ao menos durante a regência do texcocano Netzahualcóyotl, os castigos se aplicavam a todos por igual, não importando parentesco, gênero ou condição social. E para que a mensagem ficasse clara, o monarca não hesitou em executar ele mesmo a sentença de morte de um de seus filhos, culpado do delito da homossexualidade. Não foi o único caso — Huexatzincatzin, filho do soberano Nezahualpitzintli, foi condenado à morte por seu pai ao ter sido encontrado fornicando com a mulher legítima deste, que era filha do rei do México. Tampouco a adúltera se salvou da morte, a despeito de sua condição real, sendo executada juntamente com todos implicados no delito, direta ou indiretamente. Os ladrões, nos conta o mesmo autor, eram asfixiados com amarras que lhes atavam ao pescoço até que morressem. Também encontramos leis similares entre os tlaxcaltecas (que condenavam à morte o filho desobediente, rebelde ou preguiçoso)[70] e entre a maior parte das culturas da região.

Quase todos os soberanos mexicas se caracterizaram, como dissemos, por uma extrema crueldade em suas ações, particularmente durante a guerra e para com os povos subjugados. Mas ainda assim poderíamos destacar, entre todos, o tirano Montezuma II, que não hesitava por um único instante em executar e torturar uma pessoa pelos motivos mais insólitos, inclusive aos de seu círculo mais íntimo. Uma conhecida "anedota" tomou lugar nas vésperas da chegada dos espanhóis à capital mexica. Montezuma, supersticioso em excesso, se encontrava tão preocupado com os sinais desfavoráveis que as profecias mencionavam, que raramente conseguia adormecer e, quando conseguia, sonhava coisas terríveis, como a destruição de seu império e sua própria morte. Diante deste quadro de incerteza e pânico, mandou buscar, sem perder tempo, os anciãos mais sábios da capital, para que o ajudassem a interpretar o verdadeiro sentido dos sinais de seus sonhos e das profecias. O caso é contado detalhadamente por Diego Durán, informado pelos próprios indígenas, de cuja obra transcrevemos algumas passagens:

---

69 Op. cit.
70 Em Francisco Clavijero, op. cit., p. 214.

Montezuma, atento ao que os anciãos e anciãs haviam dito, e vendo que não era nada a seu favor, senão que, antes, corroboravam os maus presságios anteriores, com raiva e fúria demoníacas ordenou que aqueles velhos e velhas fossem jogados na prisão perpétua, e que se lhes desse de comer o mínimo necessário até que morressem.

[...] Os sacerdotes dos templos, que também haviam sido instruídos a recordar seus sonhos e as visões que tivessem nas montanhas, nas colinas, nas cavernas, nos rios ou nas fontes, vendo o acontecido aos anciãos e tendo sonhado muitas coisas, e visto e ouvido outras em seus oráculos e sacrifícios, fizeram entre si o combinado de nada declarar ao soberano, temendo que lhes sucedesse o mesmo que aos primeiros.

[...] O rei, vendo que não lhe davam notícia alguma, mandou chamá-los e, com palavras suaves, começou a dizer: "É possível que não tenhais sonhado ou visto nada?". Responderam-lhe que não. Montezuma disse novamente que lhes dava quinze dias para que o informassem do que tivessem sonhado, visto e ouvido. Conversando entre si, decidiram outra vez por nada declarar, ainda que sob novas ameaças.

Passados os quinze dias, foram chamados e, temerosos, compareceram diante dele. Disse-lhes: "Fizestes o que eu vos ordenei?". Eles responderam: "Senhor poderoso, se por quebrar teu mandamento merecemos morrer e ser aniquilados por tua poderosa mão, quanto mais o mereceríamos se, ofendendo teus ouvidos, te disséssemos alguma mentira! O que sabemos te dizer e certificar é que não vimos, nem ouvimos, nem sonhamos qualquer coisa referente à tua pessoa ou ao que desejas saber".

Montezuma lhes respondeu, com rosto irado: "Não é possível, a não ser que vós ou não me queirais dizer a verdade, ou menosprezeis minhas ordens, ou não tenhais competência no que toca ao vosso ofício, que é olhar e velar as coisas da noite". E, chamando os carcereiros, mandou jogar a todos atados em jaulas, e que ali morressem de fome.

Disseram-lhe os sacerdotes que, pois, se tanto insistia em saber sua desventura, o que encontravam nas estrelas do céu e por todas as demais ciências que conheciam era que haveria de vir sobre ele uma coisa assaz prodigiosa e de infindável admiração, como nunca havia vindo sobre um homem; no entanto, mostrando desprezo e ira, um dos mais velhos entre os que ali se encontravam presos disse, e todos o ouviram: "Saiba Montezuma que em uma só palavra lhe quero dizer o que será dele. Que já estão a caminho os que nos hão de vingar as injúrias e trabalhos que nos fez e faz padecer. E não lhe quero dizer mais, senão que espere o que logo há de acontecer".

Tudo isso foi contado a Montezuma que, sem mostrar qualquer pesar — antes, de rosto sereno e alegre —, decidido a tirar deles tudo o que queria, disse aos senhores: "Rogo-vos que lá retornem, a perguntar que tipo de gente é a que vem, qual via ou caminho percorre e o que é que pretende".

Saíram a cumprir sua ordem e, chegando às celas, não encontraram ninguém. Os carcereiros, temerosos da ira de seu rei, vendo que os presos haviam desaparecido deixando os cárceres fechados como estavam, com suas pedras e fechaduras, foram prostrar-se diante dele, a fim de mostrar que eram inocentes e não tinham sido a causa da fuga, tendo sido esta as artimanhas daqueles.

Montezuma mandou que se levantassem, dizendo que não duvidassem de que os fugitivos seriam castigados, e mandou que fossem a todos os lugares de onde aqueles feiticeiros fossem naturais, que lhes derrubassem as casas, matassem suas mulheres e filhos, e lhes cavassem os locais das casas até que vertessem água; que todas as suas fazendas fossem saqueadas e roubadas e que, se eles aparecessem ou fossem encontrados em algum templo, fossem apedrejados e jogados às feras. Tais ordens foram prontamente cumpridas.

Atando cordas às gargantas de suas mulheres e filhos, arrastaram-lhes por toda a cidade, suas fazendas foram saqueadas e roubadas pelos meninos e jovens das cidades vizinhas, e suas casas foram demolidas, cavando-se o local até que vertesse água. Estas notícias foram dadas a Montezuma. Os feiticeiros nunca mais foram encontrados, nem deles tiveram qualquer notícia, embora em sua procura se houvesse colocado toda diligência possível.[71]

Por tudo o que vimos, e depois de um estudo paciente e minucioso desta cultura, conclui Caturelli: "[...] Não parecem estas 'leis' (que não são leis, mas sim iniqüidades, como diria Santo Tomás) nem justas nem discretas, mas próprias de uma atroz tirania totalitária, expressão coerente de uma visão místico-mágica do mundo".[72]

Economia: seus recursos econômicos provinham do comércio (incluindo o mercado de escravos) e da agricultura, que eram suas principais fontes produtivas. Segundo Clavijero, o comércio se estabeleceu não somente por permuta, mas também por compra e venda, e utilizaram, ao que parece, cinco tipos distintos de moeda: o cacau, um tipo de mantas de algodão, ouro em pó ou em grãos, peças de cobre em forma de T e algumas peças de estanho.[73]

---

71 Frei Diego Durán, *Historia de las Indias de la nueva España*, cap. 68, cujo extenso título é "De cómo Motecuhzoma mandó a todos los prepósitos de la ciudad que supiesen de los viejos y viejas todos los sueños que soñaban acerca de la venida de lo que esperaban y de otras cosas prodigiosas tocantes a él, y de los muchos que mandó a matar porque le revelaron sueños contra lo que él quería". Versão digital completa disponível em: http://www.cervantesvirtual.com/obra-visor/historia-de-las-indias-de-nueva-espana-y-islas-de-tierra-firme-tomo-i--0/html/514896e8-f194-46bb-95fc-ff8cca6a87ea_541.htm.
72 Alberto Caturelli, *El Nuevo Mundo*. Buenos Aires: Editorial Santiago Apóstol, 2004, p. 161.
73 Francisco Javier Clavijero, *Historia Antigua de México*, Editorial Porrúa, 1945, vol. II, pp. 280–290.

Sua alimentação era em geral deficiente, protéica e quantitativamente. Sua dieta era baseada no milho, às vezes complementada com um pouco de peixe, cachorros ou carne humana (considerada um manjar). Embora tenham produzido tomates, feijões, pimentas etc., quase tudo era milho, para eles. Nenhuma sociedade dependeu tanto de uma só planta como os mexicanos e maias; da Nicarágua ao Arizona, quase não se comia outra coisa. As culturas do Oriente Médio, por exemplo, conheciam diferentes cereais, como o trigo. Os egípcios (já desde o ano de 1200) contavam com trinta tipos diferentes de pão; os astecas, um. A dieta egípcia era variada: alface, cebola, alho, lentilhas, alcachofra, melancias etc., ao que agregavam sua quota de leite, queijo, manteiga, bifes, coisas que os mesoamericanos não conheciam.

Para além de certa inovação no terreno agrícola, como a construção de hortas flutuantes (*chinampas*) e o emprego de um sistema de irrigação, suas técnicas de cultivo eram bastante primitivas, pois não conheciam a roda e o arado, nem contavam com as ferramentas necessárias e apropriadas para isso, já que não conheciam o trabalho do ferro e nem haviam conseguido domesticar outro animal que não fosse o cachorro e o peru. O crescimento — por momentos — desproporcional da população em relação aos recursos existentes, levando à necessidade de novas terras férteis e aptas para o cultivo, motivou muitas vezes as campanhas expansionistas dos astecas, o que Von Hagen chama acertadamente de *fatal limitação da economia neolítica*. Os astecas passaram por longos períodos de fome e racionamento, principalmente durante as grandes chuvas de meados do século XV. Em situações como essa ou similares — que afetavam particularmente o povo comum —, permitia-se ao homem e à mulher vender o cônjuge, "e assim este se convertia em sujeito e objeto da venda".[74]

Destacaram-se principalmente na indústria têxtil e no trabalho do cobre, objetos de cerâmica e jóias. No entanto, a atividade econômica principal, igual aos maias, era o comércio de escravos.

Entre os astecas, cada ofício ou ocupação tinha seu deus próprio, assim como entre os maias. Até mesmo o suicida tinha o seu próprio,

---

74   Carlos H. Alba, *Estudio comparado entre el derecho azteca y el derecho positivo mexicano*, México: Instituto Indigenista Interamericano, 1943, p. 70.

e também os apostadores — *Macuil Xochitl* —, atividade à qual, sabemos, os mexicas se dedicaram com freqüência.

Educação: o sistema de educação no império mexica, mais que deficiente, foi inexistente, pois somente os ricos podiam chegar aos conhecimentos e saberes. Nada de *educação para todos e todas*; o povo servia e "existia", unicamente, enquanto mão-de-obra não remunerada. Os astecas não conheceram a escrita fonética; manifestavam-se por hieróglifos que, como sabemos, eram incapazes de expressar conceitos abstratos.[75] Os códices onde fixavam sua história eram elaborados com fibra de agave e pele de cervo, formando largas tiras que se dobravam como se fossem biombos.

Se algo podemos destacar dos mexicas são seus conhecimentos arquitetônicos,[76] matemáticos, astronômicos (herdados dos maias) e, entre o povo simples, sua habilidade como artesãos, escultores, talhadores de pedra e fundidores de cobre (não obstante, foram os olmecas os primeiros a empregar a pedra na arquitetura e nas esculturas). Segundo Sahagún, a área religiosa da capital contava com 78 edifícios, e a pirâmide central tinha dois templos em sua parte superior. A estes cabe acrescentar alguns palácios e casas de tipo governamental. Porém, as casas do grosso da população, dos estratos inferiores, eram de barro, com uma porta e sem janelas, contrastando com as portentosas, espaçosas e luxuosas mansões dos senhores.

Chegaram a construir um aqueduto que permitiu levar água potável para a capital do império.[77] Como medida de tempo, utilizaram um

---

75 No entanto, esta é uma questão ainda debatida. Segundo Portilla, as formas de escrita que os nahuas chegaram a empregar no território mesoamericano foram três: a pictográfica, ou seja, meramente representativa das coisas; os grifos chamados ideográficos, que representavam idéias simbolicamente; e a escrita fonética. Citado por Miguel León-Portilla, *Antología, Fuentes e Interpretaciones Históricas*, Lecturas Universitarias 11, México: Universidad Nacional Autónoma de México, 1977, p. 30.
76 Destacam-se, principalmente, a construção de pirâmides escalonadas. Segundo um especialista: "O tipo de construção mais original da arquitetura asteca foram os templos gêmeos, com dupla escadaria de acesso. Os centros Tlatelolco e Tenochtitlán são as principais referências da arquitetura asteca. Esta arquitetura era fortemente influenciada pelos toltecas de Colhuacán, os tepanecas de Atzcapotzalco e os acolhuas de Tetzcoco". No entanto, não alcançaram o grau de desenvolvimento que obtiveram os maias.
77 Os moches do Peru haviam se destacado nessa área primeiro que os astecas, com suas importantes construções de engenharia hidráulica, como o reservatório de San José, o aqueduto de Ascope e o canal de irrigação da Cumbre.

calendário de 18 meses e 20 dias — com cinco dias restantes ao final do ano — e a numeração vigesimal (1–19, 20, 400, 800 etc.).

Ainda que a educação fosse obrigatória, o povo trabalhador era "educado" com treinamento militar, já que daquele estrato social se nutria a maior parte do exército. Ensinava-se-lhes muito particularmente a odiar visceralmente o inimigo, sem misericórdia nem concessões. Instruíam-se as mulheres unicamente nos trabalhos próprios da servidão. Os nobres, ao contrário, como mencionamos anteriormente, freqüentavam escolas exclusivas, onde eram ensinados sobre todo tipo de artes, ciências e disciplinas. Casar-se era uma obrigação estritamente imposta pelo Estado. Desobedecer a esta normativa implicava ao infrator a perda da parcela de cultivo da qual obtinha sua subsistência, e a redução à servidão ou escravidão. O matrimônio era regido por um sistema que transitava entre a monogamia e a poligamia: o homem podia ter uma mulher legítima, mas todas as concubinas que quisesse ou pudesse sustentar. O divórcio era permitido, porém precisava ser previamente mediado por uma resolução judicial.

Religião: quanto à sua religião, órgão fundamental do império, veneravam numerosos deuses, embora fosse Huitzilopochtli seu deus principal, o mais poderoso e o que consideravam mais representativo,[78] pois era o *deus sol* e deus da guerra, que era, por sua vez, a alma do império. Seguia-o em importância Quetzalcóatl, *a serpente emplumada*. Segundo a mitologia asteca, estes deuses eram filhos dos primeiros povoadores do universo: o deus Tonacatecuhtli e a deusa Tonacacíhuatl, engendrados pelo deus eterno a que chamavam de Ometecuhtli. Estes deuses são os protagonistas da lenda dos cinco sóis.[79] Henri Lehmann, autor de consulta obrigatória para o estudo do período, entende a religião destes como sua principal perdição e base de poder:

---

78   Sobre o deus Huitzilopochtli, ver Juan de Torquemada, *Monarquía Indiana* (reprodução da 2ª edição, Madrid, 1723, 3 vols.). México: Editorial Porrúa, 1969, t. II, pp. 41–42.
79   O mito dos Cinco Sóis conta a história da criação da Terra e dos homens, assim como o papel que desempenharam as divindades. Os Cinco Sóis correspondem a cinco períodos, em cada qual reinava uma divindade. Porém, a cada vez surgia uma catástrofe e os homens desapareciam. Então, voltavam a nascer novos homens, com a dominação de uma nova divindade. Agora, segundo a lenda asteca, vivemos no quinto sol, que perecerá por um terremoto.

Isso constituiu seu poder: a sangüinária tirania de seus deuses os estimulou de tal modo que, em poucos séculos, conseguiram impor seu regime de terror a todo o Vale do México e ainda mais longe. Porém também constituiu sua perdição: entre os mitos toltecas transmitidos aos astecas, contava-se o de Quetzalcóatl, que, sob sua personificação de deus civilizador branco com barba, havia desaparecido pelo oeste e deveria retornar pelo leste. Surgiu Cortés — era branco e possuía barba; foram muitos os que o tomaram por Quetzalcóatl reaparecido para reinar sobre seus súditos, originando-se disso tal confusão que algumas centenas de espanhóis bastaram para subjugar o povo mais belicoso da América.[80]

À medida que foram conquistando outros povos, adotaram mais deuses (embora *menores*), mesclando e lhes dando atributos de outros, tornando-se sua religião cada vez mais sincrética.[81]

---

80 Henri Lehmann, *Las Culturas Precolombinas*. Buenos Aires: Eudeba, 1962. Dado que para este estudo consultamos a versão digital da obra (que se encontra disponível na íntegra em: http://www.chauche.com.ar/aruges_ar/culturas/index.html), e que o texto não se encontra numerado em páginas, nos vemos impedidos de citar, neste caso, o número preciso delas. Daqui em diante, sempre que citarmos este autor, o faremos mencionando somente o título da obra.
81 *Téotl*: Deus eterno e invisível, também chamado Tloquenahuaque e Ipalneomani. Era o criador de todas as coisas. Tinha um templo em Texcoco. Não o representavam, posto que era invisível. *Ometeotl – Omecihuatl*: este deus possuía características femininas e masculinas. Vivia nas águas e nas nuvens. Também era chamado Tonacatecuhtli - Tonacacíhuatl, senhor e senhora da sobrevivência. *Tezcatlipoca*: era um dos quatro deuses criadores e o deus do céu noturno. Tinha muitas versões. Relacionavam-no com a lua e com todos os deuses estelares que representavam morte, maldade e destruição. *Quetzalcóatl*: era um dos quatro criadores; foi importantíssimo na mitologia mexicana. Era o deus do vento, da vida, da manhã, de Vênus, dos gêmeos e dos monstros. Teve diversos nomes: Ce Ácatl, Xolotl, Ehécatl, Tlahuizcalpantecuchtli... era o deus protetor dos astecas, tendo-lhes dado a agricultura, as artes, os ofícios e o calendário. Representavam-no como um ancião de longa barba branca, corpo pintado de preto e máscara de nariz vermelho pontiagudo. Seu emblema era a serpente emplumada. *Xipe-Tótec*: era o deus da fertilidade, da primavera e do renascer da vegetação. *Huitzilopochtli*: era outro dos quatro deuses criadores, o deus da guerra e do sol. Representavam-no como um homem armado e azul, com plumas de beija-flor em sua cabeça. Filho de Coatlicue, renascia a cada manhã do ventre de sua mãe como o sol. Ofereciam-lhe sacrifícios humanos para que pudesse aparecer a cada dia. Acreditavam que os sacrificados formavam parte do brilho do sol, e que após quatro anos renasciam encarnados em beija-flores. *Tláloc*: deus da chuva e do raio, seu nome significa "aquele que faz brotar". Era uma deidade boa e má. Tinha quatro tipos de águas em cântaros: 1) água boa, útil para a agricultura; 2) água que fazia nascer aranhas e pestes nos cereais; 3) água transformada em granizo; e 4) água que provocava a destruição dos frutos. Sua companheira era Chalchiuhtlicue ("aquela de saias de esmeralda ou de jade"), que reinava sobre os lagos e rios.
Chihuacóatl: a mais importante deusa do grupo que personificava alguns elementos da planta do milho. *Centeótl*: pertence a um grupo de deuses relacionados a algum aspecto da planta do milho. É o pai do milho. Sua esposa é Xochiquétzal. *Xochiquétzal*: simboliza a mãe do milho doce. Protegia a aparição das flores e as festas musicais. *Mayahuel*: deusa da planta do *maguey*. Tinha quatrocentos filhos, os Centzon Totochtin, deuses da embriaguez. *Coyolxauhqui*: seu nome significa "sinos dourados". Era a deusa da lua, filha da deusa da terra, Coatlicue, e do deus do sol. *Xolotl*: era o deus das chamas ascendentes e descendentes. *Huehuetéotl*: deus do fogo, era "o deus velho", representado por um ancião. Relacionavam-no com os quatro pontos cardeais. *Mictlántecuhtli* e *Mictlancíhuatl*: eram os senhores da morte. Dirigiam os infernos

Naturalmente, como regime teocrático, os sacerdotes tinham grande importância dentro do Estado,[82] chegando a intervir em vários de seus assuntos, não necessariamente ligados à religião. Como cabeça da ordem sacerdotal, encontravam-se dois sumos sacerdotes, cujo nível hierárquico era inferior ao do monarca. De modo geral, cada sacerdote era consagrado ao serviço de alguma deidade particular, estando sujeitos a um rigorosíssimo regime disciplinar. Levavam uma vida ascética e tinham por costume praticar a autoflagelação e diferentes métodos de mortificação da carne, como fazer brotar sangue de diversas partes do corpo com espinhos de agave. Um dado interessante mencionado por Prescott sobre esta religião foi a existência de ritos de confissão e absolvição. O segredo da confissão era inviolável, e as penitências eram usualmente orações e jejuns. As pessoas se confessavam uma única vez na vida. A explicação para isso é curiosa: dado que a repetição de uma falta confessada era imperdoável, e que a absolvição do sacerdote era recebida em lugar do castigo legal estipulado para o delito, sucedia que muitas pessoas, ao se ver em risco da condenação à morte por algum ato cometido, "pensavam em livrar-se do castigo produzindo o certificado de sua confissão".[83]

Os incas e os astecas pensavam que o sol se debilitava, e que apenas mediante o sangue humano se podia reverter esse estado e qualquer outra catástrofe natural. Por tão especial adoração e preocupação

---

nas profundezas da terra.

Xochipilli: o termo significa "príncipe flor". Era o deus da juventude, da vida, do jogo, da alegria e do amor. *Tlaltecuhtli*: o senhor da terra; era representado como metade crocodilo e metade sapo. *Xochitonal*: era o deus jacaré. Os mortos deviam enfrentá-lo e vencê-lo para que pudessem se apresentar diante do senhor dos mortos. *Omacahtl*: era o deus da alegria e da diversão. *Mixcoatl*: o deus da caça era representado como um veado ou coelho com flechas de caça. *Opochtli*: era representado como um homem negro com plumas na cabeça, e era o deus dos pescadores e caçadores de aves. *Ometochtli*: deus da bebida e da ebriedade. *Yacatecutli*: era o deus dos viajantes comerciais, sendo representado com o cajado dos viajantes. Retirado da Biblioteca Virtual: http://www.bibliotecasvirtuales.com/biblioteca/mitologia/mitologiaamericana/Aztecas/dioses.asp.

82 Von Hagen aponta que havia uma quantidade superior a cinco mil sacerdotes alocados nos diversos templos do México. Op. cit., p. 101. Las Casas expressa sua admiração quanto à religiosidade destes, que, em algumas ocasiões, chegavam a fazer 80 dias de jejum antes de determinado evento religioso, e que várias vezes ao dia se sacrificavam com oferendas de sangue do seu próprio corpo, rezavam e oravam. Frei Bartolomeu de las Casas, *Apologética Historia Sumaria*, edição preparada por Edmundo O'Gorman, 2 vols., México, Instituto de Investigaciones Históricas, 1967, t. II, pp. 184-186.

83 Prescott, op. cit., p. 53. Prescott cita como fonte a Bernardino de Sahagún, op. cit., I, cap. 12; VI, cap. 7.

dedicadas ao sol, construíram a famosa Pirâmide do Sol — principal templo dos sacrifícios humanos — em honra ao deus sol Huitzilopochtli (embora também dedicassem numerosas oferendas neste sentido à deusa Xochiquétzal).

Não se pode dizer que os excessos, torturas e execuções tivessem caráter estritamente ritual. Geralmente eram motivados por questões políticas e vingança, esbanjando malícia e sadismo em seu mais puro estado. Vejamos o caso que nos conta o indígena Muñoz Camargo:

> Realizavam uma outra cerimônia e superstição infernal e diabólica na qual, após fazer um prisioneiro de guerra, prometiam que ao próximo capturado lhe esfolariam o couro, metendo dentro dele o primeiro prisioneiro por um determinado número de dias, em serviço de seus ídolos ou do deus das batalhas, ritual este a que chamavam de *exquinan*. E era assim que, esfolado inteiro o miserável cativo, metiam dentro dele aquele que haviam prendido, e este ia com aquela pele, correndo de templo em templo, e meninos e homens atrás, se regozijando, como quem conduz um touro, até que de puro cansaço o deixavam, porque não o haviam alcançado, ou porque lhe haviam espancado de tal maneira que se encontrava já quase morto. Às vezes juntavam até três destes, que divertiam todo o povo. Chamavam este rito de jogo do *exquinan*.[84]

A melhor prova de suas motivações políticas é dada, a nosso ver, por Laurette Séjourné, fazendo notar o seguinte:

> Levar a sério suas explicações religiosas para a guerra é cair na armadilha de uma grosseira propaganda de Estado. [...] Se os senhores houvessem crido autenticamente que a única finalidade era oferecer a própria vida, o sacrifício não teria ficado limitado a julgar os seres inferiores — escravos e prisioneiros —, mas teria sido exclusivo da elite.[85]

Parece que os astecas tiveram notícia da criação do mundo, do dilúvio universal e da dispersão das gentes (logicamente em seus próprios termos, e não na forma cristã). Segundo escreve Sahagún, praticaram

---

84 Diego Muñoz Camargo, *Historia de Tlaxcala*, publicada e anotada por Alfredo Chavero, cap. 19. Versão digital disponível em: http://bib.cervantesvirtual.com/servlet/SirveObras/89147394320125030510235/p0000006.htm?marca=antropofagia#I_28_. A última edição que conhecemos da obra é a editada em Madrid no ano de 2002 por Editorial Dastin.
85 Laurette Séjourné, *Pensamiento y religión en el México antiguo*, México, Fondo de Cultura Económica, 1957, pp. 35-43.

uma espécie de "batismo", cujo ritual ordenava realizá-lo na primeira luz do dia, fazendo correr água na cabeça da criança.[86]

Somente até certo ponto podemos concordar com Francisco Clavijero — que dedica o livro IV de sua magnífica *Historia* à religião no México pré-colombiano — a respeito de os mexicanos terem concebido uma idéia, ainda que imperfeita, de um Ser Supremo, absoluto e independente, "a quem confessavam dever-lhe adoração, respeito e temor" (embora, prossegue, "o culto deste Sumo Ser tenha se obscurecido entre eles, com a multidão de divindades que a superstição inventou").[87] A alma — salvo pelos otomis —, segundo Clavijero, era considerada imortal para os mexicanos e o resto das nações nahuas cultas, embora o seu destino dependesse do tipo de morte que cada um tivesse encontrado. A alma dos soldados mortos na guerra, dos prisioneiros tomados pelo inimigo e das mulheres que morriam no parto, iam à "Casa do Sol", onde gozariam uma boa vida por quatro anos. Cumprido esse tempo glorioso, passavam a "animar nuvens e pássaros de bela plumagem", ficando livres para estar na terra ou subir ao céu quando quisessem. Os que morriam por um raio, asfixiados, de tumores, abcessos, feridas, e também as almas das crianças, iam a um "lugar fresco e ameno da terra" chamado Tlalocan. Os que morriam de morte ou enfermidade natural iam para o inferno (supostamente localizado no centro da terra). Este inferno consistia em passar a eternidade aterrorizados em uma habitação escura. Os tlaxcaltecas, povo particularmente classista, acreditavam que as almas dos nobres animavam, depois da morte, aves belas e canoras e quadrúpedes mansos; e as dos plebeus, doninhas, besouros e outras pragas e animais vis. Apesar do que foi dito, no tocante à imortalidade da alma, não podemos concordar com Clavijero

---

86 Bernardo de Sahagún, *Historia General de las cosas de Nueva España*, livro III, apêndice III, num. 12, 13, 14, pp. 165–166.
87 Francisco Clavijero, *Historia Antigua de México*, 4 vols., México: Editorial Porrúa, 1945, t. II, pp. 62–69 e 71–74. Segundo Caturelli (op. cit., p. 312), é possível que os indígenas tenham se aproximado do Deus Uno, ou ao menos do desejo do Deus Uno. Após referir-se à soberba característica de religiões pagãs como o budismo, o islamismo e o brahmanismo, diz, a respeito das religiões pré-colombianas, que "ao contrário, nas religiões pré-colombianas, afetadas principalmente pela idolatria e suas conseqüências, não estava ausente uma atitude de humildade frente ao divino e de desprendimento e entrega, o que torna a conversão muito mais possível, uma vez compreendida a falsidade da idolatria". Da América, ao contrário, já se podia dizer que era cristã cem anos antes do descobrimento, em que pese o sempre presente retorno do paganismo (de que o mundo europeu não é exceção).

pois, como bem nota Alfredo Chavero, depois de quatro anos "volta o materialismo e desaparece a imortalidade". O autor oferece uma visão muito interessante da religião dos nahuas, notando que esta, assim como seus deuses, era material:

> A cosmogonia dos náhuatl não foi deísta; compreenderam um ser criador, o Ometecuhtli, porém esse criador era o elemento material fogo, e a criação se produzia pelo fato material *omeycualiztli*. O ser criador era o eterno, o Aymictlán, porém o imperecível continuava sendo a matéria fogo. Os deuses são os quatro seres materiais. [...] Para explicar o surgimento do homem, recorreram à ação do fogo sobre a terra. [...] Jamais se percebe sequer a idéia de um ser espiritual. A filosofia dos nahuas, que não foram deístas, é o materialismo baseado na eternidade da matéria. [...] Sua religião foi o sabeísmo de quatro astros e, como sua filosofia, era também materialista.[88]

Conclui finalmente:

> Por mais que quiséssemos sustentar que os nahuas haviam alcançado uma grande filosofia, que eram deístas e que professavam a imortalidade da alma, o que também acreditávamos antes, temos porém que confessar que sua civilização, coerente com o meio social em que se desenvolvia, não atingiu tais alturas. Seus deuses eram materiais; o fogo eterno era a matéria eterna; os homens eram filhos e haviam sido criados por seu pai, o sol, e por sua mãe, a terra; o fatalismo era a filosofia da vida e, sem prêmios nem penas para uma segunda existência, reduzia-se esta a um período de quatro anos, que não podia ser a imortalidade da alma.[89]

A religião entre os hierarcas astecas foi utilizada mais como instrumento de dominação das regiões subjugadas, pretexto que visava, como dissemos há pouco, uma centralização de seu imperialismo voraz. Vale recordar que até a chegada a Tula, os astecas foram populações extremamente primitivas de caçadores nômades, dominadas por feiticeiros e sem uma espiritualidade ou estrutura a que possamos qualificar de religiosa. Já assentados em terra tolteca, compreenderam rapidamente os benefícios materiais que podiam surgir da religião como centro do poder. É o que a historiadora francesa Laurette Séjourné denomina "a traição de Quetzalcóatl". A existência de Tenochtitlán repousava sobre

---

88   Alfredo Chavero, *Historia Antigua y de la Conquista* (vol. I, *México a través de los siglos*), México e Barcelona, 1887, pp. 105-107. Citado por Miguel León-Portilla, *Antología, Fuentes e Interpretaciones Históricas*, Lecturas Universitarias 11, México, Universidad Nacional Autónoma de México, 1977, pp. 533-536.
89   Ibidem.

os tributos dos países conquistados, "e é fácil compreender a necessidade imperiosa que tinham os astecas de um sistema de pensamento que sustentasse seu imperialismo", diz a autora em seu *Pensamiento y religión en el México antiguo*, acrescentando o seguinte:

> O certo é que, fora a parte facilmente discernível que tomam da doutrina de Quetzalcóatl, os astecas não possuíam nenhuma crença que possa qualificar-se de religiosa, já que todo conceito filosófico ou moral expresso em seus textos se relaciona com a unidade espiritual tolteca. A única divindade que se considera de origem asteca é Huitzilopochtli, o deus da guerra; porém, como para todo o resto, é impossível definir suas propriedades sem recorrer ao ensino de Quetzalcóatl. De fato, com Huitzilopochtli se limitam a ilustrar o princípio de reintegração no grande Todo por uma entidade solar que se alimenta do sangue dos mortais; ou seja, não houve mudanças mais do que no culto.
>
> Pode-se afirmar então que a tradição antiga constituía o único quadro espiritual da sociedade asteca [...]. Continuava-se, por exemplo, invocando um "senhor nosso, humaníssimo, amparador e favorecedor de todos", enquanto que para celebrar qualquer desses deuses "humaníssimos", cometiam-se indescritíveis atrocidades [...].[90]

Resumindo e para concluir, o poder e autoridade dos astecas sobre os demais estados mesoamericanos residiu exclusivamente no temor e no terror que souberam impor com seu poderio militar e sua propaganda. Nenhum povo anexado e submetido aos astecas aceitou jamais a legitimidade de seu governo, nem sentiu qualquer tipo de respeito ou simpatia por suas autoridades e costumes. Viam os astecas como invasores que se apropriavam de seus costumes, como usurpadores, usurários que exigiam tributos exorbitantes — cada dia mais elevados — sem lhes deixar nada. Não se deve esquecer que, segundo indica o Códice Mendocino[91] e vários cronistas, eles foram os últimos a chegar ao Vale do México. Não é de surpreender a aliança desses povos cruelmente submetidos pelos astecas com os espanhóis, nem o fato de que várias tribos indígenas receberam os europeus com imensa alegria e regozijo, enchendo-os de presentes e favores, e isto sem ter sido feito "um único disparo". De fato, esta aliança e o relativamente rápido entendimento

---

90 Laurette Séjourné, *Pensamiento y religión en el México antiguo*. México, Fondo de Cultura Económica, 1957, pp. 35–43.
91 Documento pós-cortesiano, conservado atualmente na Universidade de Oxford, na Inglaterra.

que tiveram com os conquistadores europeus, tão diferentes deles, é a melhor prova que se pode oferecer quanto à selvageria e crueldade daquela despótica tribo que foi chamada de asteca ou mexica, e quanto à ação libertadora e civilizadora que representou a intervenção da Espanha e da Igreja na América.

Melhor o disse Dom Vicente Sierra:

> O México tem o legítimo orgulho de ser a pátria de Juárez, um índio; um índio que luta pela independência nacional de seu país; porém, o que seus biógrafos calam é que este sentimento de liberdade não o adquiriu lendo os hieróglifos dos escribas de Montezuma, mas foi conseqüência da ação missionária da Espanha, que conseguiu dotar a seus antepassados, e por conseguinte a ele mesmo, de um sentido de liberdade que os historiadores não encontravam na árvore genealógica do ilustre mexicano.[92]

b) Incas

Introdução

Quem foram os incas? Foi este império um modelo de justiça social dedicado filantropicamente à arte e ao desenvolvimento cultural e espiritual do indivíduo e da sociedade? Deixemos a palavra com uma testemunha presencial daquela realidade, o célebre jesuíta José de Acosta (1540–1600):

> O totalitarismo do império inca, alheio ao mundo circundante, pairando em uma certa atemporalidade, se diria pensado para durar indefinidamente. Pelo contrário, era tremendamente vulnerável. Aquele mundo hierático e compacto, alto e belo, maior que meia Europa e com um exército perfeitamente organizado, tão bem treinado na defesa como no ataque, foi rapidamente conquistado por um capitão audaz, Francisco Pizarro, com 170 soldados. Parece incrível.[93]

São muitos os que se maravilham com a extensa rede de caminhos, pontes e calçadas construídas pelos incas, que conectavam de ponta a ponta o império. Também outros se assombram diante de algumas de

---

92 Vicente Sierra, *Así se hizo América*. Buenos Aires: Dictio, 1977, pp. 59–60.
93 Citado por José María Iraburu em *Hechos de los apóstoles de América*. Madrid, Fundación Gratis Date, 1992. Consultar a edição digital completa em: http://www.gratisdate.org/archivos/pdf/34.pdf.

suas singelas construções, como templos, palácios e a afamada Machu Picchu, embora não tenham alcançado o refinamento da arquitetura maia ou asteca. Outros, ainda, admiram-se de suas variadas expressões artísticas comunicadas em todo tipo de cerâmicas, monumentos e murais. O que talvez não muitos se ponham a meditar é sobre a verdadeira finalidade daquelas construções e redes, nem tampouco sobre seu custo. Riem-se ante a estética de sua arte, mas não reparam no que de fato seus traços refletem; certamente não são a expressão de uma civilização saudável e próspera, mas de um povo abatido, desfalecido, prostrado e triste.[94] E para dizer a verdade — que nos corrija algum entendido na matéria —, não tratamos aqui de obras sublimes, realizadas por alguma técnica desconhecida pela humanidade. Sua importância reside somente enquanto reflexo característico de uma cultura, não muito mais do que isso.

Quanto às suas imensas edificações, não devemos confundir o espírito motivador de tais empreitadas. Não é necessário deter-se demasiado em estudos do período e desta cultura para perceber que obedeceram a razões plenamente materiais e econômicas, mais do que a questões religiosas, humanitárias, comunitárias, estéticas e *turísticas*. Pois esses caminhos seguros e diretos, essas interconexões entre várias cidades, tiveram como objetivo principal recolher de forma simples e rápida os altíssimos tributos exigidos das regiões submetidas, constituindo por sua vez um eficaz método de vigilância e controle sobre estas mesmas regiões[95] — pois esse acesso direto e fluido, sem obstáculos, às diversas localizações, permitia aos exércitos imperiais reprimir de forma imediata qualquer insurreição ou motim detectado contra o governo central inca.

O eficiente e razoavelmente rápido serviço de comunicação e correio entre todas as regiões do império foi notável, podendo percorrer pouco mais de dois mil quilômetros em cinco dias. Há quem atribua aos incas a criação do que hoje denominamos serviço de correio *express*, embora

---

94 Aqui concorda conosco Alberto Sánchez, pontuando que a tristeza da arte inca está intimamente relacionada, entre outras coisas, aos exílios e deslocamentos forçados que este povo sofreu. Recomendamos a consulta de sua excelente obra: Luis Alberto Sánchez, *Breve Historia de América*, Buenos Aires, 1978, p. 66.
95 Isto reconhece Prescott em seu *Conquista del Perú* (Madrid: Editorial Antonio Machado, 2006).

O certo é que este sistema já havia sido utilizado por várias culturas pré-incas, como os moches. O sistema era bastante simples, organizado mediante postagens e corridas de revezamento. Aqueles que exerciam este ofício eram chamados *chasquis*: homens escolhidos entre os mais rápidos, que se colocavam em diferentes pontos do império por uma determinada quantidade de tempo, sendo depois transferidos para outros pontos, quando lhes chegava uma encomenda.[96]

"Quem construiu essas obras monumentais e a que custo?", se poderia perguntar em seguida. Ninguém mais que os eternos desgraçados que formavam a grande massa do povo e os escravos, ao custo da morte ou de um extremo esgotamento espiritual e físico que os levava inexoravelmente a ela. Referindo-se às construções dos peruanos e ao esforço estóico dos trabalhadores e escravos, que transportavam pesadíssimas pedras por rios e fatigosos caminhos, diz Prescott: "[...] nelas vemos a obra de um despotismo que dispunha absolutamente das vidas e propriedades de seus vassalos. [...] Quando estes eram colocados em serviço, se lhes estimava pouco mais que aos animais no lugar dos quais eram empregados".[97]

O certo é que o povo era submetido a todo tipo de trabalhos forçados, duríssimos, em intermináveis jornadas onde não existiam os descansos nem dias livres, embora o mais doloroso para eles fosse a mudança forçada para regiões estranhas e inóspitas, de climas e temperaturas a que não estavam habituados — motivo pelo qual muitos morriam —, e a separação abrupta de sua família, de seus pais e filhos, sabendo quase com total certeza que jamais voltariam a se ver, ao menos com vida. A reprodução da cena comoveria o homem mais insensível.

As deportações em massa foram muito freqüentes,[98] mudando-se por diferentes motivos determinadas populações para as terras de outras e vice-versa. Um desses motivos, senão o principal, estava relacionado ao controle das populações vencidas em guerras, que eram espalhadas por todo o império a fim de forçar sua mistura com os povos e

---

96 Henri Lehmann (op. cit.) explica bem a metodologia deste útil sistema. Segundo Von Hagen (op. cit., p. 317), cada um dos *chasquis* levava dez minutos para percorrer uma milha e meia, sendo então substituído por outro.
97 Op. cit., pp. 18–19.
98 Segundo Henri Lehmann (op. cit.), as deportações em massa foram praticadas muito especialmente pelos incas, ao menos em tal escala.

habitantes considerados "fiéis, que, por sua vez, eram enviados às comarcas revoltosas ou recém-conquistadas, para que ensinassem a lealdade através de seu exemplo".[99] De fato, essas forças "fiéis" constituíam uma espécie de polícia de inteligência/pensamento do Estado, que informava cada movimento, suspeito ou não, dos novos "cidadãos". Dessa forma, diz o catedrático Luis Alberto Sánchez, "a população se dividia em *llactarunas* (ou nativos) e *mitimaes* (ou transferidos). Atribui-se ao grande número de *mitimaes* a marca de tristeza na música, expressão e canções incas".[100] Tal como nas regiões comunistas de outrora, as famílias e grupos íntimos eram especialmente separados nessas migrações a regiões diversas.

Breve história

Antes dos incas, haviam florescido nessas regiões culturas como a nazca (II–VIII d.C.), moche (I–VII d.C.), chavin (IX–III a.C.) e tiahuanaco (IV–X d.C.), entre as mais destacadas do antigo Peru — consideradas por alguns autores como mais relevantes do que a cultura inca, particularmente as últimas duas.[101]

Parece ter-se provado suficientemente que o império inca foi fundado por estrangeiros, e não por homens oriundos dessas terras.

O império inca chegou a ser, em tamanho, quase cinco vezes maior que o dos mexicas. Em seu máximo esplendor (século XV), ocupou grande parte da cordilheira dos Andes, desde o norte do Chile e o noroeste argentino até o sul da Colômbia, cobrindo os territórios atuais da Bolívia, Peru e Equador. Estima-se que tenha contado com uma população próxima dos três milhões de habitantes.[102] A capital, desde

---

99 Esta prática comum é mencionada por quase todos os investigadores desta cultura, inclusive por aqueles inclinados à idealização dos regimes e culturas indígenas, como o professor Luis Alberto Sánchez (*Breve Historia de América*. Buenos Aires: Losada, 1965, p. 66).
100 Ibidem.
101 Esta cultura pré-inca remonta, segundo estudiosos, a 850 anos antes de Cristo. A cultura chimú, que sucedeu aos mochicas, localizou-se na região costeira do norte do Peru. Os nazcas, por sua vez, estenderam-se pela costa sul. A cidade de Tiahuanaco estava nas proximidades do Lago Titicaca.
102 Considerando os números dados por Kroeber, diz Rosenblat, três milhões de pessoas habitavam o império inca. O grande historiador eclesiástico Pe. Ricardo Cappa dá o número de quatro milhões. Ángel Rosenblat, *La población indígena y él mestizaje en América*. Buenos Aires: Nova, 1954, 2 vol. (biblioteca americanista), p. 311. O Pe. Bernabé Cobo aponta os fatores climáticos e geográficos como motivo da população inca relativamente baixa (citado de José Luis Vittori, *Exageraciones y quimeras en la conquista de América*, Santa Fe (Argentina), Cen-

onde tudo era regido e organizado, era Cusco. A fim de se conseguir administrar de modo eficaz todo o território a ele submetido, o vasto império se dividiu em quatro regiões, de acordo com sua posição cardial: *Chinchay-Suyu, Anti-Suyu, Cunti-Suyu* e *Colla-Suyu*.[103] Em relação aos imperadores, são conhecidos — ou melhor conhecidos — os últimos quatro, embora tenham sido doze, no total — ou treze, dependendo do autor —, aqueles que construíram este império. Citamos por ordem cronológica: 1) Manco Cápac; 2) Sinchi Roca; 3) Lloqui Yupanqui; 4) Mayta Cápac; 5) Cápac Yupanqui; 6) Inca Roca; 7) Yáhuar Huaca; 8) Viracocha; 9) Pachacuti Inca Yupanqui (1438–1471); 10) Túpac Inca Yupanqui (1471–1493); 11) Huayna Cápac (1493–1525); Huáscar e Atahualpa (1525–1532).

Segundo a tradição inca, eles descendiam de Manco Cápac, filho do sol, que se estabeleceu em Cusco no século XIII. O império conseguiu sua máxima expansão territorial com Huayna Cápac (1493–1525),[104] que havia sucedido no trono a outros dois reis históricos do período, como Pachacuti Inca Yupanqui e Túpac Inca Yupanqui. Após sua morte, originou-se talvez a mais cruenta e fratricida guerra civil de que o mundo pré-colombiano teve notícia. Pouco antes de sua morte, havia decidido dividir o império entre seus dois filhos, em partes mais ou menos iguais: o reino de Cusco ficaria para Huáscar e, o de Quito, para Atahualpa. Grande erro! Atahualpa, inconformado com o que lhe ficara, começou uma guerra total contra seu irmão, a fim de obter a totalidade do domínio do império, conseguindo finalmente vencer e tomar Huáscar como prisioneiro, a quem torturou selvagemente antes de executar — junto com todos os seus familiares. É precisamente neste momento de guerras, intrigas e instabilidade social e política que chega

---

tro de Estudios Hispanoamericanos, 1997, p. 79). De fato, a população inca foi se reduzindo drasticamente antes da chegada dos espanhóis, como conseqüência dos enfrentamentos bélicos internos, principalmente da guerra civil entre os partidários de Huáscar e do intruso Atahualpa, calculando-se o número de mortos em cerca de um milhão.
103 O primeiro abarca o Equador e o norte do Peru; o segundo se estendia do leste até a cordilheira; o terceiro, do oeste até a costa; o quarto compreendia o sul do Peru, parte do Chile e uma pequena porção do noroeste argentino. Cada uma dessas regiões se dividia, por sua vez, em províncias, e estas em povoados ou distritos, compostos por uma determinada quantidade de *ayllus*.
104 As verdadeiras conquistas militares, segundo sustentam vários autores, não começaram senão por volta de 1445 (com o nono imperador inca), com a ocupação de Tiahuanaco e a região do Lago Titicaca. As outras conquistas importantes ocorreram após 1470.

Pizarro e um punhado de homens e, com a ajuda de tribos descontentes com o incanato, conquista o Peru.

Tal como os outros povos mesoamericanos, viveram em permanente estado de beligerância. O serviço militar era obrigatório e, segundo se estima, a décima parte da população estava constantemente guerreando. Normalmente, antes de conquistar um povo pelas armas, tentava-se ganhá-lo pela persuasão ou pelo temor, o que poucas vezes funcionou. Prescott, tão pouco simpático à causa espanhola, reconhece que os "incas proclamavam paz e civilização com a ponta da espada".[105] Uma vez conquistados os povos, passava-se à etapa seguinte:

> Como regra geral, mantinha-se em vigência os clãs locais, porém se os debilitava ao fazê-los depender da autoridade administrativa dos incas, impondo-lhes o culto do sol e o emprego da língua dos conquistadores, o quíchua. Os filhos dos chefes locais eram trasladados para Cusco na qualidade de reféns e ali recebiam uma educação adequada à sua categoria. Deste modo, os incas asseguravam súditos submissos por toda parte. Naqueles casos em que, mesmo após todas essas precauções, fazia-se sentir uma resistência local, transferia-se a população inteira para regiões distantes do império: era o que se chamava sistema de *mitimac*. A nobreza, classe da qual provinham todos os funcionários e dirigentes dos incas, assim como os oficiais do exército, compreendia em primeiro lugar os membros das famílias incas; assimilavam-se a elas os antigos chefes das nações submetidas e seus descendentes, porém jamais se lhes atribuíam cargos importantes.[106]

As armas das que se valiam eram fundas, boleadeiras, maças de pedra e metal, e só raramente utilizaram o arco e a flecha, algo mais próprio das regiões do norte. Para sua defesa, contaram com escudos e capacetes de couro e vestidos recheados de algodão, que visavam amortecer os impactos do inimigo.

Traços característicos do império inca

Os incas, assim como os astecas, não se limitavam a apropriar-se da tecnologia, mulheres e bens materiais dos vencidos, mas suprimiam as identidades desses povos conquistados sem deixar-lhes, muitas vezes, sequer o idioma, como de fato aconteceu com a imposição do quíchua.

---
105 Op. cit., p. 13.
106 Henri Lehmann, op. cit.

Também lhes impunham sua organização social — os *ayllus*[107] — e sua religião: seu deus, o sol, em honra do qual ordenavam a veneração e construção de templos. Os deuses próprios dos povos conquistados passavam assim, no melhor dos casos, a ser como que divindades menores. A blasfêmia ao deus sol — que passava a ser o principal — era castigada com a morte. Mesmo as menores ofensas dos povos conquistados para com a nova divindade, assinala um historiador saxão, eram castigadas com a mesma pena, comentando em seguida que "nas rebeliões e insurreições, aplicaram-se castigos tão duros que algumas vezes extirparam das províncias todos os homens de idade, sem sobrar nenhum".[108] Guamán Poma de Ayala cita a ordem de Túpac Inca Yupanqui em relação aos povos conquistados:

> Mandamos que em nosso reino nenhuma pessoa blasfeme o Sol, meu pai, nem a Lua, minha mãe, nem os túmulos, nem a mim, o Inca, nem Coya,[109] pois os mataria... mandamos que não haja ladrões nem assaltantes, e que na primeira falta se lhes castigue com quinhentos açoites, e na segunda falta sejam apedrejados e mortos, e que não se enterrem os seus corpos: que os comam as raposas e os condores.[110]

Um dos principais cuidados dos incas no momento da conquista de um novo povo ou cultura era o de destruir integralmente sua memória — oral e artística — e tergiversar completamente sua história e tradições, o que Von Hagen denomina "seletividade histórica dos incas". Com este objetivo, ordenava-se primeiramente a execução dos chefes vencidos e daqueles encarregados de transmitir oralmente aos seus a história de seu próprio povo. Às vezes, aos chefes conquistados que encontravam mais dóceis, vulneráveis e ambiciosos, os enviavam por um tempo para Cusco, a capital do império, onde eram doutrinados na "Nova Ordem" e, depois, já "lobotomizados", eram devolvidos aos seus na qualidade de espiões. No mesmo sentido, tal como astecas e maias, queimavam e destruíam grande parte de seus símbolos tradicionais. Os incas pretenderam fazer crer para todos — e conseguiram

---

107 No caso de que os povos conquistados contassem com uma organização social diferente. Os *ayllus* não foram criação dos incas.
108 Prescott, op. cit., p. 48.
109 Inca, com inicial maiúscula, é o título do imperador; e Coya é o título de sua esposa. — NT
110 Guamán Poman de Ayala, *Primer Nueva Corónica y Buen Gobierno*. Citado pelo jornalista boliviano Clovis Díaz no artigo "El Castigo en el Imperio de los Incas", 05/01/2012. Cf.: http://hechosr.blogspot.com.ar/2005/08/investigacin-el-castigo-en-el-imperio.html.

por muito tempo — que antes de que eles chegassem à região, tudo era selvageria. Prova da maliciosa intenção do império andino é que pouco ou nada se sabe, atualmente, acerca de culturas como a nazca, moche, chavin, teotihuanaco etc. No entanto, afortunadamente, a arqueologia e o fastidioso trabalho dos antropólogos e etnólogos conseguiram resgatar parte de sua memória, denunciando o embuste e desmascarando-o gradualmente, sendo cada dia mais clara a pouca originalidade manifestada pelos incas em quase todas as áreas.

Foi característico do império inca arrogar-se a invenção da tecnologia e saberes dos povos subjugados. Entre outras precisões, tais estudos demonstraram que os moches — anteriores aos incas — contavam com uma complexa e desenvolvida organização social que, entre outras coisas, permitiu a construção de numerosos caminhos — adaptados e continuados depois pelos incas — e do templo Huaca do Sol, que demandou centenas de milhares de trabalhadores e o emprego de 130 milhões de tijolos de barro. Assim como estes, contaram os nazcas com um regime de dominação baseado na religião e no poderio militar. O império tiahuanaco foi a cultura dominante entre os anos 1000 e 1300, no Peru e na Bolívia, e se lhes atribui a construção do mais notável centro cerimonial dos andes. Por sua vez, o império chimú (1000–1466) retomou o trabalho de seus antecessores mochicas e continuou suas redes de caminhos, organizando melhor o sistema de correio existente. Os chimús foram os últimos a oferecer resistência viril aos invasores incas.

Neste terreno, muito particularmente, merecem especial reconhecimento os espanhóis e missionários, que se interessaram profundamente — e às vezes admiraram — pela história e costumes dos vencidos, publicando centenas de obras sobre o assunto e respeitando, inclusive, parte essencial de sua organização e cultura. Não fosse por eles, nada saberíamos hoje dessas gentes que habitaram nosso continente antes de 1492.

Passando a outro terreno, o império inca foi um império ferrenhamente estratificado e dividido em classes sociais. Os incas e a nobreza jamais se mesclaram às nações que conquistavam, já que não eram consideradas parte integrante do império, mas nações anexadas de raças e culturas inferiores. Os conhecidos *yanaconas*, por exemplo, eram majoritariamente uma classe hereditária de serventes e escravos provenientes dos descendentes de povos conquistados pelas armas.

O Estado intervinha absolutamente em tudo, até nos mais mínimos detalhes da vida pública e privada da população, desde o trabalho que cada cidadão devia realizar até qualquer questão ligada ao matrimônio ou ao estilo de vida que cada indivíduo levava. Entre outras coisas, o Estado proibia ao povo casar-se com mulheres de distritos que não fossem o seu. Se aos 20 anos de idade o homem não houvesse se casado ainda, o Estado o obrigava a fazê-lo, escolhendo para ele uma esposa. As meninas e mulheres agraciadas fisicamente, detectadas pelos *curacas* (chefes dos clãs), eram levadas forçadamente a Cusco para fazer parte de um grupo que os incas denominavam *Mulheres Escolhidas*, onde eram treinadas na lide do tecido e nos serviços religiosos, sendo depois destinadas aos diferentes templos do sol. Havia cerca de 15 mil, porém nem todas eram ocupadas em questões religiosas. Aquelas que não fossem consideradas aptas eram designadas como concubinas do rei, prostitutas ou esposas de altos oficiais.[111]

Regime político e religião: o terror foi um dos mais eficazes recursos psicológicos utilizados pelos incas para garantir a governabilidade e unidade do império. Qualquer um podia ser acusado de rebeldia ou traição; qualquer um que ousasse se queixar da tirania do Sapa Inca e seus funcionários. Todos sabiam — o Inca se assegurava de que fosse assim — que este possuía, em suas mansões, segundo comenta um historiador indígena admirador dos incas, "tambores feitos com a pele dos principais traidores e rebeldes. O tambor era de corpo inteiro; eram chamados *runatinya* (tambor de pele humana, de homem esfolado). Parecia vivo e com sua própria mão tocava a barriga. O tambor era a barriga [...] e, com outros rebeldes, faziam de sua cabeça mates para beber chicha, flautas de seus ossos e gargantilhas de seus dentes".[112] O controle da população era tão prioritário para o império que Huayna

---

111 Von Hagen, op. cit., p. 302.
112 Guamán Poman de Ayala, op. cit. Citado pelo jornalista boliviano Clovis Díaz no artigo "El Castigo en el Imperio de los Incas", 05/01/2012. Cf.: http://hechosr.blogspot.com.ar/2005/08/investigacin-elcastigo-en-el-imperio.html.

Cápac acreditava ser imperativo proceder com tal brutalidade que "seus índios sonhassem com isso a cada noite".[113]

O império inca era regido por um sistema absolutista teocrático em cuja cabeça estava o rei, que guardava para si múltiplas funções: era chefe militar, chefe político e chefe religioso ao mesmo tempo. Suas atribuições e poder eram similares — ou talvez maiores — que as de seu par do império mesoamericano, e, tal como neste, o imperador era considerado a personificação do deus sol na terra, um deus que sempre urgia sangue humano *sob o pretexto* de manter em paz a natureza e evitar o *apocalipse*. Até os nobres de mais alto grau deviam ir ao todo-poderoso monarca descalços e com uma carga em suas costas, como sinal de submissão, enquanto este, a fim de manifestar sua superioridade em tudo frente ao povo, ostentava suas riquezas e seu modo de viver.[114] Havia alguns adornos exclusivos para uso do monarca, como as plumas dos pássaros chamados *coraquenques*, cuja caça, por este motivo, era punida com a morte, e outros adornos próprios dos nobres, como pesados brincos de ouro maciço (aos quais os espanhóis chamavam de "orelhões"). Usavam as vestes uma única vez — depois do que eram queimadas — por considerar-se indigno do filho do deus sol, o Sapa Inca. Prescott cita um cronista, possivelmente indígena, que mostra o temor que gerava o poder ilimitado do Inca: "Porque o Inca dava a entender que era filho do sol, com este título se fazia adorar, e governava de tal modo que ninguém se atrevia contra ele; e sua palavra era lei, e ninguém ousava ir contra sua palavra, nem contra sua vontade. Ainda que viesse a matar cem mil índios, não havia ninguém em seu reino que lhe ousasse dizer que não o fizesse".[115]

Quando o Inca morria, além de todas as suas riquezas materiais — que eram juntamente colocadas no ataúde —, levava consigo as vidas de vários dos seus serviçais e concubinas, sendo estes imolados imediatamente após o falecimento de seu soberano, para que o acompanhassem ao "outro mundo". Às vezes, o número de serviçais era

---

113 Von Hagen, op. cit., pp. 318–319.
114 Também os nobres e outras classes superiores utilizavam, como sinal distintivo, objetos de ouro e outros metais preciosos.
115 Op. cit., p. 26.

superior a mil.¹¹⁶ Este era o "prêmio" para aqueles pobres desgraçados que tão bem haviam servido ao seu senhor.

Quantitativamente — ao menos comparado aos astecas —, os sacrifícios humanos não foram tão freqüentes durante a regência inca, embora fosse, sim, usual entre os predecessores da região, como conta Garcilaso de la Vega.¹¹⁷ Tal como os maias, tiveram os incas especial predileção por sacrifícios de crianças. Juan de Betanzos informa que para a fundação de Coricancha, nos tempos do Inca Yupanqui, sacrificaram-se duzentas criaturas. No entanto, deixaremos o tratamento desta questão para outro capítulo.

Diferentemente dos astecas, estes apenas produziram lugares de culto notáveis fora do conjunto de templos de Tiahuanaco ou de Cusco. Prosseguindo com as comparações, os incas, como os astecas, contaram com um importante corpo sacerdotal, numeroso e fortemente hierarquizado. Ainda que adorassem ao deus sol (Inti), deus oficial do império, veneraram também numerosas outras divindades.¹¹⁸

Para aqueles que não guardavam os preceitos estabelecidos para as festas, como jejuns e outros sacrifícios, se regulamentava: "Ordenamos e mandamos, nestes reinos e senhorios, que se os guarde, e que se cumpra a pena de morte sobre os que não o fizerem".¹¹⁹

Situação social: a organização desta sociedade era de caráter coletivista; as terras eram de propriedade comum e se trabalhava de forma coletiva. Dentro dos *ayllu*, diz Lehmann, "adotava-se o princípio patrilinear: os membros de um mesmo clã se consideravam unidos por consangüinidade. O *ayllu* constituía uma unidade tanto econômica como religiosa; regia-o um *curaca* que assumia as funções de juiz

---

116 Ibidem, p. 34.
117 Embora devamos levar em consideração a freqüente tendência de Garcilaso a sempre se referir com a melhor luz possível aos incas — dos quais se confessa admirador — e com a pior aos seus antecessores. A parcialidade com que escreveu, às vezes, resvala no grosseiro.
118 *Wiracocha* (*Viracocha*): foi uma divindade pan-andina, que provavelmente teve sua origem no II Horizonte. Era um deus adorado pela nobreza de Cusco; O Sol (*Inti*): foi o deus oficial no Tawantinsuyo, difundido pelo Inca Pachacútec; *Pachacámac*: foi o deus mais importante da costa central; *Quilla*: a lua. Deusa do céu e das estrelas, protetora das mulheres (*collas* e *acllas*) e esposa do deus Inti; *Illapa*: deus do raio; *Pachamama*: mãe terra; *Mamacocha*: mãe dos lagos; *Coyllur*: deusa das estrelas; *Apus*: deus das montanhas e dos montes principais.
119 Ibidem, pp. 182-184.

supremo e tomava o comando em tempos de guerra". Os *ayllu* eram a unidade social elementar, compostos por clãs, famílias agrupadas que compartilhavam uma determinada porção de terra — o tamanho variava —, animais, cultivos e rendiam culto a um antepassado comum. Portanto, ninguém era dono individualmente do terreno: este era propriedade do Estado, que o cedia temporariamente aos súditos para a exploração. Ao menos dois terços dos benefícios das terras deviam ser destinados como tributo ao Inca e para a manutenção da religião. O *ayllu* e sua produtividade eram cuidadosamente controlados por um chefe (denominado *curaca*), às vezes assistido por um Conselho de Anciãos.[120] Também existia outro regime de trabalho, denominado *mita*, um serviço que, anualmente e de forma obrigatória, todos os homens deviam prestar ao Estado, por períodos mais ou menos prolongados, afastados de suas famílias. Geralmente, eram destinados aos rincões mais inacessíveis, afastados e inóspitos do império, onde eram empregados na construção de pontes, edifícios, caminhos, nos duríssimos trabalhos de exploração mineral etc.

À inexistência da propriedade privada, somemos a inexistência de atividade remunerada. Os súditos eram obrigados a trabalhar de sol a sol na construção de obras de irrigação, edifícios públicos, minas, pontes, túneis, caminhos etc. A cada dia, "à primeira luz do sol" — por volta das 5:30 da manhã —, deviam levantar-se e ir trabalhar. O desjejum era impensável, salvo pela ingestão de uma bebida espessa, tóxica, que cheirava a malte, com a qual enganavam a fome por um momento.[121]

A classe dirigente provinha de uma aristocracia vinda do clã do Inca, que era composto por três grupos. O grau superior era ostentado pelo rei, seus irmãos, irmãs e respectivos descendentes. O segundo grupo era constituído pelas *pallas*, concubinas do Inca — também de sangue real —, e sua descendência (às vezes, no topo se encontrava um irmão do Inca). Por último, o terceiro grupo, inferior, era composto por concubinas que não possuíam sangue real. Dos descendentes dos

---

120 Um determinado número de *ayllus* era controlado por um chefe de distrito, e este, por sua vez, por um prefeito, que estava a cargo de uma das quatro partes em que se dividia o império inca. Segundo Von Hagen (op. cit., pp. 243–244), dez trabalhadores eram controlados por um chefe, dez chefes por um supervisor, dez destes vigiados por um diretor, e assim seguia a hierarquia, sempre em números decimais. Para cada 10 mil trabalhadores havia 1.331 oficiais.
121 Von Hagen, op. cit., p. 250.

últimos dois grupos provinham as classes dirigentes do império (clero, exército, políticos, administradores etc.). A poligamia só era permitida ao Inca e às classes privilegiadas, sendo rigorosamente castigada quando praticada por quem não pertencesse a tais estratos. É de se notar que, dado que a poligamia era permitida aos monarcas, estes chegavam a ter, em certas ocasiões, quinhentos filhos, que passavam depois a integrar parte da nobreza. Os nobres e as demais classes dirigentes estavam isentos de pagar impostos e de realizar atividades e trabalhos manuais, tendo direito à melhor educação disponível.

A esposa principal do Inca era sua irmã, cujos numerosos filhos asseguravam uma descendência "pura". No entanto, era estritamente proibido ao restante da população casar-se com membros de sua própria família, como expressa claramente a lei a respeito: "Eu, o Inca, ordeno e decreto que ninguém se case com sua irmã ou mãe, nem tampouco com sua prima primeira, tia ou sobrinha, sob pena de ter seus olhos extraídos, porque somente o Inca tem direito a se casar com sua irmã carnal".[122]

As leis nem sempre afetavam os nobres, cujas regalias eram às vezes ilimitadas. No entanto, parece que neste sentido os incas foram mais rigorosos do que astecas e maias, ao menos em teoria, já que, pelo mesmo delito, mandava-se castigar mais duramente o nobre que o plebeu. Segundo Von Hagen, que reproduz dezenas de códices indígenas que ilustram os castigos e torturas comuns entre os incas, "o que era morte para os nobres, era tortura para os índios" — que, neste caso, implicava em tirar-lhe um ou os dois olhos do rosto.[123]

Como era a vida cotidiana dos indígenas, súditos ou escravos, no império inca? Um bom quadro dessa situação podemos encontrá-lo nos estudos do historiador Louis Baudin,[124] que considera o império inca um "império geométrico e frio, de vida uniforme e fastidiosa", onde nada era deixado ao acaso ou à criatividade pessoal. "Nem ambição, nem desejo, nem grande alegria, nem grande pena, nem espírito de iniciativa, nem espírito de previsão". Diz em seguida:

---

122 Citado em Von Hagen, op. cit., p. 270.
123 Ibidem, pp. 266–267.
124 Louis Baudin, *El imperio socialista de los Incas*, p. 164. Citado por José María Iraburu, *Hechos de los Apóstoles en América*.

O índio do povo toma a mentalidade que lhe caracterizará definitivamente, a de lhama perdida no rebanho, que obedece às ordens de um pastor distante e invisível. À medida que o império se estende e se fortifica, o indivíduo recua mais sobre si mesmo e se obscurece, porque nada podia mais que obedecer, visto que não tinha qualquer validade quando se tratava do interesse do império, sabendo o que lhe esperava se não obedecesse rigorosamente às leis e regulamentos [...]. A monotonia e a tristeza que mais tarde viriam a chocar os conquistadores eram, para ele, testemunho do perfeito funcionamento mecânico de uma planificação que não podia admitir a fantasia sem renegar a si mesma.[125]

A existência, diz o Pe. Iraburu,

> transcorre seguindo o curso imutável das estações. Nada que temer, nada que esperar; um caminho todo traçado sem desvio possível, uma retidão de espírito imposta sem deformação imaginável. Uma vida calma, monótona, incolor: uma vida apenas vivente. O índio se deixa embalar pelo ritmo dos trabalhos e dos dias, e termina por acostumar-se a esta sonolência, por amar este nada. Seu senhor é um deus que lhe ultrapassa infinitamente, e seu objetivo não é senão evitar qualquer castigo. Esta ordenada *massa* de homens lentos, melancólicos e passivos vai ceder quase sem resistência ante o impulso vigoroso de um pequeno contingente de homens ativos e turbulentos, que procedem do mundo cristão da liberdade.

Não lhes era permitido possuir nada, como se encarrega de confirmar o próprio Inca Garcilaso[126] — sempre pronto à idealização do passado inca e pouco propenso a fazer concessões aos espanhóis — em sua monumental obra sobre esta cultura, onde, entre outras coisas, dá precisa conta da crueldade e do extermínio realizado por Atahualpa contra a porção do povo que apoiava os direitos de sucessão de seu irmão, Huáscar.

Foi Francisco Morales Padrón quem, em nosso entender, pintou o quadro mais preciso da miserável situação do povo submetido ao despotismo inca:

> O sistema político-administrativo inca se reduzia, como já foi assinalado, à existência de um governo autocrático que regia em proveito de uma minoria. A autoridade da casta dominante apoiava-se na religião, sob a qual jazia o povo submetido à ignorância e ao trabalho contínuo. Castigava-se

---

125 Louis Baudin, *La vida cotidiana en el tiempo de los últimos incas*. Buenos Aires: Editorial Hachette, 1962, pp. 67, 68 e 143.
126 Citado por Demetrio Ramón Pérez, *Historia de la colonización española en América*. Madrid: Ediciones Pegaso, 1947, p. 338.

a ociosidade, mãe de todos os vícios... tudo conduzia a uma felicidade negativa: a regulamentação da vida, a comida e o traje sempre iguais, a centralização através do clã e do *ayllu*, o coletivismo agrário. Não havia personalidade, nem o conceito de propriedade individual, nem sentimento de pátria. Não havia progresso, mas sim despreocupação e ignorância por parte do indivíduo, que tinha o Estado para regular tudo. O indivíduo era a peça de uma máquina.[127]

Um autor antiespanhol, o protestante Pierre Chaunu, oferece o seguinte quadro da realidade inca:

> [...] Não existia a propriedade individual da terra. Foi um regime de força e debilidade. De força, porque o regime inca permitiu a realização de prodigiosos trabalhos coletivos: palácios, templos, caminhos pavimentados, fortalezas em lugares estratégicos, cultivos em terraços, aquedutos para as cidades e irrigação; de debilidade, porque preparava um povo de dóceis campesinos submetidos a todas as suas exigências.[128]

É claro que, dadas tais condições, o povo não guardava maiores ambições do que conseguir o sustento diário e evitar ser linchado por tribos vizinhas rivais. Sua primeira e única meta era sobreviver mais um dia. A grande docilidade e passividade destes indígenas ante a situação de opressão em que viviam se explica na ferocidade das leis daquele estado totalitário. Comenta Juan Manuel Balcazar em sua *Historia de la Medicina en Bolivia*,[129] citando as palavras de Pachacuti, nono governante inca: "O Inca Manco Cápac ordenou que se amarre a cabeça dos índios recém-nascidos para que cresçam com deficiência mental, já que os índios com cabeça grande e redonda eram muito empreendedores e em especial muito desobedientes". Fica claro que a intenção dos reis incas, a intenção do império, era a formação de um povo medroso, submisso e obediente.

É interessante notar que aqui observamos os traços fundamentais do regime totalitário, muito similar ao imposto pelos comunistas nas épocas de Lenin e Stalin. Para dizer a verdade, o sistema inca e, em grande medida, o asteca, parecem cópias precisas do terror vermelho em Cuba e na Europa Oriental, no século XX. Digamos, em defesa

---

127 Francisco Morales Padrón, *Manual de Historia Universal*, t. v, *Historia General de América*, Madrid, 1962, p. 108.
128 Pierre Chaunu, op. cit., p. 23.
129 Consultar a obra completa em: http://www2.bago.com.bo/socbolcir/publicacion/vol2_n2/trepanacion.html.

do que foi afirmado, que sob este tipo de governos — inca, asteca ou comunista —, os homens não podiam escolher seu ofício nem seu lugar de trabalho, pois isto era arbitrariamente decidido pelo Estado onipotente e onipresente, assim como não podiam tampouco escolher sua religião. Desnecessário dizer que, como mencionado há pouco, não existia a possibilidade de protesto por parte dos prejudicados, a menos que buscassem a morte certa ou, no mínimo, gravíssimos castigos. Tal como nos *gulags* soviéticos, as pessoas eram usualmente destinadas a trabalhar em condições sub-humanas, nos lugares mais recônditos do império,[130] se assim julgassem necessário, apartadas de suas famílias e lançadas em climas e condições aos quais não estavam acostumadas. Esta política, como dissemos, gerou muitas mortes, não só em casos de inadaptação climática, mas por causa da tristeza em ver-se afastado de seus entes queridos e do árduo trabalho forçado nas minas, que muitas vezes os levava ao suicídio e à embriaguez. Quanto às mulheres, eram consideradas bens do Estado, sendo selecionadas e distribuídas da seguinte forma: algumas para os senhores (as nobres), outras para os sacrifícios humanos, e as restantes dadas como esposas ou concubinas a homens do povo, inclusive a escravos. A maternidade, é certo, não recebia especial atenção do incanato, que obrigava as mulheres que davam à luz a retomar seus penosos trabalhos antes mesmo de transcorridas 24 horas desde o parto.[131] "O peruano", escreve Prescott, "trabalhando a vida toda para outros, poderia comparar-se a um criminoso empregado em obras públicas que sabe muito bem que, por úteis que sejam seus esforços ao Estado, nada servem a ele próprio".[132] Conclui o mesmo historiador, ao final de seu primeiro livro, o seguinte:

> Não havia peruano inferior o bastante para fugir à paternal vigilância do governo, nem proeminente o bastante para que, em todas as ações de sua vida, não lhe fizessem saber que dependia deste inteiramente. A sociedade absorvia sua existência como indivíduo. Suas esperanças e temores, suas alegrias e pesares, as mais delicadas simpatias do coração, que tanto fogem de manifestar-se livremente, tudo precisava ir conforme a lei, sem se permitir

---

130 Isto é confirmado pela historiadora Concepción Bravo Guerreira: "O deslocamento de famílias, de *ayllus* completos ou de grupos étnicos em massa, foi prática comum entre os incas" (em AV, *Cultura y religión...* 272). Citado por Iraburu, op. cit.
131 Von Hagen, op. cit., p. 240.
132 Prescott, op. cit., p. 65.

ao menos que se fosse feliz a seu modo. O governo dos incas era o mais suave e ao mesmo tempo o mais inquiridor de todos os despotismos.[133]

Economia: a principal atividade econômica era a agricultura. Ainda que não conhecessem a roda nem o arado, conseguiram praticá-la de forma bastante exitosa. Através do método do plantio escalonado, desenvolveram esta atividade[134] também nas montanhas, empregando sofisticados sistemas de irrigação. Seu principal cultivo era milho, mandioca, batatas, feijões, algodão, tabaco e coca. Possuíam um rudimentar sistema de numeração feito de cordas e nós, chamado *quipo*. Diferentemente das grandes culturas mesoamericanas, praticaram certo tipo de pecuária, particularmente a criação de lhamas. Contaram também com animais de carga, graças a terem conseguido a domesticação da própria lhama e da alpaca (embora não se saiba o quão freqüentemente as utilizaram nos trabalhos).

Foram hábeis oleiros e artesãos, e desenvolveram uma importante indústria têxtil, ainda que sem alcançar a perfeição dos nazcas. Obtiveram alguns conhecimentos médicos e parece estar provado que chegaram a realizar trepanações (operações cirúrgicas) nos feridos de guerra, embora a porcentagem de sobreviventes a estas intervenções fosse mínima. Como anestesia, utilizaram a chicha (bebida alcoólica) e a coca. Sua arte foi bastante pobre. Suas obras arquitetônicas e seus conhecimentos desta disciplina foram muito rudimentares, ao menos em comparação com os mexicas e inclusive com outras culturas andinas,[135] como Tiahuanaco, onde podemos apreciar, entre outras construções, a pirâmide Akapana, o complexo de Kalasasaya, Pumapunku e Pedra do Sol. No campo científico, permaneceram em um nível bastante elementar. Seus conhecimentos astronômicos foram relativamente consideráveis, porém muito inferiores aos dos maias.

---

133 Ibidem, pp. 123–124.
134 A agricultura de terraços havia sido praticada por seus antecessores na região, os tiahuanacos, portanto não é uma invenção dos incas.
135 Segundo a maior parte dos estudiosos, a arquitetura do império peruano se caracteriza pela simplicidade de suas formas, sua solidez e sua simetria. As formas arquitetônicas incas mais destacadas foram as seguintes: kancha, kallanka, ushnu, tambo e acllahuasi. Consultar, para informações mais detalhadas, os seguintes trabalhos: Graziano Gasparini e Luize Margolies, *Inca architecture*. Bloomington: Indiana University Press, 1980 (ISBN: 0-253-30443-1). John Inka Hyslop, *Settlement planning*. Austin: University of Texas Press, 1990 (ISBN: 0-292-73852-8).

Leis e castigos: naturalmente, como regime totalitário, os delitos contra o Estado eram considerados de *lesa-majestade,* muito mais graves e terríveis do que aqueles ocorridos entre particulares (mesmo tratando-se de homicídio). Roubar uma batata, por exemplo, era castigado com a morte, já que a lei interpretava que se havia atentado contra o próprio Inca (esta ação era vista como equivalente a irromper na câmara deste). Idêntico destino cabia ao folgado ou preguiçoso, por se considerar que não trabalhar ou não produzir de acordo com o determinado era o mesmo que privar o Inca do justo serviço dos seus súditos. As formas de morte estipuladas para este tipo de delito, depois do repúdio e da humilhação pública — às vezes combinada com torturas e açoites —, eram as seguintes: enforcamento, apedrejamento ou lançar o infrator de um precipício[136] — execução muito comum entre os maias.

Toda resistência aos decretos reais era considerada um sacrilégio que o governo teocrático castigava severamente, geralmente com a morte. A maior parte dos delitos, como o incesto, a traição e inclusive os roubos mais leves, era castigada com o último suplício. Felipe Guamán Poma de Ayala, indígena convertido, comenta a severa política de castigos aplicada pelos incas a diferentes delitos:

> "Mandamos que não haja ladrões nem assaltantes, e que na primeira falta se lhes castigue com quinhentos açoites, e na segunda falta sejam apedrejados e mortos, e que não se enterrem os seus corpos: que os comam as raposas e os condores" (Nova Crônica, 187). O adultério tem pena de morte (307), e também a fornicação pode tê-la: "moças e rapazes" devem guardar-se castos; do contrário, o culpado é "pendurado vivo, pelos cabelos, em uma rocha chamada *arauay* [forca]. Ali penam até morrer" (309). Está ordenado que àqueles que atentam contra o Inca ou lhe atraiçoam "fossem feitos tambores de sua pele, dos ossos flauta, dos dentes gargantilha e, da cabeça, mate de beber chicha" (187; 334). Esta pena é aplicada também aos prisioneiros de guerra que não são perdoados e convertidos em *yanacuna*. O aborto é duramente castigado: "Mandamos, à mulher que tire seu filho, que morra, e se é filha, que lhe castiguem com duzentos açoites e as desterrem... Mandamos, à mulher que é puta, que seja pendurada pelos cabelos ou pelas mãos em uma rocha, e que ali a deixem morrer".[137]

---

136 Há muitas evidências deste método de execução, particularmente em Ollantaytambo — cidade próxima de Cusco —, onde foi mais comum.
137 Citado em Iraburu, op. cit.

O assassinato por legítima defesa ou por ira contra a mulher adúltera era mitigado.

Garcilaso de la Vega se encarrega de confirmar que até mesmo os delitos leves costumavam acarretar a pena de morte, sob os governos incas. Compreende-se então a razão de a taxa de criminalidade ser tão baixa — até aqueles que roubavam para comer eram justiçados. É curiosa, neste aspecto, uma das explicações oferecidas pelos incas quanto à severidade com que julgavam este delito: "Não há necessidade de roubar, pois todos têm o necessário". No entanto, sua própria legislação criminal contemplava a distinção entre quem roubava por necessidade e aquele que o fazia por malícia,[138] sendo mais graves as consequências para este último. Evidentemente, a fome existia e não era nenhuma "sensação".[139]

Este império não foi, portanto, como se costuma fazer crer, um paraíso social onde os habitantes não roubavam por amor ao Inca ou por seguir inculcados preceitos morais, aprendidos ou apreendidos. Pois quem, em seu perfeito juízo, teria ousado roubar uma tangerina com Stalin no poder? Não havia, nesses governos, instituições ou reformatórios que se preocupassem em corrigir, utilizando apropriados meios pedagógicos, aqueles que haviam agido mal. Não havia segunda chance para ninguém, muito menos possibilidade de apelação por parte do indivíduo. Os juízes se encarregavam simplesmente de executar as penas impostas pelo Estado, sem demora nem processo possível. É o que confirma Garcilaso no segundo volume de sua obra, no capítulo que dedica a tais assuntos: "Algumas leis que os incas tiveram em seu governo".

Poma de Ayala nos conta sobre as punições reservadas aos acusados de feitiçaria, das quais não se salvavam nem seus filhos:

> [...] curandeiros, erveiros, adivinhos do povo, adivinhos do Inca, os que enganam o mundo, os que guardam toda sorte de remédios, cobras, sapos, perdizes e objetos que matam gente, a estes, malditos sejam, afastai-os, matai-os. Que se acabem em um campo de sangue com seus filhos e seus semelhantes.

---

138 Von Hagen, op. cit., pp. 266-267.
139 Empregamos o vocábulo no sentido utilizado por políticos argentinos — principalmente kirchneristas — no qual, segundo sua particularíssima percepção e concepção da realidade, não existem na Argentina males tais como a insegurança, a inflação, a corrupção etc. "São tão-somente sensações".

Com este castigo, esses índios morriam juntamente com toda sua casta, filhos e netos. Escapavam as crianças que fossem de peito, pois não sabiam o ofício; assim escapavam da morte. A estes não lhes enterravam...[140]

As mulheres que violentavam sua virgindade antes do matrimônio eram penduradas pelos cabelos em uma árvore até que morressem. Assim relata o mesmo historiador:

> E logo era sentenciado que fossem penduradas vivas pelos cabelos nas rochas chamadas *arauay* [forca], ainda que lhes tivessem falado e alertado — ou enviado outros que lhes falassem por eles — sobre pecar com os homens. Tal sentença era dada como exemplo às demais virgens e monjas, *acllas* de seus deuses, para que não quebrassem seu voto de virgindade. [...] Se a estas lhes entrasse a lei de Deus, seriam santas. Castigo aos grandes e principais senhores deste reino, como foi dito, e aos *auquiconas incas* rebeldes, bem como aos *capac apoconas*: o castigo foi o cárcere de Zancay e, ao que parece, dar-lhes para que fossem comidos vivos pelos índios chunchos, e assim era feito. Castigo às principais senhoras, à *coya* [rainha], *denustas* [princesa] e *pallaconas* [mulheres nobres]: manda-se judiar com *toclla* [laço], *huasca* [corda] e, às que se encontra culpadas, dar-lhes para que sejam comidas vivas pelos índios anti, e assim era feito. Castigo às mulheres pobres: se são culpadas, lançam-nas em um rio que as engole. Ali morrem, e assim era feito.[141]

O pior dos castigos, o mais espantoso e sádico, talvez tenha sido o reservado aos prisioneiros destinados a seu particular regime carcerário, muito singularmente à tétrica prisão de Zancay, sobre a qual nos diz o historiador inca citado anteriormente:

> O Zancay, prisão perpétua, era para os traidores e para os que cometiam grandes delitos... era uma cripta debaixo da superfície, muito escura, onde se criavam serpentes, leões (pumas), tigres, ursos, raposas etc. Tinham muitos desses animais, para castigar os delinquentes, traidores, mentirosos, ladrões, adúlteros, feiticeiros e murmuradores contra o Inca. Estes eram colocados no cárcere para que fossem comidos vivos.[142]

Sobre tão singular regime carcerário, exprime-se também o Pe. Iraburu: "[...] O Zancay debaixo da terra, muito escuro, e dentro serpentes,

---

140 Em sua *Primer Nueva Corónica y Buen Gobierno* (1615), p. 311–313. Consultar versão digital completa em: http://www.kb.dk/permalink/2006/poma/titlepage/es/text/?open=id3083608.
141 Ibidem.
142 Felipe Guamán Poma de Ayala, *Primer Nueva Corónica y Buen gobierno*, t. II, p. 225. Citado em Ling Santos., *Derecho Penal en el Imperio Inca*, 14/08/2011 [consulta: 17/08/2013]. Disponível em: http://estudiojuridicolingsantos.blogspot.com.

cobras peçonhentas, leões, tigres, ursos, raposas, cachorros, gatos selvagens, abutres, águias, corujas, sapos e lagartos. Havia muitos desses animais, para castigar os malfeitores e vis delinqüentes". Ali eram lançados "para que lhes comessem vivos", e se algum deles, "por um milagre de Deus", sobrevivia a dois dias, então era libertado e recebia do Inca honrarias e privilégios. "Por tal pavor, não se levantavam, pois havia senhores descendentes dos reis antigos que eram mais do que o Inca. Por tal pavor, se calavam". É pouco provável que alguém tenha tido a sorte de sobreviver, já que para aqueles buracos enviavam as criaturas mais ferozes.

Para delitos menos graves existiam outras prisões, nas quais, embora não houvesse feras em seu interior, os réus não estavam isentos da aplicação de tortura, particularmente de uma a que chamavam Chancnay Thocllauan Chipanay Uillaconanpac, que consistia, segundo um historiador peruano, "em atar mãos e pés com uma corda e torcê-la até a confissão, impondo em seguida a pena correspondente".[143] Estes réus ficavam incomunicáveis com o mundo exterior, mesmo que, ao contrário dos de Zancay, recebessem algum alimento. Depois, finalmente, devemos mencionar as prisões destinadas aos infratores provenientes das altas castas, que contavam com todo tipo de comodidades e regalias.

A crueldade dos castigos ministrados pelos incas é testemunhada claramente por seus homens e sua própria arte, desde vasilhas de cerâmica até esculturas de pedra, onde observamos, além de uma infinita tristeza, rostos desfigurados e sem olhos, lábios e línguas mutiladas, dedos e membros amputados etc.

A influência decisiva e o legado dos incas na região podem ser verificados muito particularmente na Bolívia, onde, atualmente, governos comunitários indígenas continuam torturando e linchando selvagemente homens e mulheres — até policiais![144] —, meninos e meninas, jovens e velhos, por delitos menores como o roubo de um pedaço de pão.[145]

---

143 Ibidem.
144 No ano de 2010, na Bolívia, quatro policiais que se encontravam investigando o roubo de quatro carros foram linchados por indígenas bolivianos. A notícia foi reproduzida pelo jornal argentino *Clarín* e citada por *Apropol Noticias*, 05/06/2010. Cf.: http://www.youtube.com/watch?v=DaQzvj_fw48.
145 Sobre esta realidade — também vigente em algumas regiões do Peru — existe uma infinidade de vídeos gravados *in situ* por testemunhas destas práticas — muitos deles disponíveis no YouTube. Um caso no Peru: http://www.youtube.com/watch?v=EP6hQr68QF4. Vários casos na

A outros, estupradores presumidos, os enterram vivos.¹⁴⁶ Mencionaremos outros casos mais adiante.

Educação: o Estado, naturalmente, era quem detinha o monopólio da educação, sem que os pais tivessem poder absoluto sobre seus filhos nesse aspecto e, para dizer a verdade, em quase nenhum outro. As crianças incas eram disciplinadas severamente desde recém-nascidas. As mães, diz Iraburu, "não lhes toleravam caprichos nem rebeldias, e quiçá por motivo estético, lhes deformavam o crânio, apertando-o entre duas pranchas".

Parece que esta prática foi também mais ou menos freqüente em alguns povos mesoamericanos, como provam recentes achados arqueológicos, onde se descobriu um comentário de cerca de mil anos, onde "alguns indivíduos apresentam um deformação intencional no crânio", segundo informa o Instituto Nacional de Antropologia e História do México.¹⁴⁷ Mas deixaremos o tratamento mais exaustivo deste assunto para páginas posteriores.

A discriminação na educação não era algo que os hierarcas incas tivessem interesse em esconder; até o declaravam abertamente, como Topac Inca Tupanqui, cuja máxima a respeito dizia: "O saber não foi feito para o povo, mas para aqueles que têm sangue ilustre. Nas gentes de baixa condição, não faz mais que ensoberbecê-las, e torná-las arrogantes e vãs. Elas não devem mesclar-se em assuntos do governo, pois fariam depreciáveis os ofícios e causariam prejuízos ao Estado". Confirma este fato o inca Garcilaso de la Vega: "Não é lícito que ensinem aos filhos dos plebeus as ciências que pertencem aos nobres e a ninguém mais; para que, como gente baixa, não se elevem, se en-

---

Bolívia: http://www.youtube.com/watch?v=DaQzvj_fw48.
146 O caso bem conhecido aconteceu no ano de 2013, quando indígenas bolivianos capturaram um jovem de 17 anos suspeito de estupro e o enterraram vivo até que morresse. Agência de Notícias AP, reproduzida pelo site Excelsior, México, 06/06/2013. Cfr. http://www.excelsior.com.mx/global/2013/06/06/902891.
147 18/12/12, México. Recolhida pela agência de notícias *Notícias24*. O local onde se deu o achado perteceu, segundo os especialistas, aos antigos indígenas *pimas*; grupo cultural da região cujos descendentes se deslocaram para o que hoje é o limite estatal Sonora-Chihuahua. http://www.noticias24.com/tecnologia/noticia/16226/descubren-un-cementerioprehispanico--con-craneos-alargados-y-deformes-fotos-y-video/.

soberbeçam, e minem e apouquem a República [...] governar não é coisa de plebeus".[148]

Aos filhos de nobres se ensinava, entre outras matérias, astronomia, aritmética, geometria, medicina, quipu-grafia, história, moral, religião e formação militar. Aos do povo: pastoreio, artesanato, técnica hidráulica, mineração, obras públicas e serviços domésticos. Eis aqui então o ensino *popular, livre e gratuito* dos incas.

Os homens provenientes do povo simples eram, no melhor dos casos, considerados crianças grandes; incapazes de cumprir com qualquer tipo de responsabilidade e de exercer propriamente sua liberdade.

Não se deixe enganar. O tão falado, e por alguns admirado, lema inca *Ama sua, ama lluclla, ama quella* ("Não robes, não mintas, não sejas preguiçoso") correspondeu a um modelo despótico e claramente oligárquico de dominação.

Ainda que até há relativamente pouco tempo se cria — sem discussão — que o povo incaico havia sido o mais desenvolvido de quantos habitaram o sul do continente até a chegada dos espanhóis, recentes estudos referentes a culturas anteriores a eles não convalidam tal asserção. Do que, sim, podemos estar seguros, é de sua ilimitada ambição e voraz vocação bélica.

O império incaico durou apenas cem anos.

c) Maias

Introdução

Gerou grande agitação no ano de 2007 a estréia do filme *Apocalypto*, do genial ator e diretor australiano Mel Gibson. Este filme, cuja trama gira basicamente em torno de um cativo indígena que escapa do terror de seus captores maias para salvar sua família, transcorre dentro do contexto e período em que esta cultura dominava a região. Criticou-se — muito exageradamente, claro — o diretor por algumas inexatidões históricas ali presentes, chegando-se ao extremo de tachar de racista o produtor e de malicioso o filme. Na realidade, no caso,

---

148 *Comentarios Reales I*, l. 8, cap. 8. Citado por Guillermo Prescott, op. cit., p. 125.

para além de alguns equívocos discutíveis — e também compreensíveis —, em nenhum momento o diretor havia pretendido fazer deste filme um documentário nem tampouco, naturalmente, jactou-se disso. O que havia incomodado, na realidade, havia sido outra coisa. Não foram, certamente, as usuais licenças artísticas empregadas neste tipo de ficções. Não. O que enfureceu a muitos foi a ousadia do diretor de desnudar este povo em seus gestos mais íntimos, expondo facetas até o momento ignoradas por grande parte do público. Referimo-nos à existência de um governo despótico, de rigorosa estratificação social, opressor do povo simples, que vivia em guerra e da guerra contra os povos mais fracos. Contudo, sem dúvidas, o que mais indignou os críticos em questão foi a menção e personificação dos constantes sacrifícios humanos por eles realizados. O curioso do caso é que, na realidade, o diretor não havia potencializado os traços negativos deste regime totalitário e sangüinário, mas, pelo contrário, até os havia diminuído. A realidade daqueles tempos é muito mais cruel e cruenta do que o filme reflete, se nos ativéssemos ao grande volume de documentação existente, como os escritos do Pe. Landa e demais escritos, códices e testemunhos dos próprios indígenas, e a evidência respaldada pela ciência como vários descobrimentos arqueológicos e antropológicos. A este respeito, merecem particular menção os descobrimentos realizados em 1946, onde, entre outras coisas, encontraram-se em Chiapas, México, várias pinturas e hieróglifos maias, cuja análise minuciosa deu como resultado um veredito unânime: os maias haviam sido extremamente sangüinários e impiedosos.

Juan E. Pardinas precisou admitir, com muito pesar, a raiz da polêmica suscitada por este filme e a posterior constatação de vários dos fatos ali mencionados: "A má notícia é que esta interpretação histórica tem alguma dose de realidade [...]. Os personagens de Mel Gibson se parecem mais com os maias dos murais de Bonampak que com os que aparecem nos livros da SEP".[149]

Com base na análise minuciosa destes achados, soube-se que não eram os maias um povo pacífico como se crê, senão o contrário. Descobriu-se que eram todos eles povos extremamente guerreiros, cani-

---

149 "Nacionalismo de piel delgada", Reforma(revista), 04/02/2007. Por SEP, refere-se aos livros escolares do México.

bais, que viviam em guerra entre si e sofrendo constantes insurreições internas, às vezes, pela hegemonia do poder e, outras vezes, em reação à asfixiante opressão. Quanto à ferocidade, chegaram a ser quase tão desalmados quanto os astecas, embora com a peculiaridade de que a maior parte dos sacrifícios dos maias aos deuses eram de crianças.

"Diziam inclusive que o sacrifício humano era raro entre os maias", expressa Stuart, algo claramente desmentido pelos descobrimentos recém-mencionados. Continua dizendo:

> [...] tanto nas talhas em pedra como nas pinturas murais, temos encontrado mais e mais semelhanças entre os astecas e os maias, inclusive uma cerimônia maia em que um sacerdote grotescamente adornado tira as entranhas de uma vítima aparentemente viva durante um sacrifício e até mesmo sacrifícios de crianças [...]. De fato, nos rituais maias, os prisioneiros de guerra eram sacrificados "em cima da pirâmide [...] com seus braços e pernas erguidos enquanto um sacerdote lhes abria o peito com uma faca sacrificial e arrancava o coração como uma oferenda".[150]

Michael Coe explica a grande mudança produzida pelos novos estudos sobre a civilização maia: "Agora é surpreendentemente claro que os maias da época clássica, e seus antecessores do pré-clássico, eram governados por dinastias hereditárias de guerreiros, para os quais o auto-sacrifício e o derramamento de sangue, e o sacrifício da decapitação humana, eram obsessões supremas".[151]

Outro especialista, La Fay, dizia a respeito:

> Desapareceu a imagem do homem maia como pacífico agricultor primitivo praticando ritos religiosos esotéricos na quietude da selva. O resultado é um povo guerreiro cheio de vida, em número insuspeitado anteriormente, que usou técnicas agrícolas muito avançadas. E tal como os *vikings*, a meio mundo de distância, comerciavam e invadiam com brio.[152]

A visão idílica que se teve em algum momento sobre esta cultura contrasta intensamente, como veremos em um outro momento, com a realidade dos fatos. Inclusive a National Geographic — que não é

---

150 Stuart, David. *La ideología del sacrificio entre los mayas*. México, Arqueología mexicana XI, 63, 2003, pp. 24–29.
151 Michael D. Coe, citado em Florescano, Francisco. *La nueva imagen del México antiguo*. Vuelta 173, 1991, pp. 32–38.
152 La Fay, Howard. "The Maya, Children of Time". *National Geographic*, vol. CXLVIII, n. 6, 1975.

nenhum baluarte hispanista —, ante os constantes descobrimentos arqueológicos probatórios do caráter impiedoso desta cultura milenária, realizou e publicou no ano de 2005 um documentário acerca desta realidade intitulado *Os últimos dias do império maia*.[153] Convém transcrever parte da sinopse que antecede o documentário:

> Dezesseis esqueletos — os restos de uma família real maia do século IX — foram descobertos em uma fossa comum, revelando uma sórdida história de sexo, ambição e rivalidades... e as pistas definitivas que desentranharam um dos grandes mistérios do mundo antigo: a causa da desaparição do império maia, o massacre real e o colapso posterior de outros reinos apontam para uma sangrenta luta pelo poder entre famílias rivais, a prática real de tomar várias esposas — cujo propósito em princípio devia ser o de criar alianças entre diferentes reinos maias em conflito — teve, de fato, o efeito contrário. Com o passar do tempo, o aumento de membros pertencentes a famílias reais gerou um superávite de príncipes demasiado preocupados com sua sobrevivência. O acesso a um dos mais importantes descobrimentos da arqueologia maia, combinado com as técnicas forenses mais avançadas, vívidas recriações e computação gráfica, nos ajudam a apresentar uma história em que o sexo, a ambição e as lutas pelo poder real desembocaram na destruição de uma antiga superpotência.[154]

Breve história

A civilização maia chegou a habitar grande parte da região mesoamericana, incluindo as atuais repúblicas da Guatemala, Belize, Honduras, El Salvador e os estados mexicanos de Campeche, Chipas, Quintana Roo, Tabasco e Yucatán. Este povo mítico originou-se por volta de 600 antes de Cristo.[155] A história melhor conhecida dos maias abarca dois períodos e locais distintos: o primeiro, denominado *clássico* (IV-X), abarcou as regiões do sul do México, Guatemala e Honduras,

---

153 Para a realização deste documentário contou-se com a participação de reconhecidos arqueólogos e antropólogos. O título original em inglês é *Royal Maya Massacre* (National Geographic Television, Estados Unidos, 2005), com aprox. 50min. de duração. O áudio do documentário encontra-se disponível em: http://www.ivoox.com/ultimos-dias-del-imperio-maya--audios-mp3_rf_769250_1.html?autoplay=1.
154 A sinopse deste documentário e a de todos os realizados por National Geographic (escritos pelos redatores da *National Geographic*) podem ser lidas no seguinte *site*: http://docuzona.blogspot.com.ar/2011_03_01_archive.html.
155 Dependendo do autor, há quem diga que ele existia desde o ano 2000 a.C. (como Von Hagen). Outros, como Lehmann, sustentam que somente a partir do ano 320 d.C. pode falar-se propriamente do começo da história maia. No entanto, todos coincidem em apontar que a partir do século X encontramos vestígios, registros desta cultura (murais, iconografia, hieróglifos etc.).

florescendo grandes centros urbanos e religiosos como Palenque, Tikal, Yaxchilán, Copán y Pedras negras. O segundo corresponde ao que chamamos período *pós-clássico* (x–xv), concentrado basicamente na Península de Yucatán, entre o Golfo do México e o Mar do Caribe, onde entre outras cidades de importância se erigiram Chichén Itzá, Mayapán e Uxmal. O apogeu maia se dá entre o século VIII e IX. Muitos autores atribuem este período de esplendor à grande imigração proveniente de Teotihuacán, uma das culturas indígenas mais prósperas na história pré-colombiana que havia caído em meados do século VIII por motivos que se desconhecem. De acordo com trabalhos arqueológicos recentes, os maias floresceram ao mesmo tempo que a cultura zapoteca, teotihuacana, La Venta (olmeca) e outras; portanto, como ressalta o especialista Eric Thompson, não é certo que — como se acreditava até pouco tempo atrás — estas e outras culturas haviam surgido como conseqüência da influência maia na região.[156] Os maias, por não terem constituído propriamente um império, não contaram com uma capital comum, mas sim com grandes centros urbanos como a já mencionada Tikal, embora se acredite que o primeiro tenha sido o de Uaxactún (200 d.C.), localizado a vinte quilômetros da primeira. No entanto, a cidade maia não era propriamente um centro urbano (como o entendemos atualmente) mas um centro basicamente cerimonial; um conjunto de construções onde as pessoas iam exclusivamente para festas religiosas e cívicas ou visitar seus mercados. A população vivia nas redondezas.[157]

Contudo, sua idade de ouro durou muito pouco; a partir da qual se evidencia uma decadência clara, geral e gradual de sua cultura até sua destruição quase total.

Por volta do ano 1000, as cidades emblemáticas dos maias são abandonadas repentinamente por causas que não se pôde estabelecer com certeza — tal como o caso mencionado de Teotihuacán. A partir dali — período usualmente qualificado como pós-clássico — a grande massa da população foi migrando e estabelecendo seu *habitat* princi-

---

[156] Thompson, Eric. "Grandeza y Decadencia de los Mayas", em *Historia de Yucatán*, Carlos Castillo Peraza (compilador). México: Dante, 1987, p. 21.
[157] Sobre descrições das cidades maias, consultar especialmente o supracitado Eric Thompson, op. cit., em Carlos Castillo Peraza, op. cit., pp. 28–33.

palmente na região de Yucatán. As causas de sua relativamente súbita dissolução constituem, como dissemos, um mistério não esclarecido convenientemente até hoje. Que premente motivo moveu cerca de 2 milhões de pessoas a abandonar uma terra que habitavam há mais de mil anos e em cuja construção haviam investido tudo?

São três as teorias que gozam de maior crédito. Com respeito à decadência e posterior desaparição desta cultura, existe acordo geral de que aconteceu em algum momento entre os séculos IX e XI de nossa era. No que não existe unanimidade é quanto às causas que a geraram. Alguns sustentam que ela se deveu principalmente ao colapso ecológico sofrido na região devido aos métodos agrícolas utilizados por eles, como a queima, corte e derrube, e a depredação dos bosques. Também, paralelamente, falou-se de um desmesurado crescimento da população que ultrapassou as capacidades produtivas da sociedade. Contudo, a hipótese mais provável é aquela que sustenta um levante dos trabalhadores do estrato social mais baixo e das regiões submetidas a estes nobres, sacerdotes e soberanos, que espremiam o povo com desmedidas cargas tributárias e distintas obrigações. A este respeito, diz Thompson o seguinte:

> Não é ilógico pensar que houve uma série de rebeliões da gente do campo contra a minoria teocrática dos oficiais e nobres. Estes levantes podem ter se originado nas incessantes e cada vez maiores demandas de serviço para trabalhos de construção e para a consecução de alimentos destinados a um número também crescente de pessoas que não se dedicavam à produção. Por outro lado, a adoção pela hierarquia de conceitos estranhos a sua religião nativa, tais como o culto ao planeta Vênus, pode ter atuado como uma cunha entre os dois grupos, fazendo com que os trabalhadores pensassem que a hierarquia já não realizava sua função mais genuína, ou seja, a de propiciar aos deuses do solo, os únicos em que aquela gente humilde cria de todo o coração. [...] duma cidade após a outra o grupo dominante foi expulso ou, ainda mais provável, foi morto em massa pelos lavradores que até então haviam sido submissos, passando assim o poder aos chefes do grupo campesino e aos bruxos-curandeiros das pequenas populações.[158]

Entretanto, também se disse que o abandono relativamente repentino da população fora conseqüência de ataques, saques e invasões

---

158 Razão que, segundo o autor, explica em alguma medida o cessar das construções e a decadência geral da cultura maia do período. O texto citado tomamos de Carlos Castillo Peraza, *Historia de Yucatán*. México: Dante, 1987, p. 51.

militares provenientes de povos estrangeiros. Só sobreviveram algum tempo as cidades *menores*, desaparecendo da face da Terra aquelas mais emblemáticas. A partir daquele momento, daquela migração forçada, deixaram de ser uma influência decisiva na região, tomando seu lugar outros povos como os toltecas.[159]

A maior imigração de maias, como dissemos, foi registrada na Península de Yucatán[160] (considerada a refundação ou segundo período maia), convertendo-se Chichén Itzá, Uxmal e Mayapán em suas cidades-centros urbanos principais, conformando a famosa Liga tripartita de Mayapán, que pouco a pouco iria submeter toda a região. Com a dissolução de Mayapán em 1451 — ocorrida por conflitos externos e internos, principalmente entre Chichén Itzá e Mayapán[161] —, divide-se finalmente a região em dezesseis províncias independentes e centenas de pequenas tribos que não cessaram de guerrear entre si. Nesta situação terminal dos últimos vestígios maias, chegam os espanhóis.

Os maias, em seus tempos de máximo esplendor, chegaram a reunir cerca de setenta cidades que compartilharam uma cultura, língua e religião comum, com permanente contato comercial; embora não existisse uma unificação, centralização política, capital comum[162] nem soberano absoluto; cada cidade tinha seu próprio rei, sacerdócio e nobreza. Por isto dizemos que não podemos considerar os maias como um império propriamente dito. Em si, sua situação e organização política foi similar às grandes *pólis* gregas, como Esparta, Corinto e Atenas, que embora

---

159 Von Hagen e outros autores sustentam que grande parte dos novos centros maias em Yucatán (a partir do século x) foram construídos e fundados com a ajuda dos toltecas; muitos dos quais haviam abandonado sua capital, Tula, devido às invasões dos chichimecas (1156). Hagen entende que esta influência de Tula nos maias se manifesta claramente na iconografia, símbolos e gravuras do período, principalmente em Chichén Itza (a Serpente Emplumada, o Jaguar, a Águia etc.). Op. cit., p. 131.
160 No entanto, alguns se assentaram na Guatemala e na região fronteiriça com Honduras.
161 O triunfo foi para Mayapán, que contou, na guerra, com o apoio dos mercenários mexicas ou toltecas. Os abusos e excessos dos vencedores foram tais, que forçaram a reação dos nativos e subjugados, conseguindo eventualmente desprender-se do brutal domínio daqueles tiranos.
162 Von Hagen (op. cit., pp. 170 e 210) considera, no entanto, que a única capital maia organizada conhecida foi a de Mayapán, fundada no ano de 987, constituída depois em uma confederação entre as cidades de Chichén Itzá e Uxmal (Liga de Mayapán) e administrada por duas dinastias tribais: os Cocoms e os Tutul Xius. Em 1194 — mencionamos algo na nota anterior — explode uma feroz guerra entre estas cidades, resultando no triunfo dos primeiros com ajuda de mercenário toltecas (embora alguns autores afirmem que foram astecas). Não obstante, as guerras entre eles perduraram até a chegada dos espanhóis à Península. O autor reproduz em sua obra (p. 170) um afresco indígena do Templo dos Guerreiros de Chichén Itzá, onde se mostra tribos rivais incendiando cidades e guerreando.

fossem culturalmente similares (língua, religião, costumes), foram zelosas de sua independência e autonomia, guerreando freqüentemente entre si, tal como os maias. Seus vínculos políticos, quando os tiveram, foram temporários e sustentados por alianças que não duravam, na maioria das vezes, mais que pouco tempo. As principais batalhas se deram entre as cidades de Tikal e Calakmul, e depois, em seus tempos em Yucatán, entre os povos/tribos membros da Liga de Mayapán, lutando encarniçada e constantemente pela supremacia da região. Algumas vezes, conta o Pe. Landa, os próprios soberanos vendiam aos integrantes seu próprio povo, entregando-os como escravos para tribos estrangeiras, em troca de riquezas e favores;[163] atitude que não deveria surpreender se levarmos em consideração que, quando das grandes catástrofes naturais, como as inundações, os maias fugiam dos centros urbanos para os bosques abandonando e deixando morrer os velhos e aqueles que se viam impedidos fisicamente de sair.[164]

A estética era fundamental entre eles. Tendo quase completamente tatuados seus corpos e rostos, o rosto totalmente depilado, chegaram a extremos aberrantes — principalmente entre os *senhores* maias — como a perfuração da língua, do pênis e das orelhas — até que lhes coubesse um ovo de peru —, a incrustação de peças dentais de pedras preciosas na boca, a deformação artificial e intencional de dentes, narizes,[165] cabeças, e todo tipo de mutilação corporal possível.

Principais características do império maia

Situação social: Segundo vários autores, sua organização social foi similar aos *ayllu* incas, onde cada família ou clã devia cultivar uma determinada parcela de terra para o Estado. Não existia a propriedade privada; tudo pertencia ao Estado e a seu soberano.

Debaixo do soberano, encontramos uma sociedade dividida em quatro estamentos: a nobreza, o sacerdócio, os plebeus, chamados

---

163 Para mencionar um caso claro, aludimos ao caso do governador cocom que entregou seu povo a tribos do México, como escravos. Consultar para este e outros casos sua *Historia de las Cosas de Yucatán*, a partir da página 17 da versão digital; disponível completa em: http://www.wayeb.org/download/resources/landa.pdf.
164 Mencionado por Von Hagen, op. cit., p. 146.
165 Von Hagen, op. cit., p. 165.

yalba uinikoob, cujo significado é "*homens pequenos*", e os escravos.[166] Da primeira, chamada *almenhehoob*, provinham as classes dirigentes e os sacerdotes.

A maior parte da população era constituída pelos plebeus, que eram, entre outras coisas, escavadores, campesinos, pescadores, construtores, lenhadores, agricultores, pedreiros, artesãos, tecelões etc.

Observamos nos povos maias, tal como nos astecas e incas, uma estratificação social definida e rigorosamente marcada, ou, como admite Von Hagen, "uma acentuada desigualdade social". Toda posição de poder era controlada pelas classes altas e não existia a possibilidade da ascensão social para os estratos mais baixos — o que significava praticamente a população em geral. Os cargos públicos e as distinções de linhagem, nobreza, eram hereditários, diferentemente dos povos mexicas. Sobre a organização social deste povo, comenta o insuspeito especialista Howard La Fay: "A sociedade maia estava organizada sobre a base de uma marcada estratificação social, à cabeça da qual se encontrava a nobreza, *losalmenehoob* ('os que têm pais e mães'). Este grupo privilegiado monopolizava o poder e a autoridade ao ostentar os postos políticos e religiosos".[167]

Salcedo Flores distingue, entre estes últimos, três classes de trabalhadores: "aqueles livres que trabalhavam por algum salário, os servos que trabalhavam gratuitamente ou por exploração determinada e a favor dos senhores e dos sacerdotes, e finalmente os escravos".[168]

Os plebeus, o povo, cheio de obrigações, não tinham direito a praticamente nada. Não somente trabalhavam as terras comunais para prover seu próprio sustento, senão que, além de ser obrigados a cultivar as terras dos nobres e sacerdotes — claro, sem receber remuneração alguma —, deviam construir suas casas, dar presentes aos senhores da localidade e pagar altíssimos tributos e impostos. Não lhes era

---

166 Alguns autores mencionam um núcleo social intermediário entre a nobreza e os artesões: os *ah opolom* (comerciantes).
167 Em op. cit.
168 Antonio Salcedo Flores, "El Derecho Maya prehispánico: Un acercamiento a su fundamentación socio-política", Seção de Artigos de Investigação, argumentos nº 71, México, janeiro–abril de 2009. Consultar fragmentos da obra em: http://alegatos.azc.uam.mx/index.php/ra/article/view/437. Antonio Salcedo Flores é professor investigador do Departamento de Direito da UAM-A.

permitido viver senão nas áreas marginais, já que as terras localizadas nos centros urbanos estavam reservadas para as classes privilegiadas. O autor supracitado, em seu pormenorizado estudo da cultura maia, conclui finalmente que, entre eles, "o direito foi utilizado pela classe dominante para subjugar o povo".

Os nobres e reis tinham permissão para possuir várias mulheres — alguns chegaram a ter centenas —, enquanto o povo era obrigado a manter um estrito regime monogâmico. O descumprimento desta norma era castigado com a morte. Somado a este quadro o fatalismo de sua religião, não surpreende, pois, a freqüência com que os maias cometiam suicídio. Diz-nos um autor a respeito: "... aceitavam-no como uma forma de libertação e até de felicidade ultraterrena".[169] As mulheres, certamente, não tiveram melhor vida. Qualquer homem podia repudiar, castigar fisicamente e divorciar-se de sua esposa se ela se esquecia de preparar adequadamente a comida ou o banho do homem.[170] O repúdio entre as culturas indígenas era um estigma indelével que acompanhava a pessoa até sua morte — se não fosse executada antes.

Não eram os maias um povo pacífico, como já dissemos, mas o exato contrário. Parece que, segundo alguns historiadores, guardavam certas normas de guerra como não exterminar completamente as populações vencidas. Todavia, por outro lado, quase todos os cativos tomados delas eram selvagemente torturados antes de ser sacrificados no sangrento jogo da bola.[171] O freqüente emprego da tortura entre os maias é também mencionado por Frei Diego de Landa, um dos principais estudiosos deste povo.[172]

A organização familiar era monogâmica exogâmica, e existia a possibilidade do divórcio por motivos vários, como o abandono de um dos cônjuges ou o repúdio. Podiam voltar a se casar, inclusive sem a intervenção de um sacerdote.

Leis e castigos: alguns historiadores insistem em mencionar os maias como um povo bem mais civilizado e "pensante" que os astecas, fato

---

169 Luis Alberto Sanchez, *Breve Historia de América*. Buenos Aires: Losada, 1965, p. 53.
170 Von Hagen, op. cit., p. 144.
171 Antonio Salcedo Flores, op. cit.
172 Diego de Landa, *Relación de las cosas de Yucatán*. México: Ed. Consejo Nacional para la Cultura y las Artes, 1994, 97–113.

que, segundo eles, se manifesta em suas leis e castigos. Não aderimos a tal asserção.

Entre os maias, o adultério, ao contrário da maioria dos impérios indígenas, era um delito que o Estado deixava nas mãos da vítima, que podia decidir perdoar ou também matar o adúltero; a forma era a seguinte: "Atado de pés e mãos a um poste, o adúltero era posto à disposição do cônjuge ofendido [...] a cujo efeito lhe deixava cair uma pesada pedra do alto, na cabeça, fazendo saltar o cérebro".[173]

Em alguns povos, o castigo para o adúltero era pior: extraiam-lhe as vísceras pelo umbigo. Outro exemplo da peculiar lei maia é que a morte do homicida era deixada ao cargo dos parentes da vítima. De igual modo, a tentativa de sedução de uma mulher casada ou de uma filha de família era penalizada com a morte, como menciona Salcedo Flores, comentando vários casos concretos. As prisões, para estes e quase todos os povos indígenas, eram utilizadas unicamente como lugar de alojamento do réu até a execução. Jamais se considerava a possibilidade de reinserir o réu na sociedade. Se o homicida era menor de idade, era reduzido à escravidão perpétua.

Quanto ao roubo, tiveram os maias uma atitude bem mais prática e astuta que outros povos. O roubo ou furto de coisa que não podia ser devolvida se castigava com a escravidão perpétua e não com a morte. Política esta que lhes permitiu contar com uma quantidade incalculável de escravos; que, de alguma maneira, explica a grande quantidade de construções imensas realizadas durante a era maia, já que estes escravos eram destinados para tais fins. Há que acrescentar também que entre os maias a escravidão era hereditária; quando eles morriam, passava a ocupar seu lugar seu filho, e assim sucessivamente, a menos que ele ou seus filhos pudessem comprar a liberdade; coisa muito pouco provável. Também se apenava com a morte aqueles homens do povo simples que usassem símbolos e/ou vestimentas próprias dos nobres ou reis, como as plumas de certos animais, já que a caça deles estava completamente proibida ao homem comum. Além disso, se se considerava que o animal havia sido caçado "gratuitamente",

---

[173] Carranca Raúl y Trujillo, *Derecho Penal Mexicano*. México: Editorial Porrúa, 1980.

ordenava-se a morte do caçador.¹⁷⁴ A "lei" maia não fazia distinção entre o homicídio intencional e o acidental. Ambos eram penalizados irremediavelmente com a morte, pois segundo sua mística cosmovisão da vida não havia nada que fosse por acidente.

Entre os castigos mais usuais que não implicavam a morte, encontramos apedrejamento, destruição dos olhos, retalhamento do rosto, escravidão, ter as mãos amarradas nas costas por várias horas ou um dia inteiro. Ao contrário do direito mexica, que às vezes permitia a revisão de uma sentença, os maias negavam tal possibilidade.

Economia: a principal atividade econômica dos maias provinha do marcado de escravos e da plantação de cacau, que utilizavam muitas vezes como moeda de troca com outros povos. Seus mercados são uma clara mostra disso, especialmente em Chichén Itzá, onde um coelho se vendia por dez sementes de cacau, uma abóbora por quatro, um escravo por cem (o equivalente a 25 xícaras de achocolatado, segundo Von Hagen), e os serviços de uma prostituta custavam entre oito e dez sementes de cacau.¹⁷⁵

No entanto, apesar da pobreza do solo e do uso às vezes irresponsável que fizeram dele, conseguiram, além de milho, boas safras de pimenta, tomate, mandioca etc. Ainda que em algumas ocasiões caçassem animais silvestres, sua dieta foi basicamente vegetal.

Hábeis no tecido de algodão, no artesanato e no desenho de cerâmicas, conseguiram também alguma renda com o comércio deles.

Educação: tal como os astecas, os maias não contavam com a escrita, utilizando em seu lugar um complexo, e às vezes indecifrável, sistema de expressão hieroglífica, onde puderam assentar alguns fatos de sua história. No entanto, para Morley, seguindo aqui as convicções de H. G. Wells e Edward Gibbon de que a escrita é o que distingue um povo civilizado de um selvagem, os maias foram o povo mais civilizado do Novo Mundo.¹⁷⁶ Quanto à educação e conhecimentos, sabe-se que

---

174 Von Hagen, op. cit., p. 164. No entanto, o autor não esclarece o que seria exatamente para os maias "caçar um animal desnecessária ou gratuitamente".
175 Von Hagen, pp. 155–156.
176 Explica em seguida os três graus da evolução da escrita; pictórica, ideográfica e fonética

somente os nobres tinham acesso a ela — ao menos, no que se refere à alta educação —, considerados os únicos capazes de utilizá-los responsavelmente e interpretá-los de forma adequada; particularmente os sacerdotes. E sabemos também que seus conhecimentos astronômicos eram elevados, haviam construído um observatório, que ainda hoje segue de pé e pode ser visitado (na região de Chichén Itzá, denominado o *Caracol*). Contaram com um calendário (*haab*) bastante preciso dividido em dezoito meses de vinte dias cada um, aos que se acrescentava cinco dias a mais.[177] Este calendário lhes permitiu ter certa organização e sentido de "tempo". Estes conhecimentos permitiram aos sacerdotes, que estudavam os ciclos e interpretavam os sinais do céu, assinalar os tempos convenientes de seara e cultivo. Criam que o tempo era cíclico; que as próprias influências e conseqüências se repetiam na história. No entanto, parece que a escrita hieroglífica e o calendário utilizado foram inventados pelos olmecas. Destacaram-se também nas matemáticas, contando com um complexo sistema numérico baseado em vinte símbolos, que incluía o zero. Segundo vários autores, destacaram-se nos conhecimentos da arquitetura em relação a todos os povos pré-colombianos, considerando-se suas pirâmides como as mais perfeitas da América.[178]

Os maias veneravam dezenas de deuses que, tal como as demais religiões de outros impérios pré-colombianos, cumpriam cada um uma missão específica e exigiam sacrifícios humanos para assegurar a prosperidade e existência do mundo. Criam, à sua maneira, na existência de um céu e de um ardente inferno que denominavam *Mitnal*; que a todo custo procuravam evitar, seguindo os preceitos de seus deuses o mais corretamente possível. Entre os deuses ou divindades mais importantes, podemos mencionar Kukulkán (deus criador), Itzamná (Itzaamnaj), Ah Kin (Kinich Ahau), Ix Chel (Chac Chel), Yum Kaax,

---

(silábica e alfabética), assinalando a maia como ideográfica. Sylvanus G. Morley, "La Civilización Maya", em Carlos Castillo Peraza, *Historia de Yucatán*. México: Dante, 1987, p. 55.

177 Segundo vários autores, além do já mencionado, utilizaram outros dois calendários. O *tzolkin*, calendário sagrado de 260 dias (como o tolteca e asteca) com o qual se podia calcular exatamente o ano solar, os eclipses e os ciclos de planetas e estrelas; e não se sabe muito sobre o segundo (nem seu funcionamento nem seus fins específicos), que começava desde o primeiro dia da fundação do "império".

178 Segundo George F. Andrews, existem diferentes estilos arquitetônicos definidos: Sudoriental, Petén central, Usumacinta, Noroccidental, Rio BecChenes, Rio Bec e Puuc, Costa oriental etc.

Ek Chuah etc. A quase todos, especialmente ao deus do milho, ofereciam vítimas humanas; muito particularmente, crianças.[179]

Em resumo, somente dois destinos eram possíveis ao homem comum nos três impérios/culturas mencionadas: ser escravo de um estado despótico em troca de uma magra ração como alimento, ou ser "livre" de trabalhar e tributar, morrendo de fome ou frio nas selvas recônditas da região.

d) Panem et circenses: *jogo da bola*

Com as lógicas exceções do caso, tal como nas épocas em que reinaram em Roma imperadores demagogos que utilizavam baixas artimanhas para tentar conter e/ou desviar a atenção das massas — particularmente alimentando sua sede de sangue —, os impérios e culturas mesoamericanos tiveram as suas. Seu método: o jogo da bola e suas batalhas de "gladiadores".

A *festa-jogo* era tão esperada que o povo não podia conter seu entusiasmo, participando maciçamente, chegando alguns ao extremo de vender suas filhas para obter um lugar de privilégio no campo.

Para a maior parte das fontes, o jogo da bola foi praticado por povos mesoamericanos desde o ano 1400 a.C. aproximadamente, porém seria a partir do denominado período clássico (ou pós-clássico, segundo alguns autores) que este esporte seria vinculado de forma direta com os sacrifícios de humanos, particularmente entre os maias e astecas. As regras deste jogo, segundo parece, foram variando com o tempo.

Para jogar, separavam-se duas equipes, cada uma na metade do campo (o tamanho do campo variava muito, dependendo do lugar). Parece que, em sua versão mais comum, o jogo consistia em golpear a bola de um lado para o outro utilizando os quadris, até que uma equipe não conseguisse devolver a bola ou até que ela saísse do campo. Ambas as equipes estavam formadas por prisioneiros, muitas vezes nus e maltratados ou torturados previamente. A equipe ou capitão da equipe perdedora era decapitado. A existência destes jogos sangrentos

---

179 Citado do documentário *Los últimos días del Imperio Maya* (a que aludimos anteriormente).

foi relatada pelos próprios indígenas e cronistas das Índias, patente também na própria arte aborígene comemorativa destas práticas.[180]

Outro jogo popular de bola era o *Tlachtli*, que herdaram dos maias. Era um jogo de caráter religioso e o jogavam duas equipes de cinco jogadores.[181] A finalidade deste jogo era passar uma bola de borracha por um aro posto de forma vertical em um muro, utilizando somente os cotovelos, joelhos e quadris para introduzi-la. A bola era tão dura que era muito comum que se produzissem contusões graves e inclusive mortes. O capitão da equipe perdedora era decapitado ou sacrificado, pois se entendia que este era o desejo dos deuses.

Em relação a este jogo, Frei Bernardino de Sahagún escreveu o seguinte:

> As bolas eram do tamanho aproximado das de boliche (uns quinze centímetros de diâmetro) e eram sólidas, feitas com uma goma chamada *ulli*..., que é muito rápida e ricocheteia como uma bola inflada. Durante o jogo, aqueles que se encontravam presentes faziam apostas de ouro, turquesas, escravos, ricos mantos e casas... Em outras ocasiões, o senhor jogava bola por diversão... Também com ele iam bons jogadores de bola, os quais jogavam diante dele e outros principais jogavam na equipe adversária e ganhavam ouro e jade e contas de ouro e turquesas e ricos mantos e casas etc. [...]. O campo de jogo da bola consistia em duas paredes separadas por vinte ou trinta pés, que eram até de quarenta ou cinqüenta pés de longitude; as paredes estavam branqueadas e mediam por volta de oito pés e meio de altura, e no meio do campo havia uma linha que era usada no jogo... No centro das paredes, no meio do campo, encontravam-se as pedras, como dentes de moinhos unidas, uma em frente da outra e cada uma tinha um buraco bem grande para conter a bola... E aquele que fazia passar a bola por ele ganhava o jogo. Não jogavam com as mãos, mas golpeavam a bola com as nádegas; empregavam para jogar luvas nas mãos e um cinturão de couro nas cinturas pra golpear a bola...

Outro cronista, Diego Muñoz, autor da importante *Historia de Tlaxcala*, observou o seguinte:

---

180 A associação foi particularmente forte nas culturas de Veracruz e dos maias, onde se podem observar as representações mais explícitas de sacrifícios humanos nos painéis do jogo de bola — por exemplo, em El Tajín (850–1100 d.C.) e em Chichén Itzá (900–1200 d.C.) — assim como na muito conhecida pedra do jogador de bola decapitado do complexo de Aparicio em Veracruz (700–900 d.C.). O *Popol Vuh*, a narrativa religiosa e quase histórica dos maias do pós-clássico, também vincula o sacrifício humano com o jogo de bola. Fonte: es.wikipedia.org.
181 Segundo outras fontes, podia jogar-se com equipes de dois a seis jogadores e a bola podia ser golpeada também com os pés.

Tinham jogos de bola de modos estranhíssimos que chamavam de o jogo de *Ulli*. É uma bola feita de certo leite destilado por uma árvore chamada *Vlquahuitl* que se converte em duros nervos, que salta tanto, que não há coisa nesta vida com que compará-la. As bolas são do tamanho das de vento que se usa na Espanha, e saltam tanto, que se não se vê parece incrível que, dando com a bola no solo, salta muito para o alto. Esta bola se jogava com os quadris ou com as nádegas, porque pesa tanto que com as mãos não se pode jogar; e assim os jogadores desta bola tinham feitos de couro cintos muito largos de camurça, para as nádegas com que jogavam. Tinham jogos de bola dedicados na República para esses passatempos: jogavam para terem exercício os filhos dos senhores, e jogavam por apostas muitas medalhas, roupas, ouro, escravos, divisas, plumas e outras riquezas. Havia nestes jogos grandes apostas e desafios: eram jogos de República solenizados; não os jogavam senão senhores e não gente plebéia: tinham para isto jogos específicos.[182]

Foram muito freqüentes também as lutas de morte ou "sacrifícios gladiatórios". Em geral, os enfrentamentos se davam entre algum escravo ou prisioneiro de guerra — antes de ser sacrificado — contra os mais hábeis guerreiros do império e seu captor. A luta era, na realidade, uma pantomima, pois enquanto os gladiadores do império portavam uma grande variedade de armas letais, armaduras e escudos protetores — estando ademais acompanhado por outros bravos e reputados guerreiros — o prisioneiro devia lutar só e indefeso e às vezes até atado de pés e mãos. Uma das contendas mais recordadas teve lugar entre um afamado chefe dos tlaxcaltecas — inimigos tradicionais dos astecas —, que se encontrava então como prisioneiro, e dois importantes guerreiros dos astecas:

> Subitamente, o primeiro relâmpago de morte lhe chegou através da espada feita de obsidiana, que podia decepar um braço ou uma cabeça com apenas um golpe, manejada pelo Cavaleiro Águia. Já não pôde escutar mais nada, porque estava morto; ao mesmo tempo, atroavam no ar os gritos de todos os espectadores que haviam apostado no Cavaleiro Águia como o que abateria mortalmente o prisioneiro...[183]

---

182 *Historia de Tlaxcala*, por Diego Muñoz Camargo; publicada e anotada por Alfredo Chavero. Disponível para consulta em: http://bib.cervantesvirtual.com/servlet/SirveObras/89147394320125030510235/p0000006.htm?marca=antropofagia#I_28_.
183 Manuel Yañez Solanas, *Los Aztecas*. Madri: M.E. Editores, 1997, pp. 85–95. Consultar versão digital integral em: http://es.scribd.com/doc/12864589/Yanez-Solana-Manuel-Los-Aztecas.

A finalidade deste peculiar evento era principalmente: entreter a multidão ali congregada, fazendo-os esquecer por um momento suas penúrias, e dar ao captor da vítima a possibilidade de demonstrar seu valor diante de todos, para assim aumentar sua fama e honras (esta última, sempre e quando a vítima lutava bravamente apesar da notável desvantagem em que se encontrava). Aconteceu algumas vezes que a vítima lutava tão valentemente, que conseguia matar um ou dois guerreiros, além de seu captor; embora depois, exausta pelo estóico esforço, terminasse ultimada pelos outros guerreiros. Supostamente, se o prisioneiro derrotava os quatro ou cinco gladiadores que o enfrentavam, podia reclamar sua liberdade. Conta Francisco Clavijero que se tem notícias de um caso onde isto aconteceu, quando um cholulteca prisioneiro com um de seus pés atados venceu todos os huexotzingos que se lhe puseram no caminho. No entanto, ordenou-se sua execução por temor de que ele se armasse contra eles, no futuro, aliado com inimigos.[184]

Havia jogos, no entanto, que não envolviam prisioneiros nem sacrifícios humanos, embora não se destacassem, contudo, pela desportividade ou sã paixão pelo esporte. São vários os cronistas que asseguram a violência dos jogos, e uma — senão a mais importante — finalidade do jogo era apostar; convertendo-se em alguns casos em uma verdadeira *indústria da aposta*, mesmo quando jogavam entre povos vizinhos por simples diversão. Este foi comum entre os astecas, chegando a verdadeiros extremos, como conta Diego Durán: "estes desgraçados... vendiam seus filhos a fim de apostar e inclusive apostaram a si próprios e se tornaram escravos".[185] Frei Juan de Torquemada, missionário e historiador do século XVI, relata o caso do imperador asteca Axayacatl, que jogou contra Xihuitlemoc, líder de Xochimilco, apostando suas rendas anuais contra várias plantações de Xochimilco.[186] Ixtlilxochitl,

---

184 Na op. cit., p. 169. Outro caso conhecido é o do general tlaxcalteca Tlalhuicole, capturado pelos mexicanos, que, atado a uma pedra e somente com um bastão emplumado, venceu oito guerreiros bem armados. Citado em Laurette Séjourne, *Pensamiento y religión en el México antiguo*. México: Fondo de Cultura Económica, 1957, pp. 35-43.
185 Diego Durán citado em Smith (op. cit.), p. 233. Outro cronista, Toribio de Benavente Motolinía, também mencionou que as partidas eram acompanhadas de grandes apostas (Motolinía, op. cit., p. 320).
186 Eric Taladoire, *The Architectural Background of the Pre-Hispanic Ballgame. The Sport of Life and Death: The Mesoamerican Ballgame* (publicado em conjunto com uma exibição de mesmo nome organizada pelo Mint Museum of Art, em Charlotte, NC). Nova Iorque: Thames & Hudson, 2001, p. 97.

um contemporâneo de Torquemada, relata que Topiltzin, o rei tolteca, jogou contra três rivais e que o ganhador podia reger a todos.[187]

Em geral, no jogo da bola, devido ao peso e tamanho dela, terminava-se pelo menos com fraturas, narizes quebrados, dentes quebrados e perdidos, e graves contusões cerebrais.

Algumas imagens:

Um de uma série de murais do jogo da bola Sur de El Tajín, que mostra o sacrifício de um jogador de bola.

---

187   Citado por Robert M. Santley e Michael J. Berman e Rami T. Alexander (1991) em "The Politicization of the Mesoamerican Ballgame and Its Implications for the Interpretation of the Distribution of Ballcourts in Central Mexico", em Vernon Scarborough e David R. Wilcox (eds.), *The Mesoamerican Ballgame*. Tucson: University of Arizona Press, 1991, pp. 14–15.

Um dos tantos campos do jogo de bola conservado até hoje.

Mural no campo do jogo de bola que representa dois guerreiros lutando no jogo.

II — O crime desorganizado: as hordas de caribes, chibchas, yaros, guaranis, charrúas, araucanos, e outros[188]

Introdução

O que acontecia, ao contrário, com os indígenas que não estavam sob o poder dos grandes impérios? Que os indígenas, no geral e na medida do possível, fugiam do trabalho, é coisa sabida, provada e documentada. Nada de novo sob o sol. A julgar pelos fatos, parece que eles não teriam trabalho em sua vida se não tivessem tido, em parte, a desdita de terem nascido em terras submetidas à barbárie inca ou asteca.

Numerosos são os relatos, nas crônicas, acerca dos indígenas que tiveram a fortuna de estar fora da órbita dos mexicas ou incas. Eles se entregavam usualmente e por completo à malandragem e, particularmente, à embriaguez.[189] Viviam o dia, caçavam e/ou cultivavam o que necessitavam no momento. Não existia entre eles a noção de "poupança" ou "armazenamento" de alimentos. Por esta razão, passavam muitas vezes dias e semanas sem comer ou alimentando-se precariamente. Estes tipos de tribos são descritos com precisão por Gonzalo de Abreu, que foi governador de Tucumán em 1573:

> [...] por ser esta terra nova e grande parte dos naturais destas províncias haver estado, como no presente o está, em guerra e por conquistar e assentar, sendo gente de pouca razão e obediência a seus caciques, de tão má inclinação que procuravam andar pelos montes, bosques, matando e roubando, como serpentes, a troca de não dar a obediência a seus caciques, nem semear comidas para seu sustento e andar-se idolatrando em suas bebedeiras e feitiçarias, invocando o demônio e em outros vícios e carnalidades, sem ter respeito por nada, nem filhas nem irmãs, nem querer se sujeitar à polícia, à razão nem à lei natural, se não com grande força e castigo.[190]

---

188 Esclarecimento: não escapa ao nosso conhecimento o fato de que alguns dos nomes dados a certos povos/grupos/etnias pelos cronistas e homens da época são imprecisos (exemplo: não poucas vezes os espanhóis denominaram muiscas aos chibchas, astecas aos toltecas, aymaras aos collas, e caribes, às vezes, a vários povos indígenas que praticaram a antropofagia, e assim sucessivamente). A minuciosa distinção de cada uma destas raças/etnias — já o dissemos — escapa ao propósito primordial e original de nosso ensaio. No entanto, tentamos ser o mais preciso possível quanto à enumeração e classificação dos distintos povos/culturas.
189 Consultar as experiências do Padre Canelas em Vicente Sierra, *Historia de la Argentina*. Buenos Aires: Unión de Editores Latinos, 1959, t. I, p. 142.
190 Citado em Revista de la Biblioteca Nacional, Buenos Aires, 1939, tomo III, nº 12, pp. 613 e ss.

O vício por antonomásia do indígena era a bebida. Era usual, entre os homens de vários destes povos, escapar por uns dias para embriagar-se, somente com seus amigos, deixando suas mulheres e filhos totalmente desamparados, sem alimentos e com os abrigos maltrapilhos de suas precárias moradias — o que gerava grandes prejuízos para eles no caso de grandes tormentas. O Padre Eder, missionário no Peru, menciona o caso com detalhes em *Descripción de la Provincia de los Mojos en el Reino del Perú*.[191] O condenável, pois, não era tanto o fato *per se* de embriagar-se ou de ingerir grandes quantidades de álcool — para além das seqüelas físicas que isto gerava —, mas as conseqüências que acompanhavam estas bebedeiras monumentais e generalizadas, que costumavam levá-los à execução dos atos mais bárbaros, alterando gravemente a ordem social. De alguma forma, devemos admitir que foi este um dos motivos — senão o principal — pelo qual este costume foi severamente perseguido pelos grandes impérios indígenas. Por isso a bebida constituiu motivo de constante preocupação dos missionários católicos, tentando o impossível para erradicá-la. Eram eles, os missionários, muitas vezes, que cuidavam dos filhos e mulheres abandonados pelos esposos em suas viagens de bebedeiras. Parece que unicamente os jesuítas, das missões guaranis, conseguiram de forma definitiva extirpar este vício. Lucio Mansilla, em seu *Excursión con los indios ranqueles do século XIX*, dá conta dos excessos destes nativos com a bebida.[192]

No subcapítulo anterior, observamos alguns casos sobre a barbárie institucionalizada e patrocinada pelos estados e/ou culturas mais avançadas da América. Mencionamos também os holocaustos em larga escala e a opressão sofrida pela população nas mãos do despotismo imperial e das classes dominantes.[193] Mencionamos também a criminalidade organizada em seu estado mais puro. Porém, jamais terminaremos de nos surpreender com algumas declarações vertidas por alguns antropólogos, sociólogos e historiadores. Assim, com o manifesto objetivo de reivindicar indistintamente e sem matizes aquelas culturas, sustentam, por exemplo, que o canibalismo não é tão mau e

---
191 Pe. F. X. Eder, *Descripción de la Provincia de los Mojos en el Reino del Perú*, l. IV, cap. II.
192 Lucio Mansilla, *Una Excursion a los Indios Ranqueles*. Buenos Aires: Biblioteca Mundial Sopena, 1977, pp. 98, 100, 110–111.
193 Ou melhor, referimo-nos a eles *de passagem*. Estes serão desenvolvidos com mais detalhes em capítulos posteriores referentes aos sacrifícios humanos e à antropofagia.

repudiável se praticado civilizadamente. O "civilizado", segundo sua particular concepção, seria a ordenada e pacífica distribuição que se fazia dos membros corporais do pobre desgraçado que haviam matado e cozinhado. Pois, como se sabe, nos povos/impérios melhor organizados, suas partes eram acertadas de antemão, com base em méritos e/ou condição social, enquanto em outros povos, geralmente, lançavam-se como corvos sobre o cadáver, sem ordem, empurrando-se e machucando-se uns aos outros para conseguir as partes mais saborosas e carnudas da vítima. Existia, pois, uma extensa e civilizada repartição de mãos, braços, pés, dedos, cabeças, fígados — e sabe-se lá o que mais! Sem dúvidas, Jauretche e o grande Anzoátegui, se estivessem vivos, fariam um festim com todos os absurdos da nova *intelligentsia* crioula. Desta grosseira subjetividade com que escrevem não poucos historiadores e pseudo-sociólogos se queixava com razão o historiador e filósofo Antonio Caponnetto, respondendo-lhes com agudeza e graça notável:

> Se matam índios os espanhóis, são desgraçados. Se centenas de milhares de indígenas morreram massacrados nas mãos dos despóticos Estados indígenas e de seus cruéis caciques, é um fenômeno multicultural. Se milhares de aborígenes perderam suas vidas escravizados, trabalhando na construção de monumentos faraônicos para uma organização política tribal sustentada no terror, falar-se-á dos avançados testemunhos arquitetônicos pré-colombianos. Se os próprios índios suavam na *mita*[194] ou no *yanaconazgo*,[195] dir-se-á que os espanhóis eram uns incorrigíveis sangüinários. Se algum galego destratava uma tribo, cairá sobre ele a acusação de programar o holocausto. Se se descobrem os horrorosos crimes rituais dos índios, "não devemos tratar de explicar esta atitude em termos morais", diz Von Hagen (cfr. *World of the maya*, Nova Iorque, 1962 e *The Aztecman and tribe*, Nova Iorque, 1962), porque ademais são "de uma beleza bárbara", acrescenta Vaillant (cfr. *The aztecs of Mexico*, 1961). Se a Espanha traz suas doenças para a América, e por causa dela muitos nativos perecem, aplicar-se-á a tese homicida de George Kubler. Se grandes quedas demográficas indígenas se produziram por suas próprias e repugnantes atrocidades, eram um ajuste malthusiano. Se os católicos propunham comungar o Corpo de Cristo, eram antropófagos. Se os indígenas comiam crus os seus congêneres, o tal ato de comer "tinha um sentido humano e teológico profundo, era o rito essencial da renovação cósmica" (Enrique Dussel, *Historia General de la Iglesia en América Latina*, Salamanca, 1963). Se os conquistadores davam

---

194 Distribuição que era feita na América por loteria nas aldeias dos índios, para obter o número correspondente de trabalhadores que deveriam laborar em obras públicas. — NT
195 Instituição de relação laboral próxima à escravidão da América pré-colombiana. — NT

e recebiam surras por todo lado, suas condutas serão qualificadas de não menos que nazistas. Porém, se se conhecem com terrificantes detalhes os atos canibais dos índios, eles serão a simbologia da palingênese arcaica (cfr. Blanco Villata, *Ritos caníbales en América*, Buenos Aires, 1970). Se *encomenderos* passados por malandros não pagavam o salário mínimo, vital e móvel a seus encomendados, serão porcos capitalistas. Se as múmias achadas em Llullaillaco demonstram que as crianças sacrificadas foram mumificadas vivas após não poucas penúrias, afirmar-se-á que "são as múmias mais bem conservadas do mundo" (cfr. *La Nación*, Buenos Aires, 5/04/2002, p. 18), e que qualquer protesto a respeito supõe não entender a *weltanschauung* primitiva.

Os taínos invadiram a Quisqueya no século VIII, despejando os habitantes locais. Porém, tal como Castell, puderam provar que foi com o beneplácito dos donos do local, de modo que não se poderá chamar a isto de ocupação ilegal nem extorsão, nem bloqueio. Ademais, e certamente, não praticaram nenhum sacrifício humano. Mantinham em campos de trabalho forçado as *naborías*,[196] porém eles, como diria Fontanarosa, tomavam-no qual terapia ocupacional, conscientes de que era o menos que podiam fazer para justificar a futura existência da "antropologia, da multiculturalidade e demais". Também enterravam vivas as esposas favoritas, embora — como os *chiquillos* de Llullaillaco — pareça que previamente as drogavam um pouco para que não exagerassem no escândalo ao despertar-se. De modo que morriam cornudas porém sem sobressaltos, se me é permitida a incorporação das categorias morais da antiga era cristã.[197]

Os povos caribes

Ao se reunirem, esses povos, geralmente nômades e nem sempre sujeitos a caciques, constituíam hordas sem preceito ou código, prontos para arrasar quantos povoados divisassem, executando, escravizando e comendo quantos homens, mulheres e crianças vissem. Eram uma espécie de guerrilha vermelha dos séculos pré-colombianos. Andavam nus e viviam da guerra e de seus espólios (humanos ou materiais), investindo impiedosa e covardemente, por surpresa, contra os povos e pessoas mais fracos e vulneráveis.

Nenhuma tribo poderá servir-nos melhor para ilustrar este gênero de sádicos que os temidos caribes, a quem alguém chamou acertadamente *o horror dos índios e o pesadelo dos espanhóis*. A esta tribo

---

196 Adjudicação de indígenas, para serviço de criados, no princípio da conquista da América. — NT
197 Fragmento da resposta que o Dr. Caponnetto dirige a uma missiva de Cardinalli (citada como anexo ao final da obra).

deve-se atribuir várias das catástrofes demográficas acontecidas no continente; exterminando povos inteiros, sendo o caso dos taínos o melhor estudado.

Em seu afã expansionista — nada pacífico, certamente — sua prática levou-os a tomar os povoados que não permitiam a exogamia pacífica, matando os homens (adultos e crianças) para tomar em exogamia suas mulheres viúvas e solteiras.

Alguns etnólogos datam a chegada dos caribes à América em mais de 2000 anos, a partir de onde começaram a dispersar-se por todo o continente, até concentrar-se finalmente nas Antilhas Maiores,[198] de onde, eventualmente, foram passando às Menores, e dali ao continente: para a Venezuela (expulsando os arhuacos), Colômbia e as Guianas. Dali foram penetrando gradualmente no interior do continente, particularmente no Brasil. No momento da chegada dos europeus, existiam mais de quatorze povos de origem caribe, de características quase idênticas, somente com alguma variação de origem lingüística (segundo o especialista Swadesh, a *Yupka Panare* era a única língua que se diferenciava bastante do resto).

Descreveu-os bem Pedro Mártir, informado por testemunhas que passaram longos anos fugindo deles:

> [...] A terra dos caribes é de vastíssima extensão e superior à Europa; em ilhotas formadas de botes unidos; sabe-se que navegam pelos grupos de ilhas, que ali são inumeráveis, à caça de homens, como outros saem por bosques e selvas para matar cervos e javalis. Carib, de onde caribes, quer dizer em todas as línguas daquela terra HOMEM MAIS FORTE QUE OS DEMAIS, e não há morador da ilha que não pronuncie a dita palavra sem temor. O nome *caribes* procede também da região caribenha, situada no golfo oriental de Urabá, de onde, estendendo-se esta raça feroz por dilatadas regiões, chegaram às vezes a destruir por completo tropas espanholas.
>
> [...] Entregam-se como mais abaixo o diremos em seu lugar, às artes mágicas sob a direção de mestres, e asseguram que trataram e conversaram com os demônios, quando seu espírito está mais abrumado pela embriaguez; por esta razão de beber vinho, recorrem uns ao fumo de uma erva embriagante a fim de ficar de todo insensíveis, enquanto que outros absorvem

---

198 Há quem assegure, como Luis Alberto Sanchez, que não chegaram a ocupar as Antilhas Maiores, porém que chegaram a habitar o litoral da América do Sul, desde Darién até o delta de Orinoco. Op. cit., pp. 56–57.

certos fungos vegetais que provocam o vômito, para que, desocupado o estômago, lhes seja dado repetir a fartura e a bebedeira [...].[199]

Por seu lado, o dominicano Tomás Ortiz envia ao Conselho das Índias um informe sobre esta tribo indígena, de onde transcrevemos algumas passagens:

> Os homens da terra firme de Índias comem carne humana, e são sodomíticos mais que nenhuma outra geração. Nenhuma justiça há entre eles, andam nus, não têm amor nem vergonha, são como asnos, abobados, amalucados, insensatos; não se importam em matar-se e matar...
>
> [...] Quanto mais crescem se tornam piores; até os dez anos ou doze parecem que vão ficar como uma criança; porém dali em diante tornam-se como brutos animais; enfim, digo que nunca criou Deus tão experimentada gente em vícios e bestialidades, sem mescla de bondade ou cortesia.[200]

Quanto aos caribes da Venezuela, diz-nos o mesmo autor:

> Antes de partir para a guerra, deixam de antemão sortes entre aqueles que hão de oferecer ao ídolo, ou tomam uma das mulheres (crianças) prisioneiras, ou um prisioneiro, e o oferecem ao ídolo para honrá-lo e como expiação, para efeito de que lhes conceda dita, e a vitória sobre seus inimigos. Embebem por completo a imagem do ídolo com sangue de homem sacrificado, e comem a carne com grande júbilo e alegria.[201]

Quanto ao aspecto social dos caribes, um autor contemporâneo desse país explica que eles

> eram polígamos, vivendo em amplos *bohios* redondos (ocas) e utilizando a vingança como maneira de atuar, em geral andavam pintados de vermelho de cor urucum, servindo-se de adornos com plumas, que roubavam mulheres e crianças para satisfazer seus prazeres sexuais, castrando os pequenos prisioneiros para comê-los quando tivessem mais idade e, como bons racistas, entre outras coisas características repudiáveis, sacrificavam também os filhos paridos por mulheres estranhas à sua casta, para com isso sustentar a pureza racial caribe.[202]

---

199 Pedro Mártir, *Décadas del Nuevo Mundo*. Editorial Bajel, 1944, p. 687.
200 Citado por López de Gómara, *Historia General de las Indias*. Barcelona: Talleres Gráficos Agustín Núñez, 1954, t. I, p. 365.
201 Lisandro Alvarado, *Datos Etnográficos de Venezuela*. Caracas, Escuela técnica industrial, talleres de artes gráficas, 1945, p. 91. Nascido em 1858, foi médico, historiador, lingüista e filólogo.
202 Ramón Urdaneta, *Historia Oculta de Venezuela*. Caracas: Edición del Autor, 2007, nota 15. Urdaneta é autor de numerosos livros de diversos temas e colunista da imprensa, presidente da Federação Latinoamericana de Sociedades de Escritores (FLASOES) e vice-presidente do Cen-

A crueldade e sadismo característicos destas tribos é patente no caso do desgraçado capitão Añasco, tomado prisioneiro por eles e torturado selvagemente por uma de suas mulheres. Em seu *Noticias Historiales*, conta Frei Pedro Simón este lamentável episódio:

> Deixando correr com a fúria que quiseram os extremos de seu rancor e vingança, esta velha, a primeira coisa que executou foi, como a outro Mario Romano, tirar-lhe os olhos, para com isto acrescentar-lhe os desejos da morte. Pegando-o depois ela por sua própria mão, por debaixo da língua e pondo nela uma corda e dando-lhe um grosso nó, levava-o puxando por ela de povoado em povoado e de mercado em mercado, fazendo grandes festas com o miserável preso, desde o menino até o mais ancião, celebrando todos a vitória, até que, havendo-lhe inchado o rosto com monstruosidade e desencaixado a mandíbula com a força dos puxões, vendo que ia se aproximando da morte, começaram a cortar-lhe, com intervalos de tempo, as mãos e braços, pés e pernas, por suas juntas, até que lhe chegou a morte.[203]

Alfred Métraux, um dos etnólogos mais experientes de nosso continente, pouco afeito à Espanha e à Igreja, reconhece: "A antropofagia é um costume característico dos caribes e dos tupis-guaranis. Todas as tribos desta última família lingüística, a propósito da qual estamos tão mal informados, consideram-se como antropófagas. Na maioria dos casos, as acusações têm fundamento, pois em todas suas tribos o canibalismo é praticado ritualisticamente".[204]

Se mencionamos os caribes, devemos necessariamente aludir aos taínos, povo particularmente pacífico que habitou as Lucayas e as Antilhas Maiores. Geralmente pescadores e de caráter manso, precisaram aprender a guerrear ferozmente para resistir às enfurecidas e freqüentes investidas dos brutais caribes, embora não tenham conseguido. Desafortunadamente, sua inexperiência e falta de estômago para as guerras e o sangue, somado às rústicas armas que empregavam, terminaram por favorecer os caribes, que em pouco tempo exterminaram a quase totalidade de sua população.

---

tro Internacional da Paz (CIPAZ).
203 Felipe González Ruiz, "La antropofagia en los indios del Continente americano", Revista de las Españas, Madri, novembro-dezembro de 1932, ano VII, número 75–76, pp. 545–548.
204 Alfred Métraux, *A Religião dos Tupinambás e suas relações com as demais tribos tupi-guaranis*. São Paulo: Ed. Nacional; Universidade de São Paulo, 1979, 138–139.

Outras tribos extremamente belicosas e sangüinárias foram os chibchas (significa *povoadores*),²⁰⁵ constituídas por diversos povos que falavam a mesma língua — muitos de origem caribe — e habitaram majoritariamente o sul da América Central e a Colômbia. A mais destacada das tribos chibchas foi a dos *muiscas*. Foram majoritariamente sedentários e se dedicaram à agricultura, sendo hábeis trabalhadores de objetos de ouro. Suas obras de ourivesaria — segundo vários autores — foram superiores às de seus vizinhos incas. Javier Esparza, historiador espanhol que dedicou parte de suas investigações a este grupo particular, assinala a freqüência com que eles praticavam sacrifícios humanos, especialmente de crianças, que eram compradas em um mercado por caciques, os quais as educavam e criavam até que chegassem à puberdade, momento em que eram sacrificadas em oferecimento ao *sol*.²⁰⁶ Praticaram de forma freqüente a antropofagia;²⁰⁷ e a injustiça social e divisão de castas foram suas principais características. Segundo vários estudiosos, eles estabeleceram seu centro principal em Bogotá, que chegou a ter uma população próxima dos 20 mil habitantes. Seus sacerdotes eram chamados *jeques* e tiveram cinco grandes caciques, embora as figuras mais importantes na hierarquia fossem o Zipa (com jurisdição em Bogotá) e o Zaque (em Hunza; cidade do centro da Colômbia), considerados encarnações da divindade. As guerras entre eles e suas gentes foram numerosas, e dizimaram grande parte da população. Ao contrário da maior parte das culturas mais ou menos organizadas, a organização social foi matriarcal: à morte do hierarca ou homem-deus, sucedia-o o filho de sua irmã. Segundo sugerem vários autores, eles tiveram contato freqüente — principalmente comercial — tanto com incas como com maias.²⁰⁸ As classes privilegiadas praticavam a

---

205 Na realidade, corresponderia a colocar os chibchas em um estado intermediário entre as culturas avançadas mencionadas anteriormente (incas, maias, astecas) e as do resto do continente — pois tiveram certo grau de organização social, política e econômica — porém as limitações, dinâmica e objetivos propostos neste trabalho impedem-nos a criação de um "terceiro" grupo.
206 O mesmo confirmaram diversos autores, incluindo Luis Alberto Sanchez (op. cit., pp. 58-59).
207 No documentário de Historial Channel, *La Conquista de América*. Cfr. http://www.youtube.com/watch?v=Repq89OvjFs&list=UUfPcZPgA6V_FR5U0NL5J7DA.
208 Ainda que se costume afirmar que tanto astecas como maias desconheciam a existência dos incas (e vice-versa), é possível que mediante os chibchas (que comerciavam com ambos os povos) soubessem na realidade da existência de outras culturas superiores. Contudo — segundo temos notícia —, é este um tema não estudado suficientemente até o momento.

poligamia. Um de seus ritos mais populares foi o famoso e mítico "El Dorado".

Embora tratemos aqui de grupos de indígenas, alguns, muito diferentes de outros, conservaram certos traços e costumes comuns — além dos supramencionados — como o caráter guerreiro, a prática do escravismo e a poligamia.[209]

Quanto aos chamados índios amazonas, temos o testemunho do prestigioso geógrafo parisiense Eugène Robuchon, que percorreu e penetrou na região, sendo testemunha de vários acontecimentos destas tribos, onde comenta com grande minuciosidade seu canibalismo e outras práticas abomináveis.[210] Métraux, que conheceu de perto os ferozes tupinambás,[211] oferece o seguinte quadro:

> Era costume dos tupinambás tomar o prisioneiro como escravo. De modo geral, o cativo permanecia no poder do guerreiro que o devia executar ou era entregue como presente a um de seus parentes. Depois de sua entrada na aldeia, o prisioneiro penetrava na oca onde havia vivido a pessoa cuja tumba acabara de limpar, recebendo ali a rede, os colares, as provisões, as armas, tudo deixado pelo morto. Se o defunto perecera pelas armas; as viúvas, às vezes, esposavam o prisioneiro capturado por um de seus parentes. Essa união compensava a perda do esposo. Se o morto era célebre, o cativo recebia em casamento a irmã, a filha ou inclusive uma das mulheres de seu dono. As bodas do prisioneiro ocorriam cerca de cinco dias depois da entrada na aldeia. A mulher, concedida ao escravo, devia responder por ele. Incumbia-lhe a tarefa de vigiá-lo e fazê-lo engordar. No caso de ficar grávida do prisioneiro, depois do parto, o filho podia ser devorado imediatamente ou, em certos casos, permitia-se que crescesse até determinada idade e realizavam-se então os mesmos rituais de sacrifício, por ser considerado inimigo, como seu pai. A mulher era a primeira, nos dois casos, a provar a carne da vítima, fosse o marido ou o filho.[212]

Os shuar — melhor conhecidos como jíbaros —, que habitaram principalmente a região amazônica equatoriana e do Peru, foram outra renomada tribo indígena que convém mencionar especialmente por sua

---

209 Reservamos mais informações acerca da prática de canibalismo e sacrifícios humanos desta tribo para capítulos posteriores.
210 Ibidem.
211 Segundo várias informações, os tupinambás eram chamados as irredutíveis e ferozes tribos que conformaram a Confederação dos Tamoios e que dominaram quase todo o litoral brasileiro.
212 Métraux, *A Religião...*, 114–123.

participação ritual de "redução de crânios" à que se dedicaram depois de cortar a cabeça de seus inimigos.[213]

Outros povos

Entretanto, não seria justo dizer que todos os indígenas que viveram fora dos principais centros urbanos e do centro de influência dos grandes impérios foram igualmente sangüinários e sádicos como os caribes; houve outros povos que, não obstante terem compartilhado com eles um grau similar de selvagismo e primitivismo, não praticaram, contudo, de forma tão generalizada a antropofagia nem tampouco foi tão freqüente neles o extermínio em massa de tribos e populações. Se bem que coincidem todos em um ponto central: fazer guerra.

Neste gênero de barbárie ou violência "desorganizada" — além dos já mencionados caribes — podemos localizar os yaros, charrúas, araucanos e guaranis; para mencionar somente umas poucas tribos da região austral do continente.

Salvos os casos já tratados das grandes culturas andinas e mesoamericanas (e em menor grau os chibchas), os povos pré-colombianos, dos esquimós aos onas, caracterizaram-se por um primitivíssimo nível sociocultural; muito particularmente aqueles que habitavam o atual território argentino. Geralmente foram caçadores e coletores, suas habitações eram uns rudimentares corta-ventos e, em geral, em tempos de guerra se sujeitaram e se submeteram à autoridade de algum cacique. Embora cressem alguns na existência de um "ser superior", salvo o caso dos yagán do arquipélago da Terra do Fogo e alguma tribo do norte do continente,[214] não rendiam culto a nenhum deus. As alusões e menções que encontramos nestas tribos correspondem mais propriamente a espíritos e demônios que a um deus — ou deuses

---

213 A denominada redução de crânios consistia em uma complexa técnica de cozimento das cabeças recém-cortadas dos inimigos, depois da qual elas ficavam reduzidas a quase metade do tamanho original, servindo como troféu de guerra. Por meio deste ritual se pretendia adquirir a força e a alma do inimigo. Consultar a respeito Josep María Fericgla, *Los jíbaros, cazadores de sueños. Diario de un antropólogo entre los shuar y experimentos con la ayahuasca*. Barcelona: Integral, 1994. ISBN: 9978-04-207-5.
214 Os naturais da Terra do Fogo dirigiam orações impetratórias e em ação de graças. No atual território dos EUA, Tischner menciona uns poucos casos de tribos que chegaram a praticar sacrifícios humanos em homenagem a seus deuses. Ver em Herbert Tischner, op. cit., pp. 101 e 144–145.

— em particular. Não contaram geralmente com sacerdotes senão com *xamãs*, que eram homens bruxos, supostamente possuidores de poderes mágicos e sobrenaturais. Realizavam exorcismos e, em teoria, podiam mediar e influir nos espíritos, prever o futuro, desmascarar os feiticeiros, provocar doenças e até mesmo estimular o crescimento de plantas. Conta o etnólogo Tischner que eles se deixavam cair em uma espécie de transe mediante a infusão do sumo de tabaco e a realização de certas danças.

Charrúas e yaros: os charrúas ocuparam principalmente as regiões localizadas ao norte e sul do Rio Negro, dentro do que atualmente é a República do Uruguai. Charrúa significa, segundo Pedro de Angelis, "turbulentos" ou "revoltosos", e na mesma citação Bauzá traduz o termo como "iracundos" e "destruidores".[215] Os yaros, por sua vez, ocuparam uma borda da costa oriental do Rio Uruguai, tanto na parte argentina como na uruguaia. Os guaranis se concentraram particularmente no território que hoje ocupa a República do Paraguai e em parte do noroeste argentino, sudoeste do Brasil e sudeste da Bolívia. Os araucanos habitaram, ao contrário, o sul do Chile e o sudeste da Argentina. As guerras travadas entre estes povos e seus povos vizinhos foram constantes, durante o período colombiano inclusive, onde guarnições espanholas e reduções jesuíticas eram freqüentemente perseguidas e destruídas por eles. Guaranis contra charrúas, charrúas e guaranis contra yaros, yaros contra todos, araucanos contra incas, patagônios e qualquer povo vizinho, e assim sucessivamente, somando-se às contendas, às vezes, novos atores.

Todos foram povos substancialmente guerreiros e agressivos, particularmente no caso dos araucanos, guaranis e yaros. A liderança dos povos pertencentes a cada uma destas culturas era exercida por rígidos caciques que, como o resto da população, praticavam geralmente a poligamia.

A família charrúa constituiu-se sobre a base de uniões matrimoniais mais ou menos permanentes, consagradas em bárbara cerimônia ma-

---

[215] Citado por Angel J. Zanón, *Pueblos y culturas aborígenes del Uruguay*. Montevideo: Rosebund, 1998, p. 75.

trimonial, segundo um único testemunho do século XVII; deixado pelo Padre Vázquez de Espinosa e citado por Canals Frau:

> Quando vão se casar, fazem a convocação e juntam-se em uma parte marcada, e ali onde hão de casar a noiva, manda o cacique que cada um vá com sua flecha e arco e leve alguma pele ou outra oferta, conforme o que cada um tenha. E estando juntos, entra o cacique com a noiva a gozá-la, e depois os demais por sua ordem, oferecendo o que cada um levou por dote, e este último é o marido.[216]

O Padre Lozano qualifica de informal o seu governo por carência de chefes.[217] Azara afirma que o governo dos charrúas se reduz a um Conselho formado pelos chefes de família que se reúnem e se sentam em círculo para deliberar se devem atacar o inimigo em comum. Acrescenta, além disso, que não reconhecem outros superiores que os encarregados momentaneamente de dirigir a expedição; "caso contrário, não se submetem a nada, nem sequer a seus pais". A automutilação de partes de seu corpo — geralmente as falanges de seus dedos e do membro reprodutivo masculino — foi algo particularmente característico desta tribo; sendo mais estimados entre eles aqueles que mais freqüentemente e assaz a praticavam — era considerada uma mostra de valentia. Quanto a sua religião, parece haver sido este um dos poucos povos indígenas que menos importância deu a esta questão, razão, entre outras, que levou a vários missionários crê-los praticamente ateus, e muitas vezes anti-religiosos; Padre Cattaneo conta que, quando alguns missionários tentaram falar de religião aos charrúas, estes responderam friamente "que tinham pais e que não podiam abandoná-los". A um dos padres que ameaçou um charrúa com o inferno — no caso de não se converter —, este lhe contestou de modo despreocupado e resignadamente: "Muito melhor, assim não terei frio quando eu morrer". Os yaros, que haviam aceitado a conversão e viver nas reduções, a abandonaram logo dando o seguinte motivo: "Não gostamos de ter um Deus que sabe e vê tudo o que fazemos em segredo".[218]

---

216 Canals Frau, *Las poblaciones indígenas de la Argentina. Su origen, su pasado, su presente.* Buenos Aires, 1953, cap. 5, p. 246.
217 Lozan, *Historia de la Compañía de Jesús en el Paraguay.* Madri, 1755. Concorda o historiador Schmidel L., *Derrotero y viaje a España y las Indias.* Santa Fe, 1938.
218 Rafael Schiaffino, Anales de la Universidad, ano XXXVII, Montevidéu, 1927, entrega nº 121 de Historia de la Medicina en el Uruguay, Facultad de Medicina, Montevidéu, 1925, tomo I, p. 314. Disponível para consulta em: http://www.periodicas.edu.uy/Anales_Universidad/pdfs/

A guerra constituiu a principal atividade dos charrúas. A pilhagem ou a devolução de ultrajes foram as causas mais freqüentes que a motivaram. A crueldade na guerra foi proverbial. D'Orbigny expressa a respeito: "Matam a todos os homens e deixam vivas as mulheres e crianças dos quais fazem suas concubinas e escravos, respectivamente".[219] Como troféu de guerra, conservavam o couro cabeludo do inimigo morto em combate e, tal como os guaranis, mudavam de nome tantas vezes quantas matavam inimigos, ao mesmo tempo em que praticavam em si mesmos uma profunda ferida no corpo. Deste modo, o número de cicatrizes equivalia ao número de abatidos em combate, e ostentavam-nas como verdadeiras condecorações de guerra.

O Padre Sepp, em sua *Continuación de las labores apostólicas*, diz dos yaros: "[...] são uns índios seus inimigos de diferente língua e nação que lhes fazem muita guerra".[220] Em 1636, houve um ataque yaro que custou a vida de 42 yapeyuanos. Os yaros expressaram que vinham para "[...] vingar a morte de seus avós, que seus pais e eles haviam matado em tempos passados".[221]

Guaranis: pertenceram à família lingüística tupi-guarani,[222] localizando-se os tupis no litoral brasileiro e os segundos no planalto brasileiro e no Paraguai. Embora seus povos compartilhassem uma cultura comum,[223] não existia uma unidade política entre eles nem um chefe absoluto. Conquanto em tempos de guerra costumassem formar alianças para combater um inimigo "exterior", muitas vezes guerrearam entre eles mesmos. Isto foi muito freqüente — especialmente à época da chegada dos missionários jesuítas — entre os indígenas que se encontravam reduzidos e os selvagens (os não-reduzidos), surgindo entre ambos um ódio inaudito apesar de pertencerem a uma mesma

---

Anales_Universidad_a37_n121_1927.pdf. No entanto, é possível que esta atitude dos charrúas fosse mais devida ao rechaço da nova religião que à irreligiosidade.
219 D'Orbigny, *El hombre americano*. Buenos Aires: Editorial Futuro, 1959, cap. 10, p. 280.
220 Jaime Cortesão, *Jesuítas e Bandeirantes no Tape (1615-1758)*. Rio de Janeiro: Biblioteca Nacional, 1969, p. 62.
221 Helio Vianna, *Jesuítas e Bandeirantes no Uruguai (1611-1758)*. Rio de Janeiro: Biblioteca Nacional, 1970, p. 308.
222 Alguns etnólogos — como o alemão Martins — asseguram que este grupo é irmão dos caribes.
223 Foi comum em todos eles a prática do canibalismo, a poligamia, a guerra e uma religiosidade de pouco desenvolvida. Acerca desta última, diz Luiz Alberto Sanchez: "Animistas, manistas, e até feiticeiros, admitiram certa potência superior, Tupã ('Quem és?'), espécie de deus ignoto, a quem serviam os magos ou feiticeiros, chamados pajés — piages e também caraibos". Op. cit., p. 70.

etnia e cultura. Os sacrifícios humanos foram bastante comuns entre eles, com a particularidade de que guardavam as cabeças e couros cabeludos das vítimas como troféu.

Os motivos que os conduziram à guerra foram quase sempre fúteis, e tinham como finalidade lavar supostas ofensas, cobrar prisioneiros para seus rituais canibais ou também para tomar posse de um novo território que lhes permitisse novas plantações.

O poder era transmitido hereditariamente e existia uma estratificação social bem definida. Os guaranis que conformavam a massa popular, os "mboyás", estavam obrigados, segundo o Padre Lozano, a lavrar as terras de seus chefes, recolher as messes, edificar suas casas, segui-los na guerra e entregar-lhes suas filhas.

Este povo esteve em permanente pé-de-guerra, em contínua mobilidade e espera, dispostos sempre a enfrentar os inimigos tão sagazes e belicosos como eles. O Padre Lozano afirma: "... era gente bem-disposta, corpulenta e muito belicosa, exercitando continuamente as armas com a nação dos charrúas que povoava as costas do Rio da Prata, e com os guaycurúes de terra adentro".

O viajante alemão Ulrico Schmidl (1536) relata sua experiência na defesa da primitiva Buenos Aires, atacada por dois dos povos acima mencionados: "[...] vieram os índios contra nosso assentamento de Buenos Aires com grande poder e ímpeto com até 23 mil homens e eram em conjunto quatro nações; uma se chamava Querandíes, a outra Guaranis, a terceira Charrúas, a quarta Chaná-Timbúes".

Na carta de Luís Ramírez a seu pai (1528), diz-se dos guaranis: "[...] nossos amigos, os quais se chamam guaranis e por outro nome chandris; eles andam espalhados por esta terra e por outras muitas, como corsários, por serem inimigos de todas as outras nações e de outras muitas que adiante direi; são gente muito traidora, tudo o que fazem é com traição".

Araucanos/mapuches: povo extremamente guerreiro e inimigo da paz, como mostram abundantemente as crônicas da conquista, sendo conhecido o caso do conquistador Valdivia, a quem eles, tomando-o por prisioneiro, torturaram indizivelmente e depois executaram. As tarefas na sociedade estavam estritamente divididas: o homem ocupava-se exclusivamente da guerra, e em tempos de relativa paz dedicava-se ao ócio e à embriaguez. A mulher levava sem dúvida a pior parte: era obrigada a trabalhar todo o tempo e sem descanso; ocupada no cultivo das terras, com os tecidos, no cuidado dos filhos etc. Foram polígamos, praticaram a antropofagia e realizaram sacrifícios humanos.

Indígenas na Argentina: o extenso território esteve povoado por diversas culturas indígenas, freqüentemente enfrentando-se entre si, vivendo em estados primitivíssimos de subsistência. Poderíamos assegurar sem temor de exagerar que, talvez junto com os araucanos e várias outras tribos que habitaram os atuais EUA, foram as mais subdesenvolvidas do continente. Segundo autores como Luis Sánchez, dentro deste tipo de tribo, os diaguitas ou calchaquíes foram as tribos mais avançadas que habitaram o solo argentino, principalmente por suas construções e alguma prática agrícola. Tischner assinala as tribos do Chaco, da Patagônia e dos Pampas como as menos evoluídas culturalmente da América do Sul.[224] Referindo-se à sua arte, nos indica que ela se limitou exclusivamente ao aperfeiçoamento de utensílios e adornos, como a pintura de mantos de pele na Patagônia e no Chaco. Outras tribos próprias do território argentino foram os matacos, chiriguanos, guaycurúes, mocoretás, timbres, chanás, querandíes, patagones (pelches, tehuelches), onas, yámanas etc. Muitas destas foram terrivelmente belicosas, como os mocovíes e os tobas, devastando e exterminando populações inteiras. Basta ler a história dos abipones de Martín Dobrizhoffer[225] para ter uma idéia certeira da criminalidade das hordas indígenas nas regiões centro e norte de nosso país.

III — Torturas e escravidão

> *Por debaixo de todos, mais baixo que todos, no fundo da sociedade, temos aquele a que chamamos, por falta de um termo melhor, "escravo" [...] nem cidadão nem pessoa, pertence como uma coisa a seu amo. Todos esses escravos, estrangeiros considerados*

---

224 Henry Tischner, *Enciclopedia Moderna del Conocimiento Universal, Etnografía*. Buenos Aires: Compañía General Fabril Editora, 1964, p. 148.
225 Obra editada pela Universidad Nacional del Nordeste em 1970 (Resistencia, Chaco). Disponível em: http://www.portalguarani.com/1673_martin_dobrizhoffer/13496_sobre_el_odio_mortal_de_los_abipones_hacia_los_espanoles_padre_martin_dobrizhoffer_.html.

> *como bárbaros e prisioneiros de guerra consagrados, em princípio, a morrer nos altares, só estavam, por assim dizer, em capelas, e a maior parte devia terminar estoicamente sua vida sobre a pedra sangrenta no topo de uma pirâmide... Sahagún descreve esses tristes cortejos de escravos que caminhavam fleumaticamente para a morte; banhados ritualmente, vestidos e adornados luxuosamente, iam embrutecidos pela "bebida" divina, teooctli, que haviam tomado e terminavam sua vida na pedra dos sacrifícios, diante da estátua de Huitzilopocht.*[226]
>
> Jacques Soustelle

A tortura do prisioneiro foi algo freqüente entre os indígenas; cruentíssimas na maior parte dos casos.[227] Porém, também, como diz um especialista na matéria, Marvin Harris,

> existia nas agrupações canibais pré-estatais o costume de mimar a vítima, engordá-la, dar-lhe mulheres (sobretudo quando a captura de prisioneiros não é muito freqüente). À grande pergunta do porquê não escravizavam suas vítimas (porque a escravidão parece ser patrimônio predominante das sociedades estatais), respondo afirmando que não existia nem a riqueza nem o sistema produtivo e produtivista das sociedades estatais. A tortura é explicada como 'matar mil vezes' a vítima, como uma maneira de vingar-se nela de todo um povo, porém também porque a tortura foi sempre um grande espetáculo, 'um entretenimento' em muitas culturas; ao mesmo tempo em que era didático: 'estas sociedades tinham que ensinar a seus jovens a mostrar-se implacavelmente brutais com seus inimigos no campo de batalha'.

É mais fácil aprender estas lições quando se compreende que o inimigo lhe fará o mesmo que ele fez caso caia em suas mãos.[228] Federico González, em seu *Simbolismo precolombino*, vê-se obrigado a reconhecer esta realidade, dizendo que muitas vezes se ordenava a tortura de pessoas como oferenda aos deuses.[229] Prescott menciona as terríveis torturas praticadas contra as vítimas, antes de sua imolação

---

226 Jacques Soustelle, *La vida cotidiana de los aztecas en vísperas de la conquista*. México: Fondo de Cultura Económica, 1970, pp. 83–86.
227 Marvin Harris, *Caníbales y Reyes. Los orígenes de la cultura*. Barcelona: Argos Vergara, 1983, p. 128.
228 Marvin Harris, op. cit., p. 131.
229 Federico González, *El Simbolismo precolombino*. Buenos Aires: Kier, 2003.

ritual.[230] O famoso etnólogo Herbert Tischner afirma que as torturas aplicadas aos prisioneiros e cativos por algumas tribos da América do Norte (referimo-nos aqui aos atuais EUA e Canadá) eram muito piores que a tortura dos astecas.[231] Sabemos inclusive que o costume de tirar o couro cabeludo das vítimas tem sua origem no sudeste da região recém-mencionada.[232] Grande parte das tribos amazônicas (especialmente as do Brasil) tiveram por costume torturar o prisioneiro de guerra antes de comê-lo.

Quanto à escravidão, sabemos que foi uma das instituições mais comuns e estimadas por todos os povos indígenas. Podia ser perpétua para o indivíduo e também hereditária (após a morte do escravo, algum familiar seu passava a ocupar seu posto). Os escravos, naturalmente, não recebiam remuneração alguma e trabalhavam como agricultores, servidores domésticos, carregadores ou eram destinados a duríssimos trabalhos em minas e construções. As mulheres, em geral, dedicavam-se à costura, fiavam, teciam ou remendavam para seu amo, sendo muitas vezes estupradas ou obrigadas a ter relações sexuais com eles ou outros senhores aos que quisessem fazer favor (o que se evidenciava, em parte, pela grande quantidade de escravas grávidas por seus proprietários). Se o dono morria, os escravos eram herdados pelos familiares dele.

No caso dos grandes impérios, a escravidão estava regulada por uma série de leis, que entre outras coisas dispunha quais eram os motivos que justificavam a redução de um indivíduo ao estado de escravidão.

Entre os astecas, por exemplo, todo homem que roubasse ou que não pudesse responder a uma dívida contraída ou que não pagasse uma multa ou o que fosse encontrado responsável de alguma ação considerada anti-social, era tomado como escravo. No caso de roubo, por exemplo, o ladrão era tomado como escravo pelas vítimas — depois de restituir o que fora roubado. Se ele não podia fazê-lo por haver gastado, então era diretamente executado pelo Estado. Também recebia igual destino se reincidia neste delito, dispondo-se para este caso a morte por enforcamento.

---

230 Prescott, op. cit., p. 58.
231 Herbert Tischner, *Etnografía, Enciclopedia Moderna del Conocimiento Universal*. Buenos Aires: Compañía General Fabril Editora, 1964, p. 100.
232 Ibidem.

Conta o cronista Frei Torquemada, além disso, sobre as penas que sofriam os familiares do ladrão ou traidor. No caso de traição ao rei, o traidor era executado, seus bens todos confiscados, e sua mulher e filho ficavam reduzidos à escravidão. Para os delitos de estupro, o destino era o mesmo:

> Se alguma escrava menor, isto é, que não tenha de idade para homem, alguém a toma, este se torna escravo se ela morrer; de outra maneira a cura [...]. Se alguém se deita com escrava e ela morre estando grávida, torna-se escravo quem com ela se deitou, e, se dá a luz, o filho é livre e levado ao pai [...]. Em algumas partes, era lei que faziam escravo aquele que havia engravidado alguma escrava, quando a tal morria no parto ou pelo parto ficava inválida [...]. Quando um homem livre engravidava uma escrava, era tomado com sua mulher como escravo pelo dono da escrava [...]. Se alguém estuprava uma escrava virgem, também era tomado com sua mulher como escravo.

Com respeito a este último caso, era muito comum que os próprios donos incitassem a outros que cometessem este delito — de violar sua escrava — para assim poder fazê-los escravos.

Os escravos podiam ser vendidos por seus donos, embora, segundo a lei, devia haver motivos válidos que justificassem o castigo, como a má conduta ou mau temperamento, a descortesia, a preguiça, se eram mimados etc. De fato, os proprietários de escravos fizeram quase sempre o que quiseram com eles, pois a lei praticamente não os contemplava senão para regular suas obrigações. Muitas vezes eram submetidos à humilhação extrema de serem obrigados a portar uma coleira, como os animais que se considerava que eram:

> [a coleira] É uma meia argola de pau, e, posta na garganta, saía por detrás em cima das costas, com dois buracos, e através dos buracos cruzavam uma haste longa, com que ficava presa a garganta, e à vara juntavam outra vara por fora dos buracos, e ambas estavam uma com a outra, e a atadura chegava às pontas ou extremidades das varas, onde não conseguia alcançar com as mãos, não podia desatar-se; assim os levavam pelos caminhos e, às vezes, deixavam uma trilha de cordas, com a qual eram carregados.[233]

---

[233] Torquemada, *Monarquía...*, p. 360. Citado em "Consideraciones en torno a la esclavitud entre los aztecas", de Socorro Moncayo Rodriguez e Maria del Carmen Ainaga Vargas. Disponível em: http://biblio.juridicas.unam.mx/libros/2/722/14.pdf. Consultar também a respeito o

A finalidade deste colar, além de evidenciar a condição de escravo daquele indivíduo, era evitar a sua fuga.

Dissemos que o escravo podia ser vendido por seus donos para outro senhor, sendo levado ao mercado de escravos, embora devesse informar quantas vezes havia sido vendido, já que, por lei, à terceira podia ser vendido somente para ser sacrificado ritualmente.[234]

Por norma, todos os prisioneiros de guerra tomados do inimigo eram escravizados por um tempo até que finalmente eram sacrificados aos deuses. Para este tipo de escravo, não se lhes dava a oportunidade de viver prestando serviços ao rei, ao Estado ou a donos particulares, embora os guerreiros responsáveis por sua captura tivessem o direito de reclamar seus corpos, depois do sacrifício, para cozinhá-los e repartir as partes de seu corpo com seus familiares e os mais chegados. Diferentemente de Roma, onde os escravos de guerra passavam a ser propriedade particular; entre os astecas, eram sempre propriedade do Estado, que mandava que este tipo de escravos fosse destinado aos sacrifícios humanos. Em quase todos os grandes povos indígenas do continente, especialmente entre os astecas, houve vários casos de pais que escravizavam e/ou vendiam como escravos seus filhos ou filhas que considerassem desobedientes ou negligentes — estava permitido por lei —, como fazem notar, entre outros, Gamio de Alba e Rodríguez Shadow.[235]

Todavia, nem sempre a escravidão era um castigo imposto pelo Estado, pois ele mesmo garantia o direito a que todos pudessem vender-se voluntariamente como tais. E assim foram muito comuns os casos de homens vendendo-se a si mesmos e a seus filhos e filhas como escravos, por motivos vários como a contração de dívidas (geralmente originadas por apostas), para comprar álcool ou mesmo para enfrentar situações de fome extrema. As mulheres, por sua vez, vendiam-se a si mesmas como prostitutas. Já mencionamos alguns casos anteriormente e veremos outros tantos ao longo desta obra.

---

estudo de Mohar Betancourt, Luz María, Códice Mapa Quinatzin. *Justicia y derechos humanos en el México antiguo*. México, Comisión Nacional de los Derechos Humanos, 2004, p. 159.
234 Prescott diz que na segunda vez que era vendido se o devia sacrificar ritualmente. Op. cit., p. 36.
235 Consultar fontes a respeito em Rodríguez Shadow, op. cit., p. 96.

Imagem de um escravo.

A única forma pela qual um escravo podia obter a liberdade — por mais insólito que pareça — era fugir da casa de seu dono ou do mercado e pisar em seguida em um excremento humano. Só então podia voltar e apresentar o seu caso diante dos juízes que lhe outorgariam a liberdade, ordenando que o levassem e o vestissem com roupas novas que pertenciam a seu antigo senhor. Era muito pouco freqüente que alguém fizesse algo ante a fuga de escravos — tentando detê-los — posto que existia uma lei que castigava com a escravidão quem o fizesse ou tentasse (a menos, claro, que fosse o próprio dono ou alguns de seus familiares). Outra das curiosas leis dos mexicas era que um condenado à morte podia solicitar como escrava a esposa da vítima...!

Com mais ou menos diferenças, todos os grandes povos pré-colombianos praticaram a escravidão nestes termos.

A Espanha e a Igreja proíbem a escravidão

Recordemos que a escravidão, no momento da chegada da Espanha ao continente, era legal em todos os países e regiões do mundo — e era mesmo estimada, principalmente entre os judeus, que historicamente ostentaram seu monopólio. Tanto o judaísmo como o islã permitiam e fomentavam seu exercício. Para todos eles, a escravidão era uma indústria colossal, constituindo uma das principais atividades comerciais.

Com efeito, assinala Klein,

> não houve potência da Europa ocidental que não tivesse participado em alguma medida no tráfico negreiro; quatro, contudo, foram preponderantes nele. Do princípio ao final houve portugueses, os quais foram os que transportaram a maior quantidade de escravos. Os ingleses dominaram o tráfico durante o século XVIII. Em terceiro lugar se situam, também no século XVIII, os holandeses, e logo depois os franceses. Em seguida figuram, por períodos mais ou menos curtos, dinamarqueses, suecos, alemães e americanos, porém nunca os espanhóis.[236]

A Espanha e a Igreja Católica foram os primeiros a suprimi-la. A tal propósito expediram os reis um sem-fim de Cédulas e Leis reais (1501, 1523, 1526, 1528, 1530, 1534; Leis Novas: 1542, 1543, 1548, 1550, 1553, 1556, 1568 etc.). Embora, de fato, a primeira antiescravista tenha sido Isabel, a Católica, ordenando a Colombo a libertação dos indígenas que ele havia levado à Península para vender, proibindo-lhe em seguida, sob pena de graves castigos, voltar a fazê-lo, a rainha considerava os índios tão vassalos seus como os espanhóis.

Aqui estão algumas das principais resoluções das Novas Leis de novembro de 1542:

> Que os do Conselho (das Índias) tivessem especial cuidado na conservação, bom governo e tratamento dos índios. Que o fiscal cuidasse de saber como se guardavam estas ordens. Que as Audiências se informassem dos maus-tratos aos índios. QUE POR NENHUMA CAUSA SE PUDESSE FAZER ESCRAVOS OS ÍNDIOS, PORTANTO, NEM POR CAUSA DE GUERRA, NEM A TÍTULO DE REBELIÃO, NEM POR RESGATE, NEM DE OUTRA MANEIRA. Que os índios escravos fossem postos em liberdade [...] Que os índios não fossem obrigados a esforços contra sua vontade e sem pagar-lhes por aquele trabalho, cuidando-se que a carga, onde isto se pudesse evitar, não fosse excessiva, nem trouxesse perigo de saúde ou de vida. Que nenhum índio fosse levado à procura de pérolas contra sua vontade, sob pena de morte a quem infringisse esta disposição. Que fossem removidas todas as *encomiendas* de índios que tivessem os vice-reis ou governadores ou seus lugar-tenentes ou quaisquer oficiais nossos sejam de justiça ou de nossa fazenda, prelados, casas de religião ou de nossa fazenda, hospitais confrarias ou outras semelhantes. Que se moderassem os repartimentos excessivos, e do que se tirasse desse para o sustento dos primeiros conquistadores. Que em seguida não se encomendassem índios, senão que, morrendo os *encomenderos*, sua repartição passasse à Coroa. Que os Ouvidores cuidassem

---
236 Em José María Iraburu, op. cit.

da instrução e bom trato dos índios, que deixassem de ser encomendados. Que os tributos que deviam cobrar os *encomenderos* fossem taxados pelos governadores, com o objetivo de que não fossem excessivos. Que os índios fossem também tratados como pessoas livres e vassalos do Rei da Espanha. E que os Presidentes e Ouvidores da Audiência cuidassem da taxa dos tributos, e que ao *encomendero* que cobrasse mais do que estava taxado, se lhe privasse imediatamente da encomenda.[237]

Convém mencionar também as bulas que para tal efeito promulgou o Papa Alexandre VI em 1493 (conhecidas comumente como *bulas alexandrinas*), onde se concede à monarquia espanhola o direito de pacificar o continente americano com a condição de proteger e evangelizar os índios.[238] De seu cumprimento se encarregaram muito especialmente os missionários, que não hesitaram em fazer queixas públicas e aplicar severas repreensões contra aqueles que percebiam violando tão importantes normativas.

Neste sentido, como bem disse Esteva Fabregat, "o que aprenderam [os índios] dos espanhóis foi precisamente protestar contra a escravidão e o direito a exercer legalmente ações contra os escravagistas".[239] E isto, acrescenta o Padre Iraburu, "foi, acima de tudo, mérito da Igreja e da Coroa".

---

237 Estas foram aumentadas e retocadas depois em Valladolid, em 4 de junho de 1543. Informação tomada do trabalho de Rodolfo Ruz Menéndez, *Yucatán en la época colonial, servidumbre, no esclavitud*, incluso na obra já citada do autor/compilador Carlos Castillo Peraza (p. 82).
238 Martínez Martínez, *Historia del Derecho en América Hispana*, Anuario de la facultad de Derecho XXI, 2003, pp. 503–517. Consultado em 16 de agosto de 2013, p. 51.
239 Claudio Esteva Fabregat, *La Corona española y el indio americano*. Valencia: Asociación Francisco López de Gomara, 1989, t. I, p. 168.

CAPÍTULO V

A hecatombe demográfica:
fomes, pestes, doenças, guerras e sacrifícios humanos[1]

Este capítulo trata de uma questão de vital importância, vinculada intimamente a um dos suportes, vetores, essenciais da Lenda Negra americana: o suposto genocídio cometido pelos conquistadores. Assim, não faltam aqueles que, fugindo de servir à Ciência, à História e à Verdade, impulsionados por um extremo e irracional fanatismo ideológico, chegaram a asseverar que houve na América um extermínio sistemático de nada menos que 90 milhões de indígenas. Este é o caso do inefável Eduardo Galeano, seu discípulo Felipe Pigna, e seus respectivos *best-sellers*.

Embora, afortunadamente, a questão tenha sido resolvida definitivamente por uma larga e rica série de estudos científicos imparciais e de chamados ao sentido comum, a acusação de holocausto segue vigente, e convém, portanto, refutá-la metodicamente.

Digamos desde já o seguinte:

— Até o ano de 1580 não havia na América mais de 200 mil espanhóis, e somente uma ínfima parte deles tinha alguma experiência ou adestramento militar. Como fizeram para liquidar 13 milhões de

---

1   A questão dos sacrifícios humanos, por sua extensão, trataremos separadamente no capítulo posterior.

indígenas, sendo em sua maioria guerreiros disciplinados e treinados desde o próprio berço?

— A distribuição/densidade populacional pré-colombiana era fartamente desigual, estando centralizados somente aqueles povos sujeitos aos grandes impérios. Muitas regiões permaneceram inóspitas e despovoadas por séculos, e em outras tantas os espanhóis não conseguiram adentrar e penetrar senão muito depois, sem conseguir, contudo, às vezes, uma permanência estável e contínua — pois suas forças de exploração eram limitadíssimas, por serem tão poucos numericamente e seus recursos tão escassos. Portanto, mesmo se houvesse existido uma vontade consciente de dizimar os indígenas, isto não teria sido possível fisicamente. Nem mesmo implantando em cada indígena um GPS — centralizado nos *headquarters* localizados em Castela — poderiam ter alcançado tal objetivo.

— Estudos sérios aceitos universalmente estimam em não mais de 13 milhões a população americana para os tempos em que os europeus chegaram à América pela primeira vez.

— Depois, provou-se de modo suficiente que a primeira causa da hecatombe demográfica indígena deveu-se às pestes e doenças.

— Estas pestes e doenças não foram trazidas e transmitidas pelos espanhóis somente, também houve outras igualmente mortíferas originadas no próprio continente e contagiadas pelos indígenas.

— As grandes fomes, geradas não poucas vezes por suas limitadas, improvisadas e irresponsáveis técnicas de cultivo e esgotamento do solo — somado a que raramente tiveram consciência de armazenamento de alimentos —, também explicam parte importante da mortandade indígena. Sem dúvida, vários desastres naturais complicaram este quadro ainda mais.

Não devemos desdenhar ou subestimar, além disso, as conseqüências seguidas deste estado de improvisação em que viviam muitos povos. Vários deles, de caráter nômade/coletor, à falta de alimentos, matavam seus próprios filhos ou os deixavam soltos à sua própria sorte — sendo geralmente devorados pelas feras ou mortos pelo frio ou pela fome. Contudo, nem sempre estas mortes/execuções se explicam por razões ligadas à economia, mas também por outras relativas a práticas rituais ou culturais, como no caso dos filhos primogênitos do sexo feminino, que as tribos guerreiras desprezavam por não serem aptas, pelo seu sexo, para as guerras, estimando por este motivo somente os filhos varões.

— O aborto, nas culturas que o permitiam ou toleravam, constituiu um fator decisivo para a diminuição da natalidade.

— A exploração do povo simples pelos hierarcas dos grandes impérios indígenas nas diversas construções, trabalhos das minas etc.; o esgotamento total, espiritual e físico, destes trabalhos, somados aos traslados forçados para regiões com clima e condições às que alguns indígenas não estavam acostumados, foi causa da morte em grande escala de populações inteiras. Já mencionamos o caso dos 20 mil trabalhadores e escravos astecas mortos na construção da grande pirâmide de seu deus tutelar em menos de quatro anos.

— As guerras constantes contra inimigos externos e internos somam outro motivo determinante que explica a enorme quantidade de mortes entre os indígenas.

— Por último, os sacrifícios humanos — que trataremos devidamente mais adiante. Estima-se que povos como os astecas chegaram a executar em ocasiões cerca de meio milhão de seres humanos por ano. Recorde-se que naquele fatídico ano de 1487, em quatro dias, sacrificaram mais de 80 mil homens, mulheres, crianças e velhos.

a) Fomes

As fomes foram algumas vezes conseqüência direta das grandes catástrofes naturais, pragas ou, como mencionamos antes, do caráter nômade de alguns povos, que apenas contavam com uma economia de subsistência. Mesmo nas áreas de irrigação, como faz notar Vittori, sua precária agricultura esteve sempre exposta aos fatores climáticos (chuvas, geadas, secas, pragas etc.) que às vezes arrasavam com a totalidade de suas colheitas. Por esta causa os maias perdiam duas colheitas a cada cinco, e os incas três a cada cinco. Pelas pragas — formigas, lagartas, roedores etc. — e furacões viu-se particularmente afetada a região do Caribe; os astecas e demais povos vizinhos, pelas inundações; por terremotos, quase todo o Peru. Depois, a todas estas, há que acrescentar a da freqüente pilhagem entre as diferentes tribos que guerreavam, às vezes tão-somente para abastecer-se de alimentos.[2]

No entanto, os períodos de fome geralmente foram conseqüência de suas próprias limitações técnicas e do desconhecimento das ferramentas propícias para os trabalhos da terra (não conheciam o ferro, nem a roda, nem o arado, nem a domesticação de animais para tal tarefa). Uma mostra de sua ineficiência e falta de conhecimentos neste sentido é que praticavam a queima dos prados depois da colheita, o que, realizado excessivamente, terminava por gerar o esgotamento do solo e a proliferação de ervas daninhas. Diz G. Morley: "A erva, o inimigo invencível da agricultura de *milpas*, invadia eventualmente o terreno [...] se se semeia continuamente uma *milpa* ano após ano, produz menos e menos milho".[3] Segundo vários autores, o colapso do sistema de agricultura foi a causa da decadência e queda de grandes culturas como os maias e astecas, e em uma menor medida dos incas (graças ao uso de fertilizantes e a seu efetivo sistema de irrigação).

As rústicas ferramentas que empregavam faziam que o rendimento dos cultivos de milho fosse muito escasso: 130 a 140 quilos de milho debulhado por hectare, ou de 270 quilos na espiga por hectare. Atualmente, com outros métodos, o rendimento é de 2 mil quilos.[4]

Quanto aos grandes períodos de fome pré-colombianos registrados, Clavijero menciona a ocorrida sob o reinado de Montezuma, no ano de 1453. "A fome durou pouco mais de três anos, e os mexicanos se alimentavam de raízes, ervas, insetos, peixes e até de terra. Homens e mulheres, ante a desesperação e a fome, vendiam-se como escravos para tentar subsistir".[5]

---

2   Dados tirados de G. Morley e Silva Galdames. Citado por Vittori, op. cit., pp. 28–29. Consultar também para esta questão Louis Baudin, *La vida cotidiana en el tiempo de los últimos incas*, p. 234.
3   Sylvanus G. Morley, *La civilización maya*, p. 75. Nigel Davis, *Los astecas*. Barcelona: Ed. Destino, 1977, p. 169.
4   Durvan, pp. 12–413. Citado em Vittori, op. cit., p. 29. O caso referido é a respeito dos maias, principalmente.
5   Em Clavijero, l. IV, p. 612; *México a través de los siglos*, I, pp. 558–559. Vittori (op. cit., p. 32), apoiado nas crônicas de Torquemada, Duran, Tezozómoc e Ixtilxóchitl, afirma que o grave período de fome começou em 1446 devido a uma praga, estendendo-se depois pelas inundações de 1449. Sobre os distintos períodos de terríveis fomes sofridas pelos índios antes da chegada dos espanhóis, consultar também Ricardo Molina Solís, *Las hambres de Yucatán*, Mérida, 1935 e Carlos Bosch García, *La esclavitud prehispánica entre los aztecas*, México, 1944. Sobre epidemias pré-hispânicas, ver a bibliografia citada por Kubler, op. cit., p. 631.

Esta situação de extrema fome e necessidade é relatada por Tezozómoc:

> Depois de todo o povo haver comido e bebido, e lhes feito presentes de roupas, falou-lhes Montezuma e Cihucoatl, dizendo: "Irmãos, filhos e netos nossos: já consta a necessidade e grande fome que há em geral; e isto não nos causou nossos inimigos, os dos povos distantes, nem os vizinhos em guerra, porque isto é geral; nem há de quem nos queixarmos, que isto é vindo do céu e da terra, dos ares, montes e cavernas, por mando daqueles que regem, no céu, os dias e as noites; e assim, com isto, consolai-os e confortai-os com isso, e pois não podeis sustentar a tantos filhos, filhas e netos, determinai de dar vossos filhos a estranhos, porque com o milho que por eles os derem, vós socorreis a necessidade, e vossos filhos estarão como depósito, comendo e bebendo à vontade". Com isto, e com muitas palavras consolatórias, confortou-os. Com isto, os mexicanos, homens e mulheres, donzelas, meninos e meninas, alçaram um pranto dolorido rendendo graças ao Rei Montezuma, e assim muitas pobres mulheres despediram-se de seus filhos, e os filhos de seus pais e mães, e grande quantidade de donzelas e mancebas, elas próprias se venderam às pessoas ricas que tinham celeiros de milho. Vendiam-se por milho, outros por mais, outros por menos, que foi a maior compaixão do mundo. E assim viveram muitos tecpanecas e aculhuaques, e mayordomos, e mercadores a comprar escravos, e muitos levaram a Cuitlahuac, a Mizquic, Chalco, Huexotzinco, Cholulan e Toluca, e outras muitas partes...[6]

O investigador e médico uruguaio Schiaffino menciona um assunto primordial ao que já aludimos anteriormente:

> Pode-se dizer que o grande problema do indígena foi o problema de sua alimentação, problema individual e problema coletivo, ao redor do qual giravam todas suas manifestações sociais. Ele jogava impiedosamente umas tribos contra outras, em guerra sem fim; dispunha as imigrações, originando a instabilidade, que era característica das demais; exigia sua redução, sacrificando os inaptos; media a multiplicação da espécie; e aguçava o enxerto do homem americano para o estudo prático dos reinos vegetal e animal, exigindo a busca de tudo que fosse comestível.[7]

No século VIII haviam vivido os maias um período de fome devido ao esgotamento do solo, gerado, em parte, pelo grande crescimento

---

[6] As referências bibliográficas sobre esta citação e o que Clavijero diz a respeito encontram-se em "Consideraciones en torno a la esclavitud entre los aztecas", de Socorro Moncayo Rodríguez e María del Carmen Ainaga Vargas. Ensaio disponível em: http://biblio.juridicas.unam.mx/libros/2/722/14.pdf.

[7] Dr. Rafael Schiaffino, op. cit., p. 209.

populacional e a falta de outros recursos. O mesmo aconteceu à grande cidade de Teotihuacán um século depois.

As fomes e a pobreza extrema em que moraram vários destes povos — geralmente aqueles homens de baixos estratos sociais — explicam em grande medida a quantidade de indígenas que prostituíam seu corpo e seus filhos e filhas a fim de poder subsistir. Conquanto este assunto será tratado com maior precisão, convém ir citando a respeito a confirmação desta realidade por parte de um cacique da região que atualmente pertence à Nicarágua: "Aquele que tem extrema necessidade e vendeu tudo quanto tinha, sucede que os pais vendem os filhos, e mesmo cada um se pode vender a si próprio, se quiser ou pelo que quiser [...]".[8]

b) Pestes e enfermidades

[...] A chegada do europeu, fora as brutalidades que pôde cometer mais tarde, parece ter tido unicamente um pequeno papel na epopéia de um desastre de proporções cósmicas. [...] O número total de pessoas afetadas nunca poderá calcular-se com fiabilidade, porém não é exagero sugerir que, entre os povos indígenas do Novo Mundo, mais de noventa por cento das mortes foram causadas por doenças contagiosas mais que por crueldade.[9]

Henry Kamen

Aqui é fundamental distinguir entre as pestes e doenças ocorridas antes e depois da chegada dos europeus. Veremos que a América pré-colombiana esteve infestada delas. Por outro lado, as chegadas ao continente, transmitidas pelos espanhóis, mataram tanto a espanhóis como a índios. Também convém fazer notar que estes últimos, os indígenas, transmitiram doenças igualmente graves — mortais em muitos casos — aos espanhóis; especialmente sacerdotes, que eram os que estavam em constante contato com os indígenas, cuidando deles quando eles caíam enfermos de diferentes epidemias, pestes e doenças.

---

8   Gonzalo Fernández de Oviedo, *Historia General y Natural de las Indias*, Colección Cultural (digitalizado pela Fundação Enrique Bolaños), parte III, livro XLII, p. 405.
9   Ibid., pp. 154–156.

Pestes pré-colombianas

Levou-se o grande público a crer no absurdo de que os índios não conheciam as pestes até que chegaram os espanhóis. Isto é completamente falso, e se encarregou a ciência de demonstrá-lo amplamente; muito especialmente a partir de recentes estudos e investigações.

O certo é que a América pré-colombiana esteve repleta delas, perecendo por sua causa vários milhares de pessoas. Recorda-se, entre as mais próximas à conquista, cronologicamente, a peste de 1449, imediatamente posterior ao transbordamento do Lago Texcoco, as nevadas e mortes por frio em 1450 e 1452, e a nova peste que se lhes seguiu.[10] S. G. Morley assinala que a crônica do Livro de Chilam Balam de Tazimín e a primeira e segunda crônica de Chilam Balan de Chumayel fazem referência a uma peste terrivelmente fatal em um Katún[11] 4, entre o século XV e o XVI.[12]

Certamente houve vários fatores que facilitaram consideravelmente sua rápida difusão e transmissão, como a extrema falta de higiene em que estavam acostumados a viver e devido também à alimentação deficiente. Assim o entende o prestigioso antropólogo argentino Fiz Antonio Fernández, afirmando que: "À chegada dos espanhóis, o sistema imunitário da população americana em geral estava carente de defesas frente às grandes pandemias e endemias do velho mundo".[13] Isto, usualmente, estava diretamente relacionado à sua condição social e econômica.

Outro fator decisivo que explica o alto índice de mortandade indígena antes da chegada dos europeus — especialmente entre aqueles naturais submetidos aos grandes impérios — eram as mortes causadas pelos duros trabalhos nas *mitas*, construções que implicavam um esgotamento físico e mental total, que se não os matava *in situ*, fazia-os presa fácil de qualquer epidemia pela debilidade e as baixas defesas de seu organismo; pelo asfixiante de suas tarefas, a magra alimentação, as escassas horas de sono que lhes eram permitidas e seu translado para climas aos quais não estavam acostumados.

---

10 Mariano Cuevas, *Historia de la Nación Mexicana*. México: Ed. Porrua, 1967, 3ª ed., p. 61.
11 Unidade de tempo do calendário maia. — NE
12 Tomamos a citação de José Luis Vittori, op. cit., p. 58.
13 *Antropología, Medicina y Cultura Indígena De América*. Madri: Galerna, 1992, p. 102.

A isto poderíamos acrescentar o fator psicológico, igualmente devastador para sua saúde física e espiritual, produzido pelos deslocamentos forçados aos quais eram obrigados, distantes de suas famílias, durante anos e, às vezes, para sempre.

Recordemos que sob o império mexica existiam climas e condições naturais muito distintas aos de seu lugar de origem — também entre os incas. Estas mudanças de condições climáticas e geográficas, somada ao esgotamento físico, à escassez de alimentos e à deficiente ingestão protéica, eram causas suficientes para morrer. No caso dos povos de Yucatán, o Pe. Landa menciona grandes furacões que acabaram com parte da população, tanto pela ação devastadora imediata deles, como pelas conseqüências geradas pela destruição de colheitas e casas; morrendo muitos de fome e pelo desamparo e racionamento que favorecia todo tipo de pestilências e seu rápido contágio.[14] Também as grandes inundações foram causas de grande mortandade e geração de enfermidades, como aquela mencionada no século XV que quase destrói Tenochtitlán.

Um dos trabalhos mais completos que encontramos acerca das enfermidades, pestes e seus agentes de transmissão é um intitulado "Las enfermedades del hombre americano", cuja autoria pertence a Francisco Guerra e a Carmen Sánchez Téllez, ambos médicos e professores da Universidade de Alcalá. Depois de exaustivos estudos sobre os fatores ambientais americanos, alimentos, vetores e agentes infecciosos na América pré-colombiana, concluem o seguinte:

> [...] o homem americano esteve exposto a diversas causas de enfermidade, peculiares a seu meio. Existia grande número de plantas e frutos potencialmente tóxicos e inclusive alguns alimentos básicos, como a mandioca antilhana e o tremoço e o feijão andino, que continham substâncias tóxicas que, por não serem eliminadas pela lavagem prévia dos amidos ou pelo cozimento, podiam causar a morte. Em algumas áreas subtropicais e tropicais, vários insetos, artrópodes e répteis venenosos constituíam uma ameaça constante para a vida. Confirmou-se, ademais, que a parasitação por mosquitos, moscas, flebótomos, borrachudos, mutucas, percevejos, triatomas, pulgas, piolhos, ácaros, dêmodex e carrapatos serviam de vetores de enfermidades infectocontagiosas de elevada morbidade e mortalidade que,

---

14 V. Landa, op. cit., p. 21. Disponível em: http://www.wayeb.org/download/resources/landa.pdf.

em alguns casos, tinham caráter endêmico e em outros epidêmico. Vários destes parasitas, por si, eram capazes de produzir incômodas doenças no homem, como a miose, a tungíase, a sarna [...]

> [...] Surgem deduções de grande interesse histórico: fica patente que uma alimentação rica em carboidratos e pobre em gorduras e proteínas, como ocorria em áreas distantes das costas, estava associada a uma infestação endêmica por ancilostomíase, e explicaria a pouca resistência ao trabalho e a mal chamada indolência do índio americano. Por outro lado, a ausência de malária e de febre amarela na América pré-colombiana também explicaria a possibilidade da conquista hispânica, enquanto que a existência de ambas as doenças na África e o tardio conhecimento de sua natureza e meios de controle e tratamento tornou impossível empreendimento similar no continente negro até bem poucos anos atrás...[15]

No mesmo ensaio se comenta, além da grande quantidade de animais venenosos e parasitas, internos e externos que existiam — que ocasionavam numerosas enfermidades e mortes —, havia também frutos que eram altamente tóxicos se consumidos antes de seu amadurecimento, como o caso do *ackee, Blighia sapida,* que cresce na Jamaica e pode ocasionar a morte em noventa por cento dos intoxicados.

Apesar de sua extensão, cremos de grande utilidade para o leitor a transcrição parcial de um artigo[16] sobre o tema elaborado pelos especialistas Angélica Mandujano Sánchez e Luis Camarillo Solache:

> Embora predomine a tendência de ponderar a boa saúde existente antes da chegada dos conquistadores e contrastá-la com os diversos e graves padecimentos causados pelas severas epidemias no século XVI que assolaram o México e produziram a morte de nove em cada dez indígenas, registram-se numerosas epidemias no altiplano mexicano antes do século XVI e sempre surgiram relacionadas com problemas socias de grande importância. Os cronistas mencionam a aparição de vários fenômenos fora da ordem natural desde 1446, quando sobreveio a grande inundação que motivou a construção de um dique que separasse as águas salgadas e doces da lagoa. Chimalpahin relata uma praga de gafanhotos e Veytia assinala que desde 1448 surgiram problemas pela falta de chuvas e a escassez de colheitas.

---

15 "Las enfermedades del hombre americano", F. Guerra e M. Sánchez Téllez, Universidade de Alcalá de Henares, *Quinto centenario*, n. 16. Madri: Edit. Univ. Complutense, 1990. Versão digital: https://revistas.ucm.es/index.php/QUCE/article/download/QUCE9090110019A/1697/0.
16 "Historia de las epidemias en el México antiguo. Algunos aspectos biológicos y sociales". Angélica Mandujano Sánchez é professora da Faculdade de Medicina da Universidade Nacional Autônoma do México. Luis Camarillo Solache leciona numa cátedra na Universidad de la Laguna, em Tenerife, Espanha. Mario A. Mandujano é professor-investigador da UAM-Xochimilco. http://www.difusioncultural.uam.mx/revista/abr2003/mandujano.html.

De 1450 a 1454 a seca e as geadas extemporâneas levaram os povos de Anáhuac a uma crise catastrófica de fome e enfermidade.

No ano de 1450, ocorreram mudanças climatológicas violentas condicionando uma geada extemporânea que propiciou que aumentasse a fome, a contaminação das águas pela morte de animais aquáticos e a aparição de doenças. Outra série de geadas causou a perda das colheitas e escassez de sementes para a seara. A fome fez-se sentir mais nas pequenas cidades da área de influência de Tenochtitlán e Texcoco, embora esta última tenha padecido mais por conta das epidemias, já que a fome e a doença fizeram que padecesse a maior parte de seus habitantes. Os governantes tomaram medidas para combater a fome e suas conseqüências. Nas cabeceiras da Tríplice Aliança: México-Tenochtitlán, Texcoco e Tlacopan, os senhores Montezuma Ilhuicamina, Netzahualcóyotl e Totoquihuatzin deixaram de levantar tributos durante os seis anos que durou a calamidade. Além disso, abriram seus silos onde guardavam o tributo que haviam resguardado nos anos anteriores e repartiram o milho e o feijão entre os pobres de seu reino.

Em CeTóchtli (1453), um coelho, houve uma fome que dizimou a população. O Códice Chimalpopoca registra esta calamidade no ano "1. Tochtli. Neste ano tudo acoelhou" ... quer dizer, apropriou-se de todos os males de um signo astrológico desventurado como seria um-coelho, ou "foi-se com os totonacas. Então estava a guerra dos chalcas em todas as cercanias do monte (quauhtenampan); e por isto cessou, já não se fazia guerra. Houve fome três anos; já não se davam alimentos". Os habitantes destas regiões começaram a migrar para terras quentes, onde não se havia deixado sentir as inclemências do tempo. Os habitantes do altiplano vendiam sua liberdade em troca de um punhado de comida, outros trocavam seus filhos por milho e eram comprados pelos totonacas, os quais os levavam para o centro do México. Torquemada o descreveu assinalando:

[...] daqui resultou uma grandíssima fome, e tanto, que chegaram estes pobres mexicanos a comer raízes e ervas silvestres, por não terem outra coisa que comer; e chegou a tanto a penúria, que se vendiam uns aos outros, por preço de milho: e vendo o rei e seu conselho que isto se passava, e que força era que passasse assim, porque de todo ponto não pereciam os mexicanos, deram permissão de que, já que se haviam de vender por escravos, fosse o valor e preço de uma donzela quatrocentas espigas de milho, que desgranadas fazem uma *fanega*, ou pouco menos, e o de um mancebo, ou moço, fossem quinhentas espigas. Foi necessário, ademais, quando menos em Tenochtitlán, dar permissão aos habitantes de emigrar para outros lugares onde pudessem obter com que se manter. No ano em que repartiam alimentos com os pobres, as reservas de Montezuma começaram a esgotar ao chegar o oitavo mês de seu calendário, até que finalmente se acabaram. Os caminhos ficaram repletos de ossos daqueles que não puderam chegar em seu destino e foram detidos pela inanição e pela "praga do céu" que se desatou.

Desde o início das calamidades, Alva Ixtlilxóchitl expressa que pelas nevadas de 1450 a temperatura esfriou de tal maneira que se apresentou um "catarro pestilencial", pelo qual morreu muita gente, em especial de idade avançada. Pode supor-se que o padecimento em questão afetava as vias respiratórias e podia tratar-se de algum tipo de influenza que periodicamente se manifesta com um caráter epidêmico, de alta mortalidade. Isto pode atribuir-se a que às catástrofes em que os alimentos mais essenciais escasseiam, e com maior razão quando faltam por cinco anos completos, somam-se diversos tipos de padecimentos infectocontagiosos que proliferam, e também o aparato imunológico da população afetada se deprime com a impossibilidade de obter proteínas.

Muitas fontes mencionam o consumo de coisas contrárias à saúde como causa da mortandade, e no Códice Chimalpopoca consigna-se que: "No ano 3 técpatl, neste ano se deram os amarantos, que era tudo o que se comia e por isso houve mortandade. Foi o terceiro ano em que houve fome. Estão pintadas as figuras da gente, a quem comem urubus e os coiotes". Provavelmente se acrescentaram problemas gastrointestinais. Quando em 1455 começou a chover e houve abundância, os efeitos da fome desapareceram paulatinamente, porém as epidemias seguiram cobrando vítimas ainda em 1456.

De modo geral, para os indígenas pré-hispânicos, todos os males, físicos e sociais, eram considerados produto da vontade dos deuses, a atitude das divindades para com o homem: uma maldição, um castigo. A intervenção do fator psíquico na concepção das doenças teve um papel importante para os povos índios, pois qualquer alteração da ordem cósmica ou da ordem humana era considerada realizada pelos deuses. Assim, estes povos tributavam adoração especial aos astros e procuravam comprazer em tudo a seus deuses para evitar que as calamidades caíssem sobre eles: contam as histórias que poucos dias antes da guerra, apareceu no céu um grande cometa... o qual durou até o fim da batalha. A esse sinal tiveram por mal agouro; porque estes índios (também como nós os castelhanos) sabem que elas significavam fomes, pestilências e guerras como nesta ocasião se verificou.

O fim de Tula atribui-se a muitas causas, entre elas políticas, econômicas etc., porém também pode-se levar em conta uma grande pestilência sobrevinda no ano 7 tochtli, à qual se faz menção nas crônicas: "Das mil partes toltecas morreram-se novecentas", de maneira que esta epidemia influiu poderosamente no abandono de Tula e nas migrações. Houve outra epidemia durante o governo do senhor totonaca de Mizquihuacan, que começou por uma fome que durou quatro anos e veio depois a pestilência. Os mortos eram tantos que não conseguiram sepultá-los e o ar estava contaminado fazendo vítima a todo o povo, que quase se extinguiu.

Os astecas, ao falar de sua peregrinação, também fazem menção às epidemias, já que por causa delas saíram em busca de novos locais onde habitar. Chimalpahin, em sua *Terceira Relação*, anota um caso de despovoamento por epidemia no ano 3 pedernal (1456) em Chalco (possível desinteria), e no códice Chimalpopoca "4 técpatl. Neste ano Xochtlan despovoou-se com a pestilência". "5 calli. Neste ano Tequantépec despovoou-se com a pestilência, igual a Amaxtlán". Reconhece-se que as populações de Xochtlán, Tecuantepec e Amaxtlán foram assoladas por epidemias no ano 4 técpatl (1496). Não se conhecem as características destas epidemias, porém, possivelmente, foram tifo exantemático ou também doenças das vias respiratórias, que influíram no despovoamento. A região maia também foi assolada várias vezes por diferentes epidemias desde a destruição de Mayapán até uns cinqüenta anos antes da chegada dos espanhóis.

Frei Toribio de Motolinía, em uma carta dirigida ao rei e fechada em Tlaxcala em 2 de janeiro de 1555, acusa a Bartolomeu de las Casas de caluniar os espanhóis; menciona que os indígenas diminuíram em grande número nos últimos dez anos devido às pestilências e não ao maltrato. Ademais, assinala que "Deus castigou a Nova Espanha com dez pragas trabalhosas", que são a varíola, o sarampo, a fome, a guerra, a opressão e os tributos em várias formas, a escravidão e o trabalho nas minas.

Herrera trata de explicar a diminuição da população de Tabasco:

Antes havia uma multidão de índios, porém as muitas doenças e pestilências que existem nessa região os diminuíram em grandes quantidades, e ademais porque quando estão enfermos de sarampo, varíola, catarros, fluxo com sangue e fortes febres, costumam banhar-se nos rios sem esperar que a enfermidade tenha sido mitigada, e por isso morrem. E de acordo com a doutrina cristã, não se lhes permite mais de uma mulher, enquanto que antes podiam ter dez ou doze, e por isso não podem aumentar o número de índios, especialmente entre os chontales. [...] Os fatores mais importantes em relação com as epidemias foram: 1) o número de anos em que a doença não se apresentou; no caso de imunizar algumas gerações da população; 2) o estado nutricional da população, que dependeu das variações de preço do milho e das classes sociais; 3) o mês do ano em que se desenvolveu a doença e tipo de clima já que uma epidemia que aparecia durante a seca e o calor era mais cruel e durava mais, assim como sua presença antes ou depois da colheita; 4) grupos de idades que afetava.

As conseqüências destas enfermidades coletivas foram graves. O governo espanhol se viu pressionado a legislar acerca delas, estabelecendo hospitais e eximindo os índios de tributos e pagamentos quando fossem atacados pelo mal. O monarca Carlos I ditou em 1546 uma lei para que se eximisse dos tributos os índios que sofriam de epidemia.

Com respeito aos indígenas, foram consideradas como principais causas: o abuso de aguardentes e bebidas fermentadas; o pouco alimento que consumiam, baseado em dieta de milho cozido, pimenta e pulque, o qual fazia com que não tivessem quantidade suficiente de "sangue e linfa"; o clima de contrastes da cidade do México, somado à pouca vestimenta dos nativos e às condições de suas casas, pois dormiam no solo com umidade e frio; o abuso de pulque e o banho frio, e finalmente, a atitude mental do índio ante as enfermidades. Eram presas do temor, não se curavam e atraíam a morte só de medo. Este último corrobora a afirmação de Castiglioni e de Aguirre Beltrán, no sentido de que as enfermidades coletivas vão geralmente acompanhadas de um estado de ânimo próprio ao mal geral em uma comunidade.

[...] Existem algumas evidências de que algumas doenças que alcançaram magnitude de epidemia no México depois da conquista, haviam existido na América muito tempo antes. O tifo exantemático é um caso de especial interesse que se esclareceu durante as primeiras décadas do século xx. Em 1906, dada a relevância do tifo, Justo Sierra abriu um certame concedendo 50 mil pesos para prêmios sobre trabalhos relacionados com a enfermidade. Nesse ano o concurso foi declarado deserto. Em 1916 aceitou-se o papel de uma Rickettsia como agente causal. O Doutor Nicolle assinalou o papel do piolho como agente transmissor da doença, mediante observações e experimentos que permanecem até a hoje. O tifo, segundo Nicolle:

É uma enfermidade móvel, seguindo o homem em suas viagens, acampando nos lugares onde acampa, indo daqui para acompanhar por sua vez a todos que freqüentou, doença pegada à sua pele e às suas roupas íntimas, como o próprio piolho e que pára no umbral dos hospitais e em todos os pontos em que o homem encontra água, sabão e roupa limpa.

A tuberculose parece haver se desenvolvido na América, como indica o Dr. Fiz Fernández.[17] De modo conveniente, cabe recordar que a sífilis, enfermidade que assassinou milhões de indígenas, estava presente na América antes da chegada dos espanhóis. Outros investigadores da Universidade Nacional da Colômbia, apoiados nas mais recentes descobertas da biologia e da arqueologia, demonstram que a aparição desta enfermidade remonta a cinco mil anos atrás.[18] Por sua vez, o Dr. Ananya Mandal comenta o seguinte: "A história sugeriu que a sífilis é uma doença de épocas primevas. A enfermidade pode ter sido freqüente entre a população indígena das Américas antes de que os europeus viajassem para o Novo Mundo".[19]

---

17 Fiz Antonio Fernández, *Antropología, cultura y medicina indígena en América*. Buenos Aires: Conjunta Editores, 1977, p. 139 e ss. O autor foi um prestigiado e conhecido antropólogo.
18 Patricia Barrera Silva, "Sífilis venérea: ya estaba en América". Colômbia: Publicação da Unidade de Meios de Comunicação — Unimedios — da Universidade Nacional da Colômbia, 2013. Cfr. http://historico.unperiodico.unal.edu.co/Ediciones/111/12.html. Recomendamos consultar o artigo completo, onde se explica e fundamenta de forma detalhada e precisa esta questão.
19 "Historia de la Sífilis". Publicado em *News Medical*, 8 de setembro de 2013. Cfr. http://www.news-medical.net/health/Syphilis-History-(Spanish).aspx. Fiz Antonio Fernández, antropólogo, confirma o dito, assinalando que esta doença foi endêmica dos índios. Op cit., p. 139 e

Houve um vírus autóctone da América — portanto, que não fôra trazido pelos europeus — particularmente mortal — tanto para espanhóis como para índios — que foi chamado de *cocoliztli*, a que diferentes cientistas atribuem a morte de cerca de 17 milhões de astecas no século XVI; espalhando-se depois a epidemia por todo o continente.

A esse respeito existe um sem-fim de documentos, estudos e investigações que demonstram o exposto; muitos deles reunidos em uma interessantíssima investigação produzida pelo *National Geographic*, onde, utilizando as últimas ferramentas tecnológicas e recorrendo a um poderoso e muito seleto grupo de especialistas, conclui-se que, contrariamente ao que se pensava, a presença espanhola pouco ou nada teve que ver com várias das mais terríveis epidemias e pestes que exterminaram parte considerável da população indígena no continente.[20] Levando em conta estas descobertas, e relativizando em parte o protagonismo que por muitos anos se atribuiu à varíola pelas mortes, comenta um especialista do Historial Channel:

> As manchas de varíola dos desenhos eram muito grandes e pouco difusas. Os informes dos médicos eram muitíssimo mais precisos. A epidemia que extinguiu 85 por cento da população americana era uma febre hemorrágica originada no México e completamente desconhecida na Europa [...]. A presença dos espanhóis apenas serviu para combatê-la. E mais importante que o ponto de vista médico foi a contribuição da miscigenação. A variabilidade genética foi a salvação para os espanhóis e para centenas de milhares, e quiçá milhões de mestiços depois de meados do século XVI [...].[21]

Pestes posteriores à chegada dos espanhóis

Frei Bernardino de Sahagún conta que depois da conquista houve três grandes pestes: a do ano de 1520 — depois da retirada dos espanhóis

---

ss., e 202. Nicolás Sánchez Albornoz reconhece o mesmo em seu importante ensaio "La población en América Latina", p. 80.

20   O documentário se intitula *Astecas, a verdade do genocídio* e foi realizado e transmitido no ano de 2008 por *National Geographic* e produzido por Louis Ireland, Kay Beaumont, Helen Breslin, Liz Mc Leod, entre outros. O documentário tem uma duração aproximada de 40 minutos, dividido em quatro partes, e se encontra disponível no canal do YouTube do Historial Channel. Nele participam inúmeros biólogos, médicos e outros profissionais, entre eles R. Acuna Soto, D. Stahle, M. Cleaveland, M. Therrel. O médico John S. Marr, epidemiólogo, depois de exaustivas investigações, conclui que esta "não era nenhuma doença conhecida no mundo antigo, senão que é própria da América". Disponível em: http://www.youtube.com/watch?v=-DxHRCgMxjO0&list=UUfPcZPgA6V_FR5U0NL5J7DA.

21   Ibidem.

—, a de 1545 — na qual morreu a maior parte da gente que havia na Nova Espanha — e a de 1576, que foi universal e na qual quase morre o próprio sacerdote. A respeito da segunda peste, a de 1545, o frade diz que, por haver durado três ou quatro meses, ninguém havia ficado com vida.[22] No entanto, é importante esclarecer que a peste de 1576 — como mencionamos antes — não foi uma enfermidade trazida pelos espanhóis, mas própria da região. O nome desta epidemia foi *cocoliztli*, sucedida depois pela *matlazahuatl*. Estima-se que morreu cerca de 90 por cento dos habitantes da região; e não somente indígenas, mas também muitos negros e espanhóis.[23] E este é um tema que convém recordar e reiterar: a grande quantidade de espanhóis mortos por causa destas doenças. Mencionaremos somente dois casos conhecidos: Pedro de Mendoza chega ao Rio da Prata com 2 mil pessoas, das quais somente duzentas sobrevivem. Na Ilha Santa Catarina, de 380 soldados e mulheres espanholas, morrem mais de duzentos de fome e doenças.[24]

Hoje, graças a numerosos estudos e análises dos mais destacados biólogos, antropólogos e historiadores, já não restam dúvidas a este respeito. É claro que foram as doenças, epidemias e pestes — para além da discussão de sua origem e da quantidade de indígenas existentes na América no momento da chegada dos europeus — as responsáveis por mais de 99 por cento [do desaparecimento] da população americana. Isto mesmo reconhece o historiador protestante Henry Kamen, inimigo da conquista espanhola, citando a obra de David Noble Cook (*Born to Die. Disease and New World Conquest, 1492–1650*):

> E, no entanto, a crueldade infligida aos habitantes do Novo Mundo foi responsável por somente uma pequena parte do desastre subseqüente. Nunca houve suficientes espanhóis na América para matar o enorme número de nativos que pereceram. Sem nenhuma dúvida, o motivo principal da catastrófica diminuição da população das Américas foram as doenças infecciosas levadas pelos europeus. Os nativos do mundo atlântico não se

---

22 *Historia general de las cosas de la Nueva España*, l. xi, apêndice 7, nº 4 e 5 (p. 707); cap. 12, nº 7 (p. 710); l. xii, cap. 29, nº 1–4 (pp. 744–745). Cit. em Alberto Caturelli, op. cit., pp. 500–501.
23 *Epidemias, plagas y hambres en Yucatán, México (1520–1700)*, Sergio Quezada. Mérica, Universidad Autónoma de Yucatán, Revista Biomédica, nº 4, 1995. Disponível em: http://www.revbiomed.uady.mx/pdf/rb95648.pdf.
24 Estes casos se repetiram em todo o continente. Se não pelas doenças e pestes, morriam pela fome ou comidos por indígenas canibais.

livraram de doenças nem de epidemias. E a invasão européia acarretou novas e cruéis formas de morrer. As bactérias que os espanhóis portavam sacudiram a região caribenha tão logo Colombo desembarcou, e alcançaram o continente inclusive antes de Cortés. A primeira grande epidemia (de varíola) produziu-se em La Española, em finais de 1518, alcançou o México em 1520 e, ao que parece, estendeu-se pela América do Norte e provavelmente também pelo império inca. [...] O impacto direto das doenças foi devastador e assim o registraram os índios em suas crônicas. Houve outras causas de mortandade em larga escala, porém todas foram indiretas ou com efeitos a longo prazo.

O ecólogo Jared Diamond, em sua obra *Armas, germes e aço*, estima o impacto das doenças introduzidas pelos europeus em aproximadamente 95 por cento da população:

> A varíola, o sarampo, a gripe, o tifo, a peste bubônica e outras doenças infecciosas endêmicas na Europa tiveram um papel decisivo nas conquistas européias, ao dizimar muitos povos em outros continentes. Por exemplo, uma epidemia de varíola devastou os astecas após o fracasso do primeiro ataque espanhol em 1520 e matou Cuitláhuac, o imperador asteca que sucedeu brevemente a Montezuma. Ao longo da América, as doenças introduzidas pelos europeus se estenderam de tribo a tribo muito antes da chegada dos próprios europeus, matando uma porcentagem estimada em 95 por cento da população nativa americana existente quando da chegada de Colombo.[25]

O mesmo podemos ler nas páginas do historiador Alfred Crosby, em sua obra *Imperialismo ecológico*:

> A varíola cruzou pela primeira vez [...] no final de 1518 ou começo de 1519, e durante os quatro séculos seguintes desempenharia um papel tão essencial no avanço do imperialismo branco em ultramar como a pólvora. Quiçá um papel mais importante, porque os indígenas fizeram que os mosquetes e depois os rifles se voltassem contra os intrusos, porém a varíola lutou muito raramente ao lado dos indígenas. Normalmente os intrusos eram imunes a ela assim como a outras doenças infantis do Velho Mundo, a maioria das quais eram novas no outro lado dos oceanos.[26]

---

25   Jared Diamond, *Guns, germs and steel*. EUA: W. W. Norton & Company, 1999 (ISBN: 0-09-930278-0), pp. 77–78. O mesmo admite o historiador saxão Hugh Thomas em entrevista reproduzida por Miguel Lorenci para a Agência Colpisa, Córdoba-Argentina, 2 de novembro de 2003. Cfr. http://www.mapuche.info/indgen/lavozdelinterior031102.html.
26   Alfred Crosby, *Imperialismo Ecológico, La expansión biológica de Europa, 900–1900*. Barcelona: Ed. Crítica, 1988 (ISBN: 84-7423-367-4). Nigel Davis, inglês, diz: "As doenças, mais que o maltrato, segundo se reconhece agora, foram a maior causa da redução da população, e em particular as epidemias de 1545–1548 e de 1576–81". *Los Aztecas*, p. 245.

Outro historiador, o americano Charles Mann, diz que a Espanha "não teria vencido o Império (asteca) se, enquanto Cortés construía as embarcações, Tenochtitlán não tivesse sido arrasada pela varíola na mesma pandemia que posteriormente assolou Tahuantinsuyu... A grande cidade perdeu ao menos a terça parte da população por conta da epidemia, incluindo Cuitláhuac".[27]

Algo semelhante aconteceu com o império inca, derrotado por Francisco Pizarro em 1531. A primeira epidemia de varíola aconteceu em 1529 e matou entre outros o Imperador Huayna Cápac, pai de Atahualpa. Novas epidemias de varíola se desencadearam em 1533, 1535, 1558 e 1565, assim como de tifo em 1546, gripe em 1558, desinteria em 1614 e sarampo em 1618.[28] Dobyns estimou que noventa por cento da população do império inca morreu nessas epidemias.

O milagroso triunfo deste conquistador, e de Cortés, a quem com tanto êxito imitou, deveu-se em boa medida aos *triunfos* do vírus da varíola.[29]

Existe comum acordo em que a primeira epidemia no México em 1520 se encarregou, em questão de dias, de ceifar 2 mil vítimas fatais. Portanto, explica-se a grande catástrofe demográfica acontecida em La Española (Haiti e São Domingos), que em vários anos reduziu a população de 100 mil para tão-somente duzentos habitantes.

Recentemente, comenta Javier Esparza,

> um investigador da Universidade de Nova Iorque, Dean Snow, precisava que a grande mortandade não teve lugar no século XVI, mas depois, quando começaram a chegar crianças, quer dizer: coqueluche, escarlatina, sarampo; foi letal. Do mesmo modo que o primeiro estabelecimento espanhol na América, o forte Natividade, foi dizimado pelas febres, assim também os índios, em gigantescas proporções, foram dizimados pelos vírus. Vírus que seus corpos desconheciam e a que não puderam resistir: recordamos algum caso mais recente? Entre os anos 1918 e 1919, a chamada "gripe espanhola" causou a morte de mais de 30 milhões de pessoas em todo o mundo. O caso da América não foi incomum, de maneira que houve, sim, uma mortalidade expressiva de índios na América, porém não foi um genocídio. Um genocídio requer que haja vontade de extermínio. Isso não

---

27 Charles Mann, *1491*. Madri: Taurus, 2006, pp. 179–180.
28 Charles Mann, op. cit., p. 133.
29 Alfred Crosby, op. cit., p. 224 (ISBN: 84-7423-367-4).

aconteceu na América espanhola. E ainda que houvesse *encomenderos* brutais, não houve genocídio. Que fique claro.[30]

c) A população americana em 1492

A população

Ángel Rosenblat,[31] eminente filólogo argentino, imparcial em seus estudos, destrói completamente o mito do *genocídio espanhol* — e os 80 milhões ou mais de indígenas exterminados —, concluindo, mediante minuciosas e exaustivas investigações, que não havia mais que 13.385.000 indígenas na América pré-hispânica. Dele tomamos o seguinte quadro:

População da América em 1492:

América do Norte, ao Norte do Rio Grande	1.000.000
México, América Central e Antilhas	5.600.000
México	4.500.000
Haiti e São Domingos (La Española)	100.000
Cuba	80.000
Porto Rico	50.000
Jamaica	40.000
Antilhas Menores e Bahamas	30.000
América Central	800.000
América do Sul	6.785.000

---

30 *Guía políticamente incorrecta de la civilización occidental*, adaptação espanhola baseada em: *The Politically Incorrect Guide to Western Civilization*. Anthony Esolen e José Javier Esparza Torres. Madri: Ciudadela Libros, 2009 (ISBN: 978-84-96836-56-3). Tomamos a citação da publicação virtual *Argentinos Alerta*. Cfr. http://argentinosalerta.org/node/1720.

31 Formado no Instituto de Filologia da Universidade de Buenos Aires, junto a Amado Alonso, completando seus estudos no Seminário Romântico da Universidade de Berlim. Trabalhou no Centro de Estudos Históricos de Madri sobre línguas americanas sob a direção de Ramón Menéndez Pidal e Américo Castro. Foi professor da Universidade de Harvard e do Colégio do México, e desde 1947 dirigiu o Instituto de Filologia "Andrés Bello" da Universidade Central da Venezuela. Entre suas obras principais estão: *Argentina, historia de un nombre* (1949); *Las generaciones argentinas del siglo XIX ante el problema de la lengua* (1961); *El castellano de España y el castellano de America* (1962); *El nombre de la Argentina* (1964); *La primera visión de America y otros estudios* (1965) etc. Citado por Fermín Chávez na Revista del Instituto de Investigaciones Históricas Juan Manuel de Rosas.

Colômbia	850.000
Guianas	100.000
Peru	2.000.000
Bolívia	800.000
Paraguai	280.000
Argentina	300.000
Uruguai	5.000
Brasil	1.000.000
Chile	600.000
Equador	500.000[32]
População total da América em 1492	**13.385.000**

Observamos claramente na tabela reproduzida que a região do México era de longe a mais povoada do continente, contando com uma quantidade de habitantes similar à correspondente a toda a América do Sul. Outros especialistas insuspeitos e igualmente prestigiosos sugerem números análogos. Humboldt situa em 5,2 milhões a população mexicana no momento da chegada de Hernán Cortés. Por sua vez, Willcox assinala que eram menos de 5 milhões. "Se por nossa parte admitíssemos esses números para toda a população mexicana", comenta Rosenblat, "e tomássemos como base para 1569–1571 a quantidade de 3,5 milhões de índios que nós deduzimos das cifras de López de Velasco, número um pouco maior que o que admite Mendizábal, o estudo de Kubles nos conduziria a admitir uma população total de 4.414.573, que coincide extraordinariamente com os 4,5 milhões que dávamos em 1935 e que mantemos até hoje".[33]

Outra prova irrefutável da inverossimilhança das teses que sugere uma população de dezenas de milhões de habitantes para o ano de 1492 oferecem-na os dados que possuímos acerca de seus costumes

---

[32] Ángel Rosenblat, op. cit., p. 164. O erudito historiador e filósofo argentino Alberto Caturelli chega ao mesmo número (*El Nuevo Mundo*, p. 500) tal como as investigações da Junta de História Eclesiástica da Argentina (Boletim..., XIX, nº 23, pp. 2–3, março de 1989, Buenos Aires). O historiador C. Kroeber, oferece uma cifra mais baixa ainda, 8,4 milhões de pessoas (Juan B. Amores Carredano (ed.), *Historia de América*. Barcelona: Editorial Ariel, 2006, pp. 326–365).
[33] Citado de José Luis Vittori, *Exageraciones y Quimeras en la Conquista de América*. Santa Fé-Argentina: Centro de Estudios Hispanoamericanos, 1997, pp. 49–50.

alimentares, suas limitadas técnicas agrícolas, a quantidade de hectares cultivados e férteis e aptos para esta atividade, e a desigual distribuição dos indígenas no continente. A provisão de alimentos na América, diz José Luis Vittori, "não era suficiente para sustentar sequer metade dessa população".[34] Acrescenta em seguida, citando o alemão Krickeberg:

> Deve-se ter em conta que parte dos nativos vivia em estado de barbárie e se encontrava dispersa ao longo dos rios ou nas áreas selváticas onde obtinha sua comida da caça, da pesca e da coleta de frutas silvestres. A agricultura era praticada nos núcleos sedentários que correspondiam a certa organização tribal ou ao mandato político de uma ordem hierárquica, de uma "rudimentar organização imperial" assentada em uma relação de acordos ou de alianças mais ou menos estáveis de clãs e na submissão de povos tributários, não de um Estado e menos de um império no sentido europeu do termo.[35]

Como fizeram os espanhóis para exterminar 90 milhões de indígenas dentre os 13 milhões que existiam? É, todavia, uma pergunta que nenhuma ciência nem disciplina pôde elucidar até o momento (Ou por acaso matavam por conta?)

Suspeitamos que ninguém jamais poderá responder.

Breve comentário sobre fontes não confiáveis utilizadas pelo anti-hispanismo

> [...] *a tendência à exageração era uma das características dos homens da época, habituados a levar ao extremo seus pensamentos tanto como suas ações.*[36]
>
> Louis Baudin

A denominada "catástrofe demográfica" e as flutuações e altos e baixos populacionais, como vimos, são muito anteriores à chegada dos espanhóis. É claro que as inverossímeis cifras assinaladas por diversos autores — neomarxistas, principalmente — carecem de todo rigor científico e credibilidade.

---

34 Vittori, op. cit., p. 28.
35 W. Krickeberg, *La antiguas culturas mexicanas*, p. 55. Cit. em Vittori, op. cit., p. 28.
36 Citado em Vittori, op. cit., p. 11.

No entanto, convém esclarecer alguns pontos acerca da procedência das fontes — para chamá-las de alguma forma; carentes de toda confiabilidade — das que se serviram historicamente os autores anti-hispanistas. Diante disso, esclarecemos uma obviedade: nem toda "fonte" pode ser tomada como ponto de apoio e/ou considerada como evidência probatória do que se pretende demonstrar, acreditar.

Temos em primeiro lugar as magnificações de alguns conquistadores e clérigos como De las Casas. Não foram poucos aqueles que, querendo impressionar o rei e o pontífice com suas conquistas evangelizadoras e militares, exageravam grandemente, em suas crônicas e escritos, suas façanhas e, por conseguinte, os números. A exageração, característica predominantemente espanhola, foi utilizada em outras oportunidades com evidente má vontade, como no caso do dominicano acima mencionado, que, com o afã de desprestigiar e difamar aqueles que não lhe eram servis, quintuplica e manipula números ao seu arbítrio com o propósito de conseguir — mediante o horror — a atenção total do rei, do papa e dos principais teólogos e moralistas. E aqui, neste ponto, injusto e desajustado com a realidade dos fatos seria crer que foi necessário chegar a tais extremos para que a Coroa e Roma se ocupassem em corrigir os abusos de alguns de seus homens — que certamente existiram. Antes que *se preocupasse com os indígenas*, De las Casas, e impulsionasse o tráfico de escravos negros ao continente, havia na América missionários exemplares como Montesinos e Benavente — para mencionar dois — que se ocuparam especialmente do cuidado e bom trato com o indígenas. Este último, que poderíamos considerar o mais zeloso protetor dos nativos que existiu na América, teve grandes enfrentamentos com De las Casas por suas patentes exagerações, rompantes, indomável orgulho e manifestas más intenções.[37]

O Capitão Pedro Fernández de Quirós, comenta o historiador argentino José Luis Vittori, "calculava que antes da chegada dos espanhóis havia 14 milhões de índios nas ilhas Española, Cuba, Jamaica, Porto Rico etc. Em 1631, Frei Buenaventura Salinas elevava a quantidade a 20 milhões. [...] Um milhão e meio calculava no princípio do século XVII D. Baltasar Dorantes de Carranza: 'Quando o almirante descobriu

---

37 Consultar as cartas de Benavente sobre a questão de De las Casas.

aquelas ilhas, havia quinze vezes cem mil índios [...]'".[38] Em seguida comenta Rosenblat: "São números hiperbólicos, sem intenção estatística".

Outra das "fontes" aclamadas que conduziram ao equívoco não poucos historiadores foram os censos. Existiram em nossa época numerosos especialistas que investigaram este tema candente, como o espanhol Javier Esparza, que, depois do estudo minucioso dos censos realizados nos primeiros tempos da presença espanhola no continente, dá conta de grosseiras irregularidades e imprecisões presentes neles, como por exemplo o fato de muitas vezes os indígenas serem contabilizados como espanhóis e vice-versa, e os mestiços como indígenas.[39]

Isso o defendeu recentemente uma americana, Lynne Guitar, da Universidade de Vanderbilt, que foi a Santo Domingo estudar a história dos taínos e ficou ali: hoje é professora do Colégio Americano em Santo Domingo. E a Professora Guitar descobriu que não é que os censos não são confiáveis, senão que, mais que isso, são inúteis: quando um índio se convertia ao cristianismo e vivia como um espanhol, ou mais ainda, mestiçava-se, deixava de ser contado como índio e era inscrito como espanhol. E se depois vinha outro funcionário com distinto critério, então voltava a ser inscrito como índio, e assim há casos de engenhos de açúcar onde os índios passam de ser umas poucas centenas para ser 5 mil em apenas dois anos. Para piorar, os *encomenderos* — os espanhóis que geriam terras e explorações — mentiam em seus censos, porque preferiam trabalhar com negros, os quais podiam escravizar, do que com índios, de maneira que sistematicamente ocultavam os números reais. Quer dizer que as cifras dos censos dos índios na América, no século XVI, são papel pintado.[40]

---

38 A citação de Carranza corresponde a seu estudo *Sumaria relación de las cosas de la Nueva España*, Madri, 1902, p. 43. Esta citação a tomamos de José Luis Vittori, op. cit., p. 49. Consultar os capítulos que fazem referência a algumas das exagerações de Hernán Cortés e Pizarro (pp. 73–89).
39 Conferência "La gesta española - 040 - La Leyenda negra en América". 15/08/2013, publicada em *podcast*, transmissão da série radiofônica sobre a história da Espanha dirigida por José Javier Esparza no canal COPE. Disponível o áudio completo em: http://www.ivoox.com/gesta-espanola-040-la-leyenda-audios-mp3_rf_2285793_1.html?autoplay=1.
40 *Guía políticamente incorrecta de la civilización occidental*, adaptação espanhola baseada em: *The Politically Incorrect Guide to Western Civilization*. Anthony Esolen e José Javier Esparza Torres. Madri: Ciudadela Libros, 2009 (ISBN: 978-84-96836-56-3). Tomamos a citação da publicação virtual *Argentinos Alerta*. Cfr. http://argentinosalerta.org/node/1720.

Que culpa cabe aos espanhóis pelas pestes?

Seria um absurdo culpar os espanhóis pelas mortes geradas pelas pestes que transmitiram aos indígenas. O que aconteceu foi algo totalmente inevitável, impensado, pois: como saber que o organismo dos indígenas não ia poder suportar doenças das que já ninguém morria na Europa? Como prever a rapidíssima difusão que ela teve entre os índios? Mais: como podiam saber os espanhóis que estavam infectados? E algo mais: como sabiam acaso aqueles que estavam com Colombo em sua primeira viagem que iam topar com uma raça completamente desconhecida? Teriam que ser videntes para sabê-lo.

É claro que esta situação afetou — além dos índios, naturalmente — os próprios espanhóis de diferentes formas, pois por um lado haviam ficado sem mão-de-obra que trabalhasse junto deles as terras, e os missionários em vez de poder dedicar-se à construção de templos, à evangelização e outros trabalhos, ocuparam todo o seu tempo e energia atendendo os indígenas e cuidando que às suas famílias não faltasse nada. Por outro lado, eles mesmos, missionários e adiantados, morriam e/ou padeciam muitas vezes por estas enfermidades. Existem numerosos registros de sacerdotes — especialmente idosos — falecidos como conseqüência disso; tanto por esgotamento extremo ou pelo contágio de doenças transmitidas pelos próprios indígenas, causado pelo contato permanente com eles e seus lares apinhados. São numerosos os testemunhos da grande caridade e cuidado que tiveram os missionários e a Coroa para com os índios.

Frente a tal quadro, ordenaram os reis que os infectados e suas famílias não pagassem impostos e se lhes subministrasse o que fosse necessário, enquanto vice-reis e arcebispos ordenavam a construção de hospitais, muitos dos quais albergaram mais de quatrocentos enfermos.

Culpar a Espanha por estes males é, para dizer o mínimo, uma canalhada e, ademais, absurdo. Pois, com o mesmo critério, a Europa deveria pedir contas aos comerciantes asiáticos (particularmente da Índia) que transmitiram no século XIV a peste bubônica aos europeus, pela qual chegou a morrer cerca de um quarto da população européia. Do mesmo modo, se deveria pedir contas aos africanos por haver propagado a AIDS em todo o mundo... um absurdo completo.

Por outro lado, assim como houve enfermidades transmitidas pelos espanhóis, houve outras transmitidas dos indígenas aos europeus também, como a sífilis — somada às que já mencionamos —, que gerou uma imensa quantidade de mortes na Europa, estendendo-se com uma velocidade assombrosa. No início do século XX, por volta de quinze por cento da população européia padecia de sífilis.

d) Guerras

A guerra foi outro dos maiores culpáveis da mortandade de indígenas em grande escala. Não se deve esquecer que, como mencionamos, estas guerras se sucediam ininterruptamente, tanto internas como externas. Alguns povos foram mais guerreiros que outros, porém guerreiros afinal. Esta foi historicamente sua atividade principal, sua razão de ser, de existir. Qualquer motivo, por mais mínimo e irrelevante que fosse, era considerado um *casus belli*. Os anais da história dos povos pré-colombianos dão mostra acabada disso. As páginas deste ensaio não seriam suficientes para mencionar cada uma das batalhas e guerras nas que se viram envoltos quase que diariamente centenas de culturas em tempos pré-hispânicos. Os povos maias, vimos, guerreavam constantemente pela hegemonia do poder, tal como as importantes culturas dos teotihuacanos e toltecas, o que motivou, em grande medida, sua destruição total, somado ao impacto desestabilizador das invasões de tribos bárbaras provenientes do norte. Mesmo os maias sobreviventes, assentados em tempos posteriores em Yucatán, sofreram o mesmo destino fatal (principalmente por causa das guerras entre três de suas cidades mais importantes: Uxmal, Chichén Itzá e Mayapán). Os tepanecas — muito particularmente mediante tiranos como Tezozómoc e Maxtla — empreenderam batalhas e campanhas brutais contra todos os povos da região do Vale do México, sendo particularmente sangrenta e memorável aquela contra Texcoco. Depois, o selvagem imperialismo da Tríplice Aliança composto por astecas, texcocos e tacubas, destruiu, aniquilou e/ou subjugou populações e culturas inteiras: mixtecas, huaxtecos, totonacas, otomíes, chalcotecas, tlatelolcos, tarascos, tlaxcaltecas, zapotecas, yopis, e um longo etc. Mais ao sul nos encontramos com as culturas chibchas — especialmente as de origem caribe — submetendo todos os povos das regiões da Colômbia e Venezuela e inclusive do Brasil. Ao sudeste do continente, observamos as culturas pré-incas (nazcas, moches, chovíes, tihuanacos etc.) defendendo-se como podiam das arremetidas do déspota de turno, e depois, todos eles, guerreando contra a inacabável ambição territorial dos incas, sendo de particular interesse as encarniçadas contendas incaicas contra os araucanos na franja sudoeste da América do Sul, ou a destes últimos contra ranqueles e tehuelches. Na mesma região, temos os guaranis contra os caros, yaros contra charrúas, tehuelches e pehuenches contra araucanos. Tobas, abipones, mocovíes, calchaquíes assolando e dizimando populações nativas inteiras. A todas estas desproporcionadas ofensivas, deve-se somar as rebeliões e insurreições internas que sofreu cada um destes povos; principalmente os grandes impérios por parte de seus tributários.

Todos estes, às vezes uns aliados com outros, às vezes todos contra todos. Vemos também, de forma freqüente, familiares e irmãos assassinando-se pelo controle do poder, como o caso de Atahualpa assassinando Huáscar e Montezuma II fazendo o mesmo com o seu filho, o príncipe herdeiro do México.[41] A América pré-colombiana toda era, vemos, um grande cenário de batalha e sangue do qual ninguém podia escapar.

Diz a respeito disso Frei Motolinía:

> [...] todos andavam sempre envoltos em guerras uns contra outros, antes que os espanhóis chegassem. E era costume geral em todos os povoados e províncias, que ao fim dos términos de cada parte deixassem um grande pedaço ermo e feito campo, sem lavrá-lo, para as guerras. E se por acaso alguma vez se semeava, que era muito raras vezes, os que o semeavam nunca o gozavam, porque os contrários seus inimigos o derrubavam e destruíam.[42]

Mediante a guerra, conseguiam seu principal sustento econômico tomando as riquezas dos povos vencidos e obrigando-os a se converterem em seus tributários. A política principal destes estados era a guerra, mediante a qual expandiam seus territórios e áreas de influência na região, logrando também impor sua cultura e seus deuses aos vencidos. E era também mediante a guerra que praticavam eficazmente sua religião, cumprindo com seus preceitos de oferendas de sangue aos deuses, com a captura de prisioneiros e cativos. As denominadas

---

41   Fernando de Alva Ixtlilxóchitl, *Obras Históricas*, 2 vols., México, 1892, t. II, p. 207.
42   III, 18, 450.

Guerras Floridas, nos astecas e alguns de seus vizinhos — também praticadas pelos maias —, em tempos de relativa paz exterior, tinham como finalidade exclusiva procurar grande quantidade de homens para que pudessem ser sacrificados ritualmente. Foi muito freqüente que os povos que ofereciam sacrifícios humanos, ao se verem desprovidos de homens, ou sem a quantidade que determinadas festas demandavam, acordassem entre si fazer-se a guerra por este motivo exclusivo.[43] Desta forma, ambos os lados conseguiam cativos suficientes para sacrificar *ritualisticamente*.

Antes que chegassem os espanhóis, havia sido a guerra a culpada por extermínios completos de populações e pela desaparição de destacados povos. É a história da insurreição dos povos submetidos a seus "amos". Já mencionamos vários casos entre os maias, incas e astecas, porém o que sobra não faz mal. As encarniçadas guerras entre os astecas e tepanecas e, antes disso, com quase todo povo que encontraram desde sua baixada do norte do continente. Baseado nos códices, o historiador Antonio Cervera (não propriamente um pró-hispanista) conta que os povos mesoamericanos consideravam os mexicas um povo hostil, bárbaro, de ladrões, perigoso; entre outros adjetivos pouco elogiosos. Quase todos os historiadores coincidem em ressaltar a hostilidade com que eram vistos pelos povos aldeãos os mexicas; enquanto peregrinavam do norte para o seu assentamento definitivo, razão que motivaria várias guerras. Não estiveram isentos, por certo, de enormes disputas internas, motivadas por diferenças religiosas ou por questões de poder. Alguns mexicas eram seguidores de uma seita dirigida pelo deus Tezcatlipoca, representante da noite e do jaguar, o que terminou por gerar um desmembramento de suas forças. Antes de chegar a Chapultepec, combateram duramente com os habitantes de Zumpango. Semeavam o pânico e o terror nas populações que tomavam. Esta realidade é comentada no Códice Ramírez: "[...] os mexicanos (estavam) rodeados de inumeráveis gentes donde ninguém lhes mostrava boa vontade, (porém) agüentavam seu infortúnio...".[44]

---

43 No entanto, nestas guerras acertadas, não estava permitido tomar ou ocupar povoados ou regiões que pertencessem a nenhum dos lados. Depois de concluída a guerra, cada um devia regressar para sua terra com os cativos.
44 Alfonso Joedi Gussinyer, *Aztecas pueblo de guerreiros*. Barcelona: Universidad de Barcelona, 1984, p. 66.

Comenta o Pe. Sahagún:

> *E ali em Chapultepec,*
> *Ali começaram a ser combatidos os mexicas,*
> *Se lhes fez a guerra,*
> *E por isso se passaram logo os mexicanos para Culhuacán.*

No ano de 1319 estiveram os astecas a ponto de sucumbir definitivamente. Foi naquele ano que os culhuas, xochimilcas e tepanecas, cansados do terror dos mexicas, formaram uma aliança e se enfrentaram com estes déspotas, conseguindo o triunfo, sacrificando em seguida seu chefe, Huitzilihitl, o Velho. Anos depois, já o dissemos, os astecas se sublevaram contra eles, aliados com outros povos, começando seu período imperial, a partir do qual diz Diego Durán: "(Os astecas) tributavam as províncias todas da terra, povoados, vilas e lugares, depois de ser vencidos e sujeitados por guerra e compelidos por ela, porque os corajosos mexicanos tiveram por bem baixar suas espadas e escudos".[45]

Quando nascia um filho, parte do ritual asteca consistia em pôr em suas mãos um arco e um escudo "para significar que aquela criança havia nascido para propiciar o deus da guerra, Huitzilopochtli, e lutar pela pátria comum".[46]

Quanto aos incas, fundado o império por volta do ano 1200, corresponde ao governo de Pachacútec a maior quantidade de anexações; de povos submetidos pela força a seu poder. Desde Cusco, os incas estenderam seus tentáculos imperialistas invadindo e submetendo os povos do norte, sul, leste e oeste. Assim, submeteram, entre outros, os huancas, tarmas, cajamarcas, cañaris, collas e lupacas, obrigando-os depois a pagar altíssimos tributos. Naturalmente, ante a asfixia a que eram submetidos pelos incas, ocorreram numerosas sublevações contra este poder imperial despótico, que, por sua vez, os incas reprimiram de modo sangüinário. O inca Garcilaso de la Veja, em seus *Comentarios Reales de los Incas*, dá conta detalhada de várias das guerras que travaram seus antecessores a fim de submeter e anexar diferentes povos. Diz sobre as guerras entre purumaucas e incas: "No segundo e

---

45   *Los Aztecas: Un pueblo de guerreros*, op. cit., p. 95. Consultar, a respeito destas incessantes guerras, o trabalho *De Teotihuacán a los Aztecas*, de Miguel León-Potilla. México: Universidad Nacional Autónoma de México, 1995.
46   *De Teotihuacán a los Aztecas*, Miguel León-Potilla, op. cit., p. 327.

terceiro dia, pelejaram com a mesma crueldade e pertinácia; uns pela liberdade e outros pela honra".[47]

Sobre a conquista de chachapuya, diz: "O Inca os quis obrigar a submeter-se, e eles responderam resolutamente que estavam prontos para as armas e para morrer na defesa da sua liberdade: 'Que o Inca fizesse o que fizesse, que eles não queriam ser vassalos'. Ouvida a resposta, começou a guerra, cruel por ambas as partes, com muitas mortes e feridas".[48]

Garcilaso, tão propenso a concessões para com o povo de suas raízes, justifica a política inca de conquista e submissão de povos, por considerar os incas uma raça e cultura superior ao resto. Com respeito às províncias do norte de Chinchasuy, diz que se tratavam de "províncias que contêm em si muitas nações desunidas e que faziam guerra cruel uns contra outros".[49] Sobre a conquista da região de Tumipampa, fala de modo muito pejorativo de sua gente, dizendo que eram

> [...] de gente muito rústica, nem senhores nem governo nem outra polícia alguma, sem lei nem religião. Cada um adorava por deus o que se lhe vinha à cabeça, outros muitos não sabiam o que era adorar, e assim viviam como bestas soltas e derramadas pelos campos. Com os quais se trabalhou mais em doutriná-los e reduzi-los à urbanidade e polícia que em sujeitá-los. Ensinaram-lhes a vestir e calçar e a cultivar a terra, fazendo aquedutos para fertilizá-la.[50]

Sobre os povos das províncias de Pastu e Quillacenca, diz que eram "vis, e sujos, e bestas". Na primeira parte de seus *Comentarios Reales sobre los Incas*, menciona muitos outros casos de cruentíssimas e impiedosas guerras internas e externas entre povos e culturas anteriores à regência dos incas, embora nestes casos, segundo ele, tratou-se de guerras "inúteis" entre povos iguais de bárbaros e selvagens.[51] Qualquer desculpa era válida aos incas para justificar seu desmedido expansionismo e sub-

---

47 Inca Garcilaso de la Vega, *Comentarios Reales de los Incas* II. México: Ed. Carlos Arañibar, Fondo de Cultura Económica, 1991, cap. 20, p. 465.
48 Ibidem, livro II, p. 494.
49 Ibidem, livro II, p. 500.
50 Ibidem, livro II, p. 505.
51 Garcilaso de la Vega constrói quase um panegírico da história incaica, enquanto, ao mesmo tempo, condena sem matizes todos os povos indígenas anteriores a ela. Estas acusações entre indígenas são muito freqüentes, considerando-se uns os portadores da verdade e da verdadeira cultura e o resto como povos selvagens que deviam, inclusive, agradecer serem submetidos por povos superiores a todos eles.

meter outros povos; às vezes, era a religião, a superstição, as diferenças culturais, a falta de ordem, ou o que fosse. Assim, comenta de outras tribos que habitavam a região: "[...] havia uns índios melhores que bestas mansas e outros muito piores que bestas bravas", criticando por sua vez a quantidade de deuses que adoravam: "não havia animal tão vil nem sujo que não o tivessem por deus",[52] embora esclareça depois que havia outros que adoravam coisas mais "razoáveis".

Certamente que, como dissemos, não escapavam os incas à intrigas internas nem às lutas dinásticas. É recordado o caso de Huáscar, coroado imperador em 1525, tomado prisioneiro, torturado e morto por seu irmão Atahualpa, que se considerava o legítimo herdeiro do trono do falecido Imperador Ninan Cuyuch — seu pai. Tudo isto precedido por sangrentas batalhas entre tropas cusquenhas e quitenhas, leais a um e a outro partido respectivamente; uma autêntica guerra civil.

Também mencionamos o caso dos maias, de quem Salcedo Flores diz: "Os dezesseis estados de Yucatán combatiam incessantemente entre si por diferenças de fronteiras e por honras de linhagem".[53] Também foi freqüente em Teotihuacán, invadida e destruída no ano 800. Outro tanto aconteceu com o estado militarista e expansionista de Tiahuanacu, na região andina, colapsado no ano 1150.[54] A cidade de Tula sofre igual destino no século XII, invadida e submetida pelos chichimecas[55] que utilizavam habilmente o arco e a flecha, enquanto os vencidos não conheciam essa arma; baseando a sua defesa nas chamadas zarabatanas.[56] O mexicano Portilla cita a este propósito a crônica daquele acontecido, tomada dos *Anais de Cuauhtitlan*: "Quando os chichimecas irromperam, os guiava Mixcóatl. Os quatrocentos mixcoas saíram pelas nove colinas, pelas nove planícies".[57]

---

52 *Comentarios Reales de los Incas I*, Colección de Autores Peruanos, Lima (Perú): Editorial Universo, cap. 10, p. 37.
53 Antonio Salcedo Flores, El Derecho Maya prehispánico, un acercamiento a su fundamentación socio-política, Seção de Artigos de Investigação, argumentos nº 71, México, janeiro-abril de 2009. Consultar fragmentos da obra em: http://alegatos.azc.uam.mx/index.php/ra/article/view/437. Antonio Salcedo Flores é professor investigador do Departamento de Direito da UAM-A.
54 Prova de seu brusco final, segundo vários autores, é o caráter inconcluso ou truncado de vários de seus palácios, templos e fachadas.
55 Alguns historiadores sustentam que Tula foi destruída por tribos estrangeiras desconhecidas.
56 Muitos historiadores crêem que esta foi a razão principal do triunfo do povo invasor.
57 Op. cit., p. 22.

Ao serem questionados vários caciques da região de Nicarágua sobre por que seus avós haviam decidido abandonar suas antigas terras, um deles respondeu:

> [...] aqueles seus amos os tinham para isto — arar, semear e servir — e os comiam, e por isso deixaram suas casas por medo e vieram para esta terra da Nicarágua; e aqueles amos haviam ali ido de outras terras, e os tinham dominados porque eram muitos e por esta causa deixaram sua terra e foram àquela onde estavam.[58]

O indígena Alva Cortés Ixtlilxóchitl e algumas guerras chichimecas

Sem dúvida, nada poderia ilustrar melhor a realidade daqueles povos mesoamericanos pré-colombianos que a obra escrita pelo indígena Fernando de Alva Cortés Ixtlilxóchitl. Referimo-nos a sua monumental *Historia de la Nación Chichimeca*. Ali nos relata habilmente, de forma detalhada, as intermináveis guerras das que foi vítima a região. Uma história de alianças, traições, assassinatos, de guerras dinásticas e civis, de intrigas, onde se misturam indistintamente ações honrosas e deploráveis, soberanos covardes e déspotas com outros mais pacíficos, portadores de algum grau de virtuosidade.

A fim de oferecer ao menos uma idéia geral da situação de guerra constante entre os povos indígenas de todo o continente, e tomando somente um exemplo vistoso e categórico, remetemo-nos ao caso dos chichimecas; principalmente, à figura do chamado "tirano Azcapotzalco", Tezozómoc, e de seu filho e herdeiro, Maxtla.

Tezozómoc foi um rei tepaneca de Azcapotzalco, filho de Acolnahuacatzin e de Cuetlaxochitzi, muito temido e conhecido por sua brutalidade e desmedido afã expansionista. Entre suas conquistas mais importantes estão as de Chalco (1392), Cuantitlán (1408) e Colhuacán (1413) e Texcoco (1418).

Ao momento de assumir Tezozómoc a regência do império, o quadro geral — geográfico — da região era o seguinte: os tepanecas estavam localizados sobre a costa leste do Lago Texcoco, os otomíes ao norte, os alcohuas (cuja capital era Texcoco) e colhuas ao oeste, e os chalcas

---

58 Gonzalo Fernández de Oviedo, *Historia General y Natural de las Indias*, Colección Cultural (digitalizado pela Fundação Enrique Bolaños), parte III, livro XLII, pp. 393–394.

e xochimicas ao sul. Azcapotzalco, capital dos tepanecas, era o centro de poder mais importante.

Morto seu pai, iniciou Tezozómoc suas campanhas de conquista. Sua metodologia era simples; similar à empregada por seu pai e outros tiranos indígenas do continente: fazer a guerra com tal bestialidade e terror que ninguém ousasse no futuro enfrentá-lo. Submetidos já os povos às suas armas, procediam os invasores, imediatamente, a colocar no novo governo seus parentes e próximos de confiança — nos postos de poder e hierarquia. Outras vezes, ademais, forçavam-se contratos matrimoniais com as mulheres dos vencidos, a fim de consolidar sua presença e controle da cidade. Asseguravam-se, ao mesmo tempo, que os filhos desta união, os herdeiros do trono, fossem fiéis ao sangue tepaneca. A tudo isto se somavam uma série de manobras políticas maquiavélicas e alianças temporais, reais ou fingidas.

Uma vez assegurado o domínio e controle sobre os povos herdados de seu pai, e não satisfeito com a vastidão de seu império, começa Tezozómoc a planejar a conquista dos povos de toda a região do Vale do México. A tal efeito, funda ao norte, em meados do século xiv, a cidade de Tultitlan, com o propósito de utilizá-la como base para submeter os povos dessa região; contando para esta empresa com a ajuda dos inestimáveis guerreiros mexicas — os futuros astecas —, seus tributários, que eram uns mercenários conhecidos e temidos por todos por sua ferocidade e selvageria no combate. Servido por estas tropas mercenárias, conquistou Xochimilco, Chalco e, em 1392, a nação de Cuitlahua, assassinando o seu soberano, Pichatzintecuhtli, e todos os seus capitães e a Anahuacatl, governante de Techan.

Nos primórdios do século xv, somente uma cidade fazia sombra a Atzcapotzalco: Cuauhtitlan. Invejoso do florescimento e prosperidade daquela cidade, temeroso de que ela afetasse sua influência política na região, decidiu agir. Recorreu assim a uma das conhecidas argúcias que empregava para assassinar a quem considerava inimigos ou potenciais competidores no domínio da região. Neste caso, a artimanha consistiu em convidar aquele soberano e seus principais para uma recepção a qual ofereceriam nos prados em sua honra. Satisfeito, Xaltemoctzin aceitou o convite e, chegando ao que ingenuamente cria ser uma celebração, foi imediatamente feito prisioneiro pelas hordas de Tezozómoc e assassinado por enforcamento. Morto ele, fez-se então o tirano da cidade de Cuauhtitlan e seu povo, assentando ali importante parte do seu exército — a fim de evitar qualquer tipo de levante popular. Aproveitando este novo assentamento, empreende pouco depois, desde ali, a invasão de Tepotzotlan e Mazahuacan, que conquista sem maiores sobressaltos.

Em 1413, quando se sentiu bem forte, foi atrás do resto; isto é, atrás dos povos a ele aliados, que constituíam, junto com Acolnahuacatzin, a famosa confederação da Tríplice Aliança. Quebrando o pacto e juramento celebrado com seus sócios de conquistas, assassina o soberano Culhuacan Nauhyotzin, submetendo a cidade a seu império. A esta altura, o império tepaneca dominava, direta e indiretamente, todo o território do Vale do México.

Contudo, ficava somente um ponto no mapa por expropriar: a cidade de Texcoco. Embora ela fosse tributária sua e tivesse grande influência em alguns de seus nobres, não a governava de forma direta, dado que existia um acordo anterior entre seu pai e a cidade que assegurava a Texcoco o gozo de certa autonomia. Porém, aqui a questão não era tão simples. Sabia que, diferentemente das outras conquistas, este povo ia oferecer feroz resistência às suas ambições: os exércitos de Texcoco eram bem conhecidos e respeitados por todos; particularmente pelo ofício, disciplina e fama de seus aguerridos guerreiros. Também conhecia a adoração que este povo sentia por seu líder e soberano, Techotlala; convencendo-se então de que o melhor era esperar pacientemente pela morte dele, enquanto nesse ínterim tecia novas alianças para quando chegasse o momento de agir. Não passou muito tempo para que seu desejo se cumprisse. Morto o monarca de Texcoco, seu filho e herdeiro Ixtlilxóchitl I tornou-se o novo governante, e Netzahualcóyotl, filho deste último, em herdeiro. O momento havia chegado.

Tezozómoc, subestimando o novo monarca por causa de sua juventude, e confundindo cortesia com covardia e paz com pacifismo, acreditou poder dobrar facilmente o inexperiente novo rei. Certamente, era Ixtlilxóchitl I um homem que anelava e estimava a paz e o bem-estar de sua comunidade, porém não era o temeroso e pusilânime que cria o presunçoso tirano tepaneca. Pôs a prova seu poder de resolução e determinação em várias ocasiões, recorrendo às suas conhecidas argúcias e ameaças, porém nada parecia amedrontar o jovem rei texcocano. No entanto, chegou um momento em que a situação se tornou insustentável, e vendo Ixtlilxóchitl I que todas suas tentativas de paz eram interpretadas como sinal de covardia e submissão, declarou guerra ao tirano. Equivocou-se gravemente Tezozómoc em subestimá-lo, pois além de ser valente e hábil guerreiro, provou ser grande estrategista e muito querido pelos seus, que não duvidaram um instante em segui-lo contra as desmedidas pretensões do invasor.

O que aconteceu depois é realmente incrível. Contra todos os prognósticos, Ixtlilxóchitl I arrasou seu oponente e seu numeroso exército, perseguindo-os até a própria capital Atzcapotzalco, conseguindo cercá-lo completamente. Ao ver que não havia escapatória possível, não sobrou outro remédio a Tezozómoc que render-se, desculpando-se publicamente com o rei de Texcoco; implorando-lhe que lhe perdoasse a vida em troca de submissão e obediência. A ação que devia seguir-se parecia óbvia, pois todos conheciam o valor que outorgava aos pactos e palavras o tirano e seu costume de trair não somente os seus inimigos, mas seus próprios amigos e próximos. Isto foi o que todos, naturalmente, especialmente seus capitães, advertiram a Ixtlilxóchitl I. No entanto, talvez mesclando-se certa dose de bondade e ingenuidade, decidiu o rei perdoar-lhe a vida e crer em sua palavra; este foi sem dúvidas seu maior erro. Aqui começa uma das maiores histórias de perseguição, ganância, traição e guerra que jamais existiram.

Libertando então a capital, e retirando-se Ixtlilxóchitl I e seus exércitos, voltaram a Texcoco. Não teriam passado mais que uns dias quando Tezozómoc enviou ao rei uma embaixada convidando-o a uma recepção em sua homenagem. Aceitando de boa vontade o convite e a ponto de partir, um informante avisa a Ixtlilxóchitl I das verdadeiras intenções de Tezozómoc, que pretendia assassiná-lo no banquete. Advertido e inteirado disto, o rei fingiu descompostura e enviou em seu nome uma comitiva. Quando eles chegaram ao banquete, ao observar Tezozómoc que não se encontrava entre eles o rei, furioso, esfolou a todos vivos, e enviou em seguida todas as suas tropas em sua busca para assassiná-lo. A perseguição que se seguiu a partir de então foi feroz. Tezozómoc foi com tudo, sem esperar nada: lançou uma monumental campanha militar e propagandística contra o legítimo rei.

Conta o cronista que se davam casos em que os pais eram partidários do tirano; e seus filhos, de Ixtlilxóchitl I, questão esta que, não poucas vezes, derivava em encarniçadas pelejas entre familiares, chegando ocasionalmente até à morte. Ordenou Tezozómoc "que se fizesse em pedaços todos os dissidentes". Coacuecuenotzin, que quis assistir o legítimo rei em suas penúrias, foi massacrado pelas hordas do tirano aos gritos de "Viva o grande senhor Tezozómoc, nosso imperador", não sem antes ter arrancadas as unhas dos pés que depois puseram em seus colares.[59] Com os pedaços de seu corpo, conta o autor indígena, "a gente comum começou a atirar com eles uns aos outros".

Ixtlilxóchitl I, talvez algo incauto, havia despachado já quase todas suas tropas aos lugares de origem, encontrando-se, portanto, muito vulnerável ante qualquer ataque eminente. Tampouco havia previsto as alianças e compra de vontades que havia tecido paciente e astutamente o tirano.

À chegada das tropas de Tezozómoc, resistiu como pôde por cinqüenta dias com alguns de seus soldados leais, em combate desigual de forças, empreendendo finalmente a retirada junto à parte importante de seu povo a fim de evitar seu extermínio total. O mais doloroso, seguramente, foram as traições de seus aliados e inclusive amigos íntimos que, salvo honrosas exceções, negaram-se a ajudá-lo nesses tempos de perseguição; seja por haverem sido comprados por Tezozómoc e/ou por temor das brutais represálias dele.

Vendo-se alcançado e perseguido pelas tropas inimigas, depois de vários dias fatídicos, decidiu-se por esconder no bosque o seu filho e herdeiro, Netzahualcóyotl, fazendo-o jurar o trono em caso de morte. Cansado já de fugir e sem fazer caso do prudente conselho de seus íntimos amigos e capitães, ordenou a todos que seguissem caminho, dizendo-lhes que ele ficaria para combater, por dois motivos: porque era seu dever como monarca e porque pretendia desta forma atrasar as tropas do inimigo, dando tempo suficiente a seu povo de tomar distância dos exércitos indomáveis do tirano. E assim, quase sozinho, e ante o olhar de seu filho que o observava compungido desde seu esconderijo ao longe, postou-se frente às tropas adversárias. Não obstante ter

---

59 Ibidem, p. 35 da edição digital de *Historia de los Chichimecas*.

lutado bravamente, não pôde evitar as estocadas de tantos guerreiros, que terminaram por linchá-lo.

Assim fez então o tirano com sua apreciada Texcoco. Isto foi no ano de 1419. Nos anos seguintes, ocupou-se em reforçar sua influência nessa região, colocando seus filhos e próximos de confiança nos governos de Acolhuacan, e relegando Texcoco para o segundo plano — era a capital de Acolhuacan — e estabelecendo a capital do império em Atzcapotzalco. Ficando Tezozómoc como rei de Texcoco e imperador dos chichimecas, decide ir além. Sabia que enquanto ficasse um partidário do antigo rei, seu poder perigava; se não no presente imediato, no futuro. Dispôs-se então a exterminar todos os seguidores do falecido monarca, ordenando para este propósito — em uma das suas primeiras ações de governo — perguntar a todas as crianças de até sete anos que soubessem falar, a quem tinham e reconheciam como senhor natural, e os que não respondiam que era ele, eram massacrados. Assim, diz o cronista indígena, mataram muitos milhares de crianças.[60] Procurando a centralização do poder e o aumento de sua riqueza, convocou a todos os povos e principais das províncias do império, a ele submetidas, recordando-lhes que aquele que não tributasse ou se queixasse do aumento dos impostos, seria morto.

Enquanto isso, o jovem Netzahualcóyotl, herdeiro legítimo de Texcoco, cansado de ficar escondido nas montanhas, alistou-se, disfarçado, como soldado para os chalcas — naturalmente sem dar a conhecer sua origem e condição; a fim de mesclar-se entre a população e começar, discretamente, a tarefa de recrutamento de aliados para sua causa. Porém, uma ação imprudente interrompeu momentaneamente seu plano. Sem poder conter suas reservas morais, assassinou publicamente uma mulher que fazia de seu ofício a venda de grandes quantidades de álcool para a população; algo que, ainda que estivesse permitido pelas leis deles, ele considerava indecente. Como conseqüência, foi preso.

Não passou muito tempo para que se soubesse quem era na realidade o prisioneiro. Quando se soube, foi enviado sem demora ante o supremo dessa província, Toteotzintecuhtli, aliado de Tezozómoc. Ele ordenou imediatamente seu encarceramento, em uma jaula diminuta,

---

60 *Historia de los Chichimecas*, cap. 20, pp. 37-38.

sentenciando-o a uma das mais horríveis mortes que se pode sofrer: morrer de fome. A vigilância do cativo havia ficado ao cargo do irmão de Toteotzintecuhtli; um bom homem chamado Quettzalmacatzin. Este, compadecido do moribundo, começou a relacionar-se com o rei cativo e a levar-lhe alimento de forma clandestina. Passados mais de oito dias, e vendo Toteotzintecuhtli que ele ainda não havia morrido, dispôs que no dia seguinte fosse morto por esquartejamento. Porém seu irmão, inteirado das novas ordens, pôs em aviso o cativo, ajudando-o escapar, pedindo-lhe em troca que procurasse, após sua morte, cuidar de sua mulher e filhos. Inteirado Toteotzintecuhtli da fuga do jovem príncipe e da traição de seu irmão, mandou-o executar.

Sabia o tirano que enquanto o príncipe Netzahualcóyotl estivesse vivo, a estabilidade de seus domínios podia perigar, posto que ele, tal como seu pai, soubera ganhar o respeito do seu povo e tribos vizinhas, e se encontrava percorrendo clandestinamente toda a região somando gente à sua causa. Bem sabia Tezozómoc que o tempo era valiosíssimo, e que seus exércitos e hordas rendidas e/ou submetidas a ele pelo terror, pouco podiam fazer contra o jovem herdeiro e milícias que o seguiriam cegamente dispostas a entregar sua vida sem outro interesse que o de demonstrar seu amor e lealdade ao rei. Sem dúvidas, pouco pode fazer o exército forçado a combater, sem mais motivação que o temor e/ou algum interesse material, contra um movido por paixão, convencido de estar lutando por uma causa justa.

Por este motivo, já em seu leito de morte, disse o tirano a seus filhos que herdariam o trono se assassinassem o príncipe. Sua sede de vingança e sangue não se aplacou sequer em suas últimas horas. Moribundo, foi capaz no entanto de conceber uma última vileza, seu último plano de assassinato, em seu funeral. Conhecendo o protocolo político e os traços essenciais da personalidade do príncipe, sabia o tirano que ele iria assistir a seu funeral se lhe fosse garantida sua segurança mediante um salvo-conduto. Era ali que devia matá-lo.

Assim então, sendo o ano de 1427, contando já com mais de cem anos, morre Tezozómoc em seu palácio de Atzcapotzalco, nomeando como herdeiro Teyatzin, que era um de seus filhos.

Tal como havia previsto o defunto, Netzahualcóyotl esteve presente na cerimônia fúnebre, porém avisado ali do que se planejava, pôde escapar uma vez mais do atentado.

Pouco tempo duraria o poder a Teyatzin. Seu irmão, Maxtla — dos filhos o mais parecido com Tezozómoc —, mediante um sangrento golpe de Estado, lhe arrebatou o poder — fato que se conhece como a Guerra Tepaneca. Em represália pela usurpação do trono, tentou Teyatzin assassinar seu irmão, porém ele, avisado das intenções de seu irmão, matou-o primeiro.

Buscando a forma de atrair Netzahualcóyotl aos seus domínios, ordenou o novo tirano encarcerar Chimalpopoca — rei do México e tio do príncipe — acusando-o falsamente de traição. Chimalpopoca, vale recordar, foi a única pessoa pela qual havia sentido certo afeto seu pai, beneficiando-o, entre outras coisas, com a dispensa de certos tributos.

Embora Maxtla fosse aparentado com o rei mexicano, odiava visceralmente os mexicas; considerava-os uma raça inferior que não devia mesclar-se com o sangue dos tepanecas. Astuto como seu pai, Maxtla sabia do carinho que tinha o rei dos mexicanos com o príncipe e vice-versa, e sabia que o príncipe ia tentar mediar sua libertação. Efetivamente assim sucedeu: Chimalpopoca foi libertado, e, como o protocolo mandava, dirigiu-se Netzahualcóyotl ao palácio do tirano para agradecer o gesto. Já dentro do palácio e a ponto de ser recebido por Maxtla, foi avisado por um camareiro que ele o assassinaria à saída de seu encontro por meio de tropas a postos na porta. E assim, sem pensar, escapou pelos jardins de trás da mansão. Não sem grande esforço, conseguiu evadir-se dos exércitos que atrás dele havia enviado o tirano. Inteirado Maxtla do fracasso de suas tropas, furioso, matou todos os capitães que haviam participado dessa perseguição.

Sem perder tempo e querendo concluir este assunto de uma vez por todas, alistou, preparou e enviou seus melhores homens em seu encalço. Empreendida a perseguição, encontraram depois de pouco tempo, em Tenochtitlán, o rei do México, Chimalpopoca — que havia sido recentemente libertado por Maxtla —, e o assassinaram com golpes de maças na cabeça. Como rei dos mexicanos sucedeu ao defunto seu irmão mais novo, Itzcoazin.

Desesperado, passava o tempo e Maxtla não conseguia encontrar Netzahualcóyotl, decidindo-se a jogar uma nova carta. Contatou um irmão bastardo dele, chamado Yancuiltzin, pagando-lhe para que convidasse Netzahualcóyotl para um festejo em sua honra e o matasse depois. O príncipe e seu irmão bastardo não se conheciam pessoalmente. Apenas sabiam como era o aspecto físico do outro. Aceitando o príncipe o convite de seu irmão, e a ponto de marchar, foi inteirado por um informante — um cavaleiro de tezcuco chamado Huitzilihuitzin — sobre a verdadeira finalidade daquele encontro. Fingindo indisposição, mandou dizer a seu irmão bastardo que pospusesse por uns dias o encontro. Neste meio-tempo aproveitou para buscar uma pessoa de aspecto físico parecido, o qual faria passar por si, inteirando-o devidamente das maneiras, cortesias e protocolo dos reis. Para esse fim encontrou um mancebo lavrador da cidade de Cotepec. Dito e feito; apenas havia chegado o falso rei ao encontro, e foi assassinado, e sua cabeça cortada e levada ao tirano Maxtla. Crendo-se finalmente vencedor, quando descobriram a cabeça do pobre-diabo degolado, não pôde conter sua ira, e enviou em seguida todos os seus exércitos disponíveis para Texcoco, onde se sabia que o príncipe costumava ficar. Quando chegou a companhia de Maxtla, e divisaram Netzahualcóyotl, fingiram irem em paz, dizendo-lhe que só queriam jogar o jogo da bola. O príncipe, um pouco ingênuo, acreditou a princípio, pois, tanto ele quanto seu pai, sempre estiveram dispostos a negociar a paz; porém, inteirado novamente das verdadeiras intenções deles, entreteve-os com manjares e outras coisas, e terminou escapando novamente.

Para Maxtla, parecia que o destino jogava contra ele, tal como jogou contra seu pai. Havia perdido já várias oportunidades de assassiná-lo. Procedeu então a fazer uma última tentativa pondo um altíssimo preço na cabeça de seu inimigo; com o que foram incitadas novas hordas de mercenários a fim de ganhar o butim oferecido. Alguns conseguiram capturar o mestre do príncipe, que levaram para interrogar em Texcoco, à época governada por Yanncuiltzin, irmão do tirano. Submetido a indizíveis torturas para lograr que lhes dissesse o paradeiro de seu discípulo, foi finalmente mandado para ser sacrificado em um templo do ídolo Comaxtla; sem ter dito uma palavra.

Porém a história estaria para chegar a seu fim; ao menos para o indomável tirano tepaneca.

Cansados os povos da tirania de Maxtla e dos exorbitantes tributos que lhes eram impostos, confiando no príncipe, que havia conseguido reunir um exército considerável e alianças de peso, aliaram-se a ele também os mexicanos — os mesmos que antes haviam traído seu pai — e outros povos, conseguindo recuperar Texcoco e o resto do império, passando a ser Netzahualcóyotl rei de Texcoco e imperador dos chichimecas. Esta foi a conhecida confederação entre Texcoco, Tenochtitlán e Tlacopan.

Lamentavelmente, não terminaram aqui as decepções para o legítimo monarca de Texcoco. Seu tio Itzocatzin, rei do México, a quem havia ajudado em numerosas ocasiões, salvando inclusive a vida de seu irmão, começou a conspirar por suas costas junto com outros senhores principais para usurpar o império. Sabendo disto, Netzahualcóyotl lhe fez guerra, vencendo-o sem maior esforço.

Todos estes fatos que narramos são tão-somente uma ínfima parte das batalhas ocorridas durante os onze anos posteriores à morte do sexto chichimeca, o pai de Netzahualcóyotl.

LIVRO II

Prólogo

O autor me pediu que prologue o presente livro, continuação daquele *1492: Fim da barbárie, começo da civilização na América*, publicado exitosamente faz apenas dois anos.

Devo dizer que sua leitura foi de um enorme fruto, pois, além de estar redigido didaticamente para nós, os pequenos leitores do século XXI, encontra-se cuidadosa e avassaladoramente documentado, conforme as autoridades mais destacadas na matéria.

E foi um prazer corroborar, ao longo de suas páginas, que os filhos que hoje habitam estes povos americanos foram com o tempo e depois de muito trabalho adquirindo as virtudes de nossos antepassados e tirando-nos pouco a pouco o jugo que o conquistador espanhol havia trazido com "a cruz e a espada". Queira-se ou não, a cada dia que passa e segundo o progresso que marca a história, encontramo-nos mais próximos daquela idílica civilização que foi a pré-colombiana, espelho onde devemos olhar-nos e fonte de toda razão e justiça.

É a partir da leitura do presente livro que alguém termina de despojar-se daquela vetusta concepção cristã e ocidental que nos impuseram desde Colombo e que se choca diariamente contra nosso DNA pré-colombiano ao qual voltamos uma e outra vez segundo a ordem pré-estabelecida.

Foi um prazer corroborar que, em tempos antigos, aqui se faziam, tal como agora, perfurações corpóreas, deformação de nossos membros, e inclusive lobotomias e lavagens celebrais. O *piercing*, a tatuagem e a mutilação que hoje toda pessoa civilizada pratica, não são senão a prova disso.

E foi um prazer saber que a prostituição, a promiscuidade sexual, a embriaguez e outras "virtudes" endêmicas daqueles homens subsistiram no tempo, derrotando o que nem padres nem monjas puderam fazer esquecer. Nem é preciso falar da teoria do gênero! Assim invulgares somos todos nós hoje! Quem teria pensado que a homossexualidade e o travestismo já eram práticas comuns voluntárias ou involuntárias? Hoje não fazemos outra coisa que voltar às origens.

A pedofilia indígena, que o autor se encarrega de narrar, deverá ser bem entendida pois ainda não chegamos àquele grau de entendimento humano, sem os tabus que depois o Ocidente traria. O mesmo haveria que dizer da zoofilia praticada por nossos antepassados: eram simplesmente *pet friendly*.

Quanto aos alucinógenos e enemas retais amplamente difundidos, hoje podemos dizer que voltamos a eles, embora com métodos mais profiláticos e menos prazenteiros, mal que pesa sobre nós. E sobre a perfuração ou dilatação do membro viril masculino ou a amputação feminina involuntária, não se pode negar que nos encontramos mais avançados. É que, na atualidade, quando conseguimos deixar de pensar com a cabeça para dar lugar a nossas genitálias, revela-se maravilhoso saber que alguém já pode aparecer com quem deseje sem aquele complexo da fornicação espanhola do "homem com mulher" e "mulher com homem".

Se devemos alertar ao leitor que, ao chegar o capítulo referido à mulher indígena, alguém poderá pensar, talvez, que não avançamos muito, não é assim. A utilização feminina, a degradação da mulher e a escravização sexual, deram-se como uma propedêutica de nossos ancestrais para que hoje nós pudéssemos lutar por seus direitos. Pois, sem abusos não teriam existido as marchas feministas! Tudo estava pensado.

A respeito dos sacrifícios humanos e as práticas genocidas que o autor narra, não há de interpretá-las segundo nossos estereótipos: eliminar populações inteiras era só controle demográfico ou seleção natural, para o que ajudava tanto o canibalismo como a antropofagia que deveriam voltar pouco a pouco, especialmente contra alguns católicos-fascistas que ainda resistem a toda classe de intolerância antiintolerante.

Vão então nossos parabéns ao autor que teve a valentia de encarar um dos tantos temas historicamente incorretos.

Pe. Javier Oliveira Ravasi

CAPÍTULO I
Trepanações, cranioplastia e o preço da vaidade indígena

Quanto mais retrocedemos na história, mais baixo é o nível da atenção à criança e mais provavelmente encontraremos crianças assassinadas, abandonadas, espancadas, aterrorizadas e vítimas de abusos sexuais.[1]

Lloyd de Mausa

a) A cranioplastia ou deformação de crânios

Sendo este um assunto bastante desconhecido para o comum das pessoas, porém de vital importância para estudar os costumes das culturas pré-colombianas, consideramos conveniente trazer à tona algumas referências acerca disso.

Um dos abusos mais correntes entre os povos indígenas residia em submeter as crianças ao terrível suplício da deformação craniana (mediante a compressão da testa por meio de um complexo dispositivo). Habitualmente suas vítimas eram bebês, que deviam suportar o martírio até os três anos de idade ou até que a cabeça tivesse a forma desejada pelos pais.

---

1 Lloyd De Mause, *Historia de la infancia*. Madri: Alianza, 1991.

Esta prática era devida a diferentes razões, de acordo com os hábitos de cada tribo/cultura. Uma delas obedecia a motivos de caráter ritual-religioso, apresentando-se os indivíduos voluntariamente para isso ou mesmo sendo imposto pelos chefes de determinadas tribos ou pelo déspota da vez a seus novos vassalos como sinal de submissão. Outras vezes, recorria-se a isso como sinal de pertença a um determinado grupo social — geralmente elevado — e/ou como distinção (geralmente reservado a destacados guerreiros, como o caso dos caribes colombianos). Segundo os cronistas, os panches colombianos o faziam crendo que dessa forma seus filhos seriam valentes e atrevidos. No entanto, eles não se limitavam à alteração craniana, deformando inclusive — com ligaduras — as panturrilhas e os braços. Ao que parece, na Nicarágua se empregava a prática com fins utilitários/mercantis: faziam-no para poder carregar mais coisas em sua cabeça, pela forma alta e rija. Contudo, existe evidência que afirma que este costume, na realidade, foi suscitado com fins mais de estética ou pelo que hoje poderíamos chamar *vaidade*. O aspecto físico entre os naturais era de grande importância, com especial fixação sobre a forma craniana, sendo mais estimados entre eles os de cabeças alongadas.

O certo e verificável é que uma quantidade incalculável de crianças morreu e continua morrendo em distintos lugares da América e do mundo por causa deste pavoroso costume.

Existiam diferentes procedimentos e tipos de deformação de crânio empregados para moldar a cabeça da criança, dependendo da forma buscada: mais ou menos alongada, mais ou menos larga, mais para a frente ou para trás.[2] Consultando os cronistas, comenta um historiador que "os panches colocavam uma tabuinha atrás, sobre o occipício, e outra na frente, sobre a testa, atando-as nessa posição com uma corda ou tecido, e isto desde que os bebês nasciam, até os três ou cinco anos". O Pe. Pedro Simón,[3] que passou grande parte de sua vida entre os indígenas da Colômbia e da Venezuela, descreve-os desta forma:

---

2 Consultar os estudos de Juan Comas: http://codex.colmex.mx:8991/exlibris/aleph/a18_1/apache_media/LVSC3Q48RKC2SUEF3GU8AVDM7U7G2H.pdf.
3 O Frei Pedro Simón escreveu um minucioso trabalho intitulado *Noticias historiales de las conquistas de Tierra Firme en las Indias Occidentales*, conhecido, de modo geral, como *Noticias Historiales*, onde se ocupou em narrar suas vivências nas repúblicas da Colômbia e da Venezuela, que em sua época pertenciam ao distrito da Real Audiência de Santa Fé e à governança da Venezuela.

> Com rostos horríveis, feios e ferozes, com as testas e nucas chatas e aplanadas que é a disposição de cabeças destes índios, posta assim com artifício, porque, depois de nascer a criatura, lhe põem uma tabuinha na nuca e outra na testa, e, atando-as pelos extremos, apertam ambas as partes, e fazem a cabeça subir e ficar aplanada à testa e à nuca, com o que lhes ficam as cabeças muito feias, embora a eles não lhes pareça isso, por ser de seu costume.

Dos quimbayas e chancos, diz Cieza de León (conquistador, cronista e historiador):[4] "Porque nesta província e na de Quimbaya, e em outras partes destas Índias, quando a criança nasce lhe põem na cabeça a forma que querem que esta tenha; e assim, umas ficam com a nuca reta e outras com a testa desaparecida e outros fazem que a tenham muito larga, o qual fazem quando são recém-nascidos com umas tabuinhas e depois com ligaduras". O martírio das crianças, segundo os cronistas, era de duração variável. Acerca dos caraques, continua referindo Cieza de León que, "nascendo a criatura, punham a sua cabeça entre duas tábuas ligadas de tal maneira, que quando eram de quatro ou cinco anos, ficava larga, longa e com a nuca chata". Por sua vez, o missionário espanhol Diego Landa[5] comenta que o mesmo acontecia em Yucatán, embora afirme que só durava alguns dias.

"A anatomia da espécie humana", explica Martínez Martín, especialista em cranioplastia andina,

> não sofreu modificações nos últimos milênios, porém a imagem cultural exigida dela, em cada época e lugar, sim, foi diferente. [...] Nos primeiros dias de vida se decide que a cabeça da criança deve ter uma forma especial, aplicando-lhe uma pressão externa para modelar intencionalmente o crânio, que adequa sua forma segundo a pressão exercida, dadas as características plásticas da caixa craniana no recém-nascido, que persistem nos primeiros anos de vida, enquanto se ossifica. [...] A cranioplastia, segundo testemunhos arqueológicos e etno-históricos, foi utilizada em todo o planeta: encontraram-se crânios modelados pelo homem nos cinco continentes: Oceania, África, Ásia e Europa, porém sobretudo na América.[6]

---

4   Consultar sua *Crónica del Perú*, editada em quatro volumes. Consultar a versão digitalizada completa em: http://www.artehistoria.com/v2/contextos/10083.htm.
5   Landa foi também bispo da arquidiocese de Yucatán e grande estudioso dos indígenas da região. Sua obra *Relación de las cosas de Yucatán* mostra-se de indispensável leitura a este propósito. Foi escrita por volta de 1566 e, entre outras edições, podemos mencionar a de 2007 editada no México D. F. por Monclem Ediciones.
6   Abel Fernando Martínez Martín, *Craneoplastia andina*. Colômbia, Revista Historia de la Educación Latinoamericana, janeiro de 2005. Citação tomada do portal virtual de Amnistía

Crê-se, de acordo investigações recentes, que tão bárbaro costume foi trazido para a América pelos indígenas que emigraram da Ásia. Parece que quem se distinguiu nessa "arte de moldar cabeças" de pessoas desde a infância foram as antigas tribos da Flórida e do Mississipi, de onde procederam provavelmente os belicosos caribes, os quais, posteriormente, teriam levado e inculcado este costume entre os seus e os vencidos em suas incursões pelas Antilhas e o sul do continente.

O caso dos incas é o melhor conhecido e estudado; embora existam muitos casos comprovados em tribos da Colômbia, Equador, Venezuela (caraques e cúmana, entre os mais importantes) e mesmo entre os maias.[7] Comenta o Dr. Moisés S. Bertoni que existiam entre o povo caribe o costume de se deformar o crânio: "Isto é, os pais submetiam a cabeça dos filhos recém-nascidos a uma compressão bilateral, que lhes dava uma forma muito diferente da natural. Isto o faziam como que para atribuir-se um caráter de raça completamente diferente e superior às demais". O cronista Pedro Mártir já mencionava esta anomalia dos chamados "índios caribes": "Oprimem a cabeça do recém-nascido entre duas almofadas, uma pela frente e outra pelo occipício, e a apertam até que os olhos saltem, pois gostam das cabeças aplanadas".[8]

Sobre os índios da província de Cañaris,[9] relata o inca Garcilaso de la Vega: "Esta nação traz por divisa a cabeça achatada. Que, nascendo a criatura, põem-lhe uma tabuinha na frente e outra na nuca, e as atavam ambas e cada dia iam-nas apertando e juntando mais e mais. E sempre mantinham a criatura de costas e não lhes tiravam as tabuinhas até os três anos".[10]

Para os cranólogos modernos, o Peru foi por antonomásia o país das deformações. É tal a quantidade de crânios exumados encontrado por toda parte, que Rivero e Tschudi crêem normal a deformação na raça aymará, em que encontraram até fetos com o crânio deformado; "o que seria uma prova peremptória da herança das deformações

---

Internacional Catalunya. Cfr. http://www.amnistiacatalunya.org/edu/es/historia/h-violen.html.
7   No documentário *Los últimos días del imperio Maya* — já citado antes.
8   Pedro Mártir de Angelería, *Historia De America, Décadas, Nuevo Mundo*. Madri: Ed. Bajel, p. 687.
9   É um dos seis distritos que atualmente pertencem à província peruana de Ferreñafe.
10 Inca Garcilaso de la Vega, *Comentarios Reales de los Incas* II. México: Fondo de Cultura Económica, 1991, p. 501.

artificiais, sem dúvida quando estas haviam provocado um processo patológico por sua exageração brutal". Dos quinhentos crânios do Peru que possui o museu antropológico de Paris, somente sessenta não apresentam deformações.

Tão arraigado se encontrava este costume em porção importante do mundo indígena, que nem bem tomaram conhecimento dele, as autoridades seculares e eclesiásticas o denunciaram e condenaram energicamente. O Arcebispo Frei Jerônimo de Loaysa, no sínodo de 1595, ordena: "Que a superstição de moldar as cabeças das crianças de certas formas que os índios chamam zaita-orna, e palta-orna, deixe-se de todo".

Em 1579, o vice-rei do Peru, Francisco de Toledo, ditou uma ordenança a respeito onde mandava o seguinte: "Mando que nenhum índio, nem índia, aperte as cabeças das crianças recém-nascidas, como costumam fazer para deixá-las mais longas, porque ao fazê-lo se lhes aumentou o e ainda aumenta o dano, e vêm a morrer disso; e disto tenham grande cuidado as justiças, sacerdotes e caciques em que se façam". Depois, Antonio Gonzáles, governador do Novo Reino de Granada, proíbe a prática em 1593: "Que os corregedores procurem desterrar o pernicioso abuso de apertar as cabeças dos recém-nascidos, pois lhes apertam tanto a testa e a nuca, que perdem a memória e o sentido".

O caso do Peru é o mais singular e significativo. Não somente pelo caráter generalizado que adquiriu, como pelo fim com que era praticado: motivo de controle estatal sobre a população. O jovem governante inca, Pachacuti, afirma que o Inca Manco[11] impôs a deformação para que seus vassalos fossem simplórios e pusilânimes, "porque os de cabeça grande e redonda são atrevidos e desobedientes". Os efeitos psicológicos obtidos por esta metodologia foram causa de estudo de muitos cientistas e investigadores. O médico colombiano Montoya y Florez, estudioso dos crânios deformados dos povos pré-colombianos, chega à seguinte conclusão: "[...] é de se supor que, em certas deformações

---

[11] Manco Inca Yupanqui, também conhecido como Manco Cápac II, foi o primeiro dos quatro rebeldes incas de Vilcabamba. Escapou dos exércitos de Atahualpa em Cusco e ofereceu ajuda aos conquistadores espanhóis crendo que o libertariam das "malignas tropas de Quito". Angles Vargas, Víctor (1988). *Historia del Cusco incaico* (terceira edição). Lima: Industrial Gráfica S.A., p. 124.

irregulares, há uma marcada disposição à epilepsia, ao idiotismo, à imbecilidade e até à demência".[12]

O mais grave do tema, de acordo com estudos científicos/biológicos modernos, é que grande parte das seqüelas originadas na pessoa por esta prática, como as alterações mórbidas do sistema nervoso central, eram transmitidas de forma hereditária aos filhos. Assim, os aymares sofreram conseqüências patológicas importantes como seqüela da deformação.[13] Também, ao que parece, era hereditário o alongamento alto e irregular do crânio.

Quanto às regiões que hoje correspondem às repúblicas da Argentina, Chile e Bolívia, deve-se assinalar que esta prática foi comum entres os tiwanaku ou tiahuanacos, que consideravam os pomos sobressalentes (próprios de sua raça) como um traço de fealdade física, intolerável para os membros da nobreza ou de alguma responsabilidade hierárquica. Para estes efeitos, um autor sustenta que

> foram criadas umas máscaras de caniços e lãs com as quais atavam fortemente a cabeça das crianças [...] esta máscara era usada por elas durante anos, obtendo assim o afundamento de suas bochechas e a deformação de seus crânios, embora essas práticas pareçam, aos olhos do leitor contemporâneo, uma crueldade com as crianças, devemos vê-la dentro do contexto das necessidades da época, esse pequeno sacrifício da criança lhe dava sua beleza madura e respeito entre sua comunidade.[14]

Este costume foi denunciado inclusive pela afamada organização mundial Anistia Internacional, dando conta dos milhões de menores torturados por esta prática através da história; muito particularmente na América pré-hispânica.[15]

---

12 J. B. Montoya y Florez (Presidente da Academia Antioquenha de História), *La Deformación Artificial del Cráneo en los antiguos aborígenes de Colombia*. Medellín: Tipografía Bedout, 1921, p. 9. Consultar: http://www.banrepcultural.org/sites/default/files/91197/brblaa536043.pdf.
13 Ibidem. O autor segue aqui a linha dos estudos realizados pelos especialistas Rivero e Tschudi.
14 Consultar as fontes e o restante do artigo em: http://www.eldoradocolombia.com/el_imperio_gua.html. Sem dúvidas quem escreveu isto teve a sorte de não ter experimentado tal martírio.
15 Consultar também o artigo na Anistia Catalunha: http://www.amnistiacatalunya.org/edu/es/historia/h-violen.html. Valeria bem a pena refletir e questionar-se acerca da licitude moral, inclusive jurídica, das distintas comunidades autônomas indígenas existentes no continente, onde, sob o pretexto de seus costumes ancestrais, continuam praticando estes e outros atos desprezíveis, como a mutilação genital feminina.

TREPANAÇÕES, CRANIOPLASTIA E O PREÇO DA VAIDADE INDÍGENA

Foto de uma criança morta pela prática da deformação craniana.[16]

Pintura de Paul Kane, mostrando uma criança chinook no processo de aplainar sua cabeça e um adulto depois do processo.

---

16   Descoberta, junto de outros corpos, por arqueólogos mexicanos, próximo do povoado de Onavas, ao sul de Sonora (México), em dezembro de 2013. Fonte: http://paleorama.wordpress.com/2012/12/23/hallan-cementerio-prehispanico-con-deformaciones-craneales-y-mutilaciones--dentales.

b) Trepanações. Fruto da superstição?

Em sua primeira acepção, referente à disciplina médica, define o DRAE o verbo "trepanar" como "afundar o crânio ou outro osso com o fim curativo ou para diagnóstico". Trata-se, portanto, de um delicado procedimento cirúrgico que, segundo temos notícia, foi praticado em algum momento pelos incas. Até aqui certo e provado. Sobre o que não existe muita certeza é acerca dos motivos que impulsionaram tais práticas.

O prestigioso neurocirurgião boliviano Ramiro Alvarado[17] estudou exaustivamente a questão. Comenta algumas de suas finalidades e outros dados de interesse:

> Com respeito às trepanações e à justificação de um ou outro procedimento segundo a causalidade que o motivara, encontram-se duas posições claramente definidas. Uma das quais, sustentada pela maior parte dos investigadores que se ocuparam do assunto, que pensam que foram determinadas pelo que hoje conhecemos como traumatismo craniano encefálico, com feridas ou

---

17 O Dr. Ramiro Alvarado foi um famoso neurocirurgião membro da Sociedade de Neurocirurgiões da Bolívia e da Sociedade de História da Medicina na Bolívia. A sua obra a que recorremos é "Trepanaciones y Deformaciones Craneales en Tiwanaku" (Archivos bolivianos de historia de la Medicina, Vol. III, n. 1, janeiro–junho de 1997). Cfr. http://saludpublica.bvsp.org.bo/textocompleto/rnabhm973114.pdf.

escoriações na pele e fraturas com afundamentos. Não obstante a posição que a nosso modesto juízo tem maior justificação, é que se tratou de dar saída aos espíritos malignos que motivavam um e outro procedimento, sem deixar de anotar as motivações por golpes e fraturas pós-traumáticas, em que também estamos de acordo. Também em alguns crânios trepanados se demonstrou a presença ou coexistência de processos expansivos cerebrais, ósseos ou sinais de hipertensão intracraniana. Por outro lado, constatou-se uma sobrevida dos sujeitos submetidos a tais processos em 60 por cento. Apesar desta sobrevida, admitimos a possibilidade de que em alguma ocasião adviesse algum benefício ou inclusive a cura de possíveis abcessos epidurais, porém estes casos seriam excepcionais, devido a que pudemos observar trepanações muito pequenas que não puderam permitir um tratamento eficaz; de qualquer maneira, é indiscutível que o conhecimento médico dos tiwanakotas foi considerável e nos fica o desafio de seguir investigando.

A este respeito, observa outro especialista no assunto:

> É também provável que, em muitos casos, essa operação fosse parte de alguma cerimônia religiosa, posto que alguns dos crânios trepanados da coleção mostram diferentes orientações na ferida e não apresentam indícios da lesão. Ferramentas de cobre e bronze e facas de pedras obsidianas devem ter sido empregadas nestas operações que demonstram terem sido realizadas com habilidade.[18]

Ainda que esta espécie de procedimento cirúrgico algumas vezes procurasse a cura física do indivíduo — embora na base da experimentação primitiva, já que os pacientes eram tomados basicamente como cobaias da *ciência incaica* —, é interessante reparar em um dos motivos aos que se crê que correspondia: guiados pela superstição e seguros de que o indivíduo se encontrava afetado por um ou mais malefícios, criam que desta forma podiam reverter tal estado. Embora — segundo as notícias que temos — não exista grande quantidade de material a respeito, e convencidos de que este é um assunto que requer um estudo paciente e pormenorizado, resulta lícito tentar elucidar algumas interrogações a este respeito: em que elementos se baseavam aqueles *doutores* para assegurar que uma pessoa estava "maldita"? Terá sido uma desculpa utilizada com o objetivo de usar seres humanos para experimentar novas técnicas de cura ou, pelo contrário, o efeito buscado era descobrir técnicas de estupidificação do indivíduo com fins

---

18 Dr. Rafael Schiaffino, *Historia de la Medicina en el Uruguay*, Anales de la Universidad, Año XXXVII, Montevideo, 1925, t. I, p. 283.

de manipulação social? Se, como sabemos e já nos referimos, foram os incas capazes de utilizar a deformação de crânios buscando deliberadamente esta finalidade, não seria falacioso suspeitar que houvesse sido essa sua intenção primária.

Algo sabemos de certo: que a sensação de uma broca perfurando o crânio não deve ter sido nada prazenteira nem gratificante para o suposto enfermo ou endemoniado. Isto é claro. Pois bem, nobreza obriga reconhecer a possibilidade de que eles houvessem crido realmente que mediante o procedimento mencionado podiam extirpar a maldição de uma pessoa, e sendo este o caso, devemos admitir aqui que sua intenção era salvá-lo, e isto merece certo reconhecimento (considerando o primitivíssimo nível moral, cultural e religioso no qual viviam aquelas sociedades).

Deveremos convir que tal método se mostrou muito mais civilizado que o das confissões protestantes onde, mesmo na Idade Moderna, enviavam à fogueira, sistematicamente, toda pessoa que criam maldita ou suspeita de bruxaria, rechaçando toda possibilidade de "cura" ou reinserção na sociedade.

O mal, o diabo e os demônios certamente existem e existiram por toda a história, como existem as possessões e as influências deles nas pessoas — do que existe abundante documentação a respeito e todas as religiões/credos e até mesmo ateus e agnósticos reconhecem —; fatos sobrenaturais que, logicamente, nenhuma ciência nem disciplina puderam explicar convincentemente até hoje.

A este respeito, precisamos admitir que a solução, ou ao menos a fórmula que demonstrou ser mais efetiva, civilizada e indolor foi e é a "católica". Referimo-nos aos exorcismos (aplicados como último recurso, depois de esgotados todos os métodos convencionais, como aqueles dados pela medicina). Ainda que aqui não seja o lugar para entrar em tão delicados e controvertidos temas, é pertinente a este propósito sua menção para comparar como cada cultura afrontava — e afronta — aqueles males.

Não obstante, torna-se curioso o peso e as medidas que empregam alguns sociólogos e historiadores para medir diferentes pessoas/acontecimentos: se incas, chibchas, astecas, protestantes ou judeus abrem com um machado a cabeça de um pobre-diabo para tirar-lhe uma maldição, são grandes inovadores científicos ou *xamãs* de culturas milenárias. Agora, se um padre octogenário se atreve a aspergir um suposto enfermo e/ou possesso com umas gotinhas de água benta e recitar-lhe uns quantos pai-nossos, é, no mínimo, acusado de supersticioso, medievalista e até de assassino...

c) Uma teoria cada dia mais aceita: lobotomia, lavagem cerebral e controle mental

Comentamos já a intentona inca de controlar a vontade da população mediante o implante temporal de certos dispositivos na cabeça do indivíduo. É possível também, como dissemos há pouco, que tenham utilizado algumas trepanações de crânio para obter um efeito de docilização e/ou embrutecimento em pessoas em que a deformação de crânio não havia conseguido o efeito desejado pelo Estado.

Estes procedimentos, chamados comumente lavagem cerebral ou lobotomia[19] — mediante métodos distintos —, não só são e foram uma realidade histórica — especialmente no século XX — senão que suas técnicas foram tendo um altíssimo grau de desenvolvimento nas últimas décadas, como se encarregou de denunciar, entre outros, a organização Anistia Internacional.[20]

Seguramente, a mais de um leitor se lhe virão à mente instantaneamente ficções como as do diretor John Frankenheimer, com sua *Manchurian Candidate*, e Stanley Kubrick, com sua afamada *Laranja Mecânica*. O certo é que a realidade, neste caso concreto, parece ter superado, faz já várias décadas, a ficção.

Um caso bem conhecido e documentado a esse respeito é o caso das tristemente célebres *chekas* comunistas, grupos de repressão do regime, que haviam descoberto que, com técnicas desorientadoras,

---

19 Entre várias definições, a seguinte nos pareceu a mais ajustada: (a lavagem do cérebro) "também conhecida como *reforma do pensamento*, *educação* ou *reeducação*, consiste na aplicação de diversas técnicas de persuasão, coercitivas ou não, mediante as quais mudam-se, em maior ou menor grau, as crenças, conduta, pensamentos e comportamento de um indivíduo ou sociedade, com o propósito de exercer sobre eles reconduções ou controles políticos, religiosos ou qualquer outro".
20 Consultar *Amnistía Internacional, Médicos, el personal de la salud ante la tortura*. Madri, EDAI, D.L., 1990 e Amnistia Internacional, *Presos de conciencia en la URSS: su tratamiento y condiciones* — informe da Amnistia Internacional. Londres, Amnesty International, D.L., 1980.

frio, má alimentação e pressão constante, "podiam implementar em seus torturados a idéia que quisessem para que depois declarassem essa idéia implantada diante de juízes e tribunais". A investigadora espanhola Pilar Salarrullana[21] acrescenta às recém-mencionadas técnicas a efetividade que a este propósito tem o isolamento do núcleo familiar do indivíduo; algo casual ou casualmente praticado não somente pelos comunistas, mas de forma freqüente pelos impérios indígenas.

A literatura histórica não foi, por certo, alheia a este assunto. Um claro exemplo que poderá servir-nos a este propósito é a renomada obra de George Orwell, *1984*, onde expõe com particular detalhe os diferentes métodos de coerção praticados pelos regimes totalitários; especialmente pelo stalinista. O personagem principal da obra, Winston Smith, é detido e preso por agentes do Estado, com o fim de conseguir certas mudanças de comportamento em sua pessoa. Smith, na ficção, mostra-se como um homem imutável, vazio, apático, que se limita, de alguma forma, a tolerar o regime em que vive, aceitando seu fatídico destino. Porém para o Estado isto não era suficiente. Uma vez preso, Smith é submetido a uma série de sessões de tortura física e psicológica.

---

21   María Pilar Salarrullana de Verda foi professora universitária, deputada e senadora de La Rioja, Espanha, pelo Partido Democrata Popular. Em seu estudo do *modus operandi* das organizações ditatoriais, menciona as formas mais comuns de controle mental empregadas por eles: isolamento do núcleo familiar e social: em que pese não ser a primeira em aplicar-se é uma das mais importantes. Consiste em ir afastando a pessoa de sua família, seus amigos e inclusive de qualquer relação com o mundo exterior à seita que o deseja capturar. Tanto é assim que muitas seitas, especialmente as mais destrutivas, contam com albergues e casas particulares onde reúnem seus fiéis. Esgotamento físico: trata-se de levar os capturados até quase o limite de suas forças físicas para dificultar o pensamento racional porque, segundo Pilar Salarrullana, a inteligência de cada um não pode aumentar ou diminuir, razão pela qual o que pretendem as técnicas de controle mental é dificultar o uso da inteligência individual. Troca de dieta por outra escassa de proteínas: para reduzir a força do corpo ou perda da menstruação das mulheres e impotência nos homens. Sessões periódicas de cantos, recitação de mantras... chegando em ocasiões a cair no sono, o que inclusive ajuda porque as frases se seguem ouvindo, porém a pessoa não recorda onde as escutou e quem as disse, pelo que pode chegar a pensar que são idéias próprias, pelas quais sempre têm um grande afeto. Discursos do líder da organização e seus acólitos sobre as bondades da organização, os riscos de sair e especialmente os desprezos àqueles que criticam ou mostram atitudes diferentes. Realização de recepções agradáveis, acolhidas e atenção àqueles que chegam pela primeira vez ou mesmo não contam com muita experiência. Técnica que aumenta o prazer de ser parte do grupo e ao mesmo tempo a dependência desse suposto afeto e estima. Estas recepções devem ser feitas a cada pessoa em separado, se ela estiver acompanhada por um amigo, por exemplo, os esforços devem encaminhar-se a separá-los. Utilização de drogas para anular a vontade. Realização de pequenos testes psicológicos para adequar as técnicas de captação a cada pessoa. Um exemplo é o experimentado por Steven Hassan na seita Moon onde lhes pediam para desenhar um caminho, uma casa e uma árvore. Pilar Salarrullana, *Las sectas*. Madri: Ediciones Temas de Hoy, 1990, ISBN: 84-7880-015-8.

Para este fim, é primeiro submetido ao isolamento e à privação de estímulos sensoriais. Depois, mediante um dispositivo especial, aplicam-lhe cargas elétricas para conseguir certas alterações em seu sistema nervoso. O efeito buscado era transformar a tolerância passiva de Winston em cooperação ativa com o partido. O fim último destas técnicas de tortura física, psicológica e farmacológica, era obter a aceitação voluntária de Smith para com o Partido; para esta Nova Ordem.

Vemos então que, em certos casos, a tortura não é aplicada com o fim de extrair informação, mas com o objetivo de quebrar a vontade do indivíduo. Certamente resultam mais benéficas ao Estado totalitário as vontades ativas, convencidas, dóceis e satisfeitas, que as almas descontentes, conscientes de seu estado de opressão, que oferecem obediência somente por temor de represálias — destes últimos costumam sair os grupos insurgentes e rebeldes. É seguro que o autor do dito *best-seller* se inspirou em fatos reais, particularmente nas experimentações e torturas que os regimes marxistas realizavam de modo sistemático naqueles tempos. Porém, também é factível que houvesse baseado certas tramas de sua obra em uma prática revolucionária já conhecida no momento em que escrevia sua obra: a lobotomia.

Em 1949, o neurologista português Egas Moniz foi agraciado com o prêmio Nobel pela invenção da lobotomia, levando esta operação e o seu criador aos cimos da popularidade. Originariamente, a prática havia sido concebida com o fim de curar doentes mentais, porém tempos depois foi sendo testada em pacientes com diferentes desordens mentais, como a esquizofrenia. Egas Moniz acreditava que os pacientes com condutas obsessivas sofriam de problemas nos circuitos do cérebro, pelo que decidiu "cortar as fibras conectivas dos neurônios ativos", segundo escreveu em uma monografia intitulada "Como cheguei a fazer uma leucotomia frontal". O processo demorava cinco minutos e chegaram a praticar dezenas de milhares em poucos anos. À medida que passavam os anos e se estudavam os casos particulares, foi-se observando que esta prática, na realidade, tinha como principal efeito adverso o abatimento da vontade do indivíduo e um gradual entorpecimento.

Hugh Levinson, investigador da BBC de Londres, conta o que se segue:

> Décadas mais tarde, quando trabalhava como enfermeiro psiquiátrico em uma instituição, Henry Marsh cuidava de pacientes que haviam sido submetidos a lobotomias. "Eram esquizofrênicos crônicos e eram comumente os mais apáticos, lentos e acabados". Marsh, que hoje em dia é um eminente neurocirurgião, diz que a operação simplesmente era má ciência. "Era péssima medicina, má ciência, pois era claro que nunca ele fez um acompanhamento adequado dos pacientes". "Se alguém via o paciente depois da operação, parecia que estava bem: falava, caminhava e dizia 'obrigado' ao doutor", observa. "O fato de que os havia arruinado totalmente como seres humanos sociáveis provavelmente não importava".[22]

Portanto, considerando a evidência científica vigente sobre os efeitos que esta prática produzia nos hospitais, e levando em conta a quantidade de trepanações praticadas, particularmente pelos incas, é provável que eles, conhecendo ou suspeitando já o seu efeito, houvessem-na aplicado com esse fim.

---

22   13/11/2011, Hugh Levinson, artigo: "La extraña historia de la lobotomia", BBC Mundo: http://www.bbc.co.uk/mundo/noticias/2011/11/111111_lobotomia_historia.shtml.

CAPÍTULO II
Prostituição, promiscuidade, pedofilia, homossexualidade, travestismo, embriaguez e outros vícios endêmicos dos indígenas

Os povos pré-hispânicos da Mesoamérica permitiam a poligamia, a sodomia e até a pedofilia [...].

Revista *Arqueología Mexicana*

É certo que algumas culturas — bem poucas na realidade — foram relativamente conservadoras em alguns de seus costumes e tiveram certa noção e respeito para com a ordem natural. Não obstante os setores afins e promotores da ideologia indigenista, nem todos os povos permitiram a poligamia, pelo contrário, alguns inclusive puniram severamente o adultério, as práticas sodomitas e incestuosas e também os blasfemos, os perjuriosos, e aqueles que praticavam ou induziam o aborto, os apátridas, os preguiçosos, os bêbados etc. No entretanto, como já advertimos, estes povos foram a exceção à regra.

Segundo nos mostram as evidências, a promiscuidade, a prostituição e os vícios e hábitos acima mencionados — alguns mais que outros, dependendo da cultura, do tempo e do lugar — foram traços salientes em quase todas as sociedades que habitaram o mundo pré-colombiano.

Os casos foram reconhecidos pelos próprios indígenas — seja por haverem participado de ditas práticas ou por terem sido testemunhas diretas delas —, que as consideravam, de modo geral, totalmente naturais. Também foram documentados estes fatos por cronistas espanhóis e indígenas, missionários de várias nacionalidades, e manifestados inclusive na própria arte nativa. O fato de que existiam nas línguas e dialetos autóctones estas denominações resulta bastante sugestivo, quando mesmo não prova a sua existência e freqüência.

É certo — é uma obviedade — que o exercício da prostituição e o resto das devassidões morais referidas não foram invento nem patrimônio exclusivo dos indígenas americanos, porém, poderíamos asseverar com bastante justiça, que em nenhum momento histórico nem lugar do planeta — exceção a mais, exceção a menos — encontraremos a assiduidade e importância que tiveram na América pré-colombiana.

a) Quanto à prostituição, incesto e as relações promíscuas

A sexualidade está presente em cada espaço e tempo da maior parte das culturas pré-colombianas, e inclusive relacionada diretamente com seus deuses; em algumas de modo muito mais claro e freqüente que em outras. Entre os nahuas, poderemos mencionar o caso de Tlazoltéotl, deusa muito importante que representa na terra o prazer carnal, o parto, a sexualidade e a lua. Depois, cabe destacar o papel de Xochiquetzal, deusa das relações sexuais ilícitas e das prostitutas. De um modo geral, segundo podemos apreciar de suas próprias manifestações artísticas e de acordo com vários estudos sobre o tema, para os indígenas o amor (fundamentalmente entre casais) não se manifestava em sentido romântico ou platônico (ou do modo ocidental e cristão); contrariamente, assinala Montejo Díaz, "o amor entre homens e mulheres é antes de mais nada um amor que se expressa através da sexualidade e do erotismo". Para dizer de modo claro, as relações dos homens com as mulheres (esposas, namoradas etc.) eram quase exclusivamente de caráter sexual e raras vezes havia espaço para aflorar algum sentimento de afeto; as relações constituíam praticamente um objeto de descarga da libido masculina e um instrumento para a reprodução da espécie. Entre as milhares de cerâmicas de tribos indígenas, algumas representam cenas de sexo explícito (sexo oral, anal, com pessoas do mesmo sexo e do sexo oposto, com animais etc.) que ainda hoje podemos classificar de pornográficas. A devassidão sexual de várias destas culturas pode corroborar-se também, em grande medida, no culto que rendiam ao falo, visível em suas figuras escultóricas e pictóricas de pênis pluriformes.[1]

Poderíamos afirmar, sem temor de exagerar, que o exercício da prostituição, junto à escravidão, longe de terem constituído práticas sectárias e circunstanciais, foram entre os indígenas instituições em si mesmas patrocinadas muitas vezes de forma direta pelo próprio Estado e/ou aceitas e toleradas por ele.

Houve, é certo, algumas tímidas tentativas por parte de alguns reis nativos de erradicar este costume, porém na prática lhes foi quase impossível. A prostituição estava fortemente arraigada em todos os povos, especialmente entre os caciques, que atuavam muitas vezes como proxenetas, beneficiando-se economicamente de dita atividade. Por esta razão, mesmo os povos imperialistas que — ao menos em teoria — rechaçavam esta prática pouco puderam fazer a respeito para extirpá-la de seus domínios.

A *indústria* prostibulária constituía uma importante fonte econômica para o império e os pequenos povoados, existindo inclusive mercados públicos com esta finalidade. Vendendo ou alugando seu corpo ou o de terceiros, podiam gerar dinheiro, comprar lealdades, favores ou pagar dívidas. Muitas vezes — especialmente em casos de necessidade — a prostituição era imposta pelos pais a suas filhas e inclusive a suas próprias mulheres. O reconhecido etnólogo francês Jacques Soustelle confirma que os pais davam suas filhas como prostitutas e concubinas em troca de dinheiro.[2] Os caciques, por sua vez, tinham sob seu poder todas as mulheres de sua tribo — menos, em algumas ocasiões, as casadas —, que utilizavam como objetos de troca e oferenda com outras tribos amigas ou mesmo inimigas. Geralmente — com certeza entre as culturas melhor organizadas e constituídas —, em tempos de guerra, as mulheres que não eram casadas eram obrigadas pelo Estado ou pelo cacique do momento a acompanhar os exércitos a fim de atuar como *tropeiras*; isto é, como rameiras dos guerreiros (prática à qual também os comunistas estavam acostumados). Outras vezes, no

---

[1] O culto ao falo remonta a milênios atrás, praticado por diversas culturas. Este culto estava relacionado também à fertilidade e ao poder gerador.
[2] Citado por Rodríguez Shadow, *La Mujer Azteca*. México: Universidad Autónoma del Estado de México, 2000 (4ª edição), p. 94.

entanto, a prostituição era uma escolha própria das mulheres, pelo próprio gosto pelo sexo ou por desdenhar de outros tipos de trabalhos.[3]

Sabe-se, entre outros casos conhecidos e documentados, que foi praticada de forma freqüente em Xilotepeque (Guatemala), em Cartagena, entre os índios mosquitos da América Central, na península de Paria e por todos os caribes em cada lugar que moraram. Em Yucatán, costumava-se exercê-la na casa dos solteiros, onde iam as mulheres públicas, "e as pobres, que entre esta gente aceitavam ter este ofício, por mais que recebessem deles presentes, eram tantos os moços que a elas acorriam, que as deixavam perseguidas e mortas".[4] Na Nicarágua, a prostituição era prática corrente; o preço de uma "corrida" eram dez sementes de cacau.[5] O cronista Oviedi y Valdés que viveu entre as tribos dessa região, referindo-se às mulheres solteiras, diz:

> E algumas delas têm rufiões, não para dar-lhes parte de sua ganância, mas para se servir deles e para que as acompanhem e guardem a casa, tanto que elas vão aos mercados se venderem e a quem quiserem[6] [...]. Também há prostíbulos e lugares públicos para as tais, e têm suas mães, ou melhor dizendo madrastas, que são aquelas que na Flandres chamam *la porra* e na Espanha mãe do bordel ou das putas, pois como hospedeira lhes aluga o quarto e lhes dá de comer em troca de um tanto.[7]

Os carajás do Brasil[8] obrigavam suas prisioneiras a prostituir-se no assentamento; porém podiam ser compradas do dono.[9] Segundo vários

---

3   Dado que a prostituição quase sempre foi exercida por mulheres e por tratar-se de um ofício que atentava contra sua dignidade, reservamos parte de seu desenvolvimento ao capítulo deste livro correspondente à mulher indígena.
4   Landa, 1938, p. 131. Citado em Victor Manuel Patiño, *Historia de la Cultura Material en la América Equinoccial* (t. VII), "Vida Erótica y Costumbres Higiénicas". Bogotá: Instituto Caro y Cuervo, 1990. Edição digital disponível em: http://www.banrepcultural.org/blaavirtual/historia/equinoccial_7_higiene-eros/biblio1.htm. Este etnólogo é considerado como um dos pioneiros mais importantes da história científica da Colômbia, recebendo numerosas honrarias e cargos públicos e privados ao longo de sua vida, em instituições públicas e privadas de grande renome. São tantas e variadas as fontes que cita, que consideramos mais oportuno e prático remeter diretamente à sua obra para a verificação delas.
5   Gonzalo Fernández de Oviedo y Valdés, *General y Natural de las Indias*. Madrid: Colección Cultural, 1959, IV, pp. 364 e 377.
6   Oviedo y Valdés, 1959, IV, p. 364.
7   Ibidem, IV, 421.
8   Karajá ou karayá (também inã o yñã) é um povo indígena do Brasil da família lingüística macro-jê que habita desde tempos imemoriais a bacia do Rio Araguaia. Atualmente se encontram nas ribeiras deste rio desde a cidade de Aruanã no estado de Goiás, nos arredores da grande Ilha do Bananal, onde se concentra o maior número de aldeias, até o estado do Tocantins, nas proximidades de Santa Fé do Araguaia.
9   Alfred Métraux, *Religion and Shamanism*, 1949. Em J. Steward (eds.), *Handbook of*

estudiosos, a dependência sexual esteve mais acentuada com caráter permanente entre os peruanos. O Imperador Inti Capac mandava casar os varões aos 26 anos e as mulheres aos quinze. Contudo, foi muito freqüente que destinasse algumas destas últimas "como reconhecimento" ao serviço do sol — que implicava celibato perpétuo — e outras para que servissem como escravas sexuais[10] (para este ofício, enviava-se geralmente as mulheres mais agraciadas fisicamente).

As tribos de Orinoco praticavam a troca de casais (prática que hoje se denomina *swinger*) como conta Gilli: "Não raras vezes fazem um regalo com seus amigos, indo em amigável consentimento mútuo passar com as [mulheres] deles várias noites". O costume esteve bastante difundido entre as tribos brasileiras, sobretudo as costeiras, como os tupinambás. Também foi freqüente entre os esquimós — que além disso exerceram a poliandria.[11] Entre estes, o prisioneiro de guerra podia coabitar com qualquer mulher da casa do captor, menos com a principal do chefe.

Na Nicarágua, escreve Gonzalo Oviedo y Valdés:

> [...] em certa festa muito conhecida e de muita gente que a ela se junta, é costume que as mulheres tenham liberdade, enquanto durar a festa (que é de noite), de se juntar com quem se lhe pegue ou que a elas lhes agrade, por importantes que sejam elas e seus maridos. E passada aquela noite, não há dali em diante suspeita nem obra de tal fato, nem se faz mais de uma vez ao ano, ao menos com vontade e licença dos maridos; nem se seguem castigos nem ciúmes nem outra pena por aquilo [...].[12]

Assinala também que só raramente existiu entre eles a "prostituição econômica" e que era comum ter relações com as mulheres dos irmãos.

As orgias foram também usuais em algumas regiões; em épocas de festa e bebedeiras, como os carnavais. Chamavam esta prática de *purícay*. Conta Fernando de Alva Ixtlilxóchitl o caso de uma princesa mexica, filha de Axayacatl, entregue ao rei Nezahuallpilli (soberano de Texcoco e filho do legendário Nezahualcoyotl): "O rei descobriu a

---

South American Indians. Washington: Smithsonian Institution, 1949, vol. v, p. 399.
10   Fernando de Montesinos, *Ophyr de España. Memorias antiguas, historiales y políticas del Perú y los Anales del Perú, 1498–1642*, Lima, 1930, pp. 35–36. Consultar também sua obra *Los Anales del Perú* (2 vols.), Madri, ed. pelo Doutor Víctor Manuel Maurtúa y Uribe, 1906.
11   Herbert Tischner, *Etnografía, Enciclopedia Moderna del Conocimiento Universal*. Buenos Aires: Compañía General Fabril Editora, 1964, p. 231.
12   Oviedo y Valdés, 1959, IV, p. 421.

jovem em uma desenfreada orgia com três homens e ordenou que se matasse a princesa, seus amantes e todos os serventes que participaram nestes fatos".[13] Os mochicas e algumas outras culturas pré-colombianas, como consigna Montejo Díaz, fornicavam em grupos de três ou mais.

A postura dos mexicas frente à prostituição foi ambivalente, pois ainda que a prostituta fosse o mais das vezes estigmatizada e repudiada socialmente, sua atividade era tolerada. Não parece ser casualidade que Xochiquétzal, uma das divindades mais importantes entre os astecas, de igual modo amada e temida, tenha sido a deusa protetora da prostituição. Tlazoltéotl, a quem também se rendia culto, era a deusa do prazer, da voluptuosidade e dos pecados carnais.

A prostituição foi uma atividade muito difundida no império incaico, segundo reconhece Garcilaso de la Vega. As mulheres que praticavam este ofício recebiam o nome de "pampayrunas" e eram toleradas pelo inca, ainda que socialmente fossem estigmatizadas.[14] Muitas vezes eram as próprias autoridades incaicas que obrigavam estas mulheres a oficiar como prostitutas, para evitar, por exemplo, o adultério ou os estupros. O historiador Waldemar Espinoza assinala o seguinte:

> Não a exerciam [a prostituição] mulheres que por sua própria vontade e impelidas pela necessidade houvessem se colocado a exercê-la [...] Com efeito, com a finalidade de que os solteiros não transtornassem a ordem social estuprando as moças ou desejando esposas alheias, Pachacutec deu várias resoluções regimentando a prostituição: 1º Que os prostibulários estivessem edificados fora das *llactas* (cidades incaicas). 2º Que ali ganhassem a vida unicamente mulheres prisioneiras, capturadas nas guerras. 3º Que recebessem um pagamento dado por cada cliente que as solicitasse. 4º

---

13   Enrique Vela, Revista *Arqueología Mexicana*, Juárez, Raíces, 2002. Vela é um reputado arqueólogo mexicano editor e responsável pela publicação citada. *Arqueología Mexicana* é uma publicação mensal de Editorial Raíces em co-produção com o Consejo Nacional para la Cultura y las Artes através do Instituto Nacional de Antropología e Historia, como resposta aos desejos dos arqueólogos de divulgar seus trabalhos e à demanda de um público não-especializado por conhecer o patrimônio arqueológico do México. Colaboram na realização desta revista especializada os mais destacados arqueólogos e especialistas mexicanos e estrangeiros. Miguel Léon Portilla e Alfredo López Austin são dois deles.

14   Christian Vitry, citando os *Comentarios Reales de los Incas*, relata: "Os homens as tratavam com grandíssimo menosprezo. As mulheres não falavam com elas, sob pena de ter o mesmo nome e terem o cabelo raspado em público, e dadas por infames, e serem repudiadas pelos maridos se eram casadas. Não as chamavam por seu nome próprio, mas por *pampayruna*, que é rameira". (Garcilaso, 1968, IV, XIC). Tomamos o parágrafo de um *site* que cita o autor, o arqueólogo argentino Vitry. Podem consultar-se vários artigos e livros seus em: http://christian--vitry.blogspot.com.ar.

Que caso ficasse grávida e desse a luz, ser-lhes-iam tiradas as crianças para alojá-las em casas especiais ao cargo de mulheres honestas que careciam de filhos. 5º Considerar tais rebentos como filhos de todos os homens que haviam coabitado com suas mães; e uma vez maiores, se lhes encaminharia como trabalhadores nos cocais. 6º Deviam viver em cabanas individuais, impedidas de entrar nas *llactas* e *ayllus*. Precisamente por parar no campo se lhes dizia "pampayrunas", ou seja, mulheres públicas, dispostas a receber quem quisesse se lhes aproximar, pelo que também se lhes dizia "mitahuarmis": mulheres de turno.[15]

Quanto à sexualidade em vários povos da região incaica, comenta Garcilaso de la Vega que seus habitantes tinham relações sexuais com qualquer parente, inclusive com suas irmãs e mães: "[...] muitas nações iam ao coito como bestas, sem conhecer mulher própria, mas como se esbarravam, e outras se casavam como se lhes aprazia, sem aceitar irmãs, filhas nem mães. Em outras guardavam as mães e não mais que isso".[16]

Frei Gregório García menciona a existência de prostíbulos masculinos dedicados a atender homens. Durante o reinado incaico os prostíbulos foram muito populares e generosamente remunerados; eram conhecidos com o nome de *pampayruna* que significa "homem puto".

Gonzalo Fernández de Oviedo comenta o seguinte acerca desta prática entre as mulheres indígenas da Nicarágua:

> Já disse que na Nicarágua há mulheres que publicamente e por preço daquela moeda ou de sementes que correm por moedas, ou por outra coisa que se lhes dê, concedem suas pessoas a quem as paga. Também há prostíbulos e lugares públicos para essas tais, e têm suas *mães*, ou melhor dizendo, madrastas, que são aquelas que na Flandres chamam *la porra* e na Espanha mãe do bordel ou das putas, que como hospedeira lhes aluga o quarto e lhes dá de comer por uma parte do que recebem e têm seus rufiões, não para dar-lhes nada, mas para que as acompanhem e sirvam, e o salário não lhes pagam elas a esses rufiões em pescado, mas em carne, e tão suja como ela é.[17]

---

15 *La civilización Inca*. Madri: Istmo, 1996. Consultar o primeiro capítulo na versão digital aqui: http://waldemarespinoza.blogspot.com.ar/p/capitulos.html. Espinoza é historiador e etnólogo.
16 *Comentarios Reales de los incas I*, Colección de Autores Peruanos, Lima, Editorial Universo, cap. 14, pp. 44-45.
17 Gonzalo Fernández de Oviedo, *Historia General y Natural de las Indias*. Madri, Colección Cultural (digitalizado pela Fundação Enrique Bolaños), cap. 2, 1959, p. 363. Disponível em: http://sajurin.enriquebolanos.org/vega/docs/CCBA%20-%20SERIE%20CRONISTAS%20-%2006%20-%2006.pdf.

Menciona o cronista, ademais, o costume que tinham estes indígenas, incluindo os casados, em certas festas, de se submeterem a grandes orgias de troca de casais para atos sexuais:

> [...] e é que em certa festa, muito conhecida e de muita gente que a ela se junta, é costume que as mulheres tenham liberdade para que durante a festa — que é de noite — se juntem com quem a pague ou que a ela lhe agrade por importantes que sejam elas e seus maridos. E passada aquela noite, não há daí em diante suspeita nem obra de tal ato nem se faz mais de uma vez ao ano ou ao menos com vontade e licença dos maridos; nem se segue castigo nem ciúmes nem outra pena por isso [...].[18]

Prosseguindo, comentando os costumes destes povos, comenta Oviedo como os pais prostituíam as filhas desobedientes ou aquelas que não aceitavam se casar com quem eles queriam. Quando isso acontecia, os pais: "[...] não deixam de usar de suas pessoas; e as dão a quem se lhes agrada, por preço ou sem eles, e aquela que é mais desonesta e impudica, e mais casos ou namorados tem, e os sabe melhor satisfazer, essa é a mais hábil e a mais querida de seus pais".[19]

Como já vimos, o matrimônio entre irmãos não só foi legal e legítimo entre os monarcas incas, mas era uma obrigação. Este costume foi também comum em outros povos pré-colombianos, como os algonquinos, tribo localizada no norte do continente.[20]

b) Quanto à homossexualidade

> *Soubemos e fomos informados de certo que todos são sodomitas e usam aquele abominável pecado.*
>
> Hernán Cortés

Foi tão habitual entre os povos pré-colombianos, que a menção de sodomia aparece em quase todas as crônicas relativas à região mesoamericana e também à região que o império incaico ocupava. Tem-se notícia segura de que este desvio sexual foi exercido também de forma bastante generalizada entre os maias e seus sacerdotes. Observa o arqueólogo Enrique Vera, responsável e editor da reputada revista

---

18 Ibidem.
19 Ibidem.
20 Tischner, op. cit., p. 101.

Arqueología Mexicana, que, entre as tribos da região do México, existia uma destacada distinção entre o homossexual ativo do passivo: "Enquanto que o ativo seguia representando seu papel genérico masculino, o passivo, ao ser penetrado no ato sexual, violava seu papel de homem e se feminizava. Por este motivo, ao passivo lhe tiravam as entranhas e lhe tocavam fogo, enquanto que ao ativo lhe enterravam com as cinzas e aí morria".[21] Quanto à mulher homossexual, a pena disposta pela lei mexica era a morte por garrote. O indígena convertido Felipe Guamán Poma de Ayala afirma que Kapak Yupanqui (quinto governador do Curacazgo del Cusco) tinha "um carinho especial por elas".

A política dos astecas sobre a homossexualidade foi também ambígua, pois ainda que socialmente não fosse bem vista e suas leis estabelecessem castigar com a morte os sodomitas, na prática tais ações raramente foram punidas de forma efetiva; talvez por arraigado que este costume estava entre as classes sociais altas[22] e inclusive entre os sacerdotes, como antes mencionamos. Existiu algum rigor na capital do império, porém o resto das regiões submetidas a eles — algumas muitos distantes da capital — guardavam diferentes usos e sua posição com respeito a estes delitos variava, sendo muitas vezes patrocinadas por seus próprios hierarcas, pelo que resultava então muito difícil poder controlá-los e reprimi-los; ao menos de modo linear e efetivo. A dupla moral manifestada pelos astecas fica também em evidência quando se referem aos toltecas como "sodomitas"[23] — em sinal de desprezo —, quando eles mesmos praticavam e/ou toleravam a homossexualidade. Quando por algum motivo não eram executados os indígenas homossexuais, eram utilizados como escravos em suas comunidades.[24] O curioso do caso é que um de seus venerados deuses, Xochipilli (deidade que herdaram dos toltecas), costuma ser indicado como patrono dos

---

21 Revista *Arqueología Mexicana*. Informação tirada de seu *site*: http://www.arqueomex.com. A informação que tiramos desta revista corresponde ao bimestre julho-agosto de 2012, e pode ser consultada no mesmo *site* com suas referências correspondentes.
22 Bernal Díaz del Castillo e Hernán Cortés, entre outros, coincidem nesta asseveração.
23 Mencionado pelo cronista missionário Bernardo de Sahagún na op. cit. Recomenda-se consultar o trabalho que realizou a este respeito o antropólogo brasileiro homossexual Luiz Mott, intitulado *Etno-Historia de la homosexualidad en América Latina*, 1994. Pode consultar-se por completo em: http://www.bdigital.unal.edu.co/23403/1/20304-68470-1-PB.pdf.
24 Carlos Hernández Meijueiro, "Diversidad sexual en el México antiguo", Guadalajara, Jalisco., 6 de setembro de 2006. Comunicação dada no primeiro dia de atividades do Sexto Congresso Nacional de Educação Sexual e Sexologia. Cfr. http://www.notiese.org/notiese.php?ctn_id=1836.

homossexuais e prostitutos masculinos.[25] Xochipilli era o protetor dos homens que não se encontravam no rigor da vida guerreira e da virilidade, e que querem dedicar sua vida a atividades mais próprias do sexo feminino.

Entre os povos mesoamericanos que puniram esta prática severamente, temos o caso já referido do soberano de Texcoco, Nezahualpilli, que perseguiu e castigou com a morte os sodomitas. Tal era seu desprezo por esta devassidão moral, que não abrandou o pulso quando teve que repreender seu próprio filho, acusado de cometer o pecado *nefando*, executando ele mesmo a pena de morte.[26] Além dos nobres mexicas, tem-se notícias sobre o exercício da homossexualidade entre seus sacerdotes, como menciona Bernal Díaz del Castillo, assinalando os da cidade de Cempoala. Por sua vez, o jurista Alonzo Zuazo, governador de Santo Domingo no século XVI, menciona a existência de grandes orgias homossexuais realizadas por sacerdotes indígenas antes do sacrifício humano.[27] Entretanto, nem todos os povos antigos compartilhavam uma mesma visão com relação às práticas homossexuais genéricas, pois o suposto rigor dos astecas contrastava de forma bastante notória com a liberalidade dos huastecos ou totonacos — que permitiam a sodomia e a pederastia — ou com a liberalidade de outros grupos como os otomíes, yaquis ou os grupos que eles denominavam chichimecas.[28]

Quanto à presença do lesbianismo, foi registrada pelos religiosos Coto e Agüero — entre outros[29] —, e testemunhada pela palavra náhuatl *patlacheh*, que se refere às mulheres que realizavam atividades masculinas, incluindo a penetração de outras mulheres, segundo revela

---

25   David Greenberg, *The Construction of Homosexuality*. Chicago: University of Chicago Press, 1990, p. 165.
26   Pomar, 1984, p. 76. Citado em *Historia de la Vida Cotidiana de México: Mesoamérica y los ámbitos indígenas de la Nueva España*, Pilar Gonzalbo Aizpuru. México: Fondo de Cultura Económica, 2004, p. 314.
27   Ambas as citações retiradas de *Historia de la Vida Cotidiana...*, p. 314.
28   Consultar a esse respeito os estudos do arqueólogo mexicano Enrique Vela. Consultar o número da revista *Arqueología Mexicana* do bimestre julho–agosto de 2010 (disponível em sua versão digital). Consultar também um artigo que registra parte de seus estudos: "El sexo antes de Hernán Cortés", *Diario El Mundo*, 02/07/2010. Cfr. http://www.elmundo.es/elmundo/2010/07/02/cultura/1278058193.html.
29   Homossexualidade entre mulheres menciona Frei Thomás de Coto (1983, p. 449) e o dominicano Cristóbal de Agüero 84 (Citado em Azoulai, 1993, p. 129), referindo-se aos zapotecos. Citações tiradas de *Historia de la Vida...*, p. 318.

Bernardino de Sahagún em sua monumental obra sobre os costumes e história dos naturais da região. Torquemada afirma que existiam práticas sexuais entre pessoas do mesmo sexo e que as mulheres que praticavam estes atos eram chamadas *patlaches*[30] e eram censuradas.[31]

Em síntese, segundo concordam autores de diferentes tendências, a homossexualidade foi um traço comum nestas sociedades.

Uma das primeiras notícias (senão a primeira) acerca de tal existência entre os naturais provém de Diego Álvarez Chanca, médico de Colombo, que apontava a tradição da tribo dos caribes de capturar jovens e extirpar seus órgãos genitais para que eles desenvolvessem características femininas; "os caribes os empregavam para a prática da sodomia de forma similar à que os árabes desfrutam de seus jovens como eunucos [...] Uma vez homens crescidos, os caribes os matavam e os comiam".[32]

Em 1513, conta Pedro Mártir de Angelería que Vasco de Balboa, durante sua exploração de Quarequa, no istmo do Panamá, enfureceu-se ao encontrar "um irmão do rei e outros jovens, homens obsequiosos, [que] vestiam-se efeminadamente com roupas de mulher [...dos quais o irmão do rei] abusava com antinaturalidade".[33] Outro cronista, Núñez Cabeza de Vaca, explorador do sul do que atualmente é os EUA, descreve a cena que encontrou:

> Práticas diabólicas [...] um homem casado com outro homem, efeminados, homem impotentes que se vestiam como mulheres e exerciam funções de mulheres, que, contudo, disparavam o arco e a flecha e podiam levar cargas pesadas sobre seus ombros. Vimos muitos efeminados, embora mais altos e corpulentos que os outros homens. Muitos destes homens efeminados praticavam o pecado contra a natureza.[34]

---

30 Literalmente, a que tem algo comprido, provém de *Patlachhuia* que significa "fazer uma mulher a outra".
31 Citado da tese do arqueólogo guatemalteco Mauro Arnoldo Montejo Díaz, "La Sexualidad Maya y sus Diferentes Manifestaciones Durante El Período Clásico (250 Al 900 d.C)". Guatemala, 2012. Universidad de San Carlos de Guatemala. Consultar a íntegra em: http://biblioteca.usac.edu.gt/tesis/14/14_0469.pdf.
32 Federico Garza Carvajal, *Quemando Mariposas. Sodomía e Imperio en Andalucía y México, siglos XVI–XVII*. Barcelona: Laertes, 2002, pp. 75–84.
33 Ibidem.
34 Ibidem. Entre outros, Bernal Díaz del Castillo, Gonzalo Fernández de Oviedo, Juan de Grijalva e Gonzalo Fernández de Oviedo mencionam esta prática.

Nas tribos pertencentes à região da Nicarágua, a homossexualidade era castigada geralmente com a morte; como reconhece um de seus caciques principais ao Frei Bobadilla, depois de perguntado sobre o tratamento que recebiam os *putos*: "Os rapazes o apedrejam e lhe fazem mal, e lhe chamam biltre e algumas vezes morrem do mal que lhes fazem".[35]

Entre os maias, as relações homossexuais eram parte dos ritos de passagem dos jovens que se iniciavam na vida sexual. Era um elemento a mais na formação dos jovens, explicam os antropólogos Stephen Houston e Karl Taube em seu ensaio *La sexualidad entre los antiguos mayas*, acrescentando que: "As relações entre membros do mesmo sexo eram próprias do tempo dos ritos de passagem, nos quais um menino se transformava em homem".[36] Assinalou-se que certas festas sexuais maias incluíam as relações homossexuais. Segundo se crê, o povo maia considerava a homossexualidade preferível ao sexo pré--nupcial, preferência essa que fazia com que os nobres conseguissem escravos sexuais para seus filhos. Com relação à evidência lingüística acerca desta atividade, existem termos dentro da etnia maia Tzetzal como "jkob-xinch'ok", que se traduz como "puto que faz". Embora saibamos que em determinados casos sua lei castigava a homossexualidade do adulto com a morte em um forno ardente, o certo é que, ao menos em comparação com os astecas, os maias foram bastante tolerantes a esse respeito.

No que diz respeito ao império inca,[37] Frei Gregório García relata a existência de prostíbulos masculinos dedicados a satisfazer outros homens, denominados *pampayrun* ("homem público"). O cronista peruano de raça indígena Pachacuti Yampki assinala em uma de suas crônicas que nos tempos do inca Lluque Yupanqui "haviam sido criados vários rapazes para que atendessem sexualmente os soldados de guerra". Por sua vez, o inca Garcilaso de la Vega e Pedro Cieza de León assinalam

---

35 Gonzalo Fernández de Oviedo, *Historia General y Natural de las Indias*. Madri: Colección Cultural (digitalizado por Fundación Enrique Bolaños), parte III, livro XLII, p. 404.
36 Fontes oferecidas no artigo publicado em: http://www.noticiacristiana.com/ciencia_tecnologia/descubrimientos/2010/07/mesoamerica-vivia-una-sexualidad-pervertida-revela-un-estudio-de-arqueologico.html.
37 Nas culturas peruanas moche e vicús, existem numerosas manifestações artísticas em favor da homossexualidade, geralmente plasmada em vasos de argila. Algumas imagens disponíveis em: http://www.forosperu.net/showthread.php?t=337385.

a Ilha Puná (Equador) como o lugar onde mais aberta e assiduamente se praticava a homossexualidade; tendo o cacique daquela cidade, em seu harém, vários jovens para entretenimento sexual. Diz o primeiro, em sua "Crónicas del Perú": "[...] cada templo ou santuário principal tem um homem, dois ou mais, segundo o ídolo, os quais andam vestidos como mulheres, e com eles quase por via de santidade e religião têm sua conjunção carnal os senhores e os principais".[38]

Ao que parece, ao menos no que diz respeito aos incas — dependendo do Sapa Inca da vez — a sodomia era tolerada e/ou praticada de modo exclusivo pelas classes privilegiadas. Conta Garcilaso de la Vega que o quinto inca, Capac Yupanqui, quando submeteu os aymara "mandou que se queimassem vivos os sodomitas que encontrassem e queimassem suas casas".[39]

O autor Richard Texler, em seu livro *Sex and the Conquest*, afirma que os astecas convertiam alguns dos inimigos conquistados em *berdaches*,[40] seguindo a metáfora de que "a penetração é uma mostra de poder".

Transcrevemos em seguida outros casos de sodomia registrados por Manuel Patiño em seu estudo das diferentes crônicas, espanholas e indígenas:[41]

> Entre os curandeiros brasileiros, os iniciados tinham visões e cópulas com o demônio. Pecado nefando cometiam os índios varões das missões jesuíticas do Paraguai, pelo regime disciplinatório de lhes controlar os contatos com suas mulheres. A sodomia era praticada pelos sacerdotes maias. Em Porto Velho, era praticada nos templos por sacerdotes, e no Peru. Segundo estudos antropológicos, no Equador, os nativos distinguiam divindades masculinas e femininas, aceitando a bissexualidade, chegando ao ponto de

---

38 Pedro Cieza de León, *La crónica general del Perú*, t. I, (Col. Urteaga Historiadores Clásicos del Perú, t. VII). Lima: Lib. e Imp. Gil, 1924, p. 346. O jesuíta Bernabé Cobo descreve o culto homossexual que se dava em Pachacamac e Apurímac, dois dos maiores e mais respeitados santuários do Tahuantinsuyo, dentro do império inca. Consultar seu trabalho *Historia del Nuevo Mundo...* com notas e ilustrações de D. Marcos Jiménez de la Espada. Sevilla: Sociedad de Bibliófilos Andaluces, 1890, t. I, VIII + 530 págs. 1891, t. II, 467 págs; 1892, t. III, 351 págs; t. IV, 245 págs.
39 *Comentarios Reales de los Incas I*, p. 164.
40 Os *berdache* ou *badea*, também conhecidos como os dois espíritos, são indivíduos pertencentes a povos ameríndios dos Estados Unidos e do Canadá que cumprem um dos múltiplos papéis de gênero encontrados tradicionalmente em suas sociedades.
41 O autor, em sua obra já citada, oferece a respeito as seguintes fontes de cronistas: Martius, 1939, pp. 193–194; Garay, 1942, pp. 143–145; Ximénez, 1929, I, p. 360; Cieza, 1880, p. 99; Villavicencio, 1984, pp. 107–110.

considerar imperativo, para ser xamã de uma tribo, ser homossexual, o que em suas leis religiosas implicava sabedoria, "a representação do masculino e feminino em um só ser".

Segundo o historiador jesuíta Francisco Clavijero, a homossexualidade foi castigada com a morte por quase todas as culturas mesoamericanas, sendo os sodomitas geralmente odiados pela maioria do povo.[42]

O castigo destas ações tinha uma razão, pois em várias culturas se lhes criam causadores de todos os desastres (naturais ou não) e desequilíbrios sofridos pela comunidade, crendo inclusive que tais desvios morais podiam produzir a destruição de seu povo e cultura, particularmente daqueles que defendiam o matrimônio monogâmico. Por exemplo, Montezuma, líder do povo asteca, destruiu um lugar de prostituição "porque atribuiu à suas transgressões públicas que os deuses tivessem permitido que os espanhóis chegassem e impusessem seu domínio".[43] Frei Bernardino de Sahagún transcreve o conceito que tinha o povo simples acerca destes transgressores: "Sodomita, puto. Corrupção, pervertido, excremento [...] Merece ser queimado, merece ser abrasado, merece ser posto no fogo. Arde, é posto no fogo. Fala como mulher, faz-se passar por mulher".[44]

Resumindo a presente questão, poderemos concluir que a sodomia existiu em graus variados: desde a suposta intolerância dos astecas para com esta prática, encontramos de igual modo tribos que não a praticavam senão de modo excepcional (como cumanagotos, chibchas, quimbayas etc.), outras onde era freqüente e/ou tolerada (como entre toltecas, mayas, huastecos, totonacas), e outras onde a sodomia estava institucionalizada (como entre os zapotecas, o istmo panamenho, a costa caribe, a costa norte peruana, a costa norte equatoriana e em quase todas as culturas pré-incaicas, como os mochicas e chimú).[45]

---

42 Francisco Clavijero menciona uma exceção: os panuqueses, que aparentemente aceitavam a homossexualidade.
43 Em Enrique Vela, op. cit.
44 Mauro Arnoldo Montejo Díaz, "La Sexualidad Maya y sus Diferentes Manifestaciones Durante El Período Clásico (250 Al 900 d.C.)". Já citamos este trabalho anteriormente.
45 O tema da homossexualidade, masculina e feminina, também está presente em algumas vasilhas pré-incaicas, como documenta o Doutor Kauffman Doig, arqueólogo e secretário no Museu Nacional de Arqueologia e Antropologia do Peru. Particularmente entre mochicas e chimús.

c) Quanto ao travestismo

Mais de um leitor se surpreenderá ao deparar-se com casos de homens travestidos na América pré-hispânica, contudo sua existência se encontra minuciosamente documentada.

Os dados referentes às práticas homossexuais dos povos pré-colombianos motivaram as etnógrafas Patricia Alberts e Evelyn Blackwood a realizar um trabalho de investigação entre as tribos norte-americanas atuais. Foi assim que descobriram que entre os índios *crow* existiam homens que se vestiam de mulheres, exerciam o xamanismo[46] e se dedicavam a conceder favores sexuais aos grandes guerreiros. Conhecidos como *berdache*, estes homossexuais eram tratados com grandes honras e eram considerados um gênero à parte.

Segundo contundentes estudos etnológicos contemporâneos, o travestismo foi um costume generalizado na Mesoamérica, no norte do México e no sul dos atuais EUA, embora, ao que parece, tenha sido mais comum nas regiões que poderíamos chamar "periféricas", isto é, fora dos centros urbanos.

Dois dos primeiros testemunhos acerca deste hábito provêm de Bernal Díaz del Castillo e Alvar Núñez Cabeza de Vaca. O primeiro afirma ter visto "homens vestidos de mulheres" na costa do Golfo do México.[47] O segundo, que à época encontrava-se na região do Texas, conta que viu:[48] "[...] homens usados com outros, e estes são uns homens efeminados, impotentes, e andam tapados como mulheres e fazem trabalho de mulheres. Frei Antonio Tello fala dos índios sonora, onde os espanhóis 'encontraram moços em trajes de mulheres'".

Outras crônicas espanholas indicam casos de sodomia generalizada que incluía crianças de até seis anos, e outros de meninos que se vestiam como mulheres para exercer a prostituição.

---

46 O xamanismo refere-se a uma classe de crenças e práticas similares ao animismo que asseguram a capacidade de diagnosticar e de curar o sofrimento do ser humano e, em algumas sociedades, a capacidade de causá-lo. Os xamãs crêem lográ-lo contatando o mundo dos espíritos e formando uma relação especial com eles. Asseguram ter a capacidade de controlar o clima, profetizar, interpretar sonhos, usar a projeção astral e viajar aos mundos superior e inferior. As tradições de xamanismo existiram em todo o mundo desde épocas pré-históricas.
47 Diaz del Castillo, 1988, p. 875. Citado de *Historia de la Vida...*, p. 315.
48 Nuñez..., 1942, pp. 77–78. Citado em Patiño, op. cit. (edição digital), t. VII. Tomo completo em: http://www.banrepcultural.org/blaavirtual/historia/equinoccial_7_higiene-eros/indice.htm.

O frade missionário e lingüista Frei Domingo de Santo Tomás fala algo mais nesse sentido:

> Verdade é que, geralmente entre os serranos e yungas, há o demônio deste vício debaixo de espécie de santidade, e é que cada templo ou santuário principal tem um homem ou dois ou mais, segundo o ídolo, os quais andam vestidos como mulheres desde o tempo em que eram meninos, e falam como tais, e em sua maneira, traje e tudo o mais imitam as mulheres. Como estes, quase como por via de santidade e religião, têm nas festas e dias principais seu ajuntamento carnal e torpe, especialmente os senhores e principais. Isto sei porque castiguei a dois: os quais, falando-lhes sobre esta maldade que cometiam, e agravando-lhes a fealdade do pecado, responderam-me que eles não tinham culpa, porque desde o tempo de sua meninice os haviam posto ali seus caciques para usar com eles este maldito e nefando vício e para ser sacerdotes e guarda dos templos de seus ídolos.

Em seu meticuloso trabalho *Religión, género y construcción de una sexualidad en los Andes*, o historiador peruano Fernando Asin diz e conclui o seguinte:

> Os dados soltos a que alude Cieza de León para Puerto Viejo; Popayán (onde os homens se orgulhavam de sua sodomia); a Ilha de Cunacu, onde era usual o travestismo; como em Tumbes; o Mito de Manta, onde em um princípio todos os habitantes haviam sido homens; tanto como as lendas sobre os habitantes do Callejón de Huaylas, recolhidas por Cieza e Garcilaso, levam-nos a crer que existiram práticas transgressivas, claramente sexuais, pessoais ou grupais, com outros componentes para além do aludido ritualismo religioso.[49]

Como em toda a história pré-colombiana, houve povos que toleravam esta prática, outros que a fomentavam e outros ainda que a castigavam com pena capital. Em certas ocasiões, era exercida pelo povo simples, outras vezes pela nobreza, e às vezes por ambas as classes. Entre aqueles que reprovavam e puniam este costume, que consideravam intrinsicamente perverso, houve tribos indígenas mesoamericanas que o penalizaram de forma particularmente severa; como mostra o próprio Bartolomeu de las Casas, comentando o que sucedia às tribos *muxes*[50] que eram encontradas:

---

49 Revista de Indias, 2001, vol. LXI, núm. 223. Consultar o trabalho completo na versão digital em: revistadeindias.revistas.csic.es/index.php/revistadeindias/article/.../564.
50 Na população zapoteca do Istmo de Tehuantepec, Juchitán, Oaxaca, México, chamam-se *muxes* ("mushes") as pessoas nascidas com o sexo masculino que assumem papéis femininos em quaisquer dos âmbitos social, sexual e/ou pessoal.

Ajuntavam-se todos os sacerdotes e velhos e pessoas principais em uma sala do templo, cada um dos quais tinha um tição de fogo na mão, e punham o delinquente desnudado diante de cada um deles, e o primeiro lhe fazia uma grande reprimenda, dizendo: "Oh, malvado! Como ousava fazer na casa dos deuses tão grande pecado?", e outras muito mais ásperas. E acabadas as reprimendas, davam-lhe com o tição um grande golpe, e assim todos faziam; o que mais podia lhe repreendia, e com o tição golpeava. Depois o tiravam para fora do templo e o entregavam aos jovens para que o queimassem, e assim o queimavam.[51]

Bernal Díaz del Castillo também os menciona em seus relatos: "[...] e que também haviam de ser limpos de sodomias, porque tinham rapazes vestidos de hábitos de mulheres que andavam a ganhar naquele maldito ofício, e cada dia sacrificavam diante de nós três ou quatro ou cinco índios [...]".[52]

Vários etnógrafos confirmam a presença de *berdaches* na atualidade, nas regiões setentrionais mesoamericanas. Nas populações zapotecas de Oaxaca mostram-se os *muxes* — indígenas travestidos — mesclados na sociedade sem esconder sua condição. Além de se trajarem com roupas de mulheres, assumem papéis femininos em sua comunidade. Tradicionalmente, os *muxes* também tinham o papel de iniciar sexualmente os adolescentes, já que em algumas culturas não era socialmente aceito que as jovens perdessem a virgindade antes do matrimônio. Um estudo antropológico realizado durante a primeira metade da década de 1970 descobriu que aproximadamente seis por cento da população masculina do Istmo de Tehuantepec estava composta por *muxes*. A este respeito o arqueólogo guatemalteco Montejo Díaz comenta o seguinte em suas investigações:

> Na sociedade zapoteca há uma atitude social e cultural peculiarmente permissiva e participativa ante a homossexualidade, a efeminação e o travestismo, em grande contraste com o padrão nacional mexicano. Trata-se de uma homossexualidade institucionalizada que alguns autores consideram como um terceiro sexo socialmente concebido e aceito, um homem-mulher que reúne as características de ambos os sexos. E que não é melhor ou pior que os homens e mulheres, simplesmente diferentes (Miano 1996:83). Existem numerosos termos indígenas para referir-se a estes indivíduos nos diversos

---

51 Las Casas, t. II, p. 25. Citado de *Historia...*, p. 310. Também menciona a pena capital para esta perversão, porém por enforcamento, Francisco Clavijero. Em op. cit., p. 212.
52 Citado em Montejo Díaz, op. cit.

idiomas ameríndios, os dinéh (navajos) os chamam *nàdleehé*, "aquele que se transforma"; os lakota (sioux), *winkte*; os mojaves, *alyha*; os zuni, *ihamana*; os omahas, *mexoga*; os aleutianos e kodiaks, *achnucek*; os cheyenes, *he man e*. Esta abundância de denominações dá fé da familiaridade das culturas nativas com as pessoas que mudavam de papéis masculinos/femininos ou vice-versa dentro de cada sociedade, e não necessariamente eram reprimidos e excluídos. Entre os maias tzotziles dos tempos coloniais se rastreiam palavras que evidenciam este tipo de comportamentos, possuem termos para definir a condição de hermafrodita ou mulher estéril, "antzil xinch´ok", que literalmente se traduz como feminino/masculino, supostamente designavam uma condição permanente.

Em 2005, a diretora mexicana Alejandra Islas filmou um documentário sobre as *muxes* de Juchitán de Zaragoza intitulado: "Muxes: Auténticas, intrépidas y buscadoras de peligro", onde evidencia esta realidade.

d) Quanto à zoofilia

A existência da prática de zoofilia por parte dos indígenas foi apontada por vários autores, entre eles o etnógrafo Lope de Atienza, que afirma que os povos da região andina eram dados a este vício, homens e mulheres, com os animais que criavam. Aqui se incluem bestas trazidas pelos espanhóis.[53] Também se falou do *intercurso* de índia com cachorro e de índio com macaca.[54]

Parece que também os andoas do Amazonas equatoriano foram acusados pelos jesuítas de dedicar-se à bestialidade com "todo tipo de animais e pássaros".[55] Verificou-se também seu uso entre os indígenas das missões jesuítas do Paraguai,[56] e menciona-se a interação sexual entre pastores indígenas e lhamas na região andina; fato que segundo alguns estudiosos se comprova nas próprias cerâmicas peruanas. Confirma-o, entre outros, o arqueólogo Federico Kauffmann Doig: "Existem, finalmente, casos de acoplamento por via anal em animais, ainda que, repetimos, sempre entre sexos diferentes".[57]

---

53 Lope de Atienza, *Compendio historial del estado de los indios del Perú nuevamente compuesto por ... dirigido al honorabilísimo señor Licenciado don Juan de O bando, del Consejo de Estado, Presidente del Real Consejo de Indias*, 1931, pp. 133–134.
54 Cieza de León, 1984, I, p. 120. Citado em Patiño, op. cit.
55 Maroni, 1889, p. 363. Citado em Patiño, op. cit.
56 Garay, 1942, pp. 143–145. Citado em Patiño, op. cit.
57 *Comportamiento sexual en el Antiguo Perú*. Madrid: Kompaktos, 1978.

Também foi comum entre as tribos dos indíos hopi — que ainda habitam em uma reserva federal do estado do Arizona, EUA — e em várias outras comunidades do norte do continente, como assinala o etnólogo francês F. W. Voget.[58]

Não obstante o observado e referido, a evidência existente a esse respeito faz pensar que estas práticas não estiveram generalizadas entre os indígenas.

e) Quanto à pedofilia

Segundo os antropólogos Stephen Houston e Karl Taube (*La sexualidad entre los antiguos mayas*), a pedofilia foi usual entre os maias, que consideravam esta prática como um elemento importante na formação dos jovens: "As relações entre membros do mesmo sexo eram próprias do tempo dos ritos de passagem, em que um menino se transformava em homem".

A iniciação sexual em idade precoce (de cinco a doze anos) foi algo muito freqüente em muitos povos indígenas, particularmente entre aqueles localizados no norte do continente. Sobre o tema existe um extenso e minucioso informe denominado *Growing Up Sexually*, World Reference Atlas (outubro de 2002), que dá conta precisa do comportamento sexual de cada uma das culturas indígenas que habitou e/ou habita o que hoje são os Estados Unidos da América. Para seu estudo, o informe se serve de quase todas as fontes disponíveis que existem: desde crônicas da época, indígenas e européias, como também de outras provenientes de modernos estudos de prestigiados sociólogos, etnólogos, sexólogos, antropólogos e historiadores. Um deles, F. W. Voget, em seu exaustivo estudo *Sex life of the American Indians*, diz que "os grupos pré-adolescentes de meninos serviam como fonte especial de conhecimentos e experimentação sexual".[59] M. Quaife[60] comenta que em fins do século XVII, os homens indígenas que ocupavam a área de Illinois,

---

58 F. W. Voget, "Vida sexual de los indios americanos", em Ellis, A. & Abarbanel, A. (eds.), *La enciclopedia de la conducta sexual*, volume I. Londres: W. Heinemann, 1961, pp. 90–109.
59 Ibidem. Retirado de *Growing Up Sexually*, World Reference Atlas (outubro de 2002), ínterim, relatório, Amsterdã, Holanda. Consultar completo em: http://www2.hu-berlin.de/sexology/GESUND/ARCHIV/GUS/NORTHAMNATIVES.HTM#_ftn17.
60 Milo Milton Quaife (1880–1959) foi um historiador americano dedicado a estudar a história do estado do Michigan.

ao não serem satisfeitos sexualmente por suas mulheres, "treinavam meninos desde a infância para servir como homossexuais *passivos* para satisfazer suas necessidades".[61] Por sua vez, M. Nettle, estudioso da reserva indígena mohave, queixava-se, no início do século XX, que não havia menina de dez anos virgem em toda essa comunidade nativa![62] O reconhecido etnólogo francês George Devereux confirma esta realidade, assinalando que quase todas as meninas indígenas dessas regiões eram defloradas antes de chegar à puberdade.[63] Também de modo freqüente aconteceu que muitos destes meninos eram prostituídos pelos próprios pais desde tenra idade.[64]

O próprio De las Casas narra que, na província da Vera Paz, onde viveu, foi habitual que nos próprios templos indígenas: "Os moços maiores naquele vício (a sodomia) aos meninos corrompiam; e depois que dali saíam mal acostumados, era difícil livrá-los daquele vício".[65] São várias, no entanto, as crônicas espanholas que fazem referência à prática generalizada de sodomia que incluía meninos de até seis anos e meninos que se vestiam como mulher para exercer a prostituição.

Por sua vez, o já citado arqueólogo mexicano Enrique Vela, em um recente estudo, afirma que os huastecos e totonacos[66] permitiam abertamente a pedofilia.[67] Ao que parece, também foi exercida pelos machis da região do Chile, como assinala Ramón Pardal: "Em tempos antigos exerciam a pederastia e usavam vestidos e adornos femininos

---

61 Quaife, M. M., *The Western Country in the 17th Century: the Memoirs of Lamothe Cadilla and Pierre Liette*, Chicago, 1947. Citado em *Growing Up Sexually...* O mesmo com as tribos árticas, segundo assinala M. Sauer (1802), *Account of Billing's Expeditio*, Londres, p. 160.
62 M. A. Nettle, *Mohave Women. MS of a lecture delivered before a woman's club*. Arizona: Parker. Citado por George Devereux, *Institutionalized homosexuality of the Mohave Indians* (Human Biology, 1937, p. 105). Consultar também seu trabalho *Sexual Life of the Mohave Indians* (dissertação de Ph.D não publicada, Departamento of Antropologia, Universidade da Califórnia).
63 Os testemunhos que se referem a esta realidade são sem fim. Para mais casos de diferentes tribos do norte do continente, consultar o relatório já aludido, *Growing Up Sexually*.
64 Como afirmam, entre outros, Sagard, Th. F. G. le (1632) *Le Grand Voyage au Pays des Hurons*. Paris: Ronhaar, 1931; Groningen Wolters, *Woman in Primitive Motherright Societies*. Londres: D. Nutt, p. 335; Tooker, E., *An Ethnography of the Huron Indians, 1615–1649*. Washington: Smithsonian Institution, 1964, p. 125.
65 Las Casas, 1967, t. II, p. 515. Citado de *Historia de la Vida...* p. 310.
66 Os totonacas foram um importante povo indígena mesoamericano que habitava o que atualmente é o estado de Veracruz no México. A cultura huasteca habitava o que hoje são os estados mexicanos de San Luis Potosí, Veracruz, Hidalgo Puebla etc.
67 Consultar seu muito interessante trabalho em: http://www.historiayarqueologia.com/profiles/blogs/la-sexualidad-prehispanica.

(*hueyes*)".⁶⁸ Foi também mais ou menos freqüente entre algumas tribos venezuelanas, embora pareça que, quando isso acontecia, os indivíduos ou grupos culpados eram expulsos da comunidades por suas autoridades.

Nos tempos que correm, dá-se uma situação paradoxal a respeito desta aberração, particularmente na esquerda: os mesmos que se encarregam de fustigar a Igreja Católica, recordando os casos de abusos sexuais supostamente perpetrados por sacerdotes (omitindo ademais, deliberadamente, o significativo número de indígenas, rabinos e pastores protestantes culpados do mesmo delito), são os mesmos que brigam pela legalização da pedofilia na Holanda, Bélgica, Suécia e no resto do mundo, rendendo-se aos pés de reconhecidos promotores de abuso de menores, como o escritor Gabriel García Márquez.

f) Casos atuais de abusos e estupros de crianças em comunidades indígenas

Lamentavelmente, os espanhóis e missionários não conseguiram erradicar este crime completamente dentre os indígenas. Mesmo na atualidade, persistem os casos de abuso sexual de menores por parte de indígenas, que aproveitam a impunidade que lhes outorgam seus foros comunitários.

Mencionemos dois casos recentes:

— O primeiro, familiar aos argentinos, ocorreu na comunidade indígena wichí, no ano de 2005, onde uma menina de treze anos foi estuprada e engravidada por seu padrasto. Ao ser apreendido pelas autoridades locais, fez sua defesa argüindo que este costume era próprio do seu povo, aventurando-se inclusive a acusar as autoridades nacionais de discriminá-lo por sua raça e de não respeitar as *leis* de sua comunidade e seus costumes ancestrais. O caso narrado caiu nas mãos do Juiz Carlos Rozanski, então presidente do Tribunal Federal Oral nº 1 de La Plata. Algumas de suas declarações a respeito:

> Hoje todos, wichi o não-wichi, devem aderir à Convenção Internacional sobre os Direitos da Criança: na Argentina não se aceita que uma menina tenha seu despertar sexual com um indivíduo de muito mais idade que

---

68 Dr. Ramón Pardal, *Medicina Aborigen Americana*, Biblioteca del Americanista Moderno, Buenos Aires: Humanior, seção C, t. I, 1937, p. 120.

convive com a mãe, um perverso, em uma relação incestuosa, que inequivocamente está abusando dela.

[...] No caso que examinamos, não houve possibilidade de consentimento válido da menina, já que sua decisão se baseava no que lhe haviam feito crer que é livre-decisão. Uma característica do abuso sexual infantil é a "normalização": o abusador diz para sua vítima que é normal que tenha relação com seu pai ou com seu tio. A noção de que nessa comunidade nativa a vida adulta começa com a primeira menstruação é uma mentira que inventam para tentar dar-lhe uma cobertura teórica: uma criatura de treze ou catorze anos é uma criança, e o direito internacional ratificou isso na Convenção dos Direitos da Criança.

[...] Quando se sustenta que o abuso é aceitável por originar-se de uma determinada cultura, isto é imediatamente transferido à normalização de outras situações de abuso.[69]

— O segundo caso ocorreu na localidade de El Pital, Colômbia, onde um indígena de 42 anos havia estuprado suas três filhas, de sete, nove e catorze anos e a duas cunhadas. Qual foi o castigo imposto à comunidade nativa por parte da justiça colombiana? Somente alguns anos de trabalho comunitário. O argumento a que recorreram as autoridades indígenas para impedir seu processo foi o seguinte: "Ele não representa nenhum perigo para a sociedade. Eles — os sacerdotes indígenas — consultaram os anciãos, os espíritos, e lhes disseram que ele tinha remédio, e que por isso o deixassem somente fazendo trabalho comunitário na reserva Las Mercedes".[70]

g) A impunidade dos "foros" das comunidades indígenas

O foro indígena, sintetizando, "*é o direito que gozam os membros das comunidades indígenas, pelo fato de pertencer a elas, de serem julgados pelas autoridades indígenas, de acordo com suas normas e procedimentos, isto é, por um juiz diferente do que ordinariamente tem a competência para tal efeito e cuja finalidade é o julgamento de acordo com a organização e modo de vida da comunidade*", nas palavras da Corte Constitucional da Colômbia, porém que, com alguma outra variação, é o mesmo conceito que se aplica no resto das comunidades

---

69 Página 12, 22/10/12. http://www.pagina12.com.ar/diario/sociedad/subnotas/3-60888-2012-10-22.html.
70 El Tiempo, 01/6/13. http://m.eltiempo.com/justicia/castigo-indgena-a-violador-enoja-a--mujeres/10207265.

indígenas inseridas nos países hispano-americanos da atualidade. Acrescido a isso, de acordo com o Convênio 169 e a declaração dos Direitos dos Povos Indígenas da ONU,[71] se prevê a extinção do funcionamento da polícia e julgamentos nos territórios indígenas, para dar lugar às autoridades da justiça indígena. Na Bolívia, por exemplo, a Constituição Nacional reconhece a Justiça Indígena Originária Campesina (JIOC), e lhe outorga a mesma hierarquia que a justiça ordinária. Também aqui os indígenas podem julgar de acordo com seus próprios procedimentos, valores e normas culturais. As decisões da justiça indígena têm força de sentenças, e toda autoridade pública ou pessoa deve acatá-las. Quer dizer, tecnicamente, estas "justiças comunitárias" teriam direito de aplicar a pena de morte, de infligir a tortura e de aplicar diversos castigos como a amputação de membros do corpo por delitos vários como o roubo; sentenças estas que foram aplicadas à margem da lei em países como Peru e Bolívia. Embora nos últimos anos os estados nacionais tenham tentado regular e/ou suprimir estes excessos das comunidades indígenas, eles continuam aparecendo. O magistrado do Tribunal Constitucional da Bolívia, Milton Mendoza, oferece uma explicação a este respeito: "São muito difíceis de investigar, porque têm muitos autores e existe uma solidariedade entre todos eles, um hermetismo cúmplice porque todos participam de uma ou de outra forma, e como os processos duram tanto, tendem a acabar na impunidade". Mendoza foi o fiscal que em 2004 investigou o caso do linchamento em uma praça do alcaide do povoado indígena de Ayo Ayo, chegando a processar dezessete dos supostos culpados, porém não pôde lograr uma sentença definitiva neste processo devido à "manipulação da justiça" por parte dos acusados.[72] Além disso, segundo assinalou há pouco tempo a Defensoria do Povo, por nove anos nem uma só pessoa foi processada e condenada depois de cometer linchamentos e parece que após a perplexidade inicial de cada caso, todos assumem um "silêncio e esquecimento cúmplice".[73]

— Parece que, sob pretexto de respeito à "multiculturalidade", qualquer crime é permitido e consentido aos indígenas. E não nos

---

71   Consultar o documento completo em: http://www.un.org/es/events/indigenousday/pdf/indigenousdeclaration_faqs.pdf.
72   ABC, 9/11/2013. Cfr. http://www.abc.es/internacional/20131109/abci-linchamientos-convierten-bolivia-pais-201311081733.html.
73   Idem.

referimos aqui somente aos abusos e estupros que cometem contra os seus, mas contra pessoas de fora de sua comunidade inclusive.

A par disto, vejamos um caso ocorrido em 2012, em que três indígenas pertencentes à tribo dos wayúu (Colômbia) estupraram uma turista inglesa brutal e repetidamente. O curioso é o que aconteceu imediatamente depois. A vítima, ensangüentada e toda machucada, conseguiu chegar com grande esforço à estação de polícia mais próxima, contando o que havia acontecido às autoridades policiais presentes. Depois de uma pesquisa e confirmada a veracidade da denúncia, os policiais conseguiram finalmente descobrir o paradeiro dos agressores, porém, quando os agentes tentaram capturá-los, segundo assinala a notícia daquele caso, "os habitantes locais os impediram [...]. Até o momento, os supostos agressores permanecem no conselho indígena, uma comarca reconhecida pela Constituição". Portanto, não puderam agir.[74]

— A este respeito, consideramos útil a transcrição completa de uma carta que a senhora colombiana Gilma Jiménez Gómez enviou para o presidente da Corte Constitucional daquele país; preocupada pela reincidência que mostram alguns povos indígenas em delitos de abuso sexual de menores:

> Senhor Presidente:
>
> Nos últimos meses, a sociedade e eu pessoalmente tivemos conhecimento de graves fatos de vulneração de direitos contra pelo menos quatro meninas indígenas, que foram vítimas de delitos contra sua liberdade, integridade e formação sexual, dentro de suas comunidades, nas quais — segundo informação de alguns meios de comunicação e das próprias comunidades — os supostos agressores são familiares da menores.
>
> O primeiro caso que teve ampla difusão em agosto de 2011 foi o de três meninas de sete, nove e catorze anos da comunidade de Paeces, localizada no norte de Cauca, que foram estupradas supostamente por seu pai. O próprio indivíduo foi, ademais, denunciado por duas cunhadas pelos mesmos delitos. O suposto agressor, Antonio Picue, foi "castigado" por sua comunidade com açoites e condenado a vinte anos de trabalho comunitário, que depois se reduziram para cinco anos. Algumas mulheres dessa comunidade, que denunciaram os fatos, relataram ameaças contra elas.

---

74 Wradio, 25/10/12. Cfr. http://www.wradio.com.co/noticias/actualidad/indigenas-impidieron-captura-de-presuntos-violadores-de-ciudadana-extranjera/20121025/nota/1784977.aspx.

O segundo caso é sobre uma menina de dez anos da comunidade wayuú da Guajira, que esta semana deu à luz uma menina em Riohacha; por sua tenra idade, obviamente sua gravidez é fruto de um estupro. Há informações de, ao menos, mais um caso.

A Constituição estabelece uma jurisdição especial para as comunidades indígenas, e ela mesma estabelece condições e limites; não obstante, a realidade dos meninos e meninas indígenas quando são vítimas de violação de seus direitos é particularmente grave, especialmente quando seus vitimadores são membros de sua própria comunidade.

Esse mandato constitucional serviu de desculpa ou impediu que as autoridades competentes levassem adiante as ações pertinentes neste e em outros casos similares, para que os supostos delinqüentes sejam detidos, imputados e julgados pela justiça ordinária, fazendo com que as meninas vítimas não apenas tenham infamemente seus direitos violados, mas as instituições e a sociedade continuem a violá-los, negando-lhes o direito à verdade, à justiça e à reparação.

Pelo exposto, de maneira respeitosa solicito à Corte Constitucional que se pronuncie sobre este particular, para que de maneira clara a sociedade colombiana, indígena ou não, e as autoridades, conheçamos todos e entendamos se os direitos dos meninos e meninas indígenas são os mesmos que dos demais menores colombianos, e se um delito cometido contra eles deve ser conhecido de maneira imediata pela justiça colombiana e julgado sob os preceitos constitucionais e legais vigentes na Colômbia em matéria penal, independente da identidade dos agressores. Ou se a identidade dos agressores significa para eles um tratamento penal diferenciado em detrimento dos direitos à justiça dos meninos e meninas que foram vitimados.

Atenciosamente,
Gilma Jiménez Gómez
Senadora da República[75]

h) *Embriaguez, alucinógenos e enemas rituais*

Em outro tempo, a severidade das leis os continham em sua bebida; hoje a abundância de semelhantes licores e a impunidade da embriaguez os puseram em tal estado, que a metade da nação não acaba o dia em seu juízo; e esta é sem dúvida a principal causa do estrago que fazem neles as enfermidades epidêmicas; à qual se acrescenta a miséria em que vivem, mais expostos que qualquer

---

75 Bogotá, D.C., 30/03/2012.

outro a receber as malignas impressões e, uma vez recebidas, mais destituídos dos meios para corrigi-las.[76]

Francisco J. Clavijero

A tendência desmedida de grande parte dos indígenas pelo consumo excessivo de álcool é coisa já sabida e provada, reconhecida inclusive por eles. Já se escreveu bastante sobre o assunto, motivo pelo qual não nos aprofundaremos muito nisso. As ordenanças VIII e XIV do vice-rei de Toledo oferecem uma clara mostra da preocupação dos espanhóis com este vício a que se davam freqüentemente os indígenas, definindo a embriaguez como o defeito mais grave dos naturais, só atrás da sodomia e da idolatria.

Consignemos, sim, que são numerosos os autores que dão a embriaguez como uma das causas principais da degeneração que foi sofrendo a raça indígena, transmitida culturalmente e, muitas vezes, de forma hereditária de pais para filhos. Este costume afetou tanto os trabalhadores do campo como aqueles dos grandes centros urbanos, que, somado a sua alimentação deficiente, a aglomeração de pessoas e animais, seu ingresso precoce na sexualidade, o incesto, o descuido dos filhos durante a gravidez, a criação inadequada dos recém-nascidos e o excesso de trabalho, contribuiu sem dúvidas para debilitar seu organismo, afetando profundamente seu estado de saúde.

Além das conseqüências físicas para aqueles que consumiam em excesso, não menos graves eram as conseqüências sociais que costumavam advir das bebedeiras monumentais destes indígenas, chegando muitas vezes a matarem-se uns aos outros, a brigar, a destruir propriedades, a roubar, etc. Motivo pelo qual, como comentamos anteriormente no primeiro tomo deste livro, a embriaguez teve que ser castigada severamente pelas autoridades de diversos povos; especialmente por aqueles que contavam com alguma ordem e organização social. Frei Diego de Landa, em seu *Relación de las Cosas de Yucatán*, diz que os índios

---

76   Francisco J. Clavijero, *Historia antigua de México y de su conquista: sacada de las mejores historiadores españoles...* (traduzido do italiano por J. Joaquín de Mora. México: Imp. de Lara, 1844, p. 47). Coleção digital UANL. Disponível completa em: http://cdigital.dgb.uanl.mx/la/1080023605/1080023605.html.

eram muito dissolutos em beber e embriagar-se, do que se seguiam muitos males como matar-se uns aos outros, violar as camas pensando as pobres mulheres que recebiam seus maridos, também com pais e mães como em casa de seus inimigos, e pôr fogo em suas casas; e que com tudo isso se perdiam por embriagarem-se. E quando a embriaguez era geral e de sacrifícios, contribuíam todos para isso, porque quando era particular fazia o gasto o que a fazia com ajuda de seus parentes.[77]

Bastante conhecido foi o caso recente de um casal indígena da Costa Rica que, em meio dos efeitos da bebedeira, assassinou seu próprio filho.[78] Atualmente, segundo numerosos informes que dão conta da condição atual dos habitantes das reservas indígenas nos EUA, o índice de alcoolismo entre eles equivale ao triplo do resto da nação, sendo sua expectativa de vida quinze anos menor que a dos outros habitantes dos Estados Unidos.

Quanto às drogas psicoativas ou enteógenos,[79] quase todos os povos pré-hispânicos utilizaram diferentes tipos de substâncias alucinógenas, muito particularmente nas áreas mesoamericanas e nas regiões que correspondem ao norte do continente. As plantas mais usadas eram o *teonanácatl*, um tipo de fungo psilocibio; o *ololiuqui*, uma trepadeira; o *peyote*, uma cactácea; e a *ayahuasca* ou *yagé*, um cipó, todas elas portadoras de alcalóides de grande efeito. "O emprego de plantas psicotrópicas para fins cerimoniais na América Latina está documentado desde milhares de anos", afirma o investigador e sociólogo mexicano Rodolfo Stavenhagen.[80] A evidência mais clara da freqüência e importância que deram os astecas ao uso de enteógenos provém do Códice Florentino, uma série de livros que descrevem vividamente o uso de

---

77 Retiramos a citação de Carlos Castillo Peraza, op. cit., p. 82.
78 *Diario Extra*, 5/2/2008. Notícia registrada por Alianza por tus Derechos: http://www.alianzaportusderechos.org/article/costa-rica-pareja-indigena-mato-a-bebe-en-borrache.
79 Um enteógeno é uma substância vegetal ou um preparado de substâncias vegetais com propriedades psicotrópicas, que quando ingerido provoca um estado modificado de consciência. Um psicotrópico ou substância psicotrópica ou (do grego *psyche*, 'mente', e *tropein*, 'tornar') é um agente químico que atua sobre o sistema nervoso central, o qual traz como conseqüência mudanças temporais na percepção, ânimo, estado de consciência e comportamento. Em algumas ocasiões, chama-se os psicotrópicos de psicoativos ou psicoativantes, apesar de que nem todos promovem a ativação do sistema nervoso.
80 O complexo enteogênico mexica está muito bem documentado. Através de dados históricos, há provas de que os mexicas utilizaram vários tipos de drogas psicoativas. Estes medicamentos incluem *ololiuqui* (a semente de *Rivea corymbosa*), *teonanácatl* (traduzido como "seta dos deuses", um fungo *psilocybe*) e *sinicuichi* (uma flor acrescentada em bebidas). A estátua de Xochipilli, de acordo com R. G. Wasson, apresenta várias plantas enteogênicas.

diferentes substâncias dentro da cultura mexicana.[81] Os maias ingeriam o *balché* (hidromel e extrato de *Lonchocarpus*) em cerimônias grupais para conseguir a embriaguez (verificável no livro religioso maia *Popol Vuh*).[82] Ao mesmo tempo que se bebia *balché*, tomavam-se outras substâncias psicoativas. Assim, fumava-se o tabaco silvestre mesoamericano (nicotina rústica) e se aplicavam enemas rituais. O tabaco fumado, aspirado ou mastigado, e mesclado com folhas de toloache (*tolohuaxihutl*; Datura estramônio) ou de *Brugmansia* spp., ricas em alcalóides psicoativos, potenciavam o efeito enteógino. Francisco Fuentes y Guzmán, em sua *Historia de Guatemala o Recordación florida*, fala assim sobre os usos do tabaco entre os maias no século XVI:

> Davam-lhe também adoração e atribuíam deidade à erva que chamam *piziet*, que é o tabaco, com o qual tinham superstição consumindo-a no fumo, e embriagando-se com ela invocavam o demônio para saber as coisas futuras e consultar-lhe sobre pedidos de outros que haviam encomendado; sendo de entender que este ofício de adivinhos era anexo aos sacerdotes de seus endemoniados e odiosos ídolos.[83]

Diego de Landa narra o uso do *balché* do seguinte modo: "Os índios consumiam álcool e drogas em quantidades exageradas, de onde se derivavam muitos males, inclusive assassinatos. Fabricavam vinho com mel, água e a raiz de uma certa árvore que cultivavam expressamente com esta finalidade. O vinho tinha um sabor muito forte e um odor pestilento".

Os maias administravam certas substâncias mediante enemas por via retal para alcançar um estado de transe mais rapidamente e de efeitos mais intensos. Foram encontradas esculturas e cerâmicas maias do

---

81 Importante bibliografia para o estudo desta questão: Hofmann, Albert. "Teonanácatl y Ololiuqui, dos drogas de la magia antigua México". UNODC Bulletin on Narcotics. Boletín de la Oficina de Fiscalización de Estupefacientes. Issue 1, pp. 3–14, 1971. Número 1, pp. 3–14, de 1971. Hofmann, Albert, Jonathan Ott, Jeremy Bigwood, R. Gordon Wasson, Dolores Belmonte, Albert Hofmann, Andrew Weil, R. Evans Schulte, Teonanácalt, "Hongos alucinógenos de Europa y América del Norte". El Compás de Oro, Swan, 1985. Wasson, R. G., S. Kramrisch, J. Ott, y Carl A. P. Ruck: *Pesephone quest: entheogens and the origins of religion* [1986]. Versão em espanhol: *La búsqueda de Perséfone. Los enteógenos y los orígenes de la religión*. México: Fondo de Cultura Económica, 1992. ISBN: 968-16-3695-3.
82 Referências sobre o uso de bebidas alucinógenas aparecem também nos códices Dresden, Borgia, Florentino e Borbônico. No códice Vindobonensis aparecem personagens ricamente vestidos bebendo pulque.
83 Francisco Fuentes y Guzmán. *Historia de Guatemala o Recordación florida*. Ed. Luis Navarro, 1882.

período clássico que mostram cenas em que se utilizam enemas alucinógenos em um contexto ritual e aparecem alguns sujeitos vomitando e outros recebendo enemas.[84] O neurólogo e investigador Francisco Javier Carod-Artal acrescenta: "Também foram encontradas figuras antropomórficas de terracota em que um sujeito está aplicando em si um enema psicoativo. A iconografia de diversas vasilhas do clássico tardio maia mostra indivíduos altercando enquanto utilizavam enemas, assim como vasilhas das que sai a espuma de uma bebida alcóolica fermentada".[85]

Supostamente, ao ingerir estas plantas/substâncias, o xamã ou sacerdote se "desprendia" do corpo e viajava a outros planos da realidade, e conseguia assim conectar-se e comunicar-se com seus deuses de forma direta. Segundo alguns autores, fazia-se de maneira comunitária e era permitida exclusivamente para determinadas cerimônias, estando seu uso regulado pelas autoridades. Ao que parece, aqueles que abusavam destas substâncias podiam ser castigados até com a morte por apedrejamento, pois as conseqüências seguidas destes estados costumavam ser catastróficas para a ordem e a seguridade do povo. Somente aos povos submetidos se lhes permitia consumir qualquer uma destas substâncias (álcool ou alucinógenos), a fim de que sua cultura se destruísse por completo mediante o caos social advindo destas ingestões de forma exagerada. Para este efeito, Soustelle traz à colação um pedido que os astecas faziam a seu deus Tezcatlipoca para vencer seus inimigos: "Senhor, fazei-os bêbados".[86] Por "bêbados", compreendia-se também os "drogados". Sabiam, pois, dos efeitos que produziam neles esse estado, tornando-os fracos e pusilânimes e, portanto, fáceis de vencer.

---

84 Consultar: De Smet, N. M. Hellmuth, *A multidisciplinary approach to ritual enema scenes on ancient Maya pottery Ethnopharmacol*, 16 (1986), pp. 213–262.
85 Diversas descrições da época colonial (como o Códice Florentino) relatam o uso de enemas contra doenças e problemas do trato digestivo. Seu uso associa-se também a ritos ou cerimônias onde se buscava o êxtase mediante a embriaguez. Os enemas de álcool eram aplicados com seringas de cabaça e argila, e se lhes acrescentavam outras substâncias psicoativas. Francisco Javier Carod-Artal, "Alucinógenos nas culturas pré-colombianas mesoamericanas". Revista *Neurología*. vol. 30, n. 1, janeiro–fevereiro de 2015. *Neurología* é a revista oficial da Sociedade Espanhola de Neurologia e publica, desde 1986, contribuições científicas no campo da neurologia clínica e experimental. http://www.elsevier.es/es-revista-neurologia-295.
86 *La vida cotidiana de los aztecas*, Jacques Soustelle. México: Fondo de Cultura Económica, 1972.

Embora tenha-se insistido no caráter exclusivamente religioso da ingestão destas substâncias, o certo é que, como observamos há pouco, tanto o álcool como as drogas alucinógenas eram utilizadas como arma de destruição ou vingança contra outros povos, inimigos manifestos ou não. Contudo, algo pouco mencionado é que estas substâncias eram usadas para diminuir a dor nos auto-sacrifícios, algo característico da cultura maia,[87] e para apaziguar as horrorizadas vítimas dos sacrifícios humanos em massa; a fim de que aceitassem seu destino com maior serenidade e sem opor resistência. Nos códices maias de Dresden e de Madri, os fungos alucinógenos aparecem em cenas que representam sacrifícios humanos. Em sua *Historia de las cosas de Nueva España*, Frei Bernardino de Sahagún relatou os usos e propriedades destes fungos:

> Há uns funguinhos nesta terra que se chamam *teonanácatl*. Criam-se debaixo do feno nos campos ou páramos. São redondos, e têm o pé alto e fino e redondo. Comidos, são de mau sabor; danam a garganta e embriagam. São medicinais contra as febres e a gota. Comam-se dois ou três, não mais. Os que os comem têm visões às vezes espantadoras e às vezes cômicas. Aos que comem muito, provocam a luxúria, e mesmo que sejam poucos. E aos moços loucos e transviados dizem-lhes que comeram *nanácatl*.[88]

O *peyote*[89] foi um dos principais alucinógenos consumidos pelos povos mesoamericanos. Bem conhecida por seus alcalóides psicoativos, entre eles a mescalina, principal substância responsável por seus efeitos psicodélicos, desconcertou, no começo, a todos os missionários

---

87 Assim, o Na'ab, nenúfar branco ou lírio de água (*Nymphaea ampla*), que se encontra em lagos e rios da Guatemala, era fumado ou comido cru devido às propriedades psicoativas de seus bulbos e raízes. O Na'ab é uma planta muito usada na iconografia maia, habitualmente associada à morte, aos deuses do submundo e à outra vida. W. A. Emboden, *The mushroom and the water lily: literary and pictorial evidence for Nymphaea as a ritual psychotogen in Mesoamerica Ethnopharmacol*, 5 (1982), pp. 139–148.
88 Frei Bernardino de Sahagún. *Historia general de las cosas de Nueva España*. Porrúa, 1985.
89 O *peyote* cresce em grandes quantidades no norte do México e sudoeste dos EUA, nos desertos calcáreos e nos vales dos rios que sulcam a geografia local. Apesar de seu tamanho relativamente pequeno, entre 10 e 12 cm de diâmetro e 3 a 6 cm de altura, este cacto cresce muito lentamente: uma única planta pode necessitar de até quinze anos para alcançar seu estado de maturação plena. De cada cacto ingere-se apenas a coroa superior, o que popularmente se denomina "o botão do peyote" ou "botão de mescal", e o efeito posterior poderia resumir-se dizendo que induz uma experiência dialógica de caráter muito visionário e luminoso que é vivida como um contato ou revelação proveniente do ser íntimo de cada um, com o si mesmo em expressão psicológica, embora o mais geral é projetá-lo em personagens ou seres vivenciados como externos ao próprio sujeito embriagado. O termo "mescal" procede do náhualt *mexcalli* (pulque), termo que se introduziu nos tempos coloniais por erro, ao pensar que o estado de "embriaguez" do peyote era similar ao produzido pelo álcool do pulque.

e exploradores espanhóis, como o Padre Bernardino Sahagún, que escreveu a respeito: "Há outra erva que se chama *peiotl*... encontra-se na parte do norte: os que a comem ou bebem têm visões espantosas ou cômicas, dura esta embriaguez dois ou três dias e depois acaba. É como um manjar dos chichimecas que os mantêm e dá ânimo para lutar e não ter medo, nem sede nem fome e dizem que os guarda de todo o perigo".[90]

As plantas convolvuláceas, bufotoxinas,[91] as sementes de *Turbina corymbosa* (*ololiuqui*) e *Ipomea violacea* (*tlilitzin*) foram também consumidas pelos indígenas por seus efeitos psicotrópicos sobre a percepção e as emoções, e para favorecer os estados de transe. Conta Sahagún, em seu capítulo "Certas ervas que embriagam", outros dos tantos alucinógenos consumidos pelos indígenas mesoamericanos:

> Há uma erva que se chama *coatl xoxouhquij* (serpente verde), e cria uma semente que se chama *ololiuqui*. Esta semente embriaga e enlouquece. Dão-na em bebidas para fazer mal aos que querem mal e os que a comem parece que têm visões e vêem coisas terríveis. Dão-na para comer com a comida e para beber com a bebida os feiticeiros e aqueles que odeiam para fazer-lhes mal. Esta erva é medicinal e sua semente pára a gota, moendo-a e pondo-a no lugar onde está a gota.

Outro importante cronista das Índias, Juan de Cárdenas, relata o seguinte:

> Aquece-se com verdade do *peyote*, e do *ololiuqui*, que se se tomam pela boca, tiram tão forte do juízo o miserável que os tomam, que entre outros terríveis e espantosos fantasmas, se lhes apresenta o demônio, e mesmo lhes dá a notícia (segundo dizem) de coisas por acontecer, e tudo deve

---

90 Bernardino de Sahagún, 1982; trata-se dos materiais coletados em náhuatl pelo autor em 1569. Citado por Francisco Javier Carod-Artal, *Alucinógenos en las culturas precolombinas mesoamericanas*. Revista *Neurología*, vol. 30, n. 1, janeiro–fevereiro de 2015. Para o estudo destes assuntos, recorremos especialmente aos estudos deste prestigioso neurologista.
91 As bufotoxinas são substâncias venenosas com propriedades psicoativas, que se encontram nas glândulas paratóides de diversas espécies de sapos. Na América Central, os sapos do gênero bufo excretam uma substância esbranquiçada e venenosa que atua como elemento dissuasório ante os predadores que se ingerem o veneno ou se comem o sapo podem apresentar sintomas cardiovasculares e gastrointestinais. As formas mais graves de intoxicação podem provocar arritmias cardíacas, diarréias, convulsões e inclusive a morte do animal por parada cardíaca.
    O sapo do deserto de Sonora no México, *Bufo alvarius*, contém diversas bufotoxinas, como a bufotenina e a 5-metoxi-dimetiltriptamina, que têm propriedades alucinógenas. Outras espécies de sapos contêm somente bufotenina, que é igualmente psicoativa, tanto fumada como ingerida, porém um pouco menos potente. Em Francisco Javier Carod-Artal, op. cit.

ser armadilhas e embustes de satanás, cuja propriedade é enganar com permissão divina, ao miserável que em semelhantes ocasiões o procura.[92]

Carod-Artal assinala que existia uma droga muito comum chamada *teotlaqualli*, que continha substâncias absorvidas por via transdérmica e que podiam provocar um estado alterado do nível de consciência. Diz-nos: "Estava composto por extratos de nicotina rústica, *ololiuqui* e cinzas de 'animais venenosos', como aranhas, escorpiões e serpentes", e parece que sua existência se verifica mais cabalmente nos sacerdotes indígenas, que apareciam no momento dos sacrifícios humanos com seu rosto embebido desta poção. Frei Diego Durán, em sua *Historia de las Indias de Nueva España e Islas de Tierra Firme*, refere-se a isso: "Amassavam junto com fuligem e o jogavam em umas canecas e xícaras e pondo-as diante deste deus como comida divina. Os quais, embebidos com ela, era impossível deixar de tornarem-se bruxos ou demônios, e ver e falar com o demônio". "Os imperadores astecas e alguns soldados foram tingidos com *teotlaqualli* [...] Pensa-se que a cor escura de algumas deidades astecas que aparecem nos códices se devia à aplicação desta poção", acrescenta Carod-Artal.

O consumo destas substâncias foi proibido pelos espanhóis.

Dança dos Berdaches, George Catlin, 1796–1872.

---

92 Juan de Cárdenas, *Problemas y secretos maravillosos de las Indias*. Alianza Editorial, 1988.

CAPÍTULO III
Mutilação genital e castração

É curioso constatar que, enquanto por um lado se castiga e fustiga energicamente toda medida de repreensão da delinqüência, da imoralidade e da desordem — por conta do ideológico *garantismo* abolicionista jurídico propiciado pelas esquerdas —, por outro lado, quando o rigor é aplicado severamente pelos governos comunitários indígenas, opta-se, se não por festejá-lo, pelo silêncio.

Para verificar esta triste realidade, não será preciso mais que observar o ocorrido no norte de nosso país, na Bolívia, onde no ano de 2009 um conselho indígena que aplica a justiça comunitária na cidade boliviana de El Alto aprovou a castração química de abusadores sexuais e a amputação de uma mão aos ladrões reincidentes. Embora, em teoria, estas "justiças comunitárias" tenham certos limites definidos pela constituição, muitos indígenas evitam dirigir-se a qualquer órgão de justiça e decidem por sua própria vontade torturar e linchar os supostos ladrões ou assassinos em nome destas normas internas.[1]

Historicamente, várias culturas praticaram diferentes tipos de mutilações corporais. Para fazer referência a um caso conhecido, sabemos que, na atualidade, no nordeste e sul da África, muitas tribos continuam celebrando a entrada na puberdade com mutilações genitais e, entre os

---
1   Texto completo em: http://actualidad.rt.com/sociedad/view/78343-indigenas-bolivianos-
-aprueban-castracion-amputacion-manos-criminales.

nilotas, com escarificações e extração dos dentes incisivos inferiores (às vezes também limando os dois superiores).² O tipo de mutilação indígena mais freqüente, da genitália feminina, foi praticado no passado pelos *falashas* (judeus etíopes) e por alguns mulçumanos. No entanto, em nenhum lugar do mundo e da história adquiriram estas práticas maior força e freqüência que entre os índios pré-colombianos americanos. Foi muito usual entre as tribos americanas a mutilação dos jovens e das donzelas que entravam na puberdade; muito especialmente entre os índios amazonas e também entre os pampas e tribos chaquenhas.³

Os tipos de mutilação genital, feminina e masculina, registrados na América pré-hispânica variam desde a circuncisão, a perfuração ou a fissuração do membro reprodutor até a castração e ablação total do aparato reprodutor.⁴

Procurando ser didático, oferecemos em seguida alguns casos concretos deste horroroso costume praticado por grande parte das culturas nativas do continente. Dos trabalhos que consultamos sobre este tema, destaca-se muito especialmente um: a obra do etnobotânico Víctor Manuel Patiño, considerado um dos pioneiros da história científica da Colômbia.⁵ Copiaremos seu esquema e reproduziremos alguns dos casos investigados, somando alguns outros que encontramos em outras fontes.

a) *Perfuração do membro*

Esta operação, chamada *motepolizo*, amplamente praticada pelos mexicanos, constituía-se principalmente de uma sangria, que se acentuava passando uma corda pela perfuração. Vários autores assinalam que o *motepolizo* consistia em cortar pequenas partes do prepúcio como

---

2   Herbert Tischner, *Etnografía, Enciclopedia Moderna del Conocimiento Universal*. Buenos Aires: Compañía General Fabril Editora, 1964, p. 41. O Dr. Tischner foi chefe da Seção Sudeste da Ásia do Museu Etnológico de Hamburgo. Recomendamos sua consulta para todas as questões relacionadas aos antigos povos aborígenes do mundo.
3   Tischner, op. cit., p. 141.
4   Víctor Manuel Patiño, *Historia de la Cultura Material en la América Equinoccial* (t. VII) *Vida Erótica y Costumbres Higiénicas*. Bogotá: Instituto Caro y Cuervo, 1990. Edição digital disponível em: http://www.banrepcultural.org/blaavirtual/historia/equinoccial_7_higiene-eros/biblio1.htm.
5   É considerado como um dos pioneiros mais importantes da história científica da Colômbia, tendo recebido numerosos prêmios e cargos em instituições públicas e privadas de grande renome.

oferendas, com o fim de pedir sucessão. Para a semeadura do milho, diz Oviedo y Valdés, acostumava-se aspergi-lo com o sangue extraído da língua, das orelhas ou do membro sexual. Na Guatemala, os mais valentes se caracterizavam por ter mais buracos em seu membro, segundo diz o historiador Fernández em sua obra de 1881. Dávila Bolaños afirma que "na Nicarágua a rachadura seria para abrir um buraco onde se pudesse enxertar uma pena de peru, cujo papel consistiria em excitar o clitóris da parceira". O historiador americanista Serrano y Sanz conta que os guaymíes do Panamá contavam com a cerimônia de perfuração do prepúcio "para passar uma corda, em lugares onde caíam ou para investir chefes". A prática de perfuração do membro foi comum também entre os piaches do Apure-Orinoco e, em grande medida, entre os payaguás do Paraguai.

b) Rachada do membro

Segundo Patiño, este foi um costume exclusivamente mesoamericano, embora tenhamos descoberto que tribos como os charrúas o aplicavam com relativa freqüência. Diz o cronista dominicano Francisco Ximénez que os choles praticavam uma operação que consistia em partir o membro viril em três fatias, contendo o sangue com leite do pau-maria (*Calophyllum*). Acrescenta em seguida que em Petén, os missionários franciscanos encontraram o cacique rebelde Cajabón com o pênis cortado em duas aletas como morcego, "que assim fazem para sacrificar ao demônio". Os mexicanos levaram essa prática à máxima expressão por diversos motivos, embora de modo mais freqüente para reforçar a continência com a impossibilidade de copular, "coisa que nos faz tremer", segundo conta o historiador Hidalgo. O cacique de Gotera tinha o membro fendido e aberto. Perguntado um cacique de Nicarágua sobre as razões que levavam vários indígenas à mutilação do pênis, respondeu que é para "dar mais prazer às mulheres".[6]

c) Castração

É conhecido e mencionado pelo próprio Colombo e outras testemunhas, que os temíveis caribes castravam seus prisioneiros para engordá-los

---

6   Oviedo, op. cit, p. 398. Citado em Patiño.

e depois comê-los. Federico Navarrete Linares, doutor em estudos mesoamericanos pela UNAM (Universidade Nacional do México) menciona que "entre os mitos, existia aquele do arrancamento dos testículos de um *buhuitihu* ou bruxo, por cuja culpa houve enfermos que morreram". Além disso, o cronista e poeta espanhol Juan de Castellanos narra que o índio Mayo, castrado, "avisou a Belalcázar onde havia buracos e armadilhas durante a conquista de Quito como vingança por Rumiñahui tê-lo castrado para torná-lo eunuco".[7] Segundo os exploradores Johann Von Spix e Carl Von Martius, alguns grupos maués dos Amazonas praticavam a semicastração.

d) Ablação total

Os tipos de mutilação praticados pelos caribes em seus prisioneiros foram variados. A mais aterrorizante, sem dúvida, era aquela que realizavam cortando rente, "o que queria dizer que não ficavam nem membro nem testículos"; prática confirmada por Michel de Cúneo, navegante italiano que acompanhou Colombo, em uma carta dirigida a Jerônimo Annari (coma data de 15/10/1495). Ele resume ali sua experiência vivida na ilha de Santa Maria Galante — terra ocupada pelos caribes —, onde depois de várias adversidades: "[...] prendemos doze mulheres, muito belas e gordas, entre quinze e dezesseis anos de idade, e com elas dois moços da mesma idade, os quais tinham cortado o membro gerador a rés do ventre; julgamos que lhes haviam feito isso para que não se mesclassem com suas mulheres ou talvez para engordá-los e depois comê-los".[8]

Os guardiães das virgens do sol no império incaico estavam castrados completamente, "sem membro e sem companheiros", segundo assegura Oviedo y Valdés (para impedir que eles "usassem" as mulheres destinada ao inca e à nobreza). Na Ilha de Puná — território incaico — diz o cronista que os senhores polígamos tinham eunucos vigilantes:

> Têm os beiços e narizes cortados e também os membros genitais; e a maneira que eles têm para cortar-lhes os membros é que, esticados, põem uma viga sobre o peito e outra sobre as coxas, e depois de lhe terem cortado o

---

[7] Eunuco: homem castrado, especificamente o que cuidava das mulheres nos haréns. Homem efeminado.
[8] Cronistas da Índia, *Antología*. Buenos Aires: Ed. Colihue Hachette, 1980, pp. 55–56.

membro, o põem de boca para a terra até que dessangre; que dizem que aquele sangue havia de se converter em matéria; e depois, com dieta e certos pós de erva, fica curado.

Outro cronista da região, Cieza de León, confirma outros casos.

Segundo os historiadores portugueses Ribeiro de Sampaio e Wilkens de Matos, os ticunas do Javarí impunham às meninas a clitorectomia. Os panches a realizavam empregando canas e pedras, de cuja causa morriam uma grande parte delas. As que sobreviviam à operação eram casadas com meninos. Os cunivos — do Peru — também usavam desta prática. Tanto eles como os pirros "cortavam de meninas de seis a doze anos o clitóris, com facas de bambu ushate, ou então o arrancavam com as unhas; lavava-se a ferida com água morna e tapavam com uma argila; segundo outros, a hemorragia a estancavam com uma erva". Ambas as tribos empregavam para isso facas de cana silvestre ou de bambu, "cortando com esse tosco instrumento o pedacinho de carne da infeliz paciente".

Este uso foi habitual em várias tribos indígenas e segue sendo realizado na atualidade, segundo denúncias da Anistia Internacional.

e) Sexofagia

Comenta Patiño, citando o antropólogo suíço-argentino Alfred Métraux, que os tupinambás brasileiros cortavam as genitálias das mulheres e crianças mortas e as davam para suas próprias mulheres, para o *moquem* ou para assar no churrasco. Entre os guayaquís do Paraguai, as mulheres, especialmente as grávidas, comiam o pênis do homem sacrificado, segundo indicam as investigações do etnólogo francês Pierre Clastres. Entre witotos, andokes e rosígaros, o membro do prisioneiro era dado à mulher do chefe, a única de seu sexo que participava da cerimônia. Esta ingestão de genitálias tampouco foi desconhecida em outros lugares. Do cacique Guatavita, diz o cronista Pedro Simón, diz-se que à sua mulher adúltera lhe fez comer cozido o membro da pessoa com quem havia sido infiel.

Em sua exímia obra *Historia de la Medicina en el Uruguay*, onde utiliza valiosíssimas e fidedignas fontes documentais, Rafael Schiaffino faz referência a outras formas de mutilação corporal costumeiras:

Azara, ao referir-se aos Minuanos, relata igualmente suas cerimônias de duelo, dizendo que eram análogas às cerimônias dos charrúas, porém que duravam a metade do tempo, e em vez de cravar-se pedações de cana nos braços, perfura-se, com uma espinha grossa de pescado, as pernas e as coxas, pela frente e por trás, assim como os braços, até o cotovelo, porém não o ombro. Cravam a espinha por um lado e tiram-na pelo outro, como uma agulha de coser, e isto ao menos de polegada em polegada. É também o que nos conta um costume análogo entre os payaguás, os que em suas festas, depois de embriagados, "beliscam-se uns aos outros nos braços, nas coxas e nas panturrilhas, a maior porção de carne que podem, e se cravam de parte a parte uma haste de madeira ou uma espinha de arraia das mais grossas. Repetem de tempos em tempos esta operação até o anoitecer, de modo que se encontram todos crivados do mesmo modo, e de polegada em polegada, em ambos os músculos, ambas as panturrilhas e ambos os braços, desde o punho até o ombro". A respeito de sua explicação, refere-nos "que dizem ingenuamente que não conhecem outras, que o desejo de demonstrar que são valentes". Este costume o vemos descrito pelo Pe. Del Techo entre os guaycurús: "Enfeiam o rosto com cicatrizes, nos diz, cujo número indica o valor das pessoas". E acrescenta que as crianças exercitam-se cravando espinhas e agulhas, e que para serem admitidos na milícia, devem sofrer rachaduras com uma seta nas coxas, panturrilhas, língua e outros membros, sem queixar-se no mais mínimo. O Pe. Cattaneo narra em sua carta de 1730 que "reconhece-se facilmente os principais da nação por alguns pequenos pedaços de vidro que eles levam no queixo" [...] as mutilações no próprio corpo chegam em seu maior grau nos payaguás, que além das acostumadas pelos charrúas, estendem-nas à língua, ao membro [...].[9]

Outros casos de mutilação habituais entre os astecas, segundo comenta a historiadora mexicana Rodríguez Shadow, davam-se entre as mulheres escolhidas para o sacrifício, onde, depois de uma cerimônia, "matavam aquelas donzelas cortando-lhes o peito e arrancando o coração".[10]

f) Casos recentes

No começo de 2007, ficou-se sabendo na Colômbia a notícia de que cerca de 8 mil mulheres da etnia embera, de Risaralda e Norte del Valle, sofreram a ablação do clitóris. Embora o mais surpreendente de tudo, sem dúvidas, tenha sido a confirmação do fato de que

---

9   Dr. Rafael Schiaffino, *Historia de la Medicina en el Uruguay*, Anales de la Universidad, ano XXXVII, Montevideo, 1925, t. I, pp. 195–196. Consultar completo em: http://www.periodicas.edu.uy/Anales_Universidad/pdfs/Anales_Universidad_a37_n121_1927.pdf.
10 Rodríguez Shadow, op. cit., pp. 86–92.

a mutilação ainda era praticada de forma sistemática e generalizada.[11] Diante das denúncias de várias organizações de Direitos Humanos, a ONIC (Organização Nacional Indígena da Colômbia) procurava arbitrar sua defesa afirmando o seguinte: "Trata-se de uma conduta correspondente a uma prática ancestral do povo embera-chamí, dentro de sua cosmovisão própria". Além disso, no mesmo documento, insistia na defesa do "direito à autonomia étnica que têm os povos indígenas [...] a ablação do clítoris é uma prática cultural ancestral, algo sagrado dentro da comunidade embera".

Existem relatos históricos e antropológicos que demonstram a prática de ablação do clitóris nas etnias paeces e embera-chamíes; que se acreditava desaparecida desde o século XVIII. É curioso que as organizações feministas (que normalmente aderem à ideologia que impulsiona o indigenismo) não se puseram a gritar aos céus diante de tais abusos. Todavia, curiosa e inexplicavelmente, para muitos o horroroso não está tanto na morte nem no sofrimento que pode trazer consigo tal prática, mas na privação do prazer sexual que implica a mutilação do clítoris...[12]

Atualmente, uma enorme quantidade de bebês recém-nascidos morre em conseqüência deste pavoroso costume — geralmente por causas de hemorragias e infecções —, realizadas em lugares carentes de toda norma higiênica e por pessoas sem estudos, idoneidade e experiência médica.

Houve um caso bem recente, na Colômbia, que tomou proporções relevantes em 2007. Uma bebê indígena havia entrado na emergência do Hospital San Jorge de Pereira por uma infecção em seus órgãos genitais, depois de ter sido mutilada genitalmente por membros de sua própria comunidade. A bebê morreu pouco depois devido à grande quantidade de sangue que havia perdido no momento em que pôde

---

11 Diário *El Tiempo*, 22/03/2007. Disponível em: http://www.eltiempo.com/tiempoimpreso/edicionimpresa/nacion/2007-03-23/Artículo-web-nota_interior-3488755.htm.
12 É o caso de Efraín Jaramillo, *La mutilación de clítoris a niñas emberas: un debate necesario*. Consultado no dia 15/02/2013. Disponível em: http://www.etniasdecolombia.org/actualidadetnica/detalle.asp?cid=5243. Consultar também Nubia Marrugo, *Las mutilaciones sexuales de las niñas indígenas Embera Chami, el multiculturalismo y los derechos fundamentales*, disponível para consulta em: http://www.uac.edu.co/images/stories/publicaciones/revistas_cientificas/juris/volumen-4-no8/art-5.pdf.

ser atendida por médicos e cirurgiões.¹³ A menina pertencia à reserva indígena de Pueblo Rico que, curiosamente, havia se comprometido, anos atrás, por conta de um incidente similar, a proscrever essa prática. Vemos que não fizeram assim.¹⁴

Cabe assinalar que não somente os recém-nascidos são submetidos a este suplício, mas também meninas de entre os quatro e catorze anos de idade.

Convém destacar que esta ablação, além de poder produzir a morte da vítima no próprio ato, também traz normalmente associada uma série de seqüelas e efeitos adversos, tais como dor no coito, infecções pélvicas com esterilidade, mortalidade materno-fetal por dificuldade nos partos devido à inflamação, perda do desejo sexual ou mesmo a morte por septicemia ou hemorragia (ao realizar a ablação sem medidas sanitárias etc.).¹⁵

Recentemente, a Anistia Internacional denunciou que a mutilação genital feminina segue sendo praticada entre grupos indígenas da América Central e do Sul.¹⁶

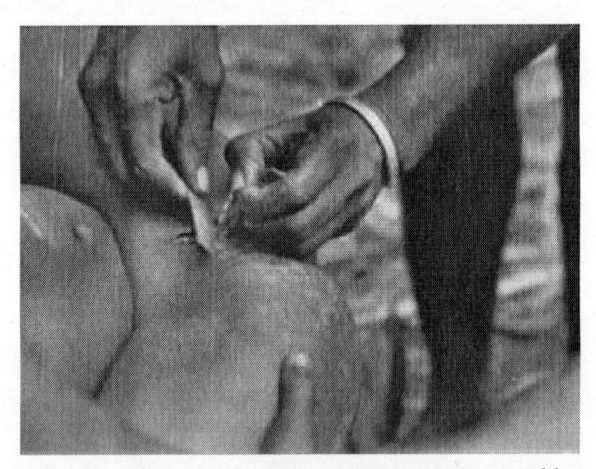

Foto retirada do site Acción 13: http://www.accion13.org.co/Ablacion-Crimen--contra-mujeres.htm

---

13   Diário virtual *Crónica*, México: http://www.cronica.com.mx/notas/2012/702614.html.
14   É de se notar que, apesar do rechaço evidente que sentem estes indígenas diante da assimilação com o resto da população — não-indígena —, recorrem, quando precisam, a hospitais fora dos limites de suas comunidades, sustentados com o dinheiro do Estado que tanto criticam.
15   Carol Crisosto Cádiz, citada em artigo reproduzido pelo *site* Acción 13. Disponível em: http://www.accion13.org.co/Ablacion-Crimen-contra-mujeres.htm.
16   Cfr. http://amnistiainternacional.org/publicaciones/12-refugiados-los-derechos-humanos--no-tienen-fronteras.html.

O mencionado informe da Anistia Internacional oferece o preocupante número de 120 milhões de mulheres *clitoridectomizadas* no mundo, e de 3 milhões de meninas por ano em 28 países diferentes. Seguem um fragmento do informe:

> Sentam a menina nua em um tamborete baixo, imobilizada ao menos por três mulheres. Uma delas a envolve com força o peito com os braços; as outras duas a obrigam a manter as coxas separadas, para que a vulva fique completamente exposta. Então, a anciã pega a navalha e extirpa o clítoris. Em seguida vem a infibulação: a anciã pratica um forte corte ao longo do lábio menor e depois elimina, raspando, a carne do interior do lábio maior. A operação se repete no outro lado da vulva. A menina grita e se retorce de dor, porém seguem sujeitando-a à operação. A anciã enxuga o sangue da ferida e a mãe, assim como as outras mulheres, "verifica" seu trabalho, algumas vezes introduzindo os dedos. A quantidade de carne raspada dos dois lábios maiores depende da habilidade "técnica" de quem opera. A abertura que fica para a urina e o fluxo menstrual é minúscula.[17]

---

17   Jornal *El Mundo*, 07/03/1995. Espanha.

CAPÍTULO IV
A mulher indígena

A mulher não herdava direitos, mas dívidas e escravidão.[1]
Antonio Salcedo Flores

a) O lugar da mulher entre os indígenas

A primeira coisa que cabe perguntar a este propósito é: que era a mulher na América indígena? Que papel cumpria? Quais seus direitos e obrigações?

A mulher, para dizer a verdade — e dizê-la de modo simples —, não era nada senão uma coisa, propriedade dos homens, que podiam a seu bel-prazer comerciar, maltratar, torturar, estuprar ou abusar sexualmente, e até executar pelos motivos mais insólitos. Seus direitos, tanto na teoria como na prática, veremos, foram inexistentes. Obrigações? Todas...

Por norma, na maior parte dos casos, eram as mulheres indígenas que se encarregavam das tarefas mais duras e pesadas, como trabalhar as terras de sol a sol, criar os filhos, executar todas as tarefas da casa

---

[1] Antonio Salcedo Flores, *El Derecho Maya prehispánico, un acercamiento a su fundamentación socio-política*, Sección Artículos de Investigación, alegatos nº 71, México, janeiro–abril de 2009, p. 156. Consultar fragmentos da obra em: http://www.azc.uam.mx/publicaciones/alegatos/pdfs/64/71-10.pdf. Antonio Salcedo Flores é professor investigador do Departamento de Direito da UAM-A.

etc. Os homens, ao contrário, quando não havia guerra, dedicavam-se ao ócio e à embriaguez e, às vezes, à caça, à pesca e, raramente, a rezar. Se existiu alguma exceção, ela nada mais faz que confirmar a regra.

Iris Blanco, historiadora feminista, atreve-se a romper com o lugar-comum do suposto mundo idílico indígena, propondo "ir desenterrando as raízes históricas da opressão feminina e atacar de frente toda descrição e conceitualização idealizadoras e, portanto, falsas da função da mulher no passado pré-hispânico".[2]

María J. Rodríguez Shadow, em sua completíssima e minuciosa obra *La Mujer Azteca* é, a nosso critério, quem melhor compreendeu a verdadeira funcionalidade da mulher naquela sociedade de definidos traços patriarcais. Apresenta o mexica como um povo, um regime, claramente "classista, sexista e racista".[3] Em sua obra, introduz-nos naquele mundo fatal para o sexo feminino, indagando e trazendo a nosso conhecimento outras fontes de interesse e inestimável valor. Citando a autora Sara Bialostoski e sua obra (*Condición Jurídica y social de la mujer azteca*), nos diz: "[...] ao estarem as mulheres submetidas à dominação masculina, elas não ocupavam nenhum posto relevante nos cargos religiosos, ao contrário, dada sua posição relegada, um grande número de mulheres era levado à pedra sacrifical".

Páginas mais a frente, insiste:

> O Estado não gastava no sustento delas como fazia no caso dos jovens. [...] A mística guerreira [...] a relegava a um papel secundário. A mulher asteca, por isso, não gozou de todas as oportunidades nem todos os direitos que tinham os homens, e a influência que teve sobre os seus, só a exerceu de uma maneira indireta. Pôde individualmente escapar de sua degradação, porém voltava à mesma como espécie. Assim, foi instrumento para obter dela leite de seus peitos, trabalhos de suas mãos, educação ou prazer; porém jamais pôde ser ela mesma.[4]

"O varonil", comenta Iris Blanco, "era por definição o positivo e correspondia ao sistema de valores que havia desenvolvido esse povo

---

2   *La participación de las mujeres en la sociedad prehispánica*, p. 1. Citado em María J. Rodríguez Shadow, *La Mujer Azteca*. México: Universidad Autónoma del Estado de México, 2000 (4ª edição), p. 41.
3   María J. Rodríguez Shadow, op. cit., p. 43.
4   *Condición Jurídica y social de la mujer azteca*, pp. 15–19. Cit. por María J. Rodríguez Shadow, op. cit., p. 42.

bélico. O feminino, ao contrário, estava carregado de valores negativos e é, geralmente, o passivo".[5] A este respeito, opina a antropóloga Jude Nash: "O homem se transformou em especialista da guerra e as mulheres se converteram no butim que era compartilhado pelos vencedores".[6]

É interessante observar que nem sequer a classe social elevada salvava a mulher do desprezo geral:

> A mulher, mesmo sendo nobre, corre a sorte dos *macehuales*, é parte dos tributos e dos serviços pessoais que as classes altas concedem a outras que são mais poderosas... porém, uma vez que os astecas alcançaram a superioridade sobre todo o vale, as mulheres nobres deixaram de ser aquelas peças chaves do grande tabuleiro político e se transformaram praticamente em objetos de luxo palaciano.[7]

Narrando a situação da mulher na ordem prática da sociedade, diz María Isabel Morgan:

> As concepções patriarcais em que repousava a ordem social asteca se manifestavam de diversas maneiras: por exemplo, a mulher não tinha possibilidade de ocupar cargos públicos ou sacerdotais e, dentro do âmbito familiar, tampouco podiam exercer práticas poligâmicas, somente os filhos varões tinham direito à herança e, ao contrário do homem, à mulher se lhe exigia castidade pré-matrimonial e fidelidade conjugal.[8]

A função das mulheres entre os indígenas era bem definida, como assinala o historiador indígena Bautista Pomar, referindo-se às mesoamericanas:

> As mulheres, quando nasciam, ou o pai ou a mãe lhe punha um nome, e o umbigo, ao contrário do varão, enterravam junto dos fogões, dando a entender por isto que seriam inclinadas as ser caseiras, como lhes parecia que eram obrigadas. Impunham-lhes suas mães tecer, fiar e fazer comida: algumas havia que se inclinavam a cantar e dançar. Casavam-se obrigadas por seus pais e jamais combinavam com elas. Procuravam ter as qualidades mencionadas para merecerem ser desejadas; e os homens atentavam-se a isso antes de tomá-las como suas mulheres.[9]

---

5   Citada em María Rodríguez Shadow, op. cit., p. 43.
6   Ibidem, p. 45. Consultar para este tema também o livro de Alfredo López Austin, *El cuerpo humano e ideologia, las concepciones de los antiguos nahuas* (2 vols.). México: UNAM, Instituto de Investigaciones Antropológicas, 1980.
7   Ibidem, p. 42.
8   *Sexualidad y sociedad en los aztecas*, 1983, p. 54. Cit. em Rodríguez Shadow, op. cit., p. 44.
9   Op. cit.

Henri Lehmann afirma que os plebeus davam suas filhas como concubinas e prostitutas, para obter dinheiro.[10] Reconhecem isto a já citada Rodríguez Shadow, o cronista Diego Durán e o etnógrafo Soustelle, em sua importante obra *Vida cotidiana de los astecas*.[11] Na época de Itzcoatl — quarto imperador asteca — estabeleceu-se o chamado *pacto dos macehualtin*, onde se obrigava o povo a dar "suas filhas, irmãs e sobrinhas aos nobres para que se servissem delas". O historiador indígena Poman confirma o exposto, assinalando, além disso, que o imperador podia tomar como concubina qualquer mulher, tanto das classes privilegiadas como do povo.[12] É importante assinalar que entre os sacrificados não somente havia mulheres escravas ou prisioneiras, mas provenientes também de diferentes classes sociais, como a classe dos nobres, dentre os quais se escolhiam duas donzelas virgens das mais bonitas, filhas de senhores e principais, para sacrificar em honra de Xochiquetzal. Na dita cerimônia, "matavam aquelas donzelas cortando-lhes o peito e retirando-lhes o coração".[13] Da morte não se salvavam muitas vezes nem as empregadas domésticas que trabalhavam na casa dos nobres, onde comenta Diego Durán que, quando morriam seus amos, às vezes, matavam as moedoras "para que fossem para lá moer pão no outro mundo".[14]

Em praticamente todo povo pré-colombiano a mulher não tinha direito a mais educação que aprender os trabalhos da terra e aqueles relacionados ao âmbito doméstico. O rigor, em geral, sempre foi aplicado com maior severidade às mulheres, podendo os pais inclusive, em caso de rebeldia, vendê-las como escravas (embora nesse caso o mesmo pudesse acontecer com os filhos varões — ainda que de fato, eles gozassem sempre de maior consideração por tratar-se de uma sociedade patrilinear).

O próprio Garcilaso de la Vega, sempre disposto a exagerar as virtudes dos incas, queixava-se amargamente — especialmente em sua obra *La Florida* — do tratamento dispensado à mulher, de sua inexistente situação social e das leis injustas contra elas:

---

10   Henri Lehmann, *Las culturas precolombinas*. Buenos Aires: Eudeba, 1986, p. 46.
11   Rodríguez Shadow, op. cit., p. 94.
12   Ibidem.
13   Ibidem, pp. 86–92.
14   Ibidem, p. 93.

> Estas duas leis se guardavam, em particular, nas províncias de Coça e Tascaluça, e, em geral, castigava-se em todo o reino com muito rigor o adultério. A pena que davam ao cúmplice ou ao adúltero casado, embora tenha procurado saber, não soube dizê-la o que me dava a relação, mais do que isso ele não ouviu tratar dos adúlteros senão delas. Deve ter sido porque sempre em todas as nações estas leis são rigorosas contra as mulheres e em favor dos homens, porque, como dizia uma dona deste episcopado, que eu conheci, tornavam-nos temerosos da ofensa e não elas, que, se as mulheres [as houvessem] de fazer o que de outra maneira foram ordenadas.[15]

Comenta o mesmo autor um costume freqüentemente praticado por vários povos pré-incaicos, em que os parentes do noivo tinham direito de dominar sexualmente a noiva antes de entregá-la ao futuro esposo. Acrescenta o seguinte: "Em outras províncias [...] as mães guardavam as filhas com grande recato; então, quando acertavam de as casar, colocavam-nas em público e, na presença dos parentes que estavam presentes na decisão, com as próprias mãos, as defloravam [...]".[16]

O cronista indígena Felipe Poma de Ayala descreve os duríssimos castigos que recebiam as mulheres que rompiam seus votos de castidade. A severidade do castigo se aplicava de acordo com a classe social a que pertenciam:

> Castigo dos senhores grandes e principais deste reino, como foi dito, e dos *los auquiconas yngas* rebeldes, assim como dos *capac apoconas*: o castigo é o cárcere de *sancay* e, a depender do caso, dão-lhes vivos para que sejam comidos pelos índios chunchos.
>
> Castigo das senhoras principais e da *coya* [rainha] e das *nustas* [princesas], *pallaconas* [mulheres nobres, galantes]: mandam que as torturem com *toclla* [laço] e *uasca* [corda] e, sendo culpadas, que as entreguem aos índios anti para serem comidas vivas; a sentença é executada.
>
> Castigo das mulheres pobres: se consideradas culpadas, são atiradas ao rio revoltoso, *uatanay mayo* [literalmente o rio que ata], para que morram; esta sentença se executa.[17]

Entre os incas existia um funcionário especial, o *apupanaca*, encarregado de receber o tributo que as famílias deviam dar: as meninas

---

15   Citado do trabalho de Carmen de Mora, disponível para consulta em: http://213.0.4.19/servlet/SirveObras/01394964211571641869024/p0000001.htm#I_0_.
16   *Comentarios I*, Colección de Autores Peruanos, Lima (Perú): Editorial Universo, cap. 14, pp. 44–45. O mesmo confirma Cieza de León em sua obra citada, cap. 24.
17   Guaman Poma, *Nueva crónica y buen gobierno* (1615), pp. 311–114. Versão completa digitalizada em: http://www.kb.dk/permalink/2006/poma/titlepage/es/text/?open=id3083608.

ou *acllas*, umas destinadas a repor as falhas ocasionadas pela morte das *mamaconas*, e outras enviadas para o sacrifício; as melhores eram reservadas ao inca para seu próprio uso ou para que as repartisse com quem quisesse. Motivo pelo qual os pais preferiam que se corrompessem ainda jovens.[18] Henri Lehmann assinala que quando entre os chimúes — cultura andina — encontrava-se uma mulher adúltera, congregava-se toda a gente do povoado em cima de uma montanha e empurravam a adúltera em um precipício.[19]

Em sua obra clássica *Una Excursión a los Indios Ranqueles*, Lucio V. Mansilla sustenta que a mulher, para eles, não tinha nenhum valor; eram totalmente desprezadas. Podiam ser vendidas e compradas e suas filhas prostituídas por dinheiro e podiam matá-las se assim o queriam.[20] Existia entre esta tribo supersticiosa a crença de que as *velhas feias* (como chamavam as senhoras pouco agraciadas fisicamente) traziam má sorte. Por este motivo, cada vez que algum fato desafortunado acontecia, cria-se que era por culpa delas e as matavam.[21]

Os huarpes castigavam com a morte as mulheres que os olhassem quando estivessem bêbados (consideravam um desrespeito). Os comechingones, por sua vez, tinham por costume infligir cortes sangrentos às meninas que entravam na puberdade.[22] Conta-nos Pedro Simon que "a punição à índia que não era mais virgem era açoitá-la e que a gozassem os dez mais asquerosos que se encontrassem".[23]

Entre os maias, as mulheres e homens comiam separados, por elas serem consideradas indignas de sua companhia. Os homens, no entanto, podiam expulsar suas mulheres de casa por razões tão variadas

---

18 Isto confirmam, entre outros, Bernabé Cobo (*Historia del Nuevo Mundo*, Marcos Jiménez de la Espada (ed.), (Sociedad de Bibliófilos Andaluces), Sevilla, 1892, III, pp. 275–278), Virgilio Paredes Borja (*Historia de la Medicina en el Ecuador*. Quito: Editorial de la Casa de la Cultura Ecuatoriana, 1963, I, p. 156) e Víctor Villavicencio (*La vida sexual del indígena peruano*. Lima: Club del Libro Peruano, Taller Gráfico P. Barrantes, 1942, pp. 122–125).
19 Op. cit.
20 Lucio Mansilla, *Una Excursión a los Indios Ranqueles*. Buenos Aires: Biblioteca Mundial Sopena, 1977, p. 127.
21 Lucio Mansilla, op. cit., p. 145.
22 Casos retirados da obra de Héctor Petrocelli, *Encuentro de dos mundos — Lo que a veces no se dice de la Conquista de América*. Buenos Aires: Didascalia, 1992, cap. "Las culturas prehispánicas en sus facetas negativas". Consultar o livro completo na *internet*: http://argentinahistorica.com.ar/intro_libros.php?tema=6&doc=101.
23 Pedro Simón, *Noticias historiales de las conquistas de Tierra Firme en las Indias Occidentales*. (1ª ed., 1627). Bogotá: BAC, Editorial Kelly, 1953, IV, p. 350.

como a esterilidade ou o mau temperamento. É interessante observar sua política de direito sucessório, onde somente os filhos varões do falecido podiam herdar. Se se dava o caso que ele tivesse tido apenas filhas mulheres, então os bens iam para os irmãos do defunto.[24]

Entre os chibchas, era costume que o tributo a caciques se pagasse com mulheres que, escravizadas, tinham filhos com ele (eram estupradas); esses filhos tornavam-se manjar de seu pai em atos de canibalismo repugnante.[25]

Os caribes foram especialmente selvagens no tratamento dado à mulher. Disto dá vários exemplos o investigador botânico Manuel Patiño. Citando numerosas fontes: "As escravas pegas nas guerras, depois de gozá-las, às vezes, matavam-nas com um golpe de bastão [...]".[26] Na Guiana, àquelas que não cediam ao sexo, matavam-nas com flechas e depois punham tochas de fogo em suas partes íntimas.[27] Os zipas da savana de Bogotá matavam os prisioneiros que faziam nas guerras. "As mulheres dos vencidos não as matavam, serviam-se delas como cativas".[28] Comentamos já que em várias tribos era considerado de vital importância que o primeiro filho fosse homem; se isto não acontecia, todas as meninas que nascessem eram abandonadas à sua sorte nos montes, sendo depois devoradas pelas feras.

Uma mostra clara de marcada desigualdade social existente entre mulheres e homens em tempos pré-hispânicos — como já mencionamos, porém convém reiterar — são suas próprias leis: a mulher adúltera era castigada com a morte, o homem, nem sempre. Inclusive lhe estava permitido muitas vezes, no caso de ter posses, possuir um harém com centenas de mulheres, elegendo entre elas a sua mulher "legítima". É sabido que os indígenas praticaram com freqüência a poligamia — e muitos ainda a praticam.

---

24 Antonio Salcedo Flores, *El Derecho Maya prehispánico, un acercamiento a su fundamentación socio-política*, Sección Artículos de Investigación, alegatos nº 71, México, janeiro–abril de 2009, p. 164. Consultar fragmentos da obra em: http://www.azc.uam.mx/publicaciones/alegatos/pdfs/64/71-10.pdf. Antonio Salcedo Flores é professor investigador do Departamento de Direito da UAM-A.
25 Manuel Ballesteros Gaibrois, *Historia de América*. Madrid: Editorial Pegaso, 1954, p. 69.
26 Consultar op. cit.
27 Antoine Biet, *Les galibis; tableau véritable de leurs moeurs, avec un vocabulaire de leur langue, par...* cure de Senlis. Revue et publié par Aristide Marre. Paris: J. Maisonneuve, Libraire-éditeur, Imprimerie de L. Manceau, Chalon-sur-Saone, 1896, p. 64.
28 Oviedo y Valdés, 1959, III, p. 126.

Marvin Harris, reconhecido antropólogo americano — certamente antipático à empreitada espanhola na América —, dedica um capítulo completo, o quarto, a este assunto, que intitula "A origem do machismo", do qual transcrevemos alguns fragmentos:

> A supremacia masculina, ou machismo, observa-se claramente nas estatísticas etnográficas coletadas mundialmente pelos antropólogos, apesar das feministas e dos românticos do matriarcado: ¾ dos aldeões e das tribos tinham linhagens patrilineares, e somente 1/10 seguiam uma linhagem matrilinear. A poligamia é cem vezes mais comum que a poliandria. A transferência de bens à família da noiva, "o preço da noiva", está universalmente difundido, enquanto que o "preço do noivo" praticamente inexiste salvo no denominado como dote, no qual mais que um noivo, "compra-se" prestígio, ou se transferem bens para custear uma noiva onerosa; no primeiro caso é muito comum que a noiva fique obrigada a servir, o que não ocorre nunca no segundo caso. É freqüente nos casos de matrilocalidade que a mulher se livre com facilidade do esposo, porém na patrilocalidade a mulher fica obrigada para com o esposo.
>
> [...] Nas aldeias patrilineares, os caciques e líderes religiosos são quase sempre e em sua maioria, homens. Em muitos lugares se ameaça as mulheres e crianças com matracas ou com máscaras, cuja fabricação e guarda se esconde escrupulosamente. A menstruação é considerada uma impureza por inumeráveis povos, porém o sêmen é considerado estimulante e vivificante. A divisão de trabalho é assim mesmo quase sempre injusta para com as mulheres: devem pegar diariamente água e lenha, coletar, moer, semear, cozinhar todos os dias, cuidar das crianças.
>
> A guerra exigia a organização de comunidades em torno de um núcleo residente de pais, irmãos e seus filhos. Tal proceder conduziu ao controle dos recursos pelos grupos de interesses paterno-fraternos e ao intercâmbio de irmãs e filhas entre estes grupos (patrilinealidade, patrilocalidade e preço da noiva), à concessão de mulheres como recompensa, à agressividade masculina e daí à poligamia. A destinação das tarefas pesadas às mulheres e sua subordinação e desvalor rituais surgem automaticamente da necessidade de recompensar os homens à custa das mulheres e de oferecer justificações sobrenaturais de todo o contexto de supremacia masculina.[29]

Um caso significativo que convém mencionar é o da índia Marina, a "Malinche" (os espanhóis chamavam-na carinhosamente *Dona Marina*), que foi mulher de Hernán Cortés e teve participação decisiva na

---

29 Marvin Harris, *Caníbales y Reyes. Los orígenes de la cultura*. Barcelona: Salvat, 1986. Versão digital em PDF disponível em: http://www.bsolot.info/wp-content/uploads/2011/02/Harris_Marvin-Canibales_y_reyes_Los_origenes_de_la_cultura.pdf.

conquista do México, do lado dos espanhóis. Como chegou *Malinche* à "posse" dos espanhóis? Foi dada como presente a Cortés pelo cacique de Tabasco junto de outras mulheres. Antes desta "permuta", Dona Marina havia sido vendida como escrava pelos astecas.

Em síntese, será difícil negar que a mulher era considerada pelos homens indígenas como uma "coisa", um objeto inanimado que passava de umas a outras mãos por dinheiro ou favores, como escrava, companheira sexual ou esposa.

Poderíamos enumerar centenas de exemplos similares, porém cremos que o que já foi dito é mais que suficiente para expor o inocultável desprezo destas culturas para com a mulher — não mudou muito hoje em dia, por mais que o femi-indigenismo escolha ignorá-lo.

b) O lugar da mulher entre os católicos

Diante deste quadro, pode alguém imaginar uma mulher ocupando o lugar de autoridade suprema em algum império indígena? Pode-se imaginá-la em alguma posição relevante e de poder sobre os homens? É claro que não, pois de fato ocupava o último escalão da sociedade, inclusive muitas vezes abaixo dos escravos, prisioneiros de guerra e cativos. Por este motivo é estranha a sanha de certas mulheres, especialmente feministas, em relação à Espanha e à Igreja Católica. Em nenhuma civilização da história a mulher contou com maior consideração e relevância que sob a civilização católica. Bastará para este propósito perguntar-se quem regia a Espanha no momento da conquista espanhola: Isabel, a Católica; rainha muito amada e querida por todos, tanto por espanhóis como por indígenas. Outrossim, para chegar ao trono teve que disputar com outra mulher, Joana, a Beltraneja, — nenhum homem na disputa, mas duas mulheres. A filha de Isabel, alcunhada de Joana, a Louca, também foi soberana daquele grande império *onde o Sol não se punha*. Maria Tudor, por sua vez, foi virtuosa rainha da Inglaterra, e Maria Stuart a legítima herdeira deste trono. Poderíamos continuar mencionando dezenas de rainhas cristãs; porém cremos que estes exemplos provam nosso ponto.

Dentro da Igreja, o papel da mulher sempre foi destacado. Começando pela própria Mãe de Deus, Maria, basta mencionar a quantidade de mulheres reconhecidas pela Igreja; seja mediante canonizações, beatificações e/ou pela promulgação e difusão de vários de seus escritos e obras, considerados fundamentais pela Igreja, como Santa Teresa de Calcutá, Edith Stein, Santa Catarina de Sena etc. O grande historiador argentino Vicente Sierra acrescenta outras importantes mulheres do século XVI: Santa Teresa de Jesus, Maria de Cazalla, Ana Cervatón, Joana Contreras, Ana Ponce de León, sor María de San José, Magdalena de Ulloa, Clara Hipólita, sor María de la Cruz, Leonor de Castro y Andrade, sor María Bautista Ocampo, Catalina de Paz, Cristobalina Fernández de Alarcón, Luisa Carbajal y Mendoza, Luisa Sigeo de Velasco e María de Escobar, entre outras; "quer dizer, o século de mulheres que alcançaram renome como escritoras, e que no caso notório de Teresa de Jesus chega ao genial".[30]

Na América Hispânica as houve inclusive governadoras, vice-rainhas e inclusive representantes.[31] O que demonstra que, contrariamente ao difundido pela propaganda anticatólica, a mulher católica foi considerada inclusive em seu aspecto e labor intelectual e político, chegando muitas delas a tornarem-se escritoras reconhecidas. Para trazer rapidamente outros exemplos probatórios desta realidade, às prestigiosas universidades de Alcalá de Henares e Salamanca concorreram mulheres, e Beatríz Galindo esteve a cargo de cátedras universitárias.

Até as selvagens e violentas regiões protestantes foram regidas muitas vezes por mulheres, como o caso da infame Isabel da Inglaterra. E se tratasse de se prosseguir com as comparações, conviria perguntar qual era — antigamente — e qual é atualmente a situação da mulher na religião judaica, no islã e inclusive entre os tão aclamados hinduístas e budistas. Se não é opressão manifesta, é ao menos calculada indiferença e subestimação do "gênero" (para utilizar umas das deformações terminológicas em voga).

O adultério e a bigamia foram castigados duramente pela Espanha e todas as nações cristãs, pois, que direito tinha o homem para ser infiel à

---

30   *Assim se fez na América*. Buenos Aires: Dictio, 1977, p. 248. Tendo em vista aprofundar mais esta questão, recomendamos consultar integralmente o capítulo 11 desta obra: *Dignificación y educación de la mujer* (pp. 247–257).
31   Ver casos em Vicente Sierra, op. cit., p. 255.

sua mulher? O matrimônio monogâmico exigido pelo cristianismo, que é muitas vezes criticado, constitui antes de tudo uma mostra fecunda de afeto e respeito para com a mulher.

A doutrina social da Igreja sempre foi clara quanto à igual dignidade dada por Deus tanto a homens como a mulheres: "A Igreja vê nos homens e mulheres, em toda pessoa humana, a imagem viva do próprio Deus [...] Cristo, por meio da encarnação, uniu-se a cada homem dando-nos uma dignidade incomparável e inalienável [...] Todas as pessoas têm igual dignidade, seja homem seja mulher, saudável ou enfermo".[32]

A Igreja sempre destacou o papel fundamental que a mulher historicamente ocupou e ocupa dentro da Igreja e da sociedade. Tanto João Paulo II como Bento XVI se pronunciaram em numerosas ocasiões com palavras laudatórias e de agradecimento para com as mulheres. Transcrevemos parte de um belo documento redigido por João Paulo II acerca da mulher:

> Dou-te graças, mulher-mãe, que te convertestes em seio do ser humano com a alegria e as dores do parto de uma experiência única, a qual te faz sorriso de Deus para a criança que vem à luz e te faz guia de seus primeiros passos, apoio do seu crescimento, ponto de referência no posterior caminho da vida.
>
> Dou-te graças, mulher-esposa, que une irrevogavelmente o teu destino ao de um homem, mediante uma relação de entrega recíproca, a serviço da comunhão e da vida.
>
> Dou-te graças, mulher-filha e mulher-irmã, que aportas ao núcleo familiar e também ao conjunto da vida social as riquezas de tua sensibilidade, intuição, generosidade e constância.
>
> Dou-te graças, mulher-trabalhadora, que participas em todos os âmbitos da vida social, econômica, cultural, artística, mediante o indispensável aporte que dás à elaboração de uma cultura capaz de conciliar razão e sentimento, a uma concepção da vida sempre aberta ao sentido do "mistério", à edificação de estruturas econômicas e políticas mais ricas de humanidade.
>
> Dou-te graças, mulher-consagrada, que a exemplo da maior das mulheres, a Mãe de Cristo, Verbo encarnado, te abres com docilidade e fidelidade ao amor de Deus, ajudando a Igreja e toda a humanidade a viver para Deus

---

[32] Resumo do *Compendio de la Doctrina Social de la Iglesia*, adaptado pelo Pe. Jordi Rivero. Citado do *site* católico Corazones. Documento completo em: http://www.corazones.org/iglesia/mundo_iglesia/doctrina_social.htm.

uma resposta "esponsal", que expressa maravilhosamente a comunhão que Ele quer estabelecer com sua criatura.

Dou-te graças, mulher, pelo fato de ser mulher! Com a intuição própria de tua feminilidade enriqueces a compreensão do mundo e contribuis à plena verdade das relações humanas.[33]

Permitimo-nos transcrever também um trecho do discurso pronunciado por Bento XVI sobre a promoção da mulher:

> [...] Queridos irmãos e irmãs, a história registra quase exclusivamente as conquistas dos homens, quando, na realidade, uma parte importantíssima da mesma se fica a dever a ações determinantes, perseverantes e benéficas realizadas por mulheres. Deixai que vos fale de duas entre muitas mulheres extraordinárias: Teresa Gomes e Maria Bonino. Angolana a primeira, faleceu em 2004 na cidade de Sumbe, depois duma vida conjugal feliz de que nasceram 7 filhos; inquebrantável foi a sua fé cristã e admirável o seu zelo apostólico, sobretudo nos anos 1975 e 1976 quando uma feroz propaganda ideológica e política se abateu sobre a paróquia de Nossa Senhora das Graças de Porto Amboim, conseguindo quase fechar as portas da igreja. Teresa tornou-se a líder dos fiéis inconformados com a situação, apoiando-os, defendendo com bravura as estruturas paroquiais e tudo fazendo para terem de novo a Santa Missa. O seu amor à Igreja tornou-a incansável na obra da evangelização, sob a orientação dos sacerdotes.
>
> Quanto a Maria Bonino: médica pediatra italiana, ofereceu-se voluntária para diversas missões nesta África amada, tendo sido a responsável pelo setor pediátrico no hospital provincial do Uíje nos dois últimos anos da sua vida. Devotada ao seu cuidado diário de milhares de crianças lá internadas, Maria haveria de pagar com o sacrifício mais alto o serviço lá prestado durante uma terrível epidemia da febre hemorrágica de Marburg, acabando ela mesma contagiada; contudo, transferida para Luanda, aqui faleceu e aqui repousa desde 24 de março de 2005 — faz, depois de amanhã, 4 anos. A Igreja e a sociedade humana foram — e continuam a ser — imensamente enriquecidas pela presença e as virtudes das mulheres, em particular daquelas que se consagraram ao Senhor e, apoiadas n'Ele, puseram-se ao serviço dos outros.
>
> Hoje, amados angolanos, já ninguém deveria nutrir dúvidas de que as mulheres têm, na base da sua igual dignidade com os homens, "pleno direito de se inserir ativamente em todos os âmbitos públicos, e o seu direito há de ser afirmado e protegido, inclusivamente através de instrumentos legais, onde estes se revelem necessários. O reconhecimento do papel público das mulheres não deve, contudo, diminuir a função insubstituível que têm no interior da família: aqui, a sua contribuição para o bem e o progresso

---

33   Retirado do artigo de Jorge Enrique Mújica, "Benedicto XVI y la mujer", reproduzido em Catholic.Net. Disponível em: http://es.catholic.net/mujer/463/998/articulo.php?id=31996.

social, apesar de pouco considerado, é de um valor realmente inestimável" (Mensagem para o Dia Mundial da Paz em 1995, nº 9). Aliás, a nível pessoal, a mulher sente a própria dignidade não tanto como resultado da afirmação de direitos no plano jurídico, mas sobretudo como direta conseqüência da atenção concreta, material e espiritual, recebida no coração da família. A presença materna no seio da família é tão importante para a estabilidade e o crescimento desta célula fundamental da sociedade que deveria ser reconhecida, louvada e apoiada de todos os modos possíveis. E, pelo mesmo motivo, a sociedade deve chamar os maridos e pais às próprias responsabilidades para com a família.[34]

"O cristianismo", diz Vicente Sierra,

reabilitou a mulher nos costumes, que pôde tomar parte ativa no processo ocidental, porque a Igreja lavrou o pedestal que ocupa na família. Por isso, na conversão de muitos reis bárbaros, teve a mulher papel preponderante. Os homens que chegam ao Novo Mundo o sabem, e porque esperam muito da inteligência feminina — pois não em vão a cabeça da América é uma mulher, Isabel —, ninguém o nega, e desde cedo preocupam sua posição e sua educação. [...] A Espanha ensinou os índios a que não dessem suas filhas como presentes, que respeitassem suas casas. Forjou neles o sentido de família, na qual, mais cedo ou mais tarde, impõe-se a mulher, dignificada por sua função de mãe e de esposa. Se o ser e a personalidade do hispano-americano têm um conteúdo essencial, é a fortaleza e a unidade da família, e o respeito em seu seio reside na mulher. Tal é o legado da Espanha. Ninguém na América Hispânica é capaz de traí-lo sem destruir conceitos essenciais do estilo de vida do continente.[35]

---

34 Extrato do discurso que Bento XVI pronunciou em março de 2009 durante o encontro com os movimentos católicos para a promoção da mulher na paróquia Santo Antônio de Luanda. Citado do *site* Fluvium.org, 22/03/09. Disponível completo em: http://www.fluvium.org/textos/lectura/lectura1837.htm.
35 Op. cit., pp. 247, 255 e 256.

CAPÍTULO V
Sacrifícios humanos

Introdução

Se por um acaso persistem na atualidade dois temas que poderíamos indicar como "tabus" e completamente politicamente incorretos, esses são sem dúvidas os referentes aos sacrifícios humanos e aos atos canibais perpetrados pelos indígenas americanos. Parece bastante evidente que esta deliberada omissão responde a questões nitidamente ideológicas (buscando idealizar os povos originários e ao mesmo tempo criminalizar a Espanha e a Igreja Católica), pois a existência e livre disponibilidade de informação probatória a este respeito é abundante e categórica.

Diante da impossibilidade de negar a realidade dos sacrifícios humanos por parte dos indígenas em tempos pré-colombianos (e também posteriores), muitos autores tentaram justificar e/ou relativizar aqueles costumes bárbaros com fundamentalmente três pretextos:

1) Que este costume (isto é certo) foi praticado ao longo da história por vários povos, remontando aos egípcios e a tribos da África, da Índia, China, Japão e das ilhas Fiji, entre outras.

2) Que estas práticas condenáveis, dizem-nos, "devemos entendê-las em seu contexto", como um "fenômeno multicultural", "pois eles

não faziam outra coisa que seguir os mandamentos de sua religião e costumes".

3) Que, na realidade, esta prática não esteve generalizada e (como dizíamos antes) gozava de antecedentes em todos os rincões do planeta e em todas as épocas da humanidade. Negam então o caráter maciço e sistemático que estas práticas adquiriram, porém particularmente a importância capital que tinham para o Estado, que se encarregava de organizar e fomentar a carnificina humana.

Vejamos o que há de verdade nisso.

I — Os sacrifícios humanos foram de tal maneira primordiais — especialmente para os astecas —, que muitas vezes nas guerras tomava-se o cuidado de matar o menor número de pessoas possível para poder dessa forma contar com um número maior de vítimas para sacrificar. O sacrifício humano não somente foi utilizado por questões religiosas, na forma de oferendas, mas inclusive, segundo alguns autores, foi utilizado, às vezes, como instrumento de controle demográfico, dado o importante crescimento populacional e o esgotamento do solo (tese que conviria revisar de modo mais detido).

Nos grandes impérios indígenas, o prisioneiro era propriedade do Estado, embora o guerreiro que o havia capturado tivesse direito de torturá-lo — geralmente para entretenimento seu e de sua família — e de comê-lo (depois de entregue e sacrificado pelo imperador e pelos sacerdotes). Esta realidade pode ser observada sem maior dificuldade em suas próprias pinturas, onde se pode apreciar os proprietários da vítima aguardando junto das escadas do templo — por onde era jogado o cadáver sem o coração — para reclamar o corpo e controlar que ninguém o roubasse. Depois, o defunto era levado para a casa do guerreiro que o havia capturado, onde o cozinhava — nem sempre faziam isso — e, quando estava *al dente*, repartiam-no em várias partes, observando a hierarquia, entre os membros de sua família e os mais próximos. Feita a partilha corpórea, comiam. Algumas partes do corpo eram mais desejadas que outras (particularmente as carnudas). A cabeça, depois de comidos os miolos, devia ser entregue ao Estado para sua exibição nas praças;

— Segundo o historiador indígena Juan Bautista Pomar, descendente da casa real de Texcoco, a forma mais comum de sacrifícios humanos em massa é invenção dos mexicas (astecas), praticada pela primeira vez quando eram vassalos dos senhores chichimecas de Azcapotzalco. Depois, à imitação deles, introduziu-se o costume em toda a região, principalmente nas cidades de Tlacuba, Chalco y Huextitzinco e Tlaxcalla.

a) Como eram realizados

A diversidade das formas concretas de sua realização — decapitação, desmembramento, incineração, sacrifício infantil, extração do coração — praticava-se sempre com um mesmo procedimento, a destruição de uma vítima, que se situa entre a ação sacrificial e sua função social.

(Instituto de Investigações Antropológicas da UNAM)[1]

A principal fonte de alimento dos deuses astecas constituía-se dos prisioneiros de guerra. No momento do sacrifício, os réus ascendiam pelas escadas das pirâmides até os templos, onde eram segurados por quatro sacerdotes, enquanto um quinto colocava um jugo de madeira em seu pescoço. Estendidos de boca para cima, olhando o céu, sobre um altar de pedra, tomava o sacerdote principal uma faca de obsidiana com a qual abria seu peito de fora a fora, para introduzir depois o seu braço dentro do corpo da vítima a fim de extrair seu coração; que o sacerdote levantava, como forma de reverência, apontando ao deus principal dos astecas e, depois, a cada um dos pontos cardeais restantes. Depois, o coração das vítimas — geralmente descrito como ainda palpitante — era arrancado e queimado como oferenda. O corpo já sem vida, atirado ao nada, descia rolando nas escadarias do templo (que se construíam deliberadamente escarpados para cumprir a função de quebrar todos os ossos na queda). Parece que às vítimas capturadas em

---

1   Revista semestral editada pelo Instituto de Investigaciones Antropológicas de la Universidad Nacional Autónoma de México, vol. 32, nº 1, 1995 (ISSN: 0185-1225). Disponível em: http://www.revistas.unam.mx/index.php/antropologia/article/view/341/600. O sacrifício humano na época pré-hispânica está amplamente documentado por vários autores, Serrano, Lagunas e López (1976); López, Lagunas e Serrano (1970); González Miranda (1989); Cabrera, Cowgill e Sugiyama (1990), com evidência muito clara nas temporadas de campo do Projeto 8082 e dos trabalhos do Templo de Quetzalcóatl.

guerras, os sacerdotes cortavam sua cabeça e a jogavam. Se se tratava de escravos comprados especialmente para os sacrifícios, entregava-se o cadáver completo a quem havia apreendido a vítima.

Diego Durán, historiador e dominicano espanhol, estudioso da língua náhuatl, que consultou e reuniu um importante número de informação e testemunhos originais, tanto orais como escritos, relata o sacrifício humano sofrido por prisioneiros nas mãos dos mixtecas:

> Os cinco sacerdotes entravam e reclamavam o prisioneiro que se encontrava no primeiro lugar da fila... Levavam cada prisioneiro até o local em que se encontrava o rei e, depois de obrigá-lo a pôr-se de pé sobre a pedra que era a figura e o retrato do sol, o tombavam de costas. Um segurava o braço direito e outro o esquerdo, um segurava o pé esquerdo e outro o direito, enquanto o quinto sacerdote prendia o pescoço com uma corda para que não pudesse se mover.
>
> O rei elevava a faca e depois fazia uma grande incisão no peito. Depois de abri-lo, extraía o coração e o elevava com a mão como oferenda ao sol. Quando o coração se esfriava, lançava-o na concavidade circular, pegava um pouco de sangue com a mão e o aspergia em direção ao sol.

O franciscano Motolinía descreve os sacrifícios perpetrados por astecas da seguinte forma:

> Tinham uma grande pedra, a metade fincada na terra, no alto, em cima das arquibancadas, diante do altar dos ídolos. Nesta pedra estendiam os desafortunados de costas para os sacrificar, e o peito muito tenso, porque lhes tinham atado os pés e as mãos, e o principal sacerdote dos ídolos ou seu lugar-tenente, que eram os que mais ordinariamente sacrificavam, e se algumas vezes havia tantos que sacrificar que eles se cansassem, entravam outros que estavam já hábeis no sacrifício, e de pronto, com uma pedra de pederneira, feito uma navalha como ferro de lança, com aquela cruel navalha, com muita força abriam o coitado e então arrancavam o coração, e o oficial desta maldade dava com o coração em cima do umbral do altar da parte de fora, e ali deixava uma mancha de sangue; e caído o coração, estava um pouco batendo na terra, e depois o punham em uma bacia [*cuauhxicalli*] diante do altar.
>
> [...] Outras vezes, tomavam o coração e levantavam-no para o sol; e, às vezes, untavam os lábios dos ídolos com o sangue. Os corações, às vezes, comiam-nos os ministros velhos; outras os enterravam, e depois pegavam o corpo e jogavam-no por cima das bancadas abaixo; e, chegando lá embaixo, se era de presos de guerra, aquele que o havia pego, com seus amigos e parentes, levavam-no, e apreciavam aquela carne humana com

outras comidas, e outro dia faziam festa e o comiam; e se o sacrificado era escravo não o deixavam rolar, mas desciam-no no braço, e faziam a mesma festa e convite que com o preso de guerra.[2]

O indígena Batista Pomar, descrevendo a festa de Tochcatl, cujos sacrifícios se ofereciam ao deus Huitzilopuchtli, narra o seguinte:

> Degolavam-nos com um sílex agudo pelo peito sobre a pedra chamada *techcatl*, pondo-os sobre ela de costas; e encarregando-se cinco ou seis homens da cabeça, braços e pernas ao solo, com o peito e o estômago para cima, e assim um sacerdote dos que para isso estavam dispostos e em serviço do demônio, o mais principal, que se chamava *Quetzalcohuatl*, o abria com facilidade de um mamilo ao outro, e a primeira coisa que fazia era tirar o coração, o qual palpitando era jogado aos pés do ídolo, e sem reverência nem modo comedido; após isso, entregava o corpo ao dono, pelo qual se entende aquele que o havia pego, e por esta ordem sacrificavam todos [...].[3]

b) Primeiras notícias de sacrifícios humanos

A primeira vez que se teve notícia da prática de sacrifícios humanos, encontra-se referida na primeira das cartas de relato de Cortés ao Imperador Carlos v:

> Queimam nas ditas mesquitas incensos e algumas vezes sacrificam suas próprias pessoas, cortando uns a língua, e outros a orelha, e outros rasgando o corpo com navalhas. Todo o sangue que deles corre o oferecem àqueles ídolos, espalhando-o por todas as partes daqueles templos, e outras vezes o espalhando pelo céu e fazendo outras muitas maneiras de cerimônias, de modo que nenhuma obra começa sem que primeiro façam ali sacrifício. E têm outra coisa horrível e abominável e digna de ser punida, que até hoje não havíamos visto em nenhuma parte, e é que todas as vezes que alguma coisa querem pedir a seus ídolos para que mais aceitem sua petição, pegam muitas meninas e meninos e mesmo homens e mulheres maiores de idade, e na presença daqueles ídolos os abrem vivos pelos peitos e lhes tiram o coração e as entranhas, e queimam as ditas entranhas e corações diante dos ídolos, e oferecem-lhes em sacrifício aquela fumaça.[4]

---

2   *Historia* I, 6, pp. 85–86. Citado pelo Pe. Iraburu, op. cit. Francisco Clavijero (op. cit., p. 168) afirma que os prisioneiros que iam ser executados eram levados nus ao sacrifício. Não estamos seguros se esta forma se seguia em todos os sacrifícios ou somente em determinadas festas.
3   Juan Bautista Pomar, *Relación de Tezcoco*. Passagem extraída da versão digital da obra. Esta não contém numeração de páginas, pelo que nos vemos impedidos de citar o número de capítulo e página a que as citações pertencem. Daqui em diante, portanto, cada vez que recorrermos a este autor, citaremos apenas o nome da obra.
4   Primeira Carta de relato de Cortés a Carlos v, datada de 10/07/1519. Retirado de *Cartas*

Em sua segunda carta de relato a Carlos v, entre outros assuntos, conta horrorizado o que teve que fazer quando chegou em Temixtitan:

> [...] fiz limpar aquelas capelas onde os tinham, porque todas estavam cheias de sangue que sacrificavam, e pus nelas imagens de Nossa Senhora [...] e lhes defendi que não matassem criaturas aos ídolos, como costumavam, porque, além de ser muito abominável para Deus, vossa sacra majestade por suas leis o proíbe [...] em todo o tempo que eu estive em dita cidade, nunca se viu matar nem sacrificar nenhuma criatura.

Cortés pressupõe, ao ver o sangue nos templos, que ali se faziam sacrifícios humanos, ainda que não tenha sido testemunha direta de nenhum. Acrescenta um dado novo sobre os sacrifícios:

> Os vultos e corpos dos ídolos em quem estas gentes criam, são de muito maiores estaturas que o corpo de um homem. São feitos de massa de todas as sementes e legumes que eles comem, moídas e mescladas umas com as outras, e as amassam com sangue de coração de corpos humanos, os quais abrem pelos peitos, vivos, arrancam-lhe o coração, e daquele sangue que sai dele, amassam aquela farinha, e assim fazem tanta quantidade quanta basta para fazer aquelas estátuas grandes. Os sacrifícios humanos não somente servem para honrar os deuses, mas também são utilizados para fazer as estátuas que os representam na terra e às quais lhes oferecem mais corações, que de igual modo lhes sacrificam, e lhes untam a cara com sangue.[5]

Em sua terceira Carta de Relato, refere-se a dois casos em que as vítimas dos sacrifícios humanos eram espanhóis. A primeira corresponde aos indígenas de Tesuico: "E encontramos o sangue de nossos companheiros e irmãos derramado e sacrificado por todas aquelas torres e mesquitas [...] e deles mataram e tomaram a vida para trazer a Tesuico e sacrificar e tirar-lhes os corações diante de seus ídolos".

A segunda corresponde a espanhóis que haviam sido sitiados pelos mexicas, na ausência de Cortés. Nem todos puderam fugir, caindo alguns nas mãos dos indígenas:

> Tomaram vivos três ou quatro espanhóis, que depois foram sacrificados [...] Os da cidade, que tiveram a vitória, por fazer desmaiar o meirinho maior e a Pedro de Alvarado, todos os espanhóis vivos e mortos que pegaram os levaram a Tlatelulco, que é o mercado e em umas torres altas que ali

---

de Relación. México: Porrúa, 2002 (recorremos a este trabalho para as citações referentes às Cartas de Relato de Hernán Cortés).
5   Segunda Carta de Relato, 30/10/1520.

estavam, nus foram sacrificados e abriram seus peitos, tirando os corações para oferecê-los a seus ídolos; o qual os espanhóis de real de Pedro de Alvarado puderam ver bem de onde lutavam, e nos corpos nus e brancos que viram sacrificar conheceram que eram cristãos.[6]

Conta Bernal Díaz de Castillo que, em 1517:

[Em uma ilha] encontramos duas casas bem lavradas, e em cada casa uns degraus, por onde subiam a uns como que altares, e naqueles altares tinham uns ídolos de más figuras, que eram seus deuses. E ali encontramos sacrificados naquela noite cinco índios, e estavam abertos pelos peitos e cortados os braços e as coxas, e as paredes das casas cheias de sangue. O mesmo viram não muito depois na ilha que chamaram San Juan de Ulúa.[7]

Narra o mesmo cronista, no capítulo 44 de sua obra, o que viu Pedro de Alvarado a caminho de Tenochtitlán, na região de Culúa, sujeita aos astecas:

Chegado aos povoados, todos estavam despovoados daquele mesmo dia, e encontrou sacrificados em um *cúes* [templos] homens e meninos, e as paredes e altares de seus ídolos com sangue, e os corações apresentados aos ídolos; e também encontraram as facas de sílex com que abriram os peitos para arrancar-lhes os corações. Disse Pedro de Alvarado que haviam encontrado em todos mais daqueles corpos mortos sem braços e pernas, e que disseram outros índios que os haviam levado para comer, do qual nossos soldados se admiraram muito de tão grandes crueldades. E deixemos de falar de tanto sacrifício, pois desde então em cada povoado não encontramos outra coisa.[8]

Corresponde a Frei Bernardino de Sahagún (1500–1590) o mérito de ter sido um dos grandes estudiosos dos sacrifícios humanos entre os indígenas da região do México, aprendendo seus costumes, sua língua, seus hieróglifos, sua economia e a doutrina de sua complexa religião politeísta (composta por numerosos deuses e festas ao longo de seu calendário). O particularmente interessante deste trabalho é que, em suas páginas, encontra-se a história dos povos pré-colombianos da região, que recolheu de testemunhos dos próprios indígenas; particularmente dentre aqueles mais anciãos, tidos como sábios pelos naturais.

---

6   Terceira Carta de Relato.
7   Em Pe. Iraburu, op. cit.
8   Pe. Iraburu, *Hechos de los Apóstoles en América*, no capítulo: "Grandeza y Miseria de los Aztecas".

Portanto, constitui este estudo uma importantíssima e fidedigna fonte para estudar a história destes povos, pois, salvo pelo emprego de alguma iconografia, pictogramas ou hieróglifos, não tinham por costume escrever a história de seu povo (ela era transmitida de geração em geração quase sempre por tradição oral). Todo este importante e extenso acúmulo de informação foi vertido em sua obra magna *Historia general de las cosas de Nueva España*, concluída em meados do século XVI e publicada em 1829. A obra do indígena converso Fernando de Alva Cortés Ixtlilxóchitl (*Historia de la Nación Chichimeca*) também é de vital importância para estudar todas as culturas que habitaram o Vale do México, embora, sem dúvidas, as melhores histórias da região, tanto pela erudição de seus autores como por sua clareza e método, são as de Francisco Clavijero e Gomarra. Com respeito à região ocupada pelos incas, devemos mencionar os exaustivos trabalhos de homens como o cronista Pedro Cieza de León, autor de uma *Crónica del Perú* (1553); de Agustín Zárate e sua *Historia del descubrimiento y conquista del Perú* (1555), de José de Acosta (1540–1600) com sua *Historia natural y moral de las Indias* (1590, que também trata dos nativos do México) e, é claro, das obras do inca Garcilaso de la Vega e de Poman de Ayala.

Gonzalo Fernández de Oviedo foi o mais importante dos cronistas que estudaram os povos indígenas da região da Nicarágua (especialmente os que ocupavam o atual istmo de Rivas); que haviam chegado séculos atrás procedentes do altiplano mexicano. Sua monumental obra *Historia General y Natural de las Indias* oferece minuciosas descrições dos costumes, de sua história e crenças religiosas, entre as quais menciona a freqüente prática de sacrifícios humanos e de antropofagia; as quais os indígenas mencionam com total naturalidade e até com admiração. Em um dos mais interessantes capítulos da sua obra, transcreve o diálogo das entrevistas que manteve o frade mercedário Francisco de Bobadilla com treze caciques, sacerdotes e outras pessoas importantes das tribos da Nicarágua. Entre outras coisas, o sacerdote interrogava os indígenas acerca da história de seu povo e de seus costumes. Perguntado um dos caciques, que se chamava Coyevet, acerca de qual era a alimentação de seus deuses, ele respondeu: "Comem sangue e corações de meninos e incensos de resina, e estes nossos deuses são homens como os índios, e são jovens [...]".⁹

Em seguida, perguntando-lhe Oviedo acerca das oferendas que ofereciam aos deuses para pedir por chuvas, diz o cacique: "Para pedir a água, vamos a um templo que temos e, ali, matam e sacrificam meninos e meninas, e cortadas as cabeças deixamos o sangue para os ídolos e imagens de pedra que temos naquela casa de oração destes deuses, a qual em nossa língua chama-se *teoba*".¹⁰

c) O sacrifício humano como prática generalizada

Embora tenham sido mais bem conhecidos e documentados os sacrifícios humanos cometidos por astecas, maias e incas, esta prática foi freqüente — com algumas variações nas razões que os motivavam — em quase todo o continente, desde o momento mesmo em que os indígenas chegaram na América (tendo alguns destes povos particular fixação e predileção pelas crianças). Tem-se notícia de sacrifícios humanos de crianças praticados pelos olmecas, primeira grande cultura mesoamericana. Recentemente, esqueletos completos de crianças foram encontrados em um estado de Veracruz chamado El Manatí. Os teotihuacanos, dominadores do chamado período clássico na Mesoamérica, também praticaram sacrifícios, igual a outros povos históricos da região como os maias, toltecas e totonacas. Em todos eles as crianças eram preferidas para os sacrifícios humanos, embora esta predileção fosse mais evidente nos maias.

Nas pinturas e cerâmicas do período, onde expressavam seus costumes e assentavam parte de sua história, podemos observar claramente a extração de corações de crianças. Um caso bem conhecido a esse respeito é o achado denominado *Estrela 11*, de Piedras Negras, na Guatemala, em que se vê a cavidade peitoral de um menino sacrificado. Quanto aos toltecas, um grupo de arqueólogos descobriu (em 2007) e analisou os restos mortais de 24 crianças, de cinco a quinze anos,

---

9   Gonzalo Fernández de Oviedo, *Historia General y Natural de las Indias*, Colección Cultural (digitalizado por Fundación Enrique Bolaños), parte III, livro XLII, p. 391. Disponível em: http://sajurin.enriquebolanos.org/vega/docs/CCBA%20-%20SERIE%20CRONISTAS%20-%2006%20-%2006.pdf.
10 Ibidem, p. 395.

que haviam sido enterradas com estatuetas de Tláloc. Outros restos mortais de crianças — que haviam sido decapitadas — foram achados nas cercanias das velhas ruínas de Tula, a capital tolteca. Estes restos foram datados dentro do período compreendido entre 950 a 1150 depois de Cristo.

Isto declarava um dos arqueólogos responsáveis pelos achados, Luis Gamboa: "Como explicar que existam 24 corpos reunidos em um mesmo espaço? Pois a única forma é pensar que houve um sacrifício humano".[11]

Os totonacas, em certas ocasiões, sacrificavam crianças para extrair-lhes o sangue, o qual era misturado com sementes para fazer uma pasta que era comida para os adultos.[12]

Entre os povos indígenas pré-colombianos da América do Sul que realizavam estes horrores, além dos incas, existiam também os mochicas, os muiscas, os de ascendência caribe nas regiões do Brasil, Venezuela, Colômbia, e os guaranis e araucanos. Na maior parte destes casos, os arqueólogos descobriram evidência física dos sacrifícios humanos.

É importante assinalar que nem sempre as vítimas destes sacrifícios provinham dos prisioneiros de guerra; às vezes, eram sacrificados os escravos e trabalhadores provenientes do povo simples. O Padre Sahagún, considerado o primeiro etnógrafo científico americano, comenta com grande tristeza e angústia o costume que tinham os astecas de sacrificar e comer seus próprios filhos, de acordo com rituais que realizavam para os deuses no primeiro mês do ano:

> [...] é coisa lamentável e horrível ver que nossa natureza humana tenha chegado a tamanha baixeza e opróbio que os pais, por sugestão do demônio, matem e comam seus filhos, sem pensar que nisso façam ofensa alguma, mas antes pensando que com isso fazem grande serviço aos deuses. A culpa de tão cruel cegueira, que nestas desgraçadas crianças se executava, não se deve tanto imputar à crueldade dos pais, os quais derramando muitas lágrimas e com grande dor de seus corações a exercitavam, quanto ao crudelíssimo ódio de nosso inimigo antiqüíssimo, Satanás.[13]

---

11 Mónica Medel, "México descubre primer sacrificio de niños en cultura tolteca", *La Nación* (Costa Rica), 22/04/2007. Artigo completo em: http://www.nacion.com/ln_ee/2007/abril/22/aldea1070675.html.
12 González Torres, Yólotl, *Animales y plantas en la cosmovisión mesoamericana*, Plaza y Valdés Editores, 2006, p. 51. ISBN: 968-856-852-X.
13 Op. cit., t. I, p. 75.

É uma grande mentira — muito difundida, certamente — que sob pretexto da religiosidade de todo o povo, eles se ofereciam alegremente para serem sacrificados por seus hierarcas na oferenda aos deuses. A este respeito, reconhece o historiador Marvin Harris que as vítimas eram arrastadas pelos cabelos: "Quando os amos dos cativos levavam seus escravos até o templo onde os matariam, conduziam-nos pelos cabelos. E quando lhes faziam subir as escadarias da pirâmide, alguns cativos desmaiavam e seus amos os empurravam e os arrastavam pelos cabelos até a pedra de sacrifício onde morreriam".[14] O mesmo confirmam outros cronistas.

Seria um erro crasso, como pretendem os indigenistas "moderados", atribuir estas práticas somente aos grandes impérios/culturas indígenas. O sacrifício humano, como dissemos, era uma prática bastante generalizada em toda a América, inclusive entre pequenas e/ou isoladas tribos do continente. Assim dá testemunho o investigador supracitado, com minucioso detalhe:

> Desde o Brasil até as Grandes Planícies, as sociedades indo-americanas sacrificavam ritualmente vítimas humanas com o fim de obter determinado tipo de benefícios. Praticamente todos os elementos do ritual asteca estão prefigurados nas crenças e nas práticas de 186 sociedades grupais e aldeãs. Até a preocupação com a extração cirúrgica do coração tem precedentes. Por exemplo, os iroqueses competiam entre si pelo privilégio de comer o coração de um prisioneiro valente a fim de poder adquirir parte de sua coragem. Os prisioneiros varões foram, em parte, as principais vítimas. Antes de matá-los, os açoitavam, apedrejavam, queimavam, mutilavam ou os submetiam a outras formas de tortura e maus-tratos. Às vezes, atavam-nos a estacas e lhes davam uma maça para se defender de seus torturadores. Em certas ocasiões, conservavam um ou dois prisioneiros durante períodos prolongados e lhes davam bons alimentos e concubinas.
>
> Entre as sociedades grupais e aldeãs, o sacrifício ritual de prisioneiros de guerra geralmente ia acompanhado da ingestão da totalidade ou de uma parte do corpo da vítima. Graças aos testemunhos presenciais oferecidos por Hans Staden, um marinheiro alemão que naufragou na costa do Brasil em princípios do século XVI, temos uma vívida idéia do modo como um grupo, os tupinambás, combinavam o sacrifício ritual com o canibalismo.
>
> No dia do sacrifício, o prisioneiro de guerra, atado na altura da cintura, era arrastado até a praça. Via-se rodeado de mulheres que o insultavam e

---

14 Marvin Harris, *Caníbales y Reyes, Los Orígenes de la Cultura*. Barcelona: Salvat, 1986, p. 126.

maltratavam, embora permitissem expressar seus sentimentos lançando-lhe frutas ou pedaços de cerâmica. Enquanto isso, as anciãs, pintadas de preto e vermelho e enfeitadas com colares de dentes humanos, levavam vasilhas adornadas nas quais cozinhariam o sangue e as entranhas da vítima. Os homens passavam em si a maça cerimonial que se utilizaria para matá-lo com o fim de "adquirir o poder para apanhar um prisioneiro no futuro". O verdugo vestia uma larga capa de plumas e o seguiam parentes que rufavam tambores. O verdugo e o prisioneiro se ridicularizavam entre si. Davam ao prisioneiro a liberdade suficiente para poder se esquivar dos golpes e às vezes lhe colocavam um bastão entre as mãos para que se protegesse, embora não pudesse devolver os golpes. Quando afinal esmagavam seu crânio, todos "gritavam e berravam". Se o prisioneiro havia se casado durante seu período de cativeiro, esperavam que a esposa derramasse algumas lágrimas junto de seu cadáver antes de participar do festim posterior. Nesse momento, as anciãs "corriam para beber o sangue quente" e as crianças molhavam suas mãos nele. "As mães untavam seus mamilos com sangue para que inclusive os bebês pudessem sentir seu gosto". O cadáver era esquartejado em quatro partes e cozinhado na grelha enquanto "as anciãs que eram mais desejosas de carne humana" chupavam a gordura que caia das varas que formavam a grelha.[15]

Outro caso de indizíveis torturas e sacrifícios humanos foi presenciado pelos jesuítas no século XVII, onde os hurones do Canadá haviam aprisionado membros da tribo dos iroquês, que eram uma tribo rival:

> O prisioneiro, com as mãos atadas, que alternadamente gritava de dor e entoava uma canção de desafio aprendida na infância para uma ocasião como esta, foi levado ao interior, onde se enfrentou com uma multidão armada com tochas acesas. Enquanto se balançava de um lado para o outro da estância, algumas pessoas agarraram suas mãos, "quebrando-lhe os ossos mediante a força pura; outros lhe atravessaram as orelhas com hastes que deixaram nelas". Cada vez que parecia a ponto de expirar, o chefe intervinha "e ordenava que deixassem de atormentá-lo, dizendo que era importante que viesse a luz do sol". Ao amanhecer, levavam-no para o exterior e o obrigavam a subir uma plataforma instalada sobre uma base de madeira, a fim de que toda a aldeia pudesse presenciar o que lhe ocorreria; o andaime cumpria a função de plataforma de sacrifício na ausência das pirâmides de ponta chata erigidas com estes propósitos pelos estados mesoamericanos. Nesse momento, quatro homens assumiam a tarefa de atormentar o prisioneiro. Queimavam os olhos, aplicavam-lhe pequenos machados nos ombros e introduziam tochas acesas em sua garganta e em seu reto. Quanto parecia evidente que estava a ponto de morrer, um dos verdugos "cortou um pé, outro uma mão, e quase ao mesmo tempo um

---

15 Op. cit., pp. 127–128.

terceiro separou a cabeça dos ombros lançando-a para a multidão em que alguém a pegou" para levá-la ao chefe, que mais tarde fez "um festim com ela". Nesse dia, também se organizou um festim com o tronco da vítima e durante o regresso dos missionários se encontraram com um homem "que transportava em uma lança uma das mãos cozinhadas".[16]

Embora, como observamos, a prática de sacrifícios humanos não tenha sido invenção dos astecas — pois assinalamos que já antes deles o praticaram culturas anteriores como os toltecas e maias[17] —, corresponde a eles a sistematização e refinamento desta prática, chegando ao ponto de convertê-la na base sobre a qual se erigia o Estado. Uma peculiar característica dos astecas que já mencionamos é que faziam guerra com o fim de pegar prisioneiros, escravos, para a realização de sacrifícios humanos em larga escala; praticamente não passava um dia sem que corressem tonéis de sangue humano; particularmente nos grandes templos de UitzUopochtli e Tlaloc. Porém, todos os templos obtinham sua cota de sangue; mesmo os considerados "menores".

Obviamente, os mexicas e seus aliados não foram os únicos que desenvolveram naquela época tal mentalidade militarista. Todos os povos vizinhos compartilhavam a dita visão de mundo: adoravam quase todos os mesmos deuses e os honravam com cultos similares. Isto deu origem à *xochiyáoyotl* ou "guerra florida", instituição peculiar criada pelos mexicas e seus inimigos do Vale de Puebla-Tlaxcala. A *xochiyáoyotl*, explica um historiador,

> baseava-se em um pacto de batalhas controladas e periódicas, nas quais os exércitos contendores se enfrentavam até que um deles solicitava a trégua. Curiosamente, não havia interesse de pilhagem, nem de domínio territorial, nem de obtenção de tributo. Terminado o combate, ambos os bandos regressavam para suas capitais, levando como prêmio os rivais que haviam capturado vivos. Desta maneira se provisionavam regularmente de vítimas sacrificiais.

Na festa do primeiro mês do ano, os astecas levavam crianças de peito aos montes altos: matavam a cada ano uma grande quantidade de crianças nestes lugares; depois de mortos, cozinhavam-nos e comiam. Se as crianças choravam muito, viam nisso o bom sinal de que choveria

---

16 Ibidem, pp. 128–129.
17 *Ek Chuan* era o deus da guerra e dos sacrifícios humanos.

logo.[18] O mesmo confirma Pomar para outra celebração que faziam os astecas no mês de maio, em honra ao ídolo Tlaloc:

> [...] recolhiam dez ou quinze crianças inocentes, de até sete ou oito anos de idade, escravos, que os davam os senhores, pessoas ricas, para oferenda para este efeito, e os levavam ao monte onde o ídolo de pedra estava, e ali com um sílex agudo os degolava um sacerdote, ou carniceiro para dizer melhor, que estava escolhido para o serviço deste demônio, e degolados pela garganta, deixava-os em uma caverna que havia em umas penhas junto ao ídolo, muito escura e profunda, sem fazer outra festa ou cerimônia.[19]

Cada ídolo que eles consideravam deuses (de menor ou maior importância) contava com suas próprias festas durante o calendário,[20] algumas das quais duravam dias e até semanas, e todos eles demandavam sacrifícios humanos, embora guardassem cada um as suas características próprias. Em alguns as vítimas eram somente mulheres, em outros crianças, em outros escravos, em outros guerreiros e em ainda outros não importava o gênero, nem o sexo, nem a idade. Por exemplo, na festa do deus Xipe, as vítimas deviam ser escolhidas dentre os mais valentes guerreiros cativos. A forma de sacrifício, neste caso, segundo conta o autor supracitado, era a seguinte:

> A primeira coisa que faziam era que cada um destes valentes os emplumavam das coxas para baixo, com os braços e cabeça, de pluma branca, com goma, e lhes punham umas jaquetas de papel, sinais entre eles de dor e luto, e depois os traziam todos em fila, como em procissão, trazendo cada um dois homens de guarda. Um deles era o que havia vencido e prendido o guerreiro, e o outro era outro valente, que chamavam *tequiahua*; e que, chegados ao lugar do sacrifício, que era junto do pé do templo e que era chamado *temalacatle*, que era um edifício de talude quadrado com escalões por todas as partes, não mais alto que quatro degraus, de três braças cada um, e no meio uma pedra grande e da forma própria de uma pedra grande de moinho, na qual punham o prisioneiro que havia de ser sacrificado, atado pela cintura com uma corda que prendiam na pedra, não mais larga de quanto pudesse baixar todos os degraus e um passo ou dois mais adiante. Davam-lhe um padrinho em hábito de valente, de lobo, que chamavam *quetlachtli* que servia disto, um escudo e com o seu bastão de azinheira todo emplumado, mas sem facas; e de um lado deste lugar e

---

18 Bernardino de Sahagún, op. cit., l. II, c. 20, nº 5 e 16.
19 Op. cit.
20 A cada vinte dias se celebravam festas que costumavam durar dias, durante cada um dos dezoito meses que compunham o calendário mexica.

sacrifício estavam quatro índios, os mais corajosos e os mais escolhidos que havia em toda a cidade e província, ambos com o hábito e o traje de bravos e grandes tigres, porque vestiam suas peles e os outros dois na figura de duas grandes águias de muitas e grandes penas, uma das quais atiraram para que ele lutasse com o que ia ser sacrificado. Ele usava um escudo e um bastão com facas ou sílex, e dessa maneira e ao som de um tambor e outro instrumento que eles chamavam de *teponaxtli* e cantando, eles lutavam um com o outro; e se o prisioneiro recebia um golpe ou dois, de tal maneira que aparentemente já não podia mais se defender, então vinha o *cihuacohuatl*, que era o sacerdote principal, e o degolava em uma pedra próxima a este matadouro, semelhante ao que havia no cume principal, tirando seu coração dos peitos, que era dado junto do corpo ao dono, e antes que ele o levasse para casa, pegava o coração e o oferecia ao ídolo Xipe em seu templo, e em um copo pegava parte do sangue e ia a todos os templos aspergindo com ele os ídolos, pelo menos os mais importantes, aqueles que não estavam enfeitados e vestidos com ornamentos ricos e preciosos, porque estando assim, para não sujá-los, passava a outros que não estavam festejando, e a estes encharcavam de sangue até o fim, e o corpo o levavam para fazer o que foi dito antes, a menos que o esfolassem, e um pobre índio o vestisse pelo lado contrário [...].[21]

Conta Diego de Landa que, nas regiões mesoamericanas dominadas pelos mexicas, sacrificava-se os prisioneiros de guerra, os escravos comprados para isso e inclusive os próprios filhos em casos de necessidade. Estes sacrifícios eram realizados regularmente pela extração do coração, por decapitação, alvejando com flechas as vítimas ou afogando na água.[22] Um sacrifício comum entre os tlaxcaltecas era flechar a vítima atada a uma cruz. Conta o Pe. Iraburu[23] que na religião dos tarascos, quando morria o representante do deus principal, dava-se morte a sete de suas mulheres e a quarenta de seus servidores para que o acompanhassem na vida pós-morte.

Até não muito tempo, costumava-se crer que entre os incas as práticas de sacrifícios humanos não haviam chegado a adquirir as dimensões que haviam adquirido com os astecas. Embora seja certo que muitas vezes nos sacrifícios religiosos se ofereciam vítimas *substitutas*, como

---

21 Ibidem. Francisco Clavijero também menciona esta festividade e o costume dos sacerdotes de arrancar a pele da vítima e levar sua pele posta em seu rosto por vários dias. Op. cit., p. 175.
22 *Relación de las cosas de Yucatán*, cap. 5, pp. 172–178.
23 O sacerdote e historiador espanhol José María Iraburu publicou um trabalho de consulta obrigatória para o estudo dos povos pré-colombianos mais importantes, intitulado: *Hechos de los Apóstoles de América*, disponível em versão digital em: https://gloria.tv/media/wEt3fBLM-jAm.

lhamas ou outros animais, estudos recentes elaborados a partir de novas descobertas arqueológicas inclinam-se no sentido contrário; ou seja, que os sacrifícios humanos foram bastante freqüentes entre os andinos.[24] A este respeito, o sacerdote e historiador contemporâneo Iraburu transcreve as conclusões de Concepción Bravo Guerreira:

> [...] Numerosas informações, corroboradas por estudos arqueológicos, nos permitem afirmar que, mesmo quando não era usual, esta prática não foi alheia às manifestações religiosas dos incas. As vítimas humanas [*copaccochas*], crianças ou adolescentes sem mácula nem defeito, eram sacrificadas na ocasião de cerimônias importantes em honra de divindades e *huacas*, e também para propiciar boas colheitas ou afugentar desastres de pestes e secas. [...] Recentes investigações (1997), feitas na região selvática sudoeste do Peru, comprovaram em certas tribos a persistência do sacrifício ritual de donzelas.[25]

O inca Garcilaso de la Vega diz o seguinte:

> [...] conforme à vileza e baixeza de seus deuses era também a crueldade e barbaridade dos sacrifícios daquela antiga idolatria, pois sem as demais coisas comuns, sacrificavam homens e mulheres de todas as idades [...] e em algumas nações foi tão inumana esta crueldade, que excedeu à crueldade das feras, porque chegou a não se contentar com sacrificar os inimigos aprisionados, mas também seus próprios filhos em tais ou tais necessidades. A maneira deste sacrifício de homens e mulheres, jovens e crianças, era que vivos lhes abriam os peitos e arrancavam o coração com os pulmões [...].[26]

Outro inca, Guaman Poman de Ayala, dá precisa conta de alguns sacrifícios humanos praticados por povos incaicos e pré-incaicos, de acordo com o seu calendário cívico-religioso:

> De como os *Ynga* faziam o sacrifício a seu pai, o sol, com ouro e prata e com meninos e meninas de dez anos que não tivessem sinal nem mancha e fossem formosos. E para isso faziam juntar quinhentos meninos de todo o reino e os sacrificavam no templo de Curi Cancha, onde todas as paredes de alto a baixo e inclusive o teto eram guarnecidos de ouro finíssimo.

---

24 Para o estudo dos sacrifícios humanos no Peru pelos incas, consultar o livro de Jesús Cano Arango, *Mitos y leyendas y dioses Chibchas*. Colômbia: Plaza Janes, 2004.
25 Concepción Bravo Guerreira, *Cultura y religión*, pp. 271–290. Citado por Iraburu em op. cit.
26 *Comentarios I*, Colección de Autores Peruanos. Lima, Peru: Editorial Universo, cap. 11, p. 39.

Ídolo[s] e *uacas*[27] dos Chinchay Suyo que tinham os principais do Uarco, Pacha Camac, Avsa Uilca: o sacrifício era feito com criaturas de cinco anos e com cores e algodões e *tupa coca* e fruta e chicha.

Ídolos e *uacas* dos Colla Suyos, Hatun Colla, Puquina Colla, Uro Colla, Cana, Pacaxi, Poma Canchi, Quispi Llacta, Calla Ualla, Charca, Chui, até Chiriuana, toda a província de Colla Suyo, Collas, Puquina Urco, Cala Circa, Suri Urco: sacrifício era feito com carneiros negros e cestos de *coca* e com dez crianças de um ano e coelhos e *mullo* [concha] e pluma de *suri* [avestruz]; queimando-o, defumavam as ditas *uacas*, ídolos e sacrifícios. Puquina Colla, Uro Colla faziam o sacrifício com carneiros brancos *decuyro* [lhama branca] e baixela de barro e muita chicha de *canaua* [gramínea de altura] e *moraya* [*ch'uñu* branco] e *mollo*, comidas e pescado fresco e seco. Deixavam à laguna de Poquina e o consumiam. À *uaca* de Titi Caca o sacrifício era com muito ouro e prata e vestidos e com vinte crianças de dois anos.

Los Poma Canches faziam sacrifícios ao serro de Canchi Circa com ouro e prata e outras mundícias, queimando-os e enterrando-os com um menino e uma menina de doze anos. Sacrificavam-nos deste mesmo modo em nomes de outras *uacas* e ídolos, pois ocorreram muitos que evitando prolixidade não descrevo. Os mochauan [adoravam] e sacrificavam cada povoado e cada província em cada ano, como estava ordenado pelos *Yngas* que fizessem sacrifícios aos ídolos e *uacas*.

Ídolos e *uacas* dos Conde Suyos, Ariquipa Conde, Huncullpi e Collaua Conde, Cuzco Conde, Uayna Cota, Toro, Achanbi, Poma Tanbo, Conde Suyos: cada um tinha seus deuses ídolos e *uacas* posto dos *Yngas* para o sacrifício; sacrificavam a *uaca* ídolo de Coropona Urco, com ouro e prata e com crianças de doze anos e plumas de *pariuana* [flamingo] e de *uachiua* [ganso] e *coca* e *mullo* [caracol] e *sanco* [sangue do carneiro] e carne crua e sangre cru, com ela fazendo *sanco*. E a isto lhes chamavam *yauar zanco* e com isso lhe sacrificava cada povoado seus ídolos y *uacas*, que são muitas, que não a ponho por ser prolixidade. Que cada povoado tinha seus sacrifícios assinalado pelo *Ynga* e assim o *Ynga* lhes deu lei e sacrifício em todas as *uacas* deste reino com *yauar zanco* e que comessem dele sangue cru, carne crua. E assim pelo costume e lei que tinham os índios comem até hoje sangue cru e carne crua, digno de castigo.[28]

Embora seja claro que Garcilaso de la Vega e outros autores incaicos tentaram omitir os traços negativos do império inca, o certo é que praticaram a *capacocha*, que era o sacrifício ritual de crianças

---

27 O termo em questão é *vaca/uaca*. No original, a grafia do termo varia. Trata-se da palavra *huaca*, também grafada como *guaca* (no espanhol de hoje). — NE
28 *Nueva crónica y buen gobierno* (1615). Obra disponível na íntegra em: http://www.kb.dk/permalink/2006/poma/titlepage/es/text/?open=id3083608.

(geralmente daquelas mais agraciadas fisicamente), às quais se lhes prometia uma boa vida no "outro mundo", onde se reuniriam com seus antepassados. Este destino lhes impunham desde o nascimento e era aceito por eles como um dever, embora, chegado o momento, os drogassem com o fim de apaziguá-los. Como mencionaremos depois, em 1999, no cume do vulcão Llullaillaco (Salta), foram encontrados três corpos mumificados: uma menina de quinze anos apelidada "A donzela", junto de um menino de sete anos e uma menina de seis.

Conquanto os sacrifícios humanos mais bem conhecidos sejam aqueles nos quais o sacerdote extraía o coração da vítima, havia outras formas igualmente mortais, como a degola (geralmente de mulheres),[29] afogamento (geralmente de crianças) ou o morrer queimados vivos, entre outros. Sobre esta última, o Padre Sahagún narra o seguinte:

> Depois desciam os que haviam de lançar no fogo e perfumavam com incenso seus rostos, jogando-os em punhados, que eles traziam moídos em alguns sacos; depois os pegam e amarram as mãos para trás e também atavam os pés; depois os jogavam sobre os ombros e os escalavam até o topo do cume, onde havia um grande incêndio e uma grande pilha de brasas; quando chegavam ao topo, lançavam-nos ao fogo.
>
> No momento em que eram lançados, alçava-se um grande pó de cinzas e cada um onde caía ali se fazia um grande buraco no fogo, porque tudo era brasa e rescaldo, e ali no fogo começava a se revirar e fazer náusea a tristeza dos cativos; começava a chiar o corpo como quando assam um animal e levantam-se bolhas por todas as partes do corpo.[30]

Os zapotecas prestavam especial cuidado ao sexo dos sacrificados e dos deuses, como assinala Franciso Clavijero: os homens eram sacrificados aos deuses, as mulheres às deusas e as crianças a outras divindades menores.[31]

Os chibchas, tribo da região da Colômbia, sacrificavam comumente adolescentes de entre quinze e dezesseis anos, que eles chamavam *mojas*. Comenta a este respeito o antropólogo francês Henri Lehmann:

---

29 Na festa de *Teteoinan* degolavam-se exclusivamente mulheres. Ver em Francisco Clavijero, op. cit., p. 168.
30 Bernardino de Sahagún, *Historia General de las Cosas de Nueva España*. Madri: Dastin, 2001, t. I, pp. 190–191. Sahagún refere-se aqui aos astecas. Francisco Clavijero assinala que era especialmente durante a denominada festa da chegada dos deuses, onde os sacrificados eram queimados vivos.
31 Op. cit., p. 168.

Sacrificavam-nos pouco tempo antes da puberdade. Habitualmente o sacrifício era levado a cabo sobre um cimo, na parte voltada para o leste. Estendia-se a vítima sobre uma tela preciosa e matavam-no por meio de facas de bambu. Aspergiam-se as rochas com o sangue até o amanhecer. Em seguida, abandonava-se o cadáver para que fosse devorado pelo sol.[32]

d) Genocídio e infanticídio indígena

Os astecas, muito particularmente, ostentam três tristíssimos e lamentáveis recordes históricos, que talvez só possam ser disputados pelos comunistas com seus 100 milhões de executados em setenta anos de história,[33] os EUA (com suas bombas atômicas e os bombardeios em Dresden sobre populações civis) e Israel (perpetrando um genocídio no Oriente Médio que já leva várias décadas).

O primeiro dos aludidos recordes corresponde à quantidade de vítimas mortais no transcurso dos séculos; o segundo, às vítimas executadas em somente quatro dias. Existe um terceiro recorde histórico em que disputam maias, astecas e incas, que é o referente à quantidade de crianças executadas.

Recorde nº 1: Maior quantidade de execuções em dois séculos

A quantidade de vítimas variava muito de acordo com a importância da cidade ou do povoado. Frei Juan de Zumarraga e Francisco Clavijero,[34] dão conta de que, em 1531, e somente na cidade do México, sacrificavam-se aos ídolos mais de 20 mil vítimas ao ano. Frei Juan de Torquemada põe o número de vítimas mortais por ano em todo o país em 72.244, incluídas 20 mil crianças. O historiador mexicano P. Cuevas assegura que o número de sacrifícios no que foi a Nova Espanha era de 100 mil seres humanos a cada ano.[35] Vários autores citados por Gomara falam de 50 mil. Tanto Acosta como Herrera asseguram que havia dias em que chegavam a matar entre 5 mil e 20 mil pessoas por

---

32 Op. cit.
33 Número documentado e reconhecido por antigos partidários do regime, dado em uma volumosa obra intitulada *O Livro Negro do Comunismo*.
34 Francisco Clavijero, op. cit., p. 169. Aqui dá conta dos números mencionados por diferentes autores, incluídos os que nós mencionamos.
35 Op. cit., p. 70.

dia.³⁶ Frei Toribio de Benavente Motolinía,³⁷ descrevendo a festa do ano de Tlascallan, assegura que sacrificavam-se oitocentos homens entre a cidade e a província. Francisco Antonio de Lorenzana³⁸ afirma que em Cholula sacrificavam-se 6 mil crianças por ano. Por sua vez, Diego Durán, em sua *Historia de las Indias*, depois de descrever as cerimônias da coroação de Montezuma e os sacrifícios, diz: "Havia dias de dois mil, três mil sacrificados, e dias de oito mil, e outros de cinco mil, cuja carne era comida, e faziam festa com ela, depois de ter oferecido o coração ao demônio".³⁹ Frei Pedro Simón, em sua *Historia de la guerra de los indios Pijaos, indígenas de Tierra Firme*, calcula que desde a fundação do Estado asteca (1325) até sua ocupação pelas tropas de Cortés (1521) "se conta por milhões — ao longo dos séculos — as vítimas imoladas a estas divindades".⁴⁰ Michael Harner, conhecido antropólogo americano, estimou em 250 mil pessoas por ano o número de sacrificadas.⁴¹ Em resumo, calcula-se que a cifra anual média de execuções superava facilmente os 100 mil.

Tomando os números mais moderados, como os 50 mil anuais sugeridos pelo historiador Francisco López de Gómara, encontramos que, em 150 anos, e somente na região mesoamericana do continente, astecas e aliados assassinaram cerca de **6 milhões** de pessoas (contabilizando somente os executados sob a forma de "sacrifício ritual").⁴²

Como dissemos anteriormente, entre os astecas, a cada vinte dias celebravam-se festas que costumavam durar dias, durante cada um

---

36 A maior parte das fontes estão citadas em Prescott, op. cit., p. 59.
37 Em op. cit., p. 67.
38 *Historia de Nueva España*, p. 181, nota.
39 Diego Durán, *Historia de las Indias de Nueva España y islas de tierra firme*, ed. México, 1867, I, pp. 430–431.
40 Citado por Luis Español Bouché, em seu trabalho intitulado "La independencia del caníbal y los Estados caníbales", 2002. Consultar a versão digital em: http://perso.wanadoo.es/madrid1939/maslibres/canibal.pdf.
41 Michael Harner, *Bases ecológicas del sacrificio azteca*, Historia 16, nº 45, Madri, 1980, pp. 94–105. Citado por Peggy Reeves Sanday, *El canibalismo como sistema cultural*. Barcelona: Lerna, 1986, p. 35.
42 Chega-se a este número tomando como média a quantidade mínima de vítimas anuais acometidas por este povo ao longo de quase dois séculos; números sugeridos por diferentes historiadores. É bastante provável, contudo, que os números variassem sensivelmente de ano a ano, e dependendo de conjunturas particulares. Porém, seja como for, alguns milhões a mais ou a menos não modificam o horroroso quadro.

dos dezoito meses que compunham o calendário mexica, e todas elas implicavam em milhares de vítimas.[43]

Recorde nº 2: a maior quantidade de execuções em quatro dias

O maior holocausto conhecido pela humanidade foi realizado pelos astecas no ano de 1487, por motivo da consagração da grande pirâmide de Tenochtitlán, que havia sido construída em quatro anos à base de escravos. Em um só dia desse ano se assassinaram cerca de 80.400 pessoas;[44] à razão de uma vítima por minuto. Prescott, protestante e antipático à Espanha, afirma que não menos que 70 mil pessoas foram executadas somente para este evento.[45] Diferentes arqueólogos e antropólogos de prestígio, recriando os fatos e levando em consideração diferentes fatores, confirmaram que efetivamente os sacerdotes indígenas não tardavam nesse tempo em sacrificar uma pessoa. Outros, ao contrário, afirmam que eram necessários dois minutos por sacrifício entre vítima e vítima. Seja como for, o número é alarmante.

A este respeito, existe um minucioso trabalho de investigação bastante recente produzido pelo Discovery Channel, intitulado *Aztec: Temple of Blood*, que contou entre seus colaboradores com renomados e prestigiados especialistas de diferentes áreas; antropólogos, cirurgiões e *designers* científicos. O que ali se havia proposto era comprovar de uma forma factível e científica se realmente havia sido humanamente possível aos astecas (em 1487) executar tantas pessoas em tão curto espaço de tempo, quer dizer: se era fisicamente possível aos sacerdotes extrair o coração de uma pessoa em dois minutos, uma depois da outra. Para o experimento, adquiriram-se réplicas quase exatas do corpo humano a fim de que um cirurgião pudesse comprovar o tempo que se demorava em extrair o coração de uma pessoa. Utilizando os mesmos instrumentos que os indígenas, mediante uma faca de obsidiana mandada confeccionar especialmente, o cirurgião conseguiu cortar debaixo das costelas do corpo artificial e chegar ao coração por de-

---

43 Segundo alguns autores, em somente uma dessas "festas" anuais não se sacrificavam humanos. Consultar Laurette Séujorné, op. cit., p. 18–19.
44 O número oscila de acordo com o autor. Porém cremos que as oferecidas por Sahagún são as mais próximas da realidade. Torquemada calcula o número em 72.344 (*Monarquía indiana*, l. II, cap. 63). O historiador indígena Ixtlilxóchitl situa a cifra em 80.400 (op. cit.).
45 Op. cit., p. 59.

baixo da caixa torácica, de onde procedeu com a extração do órgão. Parecia incrível, mas só levou dezessete segundos! É presumível supor que, continuando a tentar, haveria de chegar a adquirir a prática que tinham os sacerdotes indígenas nessa matéria, conseguindo um tempo muito menor.

O mencionado estudo terminou por confirmar o que já havia asseverado a antropologia e a evidência documental: que os astecas são culpáveis de ter cometido o maior holocausto da história da humanidade, considerando não somente as vítimas daquela sangria de 1487, mas todos os que haviam ultimado antes e os que liquidaram posteriormente até a chegada dos espanhóis.

O número de 100 mil pessoas exterminadas sob a forma de sacrifício humano em somente quatro dias nos parece aceitável, se considerarmos o seguinte:

— Comecemos assinalando que esta cerimônia, de capital importância para o Estado teocrático, estava perfeitamente organizada pelo império asteca; nenhum detalhe era deixado ao azar.

— Se tomarmos como medida as conclusões do experimento mencionado, podemos estar bastante certos de que o sacerdote indígena demorava menos de dezessete segundos para extrair o coração da vítima (já que indubitavelmente tinha maior prática que o inexperiente médico colaborador da investigação do Discovery Channel). Não obstante, situaremos em quarenta segundos o tempo que passava entre uma extração e outra (pois uma vez arrancado o coração, o sacerdote fazia um brevíssimo gesto apontando o coração, primeiro ao deus principal asteca, depois fazia o mesmo para os outros três pontos cardeais. Depois, os carcereiros punham imediatamente em posição o próximo candidato para a extração).

— Com o propósito de oferecer a maior quantidade de sacrifícios humanos em um único evento coordenado em todo o império, construíram-se numerosos templos. O Templo Maior da capital contava com quatro altares, ao que se devem somar outros quinze que estavam distribuídos ao longo do vasto império. Contavam no total, portanto, com dezenove altares para sacrifícios humanos.

— A maior parte das fontes indica que nos templos principais havia aproximadamente 5 mil sacerdotes. Outros historiadores colocam em um milhão o número de sacerdotes para todo o império mexica. Este dado tem vital importância, já que nos indica que o sacerdote que extraía o coração da vítima contava com substitutos de sobra, uma vez que se esgotassem suas energias. Nas próprias fontes pictográficas e códices indígenas, observamos vários sacerdotes situados atrás do principal, a fim de que pudessem ir se revezando para que o evento seguisse em frente. Sacerdotes, é claro, sobravam.

— Não existem dúvidas sobre a capacidade dos astecas para procurar escravos e/ou prisioneiros de guerra para sacrificar. Sabemos que em uma só ocasião chegavam a capturar dezenas de milhares de prisioneiros. Antes de 1487, haviam tido centenas de guerras — que inclusive fizeram com o único fim de procurar escravos para sacrifícios humanos —, especialmente com Montezuma II. É possível que para essa ocasião contassem com não menos de 200 mil prisioneiros de guerra. A isto podemos somar os escravos que não eram produto de guerras (que inclusive compravam nos mercados) e que muitas vezes sacrificavam. As filas que formavam os escravos até o altar onde haveriam de ser sacrificados eram intermináveis.

— As cerimônias durante estes quatro dias estendiam-se por horas e horas. Do que não podemos ter certeza é se duravam vinte e quatro horas ou vinte ou dez horas por dia de forma ininterrupta. Se considerássemos os testemunhos de diferentes cronistas, somados à grande quantidade de cativos e ao fato de que se tratava de um dos eventos mais importantes da história asteca, cremos que não poderiam ter "trabalhado" menos de quinze horas no dia.

— Os números com que contamos até o momento são os seguintes: uma vítima a cada quarenta segundos, durante quinze horas por dia, em dezenove templos diferentes (de forma simultânea) durante quatro dias. Façamos as contas: 1.350 execuções em cada altar por dia, 25.650 entre os dezenove altares. **102.600** no total, em quatro dias.

O cronista indígena Alva Ixtlilxochitl oferece um número total bem maior aos 20 mil sugeridos por alguns:

> Foram oitenta mil e quatrocentos homens deste modo: da nação tzapoteca 16.000, dos tlapanecas 24.000, dos huexotzincas e atlixcas outros 16.000, dos de Tizauhcóac 24.4000, que vêm formar o número referido, todos os quais foram sacrificados diante desta estátua do demônio [Huitzilipochtli], e as cabeças foram encaixadas em uns buracos que para este fim se havia feito nas paredes do templo maior, sem [contar] outros cativos de outras guerras de menor quantia que depois, no decorrer do ano, foram sacrificados, que vieram a ser mais de 100 mil homens; e assim os autores que excedem no número mencionam os que depois foram sacrificados.[46]

Bernal Díaz del Castillo contabilizou mais de 100 mil crânios nas praças das regiões astecas. De seu encontro com a enorme estante de crânios no centro de Tenochtitlán, nos descreve o espanhol Tapia a seguinte cena:

> Os postes estavam separados por pouco menos de uma vara [aproximadamente um metro] e apinhados de hastes cruzadas de cima para baixo e em cada haste havia cinco crânios cruzados na altura dos têmporas: o que escreve e um tal Gonzalo de Úmbria contaram as varas em cruz e, multiplicando por cinco cabeças cada vareta de um poste a outro, como eu disse, descobrimos que havia 136 mil cabeças.

Resumindo, digamos de uma vez o seguinte: tenham sido 100 mil, 50 mil ou 20 mil as vítimas nesses quatro dias fatais, estamos lidando aqui com um registro bestial.[47]

Recorde nº 3: as crianças desafortunadas

Este constitui, talvez, o mais vil de quantos recordes e sangrias acometeram os indígenas na América. Nenhuma sociedade na história teve maior predileção pela imolação de crianças que os povos pré-colombianos. Ainda que os sacrifícios humanos fossem um ato aterrorizante, condenável e repudiável, os sacrifícios de crianças, sem dúvidas, constituem uma escala superior e insólita de bestialismo.

Quando acreditavam já terem visto tudo, os missionários e conquistadores espanhóis ficaram perplexos ao constatar a existência de extensos sacrifícios humanos de crianças. Se existia uma festa particularmente

---

46   Alva Ixtlilxochitl, op. cit., p. 60.
47   Só superado pelos ataques americanos e aliados a Hiroshima, Nagasaki e Dresden, e pelos extermínios perpetrados pelos bolcheviques no século xx. Talvez também pelo genocídio perpetrado por jacobinos franceses contra o povo católico e campesino da Vandéia no século xviii.

aterradora para as crianças, esta era sem dúvidas a de Tláloc[48] — deus da chuva e do relâmpago entre os astecas — onde os sacrificados eram exclusivamente crianças. Referindo-se a outros sacrifícios realizados pelos astecas no mês de Atcavalo, escreve Bernardino de Sahagún:

> Neste mês eles matam muitas crianças; sacrificando-as em muitos lugares, nos cumes das montanhas, arrancando-lhes os corações em honra dos deuses da água, para que lhes dessem água ou chuva. As crianças que matavam, enfeitavam-nas com trajes ricos para levá-las para a morte, e levando-as em umas liteiras sobre os ombros, e as liteiras iam adornadas com plumagens e flores; iam cantando e dançando na frente deles. Quando levavam as crianças para matar, se elas choravam e derramavam muitas lágrimas, alegravam-se os que as levavam, porque previam que teriam muitas águas naquele ano.
>
> [...] Não creio que exista um coração tão duro que ouvindo uma crueldade tão desumana, e mais do que bestial e diabólica como a anterior, não se enterneça e seja movido a lágrimas, horror e espanto.[49]

Afirma Morales Padrón que era muito comum em algumas tribos o afogamento de crianças, e "que entre os chibchas se ofereciam preferentemente crianças, que eram criadas até os quinze anos no Templo do Sol, para serem finalmente mortas a flechadas, atadas a uma coluna".[50] Por sua vez, Francisco Clavijero diz que na Festa de Tláloc os astecas sacrificavam exclusivamente crianças de ambos os sexos, que compravam para a ocasião. Eram duas as formas de execução: a uns os afogavam no lago e a outros os encerravam em uma caverna e os deixavam morrer de fome.[51]

Descreve Prescott — historiador protestante — a horrível cena das crianças sacrificadas aos deuses:

> [As crianças] eram levadas em padiolas descobertas, adornadas com as vestimentas próprias da solenidade, e cobertas com as risonhas flores da primavera, moviam à piedade o coração mais endurecido, malgrado que seus gritos se afogavam no horrível canto dos sacerdotes que liam nas lágrimas destes desgraçados o augúrio favorável de sua petição. Estas inocentes

---

48 Tláloc foi muito importante e dos mais adorados no México e um dos mais representados desde a remota época teotihuacana.
49 Bernardino de Sahagún, *Historia General de las Cosas de Nueva España*. Madri: Dastin, 2001, t. I, pp. 17–18.
50 Francisco Morales Padrón, *Manual de Historia Universal*, t. v, *Historia General de América*, Madri, 1962, p. 62 (referência a afogamento de crianças) e pp. 88–89 (caso dos chibchas).
51 Op. cit., p. 168.

vítimas, geralmente as compravam de pais pobres, que afogavam a voz da natureza provavelmente menos com as sugestões da miséria do que com as de uma infame superstição.[52]

Levando em consideração o fato de que, geralmente, após um exitoso combate, as culturas melhor organizadas obtinham de uma só vez dezenas de milhares de prisioneiros para sacrificar, e que elas viviam de guerra em guerra, caberia perguntar o seguinte: **O que teria sucedido àquelas culturas caso os espanhóis e os missionários não houvessem chegado? Poder-se-ia supor, sem medo de exagerar, que teriam desaparecido da face da terra sem deixar, talvez, rastro algum de sua existência.** Provavelmente, se os espanhóis não houvessem proibido estas práticas, as culturas indígenas teriam desaparecido como aconteceu com os maias, os teotihuacanos e os toltecas. É o destino forçoso dos seguidores de falsas religiões.[53]

Para mencionar outros casos, também praticaram os sacrifícios humanos de crianças de forma bastante freqüente os picunches[54] e os araucanos/mapuches;[55] inclusive em épocas bastante recentes, sendo conhecido o caso do menino de cinco anos assassinado depois do terremoto de Valdívia de 1960; fato que veio a público e que causou grande revolta naquele momento.[56]

---

52 Prescott, op. cit., p. 58.
53 Descobrimos, com grande regozijo, que o grande historiador francês Jean Dumont, interessou-se certa vez pela mesma pergunta: "É Jacobo Soustelle mesmo, historiador tão astequista, quem assinala na revista *Evasiones mejicanas*, 1980: os astecas estavam moral e fisicamente no extremo de seus limites em seus sacrifícios humanos em massa (25 mil jovens sacrificados somente para a inauguração do grande templo do México)". "Cabe perguntar-se", escreve Soustelle, "a que lhes haveria isto levado se os espanhóis não tivessem chegado [...]. A hecatombe era tal [...] que teriam tido que cessar o holocausto para não desaparecer" ("La primera liberación de América", Revista *Verbo*, n. 267, outubro de 1986, p. 85).
54 Denomina-se "picunche" a população indígena falante de mapudungun que no século XVI habitava entre o vale do Rio Aconcagua e o Rio Itata, ou, segundo uma definição mais restrita, aqueles que habitavam o mencionado vale e o contíguo de Mapocho; no segundo caso, denomina-se "promaucaes" os que viviam no vale de Maipo e de Cachapoal.
55 Revista *Anales*, Universidad de Chile, Séptima Serie, nº 1, maio de 2011. Consultar em: http://www.revistas.uchile.cl/index.php/ANUC/article/viewFile/12347/18134. Tanto o Pe. Rosales (século XVII), como o grande historiador chileno José Toribio Medina e o dominicano Alfonso Fernández, mencionam o mesmo.
56 Arturo Zuñiga, "El niño inmolado", *El Mercurio*, Santiago de Chile, 15/8/01. Consultar o artigo completo em: http://www.mapuche.info/news02/merc010815.html.

e) Os rituais do calendário mexica (asteca)

Devemos a Bernardino de Sahagún a confecção do mais detalhado organograma cronológico das atividades religiosas dos astecas. Consigna neste exaustivo estudo cada uma das festas e eventos religiosos que tomam lugar mês a mês no ano-calendário. Como mencionamos, em cada mês eram oferecidos uma série de sacrifícios a diferentes deuses ou divindades. As descrições de cada um destes eventos são extensíssimas na obra de Sahagún (*Historia general de las cosas de Nueva España*), motivo pelo qual transcrevemos as mais importantes.[57]

Nº	Nome mexica do mês e equivalentes gregorianos	Deidades e sacrifícios humanos	
I	*Atlacaualo* (de 2 de fevereiro a 21 de fevereiro)	Tláloc, Chalchitlicue, Ehécatl	Sacrifício de crianças em diversos montes. Extração de corações e antropofagia de prisioneiros.
II	*Tlacaxipehualiztli* (de 22 de fevereiro a 13 de março)	Xipe, Tótec, Huitzilopochtli, Tequitzin-Mayáhuel	Sacrifício de prisioneiros: homens, mulheres e crianças. Extração de corações e esfolamento.
III	*Tozoztontli* (de 14 de março a 2 de abril)	Coatlicue, Tlaloc, Chalchiuhtlicue, Tona	Sacrifício de crianças.

---

57 O quadro, na forma didática transcrita abaixo, o tiramos da Wikipedia; cotejando ao mesmo tempo a informação ali oferecida com o livro do Padre Sahagún, que temos em nosso poder. Salvo por algumas omissões, o quadro é preciso.

IV	*Hueytozoztli* (de 3 de abril a 22 de abril)	Centéotl, Chicomecacóatl, Tláloc, Quetzalcóatl	Continua o sacrifício de crianças (até a chegada das chuvas abundantes).
V	*Toxcatl* (de 23 de abril a 12 de maio)	Tezcatlipoca, Huitzilopochtli, Tlacahuepan, Cuexcotzin	Sacrifício de um jovem prisioneiro escolhido e criado com luxos durante o ano. Extração do coração.
VI	*Etzalcualiztli* (de 13 de maio a 1 de junho)	Tláloc, Quetzalcóatl	Sacrifício de prisioneiros vestidos como tlaloques. Extração de corações.
VII	*Tecuilhuitontli* (de 2 de junho al 21 de junho)	Huixtocíhuatl, Xochipilli	Sacrifício de prisioneiros e de uma mulher vestida como Huixtocíhuatl.
VIII	*Hueytecuihuitl* (de 22 de junho a 11 de julho)	Xilonen, Quilaztli-Cihacóatl, Ehécatl, Chicomecóatl	Sacrifício de uma mulher vestida como Zilonen. Decapitação e extração do coração.
IX	*Tlaxochimaco* (de 12 de julho a 31 de julho)	Huitzilopochtli, Tezcatlipoca, Mictlantecuhtli	Sacrifício por inanição em cova ou templo.

X	*Xocotlhuetzi* (de 1 de agosto a 20 de agosto)	Xiuhtecuhtli, Ixcozauhqui, Otontecuhtli, Chiconquiáhitl, Cuahtlaxayauh, Coyolintáhuatl, Chalmeca-cíhuatl	Sacrifício de prisioneiros. Queimados vivos e extração dos corações antes da morte.
XI	*Ochpaniztli* (de 21 de agosto a 9 de setembro)	Toci, Teteoinan, Chimelcóatl--Chalchiuh-cíhuatl, Atlatonin, Atlauhaco, Chiconquiáuitl, Centéotl	O sacrifício a Toci culminava com o sacrifício de uma mulher, decapitada de surpresa: depois era esfolada e um jovem vestia sua pele. Sacrifício de prisioneiros. Extração dos corações e esfolamento.
XII	*Teotleco* (de 10 de setembro a 29 de setembro)	Xochiquétzal	Sacrifício de prisioneiros, queimados vivos.
XIII	*Tepeihuitl* (de 30 de setembro a 19 de outubro)	Tláloc-Napatecuhtli, Matlalcueye, Xochitécatl, Mayáhuel, Milnáhuatl, deuses do pulque, Napatecuhtli, Chicomecóatl, Xochiquétzal	Sacrifício de quatro mulheres e um homem. Extração dos corações e decapitação. Canibalismo.

XIV	*Quecholli* (de 20 de outubro a 8 de novembro)	Mixcóatl-Tlamatzíncatl, Coatlicue, Izquitécatl, Yoztlamiyáhual, Huitznahuas	Sacrifício de escravos, e homens e mulheres vestidas como os deuses citados. Extração de corações e decapitação.
XV	*Panquetzaliztli* (de 9 de novembro a 28 de novembro)	Huitzilopochtli	Sacrifício de quatro escravos no jogo da bola. Outros em procissão. Combates rituais até a morte entre os escravos. Sacrifício de prisioneiros e escravos. Extração de corações.
XVI	*Atemoztli* (de 29 de novembro a 18 de dezembro)	Tlaloques	Sacrifícios de crianças e escravos por decapitação.
XVII	*Tititl* (de 19 de dezembro a 20 de janeiro)	Tona-Cozcamiauh, Ilamatecuhtli, Yacatecuhtli, deus do inferno, Huitzilncuátec	Sacrifício de uma escrava vestida como Ilamatecuhtli. Extração do coração e decapitação.

	Izcalli (de 8 de janeiro a 27 de janeiro)	Ixcozauhqui-Xiuhtecuhtli, Cihuatontli, Nancotlaceuhqui	Sacrifício de prisioneiros e escravos representando Xiuhtecuhtli e suas mulheres (somente a cada quatro anos). Sacrifícios de escravos engordados à custa de devotos que queriam ganhar prestígio.
XVIII			
	Nemontemi (de 28 de janeiro a 1 de fevereiro)	Cinco dias vagos, tristes. Não há rituais; jejum geral.	

f) Os sacrifícios humanos na iconografia indígena pré-colombiana

Em acréscimo aos relatos de indígenas e europeus sobre este tema, a iconografia ofereceu um grande serviço ao propósito de revelar a verdade, evidenciando de forma irrefutável a existência e freqüência destas práticas. A frase que reza "uma imagem vale mais que mil palavras" certamente confirma sua validade em casos como estes.

A seguir observaremos algumas imagens e manifestações realizadas pelos próprios indígenas, em diferentes códices.

Canibalismo ritual. Códice Florentino, l. IV, f. 25r.

Cabeças de soldados espanhóis e de cavalos exibidas como troféu no tzompantli. *Códice Florentino, l. XII, f. 68r.*

Exposição ao fogo de uma vítima sacrificial. Durán, Historia de las Indias..., "Ritos", cap. 91.

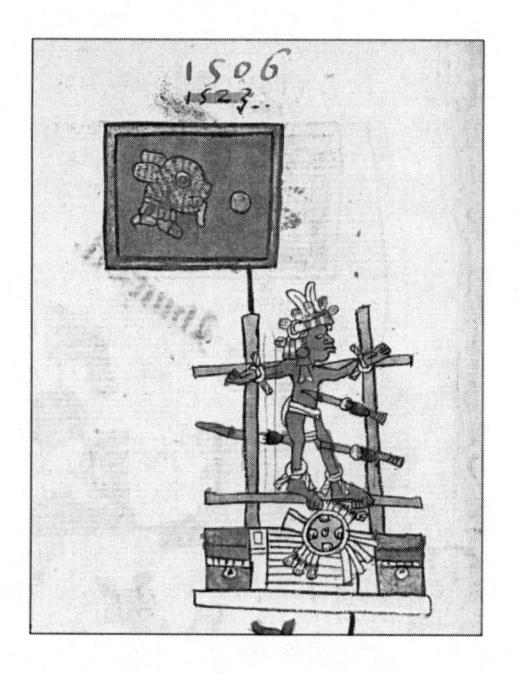

Flechamento de uma vítima sacrificial. Códice Telleriano-Remensis, *f. 41v.*

Sacrifício por extração de coração. Códice Magliabechiano, *f. 58*.

Sacrifício de uma criança que personifica um dos pequenos deuses que assistem ao deus da chuva. Festa de cuáhuitl ehua. Primeros Memoriales, *f. 250r*.

Sacrifício de uma mulher que personifica a deusa do sal. Festa de tecuilhuitontli. Códice Florentino, *l.* II, *f. 49r.*

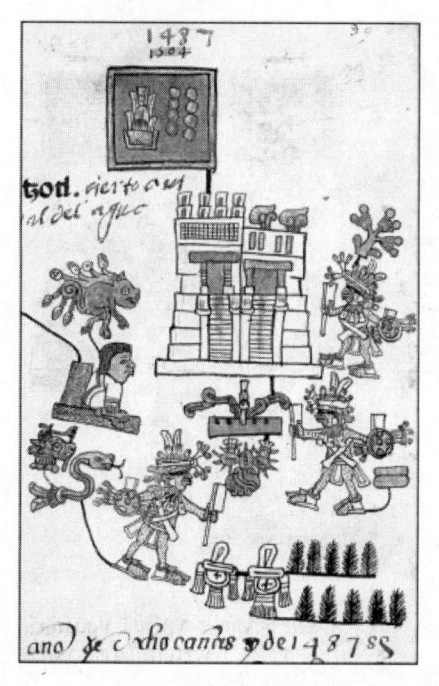

Sacrifício de prisioneiros de guerra durante a inauguração do Templo Maior de Tenochtlitlán em 1487 d.C. Códice Telleriano-Remensis, *f. 39r.*

*Códice Magliabechiano*⁵⁸

Tzompantli associado ao Templo Maior, Códice Ramírez.

58   Imagem retirada do *site* do Museu Nacional de Antropologia do México. Cena de sacrifício por extração do coração (*Códice Magliabechiano*, Ferdinand Anders e Maarten Jansen, eds., Graz, México, Akademische Druck-u. Verlagsanstalt, Fondo de Cultura Económica, 1996, lâm. 70r). Cfr. http://www.mna.inah.gob.mx.

Códice Tudela.

As serpentes da Lápide de Aparicio *(250–900 d.C) provêm de El Tajín. Representam jorros de sangue de uma vítima decapitada. Museu de Antropologia de Xalapa.*

*Códice Laud.*⁵⁹

Oferecimento de corações ao sol (Códice Florentino, II, lâmina XVI, figura 52), imagem incluída no volume da investigadora do INAH, que será apresentado no contexto da próxima Feira do Livro de Antropologia e História.

---

59   Ibidem. Representação de um sacrifício humano em um códice pré-hispânico (*Códice Laud*, Ferdinand Anders e Maarten Jansen, eds., Graz, México, Akademische Druck-u. Verlagsanstalt, Fondo de Cultura Económica, 1994, lâm. 17).

SACRIFÍCIOS HUMANOS

Um códice magliabechiano pintado entre 1562 e 1601 mostra um grupo de indígenas que comem partes do corpo de um ser humano em pratos de cozinha, sob o olhar do deus da morte. Depois de seu sacrifício, o corpo ficava à disposição do guerreiro que capturou o prisioneiro para celebrar com ele um banquete.

Códice Nuttall.

*Códice Florentino.*⁶⁰

g) Outras formas de infanticídio

Segundo Víctor Manuel Patiño, a quem já recorremos, o assassinato de crianças durante o período pré-hispânico corresponde a três causas primárias: superstição, estética e economia.

Denomina a primeira causa *infanticídio gemelar*, por estar dirigida aos bebês gêmeos:

> Os índios canelos do oriente equatoriano matavam o segundo gêmeo.⁶¹ Até pouco tempo faziam o mesmo os quijos, por crerem que esse era filho do espírito ou do raio; na atualidade, limitam-se a entregá-lo a outra pessoa.⁶²
>
> As tribos de Orinoco eram pertinazes nesta prática;⁶³ igual aos tunevos,⁶⁴ e no Suriname para não parecer cachorros.⁶⁵ Em Fontibón, as índias consideravam como afronta o parir gêmeos.⁶⁶

---

60   Ibidem. Sacrifício do jovem que representava Tezcatlipoca na festa da vintena de tóxcatl (*Códice Florentino. El manuscrito 218-220 de la colección Palatina de la Biblioteca Medicea Laurenziana*, Florença, ed. facs., 3 vols., Giunti Barbéra e AGN, 1979, vol. I, l. II, fol. 30r).

61   Citado por Víctor Manuel Patiño, em op., cit., de Rafael Karsten (*The Head Hunters of Western Amazonas, The life and culture of the Jíbaro Indians of Eastern Ecuador and Perú*. Helsingfords, Londres, 1935, p. 221). Nota do autor: De agora em diante, para esta parte sobre o infanticídio, nos limitaremos a citar o sobrenome dos reputados autores que Manuel Patiño cita, podendo o leitor encontrar o restante dos dados em sua obra que mencionamos anteriormente, disponível em sua versão digital em: http://www.banrepcultural.org/blaavirtual/historia/equinoccial_7_higiene-eros/biblio1.htm.

62   Oberem, 1970, I, pp. 195–196.

63   Gumilla, 1955, pp. 271–272; Gilii, 1965, II, pp. 218–219.

64   Marquez V., 1979, 9, pp. 72–74.

65   Berkel, 1942, p. 59.

66   Mercado, 1957, I, pp. 111–112.

Quanto às motivações de caráter estético, menciona a deformação física do recém-nascido:

> Esta causa era mais ampla. Qualquer defeito congênito condenava à morte o recém-nascido. Todos os cronistas louvam a boa disposição física da maioria dos indígenas — independentemente da estatura e da aparência pessoal —, e a ausência quase total de deformações entre eles. Quiçá isso se devia, em grande medida, à dita prática de seleção eugênica.
>
> Entretanto, são poucos os casos registrados documentalmente. No alto Amazonas sacrificavam-se os recém-nascidos que mostravam alguma anormalidade;[67] e o mesmo faziam os tupinambás.[68]
>
> Na Guiana Francesa, as tribos sacrificavam os recém-nascidos que tivessem defeitos orgânicos.[69] O mesmo sempre fizeram os jíbaros,[70] e ocorre entre outras tribos do oriente peruano;[71] os witoto-bora[72] e os macuma.[73]

O mesmo é confirmado pelo médico investigador uruguaio Rafael Schiaffino, que afirma que

> era comum, em quase todas as tribos, matar os filhos deformes e só assim se explica que os espanhóis se surpreendessem de não encontrar entre os indígenas nenhum com alguma deformação. Análogo temperamento empregavam com os filhos gêmeos. Esses costumes explicam a débil natalidade entre os indígenas, que entre os guaranis das Missões, que chegaram a ser os mais numerosos destas regiões, alcançava somente uma porcentagem de três a quatro filhos por matrimônio.[74]

Finalmente, a terceira causa corresponderia a razões econômicas como a escassez de alimentos:

> A escassez de subsistências, sobretudo nas condições da selva equatorial, levou a uma restrição drástica da população humana, para acomodar-se aos recursos disponíveis. Esta motivação implica no costume de algumas tribos de sacrificar os recém-nascidos ou de abandoná-los para que morram.[75] Em grande parte a isto era devido o infanticídio entre algumas tribos do Paraguai. Esse maltrato era causa de infanticídio indígena no Nuevo

---

67 Maroni, 1889, p. 151; Karsten, 1935, p. 252.
68 Métraux, 1979, p. 96.
69 Barrére, 1743, p. 227.
70 Karsten, 1935, p. 252; Harner, op. cit., p. 80.
71 Villarejo, 1959, p. 94.
72 Whiffen, 1915, p. 150.
73 Smothermon et al., 1979, II, p. 105.
74 Pe. Dr. Rafael Schiaffino, *Historia de la medicina en el Uruguay*, anais da universidade, ano XXXVII, Montevidéu, 1925, t. I, p. 292.
75 Mc Neill, 1984, p. 22; Figueroa, 1986, pp. 211–212.

Reino em 1577, "o qual é coisa certa e muito praticada".[76] Dos guayupes se disse o seguinte:

> "Se a mulher engravida e dá à luz filho ou filha, o enterram vivo ou o lançam rio abaixo [...] porém, se em seguida engravida mais uma vez a mulher e dá à luz uma filha e algum índio lhe diz que por ser menina não vale nada e não a deve criar, logo a mata, e o mesmo fazem da terceira e da quarta. As causas que estes brutos dão [...] é dizer que ordinariamente os primeiros filhos são avessos e travessos e muito fora da vontade e obediência de seus pais, e que, além disto, os primeiros filhos consomem muito a juventude das mães e as envelhecem [...] e para restauração do dano do primeiro filho, celebram o segundo com muito honrosas cerimônias".[77]

Reiteradas referências nas fontes etno-históricas registram a prática do infanticídio entre os guaranis. Foi Dobrizhoffer[78] quem deixou o testemunho mais completo: "As mães", expressa,

> costumam de modo geral aumentar seus filhos a cada três anos e durante esse lapso não têm com seus maridos relação conjugal. Os maridos, cansados, costumam chamar outras mulheres, esquecendo seus deveres. Casos costumam aparecer em que as mulheres, esquecendo suas conseqüências, matam seus filhos antes ou depois do parto. Temem, pois, o repúdio ou enviuvar seus maridos.

O próprio Charles Darwin, em seu estudo sobre as tribos abipones (*With the Abipones*, Londres, 1822) assinala a freqüente prática entre eles do infanticídio.

Um costume bastante generalizado em algumas tribos era o aborto provocado. Sánchez Labrador assinala que, entre outras tribos, as mulheres casadas e solteiras dos guaycurúes o praticavam. Azara menciona também as tribos mbayás e guanas, onde as mães matavam sistematicamente a maior parte das filhas que davam à luz, a fim de conservar a situação de privilégio entre os homens, sendo desse modo muito cobiçadas. As mulheres mbayás não esperavam que o parto ocorresse, fazendo-o precocemente a fim de evitar a "deformação" (pós-parto) de seu corpo, conservando somente um filho quando

---

76   Friede, 1976, VII, p. 206.
77   Aguado, 1956, I, pp. 596–597.
78   Pe. Martín Dobrizhoffer, *Historia de los Abipones*, Universidad Nacional del Nordeste (Chaco), 1968.

presumiam que poderia ser o último. O aborto, salvo alguns casos em que utilizavam ervas, era provocado por meios violentos.[79]

h) Sacrifícios menores

Entendemos como sacrifícios "menores" aqueles que não implicavam a morte de seres humanos, oferecendo-se no lugar animais, alguns tipos de ervas ou plantas ou mesmo o sangue humano; geralmente proveniente dos sacerdotes principais, que para este efeito extraiam voluntariamente o próprio sangue de diferentes partes de seu corpo. Contudo, também foi comum este último tipo de sacrifício entre os guerreiros de diferentes partes do continente.

Eric Thompson assinala que a extração voluntária de sangue ou sangrias de diferentes partes do corpo eram uma forma de oferenda comum, às vezes utilizada para a expiação de alguma falta cometida, isto é, como penitência. Foi muito comum nas culturas maias e outras culturas antigas; prática representada em lintéis, lápides, cerâmicas etc. O sangue era retirado geralmente com uma espinha do nariz, das orelhas, das partes carnosas dos braços e pernas e, às vezes, do pênis. O antropólogo Merlo, que pertence ao INAH,[80] comenta a este respeito:

> Para o organismo, o sangue é vida, não há nada mais precioso que esse líquido, e os astecas sabiam disso porque quando alguém se dessangrava, morria. Dentro da cosmovisão asteca, explicou Merlo, era fundamental oferecer sangue para continuar o ciclo vital. Ao oferecê-lo, davam vida; ninguém se salvava de dá-lo aos deuses: a gente comum do povo costumava obter sangue de suas orelhas, língua, nariz e braços e depositá-lo em folhas de papel que posteriormente eram levadas aos templos.[81]

Pomar e quase todos os cronistas e historiadores assinalam o regime de estrita observância imposto aos sacerdotes, particularmente aos principais, que cravavam diferentes coisas em diferentes partes do corpo; desde as coxas até o nariz, recolhendo depois o sangue emanado dessas feridas em uma folha grande de árvore, onde o guardavam até o momento de oferecê-lo aos deuses.

---

79 Schiaffino, op. cit., p. 292.
80 Instituto Nacional de Antropologia e História do México. *Site* oficial: http://www.inah.gob.mx/es.
81 Cfr. http://www.inah.gob.mx/index.php?option=com_content&task=view&id=2682.

i) Nos estudos arqueológicos e antropológicos modernos

Nas últimas décadas, diferentes arqueólogos encontraram diversos objetos e material ósseo, que por suas características e contexto arqueológico nos quais foram encontrados, refletem a existência e freqüência desta prática ritual mesoamericana. Abida Ventura, especialista em cultura do jornal *El Universal* do México, comenta o seguinte: "A corroboração científica desta prática religiosa agora já é possível graças a uma nova metodologia de estudo desenvolvida por especialistas do Instituto Nacional de Antropologia e História (INAH) e da UNAM, que consiste em estudar, sob a lente do microscópio, os restos de materiais orgânico humano conservado nos objetos antigos".[82]

Em maio de 2012, investigadores mexicanos encontraram evidência científica sobre sacrifícios humanos realizados por indígenas; fato depois confirmado pelo Instituto Nacional de Antropologia e História do México, que, referindo-se a parte da evidência encontrada, declara o seguinte: "[...] uma clara evidência de células sangüíneas e fragmentos de tecidos humanos, inclusive músculos, tendões e cabelos, em facas de pedra com dois mil anos de antigüidade [...] O achado corrobora claramente os relatos de culturas posteriores sobre o uso de facas afiadas de obsidiana em sacrifícios humanos".[83]

Em 1993, o arqueólogo Luis Morlet já havia descoberto evidência concludente a esse respeito.[84] Em janeiro de 2013, arqueólogos da Universidade Estatal da Geórgia, a quinze quilômetros da área arqueológica de Teotihuacán, encontraram 115 crânios pertencentes a homens sacrificados por indígenas; tornando-se assim o maior achado até o momento (por quantidade). O projeto da área arqueológica de Tecuaque, iniciado em 1990 e concluído em 2006, dá conta de mais de 10 mil peças encontradas nessa área, entre as quais se encontrou

---

82   *El Universal*, 21/05/12. Cfr. http://www.eluniversal.com.mx/notas/848334.html. Ver também estudos dos arqueólogos Talavera González, Jorge Arturo e Juan Martín Rojas Chávez (2003). "Evidencias de sacrificio humano en restos óseos". Arqueología mexicana XI, 63, pp. 30–34.
83   03/05/12. No portal virtual do Instituto Nacional de Antropologia e História do México. Cfr. http://www.inah.gob.mx/boletin/8-investigaciones-y-estudios-historicos/5851-estudian-material-organico-de-epoca-prehispanica.
84   23/05/12. Cfr. http://arqueologia2012-patinho.blogspot.com.ar/2012/05/encuentran-evidencias-de-sacrificios.html.

evidência de mais de quinhentas pessoas sacrificadas, segundo revelava o arqueólogo Enrique Martínez.[85]

Carlos Wester, arqueólogo do Museu Brüning, faz referência à descoberta de 57 vítimas dos sacrifícios humanos em dois dos setores investigados na área andina.[86] No ano de 2010, no setor norte da Huaca Chornancap (ou Chornancap Norte, correspondente ao espaço geográfico ocupado pela cultura chimú (entre os anos 1350-1470 d.C.), encontraram-se os restos de 24 pessoas sacrificadas ritualmente.

Em um setor próximo de Chotuna, Huaca Norte, entre 2007 e 2009, realizaram-se várias escavações, onde foram encontrados 33 corpos de pessoas que haviam sido executadas mediante a forma de sacrifícios humanos. Haagen Klauss oferece o seguinte detalhe da sangria: "Mais da metade eram subadultos menores de 21 anos, seis homens jovens e de meia-idade e três eram mulheres. A maioria das evidências de gargantas cortadas se concentrou nas crianças. Somente as crianças foram decapitadas ou semidecapitadas".[87]

Em 1999, encontraram-se três múmias de crianças próximas do cume do vulcão Llullaillaco, em Salta (Argentina). Os incas preparavam as crianças que escolhiam para seus sacrifícios administrando-lhes álcool e folhas de coca durante meses, segundo revela uma investigação da universidade britânica de Bradford.[88] O objetivo disto era claro: embriagá-los para torná-los mais dóceis ao sacrifício.[89] Os sacrifícios humanos no império inca se conhecem com o nome de "copacocha". As crianças escolhidas percorriam normalmente longas distâncias e participavam em cerimônias na capital inca, Cusco, antes de se dirigirem ao cume do vulcão, a centenas de quilômetros de distância, onde finalmente eram sacrificadas.

---

85   La Jornada, 02/08/2006. Cfr. http://www.jornada.unam.mx/2006/08/02/index.php?section=cultura&article=a04n1cul.
86   Cfr. http://www.academia.edu/1079599/Las_victimas_de_sacrificio_humano_en_Chotuna-Chornancap_Reconstruccion_multidimensional_de_la_violencia_ritual_en_la_epoca_Prehispanica_tardia_en_el_Valle_de_Lambayeque.
87   Haagen Klaus. Cfr. http://www.academia.edu/1079599/Las_victimas_de_sacrificio_humano_en_Chotuna-Chornancap_Reconstruccion_multidimensional_de_la_violencia_ritual_en_la_epoca_Prehispanica_tardia_en_el_Valle_de_Lambayeque.
88   Clarín, 30/7/2013. Cfr. http://www.clarin.com/sociedad/Revelan-preparaban-sacrificios--humanos-incas_0_965303510.html.
89   Os resultados das mostras dos cabelos das múmias foram publicados na revista *Proceedings* da Academia Americana de Ciências.

A maior quantidade de evidência acerca dos sacrifícios humanos provém da região de Tenochtitlán, fruto de escavações realizadas pelo Projeto Templo Maior entre 1978 e 2009. De uma importância similar são as facas de sacrifício. Até o momento foram recuperados pouco mais de um milhar destes exemplares utilizados para a execução de sacrifícios humanos.[90]

Os achados arqueológicos dão conta clara e irrefutável da realidade dos sacrifícios. Inclusive, renomados arqueólogos pró-indigenistas como Miguel León-Portilla reconhecem sua existência e freqüência.[91]

---

90   http://www.inah.gob.mx/boletin/8-investigaciones-y-estudios-historicos/5851-estudian-material-organico-de-epoca-prehispanica.
91   Consultar, entre outros trabalhos, *De Teotihuacan a los aztecas: antología de fuentes e interpretaciones históricas*. México: Universidad Autónoma de México, 1995 (reimpressão da segunda edição de 1983).

CAPÍTULO VI
Antropofagia e canibalismo

Que fama, que loa será a de Cortés! Ele tirou os ídolos, ele pregou, ele viu os sacrifícios e a ingestão de homens [...] Agora, [...] não há tal sacrifício e comida de homens. Por tudo o qual devem muito aos espanhóis que os conquistaram.[1]

Gómara

Introdução

Sem dúvida, isso constitui uma das práticas mais assustadoras de todos os povos indígenas do continente e, ao mesmo tempo, uma das melhores documentadas.

Sobre a realidade destes costumes pré-colombianos, já não existem dúvidas. Inclusive, os próprios detratores da empresa hispano-católica e o próprio Bartolomeu de las Casas se viram obrigados a deixar de lado por um momento sua indômita visão idílica dos indígenas e reconhecer a existência de sacrifícios humanos e de canibalismo na América pré-hispânica. Depois de detalhar as execuções rituais, comenta o desobediente dominicano: "Algumas vezes, os sacerdotes velhos comiam corações; outras, enterravam-nos. Feito aquele sacrifício, davam com o corpo

---
1   *Historia de la Conquista de México*, op. cit., p. 325.

escada abaixo. E se era dos presos de guerra, aquele que o prendera, com seus parentes e amigos, lavavam-no e faziam um guisado, e com outras comidas, compunham um alegre banquete".[2]

Não poucos autores acusam a Espanha de ter utilizado a existência da antropofagia e dos sacrifícios como pretexto para incursionar definitivamente no continente. Difícil será negar que estes fatores, entre outros já mencionados, contribuíram em grande medida para a intervenção espanhola na América. Contudo, mesmo concedendo certa razão a estas argumentações, a ação seguida pela Espanha mostra-se fartamente lógica se entendemos os fundamentos e preceitos de sua bem aprendida e apreendida religião católica, entre cujas obrigações, além da tarefa evangelizadora de levar a salvação a cada homem, encontra-se a obrigação de defender os mais fracos e despreparados de opressões e excessos; máxime tratando-se de bestialidades da magnitude das abarcadas neste estudo.

Depois de informados da terrível situação e sofrimento da maioria dos indígenas americanos, não podia a Espanha nem a Igreja olhar para outro lado, pegar suas coisas e ir embora. Ter procedido de tal forma teria significado uma imoralidade inconcebível, uma indizível falta de caridade, uma deserção imperdoável; incompatível com a *Pax Christi* que se proclamava.

Que mal teria havido em intervir na América sob o pretexto de salvar os indígenas de serem ingeridos em festins antropofágicos e de serem assassinados em sacrifícios humanos? Façamos notar que por muito menos os americanos, israelitas e aliados invadiram e seguem invadindo e submetendo atualmente nações estrangeiras soberanas — muito particularmente no Oriente Médio —, despojando-os de todos os recursos naturais, bens, cultura, terras... Sempre, é claro, em nome da liberdade, da democracia e da igualdade, evocando as razões mais altruístas... Porém esse assunto é para outro trabalho.

Segundo se estudou, são várias as causas levantadas acerca da motivação que levou os indígenas a tão horrível hábito, a saber: 1)

---

2 Bartolomeu de las Casas, *Obras Completas*, t. VIII, *Apologética historia sumaria*, III. Madri: Alianza Editorial, 1992, cap. 170, p. 1165. A respeito da figura de Las Casas, consultar Ramón Menéndez Pidal, *El padre Las Casas: su doble personalidad*. Madri: Espasa-Calpe, 1963.

costumes rituais/religiosos, 2) falta de alimentos, 3) alimentação deficiente, 4) vinganças e 5) predileção por carne humana, como o caso dos caribes antilhanos, os mohawk[3] e outros povos. Em geral, esta prática correspondeu a uma combinação destas motivações, ainda que estudos recentes se inclinem cada vez mais pela quinta razão que mencionamos.[4]

Ante a imensa e irrefutável quantidade de evidência que prova a existência do canibalismo americano, alguns autores, ante a impossibilidade de omitir ou refutar o que está à vista de todos, tentaram minimizar e/ou relativizar a quantidade destes atos horripilantes, aventurando-se, inclusive, em justificá-los. Os argumentos e objeções aduzidos a respeito são similares aos que nos referimos no começo do capítulo anterior, em referência aos sacrifícios humanos.

É incompreensível que à Espanha nada se lhe conceda e perdoe enquanto aos povos indígenas tudo lhes é perdoado e permitido. Motivo este que conduziu o lúcido historiador Antonio Caponnetto — refutando Enrique Dussel — a expressar o seguinte: "Matam-se os espanhóis, são 'verdugos fora de todo o controle'. Matam-se os índios, são almas que imolam aos espíritos transcendentais".[5]

Entre outros povos, comenta Francisco Clavijero, os otomíes faziam a vítima sacrificada em pedaços e os vendiam nos mercados públicos.[6] A existência de açougues de carne humana — que fere particularmente nossa sensibilidade — é mencionada várias vezes por cronistas e historiadores (você leu bem: "açougues de carne humana") e pelos próprios indígenas. Segundo conta o cronista Oviedo, a Montezuma "serviam-lhe carne humana entre os mais de três mil pratos que lhe eram apresentados como manjares mais apreciados".[7]

---

3 O caso dos mohawk e seu grande apreço por carne humana, considerada um manjar, é mencionado também pelo historiador Luis Alberto Sánchez em sua *Breve Historia de América*. Buenos Aires: Losada, 1978, p. 28. Héctor Petrocelli agrupa os hurones, araucanos e botocudos na categoria de povos indígenas que praticavam o canibalismo por falta de alimentos.
4 Segundo Prebisch, a antropofagia foi praticada entre os indígenas por três motivos principais: como hábito alimentício, como vingança institucionalizada e como ritual mágico/religioso. *La antropofagia en América en tiempos de la Conquista*, Revista de Historia de América, número 123, janeiro–dezembro de 1998, Buenos Aires: Instituto Panamericano de Geografía e Historia, 1999, pp. 10–17.
5 Antonio Caponnetto, *Hispanidad y Leyendas Negras. La Teología de la Liberación y la Historia de América*. Buenos Aires: Nueva Hispanidad, 2001.
6 Op. cit., p. 168.
7 Citado em Pablo Ferrajuolo, *Patagonia Caníbal*, Buenos Aires: Ediciones Piloto de Tor-

Convém saber que a prática da antropofagia, particularmente nos povos mais avançados, esteve quase sempre ligada diretamente aos sacrifícios humanos, já que estas cerimônias, rituais, eventos, culminavam indefectivelmente na ingestão da vítima.

a) Primeiras notícias da antropofagia

Embora existam notícias de canibais desde a primeira viagem de Colombo, será após a sua segunda viagem que se confirmarão aquelas suspeitas — por ocasião da captura de alguns canibais, depois transferidos para a Espanha. O capelão da Corte, Pedro Mártir de Angleria, oferece a seguinte descrição:

> Levados ao navio do Almirante, mostravam não menos ferocidade e semblante que os ferozes leões africanos quando se dão conta de ter caído no laço. Não há quem os visse, que não confesse ter sentido uma espécie de horror em suas entranhas, tão feroz e diabólico é o aspecto que a natureza e a crueldade imprimiram em seus rostos. Digo-o por mim mesmo e pelos muitos que comigo compareceram mais de uma vez a vê-los em Media del Campo.[8]

Comenta Anglería com grande detalhe o que, no momento da captura, viram Colombo e seus homens:

> Viram em suas cozinhas pedaços de carne humana cozida, com outras de papagaio e de pato, cravados em assadores para assá-las. Buscando os lugares mais íntimos e apartados de suas casas, tropeçaram com ossos de pernas e braços humanos, que, supôs-se, conservavam com grande cuidado para fabricar pontas de flechas, pois por carecer de ferro as fazem de ossos. Os restantes deles, uma vez que se consome sua carne, os tiram. Acharam também fincada em uma viga a cabeça, ainda úmida de sangue, de um jovem recém-morto.[9]

Na quarta Carta de Relato, Cortés faz referência ao canibalismo de um dos índios que viajava com ele: "[...] ofereceu-se que um espanhol

---

menta, 2007, p. 12.
8   Carlos A. Jáuregui, op. cit., p. 62. A investigadora e historiadora Teresa Prebisch afirma que a primeira notícia de canibalismo registrada a encontramos no Diário de Navegação de Cristóvão Colombo referindo-se aos naturais da Ilha de Guanahaní. A autora oferece a seguinte fonte: *Cartas de Relación de la conquista de América*. México: Editorial Nueva España, sem data de edição, tomo II: "Diario de Navegación", p. 443.
9   Carlos A. Jáuregui, *Canibalia*. Madri: Iberoamérica, 2008, p. 62. Recorremos aqui à edição digital da obra, que pode ser consultada em: www.Books.Google.com.ar/books.

achou um índio dos que trazia em sua companhia, natural destas partes do México, comendo um pedaço de carne de um índio que mataram naquele povoado quando entraram nele, e vieram-me dizê-lo".[10]

Muitas vezes eram os próprios indígenas belicosos que ameaçavam os espanhóis de comerem a sua carne, como aconteceu de fato quando Cortés, oferecendo uma aliança aos tlaxcaltecas contra os mexicas, recebeu a seguinte resposta de Xicohténcatl: "Pazes? Certamente as celebraremos; vinde a Tlaxcala onde está meu pai. Ali faremos as pazes, fartando-nos de vossas carnes e honrando os nossos deuses com os vossos corações".[11]

Quando o cronista Bernal chegou à capital do império mexicano, observando os templos onde se realizavam os sacrifícios humanos, divisou logo uma "cozinha indígena de carne humana":

> [...] e tinham um pouco afastado um sacrificatório, e todo ele muito ensangüentado e negro de fumaça e crostas de sangue, e tinham muitas panelas grandes e cântaros e tigelas dentro da casa cheias de água, que era ali onde cozinhavam as carnes dos tristes índios que sacrificavam e que comiam os papas[12] porque também tinham no sacrificatório muitas facas e uns tachos de madeira, como os que cortam carne nos açougues [...].[13]

A resposta dada pelo próprio Bernal, quando questionado sobre a localização das sepulturas dos espanhóis mortos que acompanharam Hernán Cortés, não deixa de causar uma certa graça; ele responde: "E os sepulcros que me pergunta onde estão, digo que são os ventres dos índios, que os comeram as pernas e coxas, e braços e antebraços, e pés e mãos".[14]

Juan Bautista Pomar (século XVI), mestiço descendente dos reis de Texcoco, reconhece a prática de canibalismo entre seus irmãos de raça:

> [...] abria-o com facilidade de um mamilo ao outro e a primeira coisa que fazia era arrancar-lhe o coração, o qual, palpitando, lançava-o aos pés do ídolo, e sem reverência nem modo comedido; após isto, entregava-se depois

---

10 Carta datada de 15 de outubro de 1524.
11 Carlos Pereyra, *Breve Historia de América*. Madri: M. Aguilar Editor, 1930, cap. 10, pp. 109–126.
12 Sacerdotes indígenas.
13 Bernal Díaz del Castillo, *Historia verdadera de la conquista de la Nueva España*. Madri: Sarpe, 1985, t. I, p. 368.
14 Bernal Díaz del Castillo, op. cit., t. II, cap. 210, p. 486.

> o corpo ao dono, que se entende aquele que o havia prendido, e por esta ordem sacrificavam todos; e os que haviam para o sacrifício daquele dia acabados, os demais sacerdotes recolhiam todos os corações, e depois de cozidos os comiam [...] e os corpos, depois que os levavam seus donos, faziam-nos em pedaços e, cozidos em grandes panelas, enviavam-nos a toda a cidade e a todos os povos próximos até que não sobrasse nada, em muito pequenos pedaços, que cada um não tinha meia onça.[15]

b) *A antropofagia como hábito alimentar*

Não parece gozar de sustentabilidade a teoria que afirma que a maior parte dos casos de canibalismo se deveu a questões *rituais* ou protéicas. Uma quantidade considerável de especialistas — entre eles o já citado Manuel Patiño — desmentem isto categoricamente, assinalando que a antropofagia era praticada freqüentemente por predileção pela carne humana, combinada muitas vezes com o ânimo de vingança. Assim o entende o explorador calvinista Jean de Léry, referindo-se aqui a algumas tribos do amazonas:

> [...] a vingança era a principal razão para devorar o inimigo, um profundo ódio e não o prazer gastronômico: mas não comem a carne, como poderíamos pensar, por simples gula pois, embora confessem que a carne humana é saborosíssima, seu principal intento é causar temor nos vivos. Move-os a vingança, salvo no caso das velhas, como já observei. Por isso, para satisfazer seu sentimento de ódio, devoram todo o prisioneiro, desde os dedos dos pés até o nariz e a cabeça, com exceção, contudo, dos sexos, que os não tocam.[16]

Por sua vez, o Padre Vasconcellos confirma o que foi dito:

> Porque tinham aquilo por manjar mais saboroso, vital e proveitoso à natureza humana de quantos há na terra; não há carne de fera, veado, porco do monte, tatu, roedor, coelho, ou outra comida tão apreciada, que se aproxime a um só pedaço de carne humana: vem a ser para eles o fabuloso néctar dos deuses [...] o apetite da gente do Brasil por carne humana. O que tenho para mim é que cresce neles o grande desejo desde pequenos, à medida que têm que vingar-se de seus inimigos: e como é o

---

15   Juan Bautista Pomar, *Relación de Tezcoco*. Citado em *Relaciones de la Nueva España*. Madri, Historia 16, 1990.
16   Jean de Léry, *Viagem à terra do Brasil*, Belo Horizonte e São Paulo: Livraria Itatiaia, Universidade de São Paulo, 1980.

cume da vingança comer as carnes, daqui vem que à medida que aumenta o gosto pela vingança nasce com eles o da comida.[17]

O etnólogo Cuervo Márquez (pouco simpático à hispanidade), acadêmico de História de Bogotá, referindo-se a algumas tribos caribes, reconhece o seguinte:

> Quase todas eram antropófagas, até o extremo de que seu único alimento consistia na carne humana, e para procurá-la viviam em constante guerra umas com as outras, sem que as alianças nem a consangüinidade de tribo fosse o bastante para retraí-los deste costume, que já era vício tão feroz como sangüinário. Basta um exemplo: no ano de 1540, os paeces confederados com os yalcones fizeram, a ordens do cacique Pioanza, vários assaltos à nascente população timaná; no último deles, o combate se deu somente com os esquadrões yalcones, que foram rechaçados com notáveis perdas. Os paeces presenciaram a derrota de uma altura, e uma vez que estava consumada, não se preocuparam senão em fazer a caça a seus aliados derrotados; capturaram um grande número, e com eles tiveram abundante provisão de carne por muito tempo. O povo de Carnicerías, vizinhos dos paeces, deram-lhe os espanhóis este nome porque ali encontraram açougues e mercado público de carne humana.[18]

Yolotl González Torres, a quem tampouco se pode qualificar de filo-hispanista, expressa com bastante sentido comum o seguinte:

> [...] aceita-se o canibalismo dentro de uma certa estrutura moral, se faz parte de um rito religioso que pode até ser comparado à comunhão cristã; mas se se trata apenas de um festim gastronômico, as pessoas em questão serão expostas aos julgamentos moralizantes dos antropólogos. Por que se justifica o canibalismo se é parte de um rito religioso e não se é uma

---

17   Simão de Vasconcellos, *Chronica da Companhia de Jesus do Estado de Brasil*. Rio de Janeiro: Typographia de João Ignácio da Silva, 1864, l. I, 49, p. 32. É famoso o episódio citado por Simão de Vasconcellos acerca de um padre da Companhia de Jesus e uma velha índia que, embora convertida ao cristianismo e próxima de morrer, continuava pertinaz em seu desejo de carne humana: "Que penetrando uma vez no sertão, chegando a certa aldeia, encontrou uma índia velhíssima, no último momento de sua vida; a catequizou naquele extremo, ensinou-lhe as coisas da fé (...) [e] lhe diz 'minha avó (assim chamam as que são muito velhas), se eu te desse agora um pouco de açúcar ou outro bocado reconfortante de nossas partes do mar, não comerias?'. Respondeu a velha, catequizada já: 'Neto meu, não desejo nenhuma coisa da vida, aborreço já de tudo; só uma coisa me poderia tirar agora o aborrecimento: se eu tivesse uma mãozinha de um rapaz tapuia de pouca idade e lhe chupasse aqueles ossinhos, então me parece que poderia obter algum alento; contudo, eu (pobre de mim), não tenho quem me dê um destes'" (Vasconcellos, *Chronica*, l. I, 49, p. 32). A citação e os comentário os tiramos do minucioso trabalho, *El festín antropofágico de los indios tupinambá en los grabados de Theodoro De Bry*, 1592, Yobenj Aucardo Chicangana, Medellín, Universidad Nacional de Colombia, 2005.
18   Citado de Felipe González Ruiz, *La antropofagia en los indios del Continente americano*. Revista de las Españas, Madri, novembro–dezembro de 1932, ano VII, n. 75–76, pp. 545–548.

simples glutoneria? Não acreditamos que neste caso a causa do sacrifício tenha sido a fome, como Harner afirma, mas o gosto pela carne humana, que implicava um condicionamento de tipo cultural em relação a ela.[19]

Parte importante dos povos indígenas americanos, já mencionamos isso, considerava a carne humana como uma requintada iguaria. Perguntado sobre isso pelo Padre Francisco de Bobadilla, o cacique Coyevet assinala o seguinte:

> Como se faz é que se corta a cabeça ao que deve morrer e faz o corpo em pedaços pequenos, e põe para cozinhar em panelas grandes, e aí põem sal e pimenta, e o que é necessário para cozinhar. Depois de cozido, trazem cebolas de milho e, com muita alegria gulosa, sentam-se os caciques em seus *duhos*, comem essa carne e bebem *mazamorra* e cacau. E a cabeça não a cozinham, nem a assam nem a comem: mas coloca-se em alguns espetos que estão nos arredores dos oratórios e templos; e esta é a cerimônia que temos ao comer essa carne, a qual nos parece como de perus ou porcos ou de *xulo* — *id est*, daqueles seus cães — que é uma iguaria preciosa entre nós; e este manjar da carne humana é muito apreciado. As tripas desses que assim comemos são para os insignificantes, a quem chamamos *escoletes*, e para aqueles que se juntam ao chefe com os insignificantes enquanto ele come e festeja, e quando o senhor for tocado, como fazem os cristãos para seus grandes capitães. Esses *escoletes* lavam aquelas entranhas e as comem, como a carne.[20]

El famoso etnólogo alemão Hans Disselhoff reconhece que o canibalismo era "um hábito da vida cotidiana" mais que um costume ritual, oferecendo como evidência disso a grande quantidade de prisioneiros de guerra enjaulados — para serem cevados, engordá-los como gado e depois comê-los — que os espanhóis encontraram. Não é este um dado menor, máxime tratando-se de um autor nada simpático à ação espanhola na América.[21] Outro tanto escreve o viajante alemão Ulrich Schmidl em referência aos guaranis e carios do Paraguai: "Quando estes carios fazem a guerra... cevam os prisioneiros, seja homem, seja mulher, seja jovem ou velha ou seja criança...; porém se a mulher é um pouco formosa, guardam-na durante um ou três anos. Quando já

---

19   Yolotl González Torres, *El sacrificio humano entre los mexicas*. México: Fondo de Cultura Económica, 1985.
20   Gonzalo Fernández de Oviedo, *Historia General y Natural de las Indias*, Colección Cultural (digitalizado por Fundación Enrique Bolaños), parte III, l. XLII, pp. 405–406.
21   H. D. Dusselhoff, *El Imperio de los Incas y las primitivas culturas indias de los países andinos*. Barcelona: Aymá, 1972, p. 23.

estão cansados dela, então a matam e a comem, e fazem uma grande festa, como um banquete de casamento lá na Alemanha".[22]

Era tal a fixação com carne humana, particularmente de crianças, que os chefes do Vale do Norte, na região de Popayán "buscavam das terras de seus inimigos todas as mulheres que podiam... [e] as usavam e, se engravidavam... os filhos que nasciam, cuidavam deles com muito gosto até que tivessem doze ou treze anos, e nesta idade, estando bem gordos, os comiam com grande sabor...".[23] Os indígenas do vale de Guaca, "quando... iam para a guerra, os índios que prendiam... casavam-nos com suas parentas... e os filhos que haviam nelas... comiam-nos, e... depois que os próprios escravos eram muito velhos e sem potência para engendrar, comiam-nos também a eles".[24]

A predileção dos indígenas pela carne humana é um fato suficientemente provado que alguns autores tentaram omitir e/ou maquiar por questões óbvias. Contudo, suas teses e argumentos fazem frente à seguinte interrogação que coloca a lúcida acadêmica argentina Teresa Piossek Prebisch: "Por que povos que dispunham de outros recursos alimentícios de equivalente valor nutricional recorriam à carne humana?".

Oferece a autora duas respostas para isto. Faz notar, primeiramente, "que para o antropófago não havia alimento superior à carne de seus congêneres e, a este respeito, o anedotário da conquista é muito abundante". Uma vez provada a carne humana, produz-se neles uma predileção dificilmente substituível por outro alimento, segundo reconhecem os índios canibais. A segunda resposta é já de ordem prática. Explica:

> Nas Antilhas, como observaram os espanhóis, a fauna estava composta por animais de pequeno tamanho que eram insuficientes como fonte de alimentação. No continente havia animais de tamanho maior, porém apoderar-se deles supunha um trabalho de caça, sempre dispendioso. Ao contrário, o homem reunia as virtudes de ser de tamanho grande e, ademais, gregário. Quer dizer, que o habitual era encontrá-lo agrupado, de tal maneira que se se atacava o grupo, ficava fácil prender vários indivíduos em um só ataque.[25]

---

22 Ulrich Schmidl, *Viaje al Río de la Plata*. Buenos Aires: Emecé Editores, 1942, cap. 20, p. 33.
23 Cieza de León, op. cit., cap. 12, p. 61.
24 Ibid., p. 62.
25 Teresa Piossek Prebisch, op. cit., p. 12.

Acrescentemos ao exposto por Prebisch que são numerosos os investigadores que sustentam que o canibalismo foi praticado pelo gosto de consumir carne humana; mesmo nas regiões onde os alimentos abundavam e onde existia uma vasta gama de animais para consumir. O antropólogo Métraux fala de "glutonia por carne humana" de várias tribos indígenas.[26]

c) A antropofagia como prática generalizada

Longe de constituir o canibalismo uma prática sectária e temporária, veremos que, infelizmente, era um costume habitual em quase todos os povos pré-colombianos, praticado em larga escala.[27]

Diz o missionário Motolinía: "[...] os outros índios procuravam comer carne humana daqueles que morreram no sacrifício e esta era comumente consumida pelos principais senhores, comerciantes e ministros dos templos...".[28] Sahagún, companheiro de Motolinía, referindo-se à festa do segundo mês asteca, Tlacaxipehualiztli, diz:

> Depois de haver-lhes tirado o coração, e depois de haver posto o sangue em uma xícara, a qual recebia o senhor do próprio morto, deixavam o corpo rolar pelas escadas abaixo, e ia parar em um praça; dali o pegavam os velhos que chamavam *quaquacuiltin* e levavam-no a seu *calpttl* onde o despedaçavam e o repartiam para comer [...] ali o dividiam e enviavam para Montezuma uma coxa para que comesse, e o demais o repartiam entre os outros principais ou parentes; iam comê-lo na casa do que prendera o morto [...] coziam a carne com milho e a cada um se dava um pedaço em uma tigela com seu caldo e seu milho cozido, e chamavam àquela comida *tlacatlaolli*.[29]

---

26 *Religión y magias indígenas de América del Sur* (citado mais adiante).
27 Isto mesmo reconhece a historiadora e poetisa argentina Teresa Piossek Prebisch — membro da Academia Nacional de História —, em seu magnífico trabalho *La antropofagia en América en tiempos de la Conquista*, Revista de Historia de América, número 123, janeiro–dezembro de 1998, Buenos Aires, Instituto Panamericano de Geografia e Historia, 1999, p. 10. O Pe. José de Acosta menciona numerosos casos de canibalismo e sacrifícios humanos nas tribos de Texcoco, Cholula, Tlaxcala e outras da região, "imitando os mexicanos em seus ritos e cerimônias em serviço de seus deuses". José de Acosta, *Historia natural y moral de las Indias*. Madri: Casa Juan de León, 1984, cap. 20, p. 79. Convém esclarecer que o temo *caribe* foi utilizado, não poucas vezes, por espanhóis e missionários para se referir não necessariamente à tribo caribe (que eram ferozes canibais), mas aos índios que ingeriam carne humana.
28 Motolinía, *Historia de los indios de la Nueva España*, II, p. 25.
29 Frei Bernardino de Sahagún, *Historia general de las cosas de Nueva España*, t. I, 11, p. 111 e 143.

Conta-nos Pedro de Angleria, cronista e membro do Conselho das Índias, que era prática comum dos caribes engordar crianças cativas como "frangos", para poder comê-las depois.[30] Vespucci, testemunha direta destas cenas, horrorizado, comenta: "São gentes belicosas. E entre eles muito cruéis [...] e os inimigos os despedaçam e os comem (e isto é certo porque encontramos em suas casas carne humana e posta para defumar)".[31]

O mesmo cronista, depois de referir-se à prática generalizada do incesto, diz:[32]

> Os povos guerreiam entre si sem arte nem ordem [...] uns aos outros os vencedores comem aos vencidos e da carne, a humana é entre eles alimento comum. Esta é coisa verdadeiramente certa; pois foi visto o pai comer os filhos e a mulher; e eu conheci um homem [...] do qual se dizia que havia comido mais de trezentos corpos humanos. E também estive 27 dias em uma certa cidade, onde vi nas casas a carne humana salgada e dependurada nas vigas.

Oviedo, Gómara e Díaz del Castillo (presente nas Índias junto de Cortés), afirmam que os canibais utilizavam sal e pimenta e tomates para cozinhar os cadáveres antes de comê-los. Cieza de León denuncia e acusa os nativos de esfaquear a barriga das mulheres grávidas para extrair e devorar o feto[33] (este costume esteve muito presente também em tribos colombianas e venezuelanas, que consideravam o feto e os recém-nascidos como um manjar).

É interessante constatar a repartição corporal acordada de antemão pelos indígenas. Conta Sahagún que no momento de comer "o corpo humano se dividia segundo o mérito de cada um dos comensais. Aquele que mais se havia distinguido, tomava o corpo do prisioneiro e a coxa da perna direita; e o que era o segundo, pegava a coxa da perna esquerda; o terceiro o braço direito, e o quarto o braço esquerdo; o quinto o braço direito, porém do cotovelo para baixo e o sexto o esquerdo também do cotovelo para baixo".[34] Como conta a italiana Laurette Séjourné (arqueóloga, antropóloga e etnóloga), o Estado asteca permitia que os

---

30 Em Jáuregui, op. cit., p. 74.
31 Ibidem.
32 Américo Vespúcio, *Mundus Novus*, pp. 47–48. Citado de Jáuregui, op. cit., p. 75.
33 Cit. em Jáuregui, op. cit., p. 88.
34 Bernardino Sahagún, op. cit., l. VIII, c. 21, nº 4.

particulares imolassem homens por sua própria conta, embora este fosse um privilégio que somente podia dar-se àqueles com um importante nível econômico: "Um rico mercador que oferecia um banquete, por exemplo, podia dar-se ao luxo de comprar alguns escravos, de mandar o sacerdote matá-los e de repartir os despojos cozidos entre os seus convidados".[35] A este respeito, Sahagún expressa o seguinte:

> Compravam estes escravos em Azcapotzalco porque ali havia feira deles, e ali os vendiam os que tratavam em tão ruim mercadoria [...]. O tratante que comprava ou vendia escravos alugava os cantores para que cantassem e tocassem [...] a quarta vez que chamava a seus convidados, era o momento do sacrifício. Pouco antes do pôr-do-sol, os prisioneiros eram levados para o templo de Huitzilopochtli e embriagados com *teooctli*; ali os faziam velar toda a noite e, depois de comer algo, "arrancavam-lhe os cabelos da cabeça" e guardavam os cabelos arrancados. Alguém incensava as quatro paredes do mundo, esperando o deus Paynalton, mensageiro da morte. Vinha depois a procissão ao redor do templo e descia o sacerdote "metido dentro de uma cobra de papel", a que depois se queimava, enquanto o senhor estava sentado sobre uma pele de tigre. Vinha depois o Paynalton e pegava os escravos levando-os para o templo até sua parte mais alta onde haviam de morrer sobre a Pedra do Sol. Quatro sacerdotes estendiam a vítima; um, com um agudo punhal de sílex, abria-lhe o peito, arrancava-lhe o coração e o oferecia aos deuses. Punham o coração em um vaso. Mais tarde, faziam procissão e, depois, "pegavam os escravos já mortos e levavam-nos para sua casa... e lá chegando (os senhores) enfeitavam o corpo, que chamavam *tlaaltilli*, e cozinhavam-no" para comê-lo.[36]

Também, como ato mágico, em uma vasilha, guardavam os cabelos.[37] "Os anciãos", diz o historiador e antropólogo Marvin Harris,

> reclamavam o cadáver e o levavam novamente ao recinto do proprietário (cada sacrificado tinha um dono) onde o cortavam e preparavam os membros para cozinhá-los; a receita favorita era um ensopado condimentado com pimentas e tomates. Sahagún afirma que colocavam flores aromáticas na carne. Também sustenta que os sacerdotes recolhiam o sangue em uma vasilha de cabaça e a entregavam ao proprietário. Sabemos que o coração era colocado em um braseiro e queimado junto com incenso, embora não esteja claro se se convertia ou não em cinzas, [...] o crânio terminava exibido, [...] o tronco (em postas) era lançado aos mamíferos, às aves e

---

35 *Pensamiento y religión en el México Antiguo*. México: Fondo de Cultura Económica, 1977, p. 18.
36 Bernardino Sahagún, op. cit., l. VIII, c. 21, nº 4.
37 Idem, l. IX, c. 14.

às serpentes carnívoras do zoológico real (depois de ter alimentado seus numerosos integrantes humanos).[38]

A freqüência deste costume por parte das tribos indígenas na Nicarágua é confirmada por vários de seus caciques. Consultado um deles sobre o destino dos mortos, produto dos sacrifícios humanos, diz: "Os pequenos são enterrados e os corpos que são de índios grandes os comem os caciques principais, e outras pessoas não comem deles [...]"[39]

Quanto aos corpos das mulheres sacrificadas, acrescenta: "Comem-no os caciques, e para não colocar carne de mulher no templo, não come dela o padre sacerdote que está dentro; porém se é homem o sacrificado, dão sua parte ao sacerdote para que a coma".[40]

Fernández de Oviedo diz dos panches:

> Estes são diferentes na língua e em tudo o mais, e muito inimigos dos do novo reino; andam nus como nasceram; comem carne humana, e a terra que vivem é muito quente. Suas casas, afastadas umas das outras, postas em outeiros ou serras. A gente é bestial e de muita selvageria, e de pouca razão em relação à de Bogotá. Não temem nem conhecem criador nem adoram a ninguém, mas em seus deleites está todo o seu cuidado. As armas com que pelejam são danosas, e são flecheiros e não têm erva. Trazem uns escudos ocos, ou com tais buracos são o que têm para sua defesa, onde colocam seus arcos e flechas e as lanças com que lutam e os estilingues e pedras que jogam, e as lanças que usam, de duas arestas, em lugar das espadas. São estes escudos de couro de grandes animais como ursos; e quando estão cansados de lutar com uma arma das que dissemos, pegam outra que desejam. Eles são mais belicosos do que os de Bogotá e os de Tunja.[41]

Diego Durán conta o caso de um escravo sacrificado:

> [...] depois de ter feito muita honra de incenso e música, tomavam-no e o sacrificavam [...] fazendo oferenda de seu coração à lua e depois lançando-o ao ídolo em cuja presença o matavam, deixando cair o corpo morto pelas escadas abaixo de onde o alcançavam os que o haviam oferecido, que eram os mercadores (como já disse), cuja festa era a presente. E alçando-o dali levavam-no à casa do principal e ali dele faziam guisados de diferentes

---

38   Marvin Harris, op. cit., p. 138.
39   Fernández de Oviedo y Valdez, op. cit., p. 395. Para outros testemunhos indígenas sobre a antropofagia, consultar a mesma obra, t. xi, l. xvii, cap. 14, p. 284.
40   Ibidem, p. 397.
41   Ibidem, p. 112.

manjares para, ao amanhecer, estar já cozido para celebrar a comida e o banquete [...].⁴²

O historiador indígena Moñoz Camargo enumera outro caso:

> [...] começaram a comer-se suas próprias carnes por vingarem-se de seus inimigos, e as engoliram com raiva pouco a pouco, até que se converteu em costume comer-se uns aos outros como demônios; e assim havia açougues públicos de carne humana, como se fossem de vaca e carneiro como hoje em dia existem. Quer dizer que este errado e cruel uso vindo da província de Charco para cá, e o próprio sacrifício da idolatria e o tirar sangue de seus membros e oferecê-lo ao demônio. As carnes que foram sacrificadas e comidas eram carnes dos homens que apreendiam na guerra e de escravos ou prisioneiros. Do mesmo modo também vendiam crianças nascidas e de dois anos de idade ou mais para esse sacrifício cruel e infernal, e para manter suas promessas e ofertas nos templos dos ídolos, como velas de cera são oferecidas em nossas igrejas. Tirava-se o sangue da língua se haviam ofendido com ela falando, e das pálpebras dos olhos por terem olhado, e dos braços por terem pecado de preguiça, das pernas, coxas, orelhas e narizes, segundo as culpas em que haviam errado e caído, desculpando-se com o demônio; e, no fim, ofereciam o coração, o melhor de seu corpo, que ele não tinha mais nada para dar, prometendo dar a ele tantos corações de homens e meninos para aplacar a ira de seus deuses, ou alcançar ou conseguir outras pretensões que desejavam; e isso lhes servia de confusão vocal para com o inimigo perverso da humanidade.⁴³

Vale recordar que, como mencionamos anteriormente, grande parte das guerras lideradas pelos indígenas — principalmente entre os astecas — tinham como objetivo a tomada de prisioneiros para sacrificar. A este respeito afirma Frei Diego Durán (1538–1588): "[...] e este era seu fim, prender e não matar [...] senão somente trazer comida ao ídolo e aqueles malditos carniceiros famintos por comer carne humana. Não somente comiam os astecas seus inimigos capturados em combate, senão que não desdenhavam o sacrifício de escravos que os comerciantes adquiriam para este efeito".⁴⁴

Acerca de uma das tribos canibais deslocadas no continente em meados do século XVI, os pijaos colombianos, diz Antonio de Herrera

---

42 Diego Durán, *Historia de las Indias de Nueva España e islas de la Tierra Firme*, Madri, Banco Santander, 1991, t. II, p. 383.
43 *Historia de Tlaxcala*, por Diego Muñoz Camargo; publicada e anotada por Alfredo Chavero, cap. 17.
44 Durán, *Historia de las Indias de Nueva España e islas de la Tierra Firme*, Madri, Banco Santander, 1991, t. I.

o seguinte: "[São] bem dispostos e ajeitados, embora tenham as testas planas ou chatas, são valentes, comem carne humana, liberais, pouco interessados no ouro, vingativos, grandes pescadores e caçadores, muito soltos e ligeiros".[45]

O jesuíta Pedro de Mercado (1620-1701), historiador das Índias, em sua *Historia de la provincia del Nuevo reino y Quito de la Compañía de Jesús* (1957) expõe o estado de algumas tribos caribes da região de Bogotá: "[...] esta gente era inclinada ao homicídio, porque era caribe, isto é, amiga de comer carne humana... porque a ocupação e exercícios destes índios eram somente matar pessoas, comer suas carnes, cortar-lhes as cabeças e dançar com elas [...]".

Pedro Simón relata um caso de antropofagia em uma tribo colombiana:

> [...] como nas dos pijaos, os quais, entre as demais abominações que têm ou tinham porque já os há poucos ou nenhuns, era uma, que em destacando-se um com valentia na guerra ou em outra ocasião, matavam-no com grande gosto do valente e o faziam em pedaços e davam-no a comer a cada um dos demais índios, com que diziam fazer-se valentes como aquele o era. Este costume estava tão divulgado entre eles, que para insultar alguém de frouxo ou de pouco valor, injuriavam-no dizendo: que nunca a ele o matariam para que outros comessem suas carnes e se fizessem com elas valentes [...].[46]

Um estudo do Instituto Colombiano de Antropologia e História, comentando com grande detalhe diferentes casos de antropofagia destas tribos, assinala:

> O Padre Vasconcellos, na Crônica da Companhia de Jesus, explica como os índios consumiam uma vítima de maneira que dessem para todos: entra o principal Almotacel a repartir as carnes do defunto. A esta manda dividir em tantas partes [de forma] que todos possam ficar com um pouco do cozido [...] como é impossível que cheguem a provar mil almas da carne de um só corpo, cozinha-se muitas vezes um só dedo da mão, ou do pé, em um grande assado, até ser bem diluído e depois se reparte o caldo em tão pequena quantidade para cada um, de maneira que possa dizer verdadeiramente que bebeu pelo menos do caldo onde foi cozida aquela parte de seu contrário. Frei Vicente Salvador também coincide com a informação de Vasconcellos: "Do caldo fazem grandes recipientes de migalhas e pa-

---

45 Antonio de Herrera, *Historia general de los hechos de los castellanos*, Madri, 1730, volume 4.
46 Pedro Simón, op., cit., t. I, p. 114.

pinhas de farinha de carimã, para suprir a falta de carne e poder chegar a todos". Sobre a preparação do caldo para alimentar a grande quantidade de índios, Métraux especifica que: quando o número de convidados era tão grande que não permitia a distribuição, a cada um, de parte da carne, os indígenas cozinham o pé, as mãos, ou também um dedo do cadáver em uma panela, e todos podiam, então, provar o caldo. Se havia, pelo contrário, abundância de carne, o excedente do banquete era preparado e guardado na espera de outro festim. Os hóspedes levavam para casa pedaços de carne e, apenas chegavam à aldeia, organizavam uma nova festança para concluir o banquete. Se o chefe da aldeia estava ausente, não esqueciam os índios de guardar-lhe sua parte.[47]

Fr. Ramón Bueno menciona uma tradição que seguiam fielmente os guaipunabi, da região da Venezuela, assinalando a este propósito a cerimônia que um homem ancião da tribo realizou "em benefício" de sua comunidade, convidando todos a matá-lo e depois comê-lo:

> Tinham para si que os anciãos nunca morriam, e nesta persuasão procediam como se segue: "Vivendo eles em vários congressos, e em diferentes estâncias, o mais velho de qualquer deles vai convidar a todos, que para tal dia é sua morte, prevenindo-os com política concorram a festejá-la, não quebrando o costume introduzindo abusos contrários: agradecidos eles de tão boa embaixada, esperam cuidadosos que chegue o tempo assinalado; e partindo-se todos ao cumprimento, são recebidos na estância do que vai morrer com grandes aparatos de júbilo, onde, encontrando grande quantidade de bebida, na noite seguinte põem a cozinhar um panelão de água no meio do rancho, e na mesma hora começa o baile ao redor da dita panela, cada um agarrado com outro, e o velho que vai morrer vai adiante com o bastão no ombro, principiando a canção, que é esta: *cayapá, cayapá*, resposta *gen, gen, gen*; e todos vão respondendo; este baile e soneto continua por toda a noite, enchendo-se de bebida forte; e na manhã seguinte com o sair do sol, repentinamente se porá o dito velho na terra, dando o bastão ao que lhe segue, e diz-lhe, mata-me. Este que recebe lhe dá dois golpes na cabeça, e saltando-lhe os miolos, todos caem na terra, e prostrados com um choro de má gana, mantêm-se assim, enquanto os caseiros cortam a cabeça do cadáver e lhe arrancam as tripas, colocando um e outro; e estando já o corpo limpo, levantam-no, e amarrando-o com uma bola, desconjuntando-o primeiro, metem-no no panelão fervente, e estando já bem cozido, o comem todos os forasteiros, repartindo em pequenos pedaços para que todos consigam

---

47   *El festín antropofágico de los indios tupinambá en los grabados de Theodoro De Bry (1592)*, Yobenj Aucardo Chicangana, Universidad Nacional de Colombia, Fronteras de la Historia 10 (2005). Consultar a esse respeito diferentes obras referentes à questão no *site* oficial do Instituto Colombiano de Antropologia e História (ICAH). Cfr. http://icanh.gov.co/recursos_user/el%20festin%20antropofagico.pdf.

prová-lo. Igual cerimônia e obrigação têm todos os concorrentes quando algum velho de seus ranchos vem convidá-los".[48]

As regiões pertencentes ao império inca não escapam a esta realidade, contrariamente ao que se costuma crer. Assim o confirma o insuspeito historiador Salvador de Madariaga:

> [Há] dados suficientes para provar a onipresença do canibalismo nas Índias antes da conquista. Umas vezes limitado a cerimônias religiosas, outras vezes revestido de religião para cobrir usos mais amplos, e outras franco e aberto, sem relação necessária com sacrifício algum aos deuses, o costume de comer carne humana era geral nos naturais do Novo Mundo ao chegarem os espanhóis. Os próprios incas que, se acreditamos em Garcilaso, lutaram ousadamente contra o costume, encontraram-no em quase todas as campanhas empreendidas contra os povos índios que rodeavam o império de Cusco, e não conseguiram sempre arrancá-lo pela raiz mesmo depois de haver conseguido impor sua autoridade sobre os novos súditos.

Outro que se encarrega de verificar esta realidade é o Pe. Blas Valera, citado várias vezes pelo inca Garcilaso de la Vega, fazendo notar o seguinte:

> Sabemos, por um dos observadores mais competentes e imparciais, além de ser indiófilo, dos costumes dos naturais, o jesuíta Blas Valera, que mesmo em quase fins do século XVI, "e fala do presente, porque entre aquelas gentes se usa hoje daquela inumanidade, os que vivem nos Antis comem carne humana, são mais ferozes que tigres, não têm deus nem lei, nem sabem que coisa é a virtude; tampouco têm ídolos nem semelhança com eles; se aprisionam alguém na guerra, ou de qualquer outro modo, sabendo que é homem plebeu e baixo, o fazem em quartos, e dão-nos a seus amigos e criados para que os comam ou vendam no açougue: porém, se é homem nobre, juntam-se os mais principais com suas mulheres e filhos, e como ministros do diabo, desnudam-no, e vivo, atam-no a um pau, e com facas e navalhas de sílex o cortam em pedaços, não desmembrando-o, mas arrancando-lhe a carne das partes onde há mais quantidade delas: das panturrilhas, das coxas, das nádegas e dos braços, e com o sangue se aspergem os varões, as mulheres e os filhos, e entre todos comem a carne muito rápido, sem deixá-la bem cozer nem assar, nem mesmo mastigam-na; tragando-a a bocados, de modo que o pobre paciente se vê vivo comido por outros e enterrado em seus ventres. As mulheres, mais cruéis que os homens, untam os mamilos de seus seios com o sangue dos infelizes, para que seus filhos o mamem e bebam no leite. Tudo isso fazem em vez de sacrificar com grande alegria e regozijo, até que o homem acabe de morrer. Então terminam de

---

48 Fonte disponível no *site*: http://www.eldoradocolombia.com/el_imperio_gua.html.

comer sua carne com tudo dentro; não mais por festa ou prazer como ali, mas por algo de grande divindade; porque daí em diante eles as têm com a máxima veneração, e assim eles as comem por algo sagrado. Se, no tempo que atormentavam o triste homem, ele fez algum sinal de sentimento com o rosto ou o corpo, ou deu um gemido ou suspiro, seus ossos são quebrados depois de comerem suas carnes, entranhas e tripas e, com muito menos apreço, lançam-nas ou no campo ou no rio; mas se nos tormentos ele era forte, constante e feroz, tendo comido as carnes com todo o interior, eles secam os ossos com os nervos ao sol, colocam-nos no topo de colinas, e têm-nos e adoram por deuses, e oferecem-lhes sacrifícios.[49]

Prossegue Garcilaso de la Vega páginas mais adiante:

> Em muitas províncias foram muito amigos de carne humana, e tão gulosos que antes que acabasse de morrer o índio que matavam, bebiam-lhe o sangue pela ferida que lhe haviam feito, e o mesmo faziam quando o iam esquartejando, que chupavam o sangue e lambiam-se as mãos para que não se perdesse nenhuma gota. Tiveram açougues públicos de carne humana; das tripas faziam morcela e chouriço, fazendo de carne humana para a não perder. Pedro de la Cieza, cap. 26, diz o mesmo, sendo testemunha. "Cresceu tanto esta paixão — por carne humana — que chegou a não perdoar os próprios filhos gerados em mulheres estrangeiras, das quais faziam prisioneiras nas guerras, que tomavam por mancebas, e os filhos que nelas haviam criavam com muita liberalidade até os doze ou treze anos, e depois os comiam, e as mães após eles, quando já não podiam parir. Diz-se que comiam qualquer um sem importar com parentescos".[50]

Por outro lado, em algumas regiões do império inca a antropofagia converte-se em necrofagia. Quando o cronista inca Guamán refere-se às cerimônias fúnebres próprias dos anti-suyos, escreve: "São índios da montanha que comem carne humana. E assim, apenas deixa o defunto que depois começam a comê-lo que não lhe deixam carne, mas todo osso... Tomam o osso e o levam os índios e não choram as mulheres nem os homens, e põem-no em uma árvore que chamam *uitica*, ali o põem e tapam muito bem, e dali nunca mais o vêem em toda sua vida nem se recordam dele".[51] Comer cadáveres em decomposição parece ter sido prática habitual em várias tribos. Um caso bem conhecido é o relatado por Fernández de Oviedo:

---
49 Garcilaso de la Vega, *Comentarios Reales de los Incas I*, Colección de Autores Peruanos, Editorial Universo, Lima, Peru, cap. 12, pp. 39–40. O mesmo descreve Cieza de León em sua *Conquista del Perú*, caps. 11 e 12.
50 Ibidem, p. 42. Também confirmado por Cieza de León, cap. 26 da op. cit.
51 Op. cit.

Já fartos os cachorros, [...] ficaram os índios [mortos] na praça, por causa de que se apregoou que a quem dali os tirasse dariam a mesma morte; porque de outra maneira essa mesma noite os índios os levariam para comê-los em suas casas. E como a terra é quente, no dia seguinte já fediam, e no terceiro e quarto [...] como eu havia de passar por ali [...] para ir à casa do governador, pedi-lhe por mercê que desse licença para que tirassem dali [...] porque o odor era insuportável. E o governador, assim porque eu e outros lhe rogamos, como porque [...] estava sua casa na mesma praça, mandou [...] levassem dali aqueles índios; e em acabando-se de dar o pregão, fizeram-nos em muitos pedaços os índios da comarca, que cada dia vêm ao [...] mercado na mesma praça, sem deixar coisa alguma deles por recolher, e se os levaram a suas casas, e não pouco gozosos, só a cor de que os levaram a deixar no campo, porque sabiam que aos cristãos lhes pareciam mal aquele manjar, e lhes haviam admoestado que não o comessem. Mas a eles lhes pareceu que lhes havia dado Deus muito boa ceia.[52]

Era tal o pânico que provocavam os canibais entre os índios que não praticavam a antropofagia, que impérios como o inca utilizaram este terror como recurso de controle político e social, proibindo-a quando podiam dentro de suas fronteiras, porém aproveitando sua existência fora delas para poder aplicar um dos castigos mais temidos entre seus súditos: "deixá-los aos índios (antropófagos) para que os comessem".[53]

Cieza de León descreve seu encontro com o importante cacique Nutibara, próximo de Antioquia: "Junto de seu aposento, e o mesmo em todas as casas de seus capitães, tinham postas muitas cabeças de seus inimigos, que já haviam comido, as quais tinham ali como sinal de triunfo. Todos os naturais desta região comem carne humana, e não se perdoam neste caso; porque em tomando-se uns aos outros (como não são naturais de um mesmo povo), comem-se".[54] Embora sem dúvidas o mais aterrorizante é o que transcreve em seguida:

> [...] ouvi dizer que os senhores ou caciques destes vales buscavam das terras de seus inimigos todas as mulheres que podiam, as quais, trazidas para suas casas, usavam-nas como as suas próprias; e se ficavam grávidas deles, os filhos que nasciam os criavam com muita liberalidade até que haviam doze ou treze anos, e desta idade, estando bem gordos, comiam-nos com grande

---

52 Fernández de Oviedo y Valdés, op. cit., t. x, l. ɪv, cap. 11, p. 181. Pedro Cieza de León cita outro caso similar (*La Crónica del Perú*, Buenos Aires: Espasa-Calpe, Colección Austral, 1962, cap. 21, p. 83).
53 Roberto Levillier, *Don Francisco de Toledo, supremo organizador del Perú*. Buenos Aires: Espasa-Calpe, 1940, t. ɪɪ, p. 167.
54 *Crónica del Perú*, cap. 11.

sabor, sem olhar que era sua substância e carne própria; e desta maneira tinham mulheres para somente engendrar filhos nelas para depois comer. [...] Esta mesma fixação pela carne de crianças se dava nos índios armas, próximos de Antioquia.[55]

Grande parte dos estudiosos e testemunhos sobre a questão do canibalismo na América do Sul (fundamentalmente no Brasil e no Chile) foram recolhidos pelo reconhecido antropólogo Alfred Métraux — a cujas obras recorremos insistentemente para elucidar esta questão —, que para a confecção de seus livros e investigações realizou um valiosíssimo trabalho de campo nas regiões estudadas com os indígenas do lugar. Um dos seus estudos mais relevantes sobre este assunto é o seu *Religión y magias indígenas de América del Sur*,[56] onde relata entre outros temas o caso particular dos índios tupinambás, tribo eminentemente guerreira das costas do Brasil. Refere-se ali, ademais, às cerimônias canibais descritas por viajantes e missionários, entre os quais encontramos o cosmógrafo francês André Thevet, o pastor protestante Jean de Léry e os frades capuchinos, Claude d'Abbeville e Yves d'Evreux. Conta ali que depois de uma batalha ou de uma guerra, os tupinambás despedaçavam os mortos em combate, sendo seus membros devorados sobre o terreno, ou bem eram levados ao povoado mais próximo uma vez assados. Depois de atacar e incendiar os povoados da tribo vencida, cortavam os órgãos genitais das mulheres e crianças, "e os entregavam a suas mulheres, que os assavam e serviam a seus maridos por ocasião de alguma festa".[57]

O alemão Hans Staden (1526–1576) foi testemunha direta das práticas canibais nos povos do Brasil. Tomado como prisioneiro pelos

---

55   Idem, caps. 12 e 19. O cronista cita vários casos de canibalismo em tribos da região. Referindo-se a umas tribos de Cali, diz no capítulo 29: "Estavam postos por ordem muitos corpos de homens mortos dos que haviam vencido e preso nas guerras, todos abertos; e abriam com facas de sílex e arrancavam a pele, e depois de terem comido a carne, enchiam os couros de cinzas e faziam com suas próprias cabeças, pondo-os de tal maneira que pareciam homens vivos. Nas mãos a uns lhes punham dardos e a outros lanças e ainda a outros bastões. Sem esses corpos, havia muitas mãos e pés pendurados no *bohío* ou na casa grande. Do qual eles se gloriavam e o tinham por grande valentia, dizendo que o aprenderam de seus pais e antepassados". De outros índios da região chamados gorrones, diz em seu capítulo 26: "E se eu não tivesse visto o que escrevo e não soubesse que em Espanha há tantos que o sabem e o viram muitas vezes, certamente não contaria que estes homens faziam tão grandes matanças de outros homens somente para comer; e assim, sabemos que estes gorrones são grandes carniceiros de comer carne humana".
56   Madri: Ed. Aguilar, 1973, pp. 35–63.
57   Métraux, op. cit., p. 36.

tupinambás em 1553, próximo a Curitiba, presenciou durante os quase dez meses de cativeiro centenas de festins canibais. Segundo conta, salvou-se de ser comido ao fazer-se passar por profeta e curandeiro. Escreveu suas experiências em um livro que intitulou *Verídica historia y descripción de una país de salvajes desnudos y feroces caníbales, situado en el Nuevo Mundo América* (1557).[58] Outro estrangeiro, o etnógrafo francês André Thevet (1516–1590), autor de uma importante obra (*Les singularités de la France Antarctique*, 1557), comenta sua experiência entre os índios de uma ilha da Baía de Guanabara, onde se havia tentado fundar uma colônia francesa.[59] Acerca dos *patagônios* do sul do continente e dos canibais que habitavam o que atualmente são as costas do nordeste do Brasil e do Caribe, escreve Thevet: "Apetecem com ardor o sangue humano e [...] não se alimentam de outra coisa que não seja carne humana, como os europeus se alimentam de carne de rês ou de cordeiro".[60]

O geógrafo francês Eugène Robuchon, que investigou e teve contato com diversas tribos da região amazônica, diz:

> A tendência ao canibalismo destes seres é tal que se comem entre si de tribo a tribo. Sem contar as batalhas, onde os cadáveres dos inimigos provêm a carne para o festim que se faz no dia seguinte da ação, sempre têm oportunidade de satisfazer aquela tendência, pois conservam como prisioneiros de guerra os que caem em suas mãos, guardando-os para depois. E estes infelizes não fogem jamais, mesmo sabendo a sorte que lhes espera, pois consideram como distinção honorífica o gênero de morte a que está destinado. Chega o dia da cerimônia, matam a vítima com uma flecha envenenada: a cabeça, os braços, únicas partes que servem para o festim, separam-se do tronco e começa então a horrível operação culinária.
>
> A grande panela de barro, especialmente reservada para o feito e ordinariamente suspendida pelo teto, baixa até o solo. Lançam-se nela os despojos humanos sem mutilá-los, temperados com uma boa quantidade de pimenta vermelha, e aquela panela repugnante se faz ferver a fogo lento. Simultaneamente o *manguaré*[61] começa a fazer-se ouvir em seu som surdo,

---

58 Nas páginas 211–219, relata os sacrifícios humanos e as posteriores práticas antropofágicas.
59 Nas páginas 225–249, refere-se aos sacrifícios humanos e ao canibalismo. Referência tomada de Carlos Jáuregui, op. cit., p. 117.
60 Ibidem.
61 O *manguaré* é um instrumento de percussão de origem pré-colombiana utilizado pelas comunidades indígenas amazônicas para anunciar mensagens, cerimônias, declarações de guerra e até de amor. — NT

anunciando no longínquo do bosque os preparativos da cerimônia. De todas as colinas vizinhas respondem os *manguarés*, e os índios começam a chegar ao centro do festim.

Todos encontram-se revestidos dos seus mais belos ornamentos, de plumas multicolores, de guizos que atados nos joelhos produzem um som alegre a cada passo. Quinhentos ou seiscentos índios, homens e mulheres, povoam o local, armando uma algazarra atroadora, mesclando seus discordantes gritos aos ruídos das criaturas ou aos latidos dos cachorros [...].

De pronto, cessa o ruído do *manguaré* [...] Um grande silêncio sucede a gritaria anterior: a panela foi retirada do fogo.

Os homens, únicos que tomam parte ativa na cerimônia, sentam-se ao redor. O capitão ou cacique agarra um pedaço de carne humana e depois de desfiá-lo em longos filamentos, leva-o à boca e começa a chupá-lo lentamente, pronunciando de vez em quando uma série de palavras apoiadas por um som afirmativo por parte do resto da multidão. Em seguida tira para um lado a carne dessangrada. Cada um continua, por sua vez, a mesma operação até raiar o dia. Os crânios e braços, de todo despojados de carne, são suspendidos imediatamente no teto sobre o fogo, e depois os canibais se fartam de bebida, e introduzindo-se os dedos na garganta, provocam o vômito.

Volta outra vez a retumbar o *manguaré*, lentamente primeiro, depois com grande rapidez, até que os golpes adquirem um ritmo arrebatador. Começou o baile, baile infernal, onde treme a terra sob as pisadas dos índios. Ressoam os guizos de um modo ensurdecedor, os cânticos se convertem em uivos atrozes e se apodera dos índios uma excitação nervosa, produzida pela influência da coca, muito parecida à loucura feroz, que os domina durante os oito dias que dura a festividade.[62]

Sobre a freqüente prática de canibalismo no Brasil e norte de nosso país existem numerosíssimos relatos de testemunhas diretas; viajantes, colonos e missionários portugueses, franceses, holandeses, alemães, espanhóis e inclusive indígenas.[63] Referindo-se aos tupinambás, Jean de Léry registra um diálogo entre a vítima e o verdugo:

---

62   Retiramos a citação de um fragmento de seu livro, disponível em versão digital em: http://amazonasleticia.co/holocausto-canibal-y-los-canibales-del-amazonas/.
63   O ritual da morte do inimigo e seu consumo está registrado pela maioria dos cronistas. Staden, *Viagem*, 183–193; Thevet, *As Singularidades*, cap. 40; Léry, *Viagem*, 193–204; Claude D'Abbeville, *História da Missão dos Padres Capuchinhos na Ilha do Maranhão e terras circunvizinhas* (Belo Horizonte e São Paulo: Itatiaia; Universidade de São Paulo, 1975), 229–234; Pero de Magalhães de Gândavo, *A primeira História do Brasil. História da província Santa Cruz a que vulgarmente chamamos Brasil* (Rio de Janeiro: Jorge Zahar, 2004), 155–168; Gabriel Soares de Souza, *Tratado descritivo do Brasil em 1587* (Belo Horizonte: Itatiaia, 2000), 245–246, 251; Fernão Cardim, *Tratados da Terra e Gente do Brasil*, vol. 2, "Do princípio e origem dos índios" (Lisboa: Comissão Nacional para as Comemorações dos Descobrimentos Portugueses, 1997), 159–168.

> "Eu não estou para fingir, fui, com efeito, valente e assaltei e venci vosso país e os comi". E assim continua até que seu adversário, pronto para matá-lo, exclama: "Agora estás em nosso poder e serás morto por mim e assado e devorado por todos". [...] A vítima então responde: "Meus parentes me vingarão". [...] O selvagem encarregado da execução levanta então um tacape com ambas as mãos e descarrega um golpe tal na cabeça do pobre prisioneiro que cai completamente morto, sem mover braços e pernas.[64]

Em tribos da região do Brasil as mulheres índias acendiam o fogo a uma distância de dois passos à frente da vítima para que seja visto por ela antes de morrer, sendo este fogo usado depois para preparar seu corpo depois da morte:[65]

> Imediatamente depois de morto o prisioneiro, uma mulher se coloca junto do cadáver e derrama um curto pranto; digo de propósito um curto pranto porque essa mulher [...] se lamenta e derrama fingidas lágrimas sobre seu marido morto, mas sempre com a esperança de comer-lhe um pedaço. Em seguida, as outras mulheres, sobretudo as velhas, que são mais gulosas de carne humana e anseiam a morte dos prisioneiros, chegam com água fervendo, ensopam e escaldam o corpo com o fim de arrancar-lhe a epiderme [...] depois o dono da vítima e alguns ajudantes abrem o corpo e o esquartejam.

O mencionado Hans Staden detalha o último passo do festim canibal:

> Uma vez retirado o couro, um homem o toma e lhe corta as pernas, por cima dos joelhos, e também os braços. Vêm, então, as mulheres, pegam os quatro pedaços e correm ao redor das cabanas, fazendo grande algazarra. Depois lhe abrem as costelas, que separam do lado da frente e as repartem entre si; mas as mulheres guardam os intestinos, cozinhando-os, e do caldo fazem uma sopa que se chama mingau.[66]

Claude D'Abbeville, em sua *História da Missão dos Padres Capuchinhos na Ilha do Maranhão e terras circunvizinhas*, descreve o seguinte horror:

> Deitam fogo em baixo da grelha sobre a qual colocam todos os pedaços do pobre corpo estraçalhado: cabeça, tronco, braços e coxas, sem esquecer pernas, mãos, pés, inclusive entranhas ou parte delas, ficando o resto para

---

64 Jean de Léry, *Viagem à terra do Brasil*. Belo Horizonte e São Paulo: Livraria Itatiaia; Universidade de São Paulo, 1980, pp. 196–198.
65 Hans Staden, *Viagem ao Brasil*. Versão do texto de Marburg de 1557. Rio de Janeiro: Academia Brasileira de Letras, 1988, p. 187.
66 Hans Staden, *Viagem ao Brasil*. Versão do texto de Marburg de 1557. Rio de Janeiro: Academia Brasileira de Letras, 1988, p. 190.

o caldo. Nada perdem, em suma, e têm o cuidado de virar constantemente os pedaços para bem assá-los; e aproveitam até a gordura que escorre pelas varas e lambem a que se coagula nas forquilhas. Tudo bem cozido e assado, comem os bárbaros essa carne humana com incrível apetite.[67]

O Padre José de Anchieta acrescenta: "Despedaçavam-no com grandíssimo regozijo, acima de todas as mulheres, que estavam cantando e dançando".[68] Claude d'Abbeville descreve a preparação do corpo: "Aproximam-se, então, as mulheres, agarram o cadáver e lançam-no ao fogo até queimarem-se todos os pêlos. Retiram-no assim e lavam-no com água quente. Depois de bem limpo e alvo, abrem-lhe o ventre e retiram-lhe as entranhas. Cortam-no em seguida em pedaços e o moqueiam ou assam".[69] Quanto ao uso de gordura ou ingestão de sangue por parte dos indígenas, o Padre Anchieta, em uma carta de 1565 ao General Diogo Lainez, narra o seguinte: "Outras se untavam as mãos com a gordura e andavam untando os rostos e bocas das outras, e tal havia que pegava o sangue com as mãos e o lambia, espetáculo abominável, de maneira que tiveram uma boa carnificina com que se fartar".[70]

Sousa, descrevendo o enfrentamento permanente entre os próprios tupinambás, assinala que eles se matavam, comiam-se e se faziam escravos, "fazendo-nos suspeitas a existência de três práticas distintas".[71] Convém dizer a este respeito que o endo-canibalismo foi bastante comum em vários povos; comiam-se pais, filhos, irmãos etc. Alguns o faziam com total naturalidade e outros experimentavam certa "culpa", segundo podemos concluir dos testemunhos oferecidos pelos próprios indígenas.

---

67 Claude D'Abbeville, *História da Missão dos Padres Capuchinhos na Ilha do Maranhão e terras circunvizinhas*, Belo Horizonte e São Paulo: Itatiaia; Universidade de São Paulo, 1975, p. 233.
68 José Anchieta, *Cartas: informações, fragmentos históricos e sermões*. Belo Horizonte e São Paulo: Itatiaia; Universidade de São Paulo, 1988, p. 226.
69 D'Abbeville, *História*, p. 233. Sobre o consumo das vísceras por mulheres e crianças, Hans Staden, na *Viagem ao Brasil*, narra o seguinte: "As mulheres guardam os intestinos, os cozinham e do caldo fazem uma sopa que se chama mingau, que elas e as crianças bebem, comem os intestinos e também a carne da cabeça; os miolos, a língua e o que mais que tenha será para as crianças". Thevet também coincide nesta questão: "Geralmente as mulheres comem as entranhas". Léry assinala que: "Todas as partes do corpo, inclusive as tripas, depois de ser bem lavadas, são colocadas para assar, em torno da qual as mulheres, principalmente as gulosas velhas, se reúnem para pegar a gordura que escorre pelas varas dessas grandes e altas grelhas de madeira".
70 José Anchieta, *Cartas: informações, fragmentos históricos e sermões*. Belo Horizonte e São Paulo: Itatiaia; Universidade de São Paulo, 1988, p. 226.
71 Sousa, op. cit., 1938, p. 362. Os tupinambás foram, junto com os guaranis, a tribo mais importante do sudeste do Brasil; aparentado com os guaranis.

É importante mencionar que todos participavam destes atos, independentemente do *status* social, gênero ou idade: meninos, meninas, mulheres, anciãos, anciãs... todos realizavam e recebiam sua parte. Havia vezes que os cativos conseguiam escapar de seus captores, porém decidiam não voltar para sua terra de origem para não serem considerados covardes pelos seus, correndo ademais o risco de o matarem por não ter tido a coragem de suportar a morte entre seus inimigos e por não confiar que sua morte seria vingada. Métraux conta o caso de um prisioneiro ao que se lhe havia oferecido a liberdade, porém que a recusou "por medo de ser desprezado e perseguido pelos seus".[72] Evidentemente, uma vez cativo, seu destino estava selado inexoravelmente.

Embora, sem dúvida, a bestialidade chegasse ao clímax no caso dos filhos dos prisioneiros em cativeiro. Sabe-se que, como em muitas outras culturas indígenas, os tupinambás permitiam aos prisioneiros que mantivessem relações sexuais com as mulheres de sua tribo; mas, quando engravidavam, seus filhos eram executados no momento do nascimento, ainda que, muitas vezes, deixassem a mãe conservá-lo por algum tempo. Estes "filhos do inimigo" eram criados e cuidados por um tempo, e depois, na presença de seus pais, matavam-nos e sua carne era comida por todos, começando pela própria mãe.[73] Algumas mulheres grávidas, cônscias do que lhes esperava, produziam-se um aborto a fim de não atravessar aquela traumática experiência, onde ademais era obrigada a provar a carne de seu filho. Thevet pôde presenciar dois casos, o de dois meninos de seis e sete anos.[74]

Entre as culturas do sul do continente, além das tribos da região amazônica, foram sem dúvida os guaranis aqueles que praticaram a antropofagia com maior freqüência. A este respeito são numerosos os achados arqueológicos que evidenciam esta realidade. Há aqueles que asseguram que o canibalismo destes povos correspondia a razões estritamente rituais e que, supostamente, só se o praticava com os prisioneiros de guerra; tese esta que foi já largamente refutada, ficando demonstrado que estes atos canibais estavam mais bem motivados pela sede de vingança e pelo vício de carne humana. Vários são os

---

72 Métraux, op. cit., p. 42.
73 Idem, pp. 42–43.
74 Ambos citados por Métraux.

cronistas e diferentes autores que dão conta minuciosa e precisa disto. Certamente foi o Pe. Lozano quem melhor estudou esses costumes nos povos guaranis e em outros vizinhos. Ele conta que, juntamente com o alemão Hans Staden, foi milagrosamente salvo de ser sacrificado: "Para aqueles que foram presos na guerra", relata Lozano,

> se velhos, eram libertados após o trabalho da velhice, porque sendo suas carnes as mais saborosas, logo lhes davam um túmulo na barriga. Se eles eram jovens, levavam-nos cativos com grande tumulto como um triunfo e os preservavam para exibir aquele que os cativou de sua bravura no dia marcado e no teatro público. Guardavam os prisioneiros na casa do cacique, dando-lhes liberdade para quantas comidas quisessem e para viver com as mulheres que quisessem, destinando caçadores e pescadores que lhes trouxessem os manjares de seu gosto e lhes servissem de maneira que em nada recebessem pena, mas que tivessem todo o alívio possível, para que assim melhor engordassem.[75]

Costumava acontecer o caso de o prisioneiro incorporar-se à família de seu vencedor, embora isto não o livrasse do sacrifício nem tampouco de que sua nova mulher o comesse depois de derramar algumas lágrimas. "Quando, aparentemente", explica Lozano, "estava já a carne humana gorda e na estação, convocava o vencedor toda a região dando-lhe aviso do dia da festa, à qual todos acorriam, porque os que não convidavam incorriam no estigma de avarento, e no de malcriado os que deixavam de ir".[76]

A cerimônia se desenvolvia de acordo com um complicado ritual que cobria vários dias de contínua atividade e permanente agitação na tribo: "Congregava, pois, no lugar destinado à bárbara multidão, saía aquele que havia de matar seu inimigo, com tanto fausto como se houvesse de triunfar no mesmo capitólio de Roma...".[77]

Depois de detalhar minuciosamente esta cerimônia, diz Lozano:

> Recolhido o sangue e as entranhas pelas velhas, chegavam todos os presentes a tocar o cadáver com a mão ou dar-lhe um golpe com um pau, e esta era a ocasião em que cada um tomava o nome que queria pôr em si para ser conhecido dali em diante, porque até ali, tinha cada um por próprio o

---

75 Lozano, *Historia de la Compañía de Jesús en el Paraguay*, Madri, 1755, XXIII, I, cap. 27, p. 389.
76 Op. cit., I, cap. 17, p. 389.
77 Op. cit., I, cap. 17, p. 390.

nome que lhe impuseram seus pais ao nascer, que costumava ser segundo o defeito ou qualidade que reconheciam no corpo do recém-nascido.[78]

Referindo-se aos guaranis, o adiantado do Rio da Prata, Álvar Núñez Cabeza de Vaca, relata o seguinte: "[...] Os guaranis [...] comem carne humana de outras gerações que têm como inimigos [...] depois de prendê-los, colocam-no em engorda e lhes dão tudo o que querem comer, e suas próprias mulheres e filhas, e de engordá-lo ninguém se encarrega e cuida, senão as próprias mulheres [...] as mais importantes [...] e estando gordos, são muito maiores os prazeres, danças e canções". No momento escolhido para o sacrifício e festim antropofágico, enviava-se as crianças da tribo para dar-lhe a morte por meio de machados. Assim narra este acontecimento o citado cronista:

> [...] dirigem os meninos [...] de seis até sete anos, e dão-lhes [...] uns machados de cobre, e um índio, aquele [...] tido por mais valente [...] toma um bastão; e trazendo aquele que vai morrer para uma praça, e ali o faz dançar por uma hora, e estando ele a dançar, chega e lhe dá [...] golpes [...] e [...] ao cabo o derrubam, e depois as crianças chegam com seus machados [...] e dão-lhe com eles na cabeça tantos golpes, até que lhe façam sair sangue, e estando eles golpeando, os índios lhes dizem que sejam valentes e o enfrentem [...] e que recordem que ele matou os seus, que se vinguem dele [...] e depois as velhas o esquartejam e cozinham em suas panelas e repartem entre si, e o comem, e têm por coisa muito boa comer dele [...]".[79]

O sacrifício e ingestão da carne da vítima produzia no algoz — segundo crenças de alguns povos — uma força mágica que o transformava em uma pessoa mais forte; cria-se que assim se absorvia a força do inimigo. Ademias, a vingança satisfeita, de acordo com ritos religiosos e mágicos, afiançava e estreitava os laços da tribo e fortalecia os homens para a guerra. Depois, o assassino fazia a repartição da carne do defunto, destroçando-a em pequenas partes, para que todos pudessem comer ainda que fosse uma parte ínfima. "Se algum cacique principal, por enfermidade ou por distância, não podia assistir, se lhe enviava uma parte que, de ordinário, era um dedo da mão e ele tinha o maior

---

78 Ibidem, I, cap. 17, p. 391.
79 *Cartas de relación de la conquista de América*, t. II, Álvar Núñez Cabeza de Vaca, *Naufragios y comentarios*, cap. 82, p. 290. A citação imediatamente precedente corresponde à mesma obra e número de tomo, cap. 16, p. 159.

troféu de toda sua geração, ter matado, comido ou bebido de alguma parte cozida, de seu contrário morto no *palenque*".[80]

Nossa Patagônia, infelizmente, não esteve isenta destas práticas horrendas. Para mencionar um caso bem conhecido e verificável, convém recordar o assassinato e canibalismo praticado por mapuches chilenos — liderados pela bruxa Macagua — de mais de cem imigrantes sírio-libaneses no começo do século passado.[81] Antonio Pigafetta, o descritor da expedição de Magalhães — a quem acompanhou —, descreve os tehuelches — patagônios — como "índios que se chamam canibais e que comem carne humana".[82] Recordemos que o expedicionário Juan Díaz de Solís e sessenta de seus homens haviam sido aprisionados e comidos por eles.

Em seu livro *La Isla de Pascua*, Alfred Métraux relata vários casos de canibalismo entre essas tribos chilenas que viviam de guerra em guerra. Sua investigação é particularmente confiável, já que, somado à documentação que logrou reunir, realizou um trabalho de campo na ilha, entrevistando os indígenas (vários descendentes diretos das tribos mais importantes do lugar). Em um dos testemunhos recolhidos, conta-se que: "Atacaram os miru aos tupa-hotu... os destroçaram por completo. Os vencidos se refugiavam nas cavernas, onde foram buscá-los os vencedores. Os homens, as mulheres e as crianças capturadas foram comidos".[83] Acrescenta Métraux:

> O atrativo destas expedições bélicas aumentava com a perspectiva de banquetes onde os cadáveres dos inimigos eram o foco. Acaso era o homem o único mamífero de grande tamanho cuja carne não podia comer-se? [...]

---

80   Ibidem, I, cap. 17, p. 391.
81   Diario la Jornada, Argentina, 28/08/2011. Cfr. http://www.diariojornada.com.ar/Noticia/Default.aspx?id=23435. Em um livro bastante recente que narra estes fatos (*El Harén, Los árabes y el poder político en la Argentina*, de Norma Morandini, Buenos Aires: Editorial Sudamericana, 1998, cap. 4, "Como era temperado meu turquinho". Quinta edição — p. 45 a 50), contam-se relatos de testemunhas sobre Macagua: "Abriu-lhe o ventre, retirou o intestinos e disse: irei guardá-los, pois são bons para dar coragem para matar turcos e cristãos (...). Pendurou o coração em um pau, aproximando-o do fogo para que secasse, e depois levou-o a sua casa. Disse: devo apressar-me para tirar o coração deste turco antes que morra, pois vi que o coração dos cristãos deve ser retirado enquanto ainda estão vivos, o mesmo deve valer para o coração dos turcos, para guardá-los na tenda como um feitiço". Consultar também o capítulo 5 do livro citado, *Patagonia Caníbal*.
82   A. Pigafetta, *Primer viaje en torno del globo*. Madri, editor Federico Ruiz Morcuende, Edición Calpe, 1922.
83   *La Isla de Pascua*. México: Fondo de Cultura Económica, 1950, p. 144.

Há uns quarenta anos, contudo, podiam encontrar-se na ilha homens que saborearam carne humana. Estes *kai-tangata* (comedores de homens) eram o terror das crianças.[84]

Embora os espanhóis e missionários tenham feito o quanto puderam fazer para erradicar tão bárbaro costume dos indígenas, o certo é que não conseguiram isso por completo. Parece que tampouco os saxões o puderam conseguir. Em uma revolta indígena contra os britânicos, em 14 de fevereiro de 1779, o afamado navegante inglês James Cook foi mutilado selvagemente e posteriormente comido pelos índios.

A antropofagia foi um hábito generalizado em todo o continente: desde os peles-vermelhas aos foguenses ou patagônios na América a praticaram.[85]

d) A carne do indígena era mais saborosa que a do branco

Por mais inverossímil que pareça, esta afirmação é certa. Contam os próprios indígenas que só raramente ingeriam homens brancos. Por considerar sua carne "amarga", "acre", e "salgada", segundo suas próprias palavras. Isto explica de forma bastante razoável por que não houve tantos casos de espanhóis comidos pelos indígenas. Em casos como estes vemos que a teoria do canibalismo como ritual não é em absoluto definitiva como alguns pretendem. Lendo os diferentes relatos a respeito, somando-se à evidência existente, o canibalismo parece muitas vezes motivado unicamente pela glutonaria. Um caso bastante revelador desta realidade é o de Cristóbal de Guzmán, o Bispo Labrid e seus companheiros, quando, depois de serem sacrificados pelos caribes, "seus corpos não foram repartidos para o 'banquete'" — como comenta o conquistador Alvarado. O cronista Aguado diz o seguinte:

> Alguns dos soldados daqueles que saíram para socorrer Cerrona passaram adiante para ver o que os índios haviam feito de Valdemar, e acharam que lhe estavam tirando o coração para comer, porque estes bárbaros, do espanhol que matam somente comem o coração, o qual repartem entre os mais valentes e belicosos guerreiros, dizendo que aquela comida lhes dá mais ânimo e lhes dá avidez para as coisas da guerra.

---

84 Ibid., p. 145.
85 Consultar o ótimo trabalho de Felipe González Ruiz: *La antropofagia en los indios del Continente americano*, Revista de las Españas, Madri, novembro-dezembro de 1932, ano VII, n. 75–76, pp. 545–548.

Por sua vez, Fernando de Oviedo acrescenta o seguinte:

> [...] e acharam os cristãos que os índios haviam matado, feitos em tantos pedaços, que não os podiam reconhecer. E embora aquela gente coma carne humana, não os haviam comido nem queriam aqueles índios tal carne, porque dizem que é muito salgada. E de suas palavras se teve suspeita que aqueles muitos pedaços, que faziam dos corpos mortos, era para provar se eram todos de um gênero, ou se havia algum sabor diferenciado entre tantos, para aviso de seu gosto no futuro...[86]

Durante o sítio de Tenochtitlán pelos espanhóis, um dos insultos mais comuns que os indígenas lançavam sobre os espanhóis era o seguinte: "Olhem quão maus e velhacos sois. Que até vossas carnes são más para comer, que amargam como o fel, que não as podemos tragar de amargor".[87]

Em sua *Historia de la Conquista de México*, diz Prescott:

> [...] ainda falta contar a parte mais abominável da história, a saber: o destino que se dava ao corpo do prisioneiro sacrificado. Entregavam-no ao guerreiro que o havia apreendido no combate, que, depois de despi-lo, servia-o em um banquete a seus amigos. Não era esta a horrível comida do faminto caribe, mas um banquete provido de deliciosas bebidas e delicadas iguarias, preparadas com arte, ao que assistiam pessoas de ambos os sexos, que, como veremos mais adiante, guardavam todo o decoro próprio de uma vida civilizada. Seguramente nunca a cultura e o extremo da barbárie se puseram em um contato tão íntimo.[88]

e) Como a Espanha afrontou o problema?

A existência da antropofagia, como dos sacrifícios humanos, mutilações e diferentes aberrações e excessos praticados na América, feriu profundamente a sensibilidade dos espanhóis e dos missionários; tanto mais quando puderam comprovar que estes costumes estavam generalizados e fortemente arraigados em suas culturas. Foi certamente um grande desafio para a Espanha e a Igreja confrontar esta situação. Recorreu-se sempre à persuasão, lograda pela via da catequização e da educação, dando satisfatórios resultados. Não obstante, entre os

---

86   Oviedo, op. cit., t. II, p. 359.
87   Citado por Bernal Díaz del Castillo, *Historia verdadera de la conquista de Nueva España*. Madri: Espasa-Calpe, Colección Austral, 1985, cap. 156, p. 391.
88   Prescott, op. cit., pp. 58–59.

povos mais belicosos, foi preciso recorrer a métodos de pressão mais diretos, por via da lei, qualificando-se o canibalismo como delito grave, sendo bem conhecida aquela lei ditada por Felipe II em 25 de janeiro de 1569.[89] Mas havia uma terceira maneira que permitira à Espanha alcançar seu objetivo sem exercer pressão: a introdução de gado maior ou menor — bovino, ovino, caprino, suíno — no continente. Explica-o claramente a historiadora tucumana Prebisch:

> A definição do termo *gado* basta para demonstrar a transcendência dessa importação: conjunto de animais mansos que se apascentam e andam juntos. Acrescentemos, de animais que possuem alto rendimento alimentício e muito variado aproveitamento. A este gado é preciso somar as chamadas galinhas de Castela, cujo valor alimentício o nativo reconheceu desde o primeiro momento. A introdução destes animais — que se multiplicaram de maneira admirável — modificou os hábitos alimentares dos indígenas e, no caso dos antropófagos, mudou-lhes a mentalidade. De pronto se encontraram com um fato revolucionário para eles: com muito pouco esforço e sem o doloroso custo de vidas humanas, dispunham de uma generosa fonte de proteínas animais que seu organismo requeria e que durante gerações haviam buscado por meios que incluíam devorar seus semelhantes.[90]

f) Casos recentes de canibalismo indígena

No ano de 2013, apareceu em alguns meios de comunicação uma notícia que parecia digna de um filme de ficção. Um engenheiro de informática espanhol, Jorge Pérez, que, ao que parece, pertencia a uma seita dedicada a ajudar as populações indígenas do Amazonas, havia sido seqüestrado por uma tribo canibal na selva dessa região. Afortunadamente, pôde escapar. Assim, relata sua experiência:

> Eu pertencia a uma seita que se chama Santo Daime, na qual tomamos bebidas sagradas dos incas e havia vários trabalhos que realizávamos ali, hospitais de selva para malária e coisas assim. Depois de nove anos, descubro que esta seita tinha atividades criminosas, prostituição infantil, tráfico de entorpecentes e muitas outras coisas e os denunciei para a Polícia Federal do Rio Branco. Quando os denunciei, enquanto investigam, mandam-me

---

89 Lei XII, Livro Sexto, Título II, cap. "De la libertad de los Indios". Citada por Teresa Prebisch, op. cit., p. 21.
90 Teresa Piossek Prebisch, op. cit., p. 22. Contudo, acrescenta em seguida a autora, "houve povos que não contaram com uma agricultura desenvolvida ou com gado de grande porte, nem sequer com animais de caça de grandes tamanhos, e que, no entanto, não recorreram à antropofagia. Este foi, por exemplo, o caso dos habitantes de Cuba, Haiti e Santo Domingo".

com uns indígenas que me drogam, envenenam e quase me matam. Estes indígenas tinham fotos e vídeos de trinta estrangeiros, dos quais reconheci desaparecidos em 2004 e 2007 e tinham fotos de práticas de canibalismo.

Entre outras coisas, assegurou ter sido testemunha do canibalismo e da desaparição de cerca de 29 jovens[91] do Peru, Colômbia, Itália, França e outros tantos países, e ter sido ele mesmo drogado e torturado pelos indígenas:

> Fizeram comigo absolutamente de tudo, emagreci dezessete quilos em trinta dias, davam-me água com gasolina, davam-me todo tipo de comida envenenada, diziam-me que se ficasse me comeriam, se escapasse me matariam.
>
> Tenho fotos de uma costela humana que estão despedaçando ali, com rins, uma carnificina e tenho todas as provas. Os rapazes desaparecem no Peru, Colômbia e Bolívia e não aparecem porque os matam no Brasil, são várias tribos indígenas que se dedicam a fazer isso, capturar rapazes e moças e desaparecem com eles.

O *site* que deu a notícia assinala que o espanhol apresentou vídeos e provas documentais no Brasil, Peru, Bolívia e agora o fará ante as autoridades da Colômbia.

Outra notícia que causou terror nos habitantes do Brasil foi a tortura, mutilação e assassinato de um jovem de dezenove anos por membros da etnia *kalina* — comendo depois o jovem. Apreendidos os culpados pelas autoridades do local — depois da investigação do fato —, em pouco tempo conseguiram escapar da prisão.[92]

Em 2014, a justiça boliviana processou um indígena da etnia *chimán* acusado de assassinar e comer o coração e a língua de um piloto de avião que havia se acidentado numa região de selva.[93] O investigador da causa descrevia o acusado da seguinte maneira: "É um psicopata e bruxo. Traz amuletos com ossos talvez de animais [...]". No mesmo

---

91   Notícia retirada do portal RCNRADIO, 30/05/12. Entre os jovens que denuncia como desaparecidos se encontram: Rafael Gutiérrez e Luis Carlos Arango, que desapareceram em Pucallpa; Marc Beltrán Olívez, que desapareceu em Loreto; Pablo Barbadillo, desaparecido em Madre de Dios e Omri Lahad entre Leticia e Iquitos. Entre os desaparecidos há italianos, franceses, espanhóis, alemães e colombianos. http://m.rcnradio.com/noticias/espanol-asegura-que-escapo--tribu-canibal-en-el-amazonas-2609.
92   Jornal *El País*, Uruguay. Cfr. http://www.elpais.com.uy/090210/ultmo-398068/ultimomomento/indigenas-acusados-de-canibalismo. A notícia e narração do fato por um telejornal brasileiro: http://www.youtube.com/watch?v=gUzfGCw1AZQ.
93   Infobae. 16/10/2014. Cfr. http://www.infobae.com/2014/10/16/1602128-investigan-un--indigena-canibalismo-bolivia/.

ano, na província panamenha de Bocas del Toro, encontraram-se restos corporais de duas turistas holandesas desaparecidas, presume-se que foram vítimas de uma tribo canibal que habita em suas selvas, conhecida pelo nome de "índios coelhos".[94]

Citamos somente alguns casos recentes. Existem, infelizmente, dezenas destes nos últimos anos.[95]

g) Nos estudos arqueológicos e antropológicos modernos

> *Nós não estamos inventando, existem evidências, nosso trabalho é equivalente ao trabalho de um médico legista: o estudo dos ossos diz que havia antropofagia naquela época, gostemos disso ou não.*[96]
>
> Juan Martín Rojas — arqueólogo.

Em 2005 foi publicada uma interessante nota jornalística intitulada "Los aztecas sí eran caníbales; hallan en Ecatepec utensilios de cocina al lado de huesos humanos". A nota apareceu no jornal *La Crónica de México*, baseada em uma investigação do Discovery Channel. Entre outras coisas, dizia o seguinte: "[...] Os astecas cozinhavam, arrancavam a pele e comiam seres humanos, de acordo com afirmações de arqueólogos mexicanos, inclusive do diretor do Museu do Templo Maior".

Como dissemos anteriormente, não foram poucos os historiadores do século passado que tentaram minimizar ou relativizar a prática do canibalismo por parte de grupos indígenas. Alguns, chegando mais longe inclusive, aventuraram-se a negar completamente a existência do canibalismo americano. Tudo isto contra as numerosas evidências existentes desde há séculos, minuciosamente documentadas e estudadas

---

94   http://www.taringa.net/posts/noticias/17923742/Posible-tribu-canibal-se-comio-a-holandesas.html. Ver também: http://www.critica.com.pa/nacional/las-holandesas-y-el-mito-de-los-indios-conejo-339518.
95   Para quem deseje consultar outros casos, não precisa mais que recorrer ao Google, onde vai se deparar com numerosos casos antigos e recentes.
96   Juan Martín Rojas Crónica, arqueólogo, curador da Sala de Origens Museu de Antropologia INAH, após as evidências de antropofagia encontradas recentemente na cidade de Cantona, México. Fonte: Crónica.com.mx (13/02/13). Cfr. http://www.cronica.com.mx/notas/2003/67805.html.

pela sociologia e pela antropologia; realidade que haviam aceitado sem maiores remorsos os próprios indígenas.

Entendemos que, nos tempos que correm, fazer concessões à Espanha ou à Igreja Católica é politicamente incorreto. E para aqueles que desejam uma carreira acadêmica acima de tudo, qualquer manifestação que tenda a desmitificar ou desidealizar o passado indígena é inconveniente para o *establishment*. Isto mesmo parece reconhecer o prestigioso antropólogo americano William Lipe, da Universidade Washington State, quando afirma que muitos arqueólogos foram relutantes em aceitar a existência do canibalismo "porque traz muitas implicações negativas".[97] Contudo, alguns se animaram a se renderem ante a evidência; muito antes dos últimos descobrimentos concludentes da arqueologia inclusive. William Prescott é um deles. E ninguém poderá acusá-lo de hispanista, como tampouco poderá fazê-lo com Marvin Harris ou Michael Harner, ambos reputadíssimos antropólogos. Este último, Harner, atreveu-se até mesmo a denunciar vários de seus colegas, especialmente do México, por ocultar evidências e informações acerca do canibalismo indígena na Mesoamérica.

Os recentes descobrimentos conquistados pela arqueologia e pela antropologia, especialmente no México, não deixam mentir e terminam de confirmar uma realidade que vinha sendo cada dia mais patente: que o canibalismo indígena pré-colombiano não somente não é um mito, mas que foi praticado de forma generalizada, e nem sempre com fins rituais.

No ano 2000, no sudoeste do estado do Colorado, EUA, um grupo de investigadores americanos encontrou evidência de canibalismo praticado por indígenas da tribo anasazi, que habitava a região em 1150.[98]

No mês de julho de 2011, confirmou-se que esta prática foi comum entre os xiximies, que habitaram as montanhas de Durango, no norte do México, em meados do século XV. Os investigadores concluíram que, pelo menos, 80 por cento dos restos humanos ali achados "têm traços de cortes e de terem sido fervidos", segundo confirmava naque-

---

97 Traduzido do inglês para o espanhol pelo autor. Tomado do *site* The Seattle Times, edição virtual, 22/05/13. Cfr. http://community.seattletimes.nwsource.com/archive/?date=20000907&slug=4041058.
98 The Seattle Times, edição virtual, 22/05/13.

le momento o Instituto Nacional de Antropologia e História (INAH) do México.[99] Em agosto de 2006, na área arqueológica de Tecuaque, descobriu-se uma nova evidência: "Meia centena de pessoas foram desmembradas, cozidas e ingeridas por grandes senhores", afirma Enrique Martínez, especialista do INAH. "Os restos revelam a presença de taínos (indígenas das ilhas caribenhas), espanhóis, mulatos, negras, negros, mulatas, mestiços, tabasquenhos, maias, totonacos, tlaxcaltecas; além de crianças (de quatro ou cinco anos) e mulheres grávidas (entre dezoito e vinte anos) que também foram sacrificados; os restos dos nonatos foram encontrados durante os trabalhos de salvamento".

No caso de Cantona, Puebla, eles estavam nos enchimentos das estruturas; tratam-se de fragmentos de ossos. Uma das características principais é que apresentam cocção; quer dizer, foram fervidos com finalidades gastronômicas.

> Há uma característica taxonômica que pode distinguir entre um osso que foi cozido com músculo e um osso que foi cozido já sem carne. O osso cozido com músculo apresenta uma aparência gordurosa e uma coloração amarelo-avermelhada; os ossos do crânio são translúcidos contra a luz, e também devem apresentar marcas de corte. Em outros casos apresentam o que alguns investigadores chamam de Pot Polich: no cozimento dentro da panela, o osso vai girando e as partes maiores dele, ao bater nas paredes do recipiente, vão-se limando e fica uma parte vermelha e polida. Pois bem, suponhamos que foram consumidos de maneira gastronômica, porém dentro de um rito. Esta carne não se comia maciçamente, mas através do famoso churrasco,

explica o arqueólogo Jorge Arturo Talavera.[100]

O arqueólogo Michel Graulich acrescenta finalmente o seguinte: "O banquete antropófago era um evento religioso e social muito importante. Comia-se o morto divinizado, unia-se com ele, porém também se tratava de uma ocasião para convidar e honrar os familiares, para fazer relações com personagens importantes, para ganhar prestígio, e em tudo isto se podia gastar o produto de anos de trabalho".[101]

---

99 SDP Noticias, 21/07/11. Cfr. http://www.sdpnoticias.com/cultura/2011/07/21/confirman--evidencias-de-canibalismo-en-pueblo-indigena-de-durango.
100 Os estudos de Talavera sobre o canibalismo são mencionados também no livro *Guerreros astecas*, de Marco Antonio Cervera Obregón (Madri: Ediciones Nowtilus, 2011).
101 Michel Graulich. Revista *Arqueología mexicana*, vol. XI, n. 63, pp. 16–21.

O arqueólogo e especialista cubano em medicina legal e vice-presidente da Sociedade Espeleológica, Ercilio Vento Canosa, oferece detalhada conta da evidência encontrada na ilha sobre a prática de canibalismo:

> Não foi fácil e, contudo, as provas não mentem. Tropecei com ossos durante mais de três décadas e muitos deles apresentavam as mesmas evidências. A maioria das ossadas é de extremidades inferiores de jovens, fraturadas no fêmur. São ossos queimados de maneira seletiva com mostras de maior cozimento em certas partes, sem dúvida expostos ao fogo [...] No local onde apareceram, não se encontraram crânios nem vértebras; e algo muito importante: os sinais de violência não aconteceram quando ainda vivos. Foram preparados depois de mortos.[102]

Citamos somente uns poucos achados arqueológicos que provam cientificamente a existência, freqüência e ferocidade desta prática no continente.

---

[102] A evidência foi encontrada por arqueólogos cubanos nas margens do Rio Canímar, na província ocidental de Matanzas e na chamada Cueva del Infierno, localizada nas cercanias da localidade havaneira de Tapaste. CubaNet News, 15/09/1997. Cfr. http://www.cubanet.org/htdocs/CNews/y97/sep97/15o2.htm.

CAPÍTULO VII

O que mudou com a chegada da Espanha e dos missionários?

> *Todo o mundo indígena sabia que uma mudança religiosa se impunha.*[1]
>
> Jean Dumont

Esclarecimento preliminar: Embora seja nossa intenção tratar de todos os fatos posteriores a 1492 — ou seja, referente ao período propriamente espanhol —, no terceiro volume desta obra,[2] consideramos proveitoso dar ao leitor uma brevíssima mostra; uma sucinta amostra geral acerca das conseqüências mais notórias que aos indígenas americanos significou a chegada da Espanha e dos missionários católicos.

a) A mudança anunciada

A chegada dos europeus à América foi antecipada para os indígenas por seus próprios "bruxos" e sacerdotes, por presságios e profecias. Os presságios astecas anunciavam que o retorno do deus Quetzalcóatl se

---
[1] Jean Dumont, artigo: "La primera liberación de América", revista *Verbo*, nº 267, outubro de 1986, p. 85.
[2] Até o momento desta tradução, ainda não publicado. — NT

daria no final do reinado de Montezuma, e que o faria sob a forma de um homem branco. Segundo este relato, antes de sua chegada, ocorreriam uma série de fenômenos naturais e catástrofes. Os testemunhos assim o anunciavam: "Daqui a muito poucos anos nossas cidades serão destruídas e assoladas, nós e nossos filhos mortos...".

E preveniam o imperador: "[...] perdereis todas as guerras que começares e outros homens com as armas se farão donos destas terras...".

As profecias começaram a se cumprir aos três anos da ascensão de Montezuma ao trono. Em 1510, aconteceu um eclipse do sol e a aparição de um cometa. Em pouco tempo, Hernán Cortés desembarcou nas costas do México...

No império dos incas a chegada dos espanhóis também foi precedida por anúncios e profecias. Anunciavam-se fenômenos naturais: raios, cometas e mudanças na cor do sol e da lua. O cronista Garcilaso de la Vega conta a respeito: "Houve grandes terremotos e tremores de terra (pouco antes dos espanhóis chegarem) que, embora sejam freqüentes no Peru, notaram que os tremores eram maiores que os comuns, e que caíam muitos montes altos".

Os incas esperavam também o retorno de um deus salvador, Viracocha. Por isso, quando tiveram notícias da chegada de Pizarro, muitos creram que era a divindade esperada: "Quem pode ser senão Viracocha... era de barba negra e outros o acompanhavam de barbas negras e vermelhas".

Estes místicos prognósticos, nos quais os indígenas criam cegamente, tinham antecedentes e, segundo suas próprias crônicas, haviam conseguido predizer grandes acontecimentos. Várias das culturas que desapareceram misteriosamente da face da terra ou mesmo foram vítimas de invasões de tribos rivais ou de desastres naturais (como maias, toltecas, teotihuacanos etc.) haviam sido avisados de sua futura destruição por meio de sinais de similar natureza. Portanto, em rigor, a chegada de Cristo e da Espanha à América os havia inquietado, certamente, mas não surpreendido, aterrado ou desconcertado por completo. Estas mudanças, mais ou menos repentinas, eram algo natural em sua história milenar. Se não tivesse sido o espanhol, seguramente uma grande porção das culturas indígenas teria sido cooptada por outras etnias ou raças indígenas (muitas vezes cultural e religiosamente completamente diferentes deles), como costumava acontecer com menor ou maior freqüência naquela América pré-cortesiana.

b) *O que fez a Espanha?*

Mal que lhes pese aos ourives ideológicos de panos vermelhos, o verdadeiramente certo e provado é que a chegada dos espanhóis supôs um grande alívio às massas e um desgosto, logicamente, às classes dirigentes, que não podiam já valer-se do suor e do sangue do povo para conservar seu *status quo*. Realidade esta patente na grande adesão que o povo simples e as classes baixas — somado aos povos vilmente asfixiados e submetidos — prodigalizaram para a causa hispano-católica, ansiosos por libertarem-se das pesadas cadeias impostas pelos imperadores, nobres e demais setores influentes e potentes do mundo indígena. Sob os espanhóis, todo homem contava com os mesmos direitos, e só podia ascender em consideração aquele que por seus méritos o merecesse.

A Espanha não chegou na América para instaurar fábricas, mas para povoar os mais recônditos lugares do continente, abrindo caminhos, vencendo a selva, assimilando os indígenas em uma cultura comum, ensinando-lhes seus direitos e também suas obrigações para com a comunidade. Chegaram os hispanos a construir, a civilizar, em contraste aos saxões do norte da América cuja empresa foi exclusivamente mercantilista — como no resto de suas colônias —, fato que se manifesta claramente em seus assentamentos quase exclusivamente costeiros e a edificação de numerosas docas e portos que lhes permitiam transladar facilmente as riquezas metálicas e matérias-primas levadas para a Inglaterra. Ao contrário dos espanhóis, que buscaram a assimilação com as culturas existentes, mesclando-se com os índios, criando uma nova raça, a dos mestiços — a *raça cósmica* no dizer do grande José Vasconcelos —, os saxões evitaram por todos os meios possíveis a mescla de sangue com esses seres que consideravam notavelmente inferiores, indignos de sua linhagem. Isto explica também o extermínio e/ou deslocamento forçado e sistemático que fizeram dos nativos, dos quais hoje não existe quase rastro de sua passagem pelo continente.

Este contraste de procedimentos observado entre hispanos e saxões poderia ser explicado em grande medida pelo arquétipo de sociedade a que correspondia um e outro povo. O saxão, como quase todos os países europeus da época, encontrava-se completamente imbuído de doutrinas revolucionárias derivadas do movimento que se deu em chamar *humanista*, surgido na Itália no século XIV. Este homem, filho do renascimento italiano, rechaçava o modelo antigo de sociedade feudal, cavalheiresca e moralista; porém sobretudo cristocêntrica. A palavra empenhada não significava nada enquanto não a mediava um contrato escrito. Não somente se rompeu com esta ordem, mas se propôs uma subversão completa de seus estandartes e valores. Assim, o individualismo e utilitarismo político e econômico sobrepuseram-se ao ideal transcendente, espiritual e moral que propunha o medievo. Maquiavel é, talvez, o modelo mais puro que podemos mencionar de homem tipicamente renascentista. Isto explica por que, para os ingleses, holandeses e, em grande medida, franceses, o valor da América era considerado na medida dos recursos que dela se pudesse extrair. Por isso consideravam o indígena como um obstáculo para sua missão; era considerado, pura e simplesmente, um selvagem, um ser inferior, que não merecia consideração alguma, com o qual, logicamente, não desejavam contaminar seu sangue. E assim, vemos claramente nas normativas de seus reis que não se faz referência senão a mercadorias e dinheiro; e se aparece o *índio*, é para ordenar o extermínio e/ou realocação dos que cruzassem seu caminho.

O espanhol, ao contrário, era um homem regiamente medieval. Era duríssimo — é certo — contra aqueles que violentavam a ordem estabelecida e os preceitos morais e religiosos; não tolerava a aceitação e menos ainda a difusão do erro. Porém, ao contrário dos protestantes, era muito mais duro consigo mesmo que com os demais. A consciência é o principal martirizador da alma espanhola; é algo de que não pode e não quer desligar-se, para além do que o Direito Positivo permita, seus motivos são sempre religiosos: teológicos. Urge-lhe em todo momento ter a certeza de estar atuando cristãmente; não existia naqueles séculos homem mais autocrático que o espanhol. Nada existe de mais importante que a salvação da alma. Quando percebe que atuou injustamente, busca sem perda de tempo a forma de expiar seu pecado; seja mediante a autoflagelação, o cumprimento de alguma pena ou sacrifício, ou mesmo prestando qualquer serviço em favor da cristandade; oferecendo sua vida se for preciso, como aqueles cruzados medievais que partiram sabendo que não voltariam para suas famílias, porém que estariam em paz com Deus. E esta cosmovisão da vida, da transcendência sobre o material, é comum a todos por igual: a reis, governadores, soldados e conquistadores, até o último homem daquele régio império. Esta mentalidade, este sentir, é claro no próprio Carlos v, quando — talvez exageradamente escrupuloso, como faz notar Enrique Díaz Araujo — interroga-se constantemente sobre a legitimidade dos Justos Títulos do descobrimento;[3] ordenando para este propósito a realização de uma junta com os mais excelsos teólogos e moralistas do império para tratar este assunto, suspendendo momentaneamente a empresa americana. Alguém imagina a Rainha Isabel da Inglaterra envolvida em dúvidas e conflitos de consciência sobre a licitude de sua incursão na América ou de suas colônias, e sobre o trato a dar aos naturais daquelas terras?

Esta preocupação de tratar justamente o indígena, podemos observá-la desde o começo da empresa transoceânica, com Isabel, a Católica, ordenando a Colombo que libertasse os índios que havia trazido como escravos, proibindo dali em diante a escravização de qualquer indígena, que considerava tão vassalos seus como o cristão mais velho de Castela. A mesma atitude seguem ao pé da letra todos os monarcas da Casa da Áustria, sem exceção, com suas centenas de decretos reais, leis, normativas e disposições emitidas a este respeito; que deram origem ao que deu em chamar-se o Direito Indiano; todas elas reunidas na *Recopilación de las Leyes de Indias de 1680*; uma obra-prima legislativa e moral, totalmente revolucionária para sua época — máxime considerando o processo saxão no norte do continente.

A Espanha regulou o regime de trabalho e dispôs um limite para as jornadas laborais: ninguém podia trabalhar mais que oito horas. Sim! As modernas oito horas eram uma realidade séculos antes que aparecessem na América os Palácios, Perón, Irigoyen ou os comunistas *teóricos*.

---

3   Este problema de consciência em Carlos v, com respeito ao descobrimento, é tratado de forma precisa por Enrique Díaz Araujo, particularmente em seu trabalho *Los Protagonistas del Descubrimiento de América*. Buenos Aires: Ciudad Argentina, 2002.

Houve inclusive disposições reais para que os índios não fossem empregados como carregadores — ofício duríssimo durante o despotismo indígena — nem outros trabalhos considerados inumanos. Embora os trabalhos nas minas persistissem com os espanhóis, pois era esta uma atividade necessária para a economia, ordenou-se que ninguém podia trabalhar ali perpetuamente, mas por um período de um ano.

E para supervisionar e assegurar que estas disposições se cumprissem rigorosamente, ali estavam os missionários franciscanos, jesuítas e dominicanos, entre outros. Quando algum *encomendero* abusava dos índios, elevavam-se milhares de vozes contra este delito; provenientes tanto de espanhóis como de religiosos, que informavam imediatamente o rei, exigindo o castigo do infrator. Não importava a qualidade ou *status* do abusador — vice-rei, governador, conquistador, adiantado ou comissário —; todos eram denunciados se não cumpriam com seu trabalho e com sua missão cristã. Para isso se criou o Juízo de Residência, que era uma avaliação à qual se submetia todo governante depois de finalizado seu mandato de regência. Se se descobria negligência, abuso de poder ou qualquer outra irregularidade, eram encarcerados; como de fato aconteceu a muitos, segundo mostram os registros. Alguém imagina Montezuma, Atahualpa e seus funcionários, ou mesmo os presidentes atuais com seus ministros, processados e encarcerados por um mau governo?

Não necessitaram os espanhóis das exagerações de um De las Casas para tomarem nota de alguns abusos existentes e solucionar tais desvarios. Existiam no continente egrégios e santos missionários como Montesinos, Montelia e o resto dos denominados "doze Apóstolos" e uma infinita legião de religiosos. Existiram abusos e pessoas que não respeitavam os regulamentos reais e pontificais? É claro que as houve, já que eram humanos aqueles que vieram para a América, não extraterrestres. Se assim não houvesse sido, tratar-se-ia de um feito completamente sobrenatural.

Porém, o que se deve considerar e avaliar aqui é o claro caráter excepcional dos abusos havidos; ocorridos, particularmente, durante as primeiras décadas da conquista ou exploração, onde não existia ainda um corpo uniforme de leis a esse respeito. É preciso entender também que a Espanha se encontrou com uma realidade inesperada com sua chegada no continente.

As leis emanadas de Roma e da Coroa com respeito aos índios foram sempre, desde o primeiro momento, muito claras. Muitas vezes algumas normativas necessitavam ser ratificadas ou derrogadas e outras, novas, deviam ser postas em prática. Porém a recepção delas, logicamente, não era imediata, já que a distância entre ambos os continentes era, em tempo aproximado, de dois meses. É certo que alguns comissários se protegiam, às vezes, em razões como estas para aludir desconhecimento dessas leis, conquanto isto não faz mais que nos levar ao princípio recém-enunciado: tratamos de exceções à regra.

Portanto, caberá insistir e reiterar o seguinte: o descobrimento não foi uma empresa renascentista, suscitada e composta por meros aventureiros sem outro afã que experimentar novos rumos, buscando butins de toda ordem. Estes imigrantes europeus foram, no dizer de Dom Vicente Sierra, soldados que pareciam missionários e missionários que pareciam soldados; cuja primeira e máxima ambição era ganhar terra para a Coroa, como leais súditos que eram, e almas para Cristo, como católicos piedosos e resolutos. Não há razões melhores que possam explicar o magnânimo trabalho espanhol e católico na América do que as que acabamos de mencionar.

c) *O que mudou com a Espanha?*

Bem suscintamente, mencionemos alguns dos aspectos mais conhecidos e determinantes:

I — Proibiram-se os sacrifícios humanos.

II — Proibiu-se a prática da antropofagia.

III — Libertou-se e foram salvos os povos indígenas das garras dos despóticos impérios ou caciques a que estavam submetidos.

IV — Gerou-se uma nova raça: o mestiço, que, eventualmente, passará a ocupar funções relevantes tanto no plano político como no religioso.

V — A educação passou a ser livre e aberta: para todos por igual, sem distinção de classe social, sexo ou etnia. Para tal, foram criadas centenas de escolas, universidades, escolas de ofícios etc.

VI — Quando das épocas de epidemias, pestes e enfermidades, construíram-se um sem-fim de hospitais, dos quais se encarregavam majoritariamente os missionários, cuidando também das famílias dos enfermos (que em sua grande maioria eram indígenas).

VII — Os trabalhos deviam ser remunerados e regulados por uma série de disposições que evitou — salvo exceções — a exploração do indígena.

VIII — Os indígenas tinham direito de protestar, iniciar processos e apelações contra espanhóis ou outros indígenas que tivessem violado seus direitos ou afetado sua fama ou pessoa de alguma forma. Ademais, as leis dispunham que ante igual delito, o castigo devia ser muito mais severo se quem o cometia era espanhol.

IX — Pouco a pouco, os indígenas foram se convertendo à religião verdadeira, entregando-se voluntariamente ao único Deus, Jesus Cristo, salvando assim sua alma. Dela aprenderam conceitos como misericórdia, solidariedade e caridade.

X — Não podiam ser processados pelo Tribunal da Inquisição, por tratar-se de neófitos na religião.

Não serão razões suficientes para convir que a ação espanhola e cristã na América foi benéfica para todos?

Nós cremos que sim.

Veritas vincit.

CAPÍTULO VIII
Epílogo Galeato[1]

Esta segunda parte fecha a primeira desta coleção que chamamos *1492: Fim da barbárie e começo da civilização na América*, e que compreende, em verdade, parte significativa da história, costumes e usos dos povos indígenas mais importantes do continente até a chegada de Cristóvão Colombo.

Por conseguinte, visto o que foi visto e com o intento de deixar solução definitiva a esta questão, terá forçosamente que perguntar o seguinte: de que espiritualidade falam aqueles que incensam tão laudatoriamente os denominados "povos originários"? Qual é a cultura, raça ou civilização que reivindicam em sua totalidade tão vivamente? Qual seria a sabedoria e exemplaridade que seus pluriformes e sangüinários deuses nos legaram? Que parte de seu totalitário regime sociopolítico deveria nos servir como exemplo? Quais os usos e costumes deveríamos nós outros, pertencentes à civilização ocidental, emular festivamente? Quais seriam os conhecimentos técnicos-científicos que perduram até hoje e que adotamos, que melhoraram notoriamente nossa qualidade de vida? De que "bondade ingênita" dos indígenas falam quantos escrevem a história pré-hispânica do continente americano?

---

1   Dito do prólogo ou proêmio de uma obra: que a defende dos reparos e objeções que se lhe puseram ou se lhe podem pôr. — NT

É curioso — tragicômico, para dizer a verdade — que aqueles que idealizam estes povos se definam a si próprios como ateus, agnósticos, direito-humanistas, pluralistas, democráticos, garantistas no jurídico, imanentistas no filosófico, distribucionistas no econômico, eqüitativos no social, internacionalistas no político (lutando pelo fim das fronteiras e soberanias nacionais), feministas, *gay friendly* e tudo quanto está em voga hoje em dia. Todavia, na maioria dos casos, essas "culturas" representam o completo oposto disso.

Existem questões que são objetivamente "más", e não há aqui — nem se deve deixar tampouco — espaço algum para a ingerência dos relativismos em voga tão atuais e difundidos pelos ideólogos que ao mesmo tempo servem como historiadores, sociólogos e juízes, e que buscam nos educar sobre a moral humanitária. Enfim, qual mercadores do Pensamento Manufaturado que, contrariando toda normativa historiográfica e de sentido comum, evitam distinguir, separar, analisar os fatos, omitindo e mentindo descaradamente em semelhantes medidas, para que tudo endureça com seu premeditado pensamento; atribuindo a este, isso sim, quanto sofisma e preconceito estiver ao alcance. E devemos consignar que esta falta de honestidade intelectual não é somente própria de panfletários, odiadores de barricada e autores menores como o opinólogo alugado Felipe Pigna, senão que se converteu em um vício congênito da academia, a qual se presume científica, criteriosa e equilibrada. Tudo o que é preciso fazer é voltar-se para o CONICET, outrora um respeitável instituto, tornado usina cultural e política do marxismo, onde pululam de tudo, menos livres-pensadores.

Matar um inocente não somente "é mau", mas além de constituir um indizível ato de covardia, é de uma vileza inescusável. Se isto é assim, que dizer daqueles que assassinavam crianças e mulheres? E daqueles que os comiam? E daqueles que, além de prostituir seus próprios filhos, vendiam-nos como escravos e/ou para serem devorados e sacrificados? E daqueles que comandavam açougues humanos, onde compravam-se livremente seres humanos para executá-los e oferecê-los em abastado festim antropofágico? E que dizer de quantos mantinham relações sexuais — tanto heterossexuais como homossexuais, obrigados ou não — com crianças de quatro ou cinco anos?

Parece incrível que seja preciso explicar tamanhas obviedades de jardim de infância (fartamente documentadas), e que por denunciá-las e repudiá-las categoricamente seja alguém repreendido, difamado e censurado pela tão humanitária Polícia do Pensamento, quando não perseguido social e judicialmente. Contudo, dado o caso tão singular como inexplicável do auge do indigenismo a nível mundial, e a ignorância e desinformação existentes em torno deste assunto, cremos necessário — melhor, imperativo — dizer algumas coisas a respeito.

O indigenismo como variante ideológica da esquerda vernácula (que hoje acompanha a direita partidária e sua versão de centro) encerra em si mesma um pensamento destrutor (que não faz mais que semear a ira e os ódios entre os homens, fomentando o materialismo), e tem um objetivo muito claro: ao mesmo tempo que idealiza os povos pré-colombianos, busca demonizar a Espanha e, muito fundamentalmente, a Igreja Católica, pretendendo dar o golpe de misericórdia final em sua influência no mundo para deixar assim uma via livre para as hostes do imanentismo antropocêntrico.[2]

Duas mostras claras do que implica o indigenismo consumado e institucionalizado politicamente no século XXI nos oferecem tristemente os célebres casos das organizações criminosas Tupac Amarú (ao norte de nosso país) e dos mapuches no sul. Ambas exibindo uma violência inaudita em seus respectivos domínios, não satisfeitas com a incalculável quantidade de terras e recursos recebidos do Estado, realizam atividades terroristas, assassinando e semeando o terror na sociedade, pretendendo inclusive a separação territorial da Argentina (os mapuches reclamam nada menos que um terço da extensão territorial do país e parte importante do Chile). Os embaraçosos casos de corrupção da organização liderada pela inefável Milagros Salá (defraudando o Estado em 30 milhões de pesos) são somente comparáveis à de sua êmula Hebe de Bonafini e sua Fundação "Sueños Compartidos", onde, entre

---

2   A respeito das distintas variantes que a esquerda utiliza estrategicamente para impor seu pensamento desagregador, saíram recentemente dois excelentes livros. O primeiro, de Nicolás Márquez e Agustín Laje Arrigoni, intitulado *El libro negro de la nueva izquierda*, [traduzido no Brasil com o título de *O Livro Negro da Nova Esquerda*. Editora Danúbio, 2019 — NT]. O segundo, de Pablo Dávoli e Lucas Carena, intitulado *La guerra invisible*, editado pelos autores em Buenos Aires, 2016. Os primeiros editam um jornal digital denominado *Prensa Republicana*, e os segundos conduzem um programa de TV digital chamado *La Brújula*, emitido semanalmente por TLVI. Recomendamos vivamente ao leitor consultar ambas as publicações.

outras irregularidades, comprovou-se ter havido um desvio de mais de 200 milhões de pesos com os fundos oficiais destinados ao programa de moradias. O que aprenderemos disso tudo?

Com assustadora documentação e recorrendo a indiscutíveis autoridades na matéria (caso de antropólogos, etnólogos, arqueólogos, além de cronistas e historiadores), mencionamos neste trabalho cada uma das bestialidades praticadas freqüentemente e de forma generalizada por grande parte das diferentes culturas indígenas americanas.

Esperamos ter sido de alguma utilidade para lançar alguma luz neste assunto, e que se reconheça de uma vez por todas que o que de melhor poderia ter acontecido com os indígenas foi a chegada da Espanha e dos missionários católicos (como reconheceram depois muitos dos próprios indígenas).

Encontrar-nos-emos novamente, paciente leitor, na próxima obra desta série. Obrigado.

O autor.

¡Santiago y cierra, España!

Anexo I

I — **Mentiras indigenistas sobre Ceferino Namuncurá (por Federico Gastón Addisi)**[1]

A decisão da Igreja Católica, através de Sua Santidade Bento XVI, de declarar Ceferino Namuncurá como beato, durante o ano passado, dividiu a comunidade indígena a respeito da opinião que merecia este fato.

Enquanto grande parte dos indígenas sentiu uma profunda alegria, houve outro setor que levantou as piores falácias históricas para desabonar tão santo e feliz episódio. Como mostra deste último grupo, pode-se mencionar o Sr. Jorge Nahuel, titular da *Dirección de Pueblos Originarios de la Secretaría de Ambiente de la Nación* e responsável da *Coordinadora de Organizaciones Mapuches*. Este senhor expressou dolorosos e falsos argumentos contra a beatificação, que nos dão lugar para refutar, por seu intermédio, as mentiras indigenistas sobre nosso querido Ceferino Namuncurá, como assim também, assinalar verdades que pelo contrário se ocultam.

Sobre o tema, disse o nomeado Nahuel: "Para nós é um ato de manipulação do Vaticano: tomam uma figura simbólica para propaganda com uma cosmovisão totalmente distinta do povo mapuche",

---

[1] Federico Gastón Addisi. Cfr. https://sites.google.com/site/federicoaddisi/articulos/hispanidad.

e considerou que Ceferino "é um símbolo de uma pessoa arrancada de sua terra e de sua família pela Igreja, que o terminou levando para Roma, porém morreu aos dezoito anos de tuberculose, uma das doenças impingidas aos povos originários por soldados e missionários".

Até aqui a falácia indigenista, agora a verdade histórica.

Primeiramente, devemos assinalar que as investigações e observações que a Igreja fez sobre a vida e obra de Ceferino são de muitos anos atrás (depois de anos de investigações eclesiásticas, em 1972 o Papa Paulo VI ditou o decreto de Heroicidade das Virtudes e declarou Ceferino *venerável*) e, após 35 anos, em 2007, o Papa Bento XVI declarou Ceferino Namuncurá *beato*. O senso comum leva à conclusão de que, pela seriedade e o tempo que levou a "manipulada" beatificação, ela não foi manipulação, mas um verdadeiro ato de amor e reconhecimento da parte da Igreja para com um de seus filhos. E se o exposto não basta, caberia perguntar aos indigenistas que falam de "manipulação", por que a Igreja não declarou Ceferino santo no lugar da "menos marqueteira" figura de beato?

Em segundo lugar, diz-se que se escolheu uma "figura com uma cosmovisão totalmente distinta". Isto tampouco é certo, porque grande parte do povo de Ceferino, ao cruzar do Chile para a Argentina (por volta de 1830), foi se convertendo à fé católica. Em especial, esta cosmovisão teve lugar pela ação realizada pelos salesianos na região de Aluminé, onde até o próprio chefe da tribo, Manuel Mamuncurá, recebeu a Confirmação e a Primeira Comunhão, e sua tribo foi catequizada e batizada. Dom Juan Cagliero contou que, naquela jornada, o cacique, com júbilo, ia dizendo: "Eu muito contente, eu viver cristão, minha família também, eu bom argentino, e minha gente querendo ser cristãos todos; agora poder morrer feliz, morrer agora bom cristão". Anos antes, exatamente em 24 de dezembro de 1888, o Padre Domingo Milanesio, missionário conhecido como "o apóstolo dos indígenas", havia batizado o filho do cacique e de Rosario Burgos: Ceferino Namuncurá. Tudo isto parece ser desconhecido, ou omitido maliciosamente pelos indigenistas que se empenham em negar a cristianização e a mestiçagem que sofreram ao mesclar-se com "o homem branco". Obviamente, não desconhecemos que deve haver um importante número de nativos que ainda mantêm suas antigas crenças religiosas, porém isto não os autoriza a falar de cosmovisões totalmente opostas em uma linguagem dialética onde se antepõe o cristão e o indígena.

Em terceiro lugar, dizer que Ceferino "é símbolo de uma pessoa arrancada de sua terra e de sua família pela Igreja" é uma inverdade digna de ignorantes. É célebre, e se encontra em todas as biografias sobre Ceferino, a frase que ele disse ao seu pai tendo somente onze anos, pedindo-lhe que o levasse para Buenos Aires para estudar, porque — disse ele — "quero ser útil aos da minha raça". Diante desse pedido, o velho cacique Namuncurá leva seu filho para a cidade de Buenos Aires onde, a pedido do General Luis María Campos, ingressa nas Oficinas Nacionais que a Marinha tinha em Tigre.[2] Onde está o despojo da Igreja "arrancando de sua terra e de sua família" a Ceferino? Esta vida não resultou no agrado de Ceferino, que pediu novamente a seu pai que o mudasse de lugar, e é por intermédio de seu pai que ele ingressa em 1897 no Colégio Pio IX do bairro de Almagro. Em 1898, depois de preparar-se, Ceferino recebeu a Primeira Comunhão na igreja paroquial São Carlos, e um ano depois, a Confirmação. Sua devoção por Nosso Senhor e pela Igreja Católica era tão grande que sua conduta era digna de ser imitada. Mostra disto é a carta que em seguida reproduzimos.

> Viva Jesus, Maria e José!
> Viedma, 23 de junho de 1904
>
> R. P. Juan Beraldi,
>
> Cumpro com o dever de amor e gratidão que devo a V. R. por meio desta humilde cartinha. Amanhã é o dia de seu onomástico, dia de seu muito querido santo protetor, São João Batista.
>
> Quisera ser um grande orador para demonstrar-lhe meu grande agradecimento, porém não sou e, ainda que fosse, isto não bastaria para cumprir e satisfazer todo inteiro seu amor, benevolência e carinho que para mim, humilde e pobre pessoa, tem V. R. Poderei enumerar os favores de que dia-a-dia me faço devedor, especialmente os favores espirituais de Vossa Reverência?
>
> Certamente que não, é impossível. E que farei? Dar-te-ei muitos dinheiros? Não. Muitas e grandes extensões de terra? Tampouco. Muitos

---

2 Cidade da Argentina pertencente à grande Buenos Aires. — NT

animais de todos as espécies? Menos, porque nenhum destes bens possuo. Darei coisas superiores. Farei a Santa Comunhão por Vossa Reverência? Sim. Muitas orações? Perfeitamente.

Isto me pede o meu anjo da guarda. E me sugere que o segundo agrada muito mais a sua reverência que se lhe fossem dados todos os primeiros.

Receba, amadíssimo pai, minhas felicitações, muitas prosperidades e bendições do Todo-poderoso e Ele se digne conceder-lhe muitos anos de vida para bem da humanidade. Agradeço-lhe de todo o coração pelos preciosos presentinhos de crucifixos, medalhas, estampas e demais presentes que me deu à mão-cheia neste curto tempo que está nesta santa casa.

Apresento-lhe ao mesmo tempo os agradecimentos de minha pobre família que habita em Junín de los Andes pelos favores espirituais que V. R. dignou-se fazer-lhe no ano de 1901 estando em missão. Rogo-vos filialmente que não se esqueça em suas fervorosas orações, de modo especial na Santa Missa.

Este seu humilde filho em Jesus e Maria,
Ceferino Namuncurá

N.B.: Passe uma muito boa festa. Viva São João Batista!!!

II — Discurso de Juan Domingo Perón de 12 de outubro de 1947, em homenagem a Cervantes[3]

Não me consideraria no direito de levantar minha voz no solene dia em que se festeja a glória da Espanha, se minhas palavras tivessem que ser tão-somente elogio de circunstâncias ou simples roupagem que vestisse uma conveniência ocasional. Vejo-me impulsionado a expressar meus sentimentos porque tenho a firme convicção de que as correntes de egoísmo e as encruzilhadas de ódio que parecem disputar a hegemonia do orbe serão sobrepassadas pelo triunfo do espírito que foi capaz de dar vida cristã e sabor de eternidade ao Novo Mundo.

Não me atreveria a levar minha voz aos povos que, junto com o nosso, formamos a Comunidade Hispânica, para realizar tão-somente uma comemoração protocolar do Dia da Raça. Unicamente pode justificar que rompa meu silêncio a exaltação de nosso espírito ante a contemplação reflexiva da influência que, para tirar o mundo do caos em que se debate, pode exercer o tesouro espiritual que encerra a titânica obra cervantina, suma e compêndio apaixonado e brilhante do imortal gênio da Espanha.

Ao impulso cego da força, ao impulso frio do dinheiro, a Argentina, co-herdeira da espiritualidade hispânica, opõe a supremacia vivificante do espírito.

Em meio a um mundo em crises e uma humanidade que vive aconchegada pelas conseqüências da última tragédia e inquieta pela hecatombe que pressente; em meio à confusão das paixões que estalam sobre as consciências, a Argentina, a ilha da paz, deliberada e voluntariamente, faz-se presente neste dia para render cumprida homenagem ao homem cuja figura e obra constituem a expressão mais acabada do gênio e da grandeza da raça.

E através da figura e da obra de Cervantes vai o homem argentino à pátria mãe, fecunda, civilizadora, eterna, e a todos os povos que saíram de seu maternal regaço. Por isso estamos aqui, nesta cerimônia que tem

---

3 Juan Domingo Perón, 12/10/47. Discurso na Academia Argentina de Letras por motivo da homenagem a Cervantes. Cfr. http://archivoperonista.com/discursos/juan-domingo-peron/1947/discurso-enacademia-argentina-letras-motivo-homenaje-cervantes.

a hierarquia de símbolo. Porque recordar Cervantes é reverenciar a mãe Espanha; é sentirmo-nos mais unidos que nunca aos demais povos que descendem legitimamente de tão nobre tronco; é afirmar a existência de uma comunidade cultural hispano-americana de que somos parte e de uma continuidade histórica que tem na raça sua expressão objetiva mais digna, e no Quixote a manifestação viva e perene de seus ideais, de suas virtudes e de sua cultura; é expressar o convencimento de que o alto espírito senhoril e cristão que inspira a hispanidade iluminará o mundo quando se dissiparem as névoas dos ódios e dos egoísmos. Por isso rendemos aqui a dupla homenagem a Cervantes e à raça.

Homenagem, em primeiro lugar, ao grande homem que legou à humanidade uma obra imortal, a mais perfeita que em seu gênero foi escrita, código de honra e breviário do cavaleiro, poço de sabedoria e, pelos séculos dos séculos, espelho e paradigma de sua raça.

Destino maravilhoso o de Cervantes que, ao escrever *El Ingenioso Hidalgo Don Quijote de la Mancha*, descobre no mundo novo de sua novela, com o grande fundo da natureza filosófica, o encontro cortês e a união entranhável de um idealismo que não acaba e de um realismo que se sustenta na terra. E, ademais, caridade e amor à justiça, que entraram no coração mesmo da América; e são já os séculos os que mostram, no labirinto dramático que é esta hora do mundo, que sempre triunfa aquela concepção clara do risco pelo bem e a ventura de todo afã justiceiro. O saber "julgar-se inteiro" de nossos gaúchos é a empresa que ostentam orgulhosamente os "quixotes de nossos pampas".

Em segundo lugar, seja nossa homenagem à raça a que pertencemos. Para nós outros, a raça não é um conceito biológico. Para nós é algo puramente espiritual. Constitui uma suma de imponderáveis que faz com que nós sejamos o que somos e nos impulsiona a ser o que devemos ser, por nossa origem e nosso destino. Ela é o que nos aparta de cair no remedo de outras comunidades cujas essências são estranhas à nossa, porém que, com caridade cristã, aspiramos compreender e respeitamos. Para nós a raça constitui nosso selo pessoal, indefinível e inconfundível.

Para nós outros latinos, a raça é um estilo. Um estilo de vida que nos ensina a saber viver praticando o bem e nos ensina a saber morrer com dignidade.

Nossa homenagem à mãe Espanha constitui também uma adesão à cultura ocidental.

Porque a Espanha trouxe ao Ocidente a mais valiosa das contribuições: o descobrimento e a colonização de um novo mundo ganhado para a causa da cultura ocidental. Sua obra civilizadora cumprida em terras da América não tem equivalente na história. É única no mundo. Constitui seu mais qualificado brasão e é o melhor timbre da raça, porque toda a obra civilizadora é um rosário de heroísmos, de sacrifícios e de exemplares renúncias.

Sua empresa teve a marca de uma autêntica missão. Ela não veio às Índias ávida de ganâncias e disposta a voltar as costas e marchar uma vez espremido e saboreado o fruto. Chegava para que fosse cumprida a formosa realidade do mandato póstumo da Rainha Isabel de "atrair os povos das Índias e de convertê-los ao serviço de Deus". Trazia para isso a boa-nova da verdade revelada, expressada no idioma mais belo da terra. Vinha para que esses povos se organizassem sob o império do direito e vivessem pacificamente. Não aspirava destruir o índio, mas ganhá-lo para a fé e dignificá-lo como ser humano... Era um punhado de heróis, de sonhadores transbordantes de fé. Vinham enfrentar o desconhecido; não o deserto, não a selva com suas mil espécies onde a morte aguardava o passo do conquistador no cenário de uma terra imensa, misteriosa, ignorada e hostil.

Nada os deteve em sua empresa; nem a sede, nem a fome, nem as epidemias que assolavam suas hostes; nem o deserto com seu monótono desamparo, nem a montanha que lhes cerrava o passo, nem a selva com suas mil espécies de obscuras e desconhecidas mortes. A tudo se sobrepuseram. E é aí, precisamente, nos momentos mais difíceis, nos que se os vê maiores, mais serenamente donos de si mesmos, mais conscientes de seu destino, porque neles parecia haver-se feito alma e figura a verdade irrefutável de que "é o forte o que cria os acontecimentos e o débil o que sofre a sorte que lhe impõe o destino". Porém, nos conquistadores, parecia que o destino era traçado pelo impulso de sua férrea vontade.

Como não podia ocorrer de outra maneira, sua empresa foi desprestigiada por seus inimigos, e sua epopéia objeto de escárnio, pasto da intriga e alvo da calúnia, julgando-se com critério de mercadores o que havia sido uma empresa de heróis. Todas as armas foram provadas: recorreu-se à mentira, tergiversou-se quanto se havia feito, teceu-se em seu entorno uma lenda eivada de fábulas e se a propalou aos quatro ventos.

E tudo, com um propósito avesso. Porque a difusão da Lenda Negra, que pulverizou a crítica histórica séria e desapaixonada, interessava duplamente aos aproveitados detratores. Por um lado, servia-lhes para ultrajar a cultura herdada pela comunidade dos povos irmãos que constituímos a Hispano-América.

Por outro, procurava fomentar assim, em nós, uma inferioridade espiritual propícia a seus fins imperialistas, cujos assalariados e elevadíssimos vozeiros repetiam, por encargo, o ameaçador estribilho cuja remunerada difusão corria por conta dos chamados órgãos de informação nacional. Este estribilho foi o da nossa incapacidade para manejar nossa economia e interesses, e a conveniência de que nos dirigissem administradores de outras culturas e de outra raça.

Duplo agravo se nos inferia: além de ser uma mentira, era uma indignidade e uma ofensa a nosso decoro de povos soberanos e livres.

Espanha, novo Prometeu, foi assim amarrada durante séculos à rocha da História.

Porém, o que não se pôde fazer foi silenciar sua obra, nem diminuir a magnitude de sua empresa que ficou como magnífico aporte à cultura ocidental. Ali estão, como prova credível, as cúpulas das igrejas surgindo nas cidades fundadas por ela; ali suas leis das Índias, modelo de equanimidade, sabedoria e justiça; suas universidades; sua preocupação pela cultura, porque

> convém — segundo se lê na Nova Recopilação — que nossos vassalos, súditos e naturais, tenham nos reinos das Índias universidades e estudos gerais onde sejam instruídos e graduados em todas as ciências e faculdades, e pelo muito amor e vontade que temos de honrar e favorecer aos de

> nossas Índias e desterrar delas as trevas da ignorância e do erro, criam-se universidades gozando os que fossem graduados nelas das liberdades e fraquezas de que gozam nestes reinos os que se graduam em Salamanca.

Seu zelo por difundir a verdade revelada porque — como também diz a Recopilación —

> tendo-nos por mais obrigados que nenhum outro príncipe do mundo a procurar o serviço de Deus e a glória de seu santo nome e empregar todas as forças e o poder que nos deu, em trabalhar que seja conhecido e adorado em todo o mundo por verdadeiro Deus como o é, felizmente conseguimos trazer ao grêmio da Santa Igreja Católica as inumeráveis gentes e nações que habitam as Índias ocidentais, ilha e terra firme do mar oceano.

A Espanha levantou cidades, edificou universidades, difundiu a cultura, formou homens, e fez muito mais: fundiu e confundiu seu sangue com a América e marcou suas filhas com um selo que as faz, se bem distintas da mãe em sua forma e aparência, iguais a ela em sua essência e natureza. Incorporou à sua a expressão de um aporte forte e transbordante de vida que renovava a cultura ocidental com o ímpeto de uma energia nova.

E ainda que tenha havido erros, não esqueçamos de que essa empresa, cujo dever a antigüidade clássica discernira aos deuses, foi aqui cumprida por homens, por um punhado de homens que não eram deuses embora os impulsasse, é certo, o sopro divino de uma fé que os fazia criados à imagem e semelhança de Deus. São homens e mulheres dessa raça os que em heróica comunhão rechaçam, em 1806, o estrangeiro invasor, e o fidalgo chefe que obtinha a vitória ameaça com "pena da vida ao que os insulte". É ramo deste tronco o povo que em maio de 1810 assume a revolução recém-nascida; é sangue desse sangue o que vence gloriosamente em Tucumán e Salta e cai com honra em Vilcapugio e Ayohuma; é a que anima o coração de outros montoneros; é a que bule no espírito revoltoso e indômito dos caudilhos; é a que incende os homens que em 1816 proclamam à face do mundo nossa independência política; é a que agitada corre pelas veias dessa raça de titãs que cruzam as ásperas e desoladas montanhas dos Andes, conduzidas por um herói em uma marcha que tem a majestade de um friso grego; é a que ordena os homens que forjam a unidade nacional, e a que alenta aos que organizaram a República; é a que se derramou generosamente quantas vezes foi necessário para defender a soberania e a dignidade do país; é a mesma que moveu o povo a reagir sem jactância porém com irredutível firmeza quando alguém ousou imiscuir-se em assuntos que não lhe incumbiam e que correspondia somente à nação resolvê-los; dessa raça é o povo que lançou seu anátema àqueles que não foram zelosos custódios de sua soberania, e com razão, porque sabe e a verdade o assiste, que quando um Estado não é dono de seus atos, de suas decisões, de seu futuro e de seu destino, a vida não vale a pena de ser ali vivida; dessa raça é esse povo, este povo nosso, sangue de nosso sangue e carne de nossa carne, heróico e abnegado povo, virtuoso e digno, altivo sem alardes e cheio de intuitiva sabedoria, que pacífico e laborioso em sua jornada diária se joga sem alardes à vida com naturalidade de soldado, quando uma causa nobre assim o requer, e o faz com generosidade de Quixote, seja desde o anônimo e obscuro fosso de uma trincheira ou assumindo em defesa de seus ideais o papel de primeiro protagonista no cenário turbulento das ruas de uma cidade.

Senhores: a história, a religião e o idioma nos situam no mapa da cultura ocidental e latina, através de sua vertente hispânica, na qual o heroísmo e a nobreza, o ascetismo e a espiritualidade, alcançam suas mais sublimes proporções. O Dia da Raça, instituído pelo presidente, perpetua em magníficos termos o sentido desta filiação. "A Espanha descobridora e conquistadora", diz o Decreto,

> despejou sobre o continente enigmático e magnífico o valor de seus guerreiros, o esforço de seus exploradores, a fé de seus sacerdotes, a perceptibilidade de seus sábios, as obras de seus trabalhadores, e, com a junção de todos estes fatores, realizou o milagre de conquistar para a civilização a imensa herança em que hoje florescem as nações às quais deu, com a levedura de seu sangue e com a harmonia de sua língua, uma herança imortal que devemos afirmar e manter com jubiloso reconhecimento.

Se a América esquecesse a tradição que enriquece sua alma, romperia seus vínculos com a latinidade, evadir-se-ia do quadro humanista que lhe demarca o catolicismo e negaria a Espanha, ficaria instantaneamente vazia de coerência e suas idéias careceriam de validez. Já o disse Menéndez y Pelayo: "Onde não se conserva piedosamente a herança do passado, pobre ou rica, grande ou pequena, não esperemos que brote um pensamento original, nem uma idéia dominadora". E situado nas antípodas de seu pensamento, Renán afirmou que "o verdadeiro homem de progresso é o que tem os pés enraizados no passado".

O sentido missional da cultura hispânica, que catequistas e guerreiros introduziram na geografia espiritual do Novo Mundo, é valor incorporado e absorvido por nossa cultura, o que suscitou uma comunidade de idéias e ideais, valores e crenças, a qual devemos preservar de quantos elementos exóticos pretendam manchá-la. Compreender esta imposição do destino é o primordial dever daqueles a quem a própria vontade pública ou o prestígio de seus trabalhos intelectuais lhes habilita para influir no processo mental das multidões. De minha parte, esforcei-me em resguardar as formas típicas da cultura a que pertencemos, traçando-me um plano de ação do qual pude dizer — em 24 de novembro de 1944 — que "tende, antes de tudo, a mudar a concepção materialista da vida por uma exaltação dos valores espirituais".

Precisamente essa oposição, essa contraposição entre materialismo e espiritualidade, constitui a ciência do Quixote. Ou, mais propriamente, representa a exaltação do idealismo, refreado pela realidade do sentido comum. Daí a universalidade de Cervantes, a quem, no entanto, é preciso identificar como gênio autenticamente espanhol, tal que não pode conceber-se como não seja na Espanha.

Esta solene sessão, que a Academia Argentina de Letras quis pôr sob a advocação do gênio máximo do idioma no IV Centenário de seu nascimento, traduz — ao meu modo de ver — a decidida vontade argentina de reencontrar as rotas tradicionais nas quais a concepção de mundo e da pessoa humana se originam na onda espiritual greco-latina e na ascética grandeza ibérica e cristã. Para participar nesse ato, preferi trazer, em vez de uma exposição acadêmica sobre a imortal figura de Cervantes, sua palpitação humana, sua funda vivência espiritual e sua suprema graça hispânica. Sua vida, e em sua obra, personifica a mais alta expressão das virtudes que nos incumbe resguardar. Enquanto uns sonhavam e outros seguiam indolentes em sua incredulidade, foi gestando-se a tremenda subversão social que hoje vivemos e que preparou a crise das estruturas políticas tradicionais. A revolução social da Eurásia foi se estendendo para o Ocidente, e os cimentos dos países latinos do oeste europeu estalam ante a proximidade de exóticos carros de guerra. Pelos Andes assomam sua cabeça pretendidos profetas a soldo de um mundo que abomina a nossa civilização, e outro trágico paradoxo parece pairar sobre a América ao ouvir-se vozes que, com a escusa de defender os princípios da democracia (embora no fundo queiram proteger os privilégios do capitalismo), permitem a entronização de uma nova e sangrenta tirania.

Como membros da comunidade ocidental, não podemos subtrair-nos de um problema que, por não resolvê-lo com acerto, pode derrubar um patrimônio espiritual acumulado durante séculos. Hoje, mais que nunca, deve ressuscitar-se Dom Quixote e abrir-se o sepulcro do Cid Campeador.

III — Decreto da presidência do governo de Francisco Franco de 10 de março de 1958, declarando o dia 12 de outubro festa nacional, sob o nome de Dia da Hispanidade[4]

Decreto de 10 de janeiro de 1958 pelo qual se declara o dia 12 de outubro festa nacional, sob o nome de "Dia da Hispanidade". É desejo tradicional do povo espanhol ver anual e solenemente comemorado o aniversário do descobrimento da América. Nenhuma outra façanha alcança tanta grandeza, e dentro de nossa humana dimensão não encontraremos data de maior transcendência na história do mundo. Já desde o século passado, tão legítima aspiração foi recolhida em acertadas iniciativas oficiais. Assim, no Decreto Real assinado no Monastério de Santa Maria da Rábida, o doze de outubro de mil oitocentos e noventa e dois, sendo Rainha Regente da Espanha Dona Maria Cristina de Habsburgo, e Presidente do Conselho de Ministros Dom Antonio Cánovas del Cartillo, o Estado espanhol, ao celebrar o IV Centenário do Descobrimento, manifestava de modo explícito seu propósito de instituir como festa nacional o aniversário do dia em que as caravelas de Palos de Moguer chegaram às costas de Guanahaní, com o pendão de Castela na proa, e na vela da vara, a Cruz. Com os anos, este sentimento se difundiu por toda a extensão das terras hispânicas. Foi inolvidável privilégio da República Argentina e de seu insigne Presidente Dom Hipólito Irigoyen estender a todo o âmbito da hispanidade a celebração da Festa do Descobrimento, até então limitada a simples e comovedores atos rituais, sem reconhecimento oficial. Desperta incontida emoção a leitura do preâmbulo do Decreto do Presidente Irigoyen, que ao declarar, em mil novecentos e dezessete, festa nacional o doze de outubro de cada ano, consagrava "essa festividade em homenagem à Espanha, progenitora de nações, às quais deu, com a levedura de seu sangue e com a harmonia de sua língua, uma herança imortal que devemos afirmar e manter com jubiloso reconhecimento". O exemplo argentino conseguiu uma imediata adesão por parte das nações hispano-americanas, provando-se pela via de tão fervorosa unanimidade que havia nisto algo mais profundo que um

---

4   Boletim Oficial do Estado, Madri, 08/02/1958, nº 34, pp. 203–204. Cfr. http://www.filosofia.org/ave/001/a224.htm.

mero afã de ritos perecíveis. O governo espanhol, querendo elevar à máxima categoria legislativa a comemoração da gesta descobridora, e dando cumprimento à promessa contida no Decreto de doze de outubro de mil oitocentos e noventa e dois, apresentou às Cortes do Reino, e elas aprovaram, a Lei de quinze de junho de mil novecentos e dezoito, que leva a augusta sanção de Sua Majestade Dom Alfonso XIII, e o referendo de seu Presidente do Conselho de Ministros, Dom Antonio Maura. Não seria justo limitar hoje a comemoração do descobrimento à recordação de um passado incomparavelmente grande e belo. A comunidade hispânica de nações — que convive fraternalmente na Península e no Novo Continente com a Comunidade Luso-Brasileira — tem o ineludível dever de interpretar a hispanidade como um sistema de princípios e de normas destinado à melhor defesa da civilização cristã e ao ordenamento da vida internacional ao serviço da paz. Por isso, devemos entender principalmente este aniversário como uma promissora vertente para o futuro; e a própria hispanidade como doutrina de fé, de amor e de esperança que, assegurando a liberdade e a dignidade do homem, alcança com idêntico rigor a Espanha e todos os povos da América Hispânica. O Decreto de vinte e três de dezembro de mil novecentos e cinqüenta e sete, pelo qual se estabelece o calendário oficial de festas, atribui em seu artigo oitavo ao governo a faculdade de declarar festas aqueles dias que por muitos assinalados motivos o mereçam. Pelo que precede, estima-se conveniente unificar as diversas disposições vigentes sobre a comemoração anual do doze de outubro, e em sua virtude, tendo em conta a Lei de trinta e um de dezembro de mil novecentos e quarenta e sete e de vinte e três de dezembro de mil novecentos e cinqüenta e sete, a proposta dos Ministério de Assuntos Exteriores e de Educação Nacional, prévia à deliberação do Conselho de Ministros, disponho:

Artigo primeiro. — A data de doze de outubro de cada ano terá caráter permanente de festa nacional, para todos os efeitos, com a denominação de "Dia da Hispanidade".

Artigo segundo. — Encomenda-se ao Instituto de Cultura Hispânica a organização dos atos que o Estado espanhol disponha para celebrar o aniversário do Descobrimento da América.

Artigo terceiro. — As representações diplomáticas da Espanha no estrangeiro se associarão aos atos comemorativos do doze de outubro que organizem os governos e as instituições culturais e sociais, tanto nas nações irmãs da América como naqueles outros países nos quais se exalte a significação hispânica da gesta do Descobrimento. Quando não estiver prevista a adequada comemoração, as representações diplomáticas da Espanha cuidarão de organizar os atos que estimem necessários para realçar tão gloriosa efeméride.

Artigo quarto. — O Ministério da Educação Nacional adotará as medidas oportunas que assegurem a colaboração dos centros docentes espanhóis nos atos comemorativos do Dia da Hispanidade.

Artigo quinto. — Ficam expressamente derrogadas quantas disposições se oponham ao que determina o presente decreto. Assim o disponho pelo presente decreto, dado em Madri a dez de janeiro de mil novecentos e cinqüenta e oito.

Francisco Franco

O Ministro Subsecretário da Presidência do Governo,
Luis Carrero Blanco.

(Boletim Oficial do Estado,
Madri, 8 de fevereiro de 1958, nº 34, pp. 203–204)

IV — Decreto de 4 de outubro de 1917, quando o Presidente Hipólito Yrigoyen promulgou o decreto que instituiu o dia 12 de outubro como "Dia da Raça", declarando este dia como festa nacional (conseguindo que quase todos os países americanos aderissem a esta celebração)[5]

Que dizia aquele decreto de Yrigoyen?

1º. "O descobrimento da América é o acontecimento mais transcendental que realizou a humanidade através dos tempos, pois todas as renovações posteriores derivam deste assombroso sucesso que, ao ampliar os limites da terra, abriu insuspeitados horizontes ao espírito".

2º. "Que se deveu ao gênio hispano intensificado com a visão suprema de Colombo, efeméride tão portentosa, que não fica inscrita ao prodígio do descobrimento, mas que se consolida com a conquista, empresa esta tão árdua que não tem termo possível de comparação nos anais de todos os povos".

3º. "Que a Espanha descobridora e conquistadora lançou sobre o continente enigmático o magnífico valor de seus guerreiros, o ardor de seus exploradores, a fé de seus sacerdotes, a perceptibilidade de seus sábios, a obra dos seus trabalhadores, e derramou suas virtudes sobre a imensa herança que integra a nação americana".

Portanto, sendo eminentemente justo consagrar a festividade da data em homenagem à Espanha, progenitora das nações às quais deu com a levedura de seu sangue e a harmonia de sua língua uma herança imortal, devemos afirmar e sancionar o jubiloso reconhecimento, e o poder executivo da nação:

"Artigo primeiro: declara-se festa nacional o 12 de outubro".

---

5 Decreto 7112/1917 pelo qual se declara festa nacional o dia 12 de outubro. Cfr. http://revista-arbil.es/114raza.htm.

"Artigo segundo: comunique-se, publique-se, dê-se ao Registro Nacional e arquive-se".

(*Assinado*) Hipólito Yrigoyen — R. Gómez — D. S. Salaberry — F. Álvarez de Toledo — J. S. Salinas — H. Pueyrredón — Elpidio González — Pablo Torello.

V — Felipe (resposta do Dr. Antonio Caponnetto ao Dr. Ricardo Cardinali)[6]

Dr. Ricardo Cardinali:

Meu caro:

Um amigo, algo propenso ao sadismo e à briga, dá-me notícia de uma epístola que lhe teria feito chegar um tal de *Felipe, o Pignoso*, resposta a uma ou várias notas suas anteriores. Além disso, une-me à sua réplica, solicitando-me que opine. Li ambas as missivas e me apresso em fazer-lhe chegar somente ao senhor minhas censuras.

Verá por quê.

O senhor não entendeu, com Aristóteles, que em toda comparação entre o mal e o bem, sofre o bem. De modo que a gente não pensará quão magnânimo é Felipe que dialoga com Cardinali, senão o que terá feito Cardinali para andar trocando *e-mails* com o libretista de Pergolini. Afie sua metanóia, amigo.

Tampouco teve o senhor o que nos pede o bom pai São Jerônimo, isto é, que com os hereges nem a linguagem em comum se pode ter. Muito mais se — como neste caso — o suposto heresiarca é um pobre moço desalinhado e lúbrico, analfabeto funcional, fabricador de *best-seller*, cartaginês de crematísticas habilidades, compendiador de quantas estultícias abarrotaram liberais e marxistas os claustros universitários, filho fiel do insensato gramsciano, da ignorância ciclópica do *mass media*, e da insolente baboseira jornalística.

Em terceiro lugar, não entendeu o senhor que, se é alto mérito refutar estes selvagens da *intelligentsia* — pois com Santo Tomás aprendemos *que é* tarefa expiatória do apologista, enquanto ler e fustigar os desavisados implica um *labor improbus* e em conseqüência uma mortificante ascese —, tal mérito torna-se ocasião de pecado, quando o refutado começa a considerar-se interlocutor válido. O senhor acredita que está falando com um historiador, ou um ideólogo, ao menos

---

6   O artigo que segue, de tom acentuadamente irônico, foi remetido por Antonio Caponnetto ao Dr. Cardinali, em sinal de cordial apoio ante o debate que este estava levando patrioticamente a cabo contra o desventurado Pigna.

com um panfletista de monta, e desconhece que apenas se trata de um exitoso mercador devotado à indústria dos livros para a praia. Ah, Cardinali! Se o apologeta tem que ir buscar no esgoto o seu material de trabalho, mais necessita ofício de encanador que vocação de escritor. E não encontrará confessor — sequer um Padre Pocho Brizuela, digamos — que lhe aconselhe a mergulhar no esgoto moral. Tarefas como as que o senhor se propôs não são próprias da ciência, mas da *polícia bibliográfica* com que sonhava Ramón Doll, egrégio gordo.

Há várias coisitas mais que o senhor não entende, e que o *carayca-rético* personagem lhe pôs em evidência.

Por exemplo, que a epistemologia acaba de encontrar uma *scienza nuova*, e não a de Vico, mas "a antropologia, a multiculturalidade e demais". Deixai que lhe explique, pois levo vários anos fatigando a linha Mitre em horas de pico como para não ter um *mestre honoris causa* em tal disciplina.

Se matam índios os espanhóis, são genocidas. Se centenas de milhares de indígenas morreram massacrados nas mãos dos despóticos Estados indígenas e de seus cruéis caciques, é um fenômeno multicultural. Se milhares de indígenas perderam suas vidas escravizados, trabalhando na construção de monumentos faraônicos para uma organização política tribal sustentada no terror, falar-se-á dos avançados testemunhos arquitetônicos pré-colombianos. Se os próprios índios suavam na *mita* ou no *yanaconazgo*, dir-se-á que os espanhóis eram uns incorrigíveis sangüinários. Se algum galego destratava uma tribo, cairá sobre ele a acusação de programar o holocausto. Se se descobrem os horrorosos crimes rituais dos índios, "não devemos tratar de explicar esta atitude em termos morais" diz Von Hagen (cfr. *World of the maya*, Nova Iorque, 1962; e *The Aztecman and tribe*, Nova Iorque, 1962), porque ademais são "de uma beleza bárbara" acrescenta Vaillant (cfr. *The aztecs of Mexico*, 1961). Se a Espanha traz suas doenças para a América, e por causa dela muitos nativos perecem, aplicar-se-á a tese homicida de George Kubler. Se grandes quedas demográficas indígenas se produziram por suas próprias e repugnantes atrocidades, era um ajuste malthusiano. Se os católicos propunham comungar o Corpo de Cristo, eram antropófagos. Se os indígenas comiam crus os seus congêneres, a tal manducação "tinha um sentido humano e teológico profundo, era o rito essencial da renovação cósmica" (Enrique Dussel, *Historia General de la Iglesia en América Latina*. Salamanca, 1963). Se os conquistadores davam e recebiam surras por todo lado, não menos que de nazistas se qualificará suas condutas. Porém se se conhecem com terrificantes detalhes os atos canibais dos índios, eles serão a simbologia da palingênese arcaica (cfr. Blanco Villata, *Ritos caníbales en América*. Buenos Aires, 1970). Se comissários passados por malandros não pagavam o salário mínimo, vital e móvel a seus encomendados, serão porcos capitalistas. Se as múmias achadas em Llullaillaco demonstram que as crianças sacrificadas foram mumificadas vivas após não poucas penúrias, afirmar-se-á que "são as múmias mais bem conservadas do mundo" (cfr. *La Nación*, Buenos Aires, 5/04/2002, p. 18), e que qualquer protesto a respeito supõe não entender da *Weltanschauung* primitiva.

A esta altura de meus exemplos, o senhor me dirá que "a antropologia, a multiculturalidade e demais" — ciência invocada por Felipe — é uma variante vulgar do relativismo ético, tão reprovada por nosso bem-amado Bento. Claro, o próprio relativismo ético que de modo ultrapassado ensina Mariano Grondona em *Bajo el imperio de las ideas morales* e *Los pensadores de la libertad*, duas obras fundamentais do filósofo televisivo. E também poderia dizer-me o senhor, com acuidade que lhe concedo, que esta glorificação da raça neocontinental, em que reside "a semente" do porvir, livre "das caducas envolturas do Velho Continente", é a mesma exaltação da indianidade que faz López Rega em sua *Astrología Esotérica* (Buenos Aires: Rosa de Libres-Kier, 1962). Está entendendo, Cardinali, por que Felipe o remete às fontes?

Deixo para o final o mais grave que o senhor não entende.

E é que este novel historiador da *Escola Pergolinesca* não deseja "justificar os invasores", como Hernán Cortés ou Repsol, e que se está referindo, segundo declara, aos índios "taínos, exterminados por seus amados conquistadores em somente trinta anos e que não praticavam nenhum sacrifício humano".

Novamente e com paciência, explico-lhe.

Os taínos invadiram a Quisqueya no século VIII, despejando os habitantes locais. Porém, tal como Castell, puderam provar que foi com o beneplácito dos donos do local, de modo que não se poderá chamar a isto de ocupação ilegal nem extorsão, nem bloqueio. Ademais, e certamente, não praticaram nenhum sacrifício humano. Mantinham em campos de trabalho forçado nas *naborías*, porém eles, como diria Fontanarosa, tomavam-no qual *terapia ocupacional*, conscientes de que era o mínimo que podiam fazer para justificar a futura existência da "antropologia, da multiculturalidade e demais". Também enterravam vivas as esposas favoritas, embora — como os chiquillos de Llullaillaco — parece que previamente as drogavam um pouco para que não exagerassem no escândalo ao despertar-se. De modo que morriam cornudas porém sem sobressaltos, se se me permite a incorporação das categorias morais da antiga era cristã.

Não obstante a mão dura para o gineceu, os taínos ou arawaks eram brandos com respeito aos varões e outros gêneros lacanianos; por isso tribos indígenas belicosas abusaram de suas debilidades. Como os caribes, terrível povo antropófago que atacava suas aldeias, roubando as mulheres e as crianças, e cujas presunções os dizimaram, além de suas práticas canibais. Precisamente para defendê-los dos caribes atuaram os espanhóis quando chegaram. Prática estendida a favor de muitíssimos povos indígenas no século XVI. Mas se confundiria novamente o senhor se supusesse que os hispanos o faziam como gaúchos puros ou cristãos velhos. Não; o que sucede é que os taínos eram colaboracionistas.

Felipe diz que os galaicos mataram os taínos, porém cala os massacres executados pelos caribes, causa eficiente original da crise demográfica daquela etnia, a que eruditamente aludiram investigadores como Frank Moya Pons (cfr. v. g. *La sociedad taína*, 1973) e Roberto Cassá (cfr. v. g. *Los taínos en la Española*, 1974), que não são precisamente dois reacionários como o senhor. E desconhece completamente o estudo de Lyne Guitar, "*Documentando el mito de la extinción de la cultura taína*", publicado em 2002 na *Revista de la historia y antropología de los indígenas del Caribe*; estudo no qual a autora, que tampouco é falangista, refuta com probidade a anacrônica Lenda Negra lascasiana a que adere o Pignoso, concluindo com documentadas razões que

> a maioria dos taínos morreram de doenças como sarampo e influenza porque não tinham imunidades, e depois de 1519, de varicela [...] entre

oitenta por cento e noventa por cento dos indígenas morriam de pestilências. Muitas vezes as pestilências chegavam antes que os espanhóis por meio de mensageiros indígenas com notícias de regiões já infectadas com micróbios mortais. Uma perda de uns oitenta até uns noventa por cento é tão assombrosa, tão horrível, que oculta o fato de que dez ou vinte por cento dos taínos sobreviveram.

Se o senhor não me crê, Cardinali, de que os taínos sobreviveram à repressão virótica, aos grupos de tarefa do *paramyxovirus do gênero Morbillivirus* e aos centros clandestinos da *varicela-zóster*, pode consultar o profuso álbum fotográfico do atual povo taíno, obra da supracitada Lynne Guitar, que encontrará no mágico Google tão-somente teclando o seu nome. E se mesmo assim o senhor insiste em dá-los por desaparecidos, não tenho mais remédio que direcioná-lo para a nona Carlotto, doutora *honoris causa*, como se sabe.

Deixo por hoje de retê-lo e chamá-lo à ordem. Espero que tudo isto lhe sirva de lição, como disse o General Menéndez ao retornar das Malvinas.

Porém não espere novas comunicações minhas. O senhor é um *peronista em atividade*, segundo se define informaticamente. E eu sou um gorila ocioso.

Seu,
Antonio Caponnetto

VI — Testamento da senhora Rainha Católica Dona Isabel, feito na vila de Mediana del Campo, a doze de outubro do ano de 1504[7]

Em nome de Deus Todo-poderoso, Pai, Filho e Espírito Santo, três Pessoas em uma essência Divina, Criador e Governador universal do Céu e da terra, e das coisas visíveis e invisíveis; e da gloriosa Virgem Santa Maria, sua Mãe, Rainha dos Céus e Senhora dos Anjos, nossa Senhora e Advogada, [...].

[...] quero e mando que meu corpo seja sepultado no Monastério de São Francisco, que é na Alhambra da Cidade de Granada, sendo religiosos ou religiosas da dita ordem, vestida no hábito do bem-aventurado Pobre de Jesus Cristo São Francisco, em uma sepultura baixa que não tenha vulto algum, salvo uma lousa baixa no solo, simples, com suas letras esculpidas nela; porém quero e mando que se o Rei meu senhor escolher sepultura em qualquer outra parte ou lugar destes meus Reinos, que meu corpo seja ali transladado e sepultado, junto ao corpo de sua Senhoria, porque o ajuntamento que tivemos vivendo e em nossos ânimos, espero, na misericórdia de Deus, tornar a que no Céu o tenham e representem nossos corpos na terra.

Outrossim, conformando-se com o que devo e sou obrigada de direito, ordeno e estabeleço e instituo por universal herdeira de todos os meus Reinos, e Terras, e Senhorios, e de todos meus bens terrenos, depois dos meus dias, à Ilustríssima Princesa Dona Joana, Arquiduquesa da Áustria, duquesa de Borgonha, minha muito cara, e muito amada filha, primogênita, herdeira e sucessora legítima dos meus ditos Reinos e Terras e Senhorios; a qual depois que Deus me levar, intitule-se Rainha.

E mando a todos os Prelados, Duques, Marqueses, Condes, Ricos homens, Priores das Ordens, Comendadores, Subcomendadores e Alcaides dos Castelos e fortes e aos meus Adiantados e Meirinhos e a todos os Conselhos, Alcaides, Alguaciles, Regentes, Vinte e Quatro Cavaleiros Jurados, Escudeiros Jurados, Oficiais e Homens bons de todas as Cidades e Vilas, e Lugares, dos meus ditos Reinos, e Terras, e Senhorios, e a todos os outros meus vassalos e súditos e naturais, de

---

[7] Publicado em De la Torre e del Cerro, A.; Alsina, E. (viúva de la Torre), Testamentaria de Isabel, a Católica, Barcelona, 1974.

qualquer estado ou condição ou preeminência e dignidade que seja, e a cada um e a qualquer deles pela fidelidade, e lealdade e reverência e obediência e sujeição e vassalagem que me devem, e a que me são adscritos e obrigados como a sua Rainha e Senhora natural, e sob virtude dos juramentos, e fidelidades e pleitos e homenagens que me fizeram no tempo que eu ascendi nos meus ditos Reinos e Senhorios que cada um, e quando aprouver a Deus de me levar desta presente vida, os que ali se encontrarem presente depois, e os ausentes dentro do termo que as Leis destes meus Reinos dispõem em tal caso, façam e recebam, e tenham à dita Princesa Dona Joana minha filha por Rainha verdadeira, e Senhora natural proprietária dos meus ditos Reinos e Terras e Senhorios, e alcem pendores por ela, fazendo a solenidade que em tal caso se requer, e deve, e se costuma fazer; e assim a nomeiem, e intitulem d'ora em diante e lhe dêem e prestem e exibam e façam dar, e prestar e exibir, toda fidelidade e obediência e reverência e sujeição e vassalagem que como súditos e naturais vassalos lhe devem, e são obrigados a lhe dar, e prestar, e ao Ilustríssimo Príncipe Dom Felipe meu muito caro e muito amado filho, como a seu marido; e quero e mando que todos os Alcaides dos Alcáceres e Fortalezas, e Tenentes de quaisquer Cidades e Vilas e Lugares dos meus ditos Reinos e Senhorios, façam depois juramento e obediência em forma de homenagem, segundo costume e foro de Espanha, por elas à dita Princesa minha filha, e de as ter e guardar com toda fidelidade e lealdade para seu serviço e para a Coroa Real dos meus ditos Reinos, durante o tempo que as mandar ter; o qual tudo mando que assim façam e cumpram realmente, e com afeto, todos os supraditos Prelados e Grandes e Cidades e Vilas e Lugares e Alcaides e Tenentes, e para os outros supraditos meus súditos, e naturais, sem embargo nem dilação, nem contrário algum, que seja ou possa ser, só aquelas penas e caos em que incorrem e caem os vassalos e súditos que são rebeldes e inobedientes à sua Rainha, e Princesa, e Senhora natural, e lhe denegam o senhorio e sujeição e vassalagem e obediência e reverência, que naturalmente lhe devem e são obrigados a lhe dar e prestar.

Bem assim, considerando quando eu sou obrigada a olhar pelo bem comum destes Reinos e Senhorios, assim tenho a obrigação que como Rainha e Senhora deles lhes devo, como pelos muitos serviços que de meus súditos e vassalos recebi; e considerando assim mesmo que a melhor herança que posso deixar para a Princesa e o Príncipe meus filhos, é dar ordem como meus súditos, e naturais, que lhes tenham o amor e lhes sirvam lealmente, como ao Rei meu senhor e a mim serviram; e que pelas leis e ordenanças destes meus ditos Reinos, feitas pelos Reis meus progenitores, está mandado que as Alcaidias e Tenências e Governação das Cidades e Vilas e Lugares e Ofícios que têm anexa jurisdição de alguma em qualquer maneira, e os ofícios da fazenda, e da Casa e Corte, e os ofícios maiores do Reino, e os ofícios maiores não se dêem a estrangeiros, assim porque não saberiam reger e governar, não serão bem regidas e governadas, e os vizinhos e moradores deles não ficariam disso contentes, de onde cada dia se recresceriam os escândalos e desordens e inconvenientes, de que Nosso Senhor será desservido, e os meus ditos Reinos, e os vizinhos e moradores deles receberiam muito dano e detrimento; e vendo como o Príncipe meu filho, por ser de outra nação e de outra língua, se não se conformasse com as ditas Leis e Foros e usos e costumes, e a Princesa minha filha não os governasse pelas ditas Leis e Foros e usos e costumes, não serão obedecidos nem servidos como deveriam; e poderiam deles tomar escândalo e não lhes ter o amor que eu queria que eles tivessem, para com tudo servir melhor a Nosso Senhor, e governá-los melhor, e eles podem ser melhor servidos de seus vassalos; e conhecendo que cada Reino tem suas Leis e usos e costumes e se governa melhor por seus naturais.

Portanto, querendo remediar tudo, de maneira que os ditos Príncipe e Princesa, meus filhos, governem estes ditos Reinos depois dos meus dias, e sirvam a Nosso Senhor como devem e a seus súditos e vassalos paguem a dívida que como Reis e Senhores deles lhes devem e são obrigados; ordeno e mando que daqui em diante não se dêem as ditas Alcaidias e Tenências de Alcáceres, nem Castelos, nem Fortalezas, nem governação, nem cargo, nem ofício que tenha em qualquer maneira anexa jurisdição alguma, nem ofício de justiça nem ofícios de Cidades nem Vilas nem Lugares desses meus Reinos e Senhorios, nem os ofícios das fazendas deles, nem da Casa e Corte, a pessoa nem pessoas algumas de qualquer estado ou condição que sejam, que não sejam naturais deles; e que os Secretários, ante quem houverem de despachar coisas tocantes a estes meus Reinos e Senhorios; e que estando os ditos Príncipes e Princesa meus filhos fora destes ditos meus Reinos e Senhorios Leis e Pragmáticas, nem as outras coisas que em Cortes se devem fazer segundo as Leis deles; nem ministrem em coisa nenhuma tocante à governação; nem administração dos ditos meus Reinos e Senhorios; e mando aos ditos Príncipe e Princesa, meus filhos, que assim o guardem e cumpram, e não dêem lugar ao contrário.

Igualmente, porquanto aos Arcebispados e Bispados e Abadias e Dignidades e Benefícios Eclesiásticos e os Maestrados e Priorados de São João, são melhor regidos e governados pelos naturais [...]: mando à dita Princesa e ao dito Príncipe seu marido, meus filhos, que não dêem Arcebispados, nem Bispados [...] a pessoas que não sejam naturais destes meus Reinos.

Também, porquanto as Ilhas e Terra Firme do Mar Oceano, e Ilhas de Canária, foram descobertas e conquistadas à custa destes meus Reinos, e com os naturais deles, e por isto é razão que o trato e proveito delas se faça e trate e negocie destes meus Reinos de Castela e Leão, e neles venha tudo o que delas se trouxer: portanto ordeno e mando que assim se cumpra, assim nas que até agora são descobertas, como nas que se descobrirem daqui em diante em outra parte alguma.

Bem assim, porquanto pode acontecer que o tempo de Nosso Senhor desta vida presente me levasse, a dita Princesa minha filha não esteja em meus Reinos, ou depois que a eles vier, em algum tempo há de ir estar fora deles, ou estando neles não queira ou não possa entender na governação deles, e para quando o tal acontecer em razão que se dê ordem para que tenha que ficar e fique a governação deles de maneira que sejam bem regidos e governados em paz, e a justiça administrada como deve; e os Procuradores dos ditos meus Reinos nas Cortes de Toledo o ano quinhentos e dois, que depois se continuaram, e acabaram, nas Vilas de Madri e Alcalá de Henares o ano quinhentos e três, pela petição me suplicaram, e pediram por mercê que mandasse prover acerca disso, e que eles estavam prontos e aparelhados para obedecer e cumprir tudo o que por mim fosse acerca disso mandado como bons e leais vassalos e naturais, o qual eu depois ouvi falado com alguns Prelados e Grandes de meus Reinos e Senhorios, e todos foram conformes e lhes pareceu que em qualquer dos ditos casos o Rei meu senhor devia reger e governar e administrar os tidos meus

Reinos e Senhorios pela dita Princesa minha filha; portanto, querendo remediar e prover, como devo e sou obrigada, para quando os ditos casos ou alguns deles acontecerem, e evitar as diferenças e dissenções que se poderiam seguir entre os meus súditos e naturais dos ditos meus Reinos, e quanto me cabe prover a paz e sossego e boa governação e administração deles; acatando a grandeza e excelente nobreza e esclarecidas virtudes do Rei meu senhor e a muita experiência que na governação deles há tido e tem; e quanto é serviço de Deus e utilidade e bem comum deles que em qualquer dos ditos casos sejam por sua Senhoria regidos e governados: ordeno e mando que cada e quando a dita Princesa minha filha não estiver nestes meus ditos Reinos, ou depois que a eles vierem em tempo há de ir e estar fora deles, ou estando neles não quiser ou não puder entender na governação deles, que em qualquer dos ditos casos o Rei meu senhor reja, administre e governe os ditos meus Reinos e Senhorios [...] faça no entanto que o Infante Dom Carlos meu neto, filho primogênito herdeiro dos ditos Príncipe e Princesa seja de idade legítima, ao menos de vinte anos cumpridos, para os reger e governar; e sendo da dita idade, estando nos meus Reinos na ocasião, e vindo a eles para os reger, reja-os e governe [...]. E suplico ao Rei meu senhor, queira aceitar o dito cargo da governação, e reger e governar estes ditos meus Reinos e Senhorios nos ditos casos, como eu espero que o fará: e como queira, que segundo o que sua Senhora sempre fez para acrescentar as coisas da Coroa Real, e por isto não era necessário mais o suplicar, mas para cumprir o que sou obrigada, quero e ordeno e assim o suplico a Sua Senhoria, que durante a dita governação, não dê nem aliene nem consinta dar nem alienar, por via nem maneira alguma, Cidade, Vila, nem Lugar, nem Fortaleza, nem *maravedís* de juro, nem jurisdição, nem ofício de justiça, nem outra coisa alguma das pertencentes à Coroa e patrimônio Real dos ditos meus Reinos [...] E mando aos Prelados, Duques, Marqueses, Condes e Ricos Homens e a todos os meus vassalos e Alcaides e a todos os meus súditos naturais de qualquer estado, preeminência ou condição e dignidade que sejam [...], em qualquer dos ditos casos obedeçam a Sua Senhoria, e cumpram seus mandamentos e lhe dêem todo favor e ajuda cada e quando forem requeridos, segundo, como e tal caso o devem, e são obrigados a fazer.

E rogo e mando à dita Princesa minha filha, e ao dito Príncipe seu marido, que como príncipes católicos, tenham muito cuidado das coisas da honra de Deus e de sua santa Fé, zelando e procurando a guarda e defesa e exaltação dela pois por ela somos obrigados a pôr as pessoas e vidas e o que tivermos cada que for mister e que sejam muito obedientes aos mandamentos da Santa Madre Igreja e protetores e defensores dela como são obrigados. E que não cessem na conquista de África e de pelejar pela fé contra os infiéis [...].

E assim mesmo rogo e mando muito afetuosamente à dita Princesa minha filha que mereça alcançar a bênção de Deus e a do Rei seu pai e a minha, e ao dito Príncipe seu marido, que sempre sejam muito obedientes e sujeitos ao Rei meu senhor e que não lhe saiam da obediência, dando-lhe e fazendo-lhe dar toda honra que bons e obedientes filhos devem dar a seu bom pai; e sigam seus mandamentos e conselhos, como dela se espera que o farão, de maneira que para tudo o que a Sua Senhoria toque, pareça que eu não faço falta e pareça que sou viva: porque além de ser devido a sua senhoria esta honra e acatamento por seu pai [...] os Reis serão deles muito aproveitados; e também porque é muita razão que sua Senhoria seja servido e acatado e honrado mais que outro pai, assim por ser tão excelente Rei e Príncipe e dotado e distinguido de tais e tantas virtudes, como pelo muito que há feito, e trabalhado, sua Real pessoa em cobrar estes ditos meus Reinos que tão alheios estavam ao tempo que eu neles sucedi, e em obviar os grandes males e danos e guerras que com tantas turbações e movimentos havia neles; e não com menos afronta de sua Real pessoa em ganhar o Reino de Granada, e expulsar dele os inimigos de nossa santa Fé Católica [...].

[...] e porque o dito Reino de Granada e as Ilhas de Canária e as Ilhas de Terra-firme do Mar Oceano, descobertas e por descobrir, granjeadas e por ganhar, hão de ficar incorporadas nestes meus Reinos de Castela e Leão, segundo o que na Bula Apostólica a nós sobre isso concedida se contém, e é razão que sua Senhoria seja em algo servido por mim, e dos ditos meus Reinos e Senhorios, embora não possa ser tanto como sua Senhoria merece e eu desejo, é minha mercê e vontade e mando que pela obrigação e dívida que estes meus reinos devem e são obrigados a sua Senhoria, ouvir tantos bens e mercês que de sua senhora as recebeu, que ademais, e acrescenta os Magistrados que sua senhoria tem, e há de ter pela sua vida, tenha, e leve, e sejam dados, e pagados cada ano por toda sua vida, para sustento de seu Estado Real, a metade do que renderem as Ilhas de Terra Firme do Mar Oceano [...] descontadas as custas e gastos que nelas se fizerem [...]; e mais dez contos de *maravedís* cada ano por toda sua vida, situados nas rendas das alcavalas dos ditos Magistrados de Santiago, e Calatrava e Alcântara, para que sua Senhoria o leve e goze dele o que for servido [...].

E pela presente dou meu poder cumprido aos ditos rei meu senhor, e Arcebispo, meus Testamentários, para que declarem todas e quaisquer dúvidas que ocorrerem acerca das coisas neste meu testamento contidas, como aqueles que saberão e sabem bem minha vontade em tudo, e cada coisa, e parte dele; e sua declaração quero e mando que valha como se eu mesma a fizesse e declarasse. E é minha mercê e vontade, que este valha por meu testamento, e se não valer por meu testamento, valha por codicilo, e se não valer por codicilo, valha por minha última e derradeira vontade, e naquela forma e maneira que pode e deve valer; e se alguma míngua ou defeito há neste meu testamento, eu de minha própria vontade e ciência certa e poderio Real absoluto, de que nesta parte quero usar, e uso, supro-o, e quero haver e que seja havido por suprido, e algo e quitado dele todo obstáculo e impedimento, assim de fato como de direito, de qualquer natureza, qualidade e valor, efeito ou mistério que seja, que o embargasse ou pudesse embargar. E quero e mando que todo o conteúdo neste dito meu testamento, e cada uma coisa, e parte dele, faça-se e cumpra e guarde realmente e com efeito, não obstante quaisquer leis e direitos comuns e particulares dos ditos meus Reinos, que em contrário destes sejam, ou ser possam; e outrossim, não embargantes quaisquer juramentos e pleitos e homenagens e fés e outras quaisquer seguridades e votos e promissões, de qualquer qualidade que sejam, de quaisquer pessoas meus súditos e naturais tenham feitos, assim ao dito Rei meu senhor e a mim, como a outras quaisquer pessoas. [...] O qual dito meu testamento, e o nele contido, e cada coisa e parte dele, quero e mando que seja havido e tido e guardado por lei e como lei e que tenha força e vigor de lei, e não o embargue Lei, Foro, nem direito, nem costume, nem outra coisa alguma, segundo é dito, porque minha mercê e vontade é que esta lei, que eu faço aqui e ordeno, assim como derradeira revogue e derrogue quanto a ela, todas e quaisquer Leis e Foros e direitos e costumes e estilos e feitos e outra qualquer que o pudesse embargar.

E mando que este meu testamento original seja posto no Monastério de Nossa Senhora de Guadalupe, para que cada e quando for mister vê-lo originalmente, possam-no ali ver; e que antes que se leve e se façam três translados dele, assinados por Notário público, de maneira que façam fé, e que um deles se ponha no Monastério de Santa Isabel da Alhambra de Granada, onde meu corpo será sepultado, e o outro na Igreja Catedral de Toledo, para que ali o possam ver todos os que se entendam capazes de aproveitá-lo. E para que isto seja firme, e não venha em dúvida, outorguei este meu testamento diante de Gaspar de Grizio, Notário público, meu secretário, e o assinei de meu nome, e mandei selar com meu selo, estando presentes, chamados e rogados por testemunhas os que o subscrevem e fecharam com seus selos pendentes, os quais me viram assinar de meu nome e o viram selar com meu selo; que foi outorgado na Vila de Medina del Campo a doze dias do mês de Outubro, ano do Nascimento de Nosso Salvador Jesus Cristo de mil e quinhentos e quatro.

Eu, a Rainha.

Codicilo da Rainha Isabel, a Católica

Capítulo XII (Índios, sua evangelização e bom tratamento)

Item. Porquanto ao tempo que nos foram concedidas pela Santa Sé Apostólica as ilhas e terra firme do mar Oceano, descobertas e por descobrir, nossa principal intenção foi, ao tempo que o suplicamos ao Papa Alexandre VI de boa memória, que nos fez a dita concessão, de procurar induzir e trazer os povos delas e os converter à nossa Santa Fé Católica, e enviar às ditas ilhas e terra firme do mar Oceano prelados e religiosos e clérigos e outras pessoas doutas e temerosas de Deus, para instruir os vizinhos e moradores delas na Fé Católica, e lhes ensinar e doutrinar bons costumes e pôr nisso a diligência devida, segundo como mais longamente nas Letras da dita concessão se contém, por fim suplico ao Rei, meu Senhor, muito afetuosamente, e encarrego e mando à dita Princesa minha filha e ao dito Príncipe seu marido, que assim o façam e cumpram, e que este seja seu principal fim, e que nisso ponham muita diligência, e não consintam e dêem lugar a que os índios vizinhos e moradores das ditas Índias e terra firme, ganhadas e por ganhar, recebam agravo algum em suas pessoas e bens; mas mando que sejam bem e justamente tratados. E se algum agravo receberam, o remediem e provejam, por maneira que não se exceda em coisa alguma do que pelas Cartas Apostólicas da dita concessão nos é indulgenciado e mandado.

Capítulo XXIX *(Índias, sua situação jurídica)*

E porque dos feitos grandes e assinalados que o Rei, meu senhor, fez desde o começo de nosso reinado, a Coroa real de Castela é tanto aumentada que devemos dar a Nosso Senhor muitas graças e flores; especialmente, segundo é notório, haver-nos sua Senhoria ajudado, com muitos trabalhos e perigos de sua real pessoa, a cobrar estes meus Reinos, que tão alheios estavam no tempo que eu neles sucedi, e o dito Reino de Granada, segundo é dito, ademais do grande cuidado e vigilância que sua Senhoria sempre teve e tem na administração deles. E porque o dito reino de Granada e Ilhas de Canárias e ilhas e terra firme do mar Oceano, descobertas e por descobrir, ganhadas e por ganhar, hão de ficar incorporadas nestes meus Reinos de Castela e Leão, segundo o que na Bula Apostólica a nós concedida está contido, e é razão que sua Senhoria seja em algo servido de mim e dos ditos meus Reinos e senhorios, ainda que não possa ser tanto como sua Senhoria merece e eu desejo, é minha mercê e vontade, e mando que, pela obrigação e dívida que estes meus Reinos devem e são obrigados a sua Senhoria, por tantos bens e mercês que sua Senhoria tem e há de ter por sua vida, haja e leve e lhe sejam dados e pagos cada ano por toda sua vida, para sustento de seu estado real, a metade do que render as ilhas e terra firme do mar Oceano, que até agora são descobertas, e dos proveitos e direitos justos que nelas houver, tirados os custos que nelas se fizerem, assim na administração da justiça como na defesa delas e nas outras coisas necessárias; e mais dez contos de *maravedís* cada ano por toda sua vida, situados nas rendas das alcabalas dos ditos magistrados de Santiago e Calatrava e Alcântara, para que sua senhoria o leve e goze e faça dele o que for servido; contanto que depois de seus dias a dita metade de rendas e direitos e proveitos e os ditos dez contos de *maravedís*, fiquem e tornem e se consumam para a Coroa real destes meus Reinos de Castela. E mando à dita Princesa, minha filha, e ao dito Príncipe, seu marido, que assim o façam e guardem e cumpram por desencargo de suas consciências e da minha própria.

Medina del Campo, 23 de novembro de 1504

VII — Breve sobre os índios e indigenistas. Desfazendo tópicos sobre os índios na América do Sul. Por Alberto Buela[8]

Já começamos mal, falando de índios quando o politicamente correto é falar de aborígenes, termo que vem do sufixo latino *ab* que indica procedência, mais o substantivo *origo-inis* que significa origem, nascimento. Quando dizemos aborígene, queremos nos referir a alguém originário do solo onde vive.

Aparece aqui a primeira contradição: os indigenistas que se auto--intitulam com um termo do latim como aborígene, no lugar de índio que é muito mais genuíno e originário. É verdade que nasceu de um erro de Colombo, porém isso é tudo, não existiu uma manipulação *ex professa* do termo, como ocorreu com o de aborígene.

Pois bem, no caso dos aborígenes da Patagônia e do Pampa argentino, não são originários para nada, isso não é certo, é uma falsidade completa. Os que hoje se denominam mapuches são um conto, são um *bluff* — e dizemos em inglês porque o escritório político destes "índios" está em Londres. Eles chegam ao Pampa a partir de 1770 e eram pehuenches de Ranquil (hoje Chile) e se instalam em pleno *caldenar* (montes do Caldén) do Pampa central, chamado também Mamil Mapu (país do monte). Vemos como estes índios são menos originários que os criolos velhos do Pampa. E na Patagônia, quando invadiram por essa mesma época, mataram os tehuelches, seus verdadeiros habitantes originários.

Sobre este tema, pode-se consultar o excelente artigo de Fredy Carbano, "Julio Argentino Roca e a grande mentira mapuche", que está na *internet*.

É sabido que hoje em dia um dos temas e assuntos mais aproveitados politicamente pelo progressismo, tanto de esquerda como liberal, é o do indigenismo.

Não existe praticamente nenhum governante — nacional ou provincial — de nossa América que não louve o mundo pré-colombiano, os índios, os autóctones, os povos originários.

---

[8] Revista *Arbil*, anotações de pensamento e crítica, nº 125 (Foro Arbil, Zaragoza, España). Cfr. http://revista-arbil.es/125indi.htm.

Nem é preciso dizer dos militantes do progressismo e dos intelectuais do pensamento único, o tema está comprado em bloco. É como se uma voz de ordem vinda do imperialismo ianque dissesse: "Assim como para nós o único índio que vale é o índio morto, para vocês o único valioso é: que todos sejam ou se declarem índios".

Para apoiar este princípio de dominação política e cultural nos venderam, e nossa *intelligentsia* comprou, a teoria do multiculturalismo que faz em pedaços a pouca unidade nacional que conseguimos conquistar depois de quinhentos anos de existência. Esta teoria ruim se expressa no apotegma: as minorias têm direitos pelo simples fato de serem minorias, tenha ou não algum valor o que é seu.

E a vontade das maiorias? Só serve para convalidar no momento de votar na elite ilustrada que governará para as minorias, chame-se grupos concentrados da economia (Etztain, Grobocopatel, Mildin, Werthein) da cultura (gays, lésbicas, bissexuais, homossexuais), da farândola midiática (Leuco, Eliaschev, Sofovich, Gelblung), do pensamento (Feimann, Forster, Kovaldof, Abraham). Gringos da pior laia que vivem estiolando nossos povos sob a máscara democrática de servi-los.

E assim como é politicamente correto criticar os fumantes e os caçadores de cervos, pelo contrário, é politicamente incorreto criticar qualquer uma das variantes do indigenismo americano.

A crítica ao indigenismo imediatamente nos demoniza, porque o indigenismo é um mecanismo mais de dominação do imperialismo e como tal funciona. Sua verborréia criminaliza quem se opõe. Sua linguagem busca despertar sentimentos primários em duas pontas: apresentam-se como vítimas e criminalizam quem se opõe ou põe simplesmente reparos.

O grave do indigenismo é que em nome das falsas razões de origem que eles dão, nos tiram, ao menos aos crioulos americanos, nosso lugar de origem. E nós, os crioulos sob o nome de gaúchos, huasos, cholos, montuvios, jíbaros, ladinos, gaúchos, borinqueños, charros ou lhaneros, somos o melhor, o produto mais original que a América deu ao mundo. Já o dizia Bolívar sobre o mesmo: nem tão espanhol, nem tão índio.

É este mundo crioulo que deu o barroco americano e que lutou pela independência e liberdade de nossos povos. Este mundo crioulo que teve seus melhores frutos intelectuais na universidade de Chiquisaca, chamada La Plata, Charcas e hoje Sucre. Ou por que se pensa que Bolívia, assim pobre e desmantelada como a vemos, foi a que maior quantidade de pensadores nacionais hispano-americanos deu no século xx? Porque funciona sobre uma matriz de pensamento que tem meio milênio.

Que é ser crioulo senão a melhor forma de sentir o nosso, o próprio, o autêntico? Não é necessário andar vestido de gaúcho, huaso ou lhanero, nem ter dez gerações de americanos. Crioulo pode ser um bancário, e um encanador, um padre ou um médico, um rico ou um pobre, o imigrante italiano ou alemão, o turco ou o judeu. O crioulo é a captação do valor do genuíno em nós. A valoração do modo gaúcho de vida com seus costumes e tradições. Não porque nos vistamos de gaúchos vamos ser mais crioulos, eu conheço tantos gaúchos de tenda. Faz muitos anos, Juan Carlos Neyra, o pai do Colorado Neyra, escreveu: "Crioulo é aquele que interpreta o gaúcho e o crioulo é um modo de sentir, uma aproximação afetiva do gaúcho". É por isso que o gaúcho é necessariamente crioulo, porém um crioulo pode não ser gaúcho. Daí que esses velhos campeiros de antes diziam: "Nunca digais que sois gaúcho, que os outros o digam de ti".

Faz uns dias escreveu Solíz Rada desde Bolívia um brilhante artigo, "El canciller y las hormigas", onde o chanceler de seu país afirma: "Para nós, os índios estão por primeiro, depois as mariposas e as formigas, e em último está o homem". Ao que comenta Solíz: "O inaceitável é separar a preservação da Mãe Terra da defesa do gênero humano. Recorde-se que os nazistas também pensavam que judeus e ciganos valiam menos que formigas e bactérias". O postulado por seu chanceler coincide com os planos de John Rockefeller III de controle da natalidade dos países do terceiro mundo.

O historiador e amigo chileno Pedro Godoy nos diz: "O Chile não escapa do plano desmembrador. Modas primeiro-mundistas nos contaminam: tatuagens, grafites, *piercing, swingers, punkies*... Agora adquire força outra moda: os indigenistas sob o grito 'cada etnia uma nação'. Inquietante! Os assessores vermelhos desta campanha veiculam, hoje como ontem, a Lenda Negra. Contribuem assim para acentuar a nossa crise de identidade".

A instrumentalização política que está por detrás do indigenismo a faz notar muito bem Féliz Rodríguez Trelles quando afirma: "Os supostos 'originários' são o braço da quinta-coluna interior. O experimento imperial conseguiu um êxito notável ao controlar a Bolívia com o cocaleiro controlado por García Linera (o Cohn-Bendit boliviano), e ameaçam com força no Equador (não é casual que os 'originários' ataquem Correa quando repudia a dívida externa)" (Cfr. na internet, seu artigo "Los pueblos originarios: una operación de pizas").

Tanto Andrés Solíz Rada como Pedro Godoy, dois homens da esquerda nacional sul-americana, como Trelles, um homem do peronismo genuíno, querem pôr o acento e distinguir entre a existência e primazia da identidade da comunidade política de origem (aquela que nos dá o Estado-nação a que pertencemos) e uma identidade adquirida ou secundária que é a que cada um pode dar-se ou criar-se por estudo ou convicções (comunidade mapuche, gaúcha, estrangeira, judia, ou árabe). Se não temos em conta esta distinção política fundamental, caímos no erro dos separatismos.

E assim tudo soma e segue, e poderíamos dar mil exemplos.

Deste indigenismo se desprende a primeira mentira maiúscula: a matança de índios que realizaram os espanhóis foi de 120 milhões, segundo Escarrá Malavé, presidente da comissão de relações exteriores do Congresso da Venezuela, daí que Chávez fale equivocadamente da "lenda negra" criada pelas oficinas políticas da Holanda e da Inglaterra.

O filósofo e historiador mexicano José Vasconcelos, nada hispanista, faz constar em sua *Breve Historia de México* que não havia mais de seis milhões de índios em todo o norte da América, tese que anos depois convalidariam as investigações do antropólogo W. Denevan. Enquanto que o Sr. Ángel Rosenblat, professor de história da América colonial e nada suspeito de pró-hispanismo, estimou uma população à chegada de Colombo de 13,5 milhões de índios em toda a América, que diminuiu em grande medida não pelas matanças, que certamente as houve, sobretudo nos primeiros trinta anos da conquista, porém não com a magnitude que se lhes dá, mas pelas epidemias que os espanhóis trouxeram: gripe, varíola, sífilis etc.

Ángel Rosenblat nasceu na Polônia em 1902 no seio de uma família judia e chegou em Buenos Aires aos seis anos, realizou seus estudos na Universidade de Buenos Aires, aperfeiçoou-se na Europa e em 1946 fixou-se na Venezuela contratado por esse grande pensador venezuelano que foi Mariano Picón Salas, e ali morreu em 1984. Este filólogo e antropólogo cultural se destacou por seu contínuo trabalho de trinta anos sobre o tema da população originária da América à chegada de Colombo e em um livro memorável que tem muitas edições: *La población de América en 1492. Viejos y nuevos cálculos*, FCE, México, 1967.

Afirma Pierre Chaunu, historiador francês e protestante, o maior revisionista da Revolução Francesa junto com François Furet:

> A lenda anti-hispânica em sua versão americana (a européia faz finca-pé sobretudo na inquisição) desempenhou o saudável papel de válvula de escape. A pretendida matança dos índios por parte dos espanhóis no século XVI encobriu a matança americana da fronteira oeste, que teve lugar no século XIX. A América protestante conseguiu deste modo se libertar de seu crime lançando-o de novo sobre a América católica.

A tenaz e reiterada acusação de genocídio aos espanhóis por parte dos indigenistas contrasta com o silêncio sobre um dos episódios mais terríveis e duradouros, a matança e exploração de índios e negros por parte das oligarquias americanas ilustradas depois da independência. Assim durante quase todo o século XIX as oligarquias locais maçônicas e liberais sob regime de escravidão fizeram desaparecer povos inteiros como os charrúas no Uruguai, os maias no México e várias etnias no Brasil amazônico.

Nós, não sendo antropólogos culturais, só conhecemos três trabalhos sobre o tema na Argentina: a) os de Ernesto Sánchez Ance para a área norte do país; b) o livro do antropólogo Jorge Fernández C., falecido faz uns anos, intitulado *Historia de los indios ranqueles* (Buenos Aires: Ed. Inst. Nac. Antropología y Pensamiento Americano, 1998), onde com luxo de detalhes desarma o mito dos índios pampas ou ranqueles como originários, e coloca que chegaram ao Pampa em 1770 expulsos do Chile pelos espanhóis que viviam ali, graças à indústria sem chaminés, até 1879, quando cai Baigorrita, seu último cacique; c) o livro do Pe. Meinrado Hux: *Memorias del ex cautivo Santiago Avendaño*

(Buenos Aires: Ed. Elefante Blanco, 1999), onde se mostra claramente como era a tão falada cultura indígena, com seus sacrifícios humanos e esfolamento de gente viva.

Convidamos aos que queiram se aprofundar que leiam estes trabalhos que estão ao alcance de todos.

Alberto Buela

ANEXO II

Glossário inca e asteca.
Governadores/imperadores incas e astecas

Glossário asteca

Acatl: Décimo segundo dos vinte signos do calendário asteca.

Aka-Bolzub: É o aspecto feminino do Logos, entre os maias.

Anáhuac: Planalto vulcânico do México, nas proximidades da capital do Estado. Em ocasiões se engloba — impropriamente — com este nome todo o planalto mexicano, quando o planalto de Anáhuac só forma a parte meridional do Altiplano. Na época pré-colombiana foi conhecida como o "país de Tenochtitlán".

Atlanteotl: É o "Atlas" da simbologia náhuatl.

Azcapotzalco: "Lugar das formigas". Após o abandono de Teotihuacán no século VII, Azcapotzalco, na orelha ocidental do Lago Texcoco, tornou-se um refúgio da cultura teotihuacana, que perdurou ali até o século X. No século XIII, os tepanecas, uma tribo nahua, fizeram de Azcapotzalco sua capital, desde a qual chegaram a dominar todo o vale de Texcoco. Porém em 1428 os tepanecas foram derrotados pelos astecas e os chichimecas, que destruíram a cidade.

Azteca: Diz-se do indivíduo de um povo ameríndio que, estabelecido no Altiplano do México, criou um dos maiores impérios pré-colombianos no século XIV e no primeiro terço do século XV. Pertencente ou relativo a este povo. Não se conhece com exatidão a origem dos astecas, também chamados tenochcas (de Tenoch, um de seus sacerdotes-guias) e mexicas (denominação que costuma atribuir-se a um dos nomes míticos do Lago Texcoco). A arquitetura asteca, apesar da grandiosidade de seus edifícios, não apresenta elementos particularmente originais. A influência de Teotihuacán e dos toltecas se vê nos edifícios civis, o mais das vezes simples ampliação dos habitáculos comuns, e nos templos construídos sobre grandes pirâmides escalonadas, entre os quais cabe citar os de Tlaloc e Huitzilopochtli em Tenochtitlán e os de Malinalco, Tepozteco e Calixtlauaca. Pelo contrário, a arte escultórica, de caráter esotérico e reservado aos iniciados, alcançou umas notáveis parcelas de mestria e de originalidade, particularmente nos baixo-relevos, fundamentais por sua dimensão religiosa e histórica. Os escultores astecas utilizaram todo tipo de materiais e suas obras se caracterizaram por seu detalhismo e por sua estrutura monumental (estátua gigante da deusa Coatlicue). A pintura, na qual se pode apreciar a preferência de seus praticantes pelas cores vivas e pelo desenho convencional, alcançou um modesto desenvolvimento (friso a dos guerreiros de Malinalco). Os artesãos astecas foram notáveis por seus trabalhos.

Aztlán: Lugar de onde diziam provir os astecas quando chegaram ao Vale do México (1215).

Calli: O terceiro dos vinte signos do calendário asteca. Um dos quatro grupos (de treze anos) do século asteca (de cinqüenta e dois anos).

Celotl-Tonátiuh: Sol de tigres. Os corpos solares já fabricados.

Chalchiuhtlicue: Na mitologia asteca, companheira de Tlaloc, deusa das águas correntes e divindade da fecundidade e do milho. "A deusa do colo de esmeralda".

Chapultepec: Monte vulcânico ocupado pelos astecas em 1299 e dedicado a lugar de recreio dos reis de Tenochtitlán, pelo rei asteca Itzcoatl em 1435. Seu nome significa no monte do gafanhoto. Raiz asteca: "Chapul", que significa grilo, e "Tepec", que significa monte; pode-se, pois, definir-se este nome como o "Monte do grilo".

Chicome Coatl: Deusa da agricultura, uma manifestação da Divina Madre, dando-nos uma forte vontade para levar a cabo a Grande Obra. Propiciava as boas e simbólicas colheitas.

Chicnahumictlan: Lugar onde se passa pela segunda morte.

Chilam Balam: Nome com que se conhecem os manuscritos maias, posteriores à chegada dos espanhóis, escritos em caracteres latinos.

Cholula de Rivadavia: Cidade do México (Puebla); 57.498 habitantes. Conserva uma pirâmide correspondente à cultura teotihuacana. Convento franciscano de San Gabriel (séculos XVII–XVIII) e numerosos templos. Igreja de São Francisco Acatepec (século XVIII), com fachada coberta de azulejos.

Cihuacóatl: Divindade feminina asteca da Terra, venerada como Coatlicue.

Cihuateteo: Mulheres deusas. Mortas no parto.

Cincalco: A casa do milho, as glândulas sexuais femininas e masculinas.

Coatepantli: Muro de serpentes.

Coatepec: Monumento do México no estado de Veracruz, ao sul de Jalapa Enríquez; 50.631 habitantes. Situado em uma rica região agrícola, que produz café, milho, cana de açúcar e frutas. Monte ao redor do qual há serpentes. Simbolicamente o mundo da tentação.

Coatlicue: Deusa asteca da Terra, mãe de Huitzilopochtli, deus do sol, e das divindades estelares. Era representada com uma saia de serpentes (as quais alude seu outro nome, Cihuacóatl), e com a cabeça de caveira. Sua imagem mais interessante é a estatua monolítica do museu arqueológico nacional de México.

Comazotz: Deus dos morcegos da filosofia nahua. Em uma invocação simboliza o guardião do umbral.

Coyoacán: Delegação do México (Distrito Federal); 59.7129 habitantes. Bairros coloniais. Cidade universitária. Ruínas arqueológicas de Cuicuilco e de Copilco. Museu Frida Kahlo.

Cuauhcoatl: A águia serpente. O dragão da sabedoria.

Culhuacán: Estado náhuatl fundado no século XI pelos toltecas provenientes de Tula. Estava situado ao sudeste do Lago Texcoco. No século xv foi absorvido pelos mexicanos-tenochcas, os quais consideravam que seus reis provinham de Culhuacán.

Ehecatl: Deus do ar na simbologia nahoa. Na mitologia asteca, uma das mais antigas divindades das culturas pré-astecas, deus do vento.

Ehecatonatium: Sol do vento ou Sol do Ar. Segundo dos sóis dos astecas.

Huehuetéotl: Divindade suprema dos nahuas, pai dos deuses e guardião dos lares.

Huejotzingo: Município de México no estado de Puebla, na ladeira leste do vulcão Iztaccíhuatl; 31.997 habitantes. Agricultura (cereais e legumes), pecuária e exploração florestal. Ind. Agroalimentar (sidra) e têxtil (sarapes). Centro comercial. Famoso carnaval. É notável seu convento franciscano, construído entre 1550 e 1570. A igreja, de uma só nave e coberta com arcos góticos, está precedida por um grande pátio, com capelas em cada um de seus ângulos; destaca-se também a fachada, com influências ornamentais góticas, renascentistas e mudéjares.

Hueman ou Huemantzin: Foi o sacerdote que conduziu aos toltecas em sua peregrinação e se supõe que foi o autor de Teoamoxtli, o livro sagrado dos toltecas.

Huitzilopochtli: Na mitologia asteca, deus solar da guerra e da vitória, principal divindade de Tenochtitlán. Representava o sol em seu nascimento e máximo esplendor. Ofereciam-se-lhe em sacrifício os corações dos prisioneiros de guerra para propiciar seus favores e obter a vitória na batalha. Seu símbolo era o colibri (em náhuatl, seu nome significa colibri das sombras).

Ipalnemohuani: Aquele por quem vivemos. Na antiga Anáhuac: Deidade invisível.

Iztaccíhuatl: Maciço vulcânico do México (México e Puebla); 5.286 metros de altitude.

Katún: s.m. (palavra maia). Período de vinte anos, de 360 dias cada um, do calendário maia.

Macuilxochitl: Cinco flores. A Eva dos astecas. Representa as cinco virtudes de toda mulher: abnegação, maternidade, graça, pureza e feminidade.

Mesoamérica: Área cultural da América Central e do Norte, delimitada pelos rios Pánuco e Sinaloa, ao norte, e a península de Nicoya, ao sul. Definem-na alguns traços comuns das civilizações pré-colombianas que se desenvolveram nela (pirâmides escalonadas, deuses comuns, jogo da bola etc.). É um termo definido em 1943 pelo etnólogo alemão P. Kirchhoff (1943).

Michoacán: Estado do México, no centro do país; 59.864 km², 3.534.042 habitantes. Cap. Morelia. Seu relevo está dominado pela presença, ao norte, da cordilheira neo-vulcânica (vulcões Patambán, Paricutín) e, ao sul, da Serra Madre del Sur; entre ambas formações, a bacia do Tepalcatepec, e, em seu setor sul ocidental, a planície costeira do Pacífico. Economia basicamente agrícola; milho, trigo, cana de açúcar; criação bovina e exploração florestal. Ferro nas Truchas (uma das maiores jazidas do país), e ouro na Tlaplujahua.

Mictlan: A região inferior.

Mictecacihuatl: Ela é o chefe supremo dos Anjos da morte.

Mictlantecuhtli: O senhor do inferno.

Mixcoatl: Divindade asteca da caça, senhor das estrelas do norte, criador do fogo. Seu nome significa "serpente das nuvens", já que se relacionava com a Via Láctea. Os astecas o consideravam pai de Quetzalcóatl. Foi venerado também pelos chichimecas como sua principal divindade. Os tlaxcaltecas, por sua vez, deram-lhe o nome de Camaxtli, constituindo-se no deus principal de Tlaxcala.

Nahua: *adj. etnol.* Pertencente ou relativo a uma tribo ameríndia da América Central. Indivíduo desta tribo. *U.t.c.s. m. ling.* Uma das línguas da família utoasteca. *etnol.* Os nahua estavam localizados na Mesa Central (um milhão de indivíduos). Sua precária economia de subsistência se baseia no cultivo sobre roças; comumente se submetem a um trabalho assalariado nas plantações de café. São célebres seus trabalhos de artesanato. A organização sociopolítica baseia-se na unidade do povoado, à qual corresponde uma hierarquização muito estrita dos indivíduos em classes, e na existência de uma casa municipal, em cujo redor se organiza a vida comunitária. Embora se mantenham práticas xamânicas, o catolicismo (em especial o culto à Virgem de Guadalupe) é a religião dominante.

Náhuatl: *subs. ling.* Dialeto nahua falado no México no momento da conquista espanhola. *ling.* Sua forma mais conhecida é o asteca clássico, falado no México no começo do século XVI. É uma língua aglutinante e incorporante, serve-se de numerosas partículas e associa várias palavras em uma só, especialmente incorporando o objeto da ação ao verbo. Apresenta uma grande riqueza de formas verbais e lexicais. O náhuatl estabelece uma distinção entre o animado e o inanimado: os nomes com que designam seres vivos vão no plural, enquanto os outros são invariáveis.

Nahui-ollin: Em náhuatl, símbolo sagrado do movimento.

Nocehuales: Significa os "merecidos".

Nuttall: (Códice) Chamam-lhe assim em honra da senhora Zelia Nuttall, um de cujos logros é o achado deste códice que se encontra na Universidade de Oxford.

O Ocelotl: (palavra náhuatl) *m. hist.* Décimo quarto dia do mês asteca (de vinte dias).

Océlotl tonátiuh: Sol de tigres. Os corpos solares já fabricados.

Octli: Em nahoa, o vinho, o vinho que a terra bebe.

Ollin: (palavra náhuatl) *m.* Oitavo dia do mês asteca.

Ometecuhtli e Omecihuatl: O senhor e senhora da dualidade e que habitam no quinto céu onde como em *almácigo*, estavam as almas daqueles que haviam de nascer no mundo.

Petecatl: Deus da medicina entre os nahuas.

Pilli: *m. hist.* No império asteca, uma das categorias da classe alta. Subsistiu sob o domínio espanhol.

Popocatépetl: Vulcão do México, na cordilheira neo-vulcânica, ao sudeste da cidade do México; 5.452 metros de altitude. Cume coberto por neves perpétuas. Em 2000 entrou em erupção.

Popol Vuh: Livro sagrado dos índios quiché. Escrito na língua maia--quiché e em alfabeto latino, recolhe os mitos dos antigos maias acerca da criação do mundo e do homem. Deve ter sido escrito por volta de 1540 por um maia-quiché de classe elevada, instruído pelos espanhóis.

Quetzalcóatl: Divindade de diversos povos nahuas estabelecidos na época pré-colombiana no México, Yucatán, Guatemala, El Salvador e Nicarágua. É a divindade mexicana mais popular, e a que apresenta maior número de figuras, uma vez que nela convergem as imagens de várias divindades diferentes. Os maias o adoraram com o nome de Kukulkán e o consideravam o fundador de Chichén Itzá, cidade que se dedicou ao culto de Quetzalcóatl. Para os toltecas, habitantes do vale do México na época teotihuacana, foi um deus tribal, e como tal tinha as funções de um herói que, após civilizar seu povo, foi para o oriente para voltar posteriormente. Mais tarde, os astecas o incorporaram a seu panteão de deuses como um herói cultural e criador do mundo, e também como o deus da sabedoria e do planeta Vênus. Adoravam-no sob a forma de uma serpente emplumada ou com a imagem de um homem branco de barba longa (como deus da sabedoria). A confusão provocada pela multiplicidade de aspectos que revestia esta divindade foi maior diante do fato de que os toltecas de Teotihuacán deram o nome de Quetzalcóatl a seus reis, e de Tenochtitlán a seus sacerdotes. Por este motivo, também existe o mito da existência real de um personagem tolteca chamado Quetzalcóatl que viveu com os maias de Yucatán e que, após voltar para seu país de origem, tendo assimilado a cultura maia, introduziu nela elementos culturais deles.

Quiauitl: (palavra náhuatl) *m. hist.* Décimo sexto dia do mês do calendário asteca.

Quiché: *adj. hist.* Pertencente ou relativo a uma tribo ameríndia que habita no curso superior do Motagua e nas margens do Lago Atitlán (Guatemala). Os quichés pertencem ao povo maia e à chegada dos conquistadores ocupavam Yucatán e o norte da Guatemala e tinham sua capital em Utatlán. Iniciaram seu esplendor cultural no século IX e o mantiveram até sua submissão por Pedro de Alvarado em 1524.

Quinto sol: É um símbolo importante entre os astecas. Começou a brilhar quando pela primeira vez pisaram eles a ilhota em que haveriam de encontrar uma águia sobre um cacto, devorando uma serpente.

Tactziles: Gentes do morcego, da família maia. Vivem no povoado de Tzinacatán, Chiapas, México e no vale de Toluca.

Tamoanchan: Entre os maias, é o paraíso terrenal, o lugar sagrado da serpente, do pássaro-serpente.

Tecuhtli: (palavra náhuatl) *m. hist.* Entre os astecas, indígena de certa classe que tinha acesso a determinados postos da Administração.

Tecuhtlalli: *s. m.* Terra dos nobres astecas que, ao que parece, era utilizada como estabelecimento de refugiados estrangeiros, os quais tributavam seu dono por este usufruto.

Tehuantepec: Istmo do sudeste do México, entre o golfo do Tehuantepec (Pacífico) e a baía de Campeche (golfo do México, Caribe).

Tenoch: (século XIV) Caudilho asteca que dirigiu a migração de seu povo até o vale de Anáhuac. Atribui-se-lhe lendariamente a fundação da cidade de Tenochtitlán, à que deu nome.

Tenochtitlán: Antiga cidade do México, capital do império asteca. Foi fundada pelos astecas por volta de 1325 em uma ilha do Lago de Texcoco. Seus primeiros habitantes, como era território dos tepanecas de Azcapotzalco, tiveram que pagar tributos para estabelecer-se. Também foram dominados pelos povos de outra ilha próxima, Tlatelolco. Tenochtitlán em seus primeiros tempos esteve governada por sacerdotes, porém em 1376 os astecas escolheram Acamapichtli como rei e a cidade começou a destacar-se unida a Texcoco e a Tlacopan com as que formou uma confederação que se impôs sobre outras cidades. A capital cresceu ganhando terreno do lago, unida por terra a Tlatelolco. Em 1499 sofreu uma devastadora inundação, porém foi reconstruída. À chegada dos espanhóis, que a destruíram em 1521, era uma das maiores cidades do mundo. Posteriormente preencheram-se os canais com os escombros da cidade destruída, e sobre as bases dos antigos edifícios se levantou a nova Cidade do México.

Teoamoxtli: Livro sagrado dos toltecas.

Teocalli: *s. m.* (palavra náhuatl, casa de deus). Entre os astecas do México pré-hispânico, templo.

Teonacaztli: No esoterismo nahoa, a clarividência.

Teotihuacán: Centro arqueológico pré-colombiano, o mais importante do México central. Está situado a uns 50 quilômetros ao nordeste da Cidade do México. O lugar começou a ser habitado a partir do século VI a.C. por um povo agrícola que vivia em cabanas. Por volta do ano 100 de nossa era, a população do vale havia aumentado consideravelmente. Dessa época datam as duas grandes pirâmides do sol e da lua, de 63 e 42 metros de altura respectivamente. Desde então o lugar começou a adquirir uma estrutura de cidade, aparecendo os elementos arquitetônicos chamados "talude" e "tabuleiro". Também cresceu o poder da casta sacerdotal, prefigurando-se o lugar como centro de culto. A cidade, transformada em um centro cultural, não residencial, alcançou seu esplendor entre 100 e 350 d.C. Nesse vasto período se construíram os edifícios que se alinhavam ao longo da Rua dos Mortos, principal avenida da cidade, que desemboca frente à pirâmide da lua. Por volta de 700 houve diversas invasões chichimecas e a cidade foi saqueada e queimada.

Teotl ou Tloque Nahuaque: Foi o conceito teológico entre os astecas, sem representação material. Consideravam-no o Supremo Criador.

Teotleco: O deus que ascende, na filosofia nahoa.

Teoyaomiqui: A deidade dos guerreiros mortos em si mesmos.

Tepeilhuitl: (palavra náhuatl) *m. hist*. Décimo terceiro mês do calendário asteca de 365 dias.

Teteoinan: Entre os nahuas, a mãe dos Deuses.

Teucali: *m*. Teocali, templo asteca.

Tezcatl: A pedra dos sacrifícios, porém de tipo psicológico.

Tezcatlipoca: Divindade mixteca, adotada pelos astecas do México pré-hispânico, cujo nome significa espelho fumegante. Era o deus da noite, das trevas, do céu estrelado, do inverno e do norte. Seu símbolo era o jaguar; sua cor, o negro com raias amarelas. Posteriormente se desdobrou em dois deuses: o Tezcatlipoca negro e o Tezcatlipoca vermelho, divindade secundária da vegetação. Segundo as versões, transformou-se na Estrela Polar ou na Ursa Maior. Criador do fogo, sua onipotência e onisciência transformaram-no no juiz e vingador dos atos criminosos. Ofereciam-lhe sacrifícios humanos.

Tlacaelel: (c. 1398 – entre 1475 e 1480) Príncipe asteca, filho de Huitzilihuitl. Conselheiro de vários soberanos, impulsionou diversas reformas políticas, econômicas e religiosas e a expansão do império asteca. Durante o reinado de Itzcóatl, após mandar destruir as fontes escritas anteriores, apresentou uma visão místico-guerreira da evolução do povo do Sol (Huitzilopochtli).

Tlacatecuhtli: (palavra náhuatl) *m. hist.* Entre os astecas, título dado ao soberano. Juiz supremo asteca.

Tlaloc: Na mitologia asteca, deus nahua da chuva, que foi uma das principais divindades do panteão asteca. Vivia nos cumes das montanhas ou no fundo dos lagos e dos mananciais. Era uma divindade protetora, da que dependia a sorte das colheitas. Não era um só deus, mas uma multidão de pequenos deuses, encarregados de verter a chuva desde enormes cântaros; quando estes se quebravam, ouvia-se trovão e os fragmentos que caíam produziam o raio. Aparecem representados nas culturas pré-clássicas de Tlatilco e Ticomán, sob a forma de velhos enrugados que sustentam pequenos cântaros. Os astecas os veneraram junto com Huitzilopochtli no templo principal de Tenochtitlán.

Tlalocan: espécie de paraíso, próximo dos dois vulcões que estão a oriente do vale do México. Ali habitava Tlaloc e Chalchiuhtlicue, a das anáguas de pedras verdes. A este paraíso iam os guerreiros que haviam mostrado seu valor antes de morrer nos combates e também iam para lá as mulheres que morriam do primeiro parto.

Tlaloque: Eram os ajudantes do deus da chuva na mitologia nahua.

Tlalpan: Delegação do México (Distrito Federal); 368.974 habitantes. Bairro residencial a sudoeste da capital.

Tlaltecuhtli: Senhor da terra na simbologia nahua. Associava características de sapo e de lagarto. Abria a boca de sapo e tragava o sol todas as tardes.

Tlazoltéotl: Deusa nahua do prazer sexual e da fecundidade.

Tlemaitl: As mãos de fogo.

Tleoteco: (palavra náhuatl). *hist.* Duodécimo mês do calendário asteca de 365 dias.

Tonátiuh: Divindade solar do panteão asteca.

Tonátiuh: Deus asteca do fogo e do sol, venerado em Teotihuacán.

Tula: Centro arqueológico do México (Hidalgo), situado próximo da atual Tula de Allende. Antiga capital dos toltecas, fundada por volta dos séculos IX–X com o nome de Tollan Xicocotitlán. Destruída pelos chichimecas em meados do século XI. Ruínas de templos e palácios e de um jogo de bola.

Tzamna: Foi o deus supremo na simbologia maia. Foi pai de todos os deuses maias, e deu nome a todas as populações da península de Yucatán.

Tzinacalli: A casa do morcego, espaçoso salão com aspecto interior de sombria caverna onde tinham lugar os rituais de iniciação para alcançar os altos graus de Caballero Océlotl (tigre) e Caballero Cuauhcoatl (águia).

Tzinagan: Quer dizer morcego ou *ztotz*. Está muito bem representado nas ruínas maias de Copán, Honduras, com um peitoral maravilhoso que representa a alma, o homem causal, o homem verdadeiro.

Tzompantli: (palavra asteca) *m. hist.* Entre os astecas e os toltecas, paliçada de madeira, sobre rodapé de pedra, sobre a qual eram colocadas as caveiras das vítimas de determinados sacrifícios.

Xihuitl: Ano, cometa, turquesa ou livro, entre os nahuas.

Xkanleox: Foi a mãe de todos os deuses na simbologia maia.

Xinantecatl: V. Toluca, nevado de.

Xiuhcóatl: Divindade nahua do fogo solar. Representada por uma serpente azul.

Xiuhcóatles: São os eternos pares opostos, são o símbolo do íntimo no homem e na mulher.

Xiuhtecutli: Palavra náhuatl que significa senhor do fogo e do ano, e na mitologia asteca representa a divindade do fogo e senhor do tempo. Sacrificavam-lhe vítimas humanas, que eram lançadas no fogo, e às quais, quando estavam meio queimadas, se lhes arrancava o coração. Seus símbolos eram a turquesa e a mariposa.

Xipe-Totec: (em náhuatl, "nosso senhor o esfolado") Divindade do México pré-histórico cujo culto assimilaram os astecas, de quem foi o deus da juventude, da primavera e da fecundidade da terra. Representavam-no como um homem jovem, recoberto com a pele das vítimas humanas jovens, que os sacerdotes sacrificavam durante as festas que se lhe dedicavam.

Xochicalco: Centro arqueológico de México, situado a 30 quilômetros de Cuernavaca (estado de Morelos), que pertence à última etapa do período clássico (séculos VII–X d.C.). Não se conhece, todavia, que povo foi que levantou seus belos monumentos, nos quais se refletem cultos muito antigos e se reúnem distintos estilos. No setor central desta autêntica cidade fortaleza, erigida sobre um elevado morro que domina o vale de Cuernavaca, situam-se várias pirâmides, entre as quais desponta a decorada com motivos em relevo da serpente emplumada, símbolo de Quetzalcóatl.

Xochipilli: Palavra náhuatl que significa príncipe das flores, e na mitologia asteca representa uma das divindades da primavera e da vegetação. Originariamente era o deus do sol matutino. Representavam-no como um homem jovem com o rosto coberto com uma máscara de coxcotli (perdiz mexicana) e com uma vara coberta por um coração.

Xochiquetzal: Divindade nahua das flores, do amor e da arte.

Xóchitl: (palavra náhuatl) *m.* Vigésimo dos vinte dias do mês asteca.

Xolotl: Divindade do México pré-hispânico, cópia de Quetzalcóatl em sua estância no submundo para os toltecas e encarregado de acompanhar o sol para os astecas. Seu nome significa gêmeo.

Xzuhuykaak: Foi o deus da virgindade na simbologia dos maias. Assim chamavam também a sacerdotisa do templo de Uxma.[1]

---

1   Retiramos os termos do *site*: https://taognosticaespiritualgranfratervidad2.files.wordpress.com/2016/02/04-08-01-glosario-azteca.pdf.

Governantes/imperadores astecas

Tenoch (Nopal) 1325–1375: Sacerdote que tomou o comando da tribo asteca que vagava pelo Vale do Anahuac em busca de um lugar onde assentar-se. Foi o fundador de Tenochtitlán, cidade que fez crescer rapidamente. Bom militar.

Acamapichtli (Punho cerrado com canas) 1376–1396: Fez crescer Tenochtitlán e a dividiu em 4 bairros (calpullis). Conquistou vários povos do sul, enquanto seguia tributando os tepanecas.

Huitzilihuitl (Pluma do colibri) 1397–1417: Reduziu os tributos a serem pagos aos tepanecas casando-se com uma princesa deles. Ampliou o território mexica.

Chimalpopoca (Escudo que fumega) 1418–1427: Construiu um aqueduto para levar água dos mananciais a Tenochtitlán. Foi encarcerado por intrigar contra o governo tepaneca, morrendo na prisão.

Itzcoatl (Serpente de obsidiana) 1428–1440: No início de seu mandato se cria a "Tríplice Aliança", unindo-se Tenochtitlán com Tlacopán e Texcoco; derrotam os tepanecas e se convertem na força dominante da região.

Moctezuma Ilhuicamina (Carpinteiro do céu) 1441–1469: Estabeleceu as "Guerras Floridas"; melhorou o aqueduto e protegeu a capital das inundações. Conquistou muitas regiões longínquas e estabeleceu importantes tributos.

Axayacatl (Máscara de água) 1470–1481: Mandou construir a pedra do sol (calendário asteca). Também anexa territórios.

Tizoc (Cravejado com esmeraldas) 1482–1486: Era muito religioso. Envenenaram-no os membros de seu próprio governo por fracassar em suas campanhas militares, que pretendiam conseguir cativos para o sacrifício e conquistar mais territórios.

Ahuitzotl (Espinhas do rio) 1487–1502: Expandiu o império e impôs muitos tributos consistentes em pessoas para ser sacrificadas, além de fazer muitos cativos para tal fim. Melhorou o comércio. Mandou construir outro aqueduto, este provocou uma inundação na qual morreu.

Moctezuma Xocoyotzin (Moctezuma, o Jovem) 1503-1520: Estadista, estrategista, maníaco e, segundo ele próprio, de origem divina, foi o governante ao que coube lidar com a chegada dos espanhóis. Indeciso sobre expulsar os novos invasores chegados de Castela, deixou-os entrar em seus domínios e foi aprisionado por eles. Há dúvidas sobre sua morte: uns dizem que morreu por causa de uma pedra lançada por seu próprio povo; outros dizem que morreu por causa da fria lâmina de una espada castelhana.

Cuitlahuac (Senhor que canta na água) 1520-1520: Libertado por Cortés, que o tinha capturado junto com Moctezuma II, para acalmar seu próprio povo, liderou um ataque contra os espanhóis, assim, foi escolhido como novo rei Tlatonai. Intentou vencer por todos os meios os espanhóis, provocando a chamada "Noite Triste", na qual morreram muitos espanhóis em combate e muitos outros sacrificados nos templos astecas. Em pouco tempo morreu de varíola, enfermidade vinda do outro lado do oceano que causou estragos entre a população indígena.

Cuauthemoc (Águia que cai) 1520-1521: Viu o desmantelamento do império asteca. Defendeu com bravura a capital e buscou um escape para os sobreviventes. Depois da derrota asteca, foi prisioneiro dos espanhóis, em 1525 foi assassinado por eles depois de um irrisório juízo por conjurar contra Cortés.

Glossário inca

Tahuantinsuyo: Império das quatro regiões.

Huayna-Cápac: Penúltimo imperador inca, pai de Huáscar, seu primogênito nascido em Cusco de sua Coya, e de Atahualpa, seu preferido, nascido em Quito da princesa Pacha, filha por sua vez do rei dos caras (ou quitus), Cacha. Viveu os últimos trinta anos de sua vida em Quito. Sua *palla* (concubina) Pacha quis que o inca abandonasse os caminhos de conquista e de guerra e que transmitisse melhor a seu povo (quitus, cayambes, caranguis) os saberes de Cusco. Retém-no em Quito, quer assegurar-lhe um futuro dinástico a seu filho Atahualpa, que pouco a pouco se torna o predileto de Huayna-Cápac, ao estar muito tempo com ele e com os *amautas*[2] imperiais. Atahualpa demonstra muito interesse nas atividades de seu pai, aprende rápido, com gênio e galhardia. Huayna-Cápac não conquistou os quitus pela guerra mas por uma aliança matrimonial, sendo o primeiro inca a portar o *shyri* (esmeralda) junto ao *llautu*. Conhecia seu primogênito Huáscar e estava convencido de que não tinha capacidade para governar e dirigir o império. Huayna-Cápac era filho de Túpac-Yupangui, e havia nascido em Tumipamba, enquanto seu pai combatia os canharis. Seu caso com Pacha despertava ciúmes e queixas, pensava-se entre o povo que estava enfeitiçado, e existia o rumor de que o *llautu* passaria a Atahualpa. Ao morrer decidiu dividir o império devolvendo a autonomia aos quitus, nomeando Atahualpa como chefe do reino e Huáscar como inca imperial.

Inti-Raymi: Cerimônia anual da páscoa do sol (equinócio) em que se esperava seu augúrio para o futuro. Durava três dias e estava proibido acender fogueiras em nenhum lugar público nem em casa, ou mesmo ter relações carnais com as mulheres. Às vezes, ordenava-se também o jejum (tão-somente mascar alguns grãos de milho e de coca). Na madrugada do quarto dia se congregavam todos, com seus melhores vestidos, a esperar o sol e beber a chicha sagrada. Antes do amanhecer, o inca, tendo passado a noite em vigília, subia o monte em espiral sobre sua liteira. Quando alcançava o cimo e punha um pé na terra, todos, incluídos seus filhos, ajoelhavam-se; quando o próprio sol saía,

---

2   No antigo império dos incas, sábio ou filósofo. — NT

inclinavam-se ainda mais, o único em pé era o inca. Ao sair o sol começavam a soar as flautas e os tambores. O imperador, com sua melhor indumentária (vestido de lã de vicunha entretecida com fios de ouro, braços abarrotados de pulseiras douradas, pescoço firme sustentando pesadas colares e discos, o *llautu* amarrando sua trança, e o diadema de ouro sustentando as plumas coloridas da ave corenque, que morre ao entregar suas plumas) recebe do Vilac-Umu duas taças de ouro com chicha. A sustentada por sua mão direita é oferecida ao sol, e depois derramada em uma ânfora vazia conectada com o templo do sol, que receberia a chicha por via subterrânea. A taça da mão esquerda é sorvida por ele e oferecida à alta cúpula. Terminada a saudação, o oferecimento e as libações, o inca junto do Vilac-Umu e dos príncipes imperiais se dirigiam ao templo do sol, onde depositavam as taças de ouro usadas nas libações, diante do grande disco solar. Saíam novamente para a praça no alto da montanha para fazer os sacrifícios dos animais e interrogar o sol acerca do futuro. Na pedra dos sacrifícios extraíam-se os órgãos da ovelha (pulmão e coração) somente de fêmeas estéreis (pois as fecundas eram consideradas elos de uma corrente): "a verdadeira voz do sol está no final". "Se os pulmões saltam palpitantes e as veias e canais que conduzem o ar até eles estão inchados, o augúrio é feliz. É triste o augúrio se a besta sacrificada, violentando aqueles que a sujeitam, põe-se de pé (ou liberta suas patas) durante o sacrifício". Era mau também quando, ao extrair pulmões ou coração, encontram-se vazios. Depois o inca, o Vilac-Umu, os amautas e os quipu-cámayoc se reuniam no conselho para interpretar o augúrio do sol com base nos sacrifícios e nas anotações do império. O Vilac-Umu, sempre com um peso em cima, dirigia-se humildemente ao inca, e com voz triste e monótona (fosse bom ou mau augúrio) oferecia verbalmente o resultado interpretativo. O último Inti-Raymi foi celebrado na terra dos quitus, e trouxe mau augúrio.

Huáscar: Nascido em meio da riqueza imperial, sempre rodeado de mulheres e de muita cultura, filho de uma "cópula incestuosa" tradicional na família imperial. Viveu comodamente enquanto seu pai produzia e conquistava. Jovem mimado a quem todos tratavam de agradar. Vivia em uma Cusco em "decadência", com o inca sempre fora de casa.

Lenda Inca: Os primeiros filhos do sol, Manco-Cápac e Mamma-Ocllo emergiram do sul, das frias águas do Titicaca "e buscaram com o cravo de ouro a terra que devia ser cabeça do império".

Lenda de Quitumbe: Seu povo começa após o diluvio. Para eles o Guayamay (golondrina) era o portador da primavera, da paz, da fecundidade, significando também o mesmo que evangelista ou transmissor das boas novas.

Conflito de sucessão: Por tradição, todos os imperadores incas deviam ter nascido e sido criados em Cusco, o "umbigo do mundo".

Sacerdotes: Distinguiam-se por um disco dourado pendurado sobre o peito que representava o sol. Vilac-Umu, sacerdote supremo, antes também governante do império.

Ayllu-Cámayoc: Governantes dos *ayllus*; usavam uma indumentária cada vez mais parecida com a do inca segundo iam ascendendo em seu escalão. Os de mais alto cargo têm grandes orelhas e carregam um *llautu*, só que de cor negra. Também têm direito de cortar o cabelo com "navalhas de sílex", direito exclusivo de uns poucos homens.

As viagens do inca: Os portadores da liteira imperial usam longos ponchos brancos. Quando o inca sobe, os índios que o rodeiam caem de joelhos no chão, "como talos de milho abatidos pela tempestade". Enquanto a liteira avança, uma centena de jovens súditos recolhem "ramas, pedras e até folhas" do caminho, ao mesmo tempo que "atapetam de flores" a rota por onde passará o inca. Aos limpadores do caminho e às flores arrojadas, seguem-lhe as crianças dançantes, adornadas com plumas multicoloridas, braceletes e pulseiras de ouro, ao ritmo de uma música melancólica, dando pequenos e freqüentes saltinhos. A uma ordem do inca, afastam-se um pouco e depois voltam, dançam durante todo o dia, até chegar ao tambo. A liteira imperial é rodeada por sinches, apus e parentes. Segue outra liteira, a do Vilac-Umu, rodeada por amautas e sacerdotes. Detrás das liteiras avança parte do povo quando há procissão, ou os soldados quando é uma viagem. Diz-se que os imperadores incas empreendiam viagens a cada quarenta luas.

A lenda de Viracocha: Yáhuar-Huácac ("choro de sangue") foi o quarto imperador inca, homem pacífico que sempre preferiu conquistar pela persuasão e o amor antes que pela guerra; as gerações posteriores o consideraram como covarde. Em seu tempo se estendeu o Colla-suyu, por meio de seu irmão, o sinche Apu-Mayta-Cápac, chefe do exército. Teve problemas com seu filho primogênito, Pacha-Cuti-Yupangui, pois era desobediente.

O futuro herdeiro foi enviado para longe por seu pai, com a intenção de reabilitá-lo com tarefas campesinas e com a ameaça de que se não mudasse seu comportamento em 24 luas, ficaria deserdado. O príncipe pastor de rebanhos solares voltou para Cusco sem aviso prévio, trazendo consigo uma misteriosa notícia: estando deitado, se lhe havia aparecido um homem branco com longas túnicas e com barba de mais de um palmo: apresentou-se como Viracocha-Inca, trazia um animal desconhecido amarrado pelo pescoço; disse que também ele era um filho do sol, descendente de Manco-Cápac e Mamma-Ocllo. Advertiu-o de que em Chincha-Suyu se preparava uma insurreição e que ele devia combatê-la para defender Cusco, assegurando-lhe que ele sempre estaria ali para ajudá-lo. Depois desapareceu tão repentinamente como havia chegado. Seu pai Yáhuar-Huácac decidiu consultar os sacerdotes, os quais estavam contra o seu pacifismo; aconselharam-no desprezar as palavras do aparecido homem branco. O tal Viracocha cobrou muita fama quando se cumpriu sua advertência, sobretudo quando Cusco conseguiu debelar o levante. Por isso, quando chegaram os espanhóis, brancos e barbados, os incas pensaram que vinham em sua ajuda para salvar o império; os do norte pensavam que vinham para ajudar Atahualpa para evitar que o governo do império ficasse nas mãos de um covarde, os do sul, que vinham para apoiar Huáscar, em defesa de Cusco.

Pacha-Cuti-Inga-Yupangui: Aliás, Viracocha-Inca, após contar seu relato da aparição do fantasma de barbas, precisou voltar para seu castigo de pastor. Algumas luas depois, os *chasquis* chegaram com a notícia de insurreição em Chincha-Suyu, e que já iam em marcha para Cusco para uma grande batalha. Eram quarenta mil homens (chancas, uamarcas, villcas, uchusuyas, hancohuayos), sob o comando de Hanco-Huallo, chefe dos chancas. Jamais se havia rebelado nenhuma província inca, e Yáhuar-Huácac resolveu afastar-se de Cusco, exilando-se em Muyna. Cusco despovoou-se e ficou indefesa. Quando Pacha-Cuti soube, assumiu a defesa, começando por transmitir, mediante os *chasquis*, a notícia de sua decisão. Viajou para Muyna para exortar a seu pai que fosse dali para Cusco, seguido animosamente pelos chefes militares e religiosos de seu pai. Uma vez em Cusco (Hanan, Hurin, Cusco, alto e baixo Cusco), "milagrosamente" começou a chegar ajuda e voluntários de todas as partes: quechuas, aymaraes, cutapampos, e mais. Os chinchanos, uma vez que se aproximaram, foram avisados duas vezes por enviados de Viracocha, propondo a paz e o fim do conflito (tradição de Manco-Cápac). Foi rechaçado e deu-se início à guerra civil mais sangrenta da história inca. Os chinchanos não podiam somar reforços, enquanto Pacha-Cuti vinha engrossar suas fileiras todos os dias, animado além disso pela recordação das palavras de Viracocha. A notícia de Viracocha e dos reforços se propagou para todas as partes, animando os defensores e aterrorizando cada vez mais os agressores. Dizia-se que era Viracocha quem fazia brotar soldados das pedras e das árvores. Pacha-Cuti, vencedor, foi conhecido desde então como Viracocha. Fiel aos ensinamentos de Manco-Cápac, Viracocha avançou para terras chinchanas ajudando feridos rivais; chegou aos *ayllus* e em tom paternal lhe deixou a culpa aos curacas da zona, afirmou que não tinha ressentimento para com seu povo nem queria vingar-se, escutou suas queixas e averiguou os motivos de seu levante, ordenando que os novos chefes fossem os próprios chefes naturais dos seus, porém deixando um apu imperial percorrendo o território, e dispondo alguns de seus amautas para que ensinassem o amor, a sabedoria, as técnicas de trabalho, a arquitetura; finalmente, concedeu a honra de que seus chefes pudessem alargar suas orelhas e levar discos de ouro nelas. Retornou com seu pai com humildade e saiu dali ascendendo às máximas honras: mudou sua orla amarela de príncipe pela orla vermelha dos imperadores. Tornava-se o novo chefe inca, com seu pai ainda vivo. Tornou-se o herói salvador de Cusco, e o povo chegou a considerá-lo como o próprio sol, sendo, junto com Manco-Cápac, o inca mais venerado em toda a história. Viracocha assegurou ter voltado a receber uma mensagem do homem de barbas, que afirmou que enquanto reinasse a paz, nos daria mostras externas do poder do sol, porém que se um dia Cusco estivesse em perigo, ele se apresentaria novamente para salvar seu povo.

Governadores/imperadores incas

Manco Cápac: Significado: "Rico Senhor de Vasalos". Governo: 1150-1178. Dinastia: Hurin Cusco. Período: Legendário Inca.

Sinchi Roca: Significado: "Príncipe Prudente". Governo: 1178-1190. Dinastia: Hurin Cusco. Período: Legendário Inca.

Lloque Yupanqui: Significado: "Canhoto Memorável". Governo: 1197-1246. Dinastia: Hurin Cusco. Período: Confederação local inca.

Mayta Cápac: Significado: "O Melancólico". Governo: 1246-1276. Dinastia: Hurin Cusco. Período: Confederação local inca.

Cápac Yupanqui: Significado: "Supremo Contador". Governo: 1276-1321. Dinastia: Hurin Cusco. Período: Confederação local inca.

Inca Roca: Significado: "Supremo Soberano Valoroso". Governo: 1321-1348. Dinastia: Hanan Cusco. Período: Confederação local inca.

Yahuar Huácac: Significado: "Aquele que Chora Sangue". Governo: 1348-1370. Dinastia: Hanan Cusco. Período: Confederação local inca.

Huiracocha: Significado: "Espuma do Mar". Governo: 1370-1430. Dinastia: Hanan Cusco. Período: Confederação local inca.

Pachacútec: Significado: "Transformador do Mundo". Governo: 1430-1478. Dinastia: Hanan Cusco. Período: Expansão inicial inca.

Amaru Inca Yupanqui: Significado: "Supremo Soberano Sagaz". Governo: 1478. Dinastia: Hanan Cusco. Período: Expansão inicial inca.

Túpac Inca Yupanqui: Significado: "Resplandecente e Memorável Rei". Governo: 1478-1488. Dinastia: Hanan Cusco. Período: Apogeu imperial inca.

Huayna Cápac: Significado: "Jovem Poderoso". Governo: 1488-1525. Dinastia: Hanan Cusco. Período: Apogeu imperial inca.

Huáscar: Significado: "Cadeia de Ouro". Governo: 1525-1532. Dinastia: Hanan Cusco. Período: Crise imperial inca.

Atahualpa: Significado: "Ditoso Vencedor". Governo: 1532-1533. Dinastia: Hanan Cusco. Período: Crise imperial inca.

ANEXO III
Os mais importantes cronistas das Índias[1]

1492. Cristóvão Colombo: *Diário de bordo*. [Reflete o vivido pelo almirante durante a travessia e contém uma informação que não se pensava fazer pública, já que era destinada a uso privado e também ao uso dos Reis Católicos. O texto original do Diário de bordo escrito por Colombo se perdeu].

1492. Pedro Mártir de Anglería: *Décadas de Orbe Novo*. [A obra, escrita em latim, deste humanista italiano não é muito extensa, porém tanto a *Legatio Babylonica* como o *Opus epistolarum* ou as *Décadas de Orbe Novo* constituem uma fonte de primeira ordem e de primeira mão, ao ser contemporânea dos feitos que relata na historiografia espanhola].

1504. Américo Vespúcio: *Mundus Novus*. [Vespúcio era um navegante e descobridor italiano a serviço da Espanha. Entre 1499 e 1502 realizou várias viagens para a América que relatou em cinco cartas dirigidas a diferentes destinatários. Em 1501, chegou ao Brasil e, bordeando a costa em direção ao sul, chegou à Patagônia. Comprovou assim que as terras descobertas não eram uma prolongação da península asiática, mas um novo continente. Esta viagem a narrou em uma carta que dirigiu a Lorenzo di Pierfrancesco de Médici, editada em Paris em 1502 com o título de *Mundus Novus*. A ele se referiu também na carta que

---

1   Retirado de Justo Fernández López, "Cronistas de Indias". Cfr. http://hispanoteca.eu/Landeskunde-LA/Cronistas%20de%20Indias.htm.

dirigiu em 1504 a Piero Soderini, impressa com o título de *Lettera di Amerigo Vespucci delle isole nuovamente trovate in quattro suoi viaggi*. O cosmógrafo Martin Waldseemüller referiu-se em seu *Cosmographiae introductio* às notícias de Vespúcio. E decidiu dar ao novo continente o nome de América em sua homenagem].

1535. Gonzalo Fernández de Oviedo: *Historia general y natural de las Indias, islas y Tierra Firme del mar Océano*. [Seus conhecimentos sobre o Novo Mundo são de primeira mão em muitos casos, pois não em vão até ali viajou já em 1514, com a expedição de Pedro Arias Dávila. A obra está agrupada em três partes: descobrimento e primeira colonização americana, a conquista do que seria o vice-reinado da Nova Espanha, e as conquistas espanholas do resto do continente, especialmente a do Peru].

1569. Frei Bernardino de Sahagún: *Historia general de las cosas de la Nueva España*. [A obra deste religioso franciscano foi escrita no vice-reinado da Nova Espanha em 1569 e revisada em 1585. Está escrita em castelhano e em náhuatl, e é o resultado de uma profunda investigação da cultura indígena mexicana anterior à chegada dos espanhóis. Trata-se de um trabalho monumental, repleto de elementos pictográficos e indispensável para o conhecimento da cultura que se desenvolveu na região de domínio asteca].

1541. Toribio de Paredes, ou de Benavente (mais conhecido com o mote de Motolinía): *Memoriales y la Historia de los indios de Nueva España*. [Cronista franciscano que adotou o nome náhuatl de Motolinía que significa "pobrezinho, desafortunado". A ele se deve a mais antiga das crônicas franciscanas em que descreve não pouco da antiga cultura indígena e o processo da evangelização na região central do México. Seu trabalho foi publicado como duas obras distintas, os *Memoriales* e a *Historia de los indios de Nueva España*].

1552. Francisco López de Gómara: *Historia oficial de la conquista de México*. [O autor: um sacerdote e historiador espanhol, que utiliza quase como fonte exclusiva as Cartas de Relato do próprio Cortés, o qual López de Gómara conhecia pessoalmente desde 1541, e de quem foi capelão. Seu conteúdo acabou por fazer decidir Bernal Díaz del Castillo a acentuar a característica de empresa comum que teve a conquista de México, desfigurada pelo personalismo do estudo feito por Gómara, escrevendo sua *Historia verdadera de la conquista de la Nueva España*. A altura literária da obra lhe valeu ser considerada como uma das crônicas americanas mais destacadas, embora seu tom evidentemente hagiográfico tenha diminuído seu valor historiográfico].

1553. Pedro Cieza de León: *Primera parte de la crónica del Perú*. [Desde 1541, Cieza começou a recolher informação sobre os territórios sul-americanos que percorreu como membro de diferentes expedições e campanhas. Seu projeto era descrever e narrar os acontecimentos históricos desde os tempos anteriores ao império inca até os últimos fatos vividos naquelas terras por seu autor (1550). Conteúdo da obra: descrição da história e dos povoadores desde o golfo caribenho de Urabá até o Chile; história anterior ao domínio inca e, primordialmente, a do próprio império inca; período de descobrimento e conquista do Peru até o início das guerras civis entre os próprios espanhóis].

1555. Agustín de Zárate: *Historia del descubrimiento y conquista del Perú*. [Foi designado pela audiência de Lima negociador no conflito mantido pelos *encomenderos*, encabeçados por Gonzalo Pizarro, e o vice-rei. Escreveu sua *Historia del descubrimiento del Perú* a pedido do então príncipe Felipe II, na qual narrou os acontecimentos ocorridos desde o início da conquista espanhola, e inclusive antes, até a morte de Gonzalo Pizarro. A grande qualidade literária da obra oculta a escassa fiabilidade da documentação utilizada por Zárate].

1555. Alvar Núñez Cabeza de Vaca: *Naufragios y comentarios*. [Relato do cativeiro entre os índios nômades do norte do México durante vários anos, viajando com eles pelas planícies do México. Seu relato da expedição de Narváez, *Relación* (1542), e suas narrações sobre a cidade de Zuñi e sua população, uma das lendárias Sete Cidades de Cibola, serviu de estímulo para outras expedições ao continente americano, em especial as dos exploradores Hernando de Soto e Francisco Vázquez de Coronado].

1559. Gaspar de Carvajal (1504–1584): *Relación del nuevo descubrimiento del famoso río Grande de las Amazonas*. [Dominicano espanhol que formou parte da tripulação de Francisco de Orellana quando ele se lançou à conquista de novas terras em nome do rei da Espanha. Seu relato constitui a crônica da viagem. A crônica permaneceu inédita até 1851, embora Gonzalo Fernández de Oviedo a tivesse incluído em sua *Historia general y natural de las Indias*, publicada entre 1535 e 1559].

1564. Francisco Cervantes de Salazar: *Crónica de la Nueva España*. [Humanista e cortesão espanhol, tradutor e comentarista de Luís Vives, inquisidor, cronista da cidade do México. Publica o *Túmulo Imperial* (1560) por conta das honras fúnebres de Carlos v no México; escreve uma incompleta *Crónica de la Nueva España* (1557–1564), publicada em 1914; sua obra mais conhecida é *México* de 1554. Três diálogos em latim, nos quais os cavaleiros Zamora y Zuazo, e Alfaro, cavalgam pela cidade do México e a descrevem com minuciosa admiração].

1566. Diego de Landa: *Relación de las cosas de Yucatán*. [Obra do religioso franciscano e cronista espanhol Diego de Landa, fonte indispensável para o conhecimento da cultura e da escrita maia, a cujo deciframento contribuiu de forma notável. A geografia, a história, a fauna e a flora de Yucatán são os protagonistas da obra, ocupando um lugar preponderante no estudo dos costumes e dos comportamentos religiosos de seus habitantes].

1567. Juan de Matiendo: *Gobierno del Perú*, 1567.

1569. Alonso de Ercilla: *La Araucana*. [Esta obra é a epopéia mais famosa do Renascimento espanhol e o primeiro poema épico americano, que exalta o valor e a grandeza dos araucanos em sua luta com os conquistadores espanhóis no Chile. As páginas mais emotivas e brilhantes são as dedicadas aos araucanos e seus caudilhos. O protagonista real é o povo araucano e seus caudilhos, sobretudo Lautaro e Caupolicán. Pela exaltação que faz do valor e da grandeza dos araucos, poderia inclusive ser considerado um texto indigenista. Também se pode considerar o poema como uma glorificação da gesta conquistadora espanhola, tanto maior quanto mais fortes, aguerridos e valorosos eram seus inimigos.

1572. Juan López de Velasco: *Geografía y descripción Universal de las Indias*. [Em 1572, foi nomeado cosmógrafo maior do rei. Realizou um trabalho de síntese que recolheu em sua *Geografía y descripción universal de las Indias* (que não se publicou até o século XIX). Nesta obra trata também de hidrografia e técnicas de navegação].

1575. Bernal Díaz del Castillo: *Historia verdadera de la conquista de la Nueva España.* [Obra do conquistador e cronista espanhol, relato dos acontecimentos correspondentes ao processo de conquista e primeira colonização dos territórios novo-hispanos desde 1518 até 1550. A qualidade de testemunha do autor pretende descrever a empresa como uma gesta na qual participou decididamente Hernán Cortés, porém com a inestimável colaboração dos outros membros da turbulenta campanha. Imprescindível fonte para a historiografia mexicana, o valor literário da *Historia verdadera* reflete-se em sua prosa a um tempo enérgica, espontânea e simples. A obra foi composta depois de 1568 e publicada pela primeira vez no século XVII].

1581. Frei Diego Durán: *Historia de las Indias de Nueva España e islas de Tierra Firme.* [Este dominicano espanhol viajou em 1542, sendo ainda um menino, ao vice-reinado da Nova Espanha. Em 1560, começou sua *Historia*, que terminou em 1581. O original contém numerosas lâminas coloridas que decoram a história política dos povos pré-colombianos do território mexicano. Outros trabalhos de Durán, também apoiados em antigos textos escritos na língua náhuatl, foram o *Libro de los dioses y ritos*, de 1570, e *El calendario*, de 1579].

1589. Juan de Castellanos: *Elegías de varones ilustres de Indias.* [Castellanos chegou muito jovem à América e após longos anos de vida de aventura, fixou sua residência em Tunja em 1562. Ali se propôs escrever uma obra de literatura histórica sobre o descobrimento e a conquista das Antilhas e do Novo Reino de Granada. Seu objetivo inicial era fazer um louvor dos castelhanos participantes da conquista, porém a obra tornou-se a história destes territórios. Da monumental *Elegías de Varones ilustres de Indias*, somente a primeira parte pôde ser publicada em vida do autor (1589), que tinha programada uma quinta que não conseguiu escrever].

1590. José de Acosta: *Historia natural y moral de las Indias, en que se trata las cosas notables del cielo, elementos, metales, plantas y animales dellas y los ritos y ceremonias, leyes, govierno y guerras de los indios.* [Este jesuíta espanhol dedica seus quatro primeiros tomos à história natural do Novo Mundo, tanto que os restantes tratam das religiões, costumes, formas de governo e história dos índios americanos, principalmente dos habitantes dos vice-reinados da Nova Espanha e do Peru. Obra fundamental por sua profundidade científica e por sua análise das sociedades indígenas, influenciou naturalistas tão importantes como o alemão Alexander von Humboldt].

1598. Fernando Alvarado Tezozómoc (1525–1610): *Crónica mexicana*. [Cronista indígena mexicano, neto de Montezuma II. Foi intérprete de náhuatl na Real Audiência do Vice-reinado da Nova Espanha. Sua obra narra os acontecimentos desde a fundação de Tenochtitlán até a chegada dos conquistadores espanhóis. Alguns críticos assinalaram a confusão que apresenta o texto com respeito à data de alguns acontecimentos, o que talvez deva explicar-se porque o autor se rege pelo calendário asteca na apresentação estes acontecimentos].

1601. Antonio de Herrera: *Historia general de los hechos de los castellanos en las islas y Tierra Firme del mar Océano*. [O cronista maior das Índias por excelência. Já em 1601 começou publicar a primeira parte da *Historia general...*, conhecida como *Décadas*, e publicou a segunda em 1615. Nesta obra estão recolhidos os acontecimentos protagonizados pelos espanhóis entre 1492 e 1554. Incluem somente breves descrições sobre o mundo natural e as culturas indígenas tomadas de outros autores: Frei Bartolomeu de las Casas, Juan López de Velasco, Gonzalo Fernández de Oviedo, Francisco López de Gómara, Francisco Cervantes de Salazar e Bernal Díaz del Castillo, assim como dos inumeráveis impressos e manuscritos aos que teve acesso por sua condição de cronista oficial].

1605. Garcilaso de la Vega, o inca: *La Florida del Inca* (1605). [Epopéia em prosa, nada tem que ver com o Peru, mas com a conquista da península desse nome (atualmente parte dos Estados Unidos) por Hernando de Soto, porém dá prova das altas virtudes do inca como prosista e narrador].

1609. Garcilaso de la Vega, o inca: *Comentarios reales de los Incas*. [Narra o descobrimento e a conquista do Peru, assim como as guerras civis entre os próprios espanhóis, e finaliza com a execução do último soberano inca, Túpac Amaru, em 1572. Composta graças a suas próprias recordações, seu conhecimento dos fatos é plasmado com um notável estilo literário. Usou para sua redação as crônicas anteriores

(Pedro Cieza de León, Agustín de Zárate ou José de Acosta). Descreve como as duas culturas às quais ele pertencia acabam por configurar as características dos habitantes dos territórios peruanos, e destaca o papel evangelizador espanhol como síntese definitiva entre as duas civilizações].

1609. Fernando Alvarado Tezozómoc (1525-1610): *Crónica mexicayotl*. [Foi escrita na língua náhuatl. Compreende uma genealogia da nobreza tenochca, testemunhos de anciãos indígenas que permitem obter uma visão da vida cotidiana no México anterior à conquista, e relatos relacionados com Tenochtitlán que podem entender-se como mitos fundacionais].

1612. Ruy Díaz de Guzmán: *Anales del descubrimiento, población y conquista de las provincias del Río de la Plata*. [Conquistador espanhol, primeiro escritor nativo do Rio da Prata. Filho de Alonso Riquelme de Guzmán (sobrinho de Álvar Núñez Cabeza de Vaca) e de uma mestiça chamada Úrsula (filha de Domingo Martínez de Irala). Os *Anales* são conhecidos como a *Argentina manuscrita*, por terem sido difundidos através de diversas e muito distintas cópias do original perdido. Conta os fatos transcorridos desde o descobrimento espanhol do Rio da Prata (datado erroneamente em 1512) até a fundação de Santa Fé (1573)].

1615. Felipe Guamán Poma de Ayala, uma das transcrições habituais do nome do cronista e historiador peruano Felipe Huamán Poma de Ayala: *Nueva crónica y buen gobierno*. [Obra composta em duas partes: *Nueva crónica* (1600) e *Buen gobierno* (1615); um dos livros mais originais da historiografia mundial: visão indígena do mundo andino e permite reconstruir com todos os detalhes aspectos da sociedade peruana depois da conquista, uma vez que ilustra a história e a genealogia dos incas].

1617. Garcilaso de la Vega, o inca: *Historia general del Perú*. [Obra publicada postumamente em 1617, ocupa-se da conquista dessas terras e das guerras civis. A crônica oferece uma síntese exemplar das duas principais culturas que configuram o Peru, integradas dentro de uma concepção providencialista dos processos históricos, que ele apresenta como uma marcha desde os obscuros tempos de barbárie ao advento da grande cultura européia moderna. É considerada e apreciada como excepcional e tardio representante da prosa renascentista, caracterizada pela moderação e o equilíbrio entre a expressão e os conteúdos, assim como por sua sóbria beleza formal].

1629. Antonio de León Pinelo: *Epítome de la biblioteca occidental y oriental náutica y geográfica.* [De origem judeu-converso, letrado do Conselho das Índias desde 1629, alcançou o cargo de cronista maior das Índias em 1658. Sua obra jurídica mais importante foi o encargo recebido de levar a cabo a compilação das leis das Índias, que realizou sozinho a partir de 1629, embora não possa ter visto sua publicação, já que ela não ocorreu até 1680. Seu epítome é o primeiro repertório bibliográfico sobre a América].

1639. Pedro Sánchez de Aguilar (1555–1648): *Informe contra los adoradores de ídolos del Obispado de Yucatán.*

1644. Alonso de Ovalle: *Histórica relación del reino de Chile.* [Sacerdote jesuíta, considerado o primeiro escritor do Chile, descreve com estilo poético a paisagem da cordilheira dos Andes].

1648. Thomas Gage: *Viaje por Nueva España.* [Este inglês visitou a Nova Espanha e deixou suas impressões de sua viagem em seu relato *A New Survey of the West-Indies* (1648)].

1650. Fernando Alva Ixtlilxóchitl: *Horribles crueldades de los conquistadores de México y de los indios que los auxiliaron para subyugarlo a la Corona de Castilla.* [Fernando Alva (1578–1650) foi um historiador e tradutor mexicano, descendente direto do soberano Ixtlilxóchitl II de Texcoco. O vice-rei espanhol do México lhe encarregou de escrever as histórias dos povos indígenas do México. Alguns de seus manuscritos estão ainda inéditos. A obra foi publicada em 1829].

1680. Juan de Solórzano Pereira: *Recopilación de leyes de los reinos de Indias.* [Leis das Índias, conjunto legislativo promulgado pelos reis da Espanha para ser aplicado nas Índias. As polêmicas Leis Novas de 1542 haviam sido publicadas em seu momento com o título de *Leyes y Ordenanzas nuevamente hechas por su Magestad para la gobernación de las Indias y buen tratamiento y conservación de los indios*, porém em pouco tempo foram derrogadas parcialmente. O maior esforço de clarificação de toda a normativa foi levado a cabo por Antonio de León Pinelo e Juan de Solórzano Pereira, que culminou com a publicação em 1680 da *Recopilación de leyes de los reinos de Indias* na qual se selecionaram aquelas que continuavam em vigor. O conteúdo da *Recopilación de leyes de los reinos de Indias* abarcou todos os aspectos relacionados com a vida colonial, incluídos os religiosos].

1684. Antonio de Solís y Ribadeneyra: *Historia de la Conquista de México*. [A obra abarca desde a saída dos conquistadores da Espanha até a tomada de Tenochtitlán por Hernán Cortés. Sua *Historia* foi muito difundida e traduzida a vários idiomas e, ainda que não seja considerada parte da literatura mexicana, posto que não foi um cronista testemunhal, reconhece-se o valor de seu estilo].

1688. Lucas Fernández de Piedrahita: *Historia General de las Conquistas del Nuevo Reino de Granada*. [Escritor e historiador colombiano, bisneto de uma princesa inca, nascido em Bogotá. Sua *Historia* abarca desde a caracterização da sociedade anterior à chegada de Gonzalo Jiménez de Quesada, até a chegada do Presidente Díaz Venero de Leya em 1563. Em estilo ameno e gongorista, narra cronologias, ritos, costumes e cerimônias de índios e espanhóis].

1723. José de Oviedo y Baños: *Historia de la conquista y población de Venezuela*. [Embora não seja fácil defini-lo como cronista ou como historiador, cronistas e historiadores utilizaram os dados e notícias que ele proporcionou com sinceridade e objetivamente. Sua *Historia* é um valioso documento para o conhecimento dos primeiros anos da vida venezuelana. Nela se narra o período transcorrido desde o descobrimento e a conquista até fins do século XVI. Escreveu também a obra *Tesoro de noticias de la ciudad*, referida a Caracas].

1793. Juan Bautista Muñoz: *Historia del Nuevo Mundo*. [Em 1779 recebeu o encargo de escrever uma história do Novo Mundo para dar a réplica espanhola à publicação de William Robertson, *The History of America* (1777). Examinou entre 1781 e 1784 os documentos sobre a América que se guardavam em numerosos arquivos oficiais e privados, reunindo uma extensa coleção documental, e propondo a criação do Arquivo Geral das Índias. Sua *Historia del Nuevo Mundo* abarca desde 1492 até 1500, ficando inconclusa após seu falecimento].

ANEXO IV
Território inca, maia e asteca

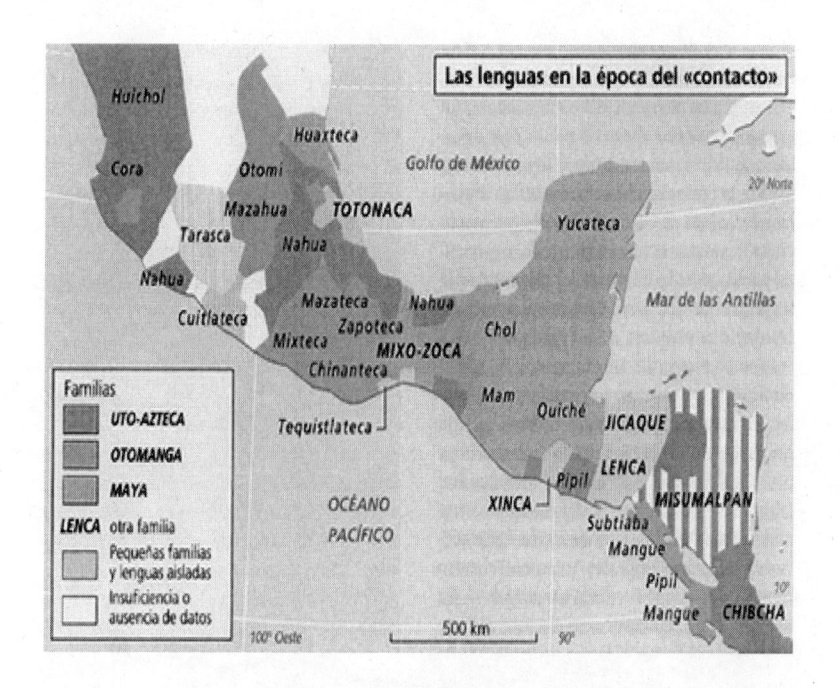

1492: FIM DA BARBÁRIE, COMEÇO DA CIVILIZAÇÃO NA AMÉRICA

ANEXO IV

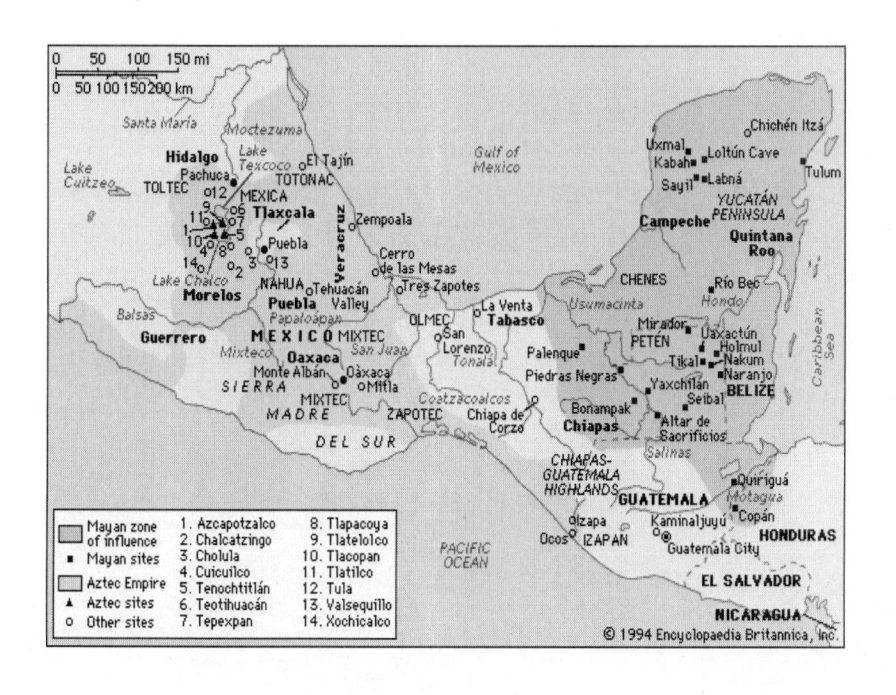

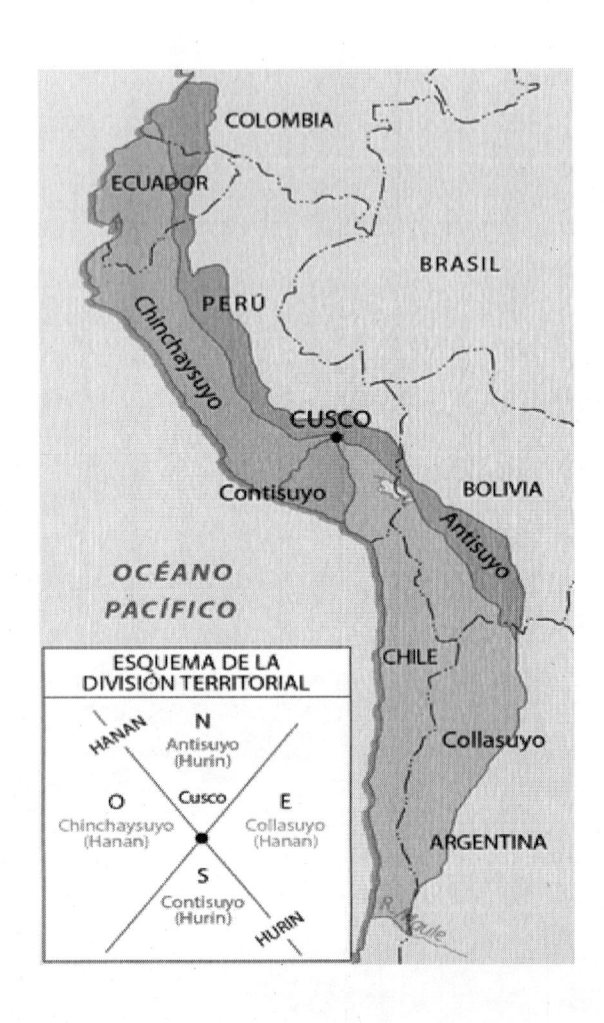

COLOMBIA
ECUADOR
PERÚ
Chinchaysuyo
BRASIL
CUSCO
Contisuyo
BOLIVIA
Antisuyo
OCÉANO
PACÍFICO
CHILE
Collasuyo
ARGENTINA
R. Maule

ESQUEMA DE LA DIVISIÓN TERRITORIAL

HANAN
N
Antisuyo
(Hurin)
O — Cusco — E
Chinchaysuyo   Collasuyo
(Hanan)   (Hanan)
S
Contisuyo
(Hurin)
HURIN

ANEXO V
Imagens e cerâmicas pré-colombianas

Zoofilia pré-incaica.

Homens mantendo relações sexuais. Cultura Chimú.

Sexo homossexual. Cultura Mochica.

Indígenas praticando a antropofagia ritual.[1]

---

1   www.historiadigital.org.

*Indígenas cozinhando cadáveres.*²

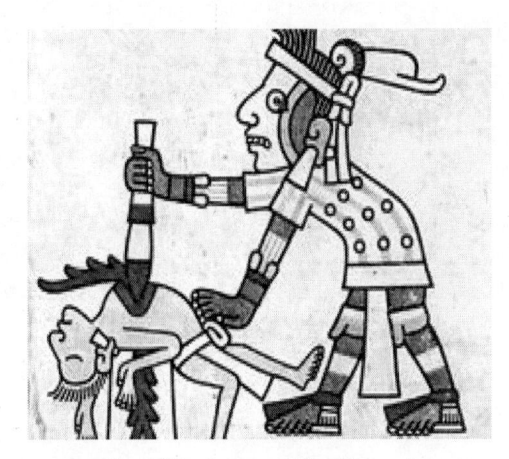

*Sacrifício humano de criança.*³

---

2   http://www.casalitterae.cl/antes/litterae12/arti3.html.
3   *Códice Laud*, Ferdinand Anders e Maarten Jansen (eds.), Graz, México: Fondo de Cultura Económica, 1994, lâm. 17.

Ome Tochtli, deus da embriaguez.

Códice Florentino, *enemas rituais entre os maias.*

ANEXO VI

Prólogo do autor ao livro *Huchilobos* (clássico da historiografia mexicana)

Mais que oportuna, esta nova edição da obra de Alfonso Trueba se torna imprescindível, de uma necessidade premente. Pois transcorrido mais de meio século desde que *Huchilobos* veio à luz pela primeira vez, o indigenismo — como corrente ideológica — tornou-se uma espécie de vetor vital do marxismo cultural na América, lançando seus tentáculos, uma vez mais — sempre desagregados e iracundos — contra a Tradição e a Verdade Histórica, isto é: contra a Espanha e a Igreja Católica.

Mediante o construtivismo histórico e ideológico, e com a inestimável ajuda do *mass media*, a engenharia social britânica — sempre pronta para agitar levantes e/ou espalhar a semente que os geste — logrou implantar por todo lado dois mitos fundacionais, cujo propósito ulterior não é outro que negar toda legitimidade de origem, e mesmo de exercício, à empresa hispano-católica; quer dizer, negar a Realeza de Cristo.

Os mitos mencionados são fundamentalmente dois, dos quais se desprenderam posteriormente outros:

1) Que antes de 1492 vivia-se no continente colombiano em uma espécie de paraíso terrestre; uma espécie de utopia rousseauniana onde

imperava a justiça social, a felicidade, a paz, a tolerância, a ordem e o respeito irrestrito para com a vida humana. Até mesmo há quem tenha se atrevido a qualificar como democráticos seus regimes. Depois vieram os espanhóis e cometeram um genocídio sistemático sobre seus antigos habitantes.

Assim colocada a questão, e recorrendo ao reducionismo, à dialetização, à quantofrenia e ao sentimentalismo — como táticas de argumentação sofística para implantar uma falácia —, a causa do indigenismo conseguiu adquirir consenso social — quase unânime — no mundo civilizado.

2) Que estes povos indígenas são originários do continente (asseveração que fartamente demonstrou-se ser falaz) e que, assim sendo, teriam direito a separar territorialmente as nações hispanas, reclamando o que é "seu" (quer dizer, toda a América).

Com este segundo mito imposto — passo seguinte; complementado e fundido simetricamente com o anterior — as reivindicações indigenistas obteriam apoio e legalidade jurídica.

***

Quanto ao primeiro ponto, bastará voltar o olhar a denominada "arte pré-colombiana" para constatar três traços distintivos que configuraram sua cultura, que se repetem uma e outra vez até o paroxismo: o terror, a ira e a tristeza.

A arte, diz-se, é a disciplina que melhor reflete a História, a cultura e a alma de cada povo. Reparando nisto mesmo, diz o autor desta obra: "Quando há alguma figura humana que ri, o sorriso é mau, em um rosto de boca atigrada. É sorriso de antropófago de quem acaba de ganhar um bocado de carne humana (...) São figuras repelentes que nos falam de uma civilização fundada no terror e na morte".

Afirmação essa que se verifica integralmente e às claras com a pronta e decisiva aliança de metade da Mesoamérica indígena com os conquistadores espanhóis contra o bestial domínio dos astecas. Porém, diante de tudo isso, constatamos esta verdade no fato de que povos inteiros optaram por libertar-se do jugo de sangrentos ídolos que, sempre infatigáveis de sangue humano, tragavam seus familiares em imolações rituais, sendo seus corpos posteriormente destinados a banquetes antropofágicos para uns poucos escolhidos.

Ante esta realidade infernal, não deverá surpreender que eles, os indígenas, tenham escolhido adorar a Jesus Cristo, o "Deus bom" — como lhe chamavam — e a sua Mãe, Nossa Senhora de Guadalupe, em vez de suas pluriformes e endemoniadas deidades.

Seguindo os minuciosos estudos do Padre Sahagún e outros cronistas, adentra-se o autor nos traços do principal dos deuses mexicas, relatando por sua vez os diferentes sacrifícios humanos — inclusive de crianças — que em honra a este e outros ídolos ofereciam os astecas em cada um dos vinte meses de seu calendário.

A tese do denominado genocídio indígena não resiste à análise; questão esta que foi solucionada de forma científica e definitiva por autores vários das mais diferentes procedências, como o filólogo Ángel Rosenblat ou o polímata Alexander von Humboldt. Convém repetir: as pestes e enfermidades foram a causa de mais de 90% das fatalidades acontecidas na América pós-cortesiana, afetando tanto indígenas como espanhóis.

Quanto ao segundo dos pontos referidos acima, convém aclarar também que, como foi fartamente demonstrado, os povos indígenas não são originários da América. Porém é aqui, nesta mentira difundida maciçamente, onde começa a vislumbrar-se claramente a identidade e intenções do perpetrador. Continuando a mais rançosa tradição panfletista do protestantismo do século XVI, o Império Britânico prepara-se novamente para pretender dominar mediante o *Divide et Impera* e destruir toda mácula de hispanidade e catolicidade na América.

Só ingenuamente poderá atribuir-se a uma casualidade o fato de que vários dos mais importantes movimentos separatistas indigenistas americanos sejam financiados pela Grã-Bretanha e tenham sua matriz em Bristol, Inglaterra. Um caso exemplar é o dos mapuches.

Sem dúvida que a propaganda idealizadora e vitimizadora dos povos indígenas possui um objetivo político-territorial, porém também, como bem soube descobrir Donoso Cortés, estes fenômenos se encontram geralmente enquadrados, motivados, por razões maiores, quer dizer, teológicas.

Tenta-se criminalizar a Espanha e a Igreja Católica, imprimindo um terrível sentimento de culpa nas consciências americanas, de modo que cada vez se mostre mais dócil às reivindicações indigenistas, começando por seu suposto direito à autodeterminação e à instituição de nações próprias. Entretanto, o corolário buscado é claro: descatolicizar a América gradualmente para conseguir implantar o materialismo em cada ordem da sociedade, dando lugar à ditadura científica e anticristã, como a chamou Aldous Huxley.

Tudo está ao revés. Muitos dos chamados acadêmicos ignoram deliberadamente a evidência científica existente. Outros, mentem descaradamente. E há aqueles que, sem poder fazer vista grossa à documentadíssima barbárie dos mais importantes povos pré-colombianos, pretendem justificar suas abomináveis práticas com argumentos absurdos. Ante essa realidade, com encomiável hilaridade e ironia, escreve o hispanista argentino Antonio Caponnetto o seguinte:

> Se se mencionam os atos canibais ou os sacrifícios humanos: trata-se de espíritos transcendentes que cumpriam assim com suas liturgias e ritos arcaicos. São sacrifícios de "uma beleza bárbara", nos consolará Vaillant. "Não devemos tratar de explicar esta atitude em termos morais", tranquilizar-nos-á Von Hagen; e o teólogo Enrique Dussel fará sua leitura liberacionista e cósmica para que todos nos *aggiornemos*. Está claro: Se matam os espanhóis, são verdugos insaciáveis cevados nas Cruzadas e na luta contra o mouro; se matam os índios, são doces e simples ovelhas lascasianas que expressavam a beleza bárbara de seus ritos telúricos. Se mata a Espanha, é genocídio; se matam os índios, chama-se "ameaça de desequilíbrio demográfico".

* * *

Recapitulando e para finalizar, direi que o livro que você tem em suas mãos é uma obra de obrigatória consulta para o estudo e entendimento da história e cosmologia pré-colombiana mesoamericana; dos nahuas, particularmente.

Não posso deixar de agradecer ao Sr. Pedro Varela por sua infatigável militância em prol da verdade histórica e da verdadeira tradição ocidental, e por haver-me honrado com o pedido de prologar tão magnífico clássico da história mexicana que, antes de tudo, é história espanhola.

Buenos Aires, 10 de julho de 2015
Cristián Rodrigo Iturralde

Bibliografia

Acosta, José, *Historia Natural y Moral de las Indias*, Casa Juan de León, Madrid, 1984.

Flores, Antonio Salcedo, *El Derecho Maya prehispánico, un acercamiento a su fundamentación socio-política*, Sección Artículos de Investigación, alegatos n. 71, México, janeiro–abril de 2009.

Alba, Carlos H., *Estudio comparado entre el derecho azteca y el derecho positivo mexicano*, Instituto Indigenista Interamericano, México, 1943.

Alva Cortés Ixtlilxóchitl, Fernando de, *Historia de la nación Chichimeca*, Vázquez.

Arango Cano, Jesús, *Mitología en América Precolombina*, Plaza Janes, Colombia, 2005.

Avalle-Arce, Juan Bautista, *El Inca Garcilaso en sus Comentarios, Antología Hispánica*, Madrid (não indica o ano de edição).

Benavente, Toribio Motolinía, *Historia de los Indios de Nueva España*, Atlas, Madrid, 1970.

Bosch-García, Carlos, *La esclavitud prehispánica entre los aztecas*, Centro de Estudios Históricos, México, 1944.

Barrera Silva, Patricia, *Sífilis venérea: ya estaba en América*, Publicación de la Unidad de Medios de Comunicación -Unimedios- de la Universidad Nacional de Colombia, Colômbia, 2013.

BAUDÍN, Louis, *La vida cotidiana en el tiempo de los últimos incas*, Editorial Hachette, Buenos Aires, 1962.

CASTILLO PERAZA, Carlos, *Historia de Yucatán*, Dante, México, 1987.

CAMARGO, Diego Muñoz, *Historia de Tlaxcala*, Historia 16, Madrid, 1986.

Chamorro, México, 1985 (edição digital).

CUEVAS, Mariano, *Historia de la Nación Mexicana*, Ed. Porrua, México, 1967.

CORTÉS, Hernán, *Cartas de Relación*, Porrua, México, 1992.

CATURELLI, Alberto, *El Nuevo Mundo*, Editorial Santiago Apóstol, Buenos Aires, 2004.

CLAVIJERO, Francisco, *Historia Antigua de México*, Editorial Porrúa, México, 1991.

CHAUNU, Pierre, *Historia de América Latina*, Eudeba, Buenos Aires, 1972.

CAPONNETTO, Antonio, *En su libro Hispanidad y Leyendas Negras*, Nueva Hispanidad, Buenos Aires, 2001.

_____, "Tres lugares comunes de las leyendas negras", conferência, Buenos Aires, 1992.

CRONISTAS DE INDIA, *Antología*, Buenos Aires, Ed. Colihue Hachette, 1980.

Cartas de Relación de la conquista de América, México, Editorial Nueva España, sem data de edição, tomo II.

CUERVO MÁRQUEZ, Carlos, *Estudios arqueológicos y etnográficos*, *Volumen* 1-2, Editorial-America, Madrid, 1920.

CAROD-ARTAL, Francisco Javier, *Alucinógenos en las culturas precolombinas mesoamericanas*. Revista *Neurología*, vol. 30, n. 1, janeiro–fevereiro de 2015.

CANALS FRAU, Salvador, *Las poblaciones indígenas de la Argentina. Su origen, su pasado, su presente*, Sudamericana, Buenos Aires, 1953.

Códice Mendocino en Antigüedades de México, Secretaría de Hacienda y Crédito Público, estudo e interpretação de José Corona Núñez, México, 1965.

Cieza de León, Pedro, *La crónica general del Perú*, t. i, (Col. Urteaga Historiadores Clásicos del Perú, t. vii), Imp. Gil, Lima, 1924.

Cortés, Hernán, *Cartas de Relación*, Porrua, México, 1992.

Carrancá y Trujillo, Raúl, *Derecho Penal Mexicano*, Editorial Porrúa, México, 1980.

Disselhoff, H. D., *El Imperio de los Incas*, Aymá, Barcelona, 1972.

De las Casas, Bartolomeu, *Obras Completas*, t. viii, "Apologética historia sumaria", iii, Alianza Editorial, Madrid, 1992.

Durán, Diego, *Historia de las Indias de Nueva España y islas de Tierra Firme*, 1807 (em Cervantes Virtual, tomo i e ii).

Dumont, Jean, *La primera liberación de América*, Revista *Verbo*, n. 267, outubro de 1986.

_____, *La Hora de Dios en el Nuevo Mundo*, Encuentro, Madrid, 1993.

Díaz Araujo, Enrique, *Los Protagonistas del Descubrimiento de América*, Editorial Ciudad Argentina, Buenos Aires, 2001.

De Gandia, Enrique, *Historia Crítica de los Mitos y Leyendas de la Conquista Americana*, Centro Difusor del Libro, Buenos Aires, 1946.

De Anglería, Pedro Mártir, *Décadas del Nuevo Mundo*, Editorial Bajel, 1944.

De la Vega, Garcilaso, *Comentarios Reales*, Linkgua Ediciones, Barcelona, 2007.

_____, *Comentarios Reales de los Incas* ii, Ed. Carlos Arañibar, Fondo de Cultura Económica, México, 1991.

_____, *Comentarios Reales de los Incas* i, Colección de Autores Peruanos, Lima (Perú), Editorial Universo.

Díaz Del Castillo, Bernal, *Historia verdadera de la conquista de la Nueva España*, Sarpe, Madrid, 1985.

Esteva Fabregat, Claudio, *La Corona española y el indio americano*, Asociación Francisco López de Gomara, Valencia, 1989.

Esolen, Anthony; Esparza Torres, José Javier, *The Politically Incorrect Guide to Western Civilization*, Ciudadela Libros, Madrid, 2009.

Fernández, E., *La sexualidad en el Antiguo Perú*.

Fúrlong Cárdiff, Guillermo, *Entre los Abipones del Chaco*, Talleres Gráficos San Pablo, Buenos Aires, 1938.

_____, *Entre los Pampas de Buenos Aires*, Buenos Aires, Talleres Gráficos San Pablo, 1938.

Fernández de Oviedo y Valdés, Gonzalo, *Historia General y Natural de las Indias*, Colección Cultural, Madrid, 1959.

Fiz Fernández, Antonio, *Antropología, cultura y medicina indígena en América*, Conjunta Editores, Buenos Aires, 1977.

Ferrajuolo, Pablo, *Patagonia Caníbal*, Piloto de Tormenta Ediciones, Buenos Aires, 2007.

Fidel López, Vicente, *Manual de Historia Argentina*, Anaconda, Buenos Aires, 1936.

González Torres, Yólotl, *Animales y plantas en la cosmovisión mesoamericana*, Plaza y Valdés Editores, Madrid, 2006.

González Ruiz, Felipe, *La antropofagia en los indios del Continente americano*.

González, Federico, *El Simbolismo precolombino*, Buenos Aires, Kier, 2003.

Garza Carvajal, Federico, *Quemando Mariposas. Sodomía e Imperio en Andalucía y México, siglos XVI–XVII*, Laertes, Barcelona, 2002.

Gambra, Rafael, *El Lenguaje y Los Mitos*, Publisher, Speiro, 1983.

Galeano, Eduardo, *Las Venas Abiertas de América Latina*, Siglo XXI, Madrid, 2003.

Gonzalbo Aizpuru, Pilar, *Historia de la Vida Cotidiana de México: Mesoamérica y los ámbitos indígenas de la Nueva España*, Fondo de Cultura Económica, México, 2004.

García Soriano, Manuel, *El Conquistador Español del siglo XVI*, Tucumán, URU, 1970.

Hyland, George Kieran, *A Century of Persecution under Tudor and Stuart Sovereigns from Contemporary* Records, Nova Iorque, 1920.

Herrera, Antonio, *Historia general de los hechos de los castellanos*, Madrid, 1730, volume IV (edição virtual).

HARRIS, Marvin, *Caníbales y Reyes. Los orígenes de la cultura*, Argos Vergara, Barcelona, 1983.

IRVING, Leonard, *Books of the Brave: Being an Account of Books and of Men in the Spanish Conquest and Settlement of the Sixteenth-Century New World*, Harvard University Press, Cambridge, 1949.

IRABURU, José María, *Hechos de los apóstoles de América*, Fundación Gratis Date, Madrid, 1992.

JUDERÍAS, Julián, *La Leyenda Negra*, Editora Nacional, Madrid, 1960.

_____, *La leyenda negra. Estudios acerca del concepto de España en el extranjero*. Junta de Castilla y León, Salamanca, 2003.

GUSSINYER I ALFONSO, Jordi, *Aztecas pueblo de guerreros*, Barcelona, Universidad de Barcelona, 1984.

JÁUREGUI, Carlos, *Canibalia*, Iberoamérica, Madrid, 2008.

KAUFFMANN DOIG, Federico

KRICKEBERG, Walter, *Las antiguas culturas mexicanas*, Fondo de Cultura Económica, México, 1961.

LEVENE, Ricardo, *Historia de America*, Ed. Jackson, 1941.

LA FAY, Howard, *The Maya, Children of Time*, National Geographic, vol. CXLVIII, n. 6, 1975.

Royal Maya Massacre, documentário. National Geographic Television, Estados Unidos, 2005.

LIÉVANO AGUIRRE, Indalecio, *España y las luchas sociales del nuevo mundo*, Editora Nacional, Madrid, 1972.

Las Civilizaciones precolombinas y la conquista de América, Historia Universal (vários autores), Salvat, 2005.

LEHMANN, Henri, *Las culturas precolombinas*, Eudeba, Buenos Aires, 1986.

LEÓN-PORTILLA, Miguel, *De Teotihuacán a los Aztecas. Antología de fuentes e interpretaciones históricas*, Universidad Nacional Autónoma de México, México, 1977.

_____, *Antología, Fuentes e Interpretaciones Históricas*, Lecturas Universitarias 11, Universidad Nacional Autónoma de México, México, 1977.

Marías, Julián, *La España inteligible*, Razón histórica de las Españas, Alianza Editorial, Madrid, 1985.

López de Gómara, Francisco, *Historia General de las Indias*, t. I, Talleres Gráficos Agustín Núñez, Barcelona, 1954.

Landa, Diego, *Relación de las cosas de Yucatán*, Ed. Consejo Nacional para la Cultura y las Artes, México, 1994.

Métraux, Alfred, *A Religião dos Tupinambás e suas relações com as demais tribos tupiguaranis*, São Paulo, Ed. Nacional; Universidade de São Paulo, 1979.

_____, *Religion and Shamanism*, J. Steward (eds.), Washington, 1949.

_____, *Religión y magias indígenas de América del Sur*, Aguilar, Madrid, 1973.

_____, *La Isla de Pascua*, Fondo de Cultura Económica, México, 1950.

_____, *Antropología y cultura*, El Cuenco del Plata, Buenos Aires, 2011.

Morales Padrón, Francisco, *Manual de Historia Universal*, t. V, Historia General de América, Espasa-Calpe, Madrid, 1962.

Moreno, Manuel M., *La organización política y social de los aztecas*, 1ª edição, Instituto de Antropología e Historia, México, 1931.

Martínez Martín, Abel Fernando, *Craneoplastia andina*, Colômbia, Revista *Historia de la Educación Latinoamericana*, janeiro de 2005.

Morley, Sylvanus G., *La civilización maya*, Fondo de Cultura Económica, México, 1956.

Molina Solís, Ricardo, *Las hambres de Yucatán*, Mérida, 1935 (sem o nome da editora).

Mansilla, Lucio, *Una Excursión a los Indios Ranqueles*, Buenos Aires, Biblioteca Mundial Sopena, 1977.

Molins i Fàbregas, Narcís, *El Códice mendocino y la economía de Tenochtitlán*, Revista Mexicana de Estudios Antropológicos, vol. XIV, 1ª parte, México, 1954–1955.

MAEZTU, Ramiro, *Defensa de la hispanidad*, Poblet, Buenos Aires, 1942

MOLINARI, Diego Luis, *Descubrimiento y Conquista de America*, Eudeba, Buenos Aires, 1964.

MENÉNDEZ PIDAL, Ramón, *El padre Las Casas: su doble personalidad*, Espasa-Calpe, Madrid, 1963.

MONTESINOS, Fernando, *Ophyr de España. Memorias antiguas, historiales y políticas del Perú y los Anales del Perú*, 1498-1642, Lima, 1930.

MONTEJO DÍAZ, Mauro Arnoldo, *La Sexualidad Maya y sus Diferentes Manifestaciones Durante El Período Clásico (250 al 900 d.C.)*, Universidad de San Carlos de Guatemala, Guatemala, 2012.

MONTOYA Y FLÓREZ, J. B., *La Deformación Artificial del Cráneo en los antiguos aborígenes de Colombia*, Tipografía Bedout, Medellín, 1921 (edição digital).

MARGADANT S., Guillermo Floris, *Introducción a la Historia del Derecho Mexicano*, Esfinge, México, 1971.

NIGEL, Davis, *Los aztecas*, Ed. Destino, Barcelona, 1977.

POMAR, Bautista, *Relación de Texcoco*, Editorial Libros de México, México, 1975.

PÉREZ, Ramón Demetrio, *Historia de la colonización española en América*, Ediciones Pegaso, Madrid, 1947.

PRESCOTT, Guillermo, *Historia de la Conquista de México*, Editorial Porrúa, 1968.

_____, *Historia de la Conquista de Perú*, Ediciones Imán, Buenos Aires, 1943.

PETROCELLI, Héctor B., *Encuentro de dos mundos. Lo que a veces no se dice de la Conquista de América*, Didascalia, Rosario, 1992.

PATIÑO, Víctor Manuel, *Historia de la Cultura Material en la América Equinoccial* (t. VII), *Vida Erótica y Costumbres Higiénicas*, Instituto Caro y Cuervo, Bogotá, 1990.

PARDAL, Ramón, *Medicina Aborigen Americana*, Biblioteca del Americanista Moderno, Humanior, Buenos Aires, 1937.

PEREYRA, Carlos, *Breve Historia de América*, M. Aguilar Editor, Madrid, 1930.

POMA DE AYALA, Felipe Guamán, *Nueva Crónica y Buen Gobierno* (t. II), Fondo de Cultura Económica, Peru, 2007.

PREBISCH, Teresa Piossek, *La antropofagia en América en tiempos de la Conquista*, Revista de Historia de América, n. 123, janeiro–dezembro de 1998, Buenos Aires, Instituto Panamericano de Geografía e Historia, 1999.

RODRIGO ITURRALDE, Cristián, *A Inquisição: um tribunal de misericórdia*, Ecclesiae, Campinas, 2017.

ROSENBLAT, Ángel, *La población indígena y él mestizaje en América*, Nova, Buenos Aires, 1954.

RODRÍGUEZ SHADOW, María J., *La Mujer Azteca*, Universidad Autónoma del Estado de México, México, 2000.

Revista de las Españas, Madrid, novembro–dezembro de 1932, ano VII, n. 75–76.

SAHAGÚN, Frei Bernardino de, *Historia General de las Cosas de Nueva España*, Dastin, Madrid, 2001, t. I.

SÁENZ, Alfredo, *La Caballería*, Ediciones Gladius, Buenos Aires, 1991.

SERRANO, Antonio, *Origen y formación del pueblo argentino*, p. 474, vol. Investigaciones y ensayos 13, Academia Nacional de la Historia, Buenos Aires, 1972.

SIERRA, Vicente, *El Sentido Misional de la Conquista de América*, Dictio, Buenos Aires, 1980.

_____, *Así se hizo America*, Buenos Aires, Dictio, 1977.

_____, *Historia de la Argentina*, Unión de Editores Latinos, Buenos Aires, 1959, t. I.

SEPP, Antonio, *Continuación de las labores apostólicas*, Eudeba, Buenos Aires, 1973.

SÁNCHEZ, Luis Alberto, *Breve Historia de América*, Losada, Buenos Aires, 1978.

SÉJOURNÉ, Laurette, *Pensamiento y religión en el México antiguo*, Fondo de Cultura Económica, México, 1957.

STUART, David, *La ideología del sacrificio entre los mayas*, Arqueología mexicana XI, 63, México, 2003.

SALCEDO FLORES, Antonio, *El Derecho Maya prehispánico: Un acercamiento a su fundamentación socio-política*, Sección Artículos de Investigación, alegatos n. 71, México, janeiro–abril de 2009.

SALARRULLANA, Pilar, *Las sectas*, Ediciones Temas de Hoy, Madrid, 1990.

SOUSTELLE, Jacques, *La vida cotidiana de los aztecas en vísperas de la conquista*, Fondo de Cultura Económica, México, 1970.

SOLÍS Y RIVADENEYRA, Antonio de, *Historia de la Conquista de México*, Plus Ultra, Buenos Aires, 1992.

SIMÓN, Pedro, *Noticias historiales de las conquistas de Tierra Firme en las Indias Occidentales*. (1ª ed., 1627), Bogotá, BAC, Editorial Kelly, 1953, IV.

SCHIAFFINO, Rafael, *Anales de la Universidad*, ano XXXVII, Montevidéu, 1927, entrega n. 121 de *Historia de la Medicina en el Uruguay*, Facultad de Medicina, Montevidéu, 1925, t. I (edição digital).

TISCHNER, Henry, *Enciclopedia Moderna del Conocimiento Universal*, Etnografía, Compañía General Fabril Editora, Buenos Aires, 1964.

THOMPSON, Eric, "Grandeza y Decadencia de los Mayas", em *Historia de Yucatán*, Carlos Castillo Peraza (compilador), Dante, México, 1987.

TORQUEMADA, Juan, *Monarquía Indiana*, (reprodução da 2ª edição, Madrid, 1723, 3 vols.), México, Editorial Porrúa, México, 1969.

URDANETA, Ramón, *Historia Oculta de Venezuela*, edição do autor, Caracas, 2007.

VITTORI, José Luis, *Exageraciones y Quimeras en la Conquista de América*, Centro de Estudios Hispanoamericanos, Santa Fe-Argentina, 1997.

VELA, Enrique, Revista *Arqueología Mexicana*, Juárez, Raíces, 2002.

VAILLANT, George C., *La Civilización Azteca*, Fondo de Cultura Económica, México, 1955.

WOLFGANG VON HAGEN, Victor, *The Ancient Sun Kingdoms of the Americas*, Paladin, Great Britain, 1973.

_____, *The Aztecman and tribe*, Nova Iorque, The New York American Library, 1962.

YÁÑEZ SOLANAS, Manuel, *Los Aztecas*, M.E. Editores, Madrid, 1997.

Este livro foi impresso pela Gráfica Daiko.
O miolo foi feito com papel *chambrill avena*
80g, e a capa com cartão triplex 250g.